Oskar Jäger

Weltgeschichte für das deutsche Volk

Oskar Jäger

Weltgeschichte für das deutsche Volk

ISBN/EAN: 9783741170225

Hergestellt in Europa, USA, Kanada, Australien, Japan

Cover: Foto ©ninafisch / pixelio.de

Manufactured and distributed by brebook publishing software (www.brebook.com)

Oskar Jäger

Weltgeschichte für das deutsche Volk

Fr. Chr. Schlosser's
Weltgeschichte
für
das deutsche Volk.

Zweite Ausgabe.

Mit Zugrundelegung der Bearbeitung von Dr. G. L. Kriegk
besorgt von
Dr. Oscar Jäger und Prof. Dr. Th. Creizenach.

Mit der Fortsetzung bis auf die Gegenwart.

Fünfter Band.

Oberhausen und Leipzig.
Ad. Spaarmann'sche Verlagshandlung.
1872.

Geschichte des Mittelalters.

II. Die Zeit von Karl dem Großen bis zum Beginn der Kreuzzüge.

(Fortsetzung.)

I. Von Karl dem Großen bis zur Zeit der salischen Kaiser.

11. Geschichte des deutschen und griechischen Reiches zur Zeit der Ottone.

Während Otto der Große auf seinem dritten italienischen Zuge in Ravenna verweilte, ward er von einer Ehrengesandtschaft des Kaisers Nikephorus begrüßt, die ihn in dem Gedanken bestärkte, durch Verheirathung seines Sohnes mit einer griechischen Prinzessin seinem Hause sowohl die Anerkennung des Kaisertitels durch den byzantinischen Hof, als auch einen Rechtsanspruch auf das untere Italien zu erwerben. Er beleidigte aber die Griechen zu derselben Zeit, wo er ihre Freundschaft suchte, da er den Fürsten Pandulf den Eisenkopf von Capua und Benevent, der in Unteritalien auf Kosten der Griechen eine furchtbare Macht gründete, unterstützte, und sogar, während er über Frieden und Freundschaft unterhandelte, seine Truppen gegen die Griechen fechten ließ. Wie wäre unter diesen Umständen bei einem Fürsten von Nikephorus Charakter eine freundliche Aufnahme der angetragenen Verbindung zu erwarten gewesen! Otto scheint aber auch für die zwei Gesandtschaften, die er an Nikephorus schickte, nicht die passendsten Männer gewählt zu haben. Dies geht daraus hervor, daß er den sehr eitlen und empfindlichen Geschichtschreiber Luitprand (Liudprand), Bischof von Cremona, an die Spitze der zweiten Gesandtschaft stellte. Luitprand hatte zwar den Vorzug, mit der griechischen Sprache und Hofsitte vertraut zu sein, war aber zu aufgeblasen und reizbar, um ein solches Geschäft auf würdige Weise führen zu können. Dies zeigt der Gesandtschaftsbericht, den er an Otto machte, am deutlichsten. Seine possenhafte Beschreibung von des Nikephorus Person, die doch durchaus nichts zur Sache that, von dessen Vernachlässigung des Aeußern, die einem tapfern, im Lager aufgewachsenen Manne wohl ziemte, und von der ihn sogar ehrenden Entfernung alles leeren Gepränges ist ebenso verächtlich, als seine Lobpreisung des deutschen Kaisers auf Unkosten des griechischen eine plumpe Schmeichelei ist.

welche einem Leser von Geschmack und gründlicher Bildung nur Widerwillen gegen den elenden Speichellecker hätte erregen müssen.*) Ueberdies mußte Luitprand dem Kaiser Nikephorus verdächtig sein, da er ehemals für Berengar II. eine Gesandtschaft an den griechischen Hof übernommen hatte und sich jetzt von dessen Feind gebrauchen ließ. Es ist daher kein Wunder, daß der Kaiser noch während der Anwesenheit Luitprand's den Abgeordneten Adalbert's, des Sohnes von Berengar II., ein freundliches Gehör gab, und dagegen den Gesandten des westlichen Kaisers solche Bedingungen machte, daß dieser sie für eine spöttische Ablehnung seines ganzen Antrags nehmen mußte. Als die Unterhandlungen abgebrochen waren (968), mußte die Entscheidung über den Besitz von Italien natürlich durch das Schwert gesucht werden, und mit diesem würde Otto den Knoten zerhauen haben, wenn er mehr deutsche Vasallen bei seinem Heer gehabt hätte, da Nikephorus nur sehr wenige und schlechte Leute nach Italien schickte, während er selbst mit den besten Truppen nach Syrien gezogen war. Allein die Italiener, welche den größten Theil des deutschen Heeres ausmachten, konnten und wollten die Sache nicht zu Ende führen. Otto hatte außerdem keine Flotte und mußte also Seestädte von der Landseite her angreifen; seine Truppen erfochten daher nur unbedeutende Vortheile.

Zum Glück für Otto's Plan änderte sich im folgenden Jahre mit dem gewaltsamen Tode des Nikephorus die Politik des byzantinischen Hofes völlig um. Nikephorus hatte den trefflichen General Tzimiskes, dem er eigentlich allein die Krone verdankte, auf Antrieb seines Bruders Leo Phokas vom Oberbefehl des Heeres entfernt und dadurch einen großen Theil der Soldaten beleidigt. Seine Strenge und Einfachheit hatte die Hofleute gegen ihn aufgebracht. Das Volk fühlte sich durch seine steten Kriege gedrückt. Die Geistlichkeit war gereizt, weil er sich nicht nur die Besetzung der Bisthümer angemaßt hatte, sondern auch zu verhindern suchte, daß künftig noch mehr Güter durch Vermächtnisse an die Kirche in die todte Hand kämen. Endlich war auch seine eigene Gemahlin, Theophano, seiner überdrüssig geworden und zog

---

*) Luitprand (Gesandtschaftsbericht, 3) nennt den Nikephorus „einen Menschen von ganz abenteuerlichem Aussehen, pygmäenhaft, mit dickem Kopf und kleinen Augen wie ein Maulwurf, entstellt durch einen kurzen, breiten, dichten, halbgrauen Bart, garstig durch einen zolllangen Hals; sein langes, dichtes Haar gibt ihm das Ansehen eines Schweines, an Gesichtsfarbe gleicht er den Aethiopen: Einer, dem man sich scheut, in der Mitte der Nacht zu begegnen (Fas eui per mediam solis occurrere noctem)." Seit er diesen Kaiser gesehen, kommen ihm seine Herren, Otto I. und II., noch viel schöner, prächtiger, gewaltiger, gütiger vor als bisher. Luitprand's schriftstellerisches Talent zeigt sich gleichwohl darin, daß man aus seiner Caricatur die Züge wieder erkennt, die dem Nikephorus von seinen byzantinischen Lobrednern beigelegt werden.

ihm den Tzimiskes vor, wiewohl Andere sagen, sie sei nur deshalb in
Einverständniß mit diesem getreten, weil sie ihren Söhnen von Romanus II., welche Nikephorus um seines Bruders willen zurücksetzen
wollte, Reich und Leben zu erhalten gesucht habe. Alles dies rief eine
Verschwörung gegen den Kaiser hervor, an deren Spitze Tzimiskes
und Theophano standen, und Nikephorus ward mit Hülfe der Letzteren
von Tzimiskes und seinen Freunden in der Nacht überfallen und
ermordet (969); seine Leiche warf man über die Mauer des Palast-
hofes und Tzimiskes ward schon am nächsten Tage allgemein als
Kaiser anerkannt.

Wenn man bei einem Christen den Grundsatz Cäsar's, daß das
Recht nur um der Herrschaft willen verletzt werden dürfe, als Entschuldigung anwenden könnte, so würde Tzimiskes unbedingt zu loben
sein, da er als Kaiser in jeder Rücksicht seiner Abkunft, einer der edel-
sten im Reiche, angemessen handelte. Wiewohl klein von Wuchs, war
er doch von einnehmendem Aeußeren, tapfer, mild und freigebig. Seinen Regierungsantritt bezeichnete keine Grausamkeit; er nahm ferner
die Söhne des jungen Romanus, Basilius II. und Constantin VI.,
ausdrücklich zu Mitregenten an und entfernte, vielleicht nicht ungern,
Theophano, mit welcher er sich hatte vermählen wollen, auf ein Insel-
kloster, weil man sie des Mordes ihrer beiden früheren Gemahle beschuldigte und weil der Patriarch eine dritte Ehe derselben nicht gestatten wollte. Tzimiskes bemühte sich außerdem auch, durch glückliche
Kriege seine unrechtmäßige Erlangung des Thrones vergessen zu
machen. Er besiegte die Bulgaren und nahm ihren König Boris mit
seiner ganzen Familie gefangen; er widerstand aufs Kräftigste dem
Großfürsten von Kiew, Swätoslav. Da außer diesen Feinden auch
die Araber ihm Gelegenheit genug zu Kriegsthaten boten, so wollte
er nicht auch noch mit Otto dem Großen einen Streit haben. Er
knüpfte deshalb selbst die früheren Unterhandlungen wieder an, und
Otto, der sich die ganze Zeit über in Italien aufgehalten hatte, erhielt
endlich 972 für seinen Sohn Otto II. die so sehr gewünschte Theophania oder Theophano, die 16jährige Schwester der beiden
Mitregenten des Tzimiskes, Basilius und Constantin. Zum Empfange der Braut ward nicht der eitle Luitprand ausersehen, so sehr
dieser auch bei Otto in Gnaden stand, sondern einige deutsche Große,
besonders der Bischof Theodorich von Mainz, ein naher Anverwandter des Kaisers und einer der würdigsten Geistlichen des Reiches,
der in Bruno's trefflicher Lehranstalt zu Köln seine Bildung empfangen hatte.

Sobald Otto die Vermählung seines Sohnes mit Theophano,
welche zuvor vom Papste in der Peterskirche gekrönt worden war,

gefeiert hatte (Oftern 972), kehrte er nach Deutſchland zurück und ſtellte das junge Königspaar zu Ingelheim einer glänzenden Verſammlung von Biſchöfen und Edlen vor. Unterdeſſen hatte er von Italien aus das Bisthum Meißen und das Erzſtift Magdeburg gegründet. Ein Zwiſt zwiſchen dem Herzog Miecislav oder Miſiko I. von Polen und dem Markgrafen Ubo von der Lauſitz rief ihn ſogleich in die nordöſtlichen Gegenden des Reiches. Miecislav war von Ubo, obgleich jener dem Chriſtenthume ſehr gewogen war und eine Tochter des chriſtlichen Herzogs von Böhmen geheirathet hatte, durch große Gewaltthätigkeiten gekränkt worden. Der Kaiſer verſöhnte den Erſteren durch freundliche Aufnahme ſeiner Geſandten und durch billige Entſcheidung gegen den Markgrafen, und ward dann von ihm als Schutzherr anerkannt. Otto ſtarb wenige Wochen nachher (im Mai 973) zu Memleben, wo auch ſein Vater geſtorben war, noch in den letzten Tagen mit der weiteren Einrichtung ſeiner ſlaviſchen Eroberungen beſchäftigt; im Dom zu Magdeburg liegt er neben ſeiner erſten Gemahlin Editha begraben.

Sein Sohn, Otto II.,*) der ſchon ſechs Jahre früher als römiſcher Kaiſer gekrönt worden war, folgte ihm als Herrſcher. Dieſer mochte dem Vater wohl an Kenntniſſen überlegen ſein, an Geiſtesſtärke kam er ihm nicht gleich. Er war von ſeiner Großmutter Mathilde und von den Erzbiſchöfen Bruno und Wilhelm, alſo von einem Weibe und von Geiſtlichen erzogen worden. So edel auch Bruno war, ſo trefflich er auch in ſeiner eigenen Perſon wahre und innige Liebe zu den Wiſſenſchaften mit Regentenfähigkeiten und kriegeriſchen Talenten verband, ſo hatte er doch während der kurzen Zeit, in welcher der junge Otto ſeiner Mitaufſicht anvertraut war, mehr auf die wiſſenſchaftliche Bildung desſelben, als auf ſeine Befähigung zur Leitung eines Reiches geſehen, welches nur ein durchaus ritterlicher Mann verwalten konnte. Unglücklicher Weiſe kam zu dieſen Mängeln noch eine ſtarke Eiferſucht, welche zwiſchen Otto's italieniſcher Mutter und ſeiner griechiſchen Gemahlin beſtand und bald die Entfernung der Erſteren zur Folge hatte. Dies ſchadete dem jungen Kaiſer beſonders in Italien ſehr, weil ſeine Mutter dort bekannt und beliebt war und ihm viel hätte nützen können. Sie begab ſich bald auf das Willhum, welches Otto I. ihr an den Grenzen Burgunds noch zu ihren großen Erbgütern in Italien angewieſen hatte.

Wenige Jahre nach ſeinem Regierungsantritt wurde Otto durch ſeinen Vetter, Herzog Heinrich II. den Zänker von Baiern,

---

*) Er wird auch der Rothe (Rufus) genannt, wie es heißt von der friſchen rothen Farbe ſeines Antlitzes und ſeiner Bruſt.

in einen unrühmlichen Krieg mit den Böhmen verwickelt. Ob, wie man vermuthet, Otto's Mutter bei dieser Sache betheiligt war, ist nicht mit Sicherheit zu ermitteln; doch könnte es sehr wohl der Fall gewesen sein, daß sie mit Heinrich, einem der unterrichtetsten Fürsten seiner Zeit, eine Partei gegen die Griechen, ihren Stolz, ihre Pracht und ihre Sitten gebildet hätte, und aus diesem Grunde verdrängt worden wäre. Auch auf Heinrich's Seite waren mächtige Frauen thätig, seine Mutter Judith und seine Schwester, die hochsinnige Hadwig (Hedwig), Wittwe des Herzogs Burkard von Schwaben. Heinrich hatte Grenzstreitigkeiten mit dem Herzog Otto von Schwaben, dem Sohne Ludolf's; er ward zu derselben Zeit, als Adelheid den Hof verlassen mußte, als Ruhestörer in Haft gebracht, entfloh aber bald nachher und reizte den böhmischen Fürsten, Boleslav II., zum Kriege gegen den Kaiser. Dieser gerieth dadurch in nicht geringe Verlegenheit, weil zu gleicher Zeit einerseits in Italien bedenkliche Bewegungen ausgebrochen waren und andererseits die westlichen Grenzen des Reiches von den Franzosen, die nördlichen von den Dänen angegriffen wurden. Otto hatte in dem Kampfe mit Heinrich und seinen Verbündeten kein Glück und der Krieg hörte erst dann auf, als jener (977) gefangen und die Verwaltung von Baiern dem Herzog Otto von Schwaben übertragen ward. Heinrich wurde vor ein Gericht von sächsischen Großen gestellt und dem Bischof von Utrecht in Verwahrsam gegeben. Das baierische Herzogthum wurde beträchtlich eingeschränkt und die Macht mehrerer treugebliebenen Bischöfe und weltlicher Herren an der Grenze desselben bedeutend erhöht. So erhielt Graf Liutpold (Leopold) aus dem ursprünglich fränkischen Geschlechte der Babenberger in ziemlich selbstständiger Stellung die Ostmark, das spätere Oestreich, wo nachher seine Nachkommen, darunter berühmte Fürsten, bis in das 13. Jahrhundert herrschten. Bemerkenswerth ist auch der treue Anhänger der Ottonen, Bischof Pilgerin von Passau, der nach dem Ruhme eines Apostels der Ungarn strebte.*) Mitten in diesen Unruhen im Innern des Reiches hatte Otto die bereits früher angegebenen Unternehmungen gegen die Franzosen und Dänen begonnen. Sie brachten beide dem Reiche keine dauernden Vortheile; denn der Rachezug nach Frankreich sicherte nicht einmal den Besitz von Lothringen und die Dänen zerstörten schon einige Jahre nachher die von Otto gegen sie erbaute Festung.

Nachdem Otto in Deutschland nach allen Seiten hin die Ruhe hergestellt hatte, eilte er nach Italien, wo gleich nach seines Vaters Tode

---

*) Das Nibelungenlied bringt ihn mit dem durch Attila vernichteten Burgundenhause in Verbindung, und läßt ihn seine Nichte Chrimhild ermahnen, für die Bekehrung des Hunnenkönigs zu wirken.

die deutschen Geistlichen, welche dieser mit Abteien und Bisthümern begabt hatte, verjagt worden waren und überhaupt das Ansehen des Kaisers ganz und gar verachtet zu werden schien. Besonders waren in Rom sehr arge Dinge vorgefallen. Crescentius, ein Sohn der jüngeren Theodora, der in Charakter und Sitten seiner Familie würdig war, hatte sich dort der Herrschaft bemächtigt, den Papst Benedict VI. nicht nur in Haft nehmen, sondern auch in der Engelsburg erwürgen lassen und einen seiner Anhänger unter dem Namen Bonifacius VII. an dessen Stelle erhoben (974). Wenige Monate nachher war der Letztere von seinen Gegnern wieder vertrieben und kurz nacheinander zwei andere Päpste eingesetzt worden. Der zweite von diesen, Benedict VII., war noch im Besitze des päpstlichen Stuhles, als Otto in Italien erschien (980). Der Kaiser söhnte sich zu Pavia aus politischen Ursachen, um der Lombarden willen, mit seiner Mutter aus und begab sich dann nach Rom, wo er mit großer Pracht das Osterfest feierte (981). Doch war diese Stadt keineswegs sein eigentliches Ziel, und ebenso wenig kam es ihm vorerst in den Sinn, die daselbst vorgefallenen Greuel zu bestrafen. Er wollte in Italien vor allen Dingen ein vorgebliches Recht seiner Gemahlin an Unteritalien geltend machen. Deßhalb verließ er Rom bald wieder und eilte nach Campanien.

Die Verhältnisse des griechischen Reiches schienen einen solchen Eroberungszug sehr zu begünstigen, weil Tzimiskes, einer der tüchtigsten byzantinischen Kaiser, schon 976 aus dem Leben geschieden und sein Nachfolger in große Bedrängniß gerathen war. Tzimiskes war frei von Eitelkeit, Prachtliebe und Grausamkeit, den gewöhnlichen Fehlern orientalischer Herrscher, und kannte den Schaden sehr wohl, welcher allen Despotieen beiwohnt und welcher besonders dem griechischen Reiche einen langsamen Untergang drohte. Er zog bald nach seinem Regierungsantritt den größten Theil der Truppen in Italien an sich, um den Bulgaren, Ungarn und Russen, welche zusammen in das Reich eingefallen und bis Adrianopel vorgedrungen waren, entgegen zu gehen, und zeigte sich dann als einen zugleich kampfgeübten und klugen General. Er schlug die Russen und die Bulgaren, wußte darauf Beide von einander zu trennen, unterwarf nachher die Letzteren völlig und erlaubte wohlweislich den Ersteren, mit aller gemachten Beute nach Hause abzuziehen. Die Beute ward den Russen verderblich; denn sie wurden um ihretwillen unterwegs von den raubsüchtigen Petschenären überfallen und erlitten eine schreckliche Niederlage, bei welcher auch ihr Großfürst Swätoslav umkam (972). Tzimiskes machte, wie bereits erwähnt, die Bulgarei zu einer Provinz und theilte sie in Districte, denen Woiwoden oder eingeborene Großen vorgesetzt wurden. Dann eilte er zu neuen Siegen in den Orient. Hier entriß er den Fatimiden und Hamadaniden den größten Theil von Syrien, entwarf darauf den Plan zu einem Zuge nach Armenien und würde dem ganzen Orient eine andere Gestalt gegeben haben, wenn ihn nicht eine Krankheit mitten im Laufe seiner Siege überrascht hätte; er zog nach Constantinopel zurück, wo er kurz nachher verschied. Die Regierung blieb seinen beiden Mitregenten, Basilius II. und Constantin VI.; doch ward der Erstere eigentlich allein Herrscher. Er führte die Regierung mit fester Hand, wurde aber eine Zeit lang durch die Umstände verhindert, an Italien zu denken. Er mußte nämlich nicht nur mit zwei Generalen, die sich gegen ihn empört hatten, einen verderblichen Krieg führen, sondern auch die bulgarischen Woiwoden erhoben sich, um die verlorene Unabhängigkeit ihrer Nation wieder zu erkämpfen. Die Ersteren nahmen ganz Asien in Besitz; die Bulgaren aber stellten ihr Reich für eine Zeit lang wieder her und streiften verheerend bis in den Peloponnes. Im Laufe seiner sehr langen Regierung gelangte jedoch Basilius nach erbitterten Kämpfen soweit zum Ziele, daß er in die Hauptstadt der Bulgaren, Achrida, im Triumph einzog, die noch lebenden Mitglieder der Königsfamilie gefangen nahm und das Land unterwarf. Welche Barbareien man damals zu begehen sich nicht scheute, erhellt aus dem Bericht, wie Basilius II. bereinst (1014) mit einer großen Schaar gefangener Bulgaren verfahren sei; er ließ sie sämmtlich blenden, so daß von 100 Bulgaren je einer ein Auge behielt, um den übrigen als Führer zu dienen. Als sie heimgekehrt waren, wurde beim Anblick des Jammers ihr König Samuel vor Schrecken krank und starb nach zwei Tagen.

Basilius hatte fünf Jahre regiert, als Otto II. ihn wider alles Recht um die Besitzungen in Italien zu bringen suchte. Dieser drang 981 erobernd in Apulien und Calabrien ein und schlug in der Nähe von Cotrone, obgleich er nur noch wenige Deutsche bei sich hatte, die Griechen und die von ihnen zu Hülfe gerufenen Araber aus Sicilien. Letztere verloren in der Schlacht ihren Führer, den tapferen Abulkasem, der von dem aegyptischen Khalifen Motz als Statthalter in Sicilien eingesetzt worden war. In einer zweiten Schlacht aber ließ sich Otto von den Saracenen in einen Hinterhalt locken und verlor sein ganzes Gefolge; eine große Zahl deutscher Krieger gerieth in harte Sklaverei. Otto selbst entging nur wie durch ein Wunder der Gefangenschaft. Er rettete sich nämlich auf ein griechisches Seeschiff, welches zufälliger Weise in der Nähe des Kampfplatzes lag und den jährlichen Tribut von Calabrien abholen sollte, der an einen Juden verpachtet war. Der Letztere befand sich selbst auf dem Schiffe. Otto wußte durch glückliche Besonnenheit ihm und der Mannschaft Achtung einzuflößen, indem er die Leute an seine nahe Verwandtschaft mit dem griechischen Kaiser erinnerte und sie bat, ihn zu demselben nach Constantinopel zu führen. Dann benutzte er den Eigennutz des Juden, um nicht zu den Griechen, sondern zu seiner Gemahlin, die sich in Rossano befand, gebracht zu werden. Als er unter dem Vorwande, Geld und Kostbarkeiten einzunehmen, in die Nähe dieser Stadt gekommen war, stürzte er sich plötzlich ins Meer und gelangte als guter Schwimmer glücklich ans Ufer. Diese furchtbare Niederlage machte tiefen Eindruck; „es sank", wie der Geschichtschreiber Thietmar von Merseburg sich ausdrückt, „die Zier des blonden Germaniens." Eigenthümlich ist es, daß man den Ort einer so denkwürdigen Schlacht nicht genau bestimmen kann; man nennt sie bald nach Basentello, bald nach Squillace; wahrscheinlich hat sie nahe bei der Nordküste des nach Squillace benannten Busens in Calabrien stattgefunden (982).

Otto machte sogleich neue und bedeutendere Rüstungen; doch war es ihm dabei nicht blos um Rache zu thun, sondern er dehnte offenbar seinen ganzen Plan weiter aus. Er hielt 983 zu Verona einen Reichstag, ließ durch denselben eine neue Unternehmung gegen die Saracenen und Griechen beschließen und erwartete dann die Truppen, die ihm aus Deutschland zu Hülfe eilten. Auf diesem Reichstage wurde ferner der dreijährige Otto, Sohn des Kaisers, von den deutschen und italienischen Großen gemeinsam als König anerkannt, eine Wahlhandlung, wie sie weder vor- noch nachher in dieser Weise vorkam. Die Statthalterwürde für Italien übertrug Otto II. seiner Mutter Adelheid; den jungen König geleitete deutsche Fürsten von Verona nach Aachen, um ihn dort krönen zu lassen. Außerdem hatte diese Versammlung auch Wichtigkeit für die innere Geschichte des deutschen Reiches; auf ihr wurde wahrscheinlich zuerst verfügt, daß die Marktgrafschaft Oestreich unter Liutpold dem Babenberger von Baiern getrennt werden sollte.

Da die Schwaben und Baiern im vorhergehenden Jahre besonders gelitten hatten, so waren diesmal die Sachsen die Hauptstütze Otto's. Auch brach Herzog Bernhard von Sachsen mit den Seinigen wirklich nach Italien auf, er mußte aber wieder umkehren, um sein eigenes Land zu beschützen; denn die nördlichen Wenden und die Dänen unter Swen Gabelbart hatten sich erhoben und tilgten mit furchtbarer Grausamkeit nicht nur das unter ihnen gegründete Christenthum aus, sondern sie brannten auch Hamburg nieder und richteten an der ganzen unteren Elbe schreckliche Verheerungen an. Zu gleicher Zeit empörten sich auch die in der Mark Brandenburg wohnenden Wenden, verjagten alle Christen aus ihrem Lande und zerstörten die Stadt Havelberg, sowie das schon 30 Jahre vor Magdeburg gestiftete Bisthum Brandenburg. Die Gefahr wäre noch größer gewesen, wenn sich die Wenben der Mark Brandenburg mit ihren Stammverwandten im Norden zu einem gemeinschaftlichen Plan ihrer Unternehmungen vereinigt hätten. Obgleich der Kampf mit diesen erbitterten Völkern die ganze Kraft der Sachsen in Anspruch nehmen konnte, zog doch Otto viele von ihnen nach Italien. Auch die Schwaben, deren Herzog im Jahre vorher ein Opfer des italienischen Klimas geworden war, mußten sich einfinden, so daß die Zahl der Truppen, die der Kaiser um sich versammelte, sehr groß war. Ueberhaupt machte er so ungeheure Zurüstungen, daß er es unmöglich blos auf die kleinen Staaten in Unteritalien und auf die unbedeutenden Heere der Griechen abgesehen haben konnte. Offenbar wollte er sich für die erlittene Niederlage durch nichts Geringeres, als durch die Vertreibung der Ungläubigen aus Sicilien rächen. Das beweist auch ein Streit, in welchen Otto damals mit den Venetianern gerieth; denn dieser Zwist wurde wahrscheinlich dadurch veranlaßt, daß die Venetianer als ein handelnder Staat, der durch seine Lage gesichert war, dem Kaiser ihre Schiffe aus dem Grunde versagten, weil sie auf die Griechen weit mehr Rücksicht nehmen mußten, als auf die Deutschen, welche keine Flotten hatten und die Waaren des Orients nur über Venedig beziehen konnten. Da der Krieg in Gegenden hätte geführt werden müssen, in welchen die Feinde sowohl der Zahl, als auch manchen anderen Verhältnissen nach weit überlegen waren, so würde er gewiß keinen günstigen Ausgang gehabt haben; Otto starb daher, als er noch vor der Eröffnung des Feldzuges zu Rom einem hitzigen Fieber erlag, in dieser Rücksicht zur gelegenen Zeit (Ende 983). Er hatte ein Alter von kaum 29 Jahren erreicht und war der einzige deutsche Kaiser, der in Rom verschied; der Marmorsarkophag, in welchem jetzt seine Leiche ruht, steht in den Grüften des Vatican.

Die Urtheile seiner Zeitgenossen über Otto II. sind mit wenigen Ausnahmen ungünstig. Man warf ihm besonders zu große Raschheit und Mangel an Ueberlegung vor. Doch möchte wohl der größte Tadel, den er verdiente, der sein, daß er die Einführung fremder Sitten begünstigte. In Deutschland schrieb man alles Gehässige seiner Gemahlin zu, sie war Allen verhaßt und soll die Deutschen besonders dadurch erbittert haben, daß sie bei Otto's Niederlage durch die Araber ihre Freude über den gescheiterten Plan des Kaisers gegen die Griechen offen äußerte. Es war daher nicht unbedenklich, daß Otto ihr die Vormundschaft über seinen noch nicht vier Jahre alten Sohn, Otto III., ertheilt hatte. Er selbst sah die Unruhen, welche nachher erfolgten, voraus, und ließ nicht nur seinen jungen Sohn schon bei Lebzeiten zum Könige wählen und krönen, sondern bestellte auch den Erzbischof Warin von Köln zum Beistande der Theophania. Er beseitigte jedoch dadurch nicht, was er hatte verhindern wollen. Eine große und mächtige Partei erhob sich gleich anfangs gegen den unmündigen König und gegen die Ausländerin, unter deren Einfluß er stand. Heinrich der Zänker von Baiern wurde vom Bischof von Utrecht, wahrscheinlich noch auf Geheiß Otto's II., seiner Haft entlassen; er bemächtigte sich des jungen Königs und nahm zuerst die Regentschaft und dann die Herrschaft selbst in Anspruch. Der letztere Schritt schien jedoch vielen Großen zu kühn; diese riefen daher des jungen Königs Großmutter, Adelheid, welche bisher die Angelegenheiten Italiens geleitet hatte, nach Deutschland. Es wurden hierauf mehrere Versammlungen wegen der Verwaltung des Reiches gehalten und auf einer derselben erkannten Heinrich's Anhänger diesen sogar förmlich als König an. Derselbe verließ sich zum Theil auf sein Einverständniß mit König Lothar von Frankreich, dem er Lothringen zu überlassen bereit war, sowie mit den Fürsten von Böhmen und Polen; aber gerade diese Verbindungen schadeten ihm in den Augen des Volkes. Bald sah er sich theils durch Güte, theils durch die energischen Maaßregeln seiner Gegner veranlaßt, dem Kinde zu huldigen; im Jahre 985 erschien er zu Frankfurt als Vasall vor demselben, und ein Jahr später stand er zu Quedlinburg unter den Fürsten, die den sechsjährigen König bei Tafel bedienten.

Dieser glückliche Erfolg war hauptsächlich dem Erzbischof Willigis*) von Mainz zu verdanken, der nun an Warin's Stelle die Mitaufsicht über die Erziehung des Kindes und über das Reich erhielt, an welcher noch Otto's Mutter Theophania, seine Großmutter Adelheid und seine Vaterschwester Mathilde, Aebtissin von Quedlinburg, Theil nahmen. Daß Frauen in jenen Zeiten einen so bedeutenden Einfluß haben konnten, muß aus den bekannten Stammsitten der Deutschen erklärt werden. Dem Staate war dies schwerlich vortheilhaft, weil Zwistigkeiten unter Weibern auch Zwistigkeiten im Reiche hervorbrachten; für die Erziehung und Bildung des jungen Königs aber war es gewiß nützlich. Die Bildung Otto's leiteten besonders drei der größten Gelehrten ihrer Zeit, der Bischof Bernward von Hildesheim, der Hofkaplan und nachherige Bischof von Paderborn, Meinwerk, und, wiewohl erst später, der berühmte Gerbert. Diese drei Männer sind übrigens nicht nur durch ihren Einfluß auf Otto's Bildung, sondern auch in anderer Hinsicht höchst bedeutend.

---

*) Dieser ausgezeichnete Staatsmann war ein geborener Sachse von bäuerlicher Herkunft; die Sage, daß er ein Wagnerssohn gewesen, beruht, wie viele volksthümliche Erzählungen, auf mißverständlicher Auffassung einer bildlichen Darstellung; hier des Mainzer Wappens, das ursprünglich wohl ein altes, vielleicht selbst heidnisches und später christianisirtes Sinnbild war.

Die beiden Ersteren gehörten nämlich auch zu den geschicktesten mechanischen Künstlern dieser Zeit und wirkten sehr fördernd auf die Entwickelung der Künste ein. Von Bernward wird z. B. berichtet, daß er die Malerei, die Juwelier-, Bildhauer- und Baukunst theils durch das Studium ausländischer Werke, theils durch eigene Erfindungen vervollkommnet und junge Leute von Talent in den Künsten und Gewerben unterrichtet habe. Gerbert aber war unstreitig der gelehrteste Mann seiner Zeit und als feiner Kopf berühmt. In der Auvergne geboren und erzogen, war er zuerst in Aurillac Mönch geworden, entfloh aber, entweder aus Abneigung gegen das Klosterleben oder aus Ruhm- und Wißbegierde, ging nach Barcelona und erwarb sich dort eine genaue Kenntniß der mathematischen Wissenschaften, die bei den spanischen Mohamedanern so sehr blühten.*) Er kam nachher nach Rom und ward daselbst mit Otto dem Großen bekannt, der sich auf Menschen verstand und ihn daher viel gebrauchte, besonders in solchen Geschäften, welche die feinste Behandlung erforderten. Otto machte ihn dafür zum Abt in Bobbio. Gerbert war aber gerade aus dem Grunde, daß ein deutscher König ihn eingesetzt hatte, den Italienern verhaßt und wurde nach Otto's Tode vertrieben. Er begab sich zuerst nach Rom und dann nach Frankreich und ward der Geheimschreiber und Vertraute der Emma, einer Tochter der Adelheid aus ihrer ersten Ehe, welche mit dem französischen König Lothar aus dem Hause der Karolinger vermählt war. Mit Adelheid, welche in Italien lebte und dort das Regiment führte, war er ebenfalls sehr befreundet. Er stand eine Zeit lang der Schule zu Rheims vor, leitete die Erziehung des nachherigen capetingischen Königs Robert I., erhielt, wie bereits angegeben wurde, die erzbischöfliche Würde von Rheims und machte damals großes Aufsehen, weil seinetwegen ein Streit zwischen dem Papste und der französischen Kirche ausbrach, in welchem seine Talente sich in hohem Glanze zeigten. Nach einiger Zeit dankte er als Bischof freiwillig ab und begab sich an den deutschen Hof. Er nahm nun an Otto's III. Bildung und Erziehung großen Antheil, übte aber auch einen sehr nachtheiligen Einfluß auf den Charakter desselben aus, weil er selbst in Hinsicht auf Gesinnung und Richtung ebenso zweideutig war, als er sich durch Geistesgaben und Kenntnisse auszeichnete. Er hing den Mantel mitunter nach dem Winde, wußte auf die feinste Weise zu schmeicheln und übertraf alle Anderen an Klugheit und Gewandtheit.

Die Männer und Frauen, welche Otto's Erziehung leiteten und

---

*) Man schreibt ihm das Verdienst zu, das indische (sogenannte arabische) Zahlensystem mit dem Stellenwerthe der Ziffern von Spanien aus zuerst in das christliche Europa eingeführt zu haben.

in seinem Namen das Reich verwalteten, handelten in Beidem nicht ganz den herrschenden Ansichten und Gewohnheiten gemäß. Jene schlauen Geistlichen suchten Allen Alles zu sein, die Ueberredungskunst statt der Gewalt zu gebrauchen und mitunter auch die Despotie aus dem alten Testament zu begründen; dies war den rohen, aber biederen Deutschen oft zuwider. Die beiden Ausländerinnen, Adelheid und Theophania, wollten gern die rauhe Schale der deutschen Biederkeit, an welche sie sich nicht gewöhnen konnten, abgefeilt haben, und zwar selbst auf Kosten des gesunden Kernes, der unter ihr lag; durch ihren Einfluß fand daher Otto schon früh Wohlgefallen an fremder Sitte und Anschauungsweise. Der Knabe wurde sehr gelehrt gebildet und lernte ohne Mühe die drei ganz verschiedenen Sprachen seiner Großmutter, seiner Mutter und seiner väterlichen Verwandten verstehen und gebrauchen, so daß die Schmeichler ihn bald ein Weltwunder nannten. Doch darf man bei allem diesen nicht übersehen, daß sowohl seine Lehrer, als auch die Frauen, in deren Händen seine Erziehung lag, die Ausbildung des Verstandes nicht als das einzige Erforderniß ansahen, sondern daß sie Otto sogar schon als zartes Kind auf die Feldzüge mitnehmen ließen, welche gegen die Wenden unternommen wurden. Während diese Kriege theils durch den Nachdruck der sächsischen Waffen, theils durch kluge Verbindung mit einem der mächtigsten slavischen Fürsten, Mieczislaw von Polen, einen glücklichen Fortgang nahmen, maaßten sich im Süden von Deutschland die Völkerschaften an, ihre Herzöge selbst zu wählen, und die Söhne der mit kaiserlichen Gütern begabten Grafen nahmen dieselben nach dem Tode ihrer Väter in Besitz, ohne die Regierung zu fragen; ja, sie schlossen sogar, was bis dahin unerhört gewesen war, große Bündnisse und führten blutige Kriege mit einander, wie wenn keine Obergerichtsbarkeit im Reiche wäre. Dies war besonders in Baiern der Fall, wo sich nach dem Tode Heinrich's des Zänkers, — den man übrigens seit seiner Unterwerfung den **Friedfertigen** nannte, — dessen Sohn sich als **Heinrich** III. vom Volke zum Herzog ernennen ließ und, fast wie ein König waltend, die Zwistigkeiten mit seinen Nachbarn durch das Schwert entschied. Zu gleicher Zeit schlug auch der Adelstolz im Reiche immer stärkere Wurzeln und vernichtete den alten Grundsatz der Gleichheit in den Versammlungen. Ein Bischof von Metz z. B. glaubte sich wegen seiner Verwandtschaft mit dem königlichen Hause über die anderen Geistlichen erhoben und nahm bald nachher, unter Otto's Nachfolger, auf einer Versammlung, welcher sogar Erzbischöfe beiwohnten, einen erhöhten Sitz für sich in Anspruch. Die Vorstellung vom Vorzuge einer edlen Abkunft war zwar allen Germanen von Anfang an eigen, aber der Mißbrauch derselben, den man immer besonders Deutschen und Franzosen zur Last gelegt hat, trat erst seit Otto II. offen und bestimmt hervor. Unter diesem murrten nämlich die Edlen laut darüber, daß kirchliche Aemter und Würden, die sie bereits als Eigenthum und Erbgut der großen Familien ansahen, Anderen als ihnen ertheilt würden. Die weltlichen Stellen waren fast alle schon erblich geworden; die geistlichen dagegen hatte Otto der Große stets, ohne irgend Jemanden zu fragen, vergeben; er hatte aber die neuen Stifter im Norden außerordentlich reich mit Gütern und Rechten ausgestattet und dies machte die großen Familien nur um so mehr lüstern. Otto II. hatte sich durch ihre Anmaßung nicht irre machen lassen und unter Andern dem wackeren Willigis das erste Erzbisthum des Reiches übertragen.

Während blutige Kriege theils an der Nordostgrenze von Deutschland geführt wurden, theils im Innern des Reiches Schwaben und Baiern zerrissen, stieg in Italien die Verwirrung so hoch, daß ohne fremde Hülfe keine Ruhe mehr zu hoffen war. Nicht allein hatten die Griechen seit dem Abzuge der Deutschen ihre Macht wieder ungemein ausgebreitet und gewissermaßen neu gegründet, sondern es wurden auch in Rom und am Haupte der Christenheit die schändlichsten Greuel geübt. Die Güterbesitzer um Rom, auf ihre Burgen trotzend, drückten das Volk und bekämpften sich gegenseitig. Ein jüngerer Crescentius war als Besitzer der Engelsburg, der festesten Burg von Rom, der mächtigste unter ihnen und hatte die größte Zahl Leute in Dienst. Dies gab auch den Papst in seine Hände, weil derselbe keine Bewaffnete in seinem Solde hielt oder halten konnte. Crescentius herrschte unter dem Titel eines Patricius völlig unumschränkt in der Stadt, hielt den Papst Johann XIV. lange Zeit gefangen und ließ ihn, als 984 der zehn Jahre früher vertriebene Bonifacius VII. zurückkehrte, zu Tode quälen. Der Letztere bedrückte darauf in Verbindung mit Crescentius sieben (nach anderen elf) Monate lang das Volk, das erst an seinem Leichnam eine späte und unnütze Rache nehmen konnte; der erbitterte Pöbel zerriß den Körper des verhaßten Papstes und schleifte ihn durch die Straßen der Stadt. Auch der Nachfolger des Bonifacius, Johann XV., stand ganz unter der Botmäßigkeit der Tyrannen von Rom und sah sich zuletzt genöthigt, aus der Stadt zu entfliehen (987). Beide waren noch im heftigsten Zwiste, als die unerwartete Ankunft der Theophano in Italien sie veranlaßte, sich zu versöhnen. Der Grund, warum die Mutter des jungen Königs damals in Italien erschien, war nicht einzig der Wunsch, das Ansehen desselben dort geltend zu machen, sondern sie wollte wahrscheinlich auch ihre Schwiegermutter Adelheid, welche in Italien Alles lenkte und ihr mehr als billig entgegen war, um einen Theil ihres Einflusses bringen. Daher zog sie in Rom weder den Papst, noch Crescentius zur Rechenschaft, wohl aber verschaffte sie den Griechen, die sich bei ihr aufhielten oder an sie anschlossen, durch den Ersteren ansehnliche Stellen, was dann neuen Anlaß zum Zwiste mit Adelheid gab. Als sie, ein Jahr nach ihrer Rückkehr, zu Nymwegen gestorben war (991), eilte Adelheid nach Deutschland; sie vermochte aber, ungeachtet ihr getreuer Gerbert damals seine ganze Gewandtheit für sie aufbot, sich nicht am Hofe zu behaupten; in dem Reichsrath, welchen sie zu berücksichtigen hatte, befanden sich tüchtige Männer, wie Erzbischof Willigis, Heinrich von Baiern und der tapfere sächsische Markgraf Eckard, der Meißen wieder an das Reich gebracht hatte und gewöhnlich nach dieser Feste benannt wird. Sie mußte bald wieder abziehen, umsomehr als man ihrem Enkel zu verstehen gab, daß sie ihn in steter Vormundschaft halten wollte.

Auch Gerbert hatte sich anfangs wieder vom Hofe entfernt und kehrte erst als Adelheid vertrieben war zurück. Daß der königliche Knabe, welcher stets von Weibern, Gelehrten, Hofleuten und Bischöfen, sowie von Griechen und Italienern umgeben und nur zu sehr an Schmeichelei gewöhnt war, den schlauen und gewandten Gerbert gnädig aufnahm, kann man sich denken, und ebenso ließe sich schon aus Gerbert's Charakter schließen, daß dieser Mann sich bald einen bedeutenden Einfluß zu verschaffen wußte, obwohl seine Verbindung mit Otto damals nur vorübergehend war. Die Mittel, deren sich Gerbert dazu bediente, waren für einen Geistlichen, der noch dazu eine so große Bildung besaß und in einem vorgerückten Lebensalter stand, zum Theil sehr entehrend. So schämte er sich z. B. nicht, einem Knaben, dessen Großvater sich schon seines Rathes bedient hatte, in der Zueignung einer Schrift zu sagen: „Dein göttlicher Geist hat die Empfindungen und Gedanken, die er bei sich in der Stille entwickelte, in göttliche Worte aufgelöst und Ideen ausgesprochen, wie sie ein Aristoteles und andere große Männer in den schwierigsten Sätzen niedergelegt haben, so daß es wunderbar ist, wie ein Sterblicher mitten unter den Zurüstungen zu den slavischen Kriegen die nöthige Sammlung zu solchen philosophischen Betrachtungen finden konnte." Der klügste Rath, welchen Gerbert dem jungen, ehrgeizigen König hätte geben können, wäre unstreitig gewesen, sich der im Norden durch glückliche Kriege neu gegründeten Macht zu bedienen, um die Unruhen im Osten ganz zu unterdrücken und den nordischen Räubern einen festen Damm entgegenzusetzen. Das Letztere wäre besonders nöthig gewesen, da die Dänen, wahrscheinlich weil sie gerade damals in England so glücklich waren, ihre Einfälle erneuet hatten und die Gegenden um die Elbe, Weser, Aller und Leine verheerten, so daß man die Hauptorte von Niedersachsen mit Mauern umgeben oder neue Befestigungen anlegen mußte, aus denen dann gerade die Städte entstanden, welche nachher am ersten selbstständig geworden sind. Allein auf alles dies nahm Gerbert keine Rücksicht; er nährte vielmehr die Eitelkeit eines Knaben, den man von Kindesbeinen an nur zu sehr erhoben hatte, richtete den Sinn desselben ganz nach Italien hin und steigerte die Begeisterung für Rom und alle römische Größe, die ihm früh eingeflößt worden war. Was Wunder, wenn Otto's erste That darin bestand, daß er ganz Deutschland aufbot, um nach Italien zu ziehen! Gerbert war es endlich wahrscheinlich auch, der in dem 15jährigen König den Gedanken erweckte, daß eine griechische Prinzessin die würdigste Braut für ihn sei; wenigstens bediente sich Otto bei der Wahl der Männer, die er zur Bewerbung nach Constantinopel sandte, seines Rathes.

Das kaiserliche Ansehen war, als Otto von Regensburg aus nach Italien aufbrach (996), wieder so groß, daß sich Niemand im Reiche seinem Zuge widersetzte und daß auch die Sachsen, obgleich der König den Frieden mit den Wenden auf ihre Unkosten hergestellt hatte, ihn in großer Zahl über die Alpen geleiteten. Unterwegs erhielt Otto die Nachricht vom Tode des Papstes Johann XV. Von Deutschland her gewohnt, die Bisthümer nach eigenem Ermessen zu vergeben, und von einem Theil des römischen Adels durch Gesandte aufgefordert, ernannte er, ohne die Geistlichkeit zu fragen, seinen Vetter Bruno, welcher von dem fränkischen Herzog Konrad und einer Tochter Otto's des Großen abstammte und bei seiner frühen Jugend — er zählte nicht zehn Jahre mehr als der König — ein sehr würdiger Mann war, zum Nachfolger Johann's. Die Römer nahmen den neuen Papst, der sich den Namen Gregor V. gab, ohne Widerstreben an, weil Otto mit seinem Heere ihm nachfolgte; er war der erste Deutsche, der auf den Stuhl Petri gelangte. Bruno krönte und salbte den Jüngling zum Kaiser und suchte die Zuneigung der Römer dadurch zu gewinnen, daß er denselben bewog, den gefährlichen Crescentius nicht allein unbestraft, sondern auch im Besitze der Engelsburg zu lassen. Bruno hatte sich mit dieser Großmuth sehr verrechnet; denn kaum war der Kaiser nach Deutschland zurückgekehrt, als der schlaue Römer aus seiner Burg hervorkam, den deutschen Papst aus der Stadt jagte, einen anderen an seine Stelle setzte und überhaupt noch ungerechter und gewaltthätiger verfuhr als zuvor. Otto war übrigens auf diesem Zuge nicht über Rom hinausgegangen, wahrscheinlich weil er nicht, wie einst sein Großvater, die Bemühungen seiner Gesandten am byzantinischen Hofe durch Argwohn erregende Handlungen stören wollte.

Der junge Kaiser hatte um jene Zeit das Unglück, zwei seiner treuesten Freunde, den Bischof **Bernward** von **Würzburg** und den Erzbischof **Adalbert** von **Prag**, in einem und demselben Jahre zu verlieren. Der Erstere, welcher von Otto an die Spitze seiner ersten Gesandtschaft nach Constantinopel gestellt worden war, erlag unterwegs einer ansteckenden Krankheit, der Letztere ward von den heidnischen Preußen erschlagen. Adalbert's Tod war nicht blos schmerzlich für Otto, an dessen Bildung dieser Mann Antheil gehabt hatte, sondern er übte auch auf die Ruhe der Ostgrenze des Reiches einen sehr nachtheiligen Einfluß aus. Adalbert war nämlich aus einer sehr angesehenen böhmischen Familie entsprossen und folglich mit der Sprache und den Sitten der slavischen Völker ganz vertraut. Da er nun nicht nur Erzbischof von Prag und Missionar unter seinen slavischen Stammgenossen geworden war, sondern auch wirkliche Frömmigkeit, aufrichtige Demuth und wahren Eifer für die christliche Lehre besaß, so leistete er dem Christenthum bei den unterworfenen Slaven-Völkern die bedeutendsten Dienste. Besonders that er ungemein viel zur Befestigung desselben in Polen. Er würde sich um die Menschheit noch weit mehr verdient gemacht haben, wenn er nicht sein Leben unbedachtsamer Weise der Gefahr unter Barbaren ausgesetzt hätte. Er suchte den Märtyrer-Tod und fand ihn bei den **Preußen**, einem noch ganz wilden Volke des litthauischen Zweiges der slavischen Völkergruppe, das er zu bekehren suchte. Da er nämlich dem Verlangen der Preußen, ihre ererbten Meinungen durch seine neue Lehre nicht zu stören, hartnäckig widerstrebte, so ward er von ihnen 997 erschlagen. Der polnische Herzog Boleslav I., Sohn des Mieczislav, kaufte die Leiche den Preußen mit vielem Gelde ab und ließ sie in der Stadt Gnesen beisetzen; er selbst aber wurde von der römischen Kirche unter die Heiligen aufgenommen und als Apostel der Polen verehrt, wie auch die Kathedrale von Gnesen, in der seine Leiche ruht, Sitz eines Erzbischofs wurde, der später als Primas des polnischen Reiches galt. Um diese Zeit lud Otto seinen Gerbert auf die Dauer zu seinem Hoflager; der Brief, in welchem dies geschah, macht bei aller aufrichtigen Wißbegierde einen unangenehmen Eindruck, indem der junge Kaiser darin den französischen Erzbischof ersucht, Nachsicht mit seiner „sächsischen Rohheit" zu haben; ein Ausdruck, der dem Urenkel Heinrich's übel ansteht. Gerbert mußte übrigens um diese Zeit von seinem Stuhle in Rheims weichen.

Otto sah sich schon im Jahre 997 genöthigt, aufs neue nach Italien zu ziehen, weil sein Ansehen dort ganz vernichtet zu werden drohte. Der vertriebene Papst Gregor V., welcher von Pavia aus die Römer und ihren Beherrscher mit dem Banne belegt hatte, ließ den Kaiser dringend um Hülfe ersuchen; Crescentius aber hatte nicht nur den

Bischof Philagathus von Piacenza, einen geborenen Griechen, der von Theophano sehr begünstigt und von Otto selbst seiner Gesandtschaft nach Constantinopel beigegeben worden war, unter dem Namen Johann XVI. zum Papst weihen lassen, sondern man beschuldigte auch Beide, daß sie die Herrschaft über Italien den Griechen in die Hände spielen wollten. Otto brach noch spät im Jahre 997 aus Deutschland auf und zog über Pavia gerades Wegs auf Rom los. Hier mußte er seinem Papste mit Gewalt Recht verschaffen; er that dies aber mit einer Grausamkeit, die der Rücksicht auf Klugheit und Recht um so weniger entsprach, als sich Gregor selbst durch seine jugendliche Heftigkeit und durch eine Strenge, die man in Italien nicht gewohnt war, den Römern verhaßt gemacht hatte. Otto's Verfahren würde selbst dann nicht zu entschuldigen sein, wenn man auf den so eben erwähnten verrätherischen Plan seiner Hauptgegner, der ihnen vielleicht nicht einmal mit Recht zugeschrieben wird, mehr Gewicht legen wollte, als derselbe verdient. Ungeachtet der dringenden Bitten des ehrwürdigen 90jährigen Abtes Nilus, welcher ausdrücklich nach Rom kam, um Otto und Gregor von Grausamkeiten gegen Johann abzumahnen, wurde dieser, dem vorher deutsche Kriegsleute unter Führung eines alemannischen Grafen die Augen ausgestochen und Nase und Zunge abgeschnitten hatten, nunmehr auf schimpfliche Weise in der Stadt umhergeführt und dem Spotte des Pöbels preisgegeben. Auch an Crescentius, den der Markgraf Ekard von Meißen in der Engelsburg belagerte und der erst nach hartnäckiger Gegenwehr in die Hände seiner Gegner fiel, ward eine tumultuarische Justiz geübt. Otto ließ ihn ohne weiteres enthaupten und dann bei den Füßen an einen Galgen hängen. Das ganze Verfahren des Kaisers und die geringe Sorge, die er diesmal trug, sich die Zuneigung der Stadt Rom zu gewinnen, ist in hohem Grade befremdend, weil er nicht nur schon seit seiner frühesten Jugend an römische Schmeichelei, an Pracht und Zierlichkeit gewöhnt war, sondern auch in Folge des Einflusses seiner Mutter und Großmutter Deutschland als ein Barbarenland betrachtete und die Italiener, Burgunder, Aquitanier, besonders aber die Römer sichtbar vorzog. Seine Härte und Grausamkeit würde deshalb unerklärlich sein, wenn man nicht annähme, es sei selbst in Rom Grundsatz gewesen, daß die Römer nur mit Strenge zu regieren wären. Uebrigens war es eine ganz natürliche Folge seines Verfahrens, daß Gregor auch nachher heftige Anfeindungen zu erdulden hatte. Er starb schon 999, und der Kaiser ließ sich, ungeachtet der Mißgeschicke Gregor's, nicht abhalten, den Römern einen neuen Papst aufzubringen. Dies war der berühmte Gerbert, der vom Kaiser im vorhergehenden Jahre zum Erzbischof von Ravenna ernannt worden war, und jetzt unter dem Namen Sylvester II. den päpstlichen Stuhl bestieg. Otto kehrte im Anfang des Jahres 1000 nach Deutschland zurück. Hier trat er sogleich eine Pilgerfahrt zum Grabe des heiligen Adalbert an. So andächtig auch sein ganzer Aufzug bei dieser Wallfahrt war, so waren derselben doch wohl politische Ursachen nicht fremd. Wahrscheinlich wünschte er den Herzog von Polen fester an sich zu knüpfen; wenigstens vermehrte er durch die seitdem fortdauernde Verbindung mit den Polen den Glanz seines Hofes. Auch stiftete er auf diesem Zuge jenes neue Erzbisthum zu Gnesen, in welches alsbald Adalbert's Bruder Gaudentius eingesetzt wurde.

Otto's politisches Ideal war ein römisches Kaiserthum, in welchem das christliche Abendland seine höchste Autorität sähe; der Herrscher sollte mit dem Ansehen eines Augustus oder Hadrian walten, das Gesetzbuch Justinian's allgemeine Gültigkeit haben, die höchste Aufgabe des Kaisers aber in der Beschirmung der Kirche bestehen, die er sich in der ernsten Reinheit und Heiligkeit dachte, wie sie von Clugny aus anempfohlen wurde. Insofern hatte er die Geistlichen der strengeren Richtung für sich, denen sich seit seiner Einsetzung in Ravenna auch Gerbert anschloß; nur hegten dieselben den weiteren Gedanken, daß die Kirche in Folge dieser Läuterung auch an die Spitze des Staats- und Völkerlebens treten sollte. In Südfrankreich, Burgund und Oberitalien hatten sie die allgemeine Stimmung namentlich auch der unteren Stände für sich; wie denn überhaupt diese Länder mehrere Jahrhunderte hindurch in vielen Bestrebungen, die damals zeitgemäß und daher fruchtbar waren, den Vorgang hatten. Mit ebenso tiefer, lebhafter Gluth, wie in unserem Jahrhundert die Revolution, begrüßte man damals jene aufdämmernden Ideen eines neuen Weltalters. Otto's Stimmung war zwischen seinen Kaiserträumen und einem ascetischen Hang zum Aufenthalt in Einsiedeleien und zu frommen Uebungen getheilt. Dieser Hang war beim Herannahen und Eintreten des Jahres 1000 mächtiger als je vorher. Die Erwartung des Weltuntergangs hielt die ganze abendländische Christenheit in stets gesteigerter Spannung. Manche mochten sich wegen der bevorstehenden Vernichtung des Daseins einem wilderen Lebensgenuß hingeben; viel ausgebreiteter aber war die entgegengesetzte Richtung, sich des Irdischen zu entäußern und die kommenden Strafgerichte zu sühnen. Die letztere wurde noch erhöht durch manches Unglück der Zeit; auch gereichte sie der Kirche zum höchsten Vortheil. Eifriger als je bemühte sie sich um die Bekehrung der heidnischen Stämme Europas, wie denn gerade kurz vor dem verhängnißvollen Jahr ganze Völker, Ungarn, Polen, Russen, Standinavier, dem Christenthum zugeführt wurden. Laien entschlossen sich leicht dazu, durch Ueberlassung von Häusern und Grundstücken an

Kirchen und Klöster den Himmel gnädig zu stimmen; wurde doch längere Zeit hindurch, um des nahenden jüngsten Tages willen, kaum noch ein neues Gebäude errichtet, ja kaum eine Reparatur vorgenommen. Da nun das gefürchtete Jahr unter erhöhten Besorgnissen endlich verstrichen war, äußerte sich der menschlichen Natur entsprechend die erneute Lebenshoffnung. Auf die Baukunst hatte der wieder erwachte Unternehmungsgeist einen sehr bedeutenden Einfluß; die Kirche brachte ihre neu gewonnenen Mittel zur Anwendung, und „die Erde", wie ein Chronist sagt, „bedeckte sich mit einem weißen Mantel von Gotteshäusern." Bei den Abteien und Kirchen, die nun so zahlreich errichtet wurden, gaben sich auch die neuen Anschauungen kund, die man unter den Ottonen durch die Verbindung mit dem Süden gewonnen hatte; der alte Basilikenbaustyl wurde mit dem durchgebildeten Rundbogenstyl und seinen zierlichen Säulen- und Fensterreihen in Verbindung gebracht, wobei das niedrige, von Sparren durchzogene Dreieck des Daches der gewölbten Halle weichen mußte. Dieses neue Princip, das byzantinische oder romanische, zeigte sich in hoher Schönheit an der unter dem folgenden Kaiser gegründeten Kathedrale zu Bamberg in ihrer ersten Gestalt.

Fast zu gleicher Zeit starben Otto's Großmutter Adelheid, welche ungeachtet ihrer Entfernung vom Hofe stets Einfluß auf die Reichsangelegenheiten behielt, seine Tante Mathilde, der er vor seinem letzten Zuge nach Italien die Leitung der Regierung in Deutschland übertragen hatte, und der Markgraf H u g o von Tuscien, welcher schon seit langer Zeit am deutschen Hofe gewesen war und den jungen Kaiser so sehr von sich abhängig gemacht hatte, daß dieser bei der Nachricht von seinem Tode frohlockend ausrief: „Nun ist mein Zügel zerrissen, und ich bin frei!" Bisher hatte sich Otto noch immer Zwang anthun müssen; sobald aber Hugo und jene beiden Frauen gestorben waren, zeigte er in seinem Betragen und Aufzug immer deutlicher den Uebermuth eines jungen, stolzen Fürsten. Seine deutschen Landsleute kränkte er durch seine Vorliebe für die Italiener und durch seine, aus lauter Römern bestehende Umgebung. Auch brachte er manche Gemüther dadurch gegen sich auf, daß er damals nach Aachen zog und sich Karl's des Großen Grab öffnen ließ, was man als eine Verletzung der Ruhe dieses Kaisers ansah, wenn auch im Uebrigen diese Wallfahrt gleich jener nach Gnesen mit dem bußfertigen Hange der Zeit in Verbindung stand.*) Gleich nachher (im Sommer des Jahres 1000) ging

---

*) Nach dem Berichte des Grafen von Lomello, der den Kaiser in die Gruft begleitete, saß der todte Herrscher aufrecht, mit einer Krone geschmückt; Otto nahm einen Zahn aus Karl's Munde mit sich. Die Angabe, daß die Nägel der Leiche durch die Handschuhe gewachsen seien, erinnert an Aehnliches in der Kyffhäusersage.

er nach Italien zurück, um für immer dort zu bleiben und dieses Land wieder, wie zur Zeit der alten Römer, zum Mittelpunkt eines Weltreiches zu machen. Er schlug seinen Sitz in Rom auf und entfremdete sich dadurch seine Deutschen völlig, ohne die Römer sehr zu gewinnen. Fast alle Deutschen seines Gefolges verließen ihn, und es ist nicht unglaublich, daß man in Deutschland daran gedacht habe, einen anderen König einzusetzen, damit das Reich nicht eine Provinz von Rom werde. Otto selbst fühlte bald, wie unbesonnen er um der Italiener willen seine treuen Deutschen aufgegeben habe, von denen er in der Entfernung eine bessere Meinung gewann. Dies zeigte sich besonders deutlich schon bei der Aufnahme seines würdigen Lehrers, des Bischofs Bernward von Hildesheim, welcher wegen eines Streites mit einem anderen Bischof in Begleitung eines zahlreichen Gefolges nach Rom kam. Otto empfing ihn mit inniger Freude und auf eine zuvorkommende Weise, die ihm selbst die größte Ehre machte. Die Lage der Dinge in Rom gab dem wackeren Bischof bald Gelegenheit, dem Kaiser nicht blos durch seinen Rath, sondern auch durch seine Tapferkeit nützlich zu werden. Die Einwohner der benachbarten Stadt Tivoli versagten dem Kaiser trotzig den Gehorsam und wurden erst nach einem hartnäckigen Widerstand bezwungen; auf Fürbitten Bernward's, der sie zur Unterwerfung hatte bringen helfen, verzieh ihnen Otto. Dies erbitterte die mit den Bewohnern von Tivoli entzweiten Römer. Sie verschlossen den Truppen Otto's die Thore ihrer Stadt, umzingelten seinen Palast und bedrohten sogar sein Leben. Bernward ermunterte aber das Gefolge des Kaisers durch sein Gebet und durch sein eigenes Beispiel zu einem entschlossenen Auftreten, und das treulose Volk mußte die Waffen strecken; ja nach dem Einzuge der Deutschen erschien das Volk vor des Kaisers Residenz, hörte seine strafenden Worte demüthig an und lieferte zwei Rädelsführer in seine Hand. Als aber neue Unruhen eintraten, verließ Otto die Stadt und entbot die Deutschen zu sich. Während diese sich langsam einfanden, verweilte er bald in Ravenna, wo er sich mit dem Abt Odilo von Clugny und mit dem Einsiedler Romuald in frommen Betrachtungen erging, bald wieder vor Rom. Endlich erkrankte und starb er auf dem Schlosse Paterno in der Romagna im 22. Jahre seines Lebens (1002). Die Italiener suchten sogar noch nach seinem Tode Feindseligkeit an ihm zu üben: sie griffen die Deutschen, welche seine Leiche über Verona nach Deutschland brachten, dreimal an, so daß diese im Gebirge mit großen Gefahren zu kämpfen hatten. Otto wurde in der Marienkirche zu Aachen, die er zwei Jahre vorher besucht hatte, beigesetzt. Die noch von ihm nach Constantinopel abgeschickte zweite Gesandtschaft, welche den gewünschten Erfolg gehabt haben soll, kam erst nach seinem Tode zurück.

Da Otto weder Erben, noch auch eine Verordnung wegen der Nachfolge hinterließ, so war einer anderen Dynastie die Aussicht auf den Thron eröffnet; doch hatten die Deutschen eine so große Vorliebe für eine Erbfolge aus dem Blute derer, welche einst Könige gewesen waren, daß man auch damals die kräftigsten Fürsten, die sich um die Krone bewarben, hintansetzte und dagegen einen anscheinend minder bedeutenden Mann wählte, weil dieser der nächste Anverwandte des sächsischen Hauses war. Blicken wir, ehe wir zur Regierung von Otto's Nachfolger übergehen, auf den Zustand der Nation unter den sächsischen Kaisern zurück, so zeigen sich einige sehr wichtige Veränderungen. Die Zeit der Ottone ist eine der glänzendsten in der deutschen Geschichte; denn in Deutschland allein galt damals das königliche Ansehen etwas, während es in den anderen Ländern gesunken war, und da außerdem die ersten sächsischen Könige die Herzöge und Grafen um sich zu vereinigen gewußt hatten, so waren diese ein Schutz der Nation gegen den König und der König wieder ein Schutz gegen sie. Ein anderer großer Zug der sächsischen Zeit ist das überall sichtbar hervortretende Fortschreiten in der Entwickelung und Bildung der deutschen Nation, wobei nicht zu verkennen ist, daß von den Ottonen selbst ein Hintreiben auf Cultur ausging. Diese wichtige Veränderung zeigt sich, ihrer Entstehung und ihrem äußeren Erscheinen nach, in folgenden einzelnen Umständen. Zuerst wirkte die Entdeckung der Silber-Bergwerke des Harzes, zunächst am Rammelsberge, und die dadurch vermehrte Masse des Geldes in Deutschland bedeutend auf den Handel und die Cultur ein. Um dies recht deutlich zu erkennen, muß man bedenken, daß damals den christlichen Völkern kein anderes Gebirge mit edeln Metallen bekannt und zugänglich war; denn die ergiebigen Bergwerke Spaniens befanden sich in den Händen der Ungläubigen. Mit dieser Vermehrung des Geldes hängt die Erweiterung des Handels, besonders der Geldgeschäfte, sowie die Verbreitung der Juden und Lombarden über ganz Deutschland zusammen. Der Handel war in den Augen des deutschen Volkes als einer kriegerischen Nation von Alters her verachtet. Allein zwei Umstände bewirkten damals, daß diese Ansicht eine Aenderung erlitt: das Kriegerische ward immer mehr die Sache einer besonderen Klasse, und die häufigere Berührung mit Italien verschaffte dem Handel eine größere Bedeutung; denn in jenem Lande ward derselbe nicht allein schon lange eifrig getrieben, sondern die Lombarden hatten auch die Geldgeschäfte auf einen hohen Punkt gebracht. Die Lombarden verbreiteten sich jetzt nach Deutschland und suchten hier wie überall das Geld in ihre Hände zu bringen.

Zugleich mit ihnen kamen auch die Juden zahlreicher nach Deutschland. Sie wurden von den Kaisern als ihr Eigenthum in Schutz genommen, weil man ihnen als Unchristen keine Privilegien gab und sie doch auch nicht gut mit den freien Bürgern und den Kriegern in eine Klasse setzen konnte. Sie beschäftigten sich mit dem Handel und zogen gewöhnlich der Richtung des Luxus, also dem Hofe, nach. Uebrigens kam es schon unter den beiden ersten Ottonen vor, daß Juden einzelnen Großen des Reiches geschenkt wurden.

Drei andere wichtige Umstände waren: die Stiftung von größeren Lehranstalten, die beginnende Entwickelung der mechanischen Künste in Deutschland und das Entstehen und Aufblühen vieler Städte im Norden des Reiches. Für das Gedeihen der Lehranstalten, welche schon unter Otto I. an einigen Bischofssitzen des westlichen Deutschlands blühten, war besonders der Bruder dieses Kaisers, Bruno von Köln, sowohl durch sein Beispiel, als durch seinen Einfluß auf die Bildung mehrerer angesehenen Geistlichen sehr bedeutend. Die von ihm in Köln gestiftete Schule war die vorzüglichste jener Zeit und blieb sogar noch Jahrhunderte lang von großer Wichtigkeit. Ebenderselbe Bruno wirkte auch auf die Entwickelung der mechanischen Künste mit ein, für die jedoch, wie bereits früher angegeben wurde, Meinwerk von Paderborn und Bernward von Hildesheim die größte Bedeutung hatten. Uebrigens stand diese Entwickelung mit den Schulen der Geistlichen in einem engen Zusammenhang, da die Mönche als Lehrer der verschiedenen Künste dienten. Das Entstehen und Aufblühen der Städte im Norden des Reiches endlich entsprang zum Theil aus der Nothwendigkeit, feste Zufluchtsorte zum Schutz gegen die räuberischen Dänen zu haben, zum Theil aber auch aus dem großen Einflusse, welchen die Entdeckung der Harz-Bergwerke, die Belebung des Handels und die Herrschaft einer sächsischen Familie auf die Cultur des nördlichen Deutschlands üben mußten. Von diesen Städten waren Magdeburg, Bardewick im Lüneburgischen, Halle und Bremen vorzugsweise bedeutend, am meisten aber die beiden erstern, weil Magdeburg unter den Ottonen der Hauptsitz des königlichen Hofes war und Bardewick den Haupt-Stapelplatz für den ungemein regen Handel mit den Slaven bildete.

Endlich zeigt sich unter den Ottonen noch eine Erscheinung, die mit dem Gange der Begebenheiten in der folgenden Zeit bis auf Heinrich IV. in genauem Zusammenhange steht. Dies ist der anfangs sehr wohlthätige, nachher aber höchst verderbliche Einfluß der Geistlichkeit auf das weltliche Regiment. Man fing schon unter den ersten Ottonen an, die höheren geistlichen Aemter als ein Recht gewisser Familien zu betrachten, und obgleich Otto II., wie die Verleihung des Erzbisthums Mainz an Willigis zeigt, sich um diesen Anspruch nicht im mindesten bekümmerte, Otto III. aber selbst bei der Besetzung des päpstlichen Stuhles die Geistlichen nicht zu Rathe zog, so drang doch jene Ansicht immer mehr durch und ward später sogar zum Gesetz. Auch wurde, wie man aus Bruno's Beispiel sieht, schon unter Otto I. zuweilen bedeutende weltliche Macht mit der geistlichen Würde verbunden. Der Einfluß der höheren Geistlichkeit auf die Reichsregierung leuchtet am deutlichsten unter Otto III. hervor, wo der Erzbischof Willigis eine Zeit lang das Regiment führte, und zwar mehr mit geistlichen als mit weltlichen Waffen. Dies mußte sehr viel dazu beitragen, daß der Klerus an Würde und Ansehen zunahm, zumal da sich unter den Damen, welche einen Theil der Reichsangelegenheiten lenkten, auch zwei geistliche Frauen befanden, von welchen die eine, Otto's Tante Mathilde, Aebtissin zu Quedlinburg, die andere, eine entfernte Verwandte des Kaisers, Gerberga, Aebtissin zu Gandersheim war.

12. Das deutsche Reich unter Heinrich II.

Otto's III. Nachfolger im Reiche war Herzog Heinrich II. von Baiern, welcher 120 Jahre nach seinem Tode heilig gesprochen worden ist und deshalb in der Geschichte gewöhnlich den Beinamen des Heiligen führt. Er verdankte die Krone wesentlich dem Umstande, daß er den Vorzug hatte, der nächste Anverwandte des gestorbenen Königs zu sein. Er war nämlich ein Sohn Heinrich's des Zänkischen, dessen Vater, Heinrich, Otto's des Großen Bruder gewesen war. Indessen gelangte Heinrich II. nicht ohne großen Widerstand zum Besitze der deutschen Krone, weil zwei bedeutende Fürsten ihm denselben streitig machten. Es hatte bei Otto's III. Tode sogar fast den Anschein, als wenn die deutschen Stämme einzeln die Königswürde hätten in Anspruch nehmen wollen; denn es fand keine allgemeine Wahlversammlung Statt und Heinrich mußte mit den einzelnen Herzogen über die Anerkennung seines Titels besonders unterhandeln. Jedoch traten nur zwei von diesen als Mitbewerber um die Krone auf, der tapfere Eckard, Herzog von Thüringen und Markgraf von Meißen, und Hermann II., Herzog der Alemannen oder Schwaben, deren Gebiet damals sehr weit ausgedehnt war. Heinrich hatte nach den Begriffen der Zeit zwei große Vortheile über beide Nebenbuhler voraus; er war der nächste Anverwandte des ausgestorbenen Stammes der Ottonen und hatte sich nicht nur die Reichskleinodien, gegen welche man eine Art von Verehrung hegte, zu verschaffen gewußt, sondern auch den Erzbischof von Köln gleich anfangs dahin gebracht, daß er ihm die heilige Lanze überließ, die durch uralten deutschen Gebrauch eine besondere Wichtigkeit erhalten hatte. Diese Lanze nämlich, mit welcher der Erlöser am Kreuze durchstochen worden sein sollte, diente schon seit der Zeit der Merowinger als Zeichen der Herrschaft. Zum Glück für Heinrich ward Eckard schon vier Monate nach Otto's III. Tode von zwei persönlichen Feinden ermordet; kurz nachher vollzog Willigis in Mainz an dem neuen König die Salbung und Krönung. Mit Hermann von Schwaben kämpfte der Letztere noch einige Zeit vergebens; als aber Bernhard von Sachsen dem Könige gehuldigt hatte und einige andere Fürsten ihm ihre Macht liehen, ward Hermann zur Unterwerfung genöthigt. Dessen ungeachtet mußte es Heinrich als ein Glück ansehen, daß auch dieser mächtige Fürst schon im folgenden Jahre starb.

Kaum war Heinrich zum ruhigen Besitze der Krone gelangt, als dieselben Fürsten, die ihn im Kampfe mit Hermann unterstützt hatten, sich gegen ihn erhoben, weil er ihren Forderungen nicht Genüge leistete. Er hatte dem mächtigen Markgrafen Heinrich von Schweinfurt das Herzogthum Baiern versprochen, welches damals fast bis an den Spessart reichte, beschloß aber nachher, es seinem Schwager, dem Grafen Heinrich von Luxemburg, zu geben, indem er sich dabei des scheinbaren Vorwandes bediente, daß er über die Baiern nicht nach eigenem Willen verfügen könne, weil sie das Recht hätten, sich ihren Herzog selbst zu wählen. Der erbitterte Markgraf griff zum Schwert und fand gleich nachher unter den Großen des Reiches zwei Bundesgenossen, den ebenfalls unzufriedenen Markgrafen Ernst von Oesterreich und den eigenen Bruder des Königs, Bruno, der aus Habsucht allzu große Ansprüche an Heinrich gemacht zu haben scheint. Außerdem verband er sich auch mit dem mächtigen Herzog Boleslav I. von Polen und Böhmen. In dem letzteren Lande hatte Boleslav III. nach seines Vaters Tode (999) seine Mutter und seine beiden Brüder, Jaromir und Ulrich, mißhandelt und vertrieben, und durch Grausamkeiten die Böhmen so sehr erbittert, daß sie ihn 1002 aus dem Lande jagten und einen polnischen Prinzen zu ihrem Herzoge ernannten. Als dieser schon ein halbes Jahr nachher starb, eilten Jaromir und Ulrich nach Böhmen zurück, aber ihr Bruder vertrieb sie wieder mit Hülfe des Polen-Herzogs Boleslav I. Dieser tapfere, gewandte und unternehmende Fürst, dem man den Beinamen des Kühnen (Chrobry) gegeben hat, ließ gleich nachher seinen Schützling blenden und warf sich selbst zum Beherrscher der Böhmen auf. Da er den deutschen König mit Recht als seinen Feind betrachtete, so fiel er verheerend in Meißen ein, drang bis Merseburg vor und verbündete sich mit Heinrich's Gegnern im Reiche. Dieser befand sich in einer schwierigen Lage, weil zu gleicher Zeit Thüringen und Sachsen von Boleslau, Franken von dem Markgrafen Heinrich, Baiern von Ernst und Bruno angegriffen wurde. Er trieb den Ersteren nach Böhmen zurück und richtete dann seine Macht gegen die empörten Reichsfürsten. Es gelang ihm erst im Jahre 1004, diese zu unterwerfen. Sie erhielten Verzeihung und Bruno ward einige Jahre später zum Bischof von Augsburg ernannt. Heinrich zog zuletzt noch gegen die Böhmen; er trug kein Bedenken, sich hierbei mit dem heidnischen Volke der Liutizen zu verbinden, was nicht geringen Anstoß erregte; der geistliche Chronist Thietmar von Merseburg „empfindet Abscheu, dieser Heiden zu gedenken" und ermahnt den Leser, den Verkehr mit ihnen zu meiden. Heinrich unternahm den Feldzug in einer ungünstigen Jahreszeit und fand die Feinde an ihren Grenzen so wohl gerüstet, daß er seine Unternehmung bald wieder aufgab und sich begnügte, Grenzhüter gegen die Böhmen und gegen die anderen slavischen Völker zu bestellen.

Vom Zuge nach Böhmen eilte er sogleich nach Italien, wohin seine dortigen Freunde und Anhänger ihn dringend zu Hülfe riefen. Gleich nach Otto's III. Tode hatte sich in Italien Alles gegen die deutsche Herrschaft empört; und wenn nicht, wie immer, Zwietracht unter den italienischen Großen ausgebrochen wäre, so würde es dem König Heinrich sehr schwer, wo nicht unmöglich geworden sein, sein Ansehen daselbst geltend zu machen. Die Bischöfe der Lombardei hatten schnell eine neue Königswahl veranstaltet, um die Krone einem einheimischen Fürsten zu übertragen, und schon vier Wochen nach Otto's Tode war ein roher, junger Mann, welcher unter Otto Pfalzgraf gewesen, nachher aber als Mörder eines Bischofes in die Acht gefallen war, der Markgraf Arduin von Jvrea, zum König ernannt worden. Arduin hatte aber lauter junge Leute, die ihm ähnlich waren, zu Rathgebern, mißbrauchte seine Gewalt auf barbarische Weise und beleidigte dadurch die Großen, von denen ohnedies manche gleich anfangs mit seiner Erhebung unzufrieden gewesen waren. Diese erklärten seine Erwählung für ungültig, riefen den deutschen König Heinrich herbei und ließen die Pässe durch Otto von Kärnthen und Ernst von Oesterreich besetzen. Diese waren aber unvorsichtig genug, dem Markgrafen von Jvrea mit zu geringer Macht ein Treffen zu liefern; sie wurden von ihm geschlagen und mußten die Pässe wieder räumen (December 1002). Da Heinrich gerade damals in die Streitigkeiten mit Heinrich von Schweinfurt verwickelt wurde, so war er erst um Ostern 1004 im Stande, nach Italien zu ziehen. Er drang, ohne Widerstand zu finden, in die Lombardei ein. Arduin's Anhänger zogen sich nach der westlichen Lombardei zurück, um zu warten, bis Heinrich's deutsche Truppen, wie dies bei jedem großen Heerzuge zu geschehen pflegte, im Beginne des Winters heimkehren würden. Heinrich drohte deshalb jedem, der ihn verlassen würde, mit schwerer Strafe; doch wissen wir nicht, ob sein Verbot eine Wirkung hatte. Dagegen wird uns gemeldet, daß seine Truppen sich in der Lombardei habgierig und roh betrugen. Es zeugte daher auch von besonderem Wohlwollen, daß Heinrich in Pavia, wo er eine Zeit lang verweilen wollte, nur soviel Leute von seinem Heere einließ, als nöthig waren, um seinen Palast zu bewachen; die Uebrigen blieben in einem Lager, welches vor den Mauern der Stadt aufgeschlagen war. Die Pavesen vergalten dem König Heinrich seine freundliche Rücksicht sehr schlecht. Als eines Abends zufällig ein Tumult entstanden war, griffen sie den königlichen Palast an, der gleich allen großen Häusern jener Zeit wie eine Feste gebaut war, aber nur wenige Vertheidiger hatte. Heinrich kam anfangs auf den Gedanken, sich durch die empörte Menge durchzuschlagen; glücklicher Weise aber hielt ihn der vorsichtige Erzbischof von Köln davon ab und bewahrte ihn dadurch vor größerer Gefahr. Der Palast wurde die ganze Nacht hindurch bestürmt. Während die kleine Schaar, welche beim Könige war, ihn aufs tapferste vertheidigte, erhoben sich auch die im Lager befindlichen Truppen und griffen die Mauern der Stadt an. Die Wuth der Deutschen war so groß, daß die Pavesen nur, wenn sie die Person des Königs in ihrer Gewalt hatten, Schonung hoffen konnten. Sie schritten daher zum Aeußersten und steckten den Palast in Brand, um sich des Königs zu bemächtigen.*) Als dies geschehen war, bahnten sich endlich die vor den Mauern befindlichen Deutschen einen Weg in die Stadt. Nun wüthete die Mordlust und Raubgier der rohesten Menschen in Pavia, der alten Residenz der lombardischen Könige; das Blut floß in Strömen, der königliche Palast und ein großer Theil der Stadt wurden ein Opfer der Flammen und es dauerte lange, bis es dem König gelang, der Wuth seiner Deutschen Einhalt zu thun. Sobald die Ruhe wieder hergestellt war, verließ er die Stadt und kehrte nach Deutschland zurück, hauptsächlich wohl, weil das Schicksal von Pavia überall in Italien einen sehr schlimmen Eindruck machte. Uebrigens wurden die Pavesen gezwungen, einen neuen Palast statt des alten zu erbauen.

Herzog Boleslav von Polen und Böhmen hatte unterdessen die Lausitz besetzt und bedrohte die diesseits der Elbe gelegenen Länder mit einem Einfalle. Heinrich zog schnell den Rhein hinunter nach Mainz, wandte sich von da nach Merseburg und suchte den schlauen und gewandten Polen-Fürsten, der sogar am Hofe des deutschen Kö-

---

*) Nach einem Berichte soll sich Heinrich durch einen Sprung aus dem Fenster gerettet, dabei aber am Beine verletzt haben, daher ihm auch der Beiname „der Lahme" gegeben wird.

nigs sehr angesehene Leute in seinem Solde hatte, durch List zu besiegen. Er machte an der Spitze der Sachsen eine Bewegung, als wenn er in Polen einfallen wollte, und drang darauf plötzlich mit den Baiern in Böhmen ein. Da die Böhmen mit der polnischen Herrschaft unzufrieden waren, so war es dem deutschen König nicht schwer, die Polen aus dem Lande zu treiben und Jaromir als Beherrscher desselben einzusetzen.*) Dies war aber auch Alles; denn obgleich Jaromir den König mit seinen Böhmen unterstützte, so ward doch nichts gegen Boleslav ausgerichtet, ja, man konnte die Polen nicht einmal von Einfällen ins Reich abhalten. Sie setzten diese selbst dann noch fort, als sie sich in Folge einer in der Lausitz erlittenen Niederlage zum Frieden hatten bequemen müssen, streiften sogar bis nach Magdeburg und an die Nieder-Elbe und führten die tapfersten Leute in eine schmähliche Gefangenschaft. Heinrich verband sich zuletzt mit den Russen, um den verschlagenen Boleslav von zwei Seiten her anzugreifen; aber dies half ebenso wenig, als alles Andere. In Rußland waren kurz vorher wichtige Veränderungen eingetreten. Swätoslav's Sohn, **Wladimir der Große**, welcher nach der Verdrängung seiner beiden Brüder das ganze Reich unter seinem Scepter vereinigt hatte (980), breitete nicht allein durch glückliche Kriege die Grenzen desselben weiter aus, sondern er gab auch seinem Volk eine neue Religion. Von Juden, Mohammedanern und Christen zur Annahme ihres Glaubens aufgefordert, entschied er sich für das Christenthum nach griechischem Ritus. Er hatte um die byzantinische Prinzessin Anna, die Schwester der römischen Kaiserin Theophano, geworben; sie wurde ihm unter der Bedingung zugesagt, daß er sich taufen lasse. Beide Feierlichkeiten, die Taufe und die Vermählung, fanden an einem Tage zu Cherson statt (988). Die Art, wie er nunmehr bei seiner Rückkehr nach Kiew das Christenthum einführte, ist bezeichnend für den russischen Massengehorsam; das hochverehrte Götzenbild des Gottes Perun mit silbernem Haupt wurde an den Schweif eines Pferdes gebunden und in den Dniepr geschleift; alsdann erging der Befehl zu allgemeiner Taufe, dem sich denn auch das Volk umher, obschon mit

---

*) Durch diesen Zug erhielt Böhmen statt des polnischen Herrschers einen einheimischen aus Przemysl's Stamm; auf Jaromir folgte sein Bruder Ulrich (Othelrich) (s. unten). Die czechischen Gelehrten lassen es aber nicht gelten, daß dieser Erfolg der deutschen Hülfe zu verdanken sei. In der sogenannten Königinhofer Handschrift, die Wenzel Hanka 1819 herausgab, findet sich ein altes Lied, nach welchem einzig Othelrich als böhmischer Nationalheld, vom Volke unterstützt, die Befreiung vollbrachte. Hieran knüpfte sich ein heftiger und tiefwirkender litterarischer Meinungskampf; denn deutsche Forscher bestreiten die Echtheit der Handschrift und namentlich jenes Liedes mit gewichtigen Gründen.

Bestürzung, alsbald fügte. Wladimir gründete Kirchen und Schulen und zeigte Achtung für griechische Bildung; dabei übte die altslavische Bibel auch in Rußland ihren Einfluß. Bei so großen Verdiensten sorgte er doch nicht für dauernde Reichseinheit; noch bei seinen Lebzeiten wies er jedem seiner zwölf Söhne eine besondere Stadt zum Wohnsitz an, und als er 1015 starb, behielten diese ihre Besitzungen, jedoch so, daß derjenige von ihnen, welcher in Kiew residirte, den ersten Rang und eine Art Oberherrschaft haben sollte. Einer von ihnen, Jaroslav I., welcher Fürst von Nowgorod war, hatte sich schon zu Lebzeiten des Vaters empört und setzte nach dessen Tode den Kampf gegen den Großfürsten von Kiew, Swätopolk I., fort. Der Letztere war des polnischen Herzogs Boleslav Schwiegersohn, erhielt Hülfe von demselben und ward, als er vertrieben worden war, durch ihn wieder nach Kiew zurückgeführt. Doch konnte Boleslav nicht hindern, daß Swätapolk 1019 Kiew und die Oberherrschaft dem herrschsüchtigen Jaroslav überlassen und aus Rußland entfliehen mußte.

Unterdessen war in Böhmen Jaromir von seinem Bruder Ulrich gestürzt worden (1012). Auch hierbei hatte der mächtige und gewandte Herzog von Polen die Hände mit im Spiel; denn er stand ebenso mit der unzufriedenen Partei in Böhmen in geheimen Einverständniß, wie er am Hofe des deutschen Königs Spione unterhielt. Selbst mit den Baiern war er in Unterhandlungen getreten, als der König sich genöthigt gesehen hatte, den Herzog dieses Landes, einen Bruder seiner Gemahlin, abzusetzen. Der Letztere hatte sich nämlich 1008 insgeheim mit zwei Brüdern verbunden, um einem dritten Bruder gegen des Königs Willen zum Besitze des erledigten Erzbisthums Trier zu verhelfen. Darüber war eine mehrjährige Fehde entstanden und Heinrich hatte seinen Schwager der herzoglichen Würde beraubt. Uebrigens nahm er ihn später (1018) wieder zu Gnaden an und gab ihm das Herzogthum zurück. Jaromir's Sturz würde den Deutschen sehr große Gefahren bereitet haben, wenn nicht der neue Beherrscher der Böhmen mehr seinen eigenen Vortheil, als den seiner Stammverwandten berücksichtigt hätte. Boleslav von Polen entwarf nämlich den Plan, den unter sich uneinigen germanischen Stämmen einen großen Bund der slavischen Völker entgegen zu setzen und schickte seinen Sohn, den nachherigen polnischen König Mieczislav II., an Ulrich, um diesen dafür zu gewinnen; Ulrich war aber vom deutschen König, der ihm sogar den vertriebenen Jaromir ausgeliefert hatte, gewonnen worden und lehnte nicht allein die angetragene Verbindung ab, sondern ließ auch den polnischen Prinzen treuloser Weise verhaften. Zwischen Boleslav und dem König Heinrich ward endlich 1018 zu Bautzen ein Frieden, und zwar nicht zum Vortheile des Letzteren, geschlossen; doch erregte der Erstere auch nachher noch manche Händel an der Ostgrenze des deutschen Reiches. Uebrigens ist die Geschichte des polnischen Volkes, welches unter Boleslav zum ersten Male in den Gang der Weltbegebenheiten eingriff, bis kurz vor der Zeit dieses Fürsten in Dunkel eingehüllt. Die einheimische Volkssage läßt die polnische Nation, die Lechiten oder Lachen, auf eben dieselbe Weise entstehen, wie die Böhmen und führt dann als Stammvater des älteren polnischen Herrscherhauses einen Bauer, Piast, auf, nach welchem man in neuerer Zeit, als der Staat in ein Wahlreich umgewandelt worden war, auch allen anderen eingeborenen Königen von Polen den Namen Piasten gegeben hat. Die ersten Spuren einer sicheren Geschichte finden sich zur Zeit Otto's des Großen, wo der Vater Boleslav's I., Mieczislav oder Miselo I., der bis 992 herrschte, um 973 zur Anerkennung der deutschen Oberherrschaft gezwungen wurde und das Christenthum einzuführen begann. Sein Sohn, der kühne Eroberer Boleslav I. (992—1025), verschaffte den Polen zuerst eine Bedeutung.

Die dargestellten Verhältnisse der Deutschen zu den Polen und Böhmen zeigen deutlich, wie schlimm es um die Ostgrenze des Reiches stand. Zu gleicher Zeit machten im Süden desselben die Italiener die Anwesenheit des Königs von Deutschland immer dringender nöthig, wenn dessen Ansehen unter ihnen aufrecht erhalten werden sollte. An der Westgrenze aber erregten die Lothringer mancherlei Unruhen und Händel. Sie ließen nicht allein den von Heinrich eingesetzten Bischof von Trier nicht zu, sondern sie schlugen auch des Königs Truppen zurück, und wurden erst im Jahre 1017 zum Gehorsam zurückgeführt. Schon vorher (1006) hatte in Nieder-Lothringen der Graf Balduin von Flandern eigenmächtig die Stadt Valencienness besetzt; und der König war, nachdem er ihn vergebens bekriegt hatte, genöthigt worden, den Räuber mit dem gemachten Raube zu belehnen. Wenn man alle diese Verhältnisse bedenkt, und dabei noch die unruhige, hitzige Gemüthsart der Vasallen des Reiches und ihre Geneigtheit, alle Streitigkeiten mit dem Schwerte auszumachen, in Erwägung zieht, so muß man sich doppelt wundern, daß Heinrich eine ganze Reihe von Jahren hindurch mit unablässigem Eifer einem sonderbaren Lieblingsgedanken nachhängen konnte. Dies war sein Plan, in der fränkischen Stadt Bamberg, welche zu seinem Privatbesitze gehörte, ein neues Bisthum zu stiften. Er führte ihn endlich im Jahre 1007 nicht ohne große Schwierigkeiten aus, schadete aber durch die Art, wie er es that, der deutschen Nation in mehr als einer Rücksicht, obwohl man nicht leugnen kann, daß durch die Errichtung des Bisthums Bamberg eine bis dahin mit Wäldern bedeckte Gegend in ein Land umgewandelt ward, das seitdem seines Obstes und seiner Gartenfrüchte wegen weit und breit berühmt geworden ist. Heinrich fand nämlich bei dem Bischof von Würzburg, zu dessen Sprengel Bamberg gehörte, Widerspruch, weil dieser seine Diöcese nicht geschmälert haben wollte. Er erlangte die Einwilligung desselben zuletzt nur gegen das Versprechen, Würzburg zu einem Erzbisthum zu erheben. Allein dies ließ sich nachher nicht ausführen. Heinrich mußte sich zuletzt, um den Widerstand des Bischofs zu besiegen, an eine Synode in Frankfurt wenden, und beging dabei den großen Fehler, daß er die versammelten Geistlichen fußfällig bat, gegen den Willen des Bischofs von Würzburg zu entscheiden. Dadurch würdigte er nicht allein sich selbst herab, sondern er machte auch die ohnehin schon weltlich stolzen Bischöfe noch stolzer. Das Letztere würde ihm auch noch in anderer Hinsicht vorzuwerfen sein, wenn er, was jedoch wahrscheinlich nicht der Fall war, wirklich die Eitelkeit gehabt hätte, dem neuen Bisthum einen besonders großen Glanz dadurch zu verleihen, daß er die Reichsfürsten von Böhmen, Baiern, Sachsen und Brandenburg durch bedeutende Lehen bewegen wollte, Vasallen des Bisthums Bamberg zu werden und die Erzämter des Mundschenken, Truchsessen, Marschalls und Kämmerers am bischöflichen Hofe zu übernehmen. Im Jahre 1012 hatte Heinrich die Freude, den stattlichen Dom einweihen zu können; er beging jedoch später eine Unvorsichtigkeit, daß er den Papst Benedict VIII. nach Deutschland einlud, um die bischöfliche Kirche zu Bamberg feierlich einzusegnen, und daß er bei dieser Gelegenheit (1020) das Oberhaupt der Kirche mit Ceremonieen einer fast abgöttischen Verehrung empfing. Ein solches Benehmen mußte in den Augen des großen Haufens, der ohnehin durch das Fremde und durch den Pomp geblendet wird, das Ansehen des römischen Bischofs ungemein erhöhen und, da ja hierbei Alles auf die Meinung ankam, den geistlichen Waffen desselben eine weit größere Wirkung verleihen, als alle Isidorischen Dekretale.

Dies fällt um so mehr auf, da gerade Heinrich II., ungeachtet seiner Vorliebe für Reliquien und für fromme Uebungen, in der Besetzung geistlicher Stellen sehr eigenmächtig verfuhr, sowie er auch mitten in seinem polnischen Kriege und unter den inneren Unruhen Deutschlands sein Richteramt über die Päpste mit der eigenen Uebereinstimmung derselben geltend gemacht hatte. Zu Ende des Jahres 1012 kam nämlich ein von den Römern vertriebener Gegenpapst Benedict's VIII. nach Deutschland, um sich von Heinrich bestätigen zu lassen und ihn zu einem Römerzuge zu bewegen. Heinrich wies ihn jedoch zurück und sprach sich vor der Hand ebenso wenig zu Gunsten Benedict's aus. Gleich darauf (1013) zog er nach Italien, nachdem er vorher durch bedeutende Abtretungen eine kurze Waffenruhe von Boleslav erhalten und einige unruhige Köpfe in Deutschland durch herzogliche und gräfliche Güter beschwichtigt hatte. Er fand die Alpenpässe offen und drang ohne den mindesten Widerstand durch die Lombardei, wo Arduin es nie zu bedeutendem Ansehen hatte bringen können. In Rom ließ er (Februar 1014) sich und seiner Gemahlin Kunigunde durch Benedict die Kaiserkrone aufsetzen. Der Papst ließ ihn unmittelbar vor der Krönung nicht allein geloben, ein Beschützer und Vertheidiger der römischen Kirche zu sein, sondern er soll ihn auch gefragt haben, ob er ihm und seinen Nachfolgern in allen Dingen treu bleiben wolle. Schwerlich hat der Kaiser dies in einer Weise zugesagt, die seine eigenen Rechte und die des deutschen Reiches benachtheiligte; wie man denn in der Beurtheilung dieses überaus thätigen und staatsmännisch klugen Herrschers oft vergessen hat, daß seine Frömmigkeit nicht aus Charakterschwäche hervorging, sondern im Geiste des beginnenden Jahrhunderts lag.*) Unter ihm begann das deutsche Vasallenthum fast unaufhaltsam sich zu erblicher Macht zu entwickeln; er setzte diesem Streben einen kräftigen Widerstand entgegen und wirkte für Ordnung und Erhaltung des Reiches, soviel er unter so schwierigen und verwirrten Umständen vermochte. Von Seiten der kriegerischen Verrichtungen war Heinrich's zweiter Zug nach Italien nicht ohne Folgen. Zwar zog er nicht persönlich gegen Arduin; ja, dieser war kühn genug, nicht einmal den Abzug des Kaisers zu erwarten, sondern erschien schon vorher im Felde, und jagte gleich darauf den Bischof Leo von Vercelli aus seinem Bisthum. Bald nachher befreite jedoch das Glück den Kaiser von seinem Gegner. Arduin ward während einer Krankheit seines unruhigen Lebens überdrüssig, ging in ein Kloster und starb wenige Monate darauf (1015). Nach ihm wagte es kein Anderer mehr, dem deutschen Könige die lombardische Krone zu bestreiten. Dieser zeigte den italienischen Großen gegenüber Kraft und Würde; auch nahm er keinen Anstand, in die Bisthümer des Landes deutsche Geistliche einzusetzen. Dabei fühlten auch alle kleineren Staaten Italiens, sowie der Papst das Bedürfniß eines schützenden Armes und der Hülfe gegen die immer mehr wachsende Macht der afrikanischen Mohammedaner; sie schlossen sich also allmählich wieder enger an die deutschen Kaiser an. Doch ward noch zu Heinrich's Zeit die Gründung einer normännischen Macht in Unteritalien begonnen, welche später die Lage der Dinge in Italien ganz umänderte. Die Päpste warfen sich nämlich, als die deutschen Kaiser ihnen nicht helfen konnten, nothgedrungen diesen neuen Ankömmlingen

---

*) Auch in der ersten Auflage des vorliegenden Werkes tritt diese ungünstige Auffassung stärker hervor, als es sich mit dem gegenwärtigen Stande der Forschung verträgt.

in die Arme, erhielten, als sie bald nachher mit dem weltlichen Oberhaupte der römischen Christenheit einen langen und schweren Streit um ihre äußere Gewalt in Kirchensachen begannen, an den italienischen Normannen eine kräftige Stütze in ihrer Nähe, und brachten auf diese Weise sowohl die deutschen Kaiser, als auch den ganzen Westen in neue Verhältnisse. Heinrich selbst wurde durch die Erscheinung der Normannen in Italien veranlaßt, drei Jahre vor seinem Tode zum dritten Mal über die Alpen zu ziehen. Ehe wir ihn jedoch auf diesem Zuge begleiten, ist es nöthig, die Gründung der Normannen-Herrschaft in Unteritalien zu betrachten.

13. Geistesbildung und Litteratur des Zeitraums von Karl dem Großen bis auf die Zeit der fränkischen Kaiser.

Die Fortschritte der Araber, Standinavier, Angelsachsen auf dem Wege der Civilisation und die erste Verbindung der altrömischen und christlichen Litteratur mit der nordischen und angelsächsischen sind in den vorhergehenden Abschnitten soweit angedeutet worden, als es sich mit dem Zweck eines dem ganzen Volke, nicht den Gelehrten bestimmten Werkes verträgt. Wir werden daher in der folgenden Periode von der eigentlichen Volksbildung und besonders von der Poesie im romanischen Lande und in allen zahlreichen Dialekten der romanischen Sprachen, von Catalonien an bis nach Apulien und von Apulien bis an die äußersten westlichen und nördlichen Grenzen Frankreichs, handeln und von dieser zur deutschen Volksbildung der hohenstaufischen Zeit übergehen. Diese Ordnung scheint uns darum die passendste, weil die Verbindung des deutschen Reichs mit dem burgundischen und italienischen der deutschen Ritterpoesie einen ganz neuen Charakter auch in deutschen Landen gab, so daß die mittelhochdeutschen Dichter sich der von romanischen Dichtern längst behandelten Gegenstände bemächtigten, oder doch die bekannten Sagenkreise derselben vom heiligen Graal, von Arthur, von Troja, von Alexander dem Großen, von Karl dem Großen zu den ihrigen machten. Die großartige romanische Dichtung idealer Liebe und idealen Glaubens an ideales Heldenthum geknüpft entstand erst nach den Kreuzzügen, als die Mystik, Symbolik und Schwärmerei der catalonischen, provençalischen, limousinischen Dichter eine neue Art Liebe und eine neue Begeisterung bis nach Italien verbreitete. Dies führte dann eine neue Zeit herbei, die in Italien begann, wo ein Guido Guinicelli, Guido Cavalcanti, Petrarcha, Dante den Grund der neuen Litteratur auf dem Boden der Provençalen legten. Das sagt Dante in einem eigenen Werk (de vulgari eloquentia, und besonders in der Stelle des Purgatoriums, wo er Arnault und Girault de Berneil in sein Gedicht bringt. Der Aufschwung der romanischen und auch der alemannischen Ritterpoesie beginnt bekanntlich erst seit dem christlichen Ritterzuge gegen Toledo um 1085 und seit dem zehn Jahre nachher unternommenen ersten Kreuzzuge nach Palästina. Vorher war Alles Volkspoesie und Volkssage, von der wir aber nicht reden, weil die Geschichte, die hier behandelt wird, es nur mit den Zeiten zu thun hat, wo Wechsel und Fortschritt bald wohlthätige, bald schädliche Erscheinungen herbeiführen. Um die Bildung der Zeiten nach Karl dem Großen richtig zu würdigen, nehmen wir daher an, daß, seitdem Karl der Große, König Alfred, der Papst und die gesammte Geistlichkeit, welche damals unbeschränkt über die Gemüther herrschte, die römische Litteratur als einziges Mittel, die Civilisation der roh gewordenen germanischen Völker herbeizuführen und das Christenthum zu befestigen, geltend gemacht hatten, die alte Volksbildung zurückgedrängt ward. An ihrer Stelle ward eine mönchische Schulbildung gefördert. Die alte Bildung, welche sich immer mehr verlor, weil die höheren Klassen der Gesellschaft entweder aus Geistlichen bestanden, oder von Geistlichen gebildet wurden, war traditionell in Sage, in Sprache, in Poesie, ganz besonders im Rechte und in den Formen der Gerichte und der Verwaltung erhalten; die neue ward in Schulen gelehrt und mußte aus Büchern geschöpft werden. Nur von dieser allein werden wir an dieser Stelle handeln und von einen übersichtlichen Blick auf die litterarische Thätigkeit bei den deutschen Stämmen in der karolingischen und ottonischen Zeit werfen; eine Thätigkeit, die zwar fast ausschließlich unter der Leitung der Kirche und der Klöster geübt wurde, jedoch mitunter auch volksthümliche Begriffe und Elemente in sich aufnahm. Daß im 7. Jahrhundert Bücherweisheit, später römische Zierlichkeit der Rede, römische Spitzfindigkeit im bürgerlichen und peinlichen Recht und überhaupt das Fremde endlich allenthalben, außer in Südfrankreich und Spanien, über das Einheimische siegten, ist eben so wenig zu verwundern, als daß im 17. und 18. Jahrhundert das Deutsche überall und in Allem dem Französischen nachstehen mußte. Es schien nämlich viel leichter, eine fremde Civilisation und Litteratur fertig zu sich herüberzunehmen, als aus den Elementen, die sich im Volke vorfanden, eine eigenthümliche herauszuformen. Außerdem erinnerten Volkspoesie, Rechtsüberlieferung, historische Sage, Gerichts- und Regierungsform an die alte Freiheit, welche nach und nach vom Ritterstande, von den Geistlichen und von den Fürsten unterdrückt ward. Die Bildung der Zeiten der christlichen römischen Kaiser, welche zunächst von den Geistlichen empfohlen ward, war daher den Königen, Fürsten, Grafen und Herren sehr willkommen; denn die Schriften, aus denen sie geschöpft wurde, lehrten Servilität, Gehorsam gegen Geistliche und Fürsten als gegen die Gesalbten des Herrn, und enthielten ein Recht, welches ohne Beamte und Gelehrte nicht geübt werden konnte. Die Revolution der Litteratur, welche im 13. Jahrhundert begann und im 14. vollendet wurde, war daher zugleich eine politische Umwälzung. Alle Städte und Staaten Italiens kämpften um bürgerliche Freiheit, gleichwie man endlich von der kaiserlich-römischen Litteratur zur republikanischen, von der durchaus egoistischen und aristokratischen römischen zur idealen und demokratischen griechischen zurückkehrte.

§. 1.

Wenn wir die Bildung, welche aus den Schulen und Büchern des untergegangenen römischen Reiches unter den von Norden und Osten nach Süden und Westen gewanderten Völkerstämmen verbreitet ward, im Einzelnen und mit Anführung alles Einzelnen verfolgen wollten, so müßten wir für den Zeitraum, den wir behandeln, drei Abtheilungen machen. Von diesen müßte die erste alles das in sich begreifen, was vor der Bekanntschaft mit der arabischen Litteratur geschah, um den zum Christenthum belehrten Germanen die Litteratur der späteren römischen Kaiserzeit durch Blut und Adern zu treiben. Die zweite Abtheilung würde die Schriftsteller aufzählen, welche die ganze Schulbildung auf Spitzfindigkeit oder, wie man das nennt, auf Dialektik hinleiteten, wobei sie sich auf den von den Arabern mißbrauchten Aristoteles stützten, dessen Schriften sie nur aus elenden Uebersetzungen kannten. In der dritten Abtheilung, die aber hierher nicht gehört, würden wir von dem Siege der Dialektik oder von der in der Theologie und in allen anderen Fächern herrschenden sogenannten scholastischen Philosophie handeln müssen. Wir werden zwar dieser Ordnung folgen, dürfen aber die einzelnen Punkte nur leise berühren, um den Leser nicht zu ermüden, und versparen den letzten Punkt ganz auf eine andere Zeit.

Was den ersten Anfang der eingeführten römischen Bildung betrifft, so muß man bedenken, daß der Unterricht an Kirchen und Klöster geknüpft war und daß man Bücher nur in diesen fand. Dies paßte für das ganze Mittelalter, weil Geistliche nicht nur die kirchlichen Angelegenheiten, sondern auch jedes Geschäft besorgten, welches schriftliche Aufsätze oder reelle Kenntnisse erforderte. Daraus muß man auch erklären, daß später in Paris, Bologna, Prag viele Tausende von Studirenden waren, so daß man bedeutende Heere aus ihnen hätte bilden können. Die Bücher, welche man gebrauchte, um die Kenntnisse des Alterthums den christlichen germanischen Stämmen zu empfehlen, waren mehrentheils die von uns an einem anderen Orte näher bezeichneten halb platonischen, halb aristotelischen Arbeiten der späteren Zeit, besonders des Boëthius und des Martianus Capella ober einige Schriften des heiligen Augustinus. Hier und da wurden allerdings Virgil und Ovid gelesen, wie man besonders aus Gregorius von Tours sehen kann. Die Gespräche des Papstes Gregorius des Großen gehören in eine ganz andere Klasse, sie sind mehr praktischer, als wissenschaftlicher Art. Sie enthalten neben einer für gutmüthige, aber ganz verwilderte Menschen passenden handgreiflichen Religion und Moral Teufels- und Spukgeschichten und Schauder erregende Erzählungen von gräßlicher Bestrafung der Ungläubigen oder der gegen die Geistlichen Ungehorsamen durch wunderbare Erscheinungen oder durch das vom Teufel vollzogene Urtheil Gottes. Unter den latinisirenden Germanen wollen wir, da wir das Einzelne nicht aufzählen dürfen, nur einige Männer nennen, die in den verschiedenen Gegenden für Civilisation wirkten, die aber, weil sie in lateinischer Sprache, also in der Sprache aller Gebildeten schrieben, den ganzen Occident erleuchteten.

Der Erste, den wir nennen müssen, ist Isidorus von Sevilla, der etwa 80 Jahre vor dem Einfall der Araber in Spanien dort unter den Westgothen schrieb, bei denen die römische Bildung noch fortdauerte. Er suchte durch Auszüge die Kenntniß der Kirchenväter zu verbreiten, deren Werke gar zu corpulent sind. So dürftig diese Auszüge uns auch scheinen mögen, so konnten sie doch, beim Mangel an Büchern und an Eifer zu studiren, einen Begriff von ihrem Inhalte geben. Er schrieb ferner in den letzten Zeiten der römischen Schulen unter den Westgothen ähnliche Encyclopädieen des Wissens seiner Zeit, wie Boëthius unter den Ostgothen gethan hatte. Seine 20 Bücher gemischten Wissens, sonderbarer Weise Ursprünge oder Etymologieen genannt, haben sich bis ins 16. Jahrhundert in vielen Schulen erhalten. Seine gothische Chronik ist historisch bedeutend und die Sprachforscher der neueren Zeit haben von seinen acht besondern Abhandlungen über Sprache wieder Gebrauch gemacht.

Wir haben schon im vorigen Bande bemerkt, daß, als die westgothischen Schulen für das Studium der alten Civilisation untergingen, neue in England gegründet wurden. Wir übergehen, was vorher schon ausführlich erzählt ist, und fügen hier nur noch einige Notizen hinzu, aus welchen die Bedeutung der englischen Anstalten für den ganzen Occident hervorgeht. Zuerst müssen wir in dieser Beziehung bemerken, daß England außer römischen Gelehrten auch griechische zu Lehrern erhielt und daß wir den Einfluß des afrikanischen Schwulstes der Rede, der im 7. Jahrhundert von dem Abt Hadrian und von dem gelehrten Erzbischof Theodorus zu den Angelsachsen, welche Pomp der Rede liebten, gebracht wurde, in dem vornehmsten Geschichtschreiber der ersten normannischen Zeit, in Wilhelm von Malmesbury, deutlich erkennen. Dieser sagt sogar ausdrücklich, seine Landsleute liebten Pomp und Glanz der Rede. Der Papst hatte gegen 668 den Afrikaner Hadrian, der in der Nähe von Neapel Abt war, zum Erzbischof von Canterbury bestimmt; dieser lehnte aber die Würde ab und ein aus Tarsus in Kleinasien gebürtiger Grieche, Theodorus, ward an seiner Stelle ernannt; doch gingen nachher Beide zusammen nach England. Theodorus brachte außer anderen griechischen und lateinischen Büchern die Werke des jüdischen Geschichtschreibers Josephus nach Cambridge, sowie einen auf Papier geschriebenen Homer und die Homilien (Predigten, zum Theil Schrifterklärungen) des Kirchenvaters Chrysostomus auf Pergament geschrieben nach Canterbury. Wir erkennen aus einer Handschrift, in der das griechische Vaterunser mit lateinischen Buchstaben nach der Aussprache geschrieben ist, zugleich, welche Aussprache man nach England brachte, und wie gute Lehrer die Männer waren, die die ersten gelehrten Schulen im Westen und Norden gründeten. Wir wissen außerdem, gestützt auf Bücher, die sich in der sogenannten Bodlehanischen Sammlung des britischen Museums finden, daß zwischen dem 8. und 11. Jahrhundert Klassiker der guten Zeit abgeschrieben, gesammelt und also auch gelesen und gebraucht wurden. Man hat aus jener Zeit zwei Exemplare der Komödien des Terenz, mehrere Schriften Cicero's, ein Stück der Aeneide, einen Livius, Florus, Quintilian, Horaz ohne die Oden, die man, wie uns aus einer Andeutung in Dante's Hölle, wo Horaz blos als Satiriker aufgeführt wird, hervorzugehen scheint, auch in Italien für gefährlicher hielt, als die Satiren. Gleichzeitig mit den erwähnten Bemühungen, welche die Stiftung einer glänzenden Schule und einer kleinen Bibliothek in York hervorriefen, versuchte Beda Venerabilis, der um 735 starb, eine christliche Litteratur nicht etwa hervor zu rufen, sondern selbst zu erschaffen. Die Zahl seiner im Mittelalter bewunderten und in ganz Europa gelesenen Schriften erstreckt sich auf 78, die man noch im Jahre 1688 in acht Foliobänden herauszugeben passend fand. Diese Schriften anzuführen, ist hier der Ort nicht; wir wollen nur bemerken, daß der erste und zweite Band der erwähnten Ausgabe alles enthalten, was bis auf Alfred's Zeit über Zeitrechnung, Astronomie, Naturkunde und Grammatik in den Schulen gelehrt ward, und daß der dritte Band, der die fünf Bücher der Kirchengeschichte des Volks der Angeln enthält, das merkwürdigste historische Werk der ganzen früheren Zeit des Mittelalters ist. Es umfaßt die Geschichte Englands, besonders in Beziehung auf die christliche Religion, von Julius Cäsar's Zeit an bis ins 8. Jahrhundert und zeichnet sich nicht blos vor den Chroniken des Gregorius von Tours und Fredegar's, sondern auch vor den Chroniken der Zeiten der Karolinger vortheilhaft aus. Es sind nicht bloße Annalen, es ist eine planmäßig angelegte Geschichte, nicht in dem ungleichen Styl und dem bald aus der Vulgata oder der lateinischen Kirchenübersetzung der Bibel, bald aus den Dichtern zusammengestoppelten Latein der Chroniken, sondern in einer dem Verfasser eigenthümlichen, wenigstens nicht incorrecten Latinität geschrieben. Wundergeschichten hat er freilich, um die römische Weise des Gottesdienstes vor der britischen zu empfehlen; er ist aber weniger politisch und religiöser, als Gregor von Tours. Er gibt uns in der Geschichte der Einführung des Christenthums die Geschichte der Civilisation seiner Landsleute. Sehr anziehend ist Beda's Auszug aus der Reisebeschreibung eines fränkischen Bischofs Arkulf durch Sicilien nach Constantinopel, Alexandria und Damaskus, ob man gleich unter dem Titel (libellus de locis sanctis) nur eine Beschreibung von Palästina suchen würde. Beda sagt, er habe aus den zwei Büchern, die der auf seiner Rückreise nach England verschlagene Arkulf dem Presbyter Ademarus dictirt und dieser in sehr zerlumpter (lacinioso) Form niedergeschrieben habe, einen besser stylisirten Auszug gemacht. Die Fortschritte der Bildung unter den Angelsachsen sind bereits im vierten Theile dieses Werkes aufgezählt und dabei zugleich Alfred's Verdienste um die Verpflanzung der Civilisation der Griechen und Römer zu den germanischen Stämmen hervorgehoben worden; wir müssen daher jetzt erwähnen, was unter Karl dem Großen und seinem Sohne für die **römisch-fränkische Bildung** geschah.

Die neue Schulbildung kam den Franken, welche Karl bei seinem Regierungsantritt ganz roh und verwildert fand, theils aus Britannien, theils aus Italien, und die Lehranstalt zu York verschaffte dem Kaiser des neuromischen Reiches diesseits der Alpen Lehrer und Bücher. Vier Männer, ein Engländer, **Alkuin**, und drei Italiener, **Peter von Pisa**, der Philolog oder Grammatiker **Paulinus** und der Longobarde **Paul Warnefried**, der unter dem Namen **Paulus Diakonus** bekannter ist, belebten den Eifer für lateinische Sprache und Wissenschaft nicht blos am Hofe, wo eine Art adeliger Hochschule bestand, sondern auch im Reiche. Unter diesen hat Paul Warnefried, Paulus Diakonus genannt, die aus den longobardischen Sagen und Liedern zusammengesetzte Geschichte seines Volks in lateinischer poetischer Prosa so geschrieben, daß sich seine Geschichte der Longobarden leicht wieder in ihrer ursprünglichen Gestalt herstellen ließe. Peter von Pisa lehrte, ehe ihn Karl zu sich rief, in Pavia, der damaligen Hauptstadt der lombardischen Könige. Alkuin ward nur mit vieler Mühe von Karl dem Großen bewogen, York zu verlassen und an seinen Hof zu kommen. Die Schriften aller dieser Männer, auch sogar

Alkuin's, haben für unsere Zeit zu wenig Interesse mehr, als daß wir versuchen dürften, ausführlich von ihnen zu reden; was aber die genannten Männer als Lehrer leisteten, davon zeugt der blühende Zustand der Schulen zu Fulda, zu Corbie und in dem von Corbie ausgestifteten Kloster Corvey, ferner der Schule in Aniane, durch Benedict von Aniane, den Reformator des Benedictiner-Ordens zu Ludwig's des Frommen Zeit, berühmt, und der Hochschule in Tours, so lange sie bestand. Schriftsteller, welche das Mittelalter gleich den Kirchenvätern ehrte, und welche für die katholische Dogmatik, Kirchengeschichte und Kirchen-Disciplin noch gegenwärtig sehr bedeutend sind, ein Rabanus Maurus, Walafried Strabo, Ansegis, Abelhard, Fredegis, Hinkmar von Rheims, Lupus Servatus, Herricus, Angilbert, Agobard, Regino, Grimbald, Authard und viele Andere, deren Schriften man in der großen, von den Benedictinern begonnenen Literaturgeschichte von Frankreich ausgezeichnet findet, gingen aus jenen Schulen hervor. In dieser Zeit bildete sich die sogenannte Scholastik, d. h. die spitzfindige Begriffslehre, vermöge deren die positiven Glaubenspunkte aus der Forschung über das Wesen der Vernunft hergeleitet werden sollten. Schon Alkuin versuchte solches in seiner Lehre von der Dreieinigkeit; Agobard und Fredegis, obgleich sie in den Principien gar nicht einig sind, sondern Streitschriften wechseln, sind doch gleich stark im Spalten der Begriffe, im Bilden und Verbinden der Schlüsse oder in dem, was man Kunst der Dialektik nennt; Rabanus Maurus versteht sogar in den 86 Kapiteln gegen die Juden Ethik, Physik und Logik aus der christlichen Offenbarung herzuleiten. In dem Streit, den im neunten Jahrhundert Paschasius Rabbertus und Ratramnus über die Verwandlung des Brodes und Weins im Abendmahl mit einander führten, entstand diejenige Art philosophischer Theologie, welche jetzt unter uns hier und da wieder als tiefsinnige Weisheit gelehrt wird und vermöge deren man Alles aus Allem machen kann. Wir glauben das, was wir meinen, nicht besser deutlich machen zu können, als durch eine Stelle aus Rabbert's Büchlein vom Glauben, welches Leibnitz zufällig in die Hände bekommen und der Bibliothekar Eccard unter dessen Papieren gefunden hatte und welches dann Pez drucken ließ. Rabbert beweiset seine Kunst, Alles philosophisch zu demonstriren, was die Kirche fordert, daß man glauben soll, durch spitzfindige Unterscheidung der zu glaubenden und der zu erkennenden Dinge. Er sagt: glauben müsse man Berichte von geschehenen Dingen und alles, was in der Welt vorgehe, weil dabei von Erkennen nicht die Rede sein könne; es gäbe jedoch auch Dinge, welche, sobald man sie glaube, zur Erkenntniß würden; andere wären an und für sich zugleich Gegenstand des Glaubens und der Erkenntniß, doch müsse der Glaube vorausgehen. Auf diese Weise ward Rabterius eine mächtige Stütze des Kirchenglaubens, führte heftigen Krieg mit Ratram und nöthigte den Johann Erigena Scotus, aus dem Lande zu fliehen. Dieser fand Schutz bei König Alfred, der ihn in Oxford anstellte. Johann Erigena ward der Gründer der philosophisch-mystischen Schule der Scholastik, aus der später Bonaventura hervorging, welcher Letztere von den Idealisten des Mittelalters und von den echten Mystikern aller Jahrhunderte bewundert und von Dante, von Petrarca und anderen philosophischen Dichtern der Italiener dichterisch benutzt ward. Man muß übrigens diesen ersten schottischen Grübler von einem zweiten, weit späteren Johann, den man von seinem Geburtsorte (Dunstan) Duns und von seinem Vaterlande Scotus nannte, wohl unterscheiden, indem Johann Erigena Scotus ein begeisterter Denker, Johann Duns Scotus dagegen, der im 13. Jahrhundert lebte, ein pedantischer, barbarischer, trockener, logischer Klopffechter war. Dieser Duns war Franciskaner und gründete die Lehre, welche in den Schulen seines Ordens gelehrt wurde; Thomas von Aquino gründete eine andere für die Dominikaner, und das spätere Mittelalter hindurch beschäftigte der Streit der Thomisten und Scotisten alle Schulen der Gelehrten und erzeugte in Paris und Bologna, im 15. Jahrhundert auch in Prag blutige Händel.*) Johann Erigena Scotus dagegen erfand die mystisch-philosophische Lehre von einer unendlichen Steigerung der menschlichen inneren Betrachtung und von einer Auflösung des endlichen betrachtenden Denkens in das unendliche Licht der göttlichen Natur. Wie spitzfindig aber, wie man bei uns jetzt sagt, wie wissenschaftlich dabei verfahren ward, wird man schon allein aus den Ueberschriften der Bücher sehen, in welche Johann Erigena sein Werk von der Wesenheit (de divisione naturae) getheilt hat. Er handelt im ersten Buche von dem Einen, welches erschafft und nicht erschaffen wird, im zweiten von dem Einen, welches zugleich erschafft und erschaffen wird, im dritten von dem Einen, welches erschaffen wird und nicht erschafft, endlich im vierten von dem Einen, welches weder erschafft, noch erschaffen wird, und somit von der Rückkehr alles Erschaffenen in das Unerschaffene. Von dieser Zeit an entstand ein Wettstreit des Scharfsinnes und des tiefen Denkens in den Schulen, welche, wie die athenischen zu Plato's Zeit, ihre Gorgias, Protagoras u. s. w. in einem Roscelin und Anselm, im Thomas von Aquino und Duns

*) Die hier genannten Männer, Thomas von Aquino, Duns Scotus und Bonaventura gehören dem 13. und 14. Jahrhundert an; der Name des Duns, welcher bei den Zeitgenossen Doctor subtilis hieß, wurde später Gattungsbegriff für einen aufgeblasenen Grübler.

Scotus erhielten. Der menschliche Geist ward im Denken geübt und neue Wege wurden gebahnt, obgleich wir gegenwärtig die Leute, welche Plato bekämpfte, spöttisch Sophisten und die theologischen Philosophen des Mittelalters verächtlich Scholastiker nennen. Daß treffliche Köpfe und geistreiche Männer aus dieser Schule hervorgingen, kann der deutsche Leser von Lessing lernen, der gewiß ein heller Kopf war, der aber, gerade weil er es war, eine in der Wolfenbütteler Bibliothek begrabene Schrift des Scholastikers Berengar von Tours, der dieser Zeit angehörte, hervorsuchte, sie drucken ließ und diesem kühnen Denker in seinen „vermischten Schriften" ein würdiges Denkmal setzte.

Mit dem 11. Jahrhundert begann eine neue Periode der Philosophie des Mittelalters, welche auf die Theologie und auf die Bildung des Lebens zu einer Zeit, wo es keine andere Bildung gab, als die, welche in den von Geistlichen geleiteten Schulen gegeben ward, einen ganz andern Einfluß hatte, als in unseren Zeiten, wo die Schulgelehrten oft weit hinter den auf andere Weise gebildeten Klassen zurückstehen. Wir werden daher in einem folgenden Bande den Fortgang der philosophischen Bildung ganz kurz andeuten, und wollen hier noch des Einflusses der spanisch-maurischen Schulen seit den Zeiten der sächsischen Kaiser, sowie des Fortschrittes der Künste und der Geschichtschreibung bis auf die Zeit der fränkischen Kaiser kurz gedenken, weil schon unter Otto II. und Otto III. fremde Kunst und Wissenschaft mächtige Fortschritte machten. Freilich klagen die Schriftsteller der Zeit, daß mit maurischen Künsten und Gewerben, mit italienischer Bildung und byzantinischer Wissenschaft auch die Verdorbenheit des Südens den Norden vergiftete; allein das war die natürliche Folge der Civilisation und des Fortschreitens, über die sich ein denkender Mann eben so wenig beschweren wird, als über die Freiheit des Willens, welche Verbrechen möglich macht, oder über die Existenz des Bösen neben dem Guten, die eine Bedingung des Daseins vernünftig-sinnlicher Wesen ist.

§. 2.

Unter den Männern, welche im 10. Jahrhundert in den Schulen der Klöster und Kirchen außer der speculativen Philosophie die realen Wissenschaften, besonders Mathematik und Physik und auch praktische Mechanik lehrten und Lehrer durch Ermunterung weckten oder sie belohnten, verdient unstreitig der begünstigte Lehrer Otto's III., Gerbert, der nachher unter dem Namen Sylvester II. Papst ward, am ersten erwähnt zu werden. Man glaubte früher allgemein, daß dieser berühmte Zögling einer zu Aurillac in der Auvergne blühenden gelehrten Schule in Spanien Arabisch gelernt und aus arabisch geschriebenen Büchern und durch maurische Lehrer die Kenntnisse erworben habe, die ihn zum Wunder seiner Zeit machten; dies ist aber gewiß ein Irrthum. Ein gelehrter Franzose, der über das Studium und die Uebersetzungen des Aristoteles im Mittelalter eine gekrönte Preisschrift geschrieben hat, Jourdain, beweiset, daß sich keine Spur finde, daß Gerbert Arabisch verstanden habe; auch sehen wir aus Gerbert's Briefen, daß er nur in die spanische Mark zum Grafen Borel von Barcelona geschickt und von einem Bischofe Haiton unterrichtet ward. Er reiste nachher in Spanien und lernte zwar nicht gerade die arabische Sprache, aber doch die Wissenschaften und Künste, welche in den maurischen Städten und auf den zahlreichen maurischen Schulen und Universitäten besser, als irgendwo in der Welt, gelehrt wurden. Philosophie, Geometrie, Astronomie werden vorzugsweise genannt. Gerbert fügte nachher zu den in Spanien gesammelten Kenntnissen noch dasjenige hinzu, was auf den Schulen Italiens und in Rom selbst noch von der alten Wissenschaft zu erlernen war. Haiton und Borel nahmen ihn nämlich mit, als sie nach Rom reisten. Er hielt sich damals ziemlich lange in Italien auf, weil ihn Otto I. zum Abt in Bobbio machte; man machte ihm aber bald in Bobbio das Leben so sauer, daß er fliehen mußte und sich nach Rheims begab. In dieser Stadt bestand eine Lehranstalt, wo außer der Philosophie, welche als Magd der Theologie überall gehegt und gepflegt ward, besonders die realen Wissenschaften und ihre Anwendung auf die Künste des Lebens gelehrt wurden. Als Lehrer dieser Anstalt, als Männer, welche weniger die Scholastik als die unmittelbar nützlichen Künste trieben, waren im 10. Jahrhundert der Mönch Beruer und Abbo von St. Fleury berühmt, und in dieser Schule zu Rheims hatte Adalbero, den Gerbert bei seiner Ankunft als Erzbischof antraf, seine Kenntnisse und, was mehr war, seinen Eifer für Fortschreiten in den Künsten des Lebens und in der Erkenntniß geschöpft. Adalbero war nicht bloß Erzbischof, sondern auch Kanzler des Königs von Frankreich und setzte Gerbert an die Spitze der in Rheims blühenden Anstalt, wo dieser dann, wie er selbst in seinen Briefen sagt, mit großer Anstrengung die schönen Wissenschaften, Mathematik, alles Andere, was er in Spanien und Italien gelernt hatte, und auch sogar Arzneikunst lehrte. Er sorgte, gleich einem verständigen Schuldirector, sehr gut für die Elemente akademischer Bildung, er lehrte selbst die höhere Grammatik, Arithmetik und Geometrie, er schrieb ein faßliches Lehrbuch der Rhetorik, sammelte gute Abschriften alter Autoren und ließ sie vervielfältigen. Er selbst sagt, er habe Cicero's Werke, den Julius Cäsar, den Eugraphius (einen wenig bekannten Erklärer des Terenz), den Plinius, Suetonius, Statius, Manilius, Aurelius, den Rhetor Victorin, Claudian und die Dialektik und Astrologie des Boëthius der Bibliothek seiner Lehranstalt einverleibt, habe sich aber nicht damit begnügt, sondern auch neuere Bücher herbeigeschafft, deren Werth er in Spanien habe schätzen lernen. Unter diesen nennt er besonders die Arithmetik des Spaniers Josephus und die Astrologie eines Lupicius von Barcelona. König Robert von Frankreich und Fulbert von Chartres, der gelehrteste Mann des elften Jahrhunderts, wurden von Gerbert gebildet, und durch seine in der politischen Geschichte erwähnten Schicksale ward er Freund und Lehrer unsrer Ottone, erster Erzbischof des sächsischen Stammes, bei welchem damals das Kaiserthum war, nachher erster Erzbischof Italiens (von Ravenna), endlich Papst. Es würde daher überflüssig sein, hier nachzuweisen, daß Gerbert für die Bildung des ganzen Mittelalters bedeutender war, als alle Kaiser und Könige seiner Zeit. Gerbert beschäftigte sich praktisch und theoretisch mit Astronomie, berechnete den Umlauf der Erde und der anderen Planeten nach der Araber Regeln, verfertigte Erd- und Himmelskugeln und Sonnenuhren, ließ Instrumente machen, und setzte seinen Schüler Otto III. durch Experimente, die er ihm in Magdeburg, der Hauptstadt seines Erzbisthums, vormachte, so sehr in Erstaunen, daß ihn die deutschen Fürsten und Ritter, die sich besser aufs Schwert und auf den Wein (freilich nur auf saueren) verstanden, als auf Physik, für einen Hexenmeister hielten; ja sein Tod, der in das Jahr 1003 fällt wird in einer volksthümlichen Legende dem Betrug des mit ihm verbündeten Satans zugeschrieben.*) Es wird daher Niemanden wundern, daß man ihn auch zum Erfinder der Schlaguhren gemacht hat; Hamberger in der Geschichte der Uhren und Bedmann in der Geschichte der Erfindungen haben aber bewiesen, daß dies ein Irrthum ist. Zuverlässiger scheint zu sein, daß Gerbert, sowie sein Freund, der Mönch Constantin von St. Fleury und Aurillac, und dessen Abt, Abbo, viel dazu beitrugen, die indischen (arabischen) Ziffern statt der römischen einzuführen, wodurch der mechanische Theil des Rechnens sehr erleichtert ward; andere leiten freilich die Einführung der Zifferrechnung mit mehr Wahrscheinlichkeit von dem Handel mit Italien und Afrika ab.

Eine genaue Aufzählung der einzelnen Lebensumstände einiger Erzbischöfe, Bischöfe und Aebte der rohen Zeit, wo die Stärke der Faust Alles entschied, würde beweisen, wie wohlthätig es in diesen Jahrhunderten war, daß es so viele Fürstenthümer und hohe Aemter

---

*) Auch mit einem weltlichen Zauberwesen, einer Meerminne, wird er in Verbindung gebracht; somit wäre er der älteste beglaubigte faustische Charakter, wenn wir von dem Manichäer Faust, dem bombastischen Lehrer und Verführer des heiligen Augustinus, und von dem noch früheren Gegen-Apostel Simon Magus absehen.

gab, zu denen nicht blos die Geburt oder die Kraft der Faust ein Recht gab, sondern welche dem Gesetze nach den gebildetsten und unterrichtetsten Männern hätten zu Theil werden sollen. Letzteres geschah freilich oft ganze Jahrhunderte lang nicht, dann war Alles finster, und darum verschwand auch nach dem Falle der Hohenstaufen alle Bildung aus Deutschland; so lange aber unter den Ottonen das Verdienst entschied, blühte das ganze Leben geistig empor. Die Nützlichkeit des geistlichen Standes für das Mittelalter ableugnen zu wollen, wäre Frevel und Thorheit: man braucht aber darum keineswegs zuzugeben, daß die Einrichtungen des Mittelalters auch für die neueren Zeiten passend oder daß die Herrschaft von Pfaffen und Mönchen überhaupt wohlthätig sei. Neben Gerbert erwarben sich zur Zeit der Ottone durch Eifer für Kunst und Wissenschaft auch zwei deutsche Bischöfe großes Verdienst. Diese waren nicht, wie Gerbert, auf französischen Schulen gebildet worden, sie begeisterten nicht, wie er, das edle Haus des ersten Otto mit dem Gifte niedriger und serviler Schmeichelei; gleichwohl erwarben sich **Meinwerk**, Bischof von Paderborn, und **Bernward**, Bischof von Hildesheim, unsterbliche Verdienste um die Bildung ihrer Zeit. Was sie als Staatsmänner und Krieger leisteten, ist in der politischen Geschichte erwähnt worden; hier sollten wir aus ihren Lebensbeschreibungen, die sich erhalten haben, ihre Verdienste um die Bildung von Künstlern, Architekten, Lehrern und Schriftstellern erwähnen, die Kürze erlaubt uns aber blos wenige Winke zu geben. Wir wollen nur andeuten, daß es im 10. Jahrhundert in Deutschland doch dahin gekommen war, daß die höchsten Behörden, die selbst in unseren Tagen nur auf Geschäftstüchtigkeit achten, wenn das Innere auch noch so roh bleibt, allgemeine Bildung achteten und ehrten. Der Lebensbeschreiber Meinwerk's sagt uns, derselbe sei ein Verwandter der königlichen Familie gewesen, sei seiner feineren Ausbildung (morum elegantia) wegen an den Hof berufen und, wie man ihn in unseren Tagen zum Kammerherrn würde gemacht haben, zum Hofkapellan gemacht worden, damit er, der zu den höchsten geistlichen Würden bestimmt sei, der geistlichen und weltlichen Aristokratie bekannt werde. Als er nachher Bischof in Paderborn war, machte er sich um Baukunst und um andere Künste und Gewerbe verdient, da sich bei den Bauten und bei der Verschönerung der Kirchen und ihres Geräthes deutsche Künstler und Handwerker unter der Anweisung der Fremden bildeten, welche Meinwerk nach Paderborn und Gerbert, der bekanntlich, auf die Anweisung bei Vitruvius gestützt, auch hydraulische Orgeln in Gebrauch brachte, nach Magdeburg kommen ließen. Meinwerk stand besonders mit Kaiser Heinrich II. auf einem vertraulichen Fuße, der manchen derben Scherz gestattete; überhaupt tritt in der sehr lebendigen Schilderung seines Lebens weit weniger die seine Ausbildung, als vielmehr eine tüchtige, originell sächsische Natur hervor. Er schätzt und lohnt die Kunst und das Wissen, versteht aber weniger von Büchern als von Hühnerzucht und Gemüsebau; seine Persönlichkeit war durchaus zu volksthümlichem Andenken geeignet, und an wenig Geistliche des Mittelalters knüpfen sich so viele Anekboten. Bernward von Hildesheim (gest. 1022) wird von seinem trefflichen Lebensbeschreiber Thangmar, der älter als er und früher sein Lehrer war, nicht blos als Sammler von Büchern, sondern besonders auch als Beschützer der Künste und als Kenner derselben gepriesen, als ein Mann, der sich ein Geschäft daraus machte, seinem Vaterlande Künstler zu bilden und ihnen Gelegenheit zu verschaffen, sich nach fremden Mustern zu bilden. Er begünstigte, heißt es, nicht nur Maler, Ebenisten, Kunstschreiner, Goldarbeiter und Juweliere, sondern er verschaffte sich auch jede künstliche Arbeit und jedes Geräth, welches irgend etwas Besonderes an sich hatte, um es seinen deutschen Künstlern als Muster in die Hand zu geben. Wenn also irgend ein Stück von fremder Arbeit dem kaiserlichen Hofe zum Geschenk gemacht wurde, so setzte er sogleich die einheimischen Künstler in Thätigkeit. Er ließ sich daher auf seinen weiteren Reisen stets von einer Anzahl geschickter und geübter junger Arbeiter begleiten, die alles, was er an den Höfen, wohin er kam, antraf, nachahmen mußten. Sein Lebensbeschreiber rühmt besonders, daß er unter seiner Leitung Mosaik-Fußböden habe legen lassen und daß er eine eigene Masse zum Gebrauch für Decken (Plafonds) erfunden habe. Auch die Musik muß in diesen Zeiten bedeutende Fortschritte gemacht haben, da sich Gerbert und alle Schriftsteller und Lehrer dieser Zeit so angelegentlich mit derselben beschäftigen; wir wagen aber nicht, über die Art ihrer Fortschritte zu reden. Nur ist es auffallend, daß Gerbert nicht diejenige Erfindung nach Deutschland brachte, welche gegen 1030 durch zwei Mönche in Italien eingeführt wurde. Diese beiden Mönche, dem Kloster Pomposa (bei Ferrara) angehörig, waren Michael und Guido von Arezzo, von welchen besonders der Letztere sehr bekannt ist, obgleich sein Hauptwerk, der sogenannte Mikrologus, noch im Anfange dieses Jahrhunderts als Handschrift in den Bibliotheken begraben lag und erst vor 50 Jahren gedruckt wurde. Wir müßten dasjenige Buch des Mikrologus, welches von der Musik handelt, genau durchgehen, wenn wir angeben wollten, welche Fortschritte die Musik durch den weitgereisten und sehr unterrichteten Mönch gemacht habe; wir wollen aber nur Eins erwähnen. Guido führte das sogenannte Solfiren (ut, re, mi, sol, fa) ein und lehrte die Noten durch unter und über die Linien gesetzte Punkte bezeichnen, statt daß dieses vorher durch Buchstaben oder auf andere unvollkommene Weise geschehen war. Er starb um die Mitte des 11. Jahrhunderts.

§. 3.

Die Bekanntschaft mit den Griechen, die Vorliebe der Ottone und ihres berühmten Lehrers für die altrömische Litteratur und für Italien, wo diese immer noch fortdauerte und geliebt ward, mehr als alles dieses aber der Glanz der Thaten der Ottone gab auch der Geschichte einen Theil ihrer Würde wieder. Leider suchte man in Italien und in Deutschland Styl, Manier und Sprache des Alterthums bei Erzählung der Ereignisse der Gegenwart anzuwenden. Dies geschah oft sehr ungeschickt; denn es ist schwer, lateinische Redensarten auf deutsche Verhältnisse anzuwenden. Indessen wird ein Blick auf den Anfang und Fortgang des Chroniken-Schreibens (denn Geschichte möchten wir alles das nicht nennen, was bis auf Otto von Freisingen und Dino Compagni im Abendlande geschrieben ward) zeigen, daß die Bemühungen der von uns angeführten Männer und ihrer Schulen auch in Beziehung auf Geschichte nicht vergeblich waren.

Die Chroniken der früheren Zeit des Mittelalters können auf ein Lob in Hinsicht der Form keinen Anspruch machen; sie müssen blos als Sammlungen von Notizen und Zeitangaben betrachtet werden, welche der Historiker der späteren Zeit mit mehr oder weniger Zuversicht benutzen kann. Unter diesen verdient vielleicht gerade diejenige, deren Sprache fast ganz unverständlich und deren Bericht ganz formlos ist, vor anderen genannt zu werden; dies ist die Chronik des Isidorus Pacensis (d. h. des Isidors aus Beja, nicht, wie man oft sagt, aus Babajoz). Sie umfaßt die spanische Geschichte vom Jahre 610 bis 754, und Isidor war, so viel wir wissen, der einzige christliche Augenzeuge des Einbruches und der Siege der Mauren. Diese erst um 1631 gedruckte, aber so selten gewordene Chronik, daß diesseits der Pyrenäen nur hier und da ein Exemplar anzutreffen war, ist ihrem Inhalte nach so wichtig, daß Pagi in seiner Kritik der Annalen des Baronius die wichtigsten Stellen daraus hat abdrucken lassen und daß zwei spätere Schriftsteller des Mittelalters sie umgearbeitet haben. Lucas von Tuy, der es zuerst versuchte, diese Chronik aus dem unverständlichen und gebrochenen Latein in ein verständliches zu übertragen, hat sein Original oft mißverstanden, weshalb Roderich von Toledo im 13. Jahrhundert das Buch noch einmal überarbeitet hat. Dieser hat freilich die in der Chronik einfach und dürr berichteten Thatsachen durch seine, auf gut Glück angebrachten grammatischen und rhetorischen Figuren oft ganz unkenntlich gemacht; doch bleibt der von Roderich umgearbeitete Isidor immer noch die beste Quelle der spanischen Geschichte in der letzten Zeit der Westgothen.

In Italien war der Römer Cassiodor (gest. 577, über hundert Jahre alt) Geschichtschreiber der Ostgothen und ihres Unterganges. Dieser Minister Theodorich's des Großen war, wie man aus dem schwülstigen, Dunkelheit affectirenden Styl seiner Briefe und Geschäftsaufsätze auf den ersten Blick erkennen wird, zum Geschichtschreiber am wenigsten geeignet, weil der Kenner nicht Redensarten, sondern Thatsachen in der Geschichte sucht. Cassiodor's Geschichte der Ostgothen ist freilich nicht auf uns gekommen; allein wir können über Form und Inhalt des Werkes einigermaßen aus dem Auszuge urtheilen, den der Gothe Jornandes oder wohl richtiger Jordanis aus dem Werke gemacht hat; denn der Charakter des Originalwerkes ist auf den Auszug übergegangen, wie der des Justinus auf Trogus Pompejus. Der Titel lautet: von der Gothen Ursprung und Thaten, und die Geschichte soll, obwohl Jordanis es am Schluß in Abrede stellt, zur Verherrlichung des gothischen Namens dienen, wie die ersten Bücher des Livius zur Verherrlichung der ersten Zeiten der Römer; auch liegen beiden Schriften offenbar historische Lieder zu Grunde oder es wurden alte Sagen darin rhetorisch verschönert. Jordanis leistete also für die Ostgothen, was später Paulus Diakonus für die Longobarden leistete.

In Britannien und im fränkischen Lande bildete sich zuerst diejenige Geschichtschreibung aus, welche in einer todten Sprache allein möglich ist. In allen lateinischen Geschichten fesselt nämlich der fremde Sprachgebrauch Zunge und Seele, und der Mund oder die Feder darf das nicht sagen oder schreiben, dessen das Herz voll ist. Wir zählen hier die trockenen Chroniken nicht auf, wie wir thun würden, wenn wir den Gelehrten den Uebergang von bloßer Aufzeichnung einzelner Ereignisse, von Genealogien und Zeitangaben zur eigentlichen Geschichte deutlich machen wollten; wir beginnen deshalb mit Gregorius Florentius, der unter dem Namen Gregor von Tours berühmt ist. Dieser spricht seinen Zweck bei der Abfassung der Geschichte der Franken nicht blos durch den Styl seines Buches, sondern auch mit ausdrücklichen Worten aus, und zwar einen Zweck, den sich eher ein epischer Dichter als ein Historiker vorsetzen wird; „er wolle erzählen," sagt er, „von den Kriegen der Könige, vom Kampfe der Märtyrer mit den Heiden und mit dem Heidenthum, vom Streiten der Rechtgläubigen mit den Ketzern und vom Leben der Heiligen." Diesen Stoff hat er in zwei Werke vertheilt. Das erste handelt von der Glorie der Märtyrer und ist daher, wie das zweite, eine Quelle für die frühere Geschichte der Franken. Diese zweite Schrift oder sein Hauptwerk hat Gregor Kirchengeschichte betitelt; er hätte es aber eigentlich fränkische Jahrbücher nennen sollen. Das Buch fängt, wie die meisten

Annalen des Mittelalters, mit der Schöpfung an und umfaßt also die ganze Weltgeschichte; doch ist der allgemeinen Geschichte nur ein einziges Buch gewidmet, die anderen führen die fränkische Geschichte bis auf 594—597 herab. Obwohl römischer Abstammung, befindet er sich doch nirgendwo in einem Gegensatze zu fränkischem Wesen und fränkischer Herrschaft. Den geistlichen Zweck seines Werkes verliert er nie aus den Augen, er arbeitet überall auf Erbauung und auf Einschärfung christlicher Grundsätze durch alle möglichen Mittel hin. Um die alten heidnischen Sagen, die mit der alten Naturreligion der Germanen verwandt waren, in Vergessenheit zu bringen, weiß er eine ganze Menge wunderbarer und oft abenteuerlicher christlichen Erzählungen in einen unterhaltenden Vortrag zu verweben. Den christlichen äußeren Gottesdienst, sowie Ehrfurcht und Gehorsam gegen die Geistlichkeit schärft er dadurch ein, daß er die christlichen Geistlichen mit den aus der Vulgata wörtlich entlehnten Worten und Redensarten als jüdische Priester darstellt; das ganze Werk leitet er mit einem sehr ausführlich abgefaßten Glaubensbekenntniß ein. Naiv, wie Homer und Herodot, erzählt er von der empörenden Rohheit und Grausamkeit der verwilderten Franken und von ihren Greueln eben so aufrichtig und unbefangen, als von den alles Maaß übersteigenden Andachts- und Bußübungen der Räuber und Mörder, welche unter den Franken als Könige geherrscht und gestritten hatten. Seinem Gegenstande und Zwecke ist sein Styl durchaus angepaßt. Wenn er nämlich Thaten und Greuel erzählt, wie sie in den Büchern der Richter, Samuelis und der Könige nur zu oft vorkommen, so geschieht dies mit den Redensarten und Worten, die er aus der kirchlichen Uebersetzung jener Bücher entlehnt. Will er Gefechte und heroische Thaten schildern, so nimmt er Virgil's oder Lucan's Verse auf eine solche Weise in seinen Vortrag auf, daß man oft in ganzen Kapiteln seiner Prosa das ursprüngliche Versmaaß leicht wieder herstellen könnte.

Gregor's Fortsetzer, den man, weil drei Gelehrte (Ruinart, Scaliger und Freher) ihn, wenn gleich ohne hinreichenden Grund, so genannt haben, Fredegarius nennt, hat die Geschichte der Zeit von 600—641 in ganz anderer Manier aufgezeichnet. Fredegar's Arbeit ist keine Volksgeschichte mehr, sondern eine jener Chroniken, wie es deren später fast in jedem Kloster gab, deren Verfasser irgend eine andere Chronik wörtlich abschrieben und eine Fortsetzung beifügten oder auch nicht. Fredegar fängt vom Anfang der Welt an und führt in drei Büchern die Geschichte bis auf Justinian; das vierte ist ein bloßer Auszug aus Gregorius von Tours, und erst das fünfte enthält die Fortsetzung bis 641. Zum Glück für die Geschichte trug man in den Klöstern, wo einmal eine Chronik niedergelegt war, Sorge, daß sie fortgesetzt wurde, oft ohne daß der Name des Fortsetzers genannt ward, wiewohl man die Fortsetzung gleich am Styl erkennt. Dies ist auch bei Fredegar's Chronik der Fall. Die erste Fortsetzung von 641—680 ist höchst elend; die zweite von 680—735 wenig besser, die dritte aber, welche die Jahre 736—754 umfaßt, ist erträglich geschrieben und für die Geschichte dadurch besonders wichtig, daß gleich in der Aufschrift gesagt wird, sie sei auf Befehl von Pipin's des Kleinen Oheim Hildebrand gemacht worden. Man kann sie daher nur als Hofzeitung benutzen. Dasselbe gilt von der letzten Fortsetzung, welche Nibelung, Hildebrand's Sohn, verfassen ließ, und die den Zeitraum von 752—768 begreift.

Die Reihe der karolingischen Annalisten beweiset, daß Karl und sein Sohn Ludwig auch für die Geschichte thätig waren und daß wir ihnen Vieles verdanken. Wir haben nämlich über die ersten Zeiten der Karolinger nicht allein die weiter unten zu erwähnende Reihe von Annalisten, sondern auch die **Lebensbeschreiber der Heiligen ihrer Zeit** sind historisch wichtig. Unter diese zählen wir besonders den Abt Jonas von Bobbio, der das Leben des heiligen Columbanus geschrieben hat, Huebald von Saint Amand, der das Leben des heiligen Lebuin oder Liafwin schrieb, ferner den Lebensbeschreiber Wilfried's, Eddo Stephanus, den Lebensbeschreiber der heiligen Salaberga, Alkuin's Leben des Friesen-Apostels Wilibrord und zwei Lebensbeschreibungen des heiligen Bonifacius, die eine von Wilibald, die andere von Othlo. Von den **Annalisten** sind Aimoin, den man fälschlich für einen Schriftsteller des 9. Jahrhunderts ausgibt, Markulf, Freculf und Hincmar nur als Quellen von einigem Werth. Anders ist es mit den Annalen, welche Einhard's (Eginhard's) Namen an der Stirn tragen und die Jahre 741—829 behandeln. Die neuere Forschung hat es wahrscheinlich gemacht, daß der berühmte Geschichtschreiber in diesem Werke die Annalen des Klosters Lorsch überarbeitet hat, die unter dem Einfluß der karolingischen Herrscher ein officielles Gepräge annahmen; je weiter Einhard in das Werk hineinkommt, um so mehr gelangt er zu selbstständiger Darstellung, die er sodann bis zum Jahre 826 fortführte, von da weiter anderen Händen überließ. Immerhin wird seine Autorschaft noch von gewichtigen Stimmen bezweifelt;*) dagegen ist das Leben Karl's des Großen, welches ganz genau in der Manier des Suetonius und in dessen Styl verfaßt ist, ohne Zweifel von Einhard. Dieses gut geschriebene Büchlein ist mehr eine Lobschrift als eine Biographie und bietet zu einer besonderen Bemerkung Ge-

---

*) Pertz und Wattenbach erklären sich dafür, daß Einhard Verfasser der Annalen in oben angedeuteter Weise sei. Giesebrecht und Andere dagegen.

legenheit. Man muß sich nämlich verwundern, daß es während Karl's Regierung mit der Einimpfung römischer Bildung schon so weit gekommen war, daß Einhard alles Römische als Weisheit und Bildung, alles Deutsche dagegen als Barbarenthum und alle alten Volkseinrichtungen und Sitten als Reste desselben darstellen durfte. Am nächsten steht neben Einhard in Rücksicht des Styles und der Manier, wenn gleich nicht der Ausführung, Karl's des Großen Enkel von der Bertha, Nithard, der seines Oheims, Ludwig's des Frommen, Geschichte behandelte, um ihn in Schatten zu stellen, wie Einhard Karl's des Großen Lichtseite ausschließend hervorhebt. Nithard schrieb im Auftrag und im Interesse Karl's des Kahlen; bei Fontenaille hat er tapfer gekämpft und mehrere Jahre später fand er in einem Gefechte den Tod. Er ist uns besonders merkwürdig als einer der wenigen vornehmen Laien, welche in jenen Jahrhunderten die Feder führten. Im entgegengesetzten Sinne als Nithard hat Theganus dieselbe Geschichte behandelt. Er hat, aus Dankbarkeit und voll Unwillen über das Betragen von Ludwig's Söhnen, die Apologie des unglücklichen Fürsten geführt. Zwischen Beiden steht ein Mönch, den man mit dem Namen des Astronomen bezeichnet hat. Dieser gefällt durch die Naivetät seines Vortrages bei weitem mehr und hat namentlich oft ein gesunderes Urtheil, als Theganus, der, obwohl der berühmte Walafried Strabo ihn bei der Arbeit ermunterte, doch keine sehr lobenswerthe Darstellung hat. Man kann übrigens an allen Annalen den Ort, wo sie verfertigt sind, leicht spüren. Die nach dem Kloster des heil. Bertin benannten Bertinianischen Annalen sind im Styl höchst nachlässig, indem man jeden Augenblick auf barbarische Redensarten und Worte stößt; in den Dingen dagegen, die der Mönch im Kloster St. Bertin, wo er lebte und schrieb, wissen konnte, sind sie die allerzuverlässigsten. Die späteren Abschnitte rühren übrigens von den angesehensten Männern her, darunter Erzbischof Hinkmar von Rheims. Die Annalen von Metz haben einen besseren Styl; aber die Karolinger waren besondere Wohlthäter des Klosters, in welchem dieselben geschrieben wurden, und dieses stand in einem ganz eigenen Verhältnisse zum Hofe, die Annalen bilden daher eine Art Hofchronik. Die Fuldaer Annalen, in denen von deutschen Angelegenheiten am meisten die Rede ist, sind in einem merklich feindlichen Sinn gegen alles Gallisch-Fränkische abgefaßt. Sie bestehen für die Jahre 714—753 nur aus kurzen Notizen, werden dann ausführlicher und unterscheiden sich besonders dadurch, daß der Verfasser eines Theils derselben nicht, wie die anderen Annalisten, seinen Helden Reden halten läßt, die er selbst nach irgend einem alten Schriftsteller, den man leicht vergleichen kann, componirt hat, sondern daß er oft auf eine sehr unbehülfliche Art wieder zu geben sucht, was wirklich gesagt ward. Dem größeren Theil nach sind sie jedoch gut geschrieben und bilden, obwohl vom Hofe beeinflußt, eine vorzügliche Geschichtsquelle. Der zuweilen hervortretende Haß gegen die fränkischen Brüder jenseits des Rheines, die immer Wallier (Galli) genannt werden, ist auffallend; König Karl der Kahle wird mit Schimpfwörtern und Schmähungen überhäuft. Wie die Fuldaer Chronisten sich mitunter durch Derbheit auszeichnen, so der Mönch von St. Gallen durch eine oft sehr platte Scherzhaftigkeit, im Ganzen jedoch durch eine originelle Lustigkeit oder volksthümliche gute Laune.

Von den Geschichtschreibern, welche die Zeit der letzten Karolinger und ihrer nächsten Nachfolger behandeln, befolgten mehrere eine ganz sonderbare Weise bei der Abfassung ihrer Annalen. Sie wählten sich nämlich gewisse einzelne römische Schriftsteller zum Muster und kleideten alles, was sie erzählen wollten, in die Worte und Redensarten derselben. Von diesen Annalisten ist der Zeitfolge nach Regino von Prüm der Erste. Dieser hatte sich den Justinus gewählt und wendet auf gut Glück ganze Stellen desselben an, um das, was er zu erzählen hat, einzukleiden. Wie weit er darin geht, kann man z. B. daraus sehen, daß er, um den Einbruch der Magyaren in Deutschland und die Natur dieses Volkes zu schildern, wörtlich dasjenige abschreibt, was Justinus von den Scythen sagt. Seine Geschichte umfaßt die letzte Zeit des 9. Jahrhunderts und geht bis 906. Sie hat einen besonderen Werth dadurch, daß der Geschichtschreiber selbst in die Begebenheiten verflochten war. Uebrigens hat er selbst sehr gut das Verhältniß des Theilnehmers und Augenzeugen zu dem Schriftsteller angegeben, welcher später lebt und also das Geschehene philosophisch und kritisch prüfen kann. Er sagt beim Jahre 899: „Ich war überall bemüht, nur das, was sich ereignet hat, ganz genau aufzuzeichnen, ich suchte aber nicht die Ursachen der Begebenheiten gründlich zu erforschen. Wenn ich auf diese Weise in Rücksicht der Dinge, an denen ich selbst keinen Antheil hatte, vorsichtig verfuhr und mich kurz faßte, so muß ich dies noch mehr bei den Ereignissen thun, in welche ich selbst verwickelt war."

Der nächste Annalist der Zeit nach ist Luitprand, der seine Chronik in großen Worten bezeichnet als eine Geschichte der Thaten der Könige und Kaiser seiner Zeit. Weil er gern mit seiner Kenntniß des Griechischen prahlte, benannte er sie auch mit dem griechischen Worte Antapodosis, d. h. Buch der Vergeltung; denn er wollte in diesem Werke, das wir in seiner eigenen Handschrift besitzen, den Großen das Gute und Böse, das sie namentlich auch gegen ihn geübt, mit Lob und Tadel heimzahlen. Zur Zeit des sehr belesenen Abtes Tritheim, welcher um 1500 schrieb und die deutschen Geschichtswerke zuerst litterar-historisch behandelte, scheint man sieben Bücher dieser Chronik gehabt zu haben; wir kennen aber nur sechs, und die letzten Kapitel des sechsten Buches sind noch dazu von einem anderen Verfasser. Mit Unrecht betrachtet man Luitprand's Gesandtschaftsbericht über seine zweite Sendung nach Constantinopel, den er der Ueberschrift nach an Otto I. und an dessen Gemahlin Adelheid gerichtet hat, als siebentes Buch der Antapodosis. Luitprand, den Otto zum Bischof von Cremona erhoben hatte, macht grosse Ansprüche, nicht blos auf Gelehrsamkeit, sondern ganz besonders auf Darstellung, ist aber durchaus ein Bild der Zeit, in der er lebte, und der Italiener, unter denen er aufwuchs. Die Italiener seiner Zeit vereinigten mit einer gewissen Originalität und Energie eine ganz rohe Sinnlichkeit und eine niedrige Gewinnsucht; das leuchtet aus jedem Worte Luitprand's hervor. Er fasst alle Dinge von der gemeinsten Seite auf, er sucht die Ursachen der Begebenheiten in den kleinsten und niedrigsten Triebfedern und erzählt dabei mit sichtbarem Wohlgefallen oft die alleschonung die schmutzigsten Geschichten und die anstössigsten Anekdoten. Er schmeichelt den deutschen Ottonen ebenso niederträchtig, als er die griechischen Kaiser Nikephorus und Tzimiskes, zu denen er gesendet war und welche gerade zu den vorzüglichsten Regenten gehörten, auf gemeine Weise lästert und schmäht. Er hat dabei gar nicht hehl, dass ihn eigennützige Absichten leiten, schimpft auf Berengar II., vielleicht weil er ihn im Testament nicht bedacht hat, und gesteht, dass er auf die griechische Regierung erbittert sei, weil sie Contrebande, die er einführen wollte, weggenommen habe. Seine bedeutende Stellung und sein grosses Talent für lebendige Schilderung geben gleichwohl auch dieser Schrift einen nicht geringen Werth.

Die anderen Schriftsteller über die Geschichte der Ottone sind alle entweder aus der regierenden Familie, oder doch Sachsen, die sich über Otto I. freuten, wie die Franzosen über Napoleon, und aus demselben Grunde, wie diese. Zu diesen rechnen wir besonders die auch als dramatische Dichterin berühmte Nonne Roswitha, welche in Leoninischen Versen (einer Art von gereimten Hexametern) die glänzenden Thaten der Ottone bis zum Jahre 967 besang. Diese poetisch-historische Lobpreisung der Ottone verfasste sie auf den Wunsch der siebenten Aebtissin des Klosters Gandersheim, in welchem Roswitha lebte, der Schwester Otto's II., Gerberga, welche das Werk dem Sohne des Kaisers, dem Erzbischof Wilhelm, überreichen wollte; einzelne Begebenheiten, wie die Versöhnung in Frankfurt und die Flucht der Kaiserin Adelheid, sind anmuthig erzählt und die metrische Einkleidung thut im Allgemeinen der Zuverlässigkeit keinen Eintrag. Widukind, welcher zunächst folgt, macht es mit Sallust gerade so wie Regino mit Justin, er geht in Sallust's Schuhen und steckt die deutschen Geschichten in seine Kleider, unbekümmert, ob Beide passen oder nicht. Wenn es mit Sallust's Redensarten nicht fort will, schreibt er einmal mit den Worten und Phrasen der Vulgata oder der lateinischen Kirchenübersetzung der Bibel. Widukind war Zeitgenosse, aber nicht Augenzeuge der Begebenheiten, die er gegen 968 als Mönch des Klosters Corvey in den drei Büchern von den Thaten der Sachsen aufzeichnete. Er wetteifert gewissermaßen mit der Roswitha, die Ottone und die Sachsen zu preisen, und setzt oft die Westfranken ungebührend herunter. Dies wird man am leichtesten an den Stellen wahrnehmen, wo von den Zügen der Deutschen ins Innere von Frankreich die Rede ist. An diesen beweist er bald durch Verschweigen des erlittenen Verlustes, bald durch Uebertreiben der Vortheile, die von den Sachsen erfochten wurden, seine Parteilichkeit. Dabei legt ihm sein erborgter Styl und seine von einem Anderen geliehene Sprache einen solchen Zwang auf, daß er die Sache der Form opfern muß. Welchen Einfluß dieses hat, wird man am besten daraus sehen, daß die gewöhnliche Erzählung vom Ursprunge der Städte in Deutschland unter Heinrich I., die jetzt nicht mehr üblich ist, bloß daher entsprang, daß man eine Redensart Widukind's zu wörtlich nahm. Seinem Sallust zu Gefallen läßt er sogar nach dem Sieg auf dem Lechfelde die Deutschen ihren König nach römischer Weise als Imperator begrüßen, nachdem er vor der Schlacht den durchaus deutschen Otto I. seine Krieger durch eine Anrede hatte ermuntern lassen, die ganz im Ton und Styl der Rede geschrieben ist, welche bei Sallust Catilina vor der letzten Schlacht an seine Genossen hält. Doch ist auch in dieser Benutzung des antiken Vorbildes die Naivetät und Wahrheitsliebe nicht zu verkennen, die den tüchtigen Sachsen auszeichnet. Dieselbe Frische, die wir am Leben und Wirken der ersten sächsischen Könige bewundern, erfreut uns auch an ihrem Geschichtschreiber; für ihn ist es eine göttliche Fügung, daß die Herzoge seines Volks ins fränkische Herrscherthum eintraten und die Führung der abendländischen Christenheit übernahmen. Was den Vortrag angeht, sehen wir das Gegentheil von Widukind in Thietmar von Merseburg, dessen acht Bücher der Thaten von fünf Kaisern einen Zeitraum von 107 Jahren oder die Regierungen der Kaiser Heinrich's I., der drei Ottone und Heinrich's II. begreifen. Dieses Werk ist die vorzüglichste, wenn wir auch nicht sagen wollen, die einzige Quelle für die älteste meißnische, polnische, ungarische Geschichte und für die Geschichte der Slaven der ganzen Ostgrenze. Thietmar selbst hatte als Bischof von Merseburg, wie sein Vater, Graf Siegfried von Walbeck, großen Antheil an den Begebenheiten, und wußte unstreitig besser mit dem Schwerte, als mit der Feder umzugehen; er läßt daher auch seine Leute reden, wie er selbst dachte, und beschreibt die Begebenheiten mit seinen eigenen Worten, nicht mit Floskeln, die er von einem alten Schriftsteller erborgt hat. Man erkennt in seinen einzelnen Berichten den Heldensinn jener Zeit, und gerade weil er nicht gewandt im Ausdrucke ist, so leuchtet aus seinen Worten und Reden der wahrhaft religiöse Geist einer kräftigen, nicht sophistisirten Nation hervor, deren wahrhaft frommes Gemüth leider nur zu sehr von schlauen Priestern mißbraucht ward. Wenn daher bei Thietmar von Wundern, Erscheinungen und übernatürlichen Dingen, denen er unbedingten Glauben schenkt, die Rede ist, oder wenn er sich ins Alterthum verliert und römische Gebäude an der Elbe auffindet, so ist er freilich sehr wenig zuverlässig; desto wahrer und treuer aber ist er, wenn er von den Thaten redet, an denen er und seine Familie selbst Theil genommen hatten. Sein Werk besitzen wir in seiner eigenen Handschrift, und die Art, wie er Aenderungen und Zusätze macht, spricht für seine Sorgfalt und Treue.

Zu den bedeutendsten historischen Denkmalen der Zeit der sächsischen Kaiser gehören, da Wippo und Andere erst in der Geschichte des folgenden Zeitabschnittes erwähnt werden sollen, die vielen Lebensbeschreibungen einzelner Männer und Frauen dieser Zeit, welche freilich alle an dem Fehler leiden, daß in ihnen zuviel Schönrednerei und Phraseologie ist. Unter diese zählen wir besonders die Lebensbeschreibung der Adelheid, der zweiten Gemahlin Otto's I., und die seines Bruders Bruno; zu den besten gehören die des Bischofs Meinwerk von Paderborn, des Bischofs Bernward von Hildesheim und des Bischofs Dietrich von Metz von verschiedenen Verfassern.

§. 4.
Die geistliche Litteratur der fränkischen und sächsischen Zeit in ihrem Verhältniß zum deutschen Volksthum.

Die deutschen Stämme übten in den Jahrhunderten der Völkerwanderung die uralte Gewohnheit des Singens und Sagens; vor den mächtigen Begebenheiten, mit welchen sie nun in die Weltgeschichte eintraten, verschwand jedes Andenken an frühere Ereignisse. Sie schufen sich eine Heldensage, die auch für unsere Betrachtung bedeutend ist; denn dieselbe läßt uns erkennen, welche Ideale von schönen und tüchtigen Handlungen und Personen der Deutsche in sich trug und ausbildete. Diese Sage bildete sich nach den inneren Gesetzen der Volksüberlieferung aus; auf mündliche Mittheilung angewiesen und unter dem Einfluß eines unruhigen Wanderlebens behielt sie aus der wirklichen Geschichte nur die gewaltigsten Persönlichkeiten, wie Attila und Theodorich, und selbst von diesen nur die wesentlichsten Züge, diese aber mit großartiger dichterischer Treue bei. Mit den Zeitumständen dagegen verfuhr sie auf das Freieste; sie schuf Gestalten aus der altheidnischen Götterwelt zu Helden und Heldinnen des Liedes um, zuweilen sie mit geschichtlichen Personen in eins verbindend, immer aber mit dem eigenen deutschen Wesen beseelend. Man mag zwischen der Nibelungenwelt und dem homerischen Zeitalter manche Aehnlichkeit auffinden; dennoch steht Siegfried, was Gemüth und Charakter anbelangt, dem Goethe'schen Hermann näher als dem Achilles. Was die Form der einzelnen Heldenlieder angeht, so können wir mit Sicherheit annehmen, daß der Stabreim oder die Alliteration in ihr herrschte, d. h. daß diejenigen Silben, auf denen der Sinn hauptsächlich ruhte, mit dem gleichen Buchstaben begannen. Wo einzelne dieser Lieder zur Niederschrift gelangten, geschah es durch die Geistlichen, die in der ganzen althochdeutschen Zeit, etwa bis zum Anbeginn des 12. Jahrhunderts, allein die Feder führten, wie denn im Englischen dasselbe Wort clericus (clerk) einen Geistlichen und einen Schreiber bezeichnet. So ist denn der einzige Rest jener alten rauhen Heldenlieder, das **Hildebrandslied**, welches man in Fulda aufgefunden hat, wahrscheinlich von zwei Klostergeistlichen aus ihrer Jugenderinnerung niedergeschrieben. Es wird in demselben erzählt, wie Theodorich's alter Kriegs- und Waffenmeister Hildebrand von langen Fahrten in die Heimath zurückkehrt und mit seinem Sohn Hadubrand, der die Grenze bewacht, einen Zweikampf besteht, da dieser die Versicherung des Alten, daß er sein Vater sei, für Täuschung erklärt.*) Der Ausgang des Kampfes wird nicht erzählt; doch belehrt uns eine weit spätere Bearbeitung desselben Gegenstandes, daß eine Versöhnung erfolgt sei. Der Ton des Gedichtes ist überaus kraftvoll, gedrängt und anschaulich; die Mundart steht zwischen dem Hoch- und Niederdeutschen in der Mitte.

Wie tief die heidnischen Vorstellungen hafteten, erkennen wir aus vereinzelten Aufzeichnungen in dichterischer Form, die der Handschrift nach aus längst christlichen Zeiten stammten. Es befinden sich darunter Spruchverse, die aus alten mythischen Kreisen entnommen sind und denen man wahrscheinlich eine Zauberkraft beilegte. Am bekanntesten sind die beiden kleinen Lieder, die vor etwa dreißig Jahren von Waitz aufgefunden, von Jakob Grimm erklärt und nach dem Fundort die Merseburger Zaubersprüche genannt wurden. Das eine behandelt die Befreiung eines Gefangenen aus seinen Fesseln unter

---

*) Auch bei den Namen, die sich in den Sagen zusammengestellt finden: Hildebrand und Hadubrand, Hengist und Horsa, Günther, Gernot, Giselher, behält der Stabreim seinen Einfluß.

Bezugnahme auf weise Frauen, Idisi genannt; das andere ist auf Heilung eines durch Verrenkung gelähmten Pferdes berechnet und erwähnt eines Rosses, das der Gott Phol (Balder) geritten habe. Erst nachdem diese Sprüche bekannt waren, wurde man darauf aufmerksam, daß in einem dänischen Geschichtswerk aus dem vorigen Jahrhundert ein Lied von einem solchen Götterritt erwähnt wird, das dem unsrigen ganz gleich ist, nur daß, statt Balder's, Christus genannt wird. Auch in anderen Aufzeichnungen, die der christlichen Erbauung gewidmet waren, finden sich Bruchstücke von alterthümlichem heidnischen Gepräge. So wird ein kurzes, im Kloster Wessobrunn (bei Weilheim in Oberbaiern) aufgefundenes Gebet mit einigen episch klingenden Zeilen über die Weltschöpfung eingeleitet, die nicht nur an eines der ältesten Lieder der Edda erinnern, sondern fast wörtlich mit ihm übereinstimmen.*) Noch deutlicher zeigt sich diese Verflechtung der Begriffe in einer anderen geistlichen Dichtung, welche den Weltuntergang behandelt und in der Handschrift, die wir besitzen, jedenfalls aus der Zeit Ludwig's des Deutschen stammt, wahrscheinlich aber von diesem König selbst aufgezeichnet ist. Hier sind die einzelnen Angaben über den herannahenden jüngsten Tag aus den noch immer volksthümlichen Vorstellungen vom einstigen Weltbrand entlehnt, die wir bei den nordischen Stämmen gefunden haben. Wie dort ein Kampf zwischen dem Gotte Thor und der Midgardschlange stattfindet, so hier zwischen dem Antichrist und dem Propheten Elias. Die rauhe Gestalt des Letzteren, der nach der Bibel im Wettstreit mit den Baalspfaffen den Blitz herabrief, tritt an die Stelle des Donnergottes.**) Man hat dieses Lied nach einem in demselben vorkommenden Worte Ma- spilli genannt, d. h. der Feuerbrand als Zerstörer des Holzes oder Vernichter der Materie.

Wenn das heidnische Wesen noch heutzutage in manchen Redewendungen, in Festgebräuchen, Volkssitten und Ortssagen nachzuweisen ist: so begreift man leicht, wie viel es in jenen Jahrhunderten der christlichen Geistlichkeit zu schaffen machte. Es gab amtlich-kirchliche Verzeichnisse der abergläubigen Meinungen und Handlungen, die man vermeiden müsse. Je weiter das Heidenthum im Ganzen zurücktrat,

---

*) „Das vernahm ich unter Menschen, der Verwunderung würdiges, daß Erde nicht war noch Oberhimmel, noch Baum oder Berg, noch Sonne schien oder Mond leuchtete, noch das mächtige Meer, da nichts war von Ende noch Grenze, da war der eine allmächtige Gott, der Männer mildester." Auch die Anfangsworte mit ihrer Berufung auf die lebendige Ueberlieferung entsprechen völlig der alten Sangesweise.

**) In anderen Sagen scheint Elias für Johannes den Täufer einzutreten, mit dem er das strafende Zürnen und das Leben in der Wüste gemein hat, wie er auch in der jüdischen Legende als Vorläufer des Messias gilt.

je mehr sich jene Vorstellungen von ihrer Wurzel ablösten, um so mehr wurden sie dumpf und entstellt, so daß wir der Kirche, welche das Volk zu erziehen hatte, den Aerger, den sie über solche Ueberbleibsel empfand, nicht verübeln können. Zu beklagen ist nur, daß sie von Anfang an weder den Wunsch noch das Vermögen hatte, werthvolle Erinnerungen vom Untergang zu retten, ja im Gegentheil diesen Untergang eifrig beförderte. Um darzuthun, wie tief der heidnische Brauch im Volke wurzelte, führen wir Stellen aus einem Werk an, das am Schlusse des bisher dargestellten Zeitraumes abgefaßt wurde. Am Anfang des 11. Jahrhunderts lebte der sehr angesehene Bischof Burkard von Worms*) († 1025), welcher die Aussprüche der Concilien, Synoden und der rechtgläubigen Väter in 20 Büchern zusammenstellte. Das 19. dieser Bücher enthält einen Beichtspiegel, d. h. eine Anweisung für Priester, wie sie die Beichte anhören sollen. Sie sollen jedem Beichtenden das Glaubensbekenntniß abnehmen und ihn sodann also anreden: „Vielleicht, mein Theuerster, sind dir nicht alle deine Handlungen im Gedächtniß, ich will dich daher ausfragen; laß dich vom Teufel nicht zur Verheimlichung bewegen." Unter den Fragen befinden sich folgende: „Hast du die Ueberlieferungen beobachtet, die sich vom Vater zum Sohn forterben bis auf diesen Tag: Sonne und Mond, Neumond und Sternenlauf anzubeten? Hast du bei einer Mondfinsterniß geschrieen, um dem Mond zu helfen, daß er wieder sein Licht gewinne? Hast du am 1. Januar irgend etwas mehr gethan als an anderen Tagen, etwa deinen Tisch mit Lichtern oder Speisen ausgerüstet? Bist du an demselben mit Sängern durch die Straßen gezogen? Hast du dich, mit dem Schwert umgürtet, auf das Dach deines Hauses gesetzt, um zu sehen, was dir im kommenden Jahr begegnen werde? Hast du dich zu demselben Zweck am Kreuzweg auf eine Ochsenhaut gesetzt? Bist du zum Beten an einen anderen Ort gegangen als in die Kirche, etwa an Brunnen, Steine, Bäume oder Kreuzwege; hast du allda ein Licht angezündet oder Brod hingelegt oder etwas gegessen oder irgend ein Heil für Leib und Seele gesucht? Hast du geglaubt, daß es Frauen gibt, die durch Zauberei Haß in Liebe oder Liebe in Haß verwandeln? Manche Frauen sagen, sie müßten mit Dämonen, welche die gemeine Thorheit Holden nennt, auf Thieren reiten; sie meinen auch, daß sie zu Stunden der Nacht unter dem Befehl der Göttin Diana das Land durchziehen; hast du dies geglaubt? Hast du den Donnerstag zu Ehren Jupiters gefeiert? Hast du geglaubt, daß es Parzen gibt, welche die Kraft haben, wenn ein Mensch geboren wird, ihn zu dem zu bestimmen, was sie wollen,

---

*) Sein Ansehen war so groß, daß man entscheidende Aussprüche nach seinem Namen Brocardica (d. i. Burcardica) nannte.

so daß er sich in einen Warwolf verwandeln kann?" Burkard findet auch die Frage nöthig, ob der Beichtende einen Menschen in die Gefangenschaft verkauft habe; auch empfiehlt er, daß man die Hochzeit öffentlich in der Kirche feiere; wer seiner Frau nicht eine Mitgift gegeben hat, der büßt mit Fasten. Die Strafen wegen Gefräßigkeit oder Trunkenheit sind stärker, als daß man glauben könnte, sie seien in jenen Zeiten beachtet worden. Eine lange Reihe von Fragen bezieht sich auf sinnliche Ausschweifungen der niedrigsten, unnatürlichsten Art, die so verbreitet waren, daß unser Jahrhundert mit allen seinen Culturfehlern bei weitem reiner erscheint. Merkwürdiger Weise erhält auch derjenige eine Strafe, der einen verheiratheten Priester um seiner Ehe willen gering schätzt oder seinen Segen verschmäht. Am Schlusse desselben Jahrhunderts hatte sich die Sache so entschieden umgestaltet, daß im Gegentheil derjenige bestraft wurde, der einem verehelichten Priester beichtete.

Zwei sehr wichtige Dichtungen geistlichen Inhaltes gehören dem 9. Jahrhundert an: die beiden berühmten Evangelienharmonieen. Man hatte schon frühe das Bedürfniß nach einer geordneten Lebensbeschreibung Christi empfunden, welche die Angaben der Evangelien aneinander reihete und Wiederholungen oder Widersprüche beseitigte. Unter den Werken dieser Art gewann besonders eine „Evangelienharmonie" Ansehen, die man jetzt allgemein dem Ammonius von Alexandria zuschreibt; sie scheint auch bei den ersten dichterischen Bearbeitungen desselben Gegenstandes benutzt worden zu sein. Ein solches Werk ist dasjenige, das ein sächsischer Volksmann (wahrscheinlich doch kein „Bauer", sondern ein Geistlicher) im Auftrage Ludwig's des Frommen abgefaßt hat. Der bairische Gelehrte Schmeller, der diese treffliche Dichtung genau ein Jahrtausend nach ihrer Entstehung herausgab, hat ihr den Namen Heliand (Heiland) verliehen. Die Sprache ist die altniederdeutsche, die Form besteht in stabreimenden Zeilen; ja diese Dichtung ist die letzte von größerem Umfang, welche in das alterthümliche Gewand der Alliteration gekleidet ist. Der Verfasser hält sich mehr an den erzählenden Theil der Evangelien; sein Ausdruck ist gedrängt und sinnreich, und aus dem Lebenslauf Christi, wie er ihn darstellt, blickt überall die urdeutsche Vorstellung von kühnem Heldenthum durch. Christus ist hier ein herrlicher Heerkönig, dem starke Stämme feind sind und den die Apostel als hebräische Helden begleiten. Die Bergpredigt mahnt an ein altnordisches Thing, wo der König oben steht, um ihn die Edlen und in weiten Kreisen das Volk; das Hochzeitfest zu Kanna erinnert an ein Heldenmahl in weiter Halle. Selten weicht der Dichter von der biblischen Erzählung ab; bezeichnend ist, daß er die rauhe Antwort Christi an Maria zu Kanna etwas mildert, wie er andererseits den Hieb, welcher Petrus dem Malchus versetzt, weitläufig ausmalt. Schon Klopstock hatte die Absicht, diese Dichtung nach der englischen Handschrift herauszugeben, unterließ es aber mit Recht, da ihm die nothwendige Sprach- und Alterthumskunde doch nicht zu Gebote stand.

Die zweite Evangelienharmonie ist um drei bis vier Jahrzehnte später verfaßt und bildet in mancher Hinsicht zum Heliand den entschiedensten Gegensatz. Es ist dies das Evangelienbuch des Mönches Otfried aus Weißenburg im Speiergau im Elsaß, der aus der Schule des Rabanus Maurus hervorging; ein neuerer Herausgeber hat dem Werke den Namen „Krist" beigelegt. Während der Heliand im Mittelalter so unbekannt war, daß es noch zweifelhaft ist, ob eine Erwähnung im 16. Jahrhundert sich auf ihn bezieht, ist die Erinnerung an Otfried und seine Dichtung nie völlig erloschen. Er hat dieselbe im Jahre 868 dem Kaiser Ludwig dem Deutschen gewidmet und noch mit einem Vorwort an den Erzbischof Liutbert von Mainz versehen, worin er über seine frommen Absichten wie auch über die Schwierigkeit, welche ihm die Behandlung der Sprache und Schrift macht, Rechenschaft gibt. Er will den weltlich-zuchtlosen Volksgesang verdrängen und erbauliche Belehrung geben. Seine Mundart ist die (alt-) hochdeutsche und an die Stelle des Stabreims ist bei ihm der Endreim, freilich noch unvollkommen und unsicher, getreten, der nunmehr die herrschende Form in der deutschen Dichtung bleibt. Otfried neigt mehr zur Betrachtung und moralischen Nutzanwendung als zur lebendigen Erzählung; er wird zuweilen mystisch, wie er denn sein Werk in fünf Abtheilungen trennt, welche den fünf Sinnen entsprechen sollen. Wird er nun auch oft einförmig und trocken, so daß er dem Dichter des Heliand an Schwung und Belebung nicht gleichkommt: so zeigt sich doch in seiner Arbeit eine Tüchtigkeit und ein aufrichtiger Sinn, der uns anspricht und rührt. In naiver Weise flicht er das Lob der Franken ein, die so kühn seien, wie die Römer und Griechen; er preist die Fruchtbarkeit und Fülle ihres Landes, wo man Erz, Kupfer und Eissteine *) grabe. Otfried ist der erste feststehende Autorname der deutschen Litteratur.

Dem Schlusse des 9. Jahrhunderts gehören zwei Gedichte historischen Inhaltes an; das eine, verfaßt von dem Mönch Ratpert zu St. Gallen, bezieht sich auf das Leben des heiligen Gallus und war zur Erbauung des nicht latein redenden Volkes bestimmt; doch besitzen wir es nur in einer lateinischen Uebersetzung, die hundert Jahre

---

*) Krystalle; nach dem viel verbreiteten Glauben, daß diese Steine aus gehärtetem (fossilem) Eise bestünden.

später in demselben Kloster Eckhard IV. anfertigte. Das andere haben wir schon in der Geschichtserzählung erwähnt; es ist das Ludwigslied, zu Ehren des Normannenbesiegers von Saucourt sehr bald nach der Begebenheit selbst (881) abgefaßt, treuherzig, lebendig und kräftig im Ausdruck. Der geistliche Charakter des Verfassers zeigt sich darin, daß er seine Frauken in der normännischen Plage eine göttliche Züchtigung erkennen läßt, so daß sie sich zur Buße wenden („mancher war ein Betrüger, ein Schächer, voll loser Dinge und legte sich Buße auf; wer ein Dieb gewesen, fastete und ward ein guter Mann"); vor der Schlacht stimmt das ganze Heer ein Kyrieleison an.

Was die Geistlichen vom Beginn der fränkischen Zeit an in Prosa niederschrieben, hatte zunächst einen praktisch-kirchlichen Zweck und umfaßte erst später das allgemeinere Gebiet der Belehrung und Erbauung. Es sind nicht eigentliche Predigten, die uns aus den ersten Jahrhunderten des Mittelalters in althochdeutscher Sprache vorliegen, sondern Katechismussprüche, Bekenntnißformeln und Aehnliches; zu ihnen gehört auch die bekannte Teufels-Abschwörung, in welcher Wodan, Thor und andere Götterwesen als dämonische Unholde bezeichnet sind. Diese Dinge sind begreiflicher Weise für die deutsche Sprachkunde vom höchsten Werth; aber auch geschichtlich geben sie Zeugniß von der treuen und ängstlichen Sorgfalt, mit welcher die Geistlichen in ihrem Sinne das Volk zu erziehen suchten. In der folgenden Zeit wurden mit besonderem Eifer Wortverzeichnisse angelegt und Uebersetzungen verfaßt, letztere oft in der Art, daß dem lateinischen Text Wort für Wort das Deutsche beigefügt wurde (Interlinear-Versionen); wir besitzen eine derartige trockne Verdeutschung der früher erwähnten Regel des heiligen Benedict, welche im 8. Jahrhundert der Mönch Kero von St. Gallen anfertigte. Aber man ging auch zu freieren Uebersetzungen über, die dem lernbegierigen Anfänger oder Laien den Genuß der Urschrift bieten sollten. Die Auswahl, welche man dabei traf, ist bezeichnend für den Sinn und die Richtung der Zeit; man wählte nicht jene Werke des Alterthums, die in ihrer edlen Form uns zumeist anziehen, sondern Bücher aus den letzten römischen Zeitaltern, die möglichst viel Belehrungsstoff zuführen konnten. Vor allen waren es Schriften des mehrfach genannten Isidor von Sevilla, die man in recht guter deutscher Bearbeitung wiedergab. Diese schöne verdienstvolle Thätigkeit erhielt einen neuen Schwung zur Zeit des Rabanus Maurus, der sich auch zu Gunsten der deutschen Predigt bemühte. Als eigentlicher Mittelpunkt aber zeigt sich das Kloster St. Gallen, dessen Leistungen bis weit in das 11. Jahrhundert die aller anderen damaligen Culturstätten an Zahl und Einfluß übertreffen. Als unter den Ottonen die Verbindung mit den Heimathländern der klassischen Litteratur erneuert wurde, gelangte auch St. Gallen zu höchster Blüthe. Unter den Mönchen, die hier durch Fleiß, Kenntniß und den aufrichtigen Trieb, ihre Mitchristen zu belehren, Bedeutendes geleistet haben, befinden sich fünf, welche den Namen Notker tragen. Zum Nachweis, wie es in jenen Zeiten noch möglich war, die verschiedensten Thätigkeiten der Kunst und Wissenschaft mit Erfolg zu üben, wollen wir anführen, daß der eine dieser Männer, Notker Physikus, als Arzt berühmt war, in der Musik Bedeutendes leistete, die Klosterkirche mit Gemälden ausschmückte, lateinische Gedichte schrieb und dabei als ein großer Schreibkünstler galt, der die Handschriften mit farbigen Bildern zierte.*) Von größerem Einfluß und für jeden Deutschen ehrwürdig ist der spätere Notker Labeo (der Dicklippige), dessen unschönen Beinamen seine Genossen mit Recht durch einen anderen, Teutonicus, ersetzt haben. Dieser hochbegabte Mann führte den Deutschen auch solche Werke zu, welche eine ideale Richtung geben konnten, so des Boëthius „Tröstung der Philosophie", mit welcher schon Alfred seine Angelsachsen bekannt gemacht hatte; eine Erklärung des Buches Hiob, die er selbst als seine Arbeit bezeichnet, ist verloren gegangen. Uebrigens sind die zahlreichen Bücher, die auf seinen Namen gingen, großentheils von Schülern unter seiner Leitung ausgearbeitet. Notker starb, 70 Jahre alt, 1022 an der Pest. Vielleicht noch größere Verbreitung als irgend eine der zu St. Gallen angefertigten Uebersetzungen fand eine Bearbeitung des Hohen Liedes von Williram in Fulda, indem sie dem zugleich wißbegierigen und für das Symbolische phantastisch eingenommenen Zeitgeschmack noch mehr zusagte; die Auffassung, nach welcher in dieser alten Liebesdichtung Christus der Bräutigam und Israel oder vielmehr die Christenheit die Braut ist, erhielt sich bis in die neuere Zeit.

Das stärkste Zeugniß aber, wie die unter den Ottonen neu erwachte Vorliebe für die römische Litteratur die Gebildeten in Deutschland zu durchbringen begann, erkennen wir darin, daß sie auch die poetische Thätigkeit in hohem Grade erfrischte. Die Anknüpfung an den neu belebten Gedanken eines römischen Kaiserthums war hierbei nicht ohne Einfluß und die Wirkung war umfassender, als in Karl's des Großen Zeit. Ja, wenn man erwägt, wie groß die Zahl der nationalgesinnten Geistlichen war, in welchem lebendigen Verkehr die Klöster mit dem Lande standen, so wird man der Poesie des 10. Jahr-

---

*) Der Gebrauch, Handschriften mit reich verzierten Anfangsbuchstaben (Initialen) und mit sauberen Bildchen zu versehen, wurde in den folgenden Jahrhunderten immer kunstreicher geübt; die Verzierungen heben sich meist durch ein schönes gesättigtes Blau, Gold und Roth hervor. Von dem Mennig (minium), welchen man zum Roth verwandte, erhielten die Bilder den Namen Miniaturen.

hunderts, obwohl sie sich einer fremden Sprache bediente, ein volksthümliches Element nicht absprechen.*) Man bildete, was bemerkenswerth ist, den Stil nunmehr nach den älteren römischen Dichtern, vor allen nach Virgil und Terenz. Die hochgebildete und bei den Zeitgenossen berühmte Nonne Roswitha schrieb außer dem bereits erwähnten Gedicht über Kaiser Otto noch ein anderes, das die Geschichte des Klosters Gandersheim zum Gegenstand hat, und kleidete den Inhalt einiger Legenden in Hexameter. Dem heutigen Leser ist es auffallend, wie eine Dichterin, der es mit der Frömmigkeit und weiblichen Tugend so ernst ist, bedenkliche Verhältnisse behandeln kann, von denen wir jetzt voraussetzen, daß schon ihr Vorhandensein edel erzogenen Frauen unbekannt bleibt. Bekannter als die Legenden wurden sechs Dramen, die sie verfaßte, um die Dichtungen des Terenz durch würdigere Stoffe zu ersetzen. Diese Dramen sind bei kunstloser Scenenfolge in einer mit Reimen durchsetzten Prosa geschrieben; sie behandeln ebenfalls Wundergeschichten, in welchen eine starke Sinnengluth entweder geheilt wird oder zu Schaden kommt, zuweilen unter Hinzutritt eines drastischen Humors.**)

Weitaus bedeutender als die vereinzelten dramatischen Versuche der Roswitha sind die lateinischen Dichtungen, die gleichzeitig in St. Gallen verfaßt wurden. Sie zeigen uns in überraschender Weise die frommen und fleißigen Mönche auch von der weltlich-volksthümlichen Seite. Sie hatten die alten Sagen, Abenteuergeschichten und Ueberlieferungen lieb gewonnen und behandelten dieselben in einer verhältnißmäßig reinen und gebildeten Sprache, die sie vornehmlich dem Virgil entlehnten. Auch dies ist ein Zug frischen Lebens, der zu dem Charakter der sächsischen Kaiserzeit paßt. Das berühmteste dieser Gedichte, Waltharius, behandelt die Abenteuer eines Helden, auf den auch im Nibelungenlied angespielt wird, des Walther, der bei Attila als Geisel erzogen wurde und an dessen Hof mit Hildegunde, die bei der Königin in gleichem Verhältniß lebte, ein geheimes Einverständniß anknüpfte;***) sie verlassen das Hunnenreich und gelangen

---

*) Ein mehr der Hofpoesie angehöriges, doch im Tone volksthümliches Lied, das wir schon erwähnt haben, besingt die Berühmung der Brüder Otto und Heinrich in abwechselnd lateinischen und deutschen Zeilen; es handelt „de quodam duce, dem Herren Heinrich, qui cum dignitate der Baiern Reich bewahret."

**) Die von J. Aschbach (1864) mit Scharfsinn ausgeführte Behauptung, daß die Dramen der Roswitha unecht und zwar von Conrad Celtes geschmiedet seien, ist nach neueren Untersuchungen als beseitigt zu erachten.

***) Die Art, wie Jünglinge und Mädchen an fremden Höfen als Geiseln erzogen werden, gehört zu den humansten Zügen der altdeutschen Zeit; auch sonst war es Sitte der Könige, daß sie ihre Söhne zu befreundeten Fürsten schickten, damit diese an

auf der Flucht an den Rhein, wo Walther gegen Gunther, Hagen und ihre Genossen zwölf Einzelkämpfe zu bestehen hat. Die letztgenannten Helden treten hier nicht als Burgunden, sondern als Franken auf; auch die Fabel, daß die rheinischen Franken von den Trojanern abstammen, blickt bereits durch. Diese Fabel, die wir als eine gelehrte Legende bezeichnen können, wurde durch die Bekanntschaft mit Virgil's Aeneis aufgefrischt; denn man brachte die Weissagungen von der künftigen Weltherrschaft der Römer, die zum Theil den Kern des berühmten Epos bilden, in Verbindung mit dem fränkisch-römischen Kaiserthum. Ein geistlicher Sinn zeigt sich an manchen Stellen; so z. B. wo Walther zwar ganz wie die homerischen Helden seine Kraft rühmt, aber gleich darauf sich mit in Kreuzesform ausgestreckten Armen reuig zu Boden wirft. Nach der Meinung gelehrter Forscher ist das Gedicht, das viele Ausdrücke geradezu dem Virgil entnimmt, um die Mitte des Jahrhunderts von zwei Mönchen, Gerald und Ekkehard, verfaßt und gegen das Ende desselben von einem anderen Ekkehard überarbeitet worden. Es könnte gar wohl ursprünglich eine Schulübung gewesen sein, wie denn die Erzählung mit den Worten beginnt: „Einer der drei Welttheile, ihr Brüder, wird Europa genannt." Das Vorhandensein dieser Dichtung läßt die Nachricht sehr glaubhaft scheinen, die wir aus einem spätern deutschen Gedicht haben, daß auch eine lateinische Darstellung der Nibelungenkämpfe abgefaßt worden sei, und zwar von einem gelehrten Geistlichen, Namens Konrad; den Befehl dazu habe der Bischof Pilgerin von Passau ertheilt, der allerdings um diese Zeit lebte (gest. 991) und sich, wie früher erzählt worden, um die Bekehrung der Ungarn bemühte, in welchen man die Hunnen wieder zu erkennen glaubte.[*]

Nur kurz wollen wir noch angeben, daß der lateinischen Klosterdichtung auch noch ein Epos: Ruodlieb, angehört, von dem wir weitläufige Bruchstücke haben; dasselbe trägt jedoch nicht den schlichten, rauhen Charakter der Heldensage, sondern das geschmückte Ritterwesen mit seinen Liebesabenteuern gibt sich schon darin zu erkennen; es erinnert bereits an eine spätere Gattung von Gedichten, in welchen Brautfahrten und Wunderkämpfe eine große Rolle spielen und an denen man im 12. Jahrhundert eine große Freude hatte. Endlich gehören auch einige Lateindichtungen der Mönche in das Gebiet der Thiersage, die in dem ältesten Leben des deutschen Volkes ihre

den Jünglingen die Ceremonie des Lodenabschneidens verrichten und sie also zu kampffähigen Männern einweihen möchten.

[*] Dieses lateinische Nibelungenlied wäre alsdann im 12. Jahrhundert eine der Grundlagen des großen mittelhochdeutschen Epos in seiner ersten Gestalt geworden, aus der die jetzt vorhandenen, unter sich oft abweichenden Texte hervorgegangen sind.

Wurzel hat; sie gibt Zeugniß von einem sehr frühen Weltalter, wo der Mensch in den heimischen Thieren seine Waldgenossen erblickte und ihr Treiben mit völlig naivem Ernst beobachtete; die einzelnen Thiergattungen bildeten sich in der Vorstellung nach demselben Hergang wie die menschlichen Heldengestalten aus. Die Thiersage lebte wesentlich bei den Franken und diese nahmen sie mit nach Westen, wo der deutsche Name des Fuchses den früher gebräuchlichen verdrängte. Wenn sie nun auch deutschen Ursprungs ist, so läßt sich doch nicht läugnen, daß sie in den ersten Jahrhunderten des Mittelalters sich in Frankreich besonders reich und lebendig entwickelte. Freilich verlor sie hier wie in der Heimath bald ihren naiv epischen Charakter; aber gerade dadurch wurde sie später sehr wichtig, indem sie zu allegorischen und satirischen Beziehungen die bequemste Handhabe gewährte und der Stimmung des Volkes gegen geistliche und weltliche Mißbräuche einen Ausdruck lieh.

II. Die Zeit der fränkischen oder salischen Kaiser.

1. Erste Niederlassung der Normannen in Unteritalien und Heinrich's II. letzte Lebensjahre.

Unteritalien war noch immer eine griechische Provinz; doch hatten sich die Araber bereits in dem Lande festgesetzt und außerdem bestand noch eine Anzahl longobardischer Fürstenthümer, von welchen Benevent und Capua die bedeutendsten waren und deren Beherrscher entweder gar nicht oder doch nur vorübergehend die Oberhoheit der griechischen Kaiser anerkannten. Das Land hatte durch die Plünderungen der Araber, durch die Herrschsucht und Raubgier der longobardischen Großen, noch weit mehr aber durch die Willkür und den Despotismus der griechischen Statthalter viel zu leiden. Die Bedrückungen der Letzteren riefen öfters Aufstände hervor. Eine dieser Empörungen ist vorzugsweise wichtig, weil sie die Einwanderung normännischer Raubschaaren zur Folge hatte. Ein angesehener Longobarde aus dem Lande Apulien, Melus, lehnte sich zur Zeit Otto's II. gegen den griechischen Statthalter auf, wurde aber besiegt und floh nach Capua. Er verband sich später mit einigen jener rüstigen Standinavier, die sich in Frankreich niedergelassen hatten und auch von hier aus die Welt fortwährend mit dem Schrecken ihres Namens und dem Ruf ihrer Kühnheit erfüllten. Der gemeinen Sage nach, deren Wahrheit dahingestellt bleiben mag, lernte er bei Gelegenheit einer Wallfahrt nach dem apulischen Berge Gargano eine Schaar Normannen kennen und bewog sie durch die Aussicht auf leichten Raub und auf Ansiedelung in dem schönen Lande zu dem Versprechen, ihm ihren Arm gegen die Griechen zu leihen. Sie kehrten nach Hause zurück und fanden, da die Normannen sich mehr als alle anderen Völker durch Abenteuer reizen ließen, leicht eine Anzahl gleichgesinnter Landsleute, welche im nächsten Jahre (1016) mit ihnen nach Unteritalien zogen. Hier kämpften sie unter Melus mit wechselndem Glücke gegen die Truppen des griechischen Statthalters. Doch waren ihnen diese im Ganzen genommen überlegen, weil sie damals einen Kaiser hatten, der den Umständen gewachsen war. Basilius II. mit dem Beinamen des Bulgarentödters, der früher erwähnte Bruder der Kaiserin Theophano, hatte nicht allein einige ausgezeichnete Generale, die sich gegen ihn empörten, zu bezwingen gewußt, sondern auch die Bulgaren wieder unterworfen, in Asien die Ehre der griechischen Waffen behauptet und einen großen Theil von Dalmatien erobert. Von dem letzteren Lande aus konnten seine Truppen in Unteritalien leicht Verstärkungen erhalten; Melus ward daher ungeachtet seiner Normannen von den Griechen völlig geschlagen (1019) und mußte aufs neue die Flucht ergreifen. Er begab sich nach Deutschland und bat den Kaiser Heinrich II. um Hülfe, starb aber, noch ehe dieser nach Italien aufbrach. Seine Normannen, welche bald durch neue Ankömmlinge aus ihrer Heimath und durch unternehmende Longobarden verstärkt wurden, beschäftigten sich nach jener Niederlage theils mit ritterlichem Raub, theils dienten sie den größeren oder kleineren longobardischen Herren des Landes.

Kurze Zeit vor Melus war auch der Papst Benedict VIII. nach Deutschland gekommen, um die Stiftskirche von Bamberg einzusegnen. Dieser suchte den Kaiser ebenfalls zu einem neuen Zuge nach Italien zu bewegen, weil er durch die Deutschen seine eigenen Feinde von sich halten wollte, um seine Familie erheben zu können. Heinrich hatte ihn wieder abreisen lassen, ohne Anstalten zu einem Zuge zu treffen, weil sich damals wieder einige Herzoge gegen ihn erhoben hatten. Erst als Melus bei ihm erschien, entschloß er sich, wiewohl langsam, die Ehre des Reiches in Italien zu schützen. Er brach 1021 an der Spitze einer ansehnlichen Kriegsmacht auf und drang ohne Widerstand bis an das Neapolitanische, wo die Normannen sich an sein Heer anschlossen. Obgleich er hier mehrere Städte, namentlich das von einem griechischen Statthalter kurz vorher angelegte sehr feste Troja, eroberte und einen der größeren longobardischen Fürsten zur Anerkennung seiner Oberhoheit zwang, so gewann doch das Reich durch diesen Zug nichts; im Gegentheil, die deutsche Nation büßte durch verheerende Krankheiten, welche das ungewohnte Klima erzeugte, die

Blüthe ihrer Streiter ein und der Kaiser mußte aus diesem Grunde schon im Sommer des nächsten Jahres nach Deutschland zurückkehren. Nur der Papst und diejenigen Leute, welche den Aberglauben an die Stelle der wahren Religion gesetzt zu sehen wünschten, mochten Vortheil bei dem Zuge eines Mannes haben, von dem ein Mönch rühmt, daß er keinen Tag habe vorübergehen lassen, ohne sich entweder mit dem Bau oder mit der Verschönerung einer Kirche oder mit Schenkungen an dieselbe zu beschäftigen. In der That verließ ihn die Gewohnheit, Kirchen zu bauen und die Klöster mit reichen Gaben zu bedenken, auch in Italien nicht. Wie es aber mit dem Charakter jener Leute und mit Heinrich's Verhältniß zu ihnen beschaffen war, zeigt sich am deutlichsten bei seiner Zusammenkunft mit dem heiligen Romuald, dem Stifter des Camaldulenser-Ordens. Dieser trat in Verona vor den Kaiser, redete aber kein Wort zu ihm; denn nach seiner Meinung glaubte er Gott einen Dienst damit zu erweisen, daß er sich der Sprache, die derselbe Gott den Menschen als Werkzeug der Vernunft gegeben hat, nicht bediene. Der Kaiser sprang bei Romuald's Erscheinung sogleich von seinem Sitze auf und rief in tiefer Bewegung des Herzens: „O möchte doch meine Seele in deinem Körper wohnen!" Trotz der dringenden Bitte des Kaisers war der heilige Mann an diesem Tage nicht zum Sprechen zu bewegen. Als er am anderen Morgen wieder in den Palast kam, umringten ihn die Deutschen aus des Kaisers Gefolge, beugten demüthig ihr Haupt vor ihm, suchten begierig einige Zotten von dem Thierfelle, mit welchem er bekleidet war, zu erhaschen und verwahrten sie sorgfältig, um sie als Reliquien mit in die Heimath zu nehmen. Diesmal sprach Romuald vor dem Kaiser, und zwar von dem, was nach seinem Dafürhalten das Wohl der Kirche erheische. Der fromme Kaiser schenkte ihm zwei Klöster, um sie für seine vielen Schüler einzurichten. Auf solche Weise glaubte Heinrich, dessen Vorliebe für die strenge kirchliche Richtung, die von Clugny ausging und von Benedict VIII. begünstigt wurde, im Verlauf seines Lebens immer mehr zunahm, am besten für sein Reich zu sorgen. Er hat sich dadurch ebenso, wie früher Ludwig der Fromme, den Ruhm erworben, das Mönchswesen in der deutschen Nation einheimisch gemacht zu haben. Doch muß man zu seiner Ehre eingestehen, daß er, wie er selbst ein halber Geistlicher war, eine sehr strenge Aufsicht über die Klosterzucht führte. Auch in einer anderen Rücksicht zeigte er sich gegenüber der Kirche als einsichtsvollen Regenten. Er unterstützte nämlich in der letzten Zeit seines Lebens die deutschen Bischöfe sehr kräftig, als sie in einer Kirchenversammlung zu Seligenstadt (1022) das Gesetz machten, daß kein Laie ohne Erlaubniß seines Bischofs nach Rom gehen dürfe, um sich vom Papste die Absolution geben zu

laſſen. Dieſes Verbot war höchſt weiſe; denn es wirkte dem Uebergewicht, das der römiſche Biſchof allmählich über die anderen Biſchöfe
erhalten hatte, entgegen, und verhinderte, daß durch das zunehmende
Anſehen des Papſtes der wohlthätige Einfluß der einheimiſchen
Biſchöfe und Prieſter bei Großen und Geringen, Laien und Geiſtlichen vernichtet oder unwirkſam gemacht, und die ſo ſehr zur Rohheit
und Gewaltthätigkeit geneigte Welt der einzigen Strafe, die man
fürchtete, der kirchlichen, entzogen werde. Erwägen wir, wie damals
die rheiniſche Geiſtlichkeit unter Leitung des Erzbiſchofs Aribo von
Mainz ihre Rechte gegen Rom vertheidigte, wie der berühmte Burkard
von Worms die Prieſterehe in Schutz nahm, welche Benedict VIII.
bereits abzuſchaffen gedachte: ſo gewährt dies einen Einblick in die
Gegenſätze, die ſpäter unter Heinrich IV. ſo mächtig hervortraten.

Außer der Berichtigung burgundiſcher Angelegenheiten, deren
weiter unten gedacht werden wird, und außer neuen Schenkungen unternahm Heinrich nach ſeiner Heimkehr nichts weiter. Auch wegen ſeines
Nachfolgers traf er keine Verfügung; er gab vielmehr, als er 1024
kinderlos auf der Burg Grona unweit Göttingen ſtarb, die Reichskleinodien ſeiner Gemahlin Kunigunde, um ſie dem frei gewählten
neuen König der Teutſchen zu überreichen. Er wurde in ſeinem Lieb-
lingsdome zu Bamberg beigeſetzt; der prächtige Sarkophag jedoch,
der in demſelben zum Andenken des Kaiſers und ſeiner gleich ihm vom
Papſte heilig geſprochenen Gemahlin errichtet iſt, ſtammt aus dem
16. Jahrhundert.*)

2. Geſchichte der Deutſchen, Burgunder, Ungarn und italie-
niſchen Normannen zur Zeit Konrad's II.

Die Teutſchen waren nach Heinrich's II. Tode entſchloſſen, an der
ſächſiſchen Familie möglichſt feſtzuhalten; nur fragte es ſich, welchem
von den beiden Nachkommen Otto's des Großen, die allein noch am

---

*) Das Recht, fromme Verſtorbene heilig zu ſprechen, ſtand anfangs jedem
Biſchof für ſeine Diöceſe zu; im Jahre 993 übte es zum erſten Male der Papſt aus
und erſt Alexander III. erklärte es für ein alleiniges Vorrecht des römiſchen Stuhles.
Den Heiligen wurde nach der echten katholiſchen Lehre wohl Verehrung (dulia), ab.r
nicht Anbetung (latria) zu Theil. In der Regel erfolgt zuerſt die Seligſprechung
(Beatification) oder die Erklärung, daß der Verſtorbene durch ſeine Verdienſte die
Seligkeit gewonnen habe; die höhere Stufe der Kanoniſation erfolgt nicht in der
Art, daß von dem Papſte eine Unterſuchung des Wandels, der Verdienſte und der
beſtätigten Wunderkraft des Seligen ſtattfindet, wobei derjenige Sprecher, der die
Berechtigung deſſelben beſtreitet, Advocatus Diaboli, Sachwalter des Teufels, ge-
nannt wird, aber bei der rein formalen und demonſtrativen Einrichtung des Pro-
ceſſes denſelben niemals gewinnt. Nun erſt wird der Name des Heiligen in den
Kanon der Meſſe aufgenommen, d. h. im ſtillen Prieſtergebet erwähnt.

Leben waren, man wählen sollte. Diese beiden Männer waren Konrad von Franken und sein gleichnamiger jüngerer Vetter, die Urenkel Konrad's des Rothen, welchen Otto der Große zum Herzog von Franken erhoben und mit seiner Tochter Liutgard vermählt hatte und der im Kampf mit den Ungarn eines rühmlichen Todes gestorben war. Konrad stammte aus einer Familie der salischen Franken und führt daher, wiewohl erst bei den Geschichtschreibern des 14. Jahrhunderts den Beinamen des Saliers. Er war Graf im rheinischen Franken und stand seinem Vetter, welcher Herzog der Franken war, an Macht und Ansehen weit nach. Lange schwankte die Wahl der deutschen Fürsten, die mit großen Schaaren bei Oppenheim an beiden Ufern des Rheins lagerten, zwischen Beiden, bis es endlich der Erzbischof Aribo von Mainz dahin brachte, daß man sich für den älteren Konrad entschied (September 1024), dem alsdann die Kaiserwittwe Kunigunde die Reichskleinodien übergab. Bei dieser Gelegenheit erscheint das Reich zum ersten Male als wirkliches Wahlreich; denn es ward damals zuerst eine eigentliche Wahlversammlung der Großen der Nation gehalten, in welcher über die Ernennung eines neuen Königs berathschlagt und dann in aller Form die Wahl vorgenommen wurde. Uebrigens erkannte man damals auch dem Volke noch sein Recht zu; denn als die Fürsten Konrad gewählt hatten, stellten sie ihn den versammelten Völkerschaften zur Annahme vor und diese billigten durch Zuruf die getroffene Wahl. Auch zeigt sich hier zum ersten Male, wenigstens nach der gewöhnlichen Annahme, die Nation in die sechs Heeresabtheilungen oder, wie man sie nannte, Heerschilde getrennt, zu welchen bald nachher noch die siebente hinzukam. Der erste Heerschild oder die erste Schaar, welche unter einem gemeinschaftlichen Banner geführt ward, bestand aus den Reisigen des Königs, den zweiten bildeten die geistlichen Fürsten mit ihren Leuten, den dritten hoben die Herzoge, den vierten die Grafen, den fünften die Mittelfreien oder diejenigen, welche nicht mehr, wie die Führer der vier anderen Heerschilde, zum hohen Adel gerechnet wurden und keine eigentliche Herrschaft besaßen, aber doch noch Freie zu Vasallen haben konnten. Der sechste endlich umfaßte die gemeine Ritterschaft. Die sechs Heerschilde stellten eigentlich die Nation vor; denn der Rest des Volkes wurde bloß als Zahl und Masse betrachtet, und das Fußvolk galt bereits im Ansehen nichts mehr. Schon unter dieser Regierung aber kam ein neuer Stand, den man früher nicht gekannt hatte, empor: gewerbtreibende Bürger und Handelsleute erhielten eine gleiche Existenz und Anerkennung als die Krieger und bildeten dann den siebenten Heerschild, zu welchem, wie man sich ausdrückte, jeder gehörte.

der von ehelicher Geburt und nicht einem anderen eigen war, d. h. jeder eigentliche Bürger.

Konrad II., mit welchem eine neue Herrscherfamilie, die **fränkische** oder **salische**, auf den deutschen Thron kam, reiste gleich nach seiner in Mainz vollzogenen Krönung in Deutschland umher, um seine Würde durch die Huldigung der einzelnen Völkerschaften zu erhöhen und seine Gewalt durch Ausübung der kaiserlichen Gerichtsbarkeit geltend zu machen. Dann suchte er sich die Erbfolge im burgundischen Reiche zu sichern, dessen Herrscherhaus damals dem Aussterben nahe war. Dies macht einen Rückblick auf die Geschichte von Burgund nöthig, deren Kenntniß auch zum Verständniß dessen, was der Herrschaft Konrad's eine welthistorische Bedeutung verliehen hat, durchaus erforderlich ist. Konrad gab nämlich zwölf Jahre später dem italienischen Theile des Reichs eine Ordnung, welche bis in die neuesten Zeiten hinein auf ganz Europa einen großen Einfluß gehabt hat und er würde sich schwerlich dazu entschlossen haben, wenn er nicht im burgundischen Reich solche Zustände angetroffen hätte, die er ebendeshalb auch in anderen Gegenden weniger auffallend fand.

Es ist bereits oben angegeben worden, auf welche Weise die beiden Königreiche, die man das cisjuranische und das transjuranische Burgund genannt hat, fast zu gleicher Zeit entstanden waren. Das erstere ward von Anfang an in kleine Herrschaften zerstückelt, deren Besitzer nach ihrem Oberherrn wenig fragten. Schon der Enkel des ersten Königs, Karl Constantin, hatte ein so geringes Ansehen, daß einer seiner Großen, Hugo, nicht allein unumschränkt herrschte, sondern auch, ohne auf ihn in mindesten Rücksicht zu nehmen, das Reich durch einen förmlichen Vertrag an den König des transjuranischen Burgund, Rudolf II., abtrat. Auf diese Weise wurden im Jahre 933 die beiden burgundischen Königreiche mit einander vereinigt. Karl Constantin, der ein kleines Gebiet um die Stadt Vienne behielt, mußte Rudolf II. als seinen Herrn anerkennen. Rudolf's junger Sohn und Nachfolger, **Konrad der Friedfertige** (937—993), zu dessen Vormund sich Otto der Große auf kurze Zeit aufgeworfen hatte, war kein Mann für das burgundische Reich. Schon sein Beiname bezeichnet in Zeiten, wo nur äußere Gewalt galt, eben nicht einen tüchtigen Regenten; doch bewies er sich im Anfang seiner Regierung tapfer und schlau gegen die Ungarn und Mohammedaner, welche zu gleicher Zeit in das Land einfielen und es weithin verwüsteten. Er bewog sie, indem er Beiden seine Hülfe versprach, zum Kampfe mit einander, fiel dann über Beide zugleich her und schlug sie; er selbst rieb die ungarischen Schaaren einzeln auf, einer seiner Vasallen aber, Graf **Wilhelm I.** von Arles, rottete die Mohammedaner aus. So glücklich die Burgunber unter Konrad gegen äußere Feinde waren, so schlecht ging es im Inneren ihres Reiches. Das Land bestand aus einer Menge von Lehengütern, deren Besitzer von jeher weder an Gehorsam, noch an Zusammenhalten gewöhnt waren; die Gemüther der Einwohner waren durch Natur und Lebensweise zur Unruhe geneigt, und die herrschende Gesetzlosigkeit steigerte den Hang zu Gewaltthätigkeiten in einem so hohen Grade, daß uns Manches, was aus jenen Zeiten berichtet wird, fast unbegreiflich ist. So ließ z. B. einst der mächtige Graf Wilhelm von Poitiers einen Bischof, der vom deutschen Kaiser Lehen genommen hatte, wie ein wildes Thier mit Hunden jagen. Das Königthum bestand nur noch dem Namen nach, das Schicksal des Landes aber lag ganz in den Händen einer Aristokratie, die unter sich uneinig war. Durch Konrad's Schwäche wurde das Uebel noch vermehrt. Er war in der letzten Zeit seines Lebens blos auf friedliche Beschäftigungen und auf fromme Stiftungen bedacht, ließ den zur Leitung des Staats nöthigen Ernst ganz schwinden und beging noch dazu die Unvorsichtigkeit, seinen zahlreichen Verwandten so viele Lehen und Privilegien zu ertheilen, daß er seinem Sohne und Nachfolger, Rudolf III., nur noch wenige Krongüter hinterlassen konnte.

Der neue König, welcher von 993 bis 1032 regierte, war von Natur noch weniger als sein Vater fähig, ein gesunkenes Ansehen wieder zu heben. Er versuchte dies zwar einmal und machte Anstalten, die verschleuderten Krongüter wieder an sich zu ziehen; die Großen ergriffen aber sogleich die Waffen und schlugen ihn in die Flucht, so daß er auch noch den Rest der Macht, die ihm vorher geblieben war, verlor. Er litt seitdem oft sogar am Nöthigen Mangel und konnte sich dann nur an die Geistlichkeit halten, die jedoch auch nicht immer geben konnte oder wollte. Die Nachkommen jenes Wilhelm, der unter Konrad die eingedrungenen Mohammedaner vertilgt hatte, entzogen sich damals der burgundischen Herrschaft ganz und gründeten als Grafen der Provence eine unabhängige Herrschaft.

Rudolf III. war der Letzte aus dem Mannesstamme des burgundischen Königshauses. Er sah sich daher schon früh nach einem künftigen Erben des Reiches um und wählte dazu den Kaiser Heinrich II., einen Sohn seiner ältesten Schwester Gisela, der ihn in seiner Noth mit Geld unterstützt hatte. Von seinen beiden anderen Schwestern war die ältere, Bertha, zuerst mit dem Grafen Odo I. von Champagne und dann mit dem König Robert I. von Frankreich, die jüngere, Gerberga, aber mit dem Herzog Hermann II. von Schwaben vermählt, und jede von Beiden hatte ebenfalls einen Sohn. Odo der Jüngere, Bertha's Sohn, widersetzte sich gleich anfangs den Ansprüchen Heinrich's. Heinrich unternahm daher einen Kriegszug nach Burgund, hatte aber nicht mehr Vortheil davon, als von seinen Zügen gegen die Polen. Als er kinderlos gestorben war, sahen sowohl der König von Burgund, als seine Großen den mit ihm geschlossenen Erbvertrag als erloschen an und Odo wäre nun, wenn es auf den nächsten Grad der Verwandschaft angekommen wäre, rechtmäßiger Erbe der Krone von Burgund gewesen. Allein der neue deutsche König, Konrad II., nahm Burgund für sich und für das deutsche Reich in Anspruch, obgleich er als Verwandter keineswegs das nächste Recht dazu hatte. Er hatte nämlich die jüngere Gisela, die Tochter der Gerberga, eine sehr begabte und ehrgeizige Frau, zur Gemahlin genommen; diese hatte aber von einem früheren Gemahle einen Sohn, den Herzog Ernst II. von Schwaben. Ebenso war es mindestens zweifelhaft, ob Konrad als Heinrich's Nachfolger in Deutschland Anspruch auf Burgund machen konnte. Kaiser Heinrich hatte allerdings zu den Zügen, die er wegen Burgunds übernahm, deutsche Reichsheere aufgeboten und dadurch kundgegeben, daß er den künftigen Besitz von Burgund als Reichssache betrachte. Aber Rudolf hatte sich nie mit Bestimmtheit erklärt, ob er ihm die Nachfolge als deutschem Könige oder als dem Sohne seiner ältesten Schwester zugesagt habe, und konnte überhaupt nach Gesetz und Herkommen jener Zeit über sein Reich nicht wie über ein persönliches Eigenthum verfügen. Konrad fragte nach diesem Allem nichts. Er erkannte in der ganzen Lage der Sache eine gute Gelegenheit, das deutsche Reich zu vergrößern, rückte 1025 mit einem Heere in Burgund ein, nahm die Grenzfeste desselben, Basel, ein und brachte zwei Jahre später den König Rudolf dahin, ihm in einem zu Basel abgeschlossenen Vertrage die Erbfolge zuzusichern. Er zerfiel darüber mit seinem Stiefsohne, Ernst von Schwaben, welcher seitdem stets auf Empörung sann. Ernst verband sich gegen seinen Stiefvater schon 1025 mit den lothringischen Großen, welche den neuen König haßten, weil sie sahen, daß er sich mit dem Scheingehorsam, den die Lothringer seither dem Reiche geleistet hatten, nicht genügen lassen werde. Konrad wußte jedoch seinem Sohne und dessen Verbündeten zu begegnen und Ernst sah sich bald mit seinen Anhängern zu einer Aussöhnung mit seinem Stiefvater genöthigt, welche Gisela vermittelte und bei der er von Konrad die Abtei Kempten zum Lehen erhielt. Einer seiner Freunde, Graf Werner, ergab sich sogar kaum nicht, als sein Schloß Kyburg in der Nähe von Zürich erobert war und wußte auch der drohenden Haft zu entgehen.

Noch ehe dies geschehen war, hatte Konrad einen Zug nach Italien unternehmen müssen, weil die Lombarden sich weigerten, einen von den Deutschen eingesetzten König auch als ihren Herrn anzusehen. Dazu kamen noch andere Dinge, welche die Gegenwart Konrad's in

Italien bringend förderten. Grafen, Markgrafen, Herzoge und Bischöfe, ja Städte und bloße Gutsbesitzer hatten sich gewaltsam des Eigenthums der Schwächeren und der Reichsgüter bemächtigt und wollten von keinem Oberherrn wissen. Die Pavesaner hatten gleich nach Heinrich's II. Tode den neuerbauten Königspalast in ihrer Stadt bis auf den Grund niedergerissen und den Pfalzgrafen, der im Namen des Königs ihre Gerichte leitete, verjagt. Ein Theil der Großen von Oberitalien endlich hatte die lombardische Krone zuerst dem Könige Robert I. von Frankreich und dann dessen Sohne Hugo angeboten. Keiner von Beiden hatte jedoch die Krone angenommen, weil sie entweder den Italienern nicht trauten oder nicht Macht genug besaßen, um sich gegen Konrad behaupten zu können. Man hatte sich darauf an einen anderen auswärtigen Fürsten, den Herzog Wilhelm von Aquitanien, gewandt, weil er nebst seinem Bruder, Odo von Champagne, der mächtigste Herr in Frankreich war und den habsüchtigen Italienern auch noch andere Vortheile darzubieten schien. Er hatte sich ihnen auf seinen wiederholten Pilgerreisen durch Reichthum und Freigebigkeit bekannt gemacht und dabei auch eine große Liebe zu Pracht und Aufwand gezeigt, die den Aquitaniern von jeher eigen war und um derentwillen man sie, wie noch jetzt die Gascogner, stets als Windbeutel verschrie. Ueberdies waren die italienischen Geistlichen für einen Fürsten romanischer Zunge um so mehr eingenommen, je mehr sie die von Heinrich II. in Italien eingesetzten deutschen Bischöfe beneideten und vertrieben zu sehen wünschten. Wilhelm war jedoch viel zu klug, als daß er sich unbesonnen in die italienischen Angelegenheiten hätte ziehen lassen. Er nahm die angebotene Krone weder an, noch lehnte er sie ab, suchte aber die Dinge soviel als möglich seinem Interesse gemäß zu gestalten und besonders die Lothringer in Aufregung zu bringen, um seinen Gegner Konrad in Deutschland zu beschäftigen. Nachdem ihm das letztere gelungen war, reiste er nach Italien, wo er sich besonders auf den gewandten und einflußreichen Bischof Leo von Vercelli, welchen Arduin aus seinem Bisthum vertrieben hatte, zu stützen suchte. Wilhelm erkannte jedoch bald, daß er den Italienern nur als Werkzeug ihrer Herrschsucht und Habgier dienen sollte, gab daher die Sache wieder auf und kehrte noch vor Konrad's Aufkunft nach Aquitanien zurück.

Konrad war bei dem Aufstande der lothringischen Herzoge, die auch den französischen König herbeigezogen hatten, schnell mit einem Heere nach Lothringen gezogen und hatte die Empörer zum Gehorsam gezwungen, die Franzosen aber von der Grenze zurückgeschreckt (1025). Hierauf machte ihm der neue Herrscher von Polen, Mieczislav, manche Sorge; um ihm entgegen zu wirken, verständigte sich

Konrad mit dem mächtigen Knut dem Großen von Dänemark; doch ist wahrscheinlich, daß er erst in Rom mit ihm die Uebereinkunft traf, es solle die Mark Schleswig mit Dänemark vereinigt und Knut's junge Tochter Gunilde nach einigen Jahren mit des Kaisers Sohn Heinrich vermählt werden. Im nächsten Jahre brach er mit seinem Sohne nach Italien auf. Der Erzbischof Heribert (Aribert) von Mailand war schon vorher mit ihm in Verbindung getreten; den selbstsüchtigen Bischof Leo von Vercelli aber gewann er dadurch, daß er ihm wieder zu seinem Bisthume verhalf. Die Verbindung mit dem Letzteren kam übrigens dem Könige nicht lange zu Statten, da Leo schon 1026 starb. Doch war dies eher ein Glück, als ein Unglück zu nennen; denn Leo war der unzuverlässigste Mann und unterhielt sogar noch, als er sich an Konrad angeschlossen hatte, eine Correspondenz mit Wilhelm. Konrad zog, nachdem er in Mailand durch Heribert gekrönt worden war, gerades Weges gegen Pavia, dessen Bürger ihn vergebens durch eine Gesandtschaft zu beschwichtigen gesucht hatten. Zu einer Belagerung der Stadt reichte die Zahl seiner Truppen nicht hin; er mußte sich daher mit der Verwüstung der Umgegend begnügen, wandte sich dann nach Tuscien und da er auch hier Widerstand fand, so kehrte er über Ravenna in den Norden zurück, um Verstärkungen zu erwarten. Schon am Ende des Winters (1027) erschien er wieder vor den Thoren von Pavia, und diesmal ergab sich ihm die Stadt, nachdem er ihr Gebiet nochmals verwüstet hatte. Dann zog er durch Tuscien, das sich ihm jetzt ebenfalls unterwarf, nach Rom. Hier ward er nebst seiner Gemahlin Gisela zu Ostern vom Papste Johann XIX. mit einer ganz außerordentlichen Feierlichkeit in der Peterskirche gekrönt; denn es waren dabei nicht nur die Erzbischöfe von Mailand und Ravenna, sondern auch König Rudolf von Burgund und der Beherrscher von England und Dänemark, Knut der Große, gegenwärtig. Aller Feierlichkeiten ungeachtet stieg sowohl in Rom, als an anderen Orten der Widerwille der Deutschen und Italiener gegen einander immer höher und erzeugte öftere und blutige Streitigkeiten, bei welchen im offenen Kampfe die Deutschen, aus dem Hinterhalt aber die Italiener die Oberhand halten; in Rom und in Ravenna verloren viele der Ersteren vor den Augen des Kaisers selbst das Leben. Von Rom begab sich Konrad nach Unteritalien, wo sich ihm Benevent und andere Städte nebst ihren Fürsten theils freiwillig, theils gezwungen unterwarfen. Das Wichtigste, was er dort that, war die Bestätigung einer Schenkung, welche Herzog Sergius von Neapel dem Führer der Normannen, Rainulf, kurz vorher gemacht hatte. Sergius war aus seinem Herzogthume vertrieben, mit Hülfe Rainulf's aber wieder dahin zurückgeführt worden, und hatte diesem dafür die nachherige Grafschaft

Aversa zu Lehen gegeben. Durch Konrad's Bestätigung wurden die Normannen Vasallen des Reiches. Diese Verleihung einer Grafschaft (1027) ist eigentlich als die erste feste Ansiedelung der Normannen in Italien anzusehen und auf ihr beruht die nachher so weit ausgedehnte Herrschaft derselben in jenem Lande.

Konrad mußte schon im Frühling die Rückreise nach Deutschland antreten, weil die daselbst ausgebrochenen Unruhen seine Gegenwart nöthig machten. Sein Stiefsohn, Ernst von Schwaben, war von ihm kaum nach Deutschland entlassen worden, als er verheerend in das Elsaß und in Burgund einfiel; er konnte ungeachtet des Baseler Vertrages nicht vergessen, daß die Anwartschaft auf Burgund nach dem Rechte der Verwandtschaft ihm und nicht dem Kaiser gebühre. Sein Freund, der schwäbische Graf Welf II., einer der beglaubigten Stammherren des berühmten Welfischen Hauses, verwüstete indeß das Land seines Feindes, des Bischofs Bruno von Würzburg; des Kaisers Vetter, Herzog Konrad von Franken, betrug sich am Rhein, als wäre kein König im Reiche; der Herzog Friedrich von Nieder-Lothringen unterhandelte verrätherisch mit Frankreich; ja, selbst ein Stiefbruder des Kaisers, Gebhard, stand gegen ihn in Waffen. Die Erscheinung des Kaisers und die ernsten Maaßregeln, die er ergriff, stillten schnell die Unruhen. Er berief einen Reichstag nach Ulm, um, wie die kräftigen Könige der früheren Zeit, über die Empörer in Schwaben Gericht zu halten. Hierhin zog sein Stiefsohn Ernst, auf das zahlreiche Gefolge seiner Vasallen vertrauend; aber diese, die ihm vorher ohne Bedenken gegen des Vaters beste Freunde gefolgt waren, verweigerten ihm den Dienst, als es den Kaiser selbst galt; nach dem Berichte des Chronisten Wipo erklärten sie dem Herzog, sie gehörten ihm nur bedingungsweise an und könnten ihm nicht gegen denjenigen beistehen, von dem als Lehensherrn die Quelle seines Rechtes ausgehe.*) Ernst mußte sich also seinem Vater auf Gnade und Ungnade ergeben. Dieser schickte ihn nach der Feste Giebichenstein bei Halle und hielt ihn dort eine Zeit lang gefangen. Seine Verbündeten wurden ebenfalls zur Unterwerfung gebracht und bestraft. Des Kaisers Bruder, Gebhard, mußte in den geistlichen Stand treten; Konrad von Franken, der sich freiwillig gestellt hatte, ward seines Herzogthums beraubt und verbannt, er fügte sich aber so ruhig in des Kaisers Willen, daß ihm dieser einige Zeit nachher das Herzogthum Kärnthen ertheilte.

Konrad hatte sich schon längst bemüht, das Reich seinen Nachkommen zu sichern. Er hatte vor dem Zuge nach Italien seinen erst acht Jahre alten Sohn, Heinrich III., zu seinem Nachfolger bezeich-

---

*) Illos revertemur liberaliter, unde ad vos venimus conditionaliter.

net, und gab ihm nach der Rückkehr von dort nicht allein das erledigte Herzogthum Baiern, sondern ließ ihn auch mit Bewilligung der Fürsten des Reiches zu Aachen als deutschen König feierlich salben und krönen (1028). Zu dem Lande Baiern gehörte damals auch ein großer Theil des jetzigen Oestreich. Wahrscheinlich war es daher der Wunsch, seines Sohnes Ansehen an der Ostgrenze geltend zu machen, was den Kaiser zu dem Kriege bewog, den er 1030 mit den Ungarn begann. Die Ungarn waren seit ihrer Niederlage auf dem Lechfelde vorsichtiger geworden. Sie hatten seitdem ihre Angriffe auf andere Völker nicht mehr blos wie streifende Raubschaaren unternommen, sondern sich durch die Aufnahme von Petschenären und anderen Barbaren verstärkt, sowie auch nach Art der Awaren die Wüsten, Moräste, Seen und Wälder der westlichen Grenzgegenden durch Wälle, Gräben und Verhaue ganz unzugänglich gemacht, um ihr Land, das gegen die Polen durch die Karpathen gedeckt war, auch gegen Deutschland besser vertheidigen zu können. An der Elbgrenze wohnten vermischte Stämme, welche ebenfalls vom Raube lebten und gern mit den Ungarn gemeinschaftliche Sache machten, wenn diese entweder das herrliche, damals in sich zerrissene Oberitalien und das in ähnlichem Zustande befindliche südliche Frankreich im schnellen Ritte durchzogen, oder, was seit der Niederlage in Deutschland am häufigsten geschah, die Bewohner des griechischen Reiches plünderten. Von Talsony, dem Sohne und Nachfolger des Ober-Khans Zultan (948 — 972), wissen wir bestimmt, daß er tief in die Länder der Griechen streifte und sich gegen sie sogar mit den Russen verband; er ward aber auch, wie diese, von dem Kaiser Tzimiskes geschlagen. Talsony's Sohn, Geisa I. (972 — 997), erhielt besonders durch zwei Dinge eine große Bedeutung für Ungarn. Er zog Colonisten aus der Bulgarei ins Land, welche Handelsgeist und einige Künste mitbrachten, und legte den Grund zur Einführung der christlichen Religion, die von seiner Gemahlin Sarolta begünstigt und durch Bekehrer, welche Bischof Pilgerin von Passau absandte, in Ungarn gepredigt wurde. Er selbst hatte zwar keinen Sinn für die Lehren des Christenthums und erschwerte sogar die Verbreitung desselben in Ungarn dadurch, daß er neue Schaaren von Petschenären herbeizog, welche die Rohheit der Ungarn vermehrten; allein er scheint doch die äußeren Vortheile der Einführung des Christenthums erkannt zu haben. Dies bewies er nicht blos durch den Schutz, den er den christlichen Missionären in seinem Lande gewährte, sondern auch dadurch, daß er seinen Sohn Waik, der als christlicher König den Namen Stephan I. annahm, von dem Apostel der Preußen, Adalbert, taufen ließ.

Der gelehrte und eifrige Adalbert trug, wie es scheint, auch weiter-

hin zur Bildung Stephan's bei; wenigstens that dieser nachher als
König (997—1038) alles, was in seinen Kräften stand, um das
Christenthum in seinem Lande einzuführen. In dieser Gesinnung wurde
Stephan dadurch befestigt und erhalten, daß er die fromme Gisela,
eine Schwester des Kaisers Heinrich II., heirathete, und mit Otto III.
enge Freundschaft schloß. Wahrscheinlich beurtheilte er auch den Einfluß, den das Christenthum und die Cultur auf die Vermehrung seiner
Macht haben mußte, richtiger als sein Vorgänger; denn obgleich
man ihm später den Beinamen des Heiligen gegeben hat, so war
es ihm doch bei der Bekehrung der Ungarn mindestens ebensoviel um
die Verstärkung seiner königlichen Gewalt, als um die Verbreitung
der neuen Lehre zu thun. Er rief Mönche und Geistliche in sein Reich,
ließ Klöster stiften und richtete im ganzen Lande Bisthümer ein; aber
er umgab sich zugleich mit einer Schaar tapferer Deutschen, die mit
seiner Nation nichts gemein hatten und in dem Vortheil des Königs
auch den ihrigen sahen. Er selbst hoffte von dem Christenthum einen
anerkannten Königstitel, sowie unbestimmte Rechte, die sich an diesen
knüpfen ließen; seine Ungarn dagegen erwarteten davon keine Vortheile, sie sahen im Gegentheil deutlich ein, wie verderblich Stephan's
Verbindung mit den Deutschen ihren alten Sitten und Gewohnheiten
rechten werden müsse. Sie widersetzten sich also der Einführung des
Christenthums und erhoben die Waffen gegen den König; allein sie
erlagen seiner Uebermacht und mußten sich dann gleichsam von Rechts
wegen und als Besiegte alle neuen Einrichtungen gefallen lassen.
Dafür konnte sie der Glanz der Krone, welche der Papst und Kaiser
ihrem Könige zugestanden, so wie der Beiname des apostolischen
Königs, welchen ihm der erstere verlieh und welcher mit der Herrschaft von Ungarn auf das Haus Habsburg überging, nur wenig entschädigen.*) Bei den Gesetzen, welche Stephan nach der Annahme
des Christenthums und des königlichen Titels erließ, hatte er ebensowohl den Zweck, die Macht der Stammfürsten, bei denen er vorher
nur der Erste unter Gleichen gewesen war, zu vertilgen, als eine
regelmäßigere Staatsverwaltung herzustellen und mildere Sitten einzuführen. Seine deutsche Garde endlich diente ihm, wie fremde Garden
zu dienen pflegen: sie half ihm nicht blos die im Lande angesiedelten
Petschenären bezwingen, sondern auch seine eigenen Verwandten,
welche in Siebenbürgen herrschten, unterdrücken. Mit der dabei ge-

---

*) Die berühmte Stephanskrone, welche von den Ungarn noch heutzutage als
ein Nationalheiligthum verehrt wird, ist aus zwei Hälften zusammengesetzt, deren
jede eine Krone für sich bildet; die untere wurde dem späteren König Geisa von dem
griechischen Kaiser Michael Dukas geschenkt (um 1072), die obere hatte Stephan vom
Papst Sylvester II. (Gerbert) erhalten.

machten Beute gründete Stephan milde Stiftungen und vermehrte
den Glanz der ungarischen Bisthümer und ihrer Kirchen. Nur die
Feststellung einer bestimmten Erbfolge versäumte er; es galt blos im
Allgemeinen als zweifellos, daß ein Sprößling von Arpad's Hause
die Krone tragen müsse.

So stand es mit Ungarn, als Konrad 1030 dasselbe anzugreifen
beschloß. Sein Kriegszug war nur sehr kurzdauernd. Die Unzu-
gänglichkeit des Landes auf der Westseite erschwerte den deutschen
Truppen das Eindringen; diese zeigten Unzufriedenheit, und zu gleicher
Zeit brachen in Schwaben neue Unruhen aus, welche die Anwesenheit
des Kaisers nöthig machten. Konrad kehrte daher, nachdem er blos
das Land an der Grenze verwüstet hatte, wieder um, und die Baiern
schlossen im Namen ihres unmündigen Herzogs mit Stephan einen
Frieden, welchen Konrad bestätigte. Uebrigens blieb die Mehrzahl
der ungarischen Nation, trotz des Eifers und der Macht ihres Königs
Stephan, dem Heidenthum ergeben, und als dieser beim Tode seines
einzigen Sohnes seinen Neffen, Peter, zum Nachfolger bestimmte,
suchten sie einen Fürsten unter den roheren Anverwandten Stephan's,
damit die verhaßten neuen Einrichtungen wieder aufgehoben würden.
Die daraus entstandenen Thronstreitigkeiten brachten später (unter
Heinrich III.) die Ungarn in dieselbe Abhängigkeit von Deutschland,
in welche die Böhmen und Polen durch ihre gegenseitige Feindschaft
bereits gerathen waren.

Ernst von Schwaben, der nach zweijähriger Gefangenschaft aus
der Haft entlassen worden war, erhielt 1030 von Konrad sein Herzogthum zurück. Dieser verlangte aber dafür, daß Ernst seinen früheren
Verbündeten, den Grafen Werner von Kyburg, als Reichsfeind be-
kriegen helfe. Dessen weigerte sich Ernst. Er wurde deshalb auf einem
Reichstag ebenfalls für einen Feind des Reiches erklärt, seines Herzogthums und aller seiner Güter beraubt und durch die Bischöfe sogar
aus der Kirchengemeinschaft ausgeschlossen. Ernst entfloh mit seinen
wenigen Anhängern zu seinem Anverwandten, Odo von Champagne,
kehrte aber, nachdem er bei diesem vergebens Hülfe gesucht hatte, bald
wieder zurück, setzte sich auf der Felsenburg Falkenstein bei Schram-
berg im Schwarzwald fest und führte daselbst ein halb räuberisches,
halb ritterliches Leben. Als er endlich durch Truppen, welche der
Bischof Warmann von Constanz, als Vertreter des Reichs in Schwaben, gegen ihn absandte, zum Aeußersten gebracht worden war, verließ
er die Burg und ward sammt allen seinen Anhängern in einem blutigen Treffen erschlagen (August 1030). Der Kaiser verlieh das Herzogthum Schwaben zum Troste der Mutter seinem jüngeren Stiefsohne, Hermann IV. Das Volk, das meist einer kühnen Auflehnung

gewogen ist, besonders wo die Beweggründe etwas Großmüthiges haben, behielt den tapferen Ernst in treuem Andenken; an seinen Aufstand knüpfte sich ein Gewebe von Sagen, in welchen man ihn, nach dem inneren Gesetz derartiger Ueberlieferungen, zu einem Sohn Otto's, also zu einer Person mit dem noch unvergessenen Ludolf machte; beim Eindringen orientalischer Vorstellungen reihete man noch viele Abenteuer an, die an Tausend und eine Nacht erinnern, und so entstand im 12. Jahrhundert das später umgearbeitete Volksbuch vom Herzog Ernst.

Konrad hatte kaum den ungarischen Krieg beendigt und die von seinem Sohn erregten Unruhen gestillt, als er gegen die slavischen Völker im Osten von Deutschland aufbrechen mußte. Der Anlaß zu diesem Kriege ward von den Polen und Böhmen gegeben. Boleslav I. von Polen, welcher in der letzten Zeit seines Lebens den königlichen Titel angenommen hatte, starb 1025. Sein Sohn, Mieczislav II., gerieth sogleich mit zwei Brüdern in Streit über das väterliche Reich, und Ulrich von Böhmen benutzte dies, um sich des ihm von Boleslav entrissenen Landes Mähren wieder zu bemächtigen. Mieczislav fiel nachher zweimal (1028 und 1030) verheerend in die deutschen Grenzlande ein. Beide Male zog Konrad gegen ihn zu Felde. Das erste Mal konnte er nicht viel ausrichten, weil die Verhältnisse im Innern des Reiches ihn zu sehr in Anspruch nahmen; beim zweiten Zuge aber nöthigte er, durch eine Verbindung mit Mieczislav's Bruder Bezbriem, den Polen-König zu einem Frieden, in welchem dieser die Lausitz an Konrad zurückgeben mußte. Gleich nachher ward Mieczislav von seinem Bruder gestürzt und verjagt. Er floh zu Ulrich von Böhmen, welcher damals mit dem Kaiser in gespanntem Verhältniß stand; dieser bot dem Letzteren die Auslieferung desselben an, Konrad war aber edel genug, sie zurückzuweisen, indem er sagte, er wolle den Feind nicht vom Feinde erkaufen. Bezbriem machte sich durch Grausamkeit verhaßt und wurde 1032 von seinem Volke ermordet. Sogleich kehrte Mieczislav wieder nach Polen zurück. Er war unterdessen milder geworden, sah die Unmöglichkeit ein, sich im fortgesetzten Kampfe mit den Deutschen zu behaupten und unterwarf sich deswegen dem Kaiser. Dieser gab damals gern die Lausitz an die Polen zurück, weil durch den Frieden mit ihnen das an der Elbe wohnende slavische Volk der Liutizen seinem Schicksale überlassen wurde. Die Liutizen waren durch die Mißhandlung der sächsischen Herzoge zur Verzweiflung gebracht worden und hatten nicht nur die benachbarten Grenzstriche des Reiches schrecklich verheert, sondern auch in ihrem eigenen Lande alle Priester getödtet und alle Kirchen niedergerissen. Konrad führte die Sachsen gegen sie, ward aber, nachdem er den Krieg kaum begonnen hatte, durch die

Nachricht vom Tode des burgundischen Königs Rudolf (1032) genöthigt, ihn einstweilen einzustellen, um seine Ansprüche an Burgund geltend zu machen. Zwar waren Abgesandte bei Konrad eingetroffen, welche ihm den Speer des heiligen Moritz und andere burgundische Insignien überbrachten; aber inzwischen war Odo von Champagne nach Burgund geeilt und hatte einen großen Theil des Landes besetzt. Konrad sammelte in Norddeutschland ein Heer, zog nach Burgund und brachte die Einwohner durch seine bloße Erscheinung zur Unterwerfung (1033); seinen Nebenbuhler aber nöthigte er dadurch, daß er in die Champagne einbrach, zu einem Vertrag, in welchem Odo seinen Ansprüchen an Burgund entsagte (1034). Konrad wurde zu Genf gekrönt und es gehörten nunmehr die Rhonemündungen, sowie Toulon und Marseille, Savoyen, Genf und die spätere Franche-Comté in derselben Weise wie Oberitalien zum deutschen Reich. In dem neu erworbenen Gebiete war die strenge, fast idealistische Auffassung der Kirche, nach welcher dieselbe zur Leitung der Christenheit und zur Aufrechthaltung des Friedens in ihr berufen wäre, auch unter dem Volke mächtig; ein Umstand, der bald auch auf Deutschland seine Wirkung äußerte. Odo versuchte nachher zwar noch einige Male sein Recht geltend zu machen, alle seine Anstrengungen waren aber vergeblich. Konrad wandte sich alsbald wieder gegen die Liutizen und führte einen blutigen Krieg mit ihnen, in welchem er selbst große persönliche Tapferkeit zeigte und mehrmals bis am Gurt im Sumpfe stehend mitfocht. Sie wurden nach hartnäckigem Widerstand im Jahre 1035 aufs neue unterworfen.

Jetzt glaubte Konrad sich wieder nach Italien begeben zu können, wo während der langen Abwesenheit des Oberherrn die mächtigeren Herren sich zu Gebietern der kleineren Gutsbesitzer, von denen sie vorher nur durch ihr größeres Vermögen unterschieden gewesen waren, aufgeworfen hatten und ihr Ansehen zu Willkürlichkeit und Bedrückung mißbrauchten. In Oberitalien geschah auf diese Weise zuerst, was nachher überall eintrat, daß einige Wenige das Reich vorstellen wollten und alle Anderen als ihre, nicht als des Reiches Vasallen betrachteten. Man würde übrigens die kleinen Tyrannen, die jetzt von größeren verschlungen werden sollen, mehr bedauern, wenn man nicht wüßte, daß auch sie ihre Macht gegen die Besitzer weniger Hufen Landes, welche einst ebenso frei und unmittelbar wie sie gewesen waren, geltend gemacht und sich des Bedürfnisses der Könige ebenso zur Unterdrückung dieser Freien bedient hatten, wie dasselbe jetzt von den größeren Herren gegen sie selbst benutzt ward. Zu jenen übermächtigen Unterdrückern in Oberitalien gehörten ganz vorzüglich die Bischöfe, vor Allen der Erzbischof Heribert von Mailand. Ihnen gewährte noch besonders der Umstand, daß sich zu jenen Zeiten in der Lombardei viele Ketzer erhoben, eine gute Gelegenheit, die Macht der Bisthümer zu vermehren und Religion und Politik zu vermengen. Diese Ketzer, welche damals auch in anderen Ländern auftraten, trugen nicht allein Lehren vor, die für jene Zeiten viel zu hoch und der Geistlichkeit entgegen waren, sondern sie drohten auch der ganzen äußeren Form des Christenthums den Untergang. Sie mußten daher nothwendiger Weise gewaltsam unterdrückt werden, wenn man nicht wollte, daß der Fanatismus mit dem Geiste des Cultus auch das schwache Gerüst des Staates zerstöre. Aus diesem Grunde waren selbst die weltlichen Großen so sehr gegen die Ketzer erbittert, daß sie dieselben manchmal sogar mit noch mehr Eifer, als die Geistlichen, verfolgten.

Im Jahre 1035 brach endlich die Wuth der kleineren Herren gegen ihre Unterdrücker in einen förmlichen Krieg aus, und die Letzteren wurden von den Ersteren so sehr in Noth und Bedrängniß gebracht, daß sie den Kaiser bringend um Hülfe angingen, wobei ihr Begehren vor Allem auf Sicherung des Rechtes durch eine bestimmt abgefaßte Gesetzgebung gerichtet war. Konrad erschien 1037 und ward in Mailand mit großer Pracht und Feierlichkeit empfangen. Bald sahen sich aber diejenigen, die ihn gerufen hatten, bitter getäuscht. Konrad untersuchte auf einem Reichstage zu Pavia die Sache genau und fand, daß die Bischöfe und unter ihnen besonders Heribert sich viel Reichsgut angemaaßt hatten; er beschloß daher mit aller Strenge einzuschreiten, und ließ, als Heribert sich trotzig weigerte, ihm Rede zu stehen, denselben in Haft nehmen. Dieser Schritt brachte das ganze Land in Aufregung. Die verschlagenen Italiener ließen ihren Zwist fallen, vereinigten sich gegen Konrad und knüpften mit Odo von Champagne, welcher wieder in Burgund eingebrochen war, Unterhandlungen an. Zum Unglück entkam Heribert bald seiner Haft. Er ward von den Mailändern mit Jubel aufgenommen und die Lage des Kaisers würde sehr bedenklich gewesen sein, wenn nicht Odo zufällig auf einem Streifzug in Lothringen erschlagen worden wäre. Konrad beschloß vor allem Anderen die Mailänder zu bestrafen. Er zog gegen ihre Stadt und da er sie nicht einzunehmen vermochte, so ließen seine Deutschen ihre Wuth an der Umgegend aus. Auch Parma, wo der Kaiser den Winter zubrachte, mußte ihre Rohheit erfahren, was die deutsche Herrschaft eben nicht empfehlen konnte. Im nächsten Frühjahre (1038) zog Konrad in das mittlere und südliche Italien, theils um den sittenlosen Benedict IX., welcher 1033 im 10. Lebensjahre auf den päpstlichen Stuhl erhoben und vor kurzem von den Römern verjagt worden war, wieder einzusetzen, theils um die Bewohner von Unteritalien gegen die Bedrückungen des Fürsten Pandulf IV. von

Capua, eines furchtbaren Thrannen, zu schützen und ihre Streitigkeiten mit den unruhigen Normannen zu schlichten. Beides gelang ihm ohne Schwierigkeit. Nachdem er den Papst nach Rom zurückgeführt hatte, zog er nach Unteritalien, vertrieb Pandulf aus seinem Fürstenthum, gab dasselbe dem Beherrscher von Salerno, Waimar, ordnete die Verhältnisse der Normannen, und sicherte ihnen den Besitz der Grafschaft Averja nochmals zu, weil er wünschte, daß sie als seine und des Reiches Vasallen Waimar schützen möchten. So übel spielte das Schicksal damals mit den unglücklichen Bewohnern von Unteritalien! Ihr Oberherr gab ihnen Räuber zur Beschützung; ja, er hatte sie vorher sogar durch einen Vertrag mit Pandulf in die Hände dieses schrecklichen Peinigers geliefert und denselben erst dann abgesetzt, als Pandulf ihm die auferlegte Straffumme nicht ausbezahlte. Uebrigens war alles, was Konrad in Unteritalien verfügte, nur für den Augenblick gethan; schon nach neun Jahren verlor Waimar das Fürstenthum Capua wieder, Pandulf's IV. Sohn wurde Besitzer desselben, und auch die Normannen begannen ihre Unruhen bald wieder. In Oberitalien, wohin der Kaiser sobald als möglich zurückkehrte, bekümmerte man sich weder um den Bischof Ambrosius, den er an Heribert's Stelle ernannt hatte, noch um den Kirchenbann, mit welchem der Letztere vom Papste belegt worden war. Konrad selbst vermochte nichts gegen Heribert und seine erbitterten Mailänder. Dieser hatte die gesammte Bevölkerung seines Sprengels unter die Waffen gebracht und suchte seinen Kampf gegen die Deutschen zu einer Art von heiligem Kriege zu machen. Er erfand ein heiliges Abzeichen, welches gleich der israelitischen Bundeslade seinen Streitern zum Mittelpunkte der Vereinigung dienen und durch seinen Anblick ihren Muth im Kampfe entflammen sollte. Dies war das bei den Mailändern auch später im Gebrauch gebliebene Caroceium. Es bestand aus einer hohen Stange, welche auf einem rothen, von Ochsen gezogenen Wagen errichtet war und an der sich oben ein goldener Apfel und zwei weiße Fahnen, in der Mitte aber ein Crucifix mit weit ausgebreiteten Armen befand. Konrad sah sich bald genöthigt, nach Deutschland zurückzukehren, weil ansteckende Krankheiten, die gewöhnliche Wirkung des italienischen Klimas, viele seiner tüchtigsten Anführer und Streiter hinrafften (1038). Ehe er abzog, ließ er sich von seinen Anhängern eidlich geloben, daß sie den Kampf mit den Mailändern noch ein Jahr lang fortsetzen würden.

Was die eigentliche Ursache seines zweiten Zuges nach Italien, das Verhältniß der größeren und kleineren Gutsbesitzer zu einander, betrifft, so hatte er im Frühling 1037, während der Belagerung von Mailand, seinen Willen darüber kundgemacht und das älteste eigentliche Lebensgesetz erlassen, welches in der Geschichte vorkommt. Er sicherte in diesem Gesetz allen Vasallen der größeren weltlichen und geistlichen Herren den erblichen Besitz ihrer Güter zu, so daß ihnen diese nicht anders genommen werden könnten, als durch den Spruch eines aus Vasallen ihres Gleichen zusammengesetzten Gerichtes, von welchem die Berufung an den Kaiser oder an seinen Stellvertreter gestattet war. Zugleich setzte er fest, daß die Vasallen nur zu solchen Lieferungen an das kaiserliche Heer verpflichtet seien, welche schon seinen Vorgängern geleistet worden wären. Diese Verordnung Konrad's bildet die Grundlage des geschriebenen Lehenrechtes, das sich in den folgenden Zeiten entwickelte, obgleich sie keine bindende Kraft hatte, da ihr die Zustimmung vieler italienischen Großen fehlte. Eine andere wichtige Ordnung, welche Konrad zum Gesetz zu machen strebte war der sogenannte Gottesfrieden; doch gelang es erst seinem Nachfolger, Heinrich III., dieselbe im deutschen Reiche einzuführen. Sie rührte freilich nicht unmittelbar von ihm her und er schadete durch seine Bemühungen um sie auf der einen Seite vielleicht mehr, als er auf der andern nützte, weil durch diese neue Einrichtung die Verwirrung der geistlichen und weltlichen Macht vermehrt ward. In allen Reichen war nämlich nach und nach ein förmlicher Kriegszustand eingetreten; denn die Gutsbesitzer, welche zugleich Krieger waren und aus Fehden, Blut und Raub einen Erwerb machten, mußten bei allen Angelegenheiten befragt werden, der Landesherr konnte ohne sie keine gültige Verordnung erlassen, und sie selbst kümmerten sich um Gesetz und Ordnung nicht, sondern entschieden vielmehr ihre Zwistigkeiten gewöhnlich mit eigener Hand. Bei einem solchen Zustande konnte nur durch das Ansehen der Kirche Frieden im Innern geschaffen und erhalten werden, und es war natürlich, daß fromme Männer auf den Gedanken kamen, dazu den Aberglauben zu benutzen. Dieser Gedanke ging zuerst von den Bischöfen in Aquitanien und Burgund, wo die Fehden am ärgsten waren, aus, und als der eigentliche Urheber desselben wird der heilige Odilo, Abt von Clugny, angesehen. In Südfrankreich waltete neben heiterer Lebenslust und Spottsucht in nicht geringerem Maaße eine glühend schwärmerische Bußfertigkeit; die romanisch-celtische Bevölkerung wurde von neuen Grundsätzen rascher und lebhafter ergriffen, als die deutschen Stämme, und so läßt sich nicht leugnen, daß sie bei manchen wichtigen Bestrebungen des Mittelalters den Vorrang hatten. Dabei waren die stolzen Barone streitsüchtig und leidenschaftlich, und ihrem wilden Treiben konnte nur durch eine energische, von der Kirche beschützte Bewegung der Geister entgegengetreten werden. Schon früher hatte man an Einrichtungen zur Sicherung des allgemeinen Friedens gedacht; endlich beschlossen die Geistlichen, einen ununterbrochenen Friedenszustand im Inneren dadurch herzustellen, daß man jede Verletzung desselben, jede Gewaltthätigkeit eines Einzelnen mit einer Kirchenstrafe belegte. Zu Limoges 1031 wurde das Gebiet jedes Ruhestörers mit dem Interdict bedroht. Letzteres kann man als Ausdehnung des Kirchenbannes auf ein ganzes Land oder einen Theil desselben bezeichnen; in dem Umkreis, welcher damit belegt war, durfte außer der Taufe keine sacramentale Handlung vollzogen, ja den Sterbenden das Abendmahl nicht gereicht werden; der Kirchenschmuck wurde verhüllt, die Glocken herabgenommen und mit einem schwarzen Tuche bedeckt. Oft genug erreichte man dadurch so viel, daß die bestürzte Menge, der religiösen Trostmittel beraubt, die weltlichen Herren zum Nachgeben drängte. In dem hier erwähnten Falle aber ließ sich die Sache nicht durchführen und die verständigeren Geistlichen erkannten bald, daß durch eine solche Einmischung der geistlichen Gerichtsbarkeit in weltliche Händel die Kirche selbst in Gefahr käme; denn die Gewohnheit der Selbsthülfe und die Neigung zur Gewaltthätigkeit waren in jener eisernen Zeit weit größer, als die Macht und das Ansehen der Kirche, und diese hätte sicher bald die meisten ihrer Glieder ausstoßen müssen. Auch waren in der That schon nach wenigen Jahren die Fehden wieder ebenso, wie früher, an der Tagesordnung, obwohl man den Gottesfrieden (Pax Dei) an vielen Orten in Frankreich unter dem später so berühmt gewordenen Rufe „Dieu le veut" (Gott will es) verkündigt hatte. Die Geistlichen suchten daher auf eine andere Weise zu helfen: sie ließen dem, was nicht zu ändern war, seinen Lauf, bemühten sich aber, es so viel als möglich zu mildern und setzten zu diesem Behuf in mehreren Synoden fest, daß während derjenigen Zeit der Woche, welche zum Gottesdienst oder zur Vorbereitung für denselben bestimmt sei, also vom Mittwoch Abend an bis zum Montag Morgen eine sogenannte Treuga Dei, d. h. ein Waffenstillstand Gottes, sein solle, oder mit anderen Worten, daß an diesen Tagen die Waffen ruhen und jeder, der den Fehden nicht so lange entsagen würde, mit dem Bann oder anderen Kirchenstrafen belegt werden sollte. Dies fand überall Beifall, und da auch die Besitzer der höchsten weltlichen Macht darin einwilligten, so ward die Treuga Dei nach und nach in den verschiedenen Ländern eingeführt; zuerst 1041 in Burgund und der Provence, zwei Jahre später in Deutschland wenigstens insofern, als Heinrich III. von Constanz aus ein Friedensgebot für das Reich erließ, in welchem der Anschluß an das Bestreben der Cluniacenser und der südfranzösischen Geistlichkeit nicht zu verkennen ist. Alle diese Verordnungen sind bezeichnend für den Aufschwung der Sinnesart in jener sonst rauhen Zeit; sie deuten mehr an, was man durchzuführen wünschte, als was thatsächlich durchgeführt worden ist. Die Sinnesart selbst aber wirkte fort in den Einrichtungen, durch welche man das aufkommende Ritterthum zu einem frommen und edlen Gebrauche der Kraft anzuleiten gedachte.

Konrad unternahm nach seiner Rückkehr aus Italien aufs neue eine Reise durch Deutschland, um als höchster Richter Gesetz und Recht zu handhaben. Auf dieser Reise hielt er sich unter Anderu eine Zeit lang in Goslar auf, wo er, wie nachher sein Sohn, wegen der benachbarten, für jene Zeiten sehr reichen Silberbergwerke des Harzes besonders gern verweilte. Nachdem er dann durch Sachsen und den Rhein hinab gereist war, erkrankte und starb er in Utrecht (Juni 1039). Seine Leiche wurde nach Speier gebracht und in dem dort von ihm begonnenen, von seinen beiden Nachfolgern vollendeten Dome beigesetzt, der später einer Reihe von deutschen Kaisern zur Grabstätte diente. Der Kaplan und Biograph Konrad's, Wipo, preist diesen kraftvollen Herrscher, der übrigens mehr weltlich als geistlich gesinnt war, als „großmüthig, fröhlich, fest, unerschrocken, gütig gegen Landsleute, streng gegen Feinde, energisch in seinen Handlungen und unermüdet zum Besten des Reiches." Die Jahrbücher von Hildesheim dagegen ereifern sich darüber, daß bei seinem Tode kaum Einer geseufzt habe.

3. Kaiser Heinrich III.

Der 22jährige Sohn Konrad's, welcher schon längst zum Könige gekrönt war, Heinrich III., von seiner dunkeln Gesichtsfarbe auch der Schwarze genannt, übernahm sogleich die Regierung des Reiches, die vielleicht keiner von allen Kaisern so eigenmächtig, aber auch so tüchtig und kräftig geführt hat, als er. Ihn nöthigte die Ausbreitung, welche sein Vater dem deutschen Reiche nach Osten und Westen hin gegeben hatte, zu fast unaufhörlichen Kriegen, und er selbst vermehrte diese noch dadurch, daß er sowohl Ungarn mit dem Reiche zu vereinigen suchte, als auch auf den Gedanken kam, sich in die Papstwahl zu mischen und Deutsche zu Päpsten zu machen. Freilich hängt das letztere mit dem Umstande zusammen, daß dieser Herrscher für die mächtige Bewegung seiner Zeit ein sehr lebhaftes Verständniß hatte und sich als Kaiser berufen glaubte, die Läuterung der Kirche nicht blos zu fördern, sondern, wie er ja ihr bestellter Schirmvogt war, zu leiten und zu überwachen. Während Heinrich fast beständig mit auswärtigen Kriegen beschäftigt war, verfolgte er im Innern des Reiches mit rücksichtsloser Festigkeit ein entschieden monarchisches Streben und rief hierdurch, sowie durch sein Benehmen in den Angelegenheiten des päpstlichen Stuhles jene Verwickelungen hervor, welche nachher die Lage seines Sohnes und Nachfolgers so schwierig machten. Alleinherrschaft und kaiserlichen Willen an die Stelle der bereits ausgearteten Reichsverfassung zu setzen, oder mit anderen Worten, den verwirrenden Streit der Leidenschaften, welche damals allein herrschten, durch äußere Machtfülle zu bändigen, war das Endziel aller seiner Bestrebungen, und er würde wahrscheinlich die alten Rechte des deutschen Volkes unterdrückt haben, wenn ihn nicht der Tod daran gehindert hätte. Daß er die dazu nöthige Kraft besaß, bewies er nicht allein durch die Art, wie er mit Bisthümern, mit Grafschaften und selbst mit der päpstlichen Würde verfuhr, nicht allein durch sein Benehmen in Italien, wo sein bloßer Name mehr vermochte, als die Waffen so vieler Könige vor ihm, sondern noch weil nicht durch die Willkür, die er sich ungeachtet der Widersetzlichkeit, welche er hier und da fand, erlauben durfte. Er behandelte, um nur einige wenige Beispiele anzuführen, den Erzbischof Gebhard von Regensburg, der sich verrätherischer Umtriebe schuldig gemacht hatte, wie einen Knecht, obgleich derselbe als Bruder seines Vaters sein nächster Anverwandter war. Er ließ seinen Sohn durch seinen Liebling, den Erzbischof Hermann von Köln, zum König krönen, ohne den Erzbischof von Mainz auch nur anzuhören, als derselbe sein Recht, diese Ceremonie zu verrichten, geltend zu machen suchte. Er nahm dem Herzog Konrad von Baiern sein Land, weil derselbe seiner Vorladung vor eine Reichsversammlung, zur Schlichtung eines Streites, nicht nachgekommen war. Kurz, er schaltete mit den Bisthümern und Herzogthümern ohne Rücksicht auf Herkommen und Satzung, und wenn er die weltliche Macht der Ersteren vermehrte, so geschah dies vorzugsweise deshalb, weil bei den Bischöfen an Erblichkeit der verliehenen Güter nicht zu denken war.

Die erste Gelegenheit, sich im Kriege zu zeigen, fand der junge König in Böhmen und Polen. Im letzteren Lande war 1034 Miecziślav II. gestorben, und seine Wittwe, die Tochter des Pfalzgrafen Ezo am Rhein, hatte im Namen ihres jungen Sohnes, Kasimir I., die vormundschaftliche Regierung übernommen; sie war aber schon nach kurzer Zeit vertrieben worden und eine grenzenlose Verwirrung herrschte seit der Zeit im Lande. Dies benutzte Bretislav I. von Böhmen, ein Mann voll Heldenkraft und Unternehmungsgeist, welcher im Jahre 1037 seinem Vater Obalrich (Ulrich) in der Regierung gefolgt war, zu einem Rachezuge. Er fiel in Polen ein, hauste dort auf eine entsetzliche Weise und nahm ganz Schlesien in Besitz. Nachdem er auf diesem Zuge Gnesen eingenommen hatte, beschloß er, die Gebeine des heiligen Adalbert nach seiner böhmischen Heimath zurückzubringen, die derselbe bei Lebzeiten aus Unmuth über das Treiben seiner Landsleute verlassen hatte. Im August 1039 kam der Zug, der die Leiche des Märtyrers geleitete, in Prag an; Bretislav war selbst unter denjenigen, welche den Sarg in die St. Vitusfirche trugen; er dachte durch diese Ueberführung seiner Hauptstadt ein hervorragendes Ansehen bei den slavischen Völkern zu verleihen. Er hatte jedoch durch diesen Einfall den deutschen König, an dessen Hofe Kasimir und seine Mutter Aufnahme gefunden, um so mehr gegen sich gereizt, da derselbe von Anfang an danach strebte, das Ansehen des Reiches bei den unterworfenen Völkern aufrecht zu erhalten. Schon wenige Monate nach seinem Regierungsantritte rückte Heinrich in Böhmen ein. Bretislav hat sogleich um Frieden. Er erhielt ihn, nachdem er Geiseln gestellt und das Versprechen gegeben hatte, sich den Verfügungen des Königs zu unterwerfen. Als er jedoch im nächsten Jahre auf Heinrich's Begehren die in Polen geraubten Schätze nicht herausgab, ward er sogleich wieder bekriegt. Dieser Zug war der unglücklichste und unvorsichtigste, der seit langer Zeit gemacht worden war. Heinrich verlor in den Wäldern und Verhauen der Böhmen eine große Zahl der tapfersten Krieger und rettete sich und sein Heer nur dadurch, daß er in Böhmen einen Einsiedler von vornehmer deutscher Herkunft fand, der mit dem Lande genau bekannt war und ihn glücklich zurückgeleitete. Im nächsten Jahre (1041) tilgte der König den erlittenen Schimpf durch einen neuen Kriegszug, in welchem er den böhmischen Herzog ganz und gar unter seinen Willen beugte. Uebrigens hatte Heinrich schon während seines ersten böhmischen Krieges den jungen Kasimir mit einer Hülfsschaar nach Polen gesandt und dieser unterwarf sich allmählich sein väterliches Reich.

Nicht lange nach dem glücklich vollendeten böhmischen Kriege wandte sich Heinrich gegen die Ungarn, um dieselben ebenso der deutschen Oberherrschaft zu unterwerfen, wie die Böhmen und Polen schon lange unterworfen waren. König der Ungarn war nach Stephan's Tode dessen Neffe Peter geworden. Dieser aber, Sohn eines venetianischen Edlen vom Hause Orseoli, ward nicht nur wegen seines ausländischen Wesens gehaßt, sondern er erbitterte sein Volk auch durch Willkür und Grausamkeit. Er wurde daher 1041 verjagt und Aba, der Gemahl einer Schwester Stephan's, zum König ausgerufen. Der gestürzte König floh zu dem Markgrafen von Oestreich, dieser nahm ihn auf, wurde aber dafür von Aba mit einem verheerenden Einfalle heimgesucht. Dies war für Heinrich ein willkommener Anlaß zum Kriege. Er brach 1042 in Ungarn ein, eroberte einen Theil des Landes und drang, da Peter zu sehr verhaßt war, dem Volke einen anderen Anverwandten Stephan's zum König auf. Kaum war er jedoch nach Deutschland zurückgekehrt, als Aba diesen vertrieb. Heinrich zog darauf 1043 zum zweiten Male nach Ungarn. Er sah indessen bald ein, daß es unmöglich sei, Aba zu verdrängen und ging deshalb auf ein Friedensanerbieten ein. Aba trat das Land westlich von der Leitha und March an das deutsche Reich ab; dieses Gebiet wurde bald nachher der Ostmark beigefügt und so der spätere Bestand von Oestreich begründet. Er zahlte ferner eine Summe Geldes und versprach, die Grenzen des Reiches nicht ferner zu beunruhigen. Schon im folgenden Jahre sah sich Heinrich zu einem neuen Kriegszuge genöthigt. Der rohe Ungarn-König zog die halbwilden Kumanen, ein Volk des türkischen Zweiges, an sich, verfolgte Christen und Christenthum in seinem Lande und verfuhr mit so großer Grausamkeit, daß viele Ungarn nach Teutschland flohen, um dort Schutz und Hülfe zu suchen. In Begleitung dieser Flüchtlinge drang Heinrich 1044 wieder in das Land ein und erfocht unter den schwierigsten Umständen einen ruhmvollen und glänzenden Sieg, so daß Aba von den Ungarn aufgegeben wurde und die Flucht ergreifen mußte. Heinrich setzte darauf Peter aufs neue zum König ein, wogegen dieser das bisher unabhängig gewesene ungarische Reich für ein Lehen der deutschen Krone erklären mußte; ja er nahm auf einer Zusammenkunft mit Heinrich zu Stuhlweißenburg die Belehnung feierlich von diesem an. Ein solches Verfahren machte es einem Manne, der an und für sich gehaßt und überhaupt zur Leitung der Ungarn unfähig war, durchaus unmöglich, sich zu behaupten, obgleich er seinen Gegner Aba aus dem Wege geräumt hatte. Die Ungarn riefen 1046 zwei Prinzen ihres Herrscherstammes herbei, Andreas I. und Bela I., welche von Peter schon gleich nach Stephan's Tode aus dem Lande getrieben worden waren und von denen der eine in Rußland, der andere in Polen eine Zufluchtsstätte gefunden hatte. Kaum waren Beide im Lande erschienen, als Peter überfallen und geblendet, viele der angesiedelten Deutschen aber ermordet wurden; den unglücklichen König schickte man mit seiner Gemahlin in die Verbannung (1046). Den älteren der beiden Brüder, Andreas, riefen die Ungarn zu ihrem König aus; der jüngere erhielt ein Drittheil des Landes. Heinrich war zu sehr in anderen Gegenden des Landes beschäftigt, um seinen Schützling und die getödteten Landsleute rächen zu können. Als er endlich einen neuen Zug nach Ungarn rüstete, hatte sich Andreas bereits zu sehr in seiner Herrschaft befestigt. Dieser hatte die beabsichtigte Wiedereinführung des Heidenthums aufgegeben und bot überdies einen jährlichen Tribut an. Heinrich verstand sich daher um so leichter zu einem Frieden, da seine Thätigkeit auch damals wieder sogleich anderwärts in Anspruch genommen wurde. Uebrigens hätte Peter's Sturz den Kaiser auch beinahe mit Polen in einen neuen Krieg verwickelt. Bela war mit einer Schwester des polnischen Königs Kasimir I. verheirathet und dieser gerieth dadurch in eine feindliche Stellung gegen das deutsche Reich. Heinrich rüstete sich aber sogleich zu einem Zuge gegen Kasimir und erschreckte ihn so sehr, daß er schnell um Frieden bat. Im Jahre 1051 reizte der unruhige und gewaltthätige Bischof Gebhard von Regensburg, Heinrich's Oheim, durch einen Raubzug, den er nach Ungarn unternahm, den König Andreas zu einem verheerenden Einfall in Oestreich und veranlaßte dadurch einen neuen Krieg. Heinrich beging damals die Unvorsichtigkeit, in später Jahreszeit in Ungarn einzubringen und kam so sehr ins Gedränge, daß er viele Leute verlor und sich nur unter Lebensgefahren den Rückzug nach Deutschland erkämpfen konnte. Im nächsten Jahre zog er aufs neue nach Ungarn, konnte aber wieder nichts ausrichten. Nachher ward seine Anwesenheit in anderen Theilen des Reiches so unablässig erfordert, daß er bis zu seinem Tode nicht mehr an die Ungarn denken konnte.

Die inneren Angelegenheiten, welche diesen ebenso kräftigen, als unermüdlichen Kaiser beschäftigten und häufig mitten im Krieg in die entgegengesetzten Gegenden des Reiches riefen, hingen aufs engste mit seinem persönlichen Charakter und seinem ganzen Streben zusammen. Er wünschte die deutschen Herzoge und Grafen wieder in die Stellung von bloßen Reichsbeamten herab zu drücken und verfuhr daher mit Strenge und Entschiedenheit gegen jeden, der sich nicht in seinen Willen fügen wollte. Besonders ließ er es nie ungestraft hingehen, wenn einer von ihnen, weil er sein Recht gekränkt glaubte, zum Schwerte griff, und da dies den deutschen Fürsten bereits zur anderen Natur geworden war, so hatte Heinrich natürlich beständig zu kämpfen und zu strafen. Zur Erhöhung seines Ansehens trug auch die Vermählung bei, die er im Jahre 1043 vollzog. Seine erste Gemahlin Gunilde, die Tochter Knut's des Großen, hatte er kurz vor seiner Thronbesteigung verloren; die zweite war Agnes von Poitiers, Tochter des berühmten Herzogs Wilhelm von Aquitanien und eifrige Anhängerin der strengen Lehren, die von Clugny ausgingen. Gleichwohl sah anfangs die deutsche Geistlichkeit diese Ehe nicht gern und auch im Volk fürchtete man den fremdländischen Einfluß. Im Inneren des Reichs machten übrigens dem König am meisten die lothringischen Händel zu schaffen. Konrad II. hatte die beiden Lothringen wieder in ein einziges Land unter dem Herzog Gozelo I. vereinigt, weil er seinem Nebenbuhler in Burgund, dem Grafen Odo von Champagne, einen mächtigen, ihm selbst durch Wohlthaten verpflichteten Fürsten zum Nachbar geben wollte. Bei Gozelo's Tode hob Heinrich die Verfügung seines Vaters unglücklicher Weise wieder auf und theilte das Land unter die beiden Söhne Gozelo's. Der ältere und tüchtigere von diesen, Gottfried der Bärtige von Ober-Lothringen, nahm aber das ganze Land für sich in Anspruch und erhob deshalb die Waffen gegen den Kaiser (1044). Er ward gefangen, jedoch nach einem Jahre freigelassen und wieder in sein Herzogthum eingesetzt. Schon 1047 empörte er sich noch einmal, schloß mit Balduin V. von Flandern und anderen niederländischen Grafen einen Bund gegen Heinrich, zerstörte den alten kaiserlichen Palast in Nymwegen, brannte den größten Theil der Stadt Verdun nieder und bereitete dem Kaiser, der damals mit den Ungarn im Kriege war, viele Ungelegenheiten. Heinrich setzte ihn ab und gab sein Herzogthum zuerst dem Grafen Albert und, als dieser bald nachher von Gottfried erschlagen wurde, dem elsässischen Grafen Gerhard, welcher dadurch merkwürdig geworden ist, daß seine Nachkommen nicht nur bis zum vorigen Jahrhundert im Besitze von Ober-Lothringen geblieben sind, sondern seit hundert Jahren auch den östreichischen Kaiserthron inne haben. Der Krieg mit den empörten Fürsten nahm den Kaiser mehrere Jahre lang in Anspruch und kostete ihm viele Leute, da jene nicht nur wegen der sumpfigen Beschaffenheit ihres Landes schwer zu bekämpfen waren, sondern auch durch Heinrich's Züge nach Ungarn stets Gelegenheit erhielten, ihre Kräfte wieder zu sammeln. Im Jahre 1050 brachte der Papst Leo IX., welcher damals Hülfe gegen die Normannen suchte, eine Scheinaussöhnung zwischen dem Kaiser und Gottfried zu Stande; dieser erhielt aber sein Herzogthum nicht zurück. Er begab sich später nach Italien, heirathete dort die reichste Erbin des Landes, Beatrix von Tuscien, und wurde dadurch dem Kaiser aufs neue gefährlich. Auch die Franzosen hatten einige Male Lust gezeigt, sich in die Streitigkeiten Heinrich's mit den niederländischen Großen zu mischen und ihre Ansprüche auf Lothringen zu erneuen; Heinrich schreckte sie aber stets zurück. Bei seiner letzten Zusammenkunft mit Heinrich 1. von Frankreich erbot er sich gegen diesen, sein Recht auf Lothringen durch einen Zweikampf zu beweisen; der französische König reiste aber hierauf sogleich nach Hause zurück.

So sehr auch der innere Zustand von Deutschland und die Verhältnisse zu den Ungarn den Kaiser beschäftigten, so erforderte doch auch Italien, abgesehen von der Kaiserkrone, seine Gegenwart. Man hoffte dort auf ihn als einen Erlöser, weil noch kein deutscher König so fleißig als er Gericht gehalten und nur wenige ihren Ansprüchen und Geboten so gut mit den Waffen Nachdruck zu geben verstanden hatten. In der Lombardei, wo es Konrad nicht gelungen war, einen sicheren und ruhigen Zustand herzustellen, herrschten Gewalt und Unterdrückung statt des Gesetzes; in Rom war die Papstwürde feil geworden und drei Päpste stritten mit einander um das Recht, der abendländischen Christenheit vorzustehen; in Unteritalien endlich waren die Normannen aus Vasallen des Reiches Räuber und Eroberer geworden. In der Lombardei hatte zwar der Krieg mit Heribert und mit den Mailändern bei der Nachricht von Konrad's II. Tod sogleich aufgehört und Heribert war nach Deutschland gegangen, um dem neuen Könige zu huldigen; es war aber bald nachher zwischen dem Adel und der von diesem gedrückten Bürgerschaft von Mailand ein blutiger Zwist ausgebrochen, der Adel hatte nebst dem Erzbischof die Stadt verlassen müssen und bekriegte seitdem die Einwohner ohne Unterbrechung. An der Spitze der Bürgerschaft stand ein unternehmender Mann aus dem Adel, Lanzo, der sich gleich anfangs von seinen Standesgenossen getrennt hatte. Dieser begab sich 1043, als die Mailänder durch die Belagerer zu sehr bedrängt wurden, nach Deutschland, um von dorther Hülfe zu erlangen. Heinrich zeigte sich in Rücksicht des lombardischen Adels klüger, als sein Vater: er begünstigte Lanzo und seine Partei und versprach ihm die Zusendung von 4000 Rittern unter der Bedingung, daß die Mailänder diese in ihre Stadt aufnehmen, sie bis zu seiner eigenen Ankunft in Italien besolden und ihm gegen alle seine Feinde Beistand leisten wollten. Lanzo brachte darauf leicht einen Frieden zwischen Bürgerschaft und Adel zu Stande. Als nicht lange nachher (1045) Heribert starb, verhalf Heinrich dem mailändischen Geistlichen Guido, der ihm ergeben und in weltlichen Geschäften sehr erfahren war, zum Erzbisthum Mailand und gab dadurch seinem Ansehen in Italien einen festen Grund. Im folgenden Jahre war er endlich im Stande, selbst mit einem starken Heere dahin zu ziehen.

Er richtete bei diesem Zuge sein Hauptaugenmerk auf die Zwistigkeiten der Päpste und hielt sogleich eine Kirchenversammlung, um den Rath der Bischöfe und Erzbischöfe über die Lage des päpstlichen Stuhles anzuhören. Um diesen stritten schon seit mehreren Jahren zwei Parteien der römischen Großen, und drei Päpste, von denen keiner auf rechtmäßige Weise zu seiner Würde gelangt war, verfluchten einander. Papst Benedict IX. nämlich, ein Wüstling aus der mächtigsten römischen Familie, der schon einmal vertrieben und durch Kaiser Konrad wieder eingesetzt worden war, hatte 1044 einem von der Gegenpartei gewählten Papste, Sylvester III., weichen müssen; er war zwar bald wieder zurückgekehrt, hatte aber, da er es unmöglich fand, sich zu behaupten, die päpstliche Würde an Gregor VI. verkauft und sich auf seine Güter begeben. Der Letztere war, obgleich er das Papstthum auf unrechte Weise erlangt hatte, unstreitig der würdigste von allen dreien; denn er zeichnete sich durch Rechtschaffenheit, Gelehrsamkeit und Erfahrung so sehr aus, daß nachher der beste Kopf seiner Zeit, Hildebrand, ihn nicht nur, um sich seiner belehrenden Anweisungen erfreuen zu können, nach Deutschland in die Verbannung begleitete, sondern auch später als Papst ihm zu Ehren den Namen Gregor VII. annahm. Seiner Verdienste sich bewußt, reiste Gregor VI. dem Könige Heinrich ohne Furcht entgegen. Dieser empfing ihn zwar freundlich, wollte ihn aber nicht als den wahren Papst anerkennen, sondern überließ die Entscheidung darüber der Kirchenversammlung, die er im December 1046 nach Sutri berufen hatte. Die versammelten Bischöfe erklärten alle drei Päpste für unrechtmäßig und Gregor legte seine Würdezeichen ab. Heinrich zog dann nach Rom und hier ward von ihm, mit Zustimmung der Bischöfe, der weltlichen Großen und des Volkes, der Bischof Suidger von Bamberg unter dem Namen Clemens II. zum Papst ernannt. Heinrich ließ sich von ihm zum Kaiser krönen, traf dann mit Festigkeit und Strenge die nöthigen Anordnungen in Italien und kehrte im Anfang des Sommers 1047 nach Deutschland zurück. Gregor VI. ward von ihm mitgenommen und starb bald nachher; Sylvester hatte sich in das Privatleben zurückgezogen, Benedict IX. aber, der sich während der Anwesenheit des Kaisers auf seinen Burgen aufhielt, erschien schon im Herbste wieder zu Rom und bemächtigte sich, als Clemens im October plötzlich starb, der päpstlichen Würde aufs neue; man beschuldigte ihn sogar, daß er den Letzteren habe vergiften lassen. Die Strenge des Kaisers hatte jedoch in Italien Eindruck gemacht; die Römer wagten daher nicht, Benedict gegen denselben zu unterstützen, sondern nahmen den Bischof von Brixen (als Papst Damasus II.), welchen Heinrich zu Clemens' Nachfolger ernannt hatte, und, als dieser nach 23 Tagen starb, einen anderen vom Kaiser geschickten Teutschen, den Bischof Bruno von Toul, als ihren Herrn an; derselbe zog, begleitet von Hildebrand, welcher inzwischen einige Zeit in Clugny zugebracht hatte, in Rom ein und zwar in demüthigem Pilgergewand; er nahm den Namen Leo IX. an und stellte Hildebrand an die Spitze der ökonomischen Verwaltung, die derselbe mit ausgezeichnetem Geschick leitete (1049).

Ehe der Kaiser von Rom nach Deutschland zurückgekehrt war, hatte er sich nach Unteritalien begeben, wo unterdessen durch die Normannen der Grund zu bedeutenden Umänderungen gelegt worden war. Dort hatten sich die Städte Gaëta, Amalfi und Neapel ebenso, wie im Norden Venedig, zu großem Wohlstand erhoben. Während das letztere die Producte und Fabrikate des byzantinischen Reiches nach Spanien und über Deutschland in den Norden sandte, versorgten jene Städte alle Länder am Mittelmeer mit den unentbehrlich gewordenen Waaren Aegyptens und wahrscheinlich auch Indiens, Italien insbesondere aber mit den Erzeugnissen der Küsten des schwarzen Meeres. Diese Handelsstädte erhielten gerade durch die unaufhörlichen Kriege, welche im byzantinischen Reiche einen unvermeidlichen harten Druck nach sich zogen, große Vortheile, weil der Handel kleiner Staaten unter den Unruhen und Kriegen größerer Reiche besser gedeiht, als in der Zeit eines langen Friedens und einer ungestörten Ruhe. Daher blieben auch die Venetianer stets treue Verbündete der Griechen, von denen sie ihrerseits wieder in Ehren gehalten wurden, und die Bewohner von Gaëta, Amalfi und Neapel ließen sich die Herrschaft griechischer Katapane oder Statthalter gefallen, unter welchen damals der größte Theil von Unteritalien stand. Diese Verhältnisse und die ganze Lage der Dinge in Unteritalien änderten sich dadurch, daß die dort angesiedelten Normannen aus Abenteurern und Räubern Eroberer wurden.

Zu den Normannen in Aversa, denen der Herzog Sergius von Neapel diese Besitzung überlassen und Konrad II. nachträglich bestätigt hatte, kamen zur Zeit von dieses Kaisers Tode neue Schaaren aus der Normandie, um in Italien ihr Glück zu suchen. Zu den Anführern derselben gehörten zehn von den zwölf Söhnen Tankred's von Hauteville, eines kleinen Dynasten in der Normandie, und unter diesen standen zuerst Wilhelm mit dem eisernen Arm, Drogo und Humfried an der Spitze. Sie dienten anfangs dem Fürsten von Salerno und ließen sich dann unter der Anführung des Longobarden Arduin von dem griechischen General Maniakes anwerben, welcher von dem Kaiser Michael IV. nach Italien geschickt worden war und die Zwietracht der Mohammedaner auf Sicilien benutzte, um die Wiedereroberung dieser Insel zu versuchen. Seine Unternehmung glückte, die Kabalen seines Unterbefehlshabers Stephanus bewirkten aber seine Abberufung und Stephanus trat an seine Stelle. Diesem entrissen nachher die Araber in kurzer Zeit die ganze Insel bis auf die Stadt Messina aufs neue. Zwar hielt Doleanus, der Nachfolger des Stephanus, die Ungläubigen von weitern Fortschritten diesseits der Meerenge ab; er schlug aber durch kleinliche Habsucht dem Reich eine tiefere Wunde, als Stephanus ihm durch Feigheit oder Ungeschicklichkeit geschlagen hatte. Er versagte nämlich den Normannen nicht nur ihren Antheil an der gemachten Beute, die er ganz seinen Griechen zuwies, sondern er ließ auch Arbuin, als derselbe die gerechten Forderungen der Erstern geltend machen wollte, greifen und mißhandeln. Dadurch wurden die Normannen aufs heftigste erbittert; sie waren von dem Augenblick an abgesagte Feinde der Griechen, und da diese meistens schlecht geleitet wurden, so konnten sich die kühnen Abkömmlinge Skandinaviens um so leichter auf ihre Kosten in Unteritalien ausbreiten. Sie nahmen zuerst wieder bei dem Fürsten Waimar von Salerno und Capua Dienst und eroberten ihm das wichtige Amalfi; doch verlor Waimar diese Stadt bald wieder.

da damals im unteren Italien ebenso, wie einst im alten Griechenland, ein ewiges Schwanken von Sieg und Niederlage, von Ueberfall und Verrath, ein unaufhörlicher Wechsel von Besitz und Verlust war. Die Normannen entzweiten sich bald mit Waimar, sie durchzogen darauf plündernd das Land und legten, nachdem sie sich mit ihren in Averja belehnten Landsleuten durch einen förmlichen Vertrag verbunden hatten, in der Stadt Melfi einen eigenen Raubstaat an. Von diesem Orte aus, der in fruchtbarer Gegend lag und von steilen Bergen, tiefen Schluchten und ungangbaren Wegen umgeben war, plünderten sie Freund und Feind. Gewohnt, vom Gute Anderer zu leben und nur das Recht des Schwertes anzuerkennen, sahen sie Heiliges und Unheiliges, Raub und Brand, Mord, Ehebruch und jede Gewaltthat als ganz gleichgültige Dinge an; Habgier und Abenteuerlust waren die stärksten Triebfedern in ihrer Seele und ihre Tapferkeit ließ sich durch nichts zurückschrecken. Die Griechen waren so unvorsichtig, nicht sogleich mit ihrem ganzen Heere gegen sie auszuziehen, sondern ihnen nur einzelne Haufen entgegen zu schicken; die Normannen überwältigten diese mit leichter Mühe einzeln und erhöhten dadurch ihr Ansehen nicht wenig. Da sie den Griechen und den longobardischen Fürsten des Landes nicht zugleich gewachsen waren, so traten sie schlauer Weise bei einigen der Letzteren in Dienst, während sie andere beraubten, bis sie in entscheidenden Schlachten (1042) die Oberhand über die Griechen erhielten und die Maske abwerfen konnten. Nun theilten sie die gemachten Eroberungen unter sich. Die Söhne Tankred's ließen auch ihre anderen Brüder kommen, jeder von ihnen legte sich ein Raubnest in den Bergen an und der Ruf ihres Glückes ward in der Normandie so groß, daß ihre habgierigen Landsleute nur mit Mühe abgehalten wurden, schaarenweise nach Italien zu ziehen. Hauptanführer blieb vorerst Wilhelm Eisenarm und nach dessen Tode Drogo; Beide nannte man schon Grafen von Apulien. Der Letztere ward von Kaiser Heinrich III., als dieser 1047 nach Unteritalien kam, gegen Bezahlung einer großen Summe Geldes mit dem eroberten Lande belehnt, weil Geld für die Deutschen ebenso reizend war, als für die Normannen. Auch der Graf Rainulf von Averja, dessen Nachkommen später Tankred's Söhnen weichen mußten, erhielt für Geld die kaiserliche Belehnung. Heinrich konnte dies um so eher thun, da er ja das Gebiet, welches er diesen Räubern verlieh, nie selbst besessen hatte; die Normannen aber bewiesen sich dadurch, daß sie die kaiserliche Belehnung erkauften, sehr schlau: sie suchten einen Rechtstitel und wurden in der That durch Heinrich's Ausspruch die rechtmäßigsten Besitzer; denn ob der Kaiser ihnen jenen Titel verleihen konnte oder nicht, war seine Sache, nicht die ihrige.

Nicht lange nachher fanden diese Menschen das einzige Mal, wo sie Treue und Freundschaft zeigten, nur Undank und Betrug, und mußten dadurch wohl in ihrer Meinung, daß Gewalt allein Nutzen bringe, bestärkt werden. Der tapfere Eroberer von Sicilien, Maniakes, dem man den Oberbefehl in Italien wieder gegeben hatte, war durch die Tücke eines byzantinischen Höflings zur Empörung getrieben worden (1042), und der Kaiser Constantin VII. hatte Argyrus, den Sohn jenes Melus, dem die Normannen den Anfang ihres Glückes verdankten, gegen ihn geschickt. Aus alter Freundschaft hatte eine normannische Schaar sich an Argyrus angeschlossen und den Maniakes vertreiben helfen. Diese Normannen hatten nachher den Argyrus nach Constantinopel begleitet und dort dem Kaiser bei einer anderen Empörung sehr wesentliche Dienste geleistet. Argyrus entwarf darauf mit dem Kaiser den Plan, die Habgier der Normannen zu benutzen, um sich ihrer ganz zu entledigen. Nach Italien zurückgekehrt, suchte er dieselben durch große Geldsummen dazu zu bringen, daß sie dem Kaiser ihre dortigen Besitzungen abträten und gegen die Perser Dienste leisteten. Sie waren jedoch durchaus nicht zu bewegen, Italien zu verlassen. Argyrus nahm jetzt zu geheimen Anschlägen und zu Meuchelmord seine Zuflucht. Er trat in Verbindung mit dem Papste Leo IX., für welchen die Normannen ebenso gefährliche Nachbarn waren, als für die Griechen, und der Alles aufbot, um sie aus Italien zu entfernen. Den Normannen blieb dies nicht unbekannt; sie hinderten daher die beabsichtigte Zusammenkunft Beider, ließen aber den Papst ungestört heimkehren. Bald darauf ward Drogo ermordet (1051). Die Normannen glaubten nun Argyrus oder Leo oder auch Beide für die Urheber dieser That halten zu müssen; doch thaten sie damit gewiß dem Letzteren Unrecht, da er ein rechtlicher und edler Mann war, der sich zu solchen Mitteln schwerlich je entschlossen haben würde. Argyrus gewann, wenn er anders den Mord wirklich angestiftet hatte, dadurch nichts; im Gegentheil, er beförderte nur der Normannen Plan. Sie hatten jetzt keine Rücksichten mehr zu nehmen, Leo und Argyrus waren ihre offenen Feinde, Drogo's Stelle ward von Humfried eingenommen, und bald nachher trat der kühnste, verschlagenste Mann des ganzen Zeitalters, Humfried's Bruder Robert mit dem Beinamen Guiscard d. i. Schlaukopf, an die Spitze der normannischen Raubschaaren.

Leo IX. reiste nach Deutschland, um vom Kaiser Hülfe zu erhalten; dieser war jedoch zu sehr an den Grenzen und im Inneren beschäftigt, als daß er nach Italien hätte ziehen können. Der Papst warb daher in Schwaben und im Elsaß gegen siebenhundert Freiwillige, kehrte mit diesen zurück und hoffte, seinen Streit mit den Normannen durch einen entscheidenden Schlag zu beruhigen. Bei Civitella in der Capitanata traf er auf die vereinte Macht ihrer drei Hauptanführer, Humfried's, Robert Guiscard's und Richard's von Aversa. Er erlitt eine völlige Niederlage und ward selbst gefangen (1053). Aber die Normannen behandelten ihn mit demüthiger Ehrfurcht und so wurde die Schlacht von Civitella ein wichtiger Wendepunkt für die Stellung der nordischen Krieger zu Rom, wie überhaupt für die Geschichte des Mittelalters. Der Papst war ergriffen von der frommen Achtung, die ihm die rauhen Männer bewiesen, und erkannte wohl, welche Dienste sie bei solcher Sinnesart leisten könnten. Er befreundete sich mit ihnen, und die Normannen wurden die entschlossensten Vertheidiger der Kirche; da sie auch sonst Unternehmungsgeist besaßen und leicht ein glänzend ritterliches Wesen annahmen, so waren sie ganz geeignet, von nun an eine Zeit lang in der ersten Reihe zu stehen. Leo nahm nicht nur den Bann zurück, den er über sie verhängt hatte, sondern gab ihnen seinen Segen und belehnte sie mit allem Gebiete, das sie in Unteritalien schon besaßen oder den Saracenen und Griechen noch abnehmen würden. Er starb schon im folgenden Jahre (1054); gerade in diesem vollzog sich auch unwiderruflich die Trennung der griechischen und römischen Kirche, indem die Gesandten, die Leo an den Patriarchen von Constantinopel abgeschickt hatte, der fruchtlosen Verhandlungen müde, so weit gingen, vor ihrer Abreise öffentlich in der Sophienkirche einen Bannfluch über das Haupt der morgenländischen Kirche und seine Lehre zu verkündigen. Der Kaiser ernannte nun zum vierten Mal einen Deutschen, den Bischof Gebhard von Eichstädt, der sich den Namen Victor II. gab, zum Papste und zog mit diesem im Frühjahr 1055 nach Italien. Schon im Herbste desselben Jahres verließ er dieses Land wieder, und es scheint fast, als wenn er hauptsächlich nur wegen des Herzogs Gottfried von Lothringen dahin gegangen wäre. Dieser bedrohte nämlich durch die Macht, die er als Gemahl der Beatrix besaß, das Ansehen des Kaisers in Italien sehr; denn Beatrix war, als Wittwe des Markgrafen Bonifacius von Tuscien, Besitzerin großer Reichslehen und Erbgüter, wiewohl diese eigentlich nicht ihr, sondern ihrem jungen Sohne von Bonifacius und, als dieser gleich nachher starb, ihrer Tochter Mathilde gehörten. Bonifacius war nämlich ein Enkel des Azzo, welcher als Burgherr von Canossa der Königin Adelheid Schutz gewährt hatte; seitdem war das Haus unter der Gunst der deutschen Kaiser zu großem Einfluß und zu sehr ausgedehntem Länderbesitz gelangt. Heinrich beschied, sobald er nach Italien gekommen war, Gottfried und Beatrix vor sich. Der Erstere hütete sich wohl, vor ihm zu erscheinen. Beatrix dagegen folgte der Aufforderung. Sie ward auf Befehl des Kaisers in Haft genommen und nach Deutschland abgeführt, weil sie sich ohne Einwilligung ihres Oberherrn mit dessen Todfeinde vermählt hatte. Auch zog Heinrich, da gerade damals ihr Sohn starb, alle Reichslehen ihres ersten Gemahles ein und nahm ihre achtjährige Tochter Mathilde ebenfalls mit nach Deutschland. Gottfried ging zu seinem alten Freunde Balduin von Flandern und setzte in Verbindung mit ihm die Feindseligkeiten gegen diejenigen, die sein Land inne hatten, fort. Heinrich trug übrigens seinen Haß auch auf Gottfried's Bruder Friedrich über, welcher Freund und Kanzler Leo's IX. gewesen und von diesem kurz vor seinem Tode nach Constantinopel gesandt worden war. Friedrich wurde nach seiner Rückkehr von Heinrich verfolgt und entging der Auslieferung an ihn nur dadurch, daß er sich unter die Mönche des Klosters Monte Cassino aufnehmen ließ.

Heinrich starb ein Jahr nach seiner Rückkehr aus Italien (1056) auf der Burg Bodfeld im Harz, erst neunundbreißig Jahre alt; Papst Victor II. war bei seinem Hinscheiden zugegen und wohnte auch der feierlichen Beisetzung im Dom zu Speier bei. Daß der kräftige und rastlos thätige Kaiser auch an dem Plane des Erzbischofs Adalbert von Bremen, der im nördlichen Deutschland eine Art von Papstthum errichten wollte, Antheil gehabt habe, ist nicht ausgemacht; doch hat er sich wahrscheinlich bei Leo IX. dafür verwandt. Mit dieser Sache verhielt es sich also. Die Erzbischöfe von Bremen hatten vorher die unmittelbare Aufsicht über die Bisthümer des ganzen Nordens gehabt. Als jedoch das Christenthum, von der Macht Knut's des Großen unterstützt, alle nordischen Völker germanischen Stammes umfaßte, als sich durch die Verbindung der Scandinavier mit England und mit den deutschen Städten Cultur und Handel sehr ausgebreitet hatten, fühlte man in diesen Reichen das Bedürfniß eigener Metropoliten oder Erzbischöfe, durch welche Bischöfe und Pfarrer in der Nähe bewacht würden. Das sah Adalbert selbst ein; er wollte aber gern sein Vorrecht im Norden erhalten und suchte daher den Titel eines Patriarchen im Norden mit einer Art Oberaufsicht über die dortigen Erzbischöfe zu erhalten. Der mächtigste Fürst im Norden, Sueno Estrithjon von Dänemark, ein Schwestersohn Knut's, war ihm dabei nicht entgegen, und auch Leo IX., stets seinen deutschen Landsleuten gewogen, begünstigte die Sache, die nur durch den frühen Tod dieses Papstes scheiterte.

Heinrich III. hinterließ das Reich seinem erst sechs Jahre alten Sohne Heinrich IV., der bereits zum Könige gewählt und geweiht worden war. Die Vormünder und Erzieher desselben waren Geistliche. Dieser Umstand und die Art, wie Heinrich III. sich gegen die Geistlichen benommen hatte, bewirkten, daß sein Sohn gleich in dem ersten Jahre der Mündigkeit in einen Streit mit denjenigen unter ihnen gerieth, welche die Unabhängigkeit der geistlichen Macht von der weltlichen ertrotzen wollten. Um diesen Streit dreht sich Heinrich's IV. ganze Geschichte; denn mit seinen anderen Feinden würde er bald fertig geworden sein. Darum müssen wir vor der Darstellung seiner Regierung die Geschichte der Päpste bis auf Heinrich's furchtbaren Feind, Gregor VII., und, um diese zu verstehen, die der Normannen und die mit derselben eng verbundene Geschichte der griechischen Kaiser erzählen. Wir beginnen mit der letzteren.

4. Uebersicht der byzantinischen Geschichte von Basilius II. bis auf Alexius I. Komnenus und Geschichte der Normannen am Ende dieser Zeit.

Der Kaiser Basilius II., welcher nach Tzimiskes' Tode die Regierung des griechischen Reiches unter seinem und seines Bruders Namen allein führte (976 — 1025), trat genau in die Spuren seiner beiden nächsten Vorgänger; doch benahm er sich vielleicht mit noch mehr Klugheit, da er weniger bedacht war, die damals zwar nicht sehr schwierigen, aber unnützen Eroberungen im Orient fortzusetzen, als endlich einmal die stets unruhigen, schon so oft besiegten Bulgaren aus räuberischen Nachbarn zu friedlichen Unterthanen zu machen. Uebrigens vernachlässigte er nicht etwa den Orient; er sicherte vielmehr, nachdem er den Kampf mit den Bulgaren bereits begonnen und zwei Gegenkaiser besiegt hatte, die Nordgrenze von Kleinasien durch die Erwerbung des kaukasischen Berglandes Iberien, zwang die mohammedanischen Emirs in Syrien zu einem Tribut, und setzte den Einfällen der nomadischen Araber in dieses Land Schranken. Die Bulgaren hatten nicht nur das griechische Joch abgeworfen, sondern auch unter einem kühnen Anführer, Samuel, die benachbarten Provinzen erobert und bis in den Peloponnes hinein gemordet und geraubt. Basilius zog, sobald er freie Hand hatte, gegen sie zu Felde und setzte den Kampf mit ihnen einige Jahrzehnte fast ohne Unterbrechung fort. Die Abwechselungen dieses Krieges zu erzählen, wäre ermüdend, die Grausamkeiten in demselben einzeln anzuführen, empörend; man wird sich beide leicht vorstellen, wenn man bedenkt, daß die von Natur heftigen, durch Haß erbitterten Griechen oft das Vergeltungsrecht zu üben hatten und sich dabei der rohesten und unmenschlichsten Miethtruppen bedienten. Endlich übte Basilius jene Grausamkeit, welche alles sonst Bekannte und selbst den Glauben übersteigt: er habe, wird erzählt, einst 15000 gefangene Bulgaren blenden lassen (s. oben S. 11). Dies brachte Schrecken unter die Bulgaren und da überdies Samuel's Sohn und Nachfolger von einem Großen getödtet wurde, so war endlich die Eroberung des verwüsteten und entvölkerten Landes möglich. Im Jahre 1018 hatte Basilius das ganze Bulgarien unterworfen. In gleicher Zeit zwang er auch die Kroaten und Servier, ihm zu huldigen, und besetzte die ganze Ostküste des adriatischen Meeres. Alle diese glücklichen Unternehmungen hatten jedoch auch ihre Nachtheile; Basilius kam dadurch mit den Ungarn in neue, oft unangenehme Berührungen, ward mit seinen Verbündeten, den Venetianern, entzweit, und mußte seine neue Provinz Bulgarien, die sich vorher selbst geschützt hatte, gegen Petschenären und andere barbarische Nachbarn vertheidigen. Auch gegen Sicilien rüstete Basilius einen Zug, der Tod ereilte ihn aber noch vor der Ausführung desselben. Daß er nicht ohne starken Steuerdruck regierte, versteht sich bei seinen ewigen Kriegen und bei der traurigen Gewohnheit, sie mit Soldtruppen zu führen, von selbst. Doch ward andererseits durch das wieder gehobene Ansehen des Reiches und durch die Seemacht, welcher damals keine andere gleich war, auch der Staatskasse eine größere Einnahme verschafft, der Absatz der Fabrikate vermehrt und der Handel, besonders in den Seestädten von Unteritalien, gehoben.

Basil's Bruder, Constantin VIII., der ihn nur um drei Jahre überlebte, führte die Regierung bis zu seinem Tode allein, war aber zu lange unthätig und unbedeutend gewesen, als daß er ein tüchtiger Regent hätte sein können. Vor seinem Ende zwang er einen Mann aus angesehener Familie, Romanus Argyrus, seine Tochter Zoe zu heirathen, und ernannte ihn dann zu seinem Nachfolger (1028). Auf solche Weise ward Romanus Argyrus wider seinen Willen Gemahl einer 48jährigen Frau und Kaiser eines großen Reiches. Er war, wenn wir dem Berichte des Michael Psellus, eines gleichzeitigen Schriftstellers, trauen dürfen, dieser Ehre vor allen anderen Großen würdig, obgleich er unstreitig tüchtiger zu den Geschäften des Friedens, als zur Führung des Krieges war. Psellus sagt nämlich, er habe sich den Augustus und die Antonine zu Vorbildern gewählt. Indessen kann man die Aehnlichkeit zwischen ihm und diesen Kaisern blos darin setzen, daß er, wie sie, geschickte Männer fand, die seine Entwürfe ausführten; sonst zeichnete er sich nur durch Büchergelehrsamkeit und pedantisches Studium aus und hatte mehr von Hadrian, als von den Antoninen an sich, nur daß er nicht undankbar und neidisch war, wie dieser. Er gerieth gleich anfangs mit einem Fürsten aus der Dynastie der Kelabiden in einen gefährlichen Krieg, schickte seinen Schwager mit einem Heer ab und rüstete sich selbst zu einem bedeutenden Zuge. So weit war Alles gut und verständig eingerichtet; als ihm aber jener Fürst Unterwerfung und Tribut anbot, hätte er seine eigenen Fähigkeiten besser kennen und die Gelegenheit, einen rühmlichen Frieden zu schließen, nicht vorüber gehen lassen sollen. Er that es nicht, sondern bestand auf der Einbildung, daß er zum Feldherrn geschaffen sei, und beschloß gegen den Rath aller Verständigen den Beginn des Krieges. Der Erfolg war, wie die Officiere vorausgesehen hatten: er ward eingeschlossen, gerieth in Mangel und Noth, erlitt eine schreckliche Niederlage und floh beschämt nach Constantinopel zurück (1030). Daß er und seine Maaßregeln allein schuld an dem Unglücke waren, bewies gleich darauf sein tapferer Feldherr, der uns bereits aus der Geschichte von Unteritalien bekannte Georg Maniakes; denn dieser schlug nicht allein dieselben Feinde, welche den Kaiser besiegt hatten, und entriß ihnen die gemachte Beute, sondern er war auch nachher als Statthalter der Provinzen am oberen Tigris der Schreck der Ungläubigen, deren Art zu streiten er kannte und zu nutzen wußte. Romanus starb 1034. Wie geneigt man in Constantinopel war, Ermordungen zu glauben, und wie wenig man von Romanus' Gemahlin hielt, geht daraus hervor, daß sich, ungeachtet er schon lange gekränkelt hatte, nach seinem Tode das Gerücht verbreitete und erhielt, daß Zoe und ihr Geliebter, der Hofbankier Michael aus Paphlagonien, ihn vergiftet und dann im Bade erstickt hätten. Uebrigens ist ausgemacht, daß Zoe Michael den Paphlagonier schon während Romanus' Lebzeiten ihrem Gemahle vorzog. Doch muß sie ihn nicht durchaus gekannt haben; denn als sie nach Romanus Tode ihn zu ihrem Gemahl und zum Kaiser machte, fand sie sich schrecklich getäuscht, da sie statt des schönen, starken und blühenden Mannes, den sie zu heirathen glaubte, einen Gemahl erhielt, welcher Anfälle von Wahnsinn hatte und bald nachher auch wassersüchtig wurde. Sie sah sich auch noch in einer anderen Weise betrogen: die Regierung kam nämlich in die Hände von Michael's Bruder, dem Eunuchen Johannes, der sie wie eine Gefangene behandelte und ihre Freunde von ihr entfernte.

Die Zeit, während deren Michael IV. der Paphlagonier auf dem Throne saß (1034—1041), ist wegen der Unternehmungen des Feldherrn Maniakes auf Sicilien und wegen der Fortschritte der Normannen in Unteritalien höchst merkwürdig, da beide Länder bald nachher unter den hohenstaufischen Kaisern für Deutschland, seit Karl von Anjou aber für ganz Europa so wichtig geworden sind, ja sogar schon zu Michael's Zeit bei dem Einflusse von Amalfi und Salerno bedeutender waren, als man aus ihrer bloßen Größe und Macht schließen sollte. Leider sind uns aber nur Hof-Anekdoten und keine Geschichte dieser Zeit überliefert worden. In Sicilien waren die Mohamedaner von den fatimidischen Kalifen abgefallen und die

Herrschaft der Insel hatte sich in eine Menge kleiner Fürstenthümer aufgelöst, welche in heftiger Zwietracht neben einander bestanden. Dies schien für die byzantinische Regierung eine günstige Gelegenheit zur Wiedereroberung der schon so lange verlorenen Insel. Georg Maniakes wurde deßhalb aus Asien abberufen und mit einer größeren Würde und Macht nach Unteritalien geschickt. Er focht ungemein glücklich auf Sicilien und unterwarf fast die ganze Insel, obgleich die afrikanischen Mohammedaner ihre dortigen Glaubensgenossen mit zahlreichen Hülfstruppen unterstützten. Was aber durch Klugheit und Tapferkeit gewonnen war, ging bald wieder durch Hofränke verloren. Unter Maniales diente nämlich ein Mann vom ersten Range, der mit des Kaisers Schwester vermählt war, Stephanus, als Admiral; dieser befolgte, wahrscheinlich aus Neid über den wachsenden Ruhm seines Vorgesetzten, dessen Befehle nicht, und machte, als ihn Maniakes dafür durch thätliche Mißhandlungen bestraft hatte, dies bei seinem Schwager Johannes, dem eigentlichen Regenten des Staats, als Verrätherei geltend. Maniakes ward abberufen, Stephanus erhielt das Commando und verlor Sicilien wieder ebenso schnell, als jener es erobert hatte; von allen Städten wurde nur Messina durch die Tapferkeit eines Anführers den Griechen erhalten. Stephan's Nachfolger, Doleanus, schadete, wie bereits oben angegeben ist, dem Reiche noch weit mehr; er reizte durch Geiz die normannischen Söldner zum Aufstand und gab nachher seine eigenen Truppen durch schlechte Leitung den kühnen und schlauen Normannen preis. Uebrigens machten unter Michael auch die Bulgaren, Servier und Petschenären den Griechen zu schaffen. Mit den Russen, von deren Fürsten einer, Wladimir I. der Große, schon 988 eine Schwester des Kaisers Basilius geheirathet hatte, bestand damals bereits eine so innige Verbindung, daß in ihrem Reiche geistliche und selbst weltliche Stellen, welche entweder die Schreibkunst oder Erfahrung im Geschäfte oder auch Schmeichelei erforderten, mit Griechen besetzt waren.

Michael IV. entsagte 1041 der Welt und ging in ein Kloster, in welchem er bald nachher starb. Bei seiner Abdankung adoptirte Zoë seinen Neffen, den Sohn des Stephanus, Michael V., und ließ ihn als Kaiser ausrufen. Dieser Mann, der weder als Mensch, noch als Regent besondere Eigenschaften hatte, ward von dem Pöbel mit dem Schimpfnamen des Kalfaterers belegt, weil er, wie es heißt, der Sohn eines Schiffsörhebers war. Er war ein willenloses Geschöpf und Werkzeug der Zoë und ward, als er sich der ihm angelegten Bande zu entledigen suchte, von ihr und ihrer Schwester Theodora gestürzt (1042). Die beiden Frauen maaßten sich darauf die Regierung an. Doch konnten Weiber allein unmöglich in einem Reiche herrschen, welches von barbarischen Nationen umgeben war und gerade damals von dem türkischen Volke der Seldschukken bedroht wurde, das in Asien Alles über den Haufen warf und bereits die ganze Ländermasse vom Dschihun-Fluß an bis nach Syrien hin inne hatte. Zoë und Theodora sahen sich daher bald genöthigt, einen Kaiser einzusetzen. Sie wählten dazu den mit der kaiserlichen Familie verwandten Constantin IX. Monomachus, der jetzt mit der bejahrten Zoë vermählt wurde. Diese Wahl war unglücklich, da Constantin, wie seine ganze Geschichte zeigt, nicht der Mann war, der unter den damaligen Umständen die Regierung tüchtig zu führen vermochte. Indessen fehlte es ihm nicht an allen besseren Eigenschaften der Seele; er hat unstreitig manches Rühmliche gethan und besonders im Anfange seiner Regierung die Ruhe des Reiches nach Innen und Außen erhalten, so oft keine heftigere Leidenschaft und Begierde ihn abhielt. Zu seinen guten Seiten gehörte auch die Klugheit und Festigkeit, durch die er bewirkte, daß viele Empörungen gegen ihn scheiterten, wiewohl man zugeben muß, daß in solchen Dingen das Schicksal das Beste thut. Die wichtigsten dieser Empörungen waren die des tapferen Maniakes, des Leo Tornicius und des Theophilus Erotikus. Der Erstere, welchem Zoë den Oberbefehl in Italien wiedergegeben hatte, ward durch die abscheulichen Kabalen eines Feindes am Hofe zum Aufstande getrieben. Er warf sich in Italien zum Kaiser auf, wurde mit Hülfe der Normannen besiegt, setzte aber mit seinen Truppen nach Bulgarien über und starb dort an einer Wunde (1043). Bei der Empörung des Leo Tornicius, eines Anverwandten von Constantin, wurde dieser durch Argyrus und seine Normannen unterstützt; doch trug der Kaiser selbst durch seine Tapferkeit und Entschlossenheit das Meiste zur Unterdrückung derselben bei. Der Aufstand des Generals Theophilus Erotikus ist besonders deshalb merkwürdig, weil Constantin die gefangenen Rebellen nur gelinde bestrafte, während sonst höchst grausame Strafen über Hochverräther verhängt zu werden pflegten.

Die beiden wichtigsten Begebenheiten unter Constantin's Regierung waren der Zug des russischen Großfürsten Jaroslav I. gegen Constantinopel und das veränderte Verhältniß der Petschenären zu ihren Nachbarn. Jaroslav I., der sich durch Verdrängung seiner Brüder im 1019 zum Herrn von ganz Rußland gemacht hatte, unterhielt mit den Griechen eine so genaue Verbindung, daß zu seiner Zeit auch die griechischen Kirchenbücher von den Russen in die ihnen mit ihren stammverwandten Nachbarn gemeinsame altslavische Kirchensprache übersetzt wurden. Derselbe Großfürst nahm seinen Wohnsitz, wie vordem Wladimir, in Kiew, wo er durch griechische Meister große Bauwerke errichten ließ; seine frühere Residenz, Nowgorod, hob er durch Verleihung eines Stadtrechtes, unter dessen Einfluß es gleich einer Handelsrepublik unter fürstlichem Schutz emporblühte. Die russische Kirche gewann nicht nur durch ihre Sprache einen nationalen Charakter, sondern war auch keineswegs in der Weise vom Patriarchen in Byzanz abhängig, wie etwa die römische vom Papst; der oberste Geistliche, der Erzbischof von Kiew, wurde von Jaroslav und seinen Nachfolgern nach eigener Wahl eingesetzt. Dieser Großfürst hatte zwei Töchter an die Könige von Norwegen und Ungarn, eine dritte, Anna, sogar an den König Heinrich I. von Frankreich verheirathet. Als einst einer seiner Bojaren in Constantinopel bei einem zwischen Griechen und Russen entstandenen Streit erschlagen wurde, fand er sich dadurch so sehr beleidigt, daß er einen großen Rachezug gegen die Hauptstadt des griechischen Reiches rüstete. Er nahm eine Menge Waräger oder Abenteurer des Nordens in Dienst und fuhr dann mit seinen Schaaren, wie einst seine Vorfahren, in unzählig vielen kleinen Kähnen den Dniepr herab und an der Küste des schwarzen Meeres hin gegen Constantinopel (1043). Eine solche Fahrt würde unbegreiflich sein, wenn wir nicht wüßten, daß das schwarze Meer, obgleich es schon seit alter Zeit als sehr gefährlich verrufen ist, in der Regel nur vom November bis in den April stürmisches Wetter hat, die übrige Zeit hindurch aber ruhiger als alle anderen bekannten Meere ist. Jaroslav's Unternehmung scheiterte an den Strömungen des Bosporus, die selbst größeren Schiffen verderblich sind, an den eintretenden Herbststürmen, an dem griechischen Feuer und an der Geschicklichkeit der Byzantiner im Seewesen. Ein Sturm zerstörte gleich anfangs einen großen Theil der russischen Flotte und der Admiral Basilius vernichtete dann mit dem griechischen Feuer den Rest derselben. Nur wenige Russen entkamen auf ihren Kähnen; die Uebrigen traten zu Lande den Rückzug an, stießen aber an der Donau auf ein griechisches Heer unter Katakalon und wurden von ihm theils aufgerieben, theils gefangen genommen. — Die Petschenären wurden damals von den ihnen stammverwandten Polowzern, Kumanen und Uzen in ihren Wohnsitzen bedrängt und geriethen überdies unter einander selbst in Zwietracht. Einer ihrer Häuptlinge, Regenes, mußte aus dem Lande fliehen und wandte sich mit 20,000 Mann der Seinigen zu den Griechen. Constantin erlaubte ihm, sich in Bulgarien anzusiedeln und von da aus diejenigen, die ihn vertrieben hatten, zu beunruhigen. Dies bewog den Ober-Khan der Petschenären, mit seiner ganzen Volksmasse über die gefrorene Donau zu ziehen; allein gerade die Menge seiner Schaaren stürzte ihn ins Verderben; seine Petschenären wurden durch Mangel und Krankheiten aufgerieben, während zugleich ihr Landsmann Regenes den Griechen die besten Mittel, sie im Felde zu bekämpfen, angab. Auch später that Regenes gegen seine Landsleute noch einmal recht gute Dienste. Nichtsdestoweniger ließ sich der Kaiser durch Argwohn verleiten, Regenes verhaften zu lassen, worauf die Petschenären, die er nach Bulgarien geführt hatte, in ihr Vaterland zurückeilten und ihren erbitterten Landsleuten als Wegweiser in den ihnen bekannt gewordenen Gegenden des Reiches dienten. Ehe man es sich versah, standen ganze Schaaren von Petschenären vor Adrianopel und brachten dem griechischen Heere eine solche Niederlage bei, daß der Kaiser die fränkischen und warägischen Söldner, welche zu den gegen die Seldschukken abgeschickten Truppen gehörten, eilig herbeirufen mußte, um die Barbaren von der Hauptstadt abzuwehren. Auch die Häuptlinge der Petschenären suchte Constantin durch glänzende Aufnahme am Hofe zu gewinnen. Dies hatte jedoch ebenso, wie die gleich nachher erfolgende Entlassung des Regenes, eine ganz andere Wirkung, als man erwartete: die Freundlichkeit gegen die Häuptlinge reizte diese nur zu weiteren Angriffen und Raubzügen, und Regenes ward, als er einen Frieden zu Stande bringen wollte, von seinen Landsleuten in Stücke gehauen. Da auch die ausgeschickten Generale des Kaisers feige und ungeschickt waren, so wurden die Griechen in zwei entscheidenden Schlachten geschlagen (1049) und ganz Thracien den Verheerungen der Barbaren preisgegeben. Nun ward noch einmal die Ostgrenze entblößt, um die Halbwilden aus der Gegend der Hauptstadt zu treiben. Diesmal war Constantin glücklicher in der Wahl der Anführer. Nikephorus Bryennius und der Anführer der Waräger, Michael, zerstreuten die einzelnen Haufen der Petschenären. Trotz ihrer Niederlagen streiften die Barbaren doch nachher noch zwei Jahre lang umher, und als sie sich 1053 zu einem 30jährigen Frieden verstanden, blieben sie im Besitz der eroberten Festung Perejaslawez, bis sie endlich 1057 durch die Kumanen und Uzen daraus vertrieben wurden.

So war ein Theil der europäischen Provinzen Jahre lang eine Beute der rohen Petschenären, während im Osten die Seldschukken abgewehrt werden mußten und im Westen die Normannen hausten. Wenn man dieses Andrängen der Barbaren auf verschiedenen Seiten des Reiches bemerkt, und dabei bedenkt, daß die Regierung kein regelmäßiges Abgabensystem, keinen geordneten Geschäftsgang hatte, sondern daß Alles mehr von den Einzelnen abhing: so muß man erstaunen, daß noch Männer gefunden wurden, die, ohne vom Gedanken an ein Vaterland, das ihnen nur wenig galt, getrieben zu sein, die Vertheidigung des Reiches übernehmen konnten. Andererseits wird man es aber auch thöricht finden, daß Constantin bei dieser Lage der Dinge die Staatsgelder auf prächtige Gebäude, besonders auf eine ungeheure

Anstalt, die zugleich ein Kloster, ein Armenhaus, eine Art Werkhaus und eine Versorgungsanstalt für Greise war, verwenden konnte, so nützlich das auch an und für sich sein mochte.

Als Constantin 1054 starb, trat Theodora, welche seither dem Namen nach Mitregentin gewesen war, allein an die Spitze der Regierung. Ihre Verwaltung war eine der besten, welche das Reich seit langer Zeit gehabt hatte, mag nun das Verdienst davon ihr oder den Eunuchen, die sie zu Ministern annahm, gebühren. Die Letzteren wollten sich für den Fall des Todes der Theodora ihren Einfluß sichern und bewogen sie daher, einen abgelebten und unfähigen Mann, Michael VI. Stratioticus, zu ihrem Nachfolger zu erklären. Als Theodora 1056 gestorben war, wurde dieser zwar wirklich als Kaiser anerkannt, er machte sich aber durch seine Verordnungen lächerlich und untergrub also selbst seinen Thron, weil es bekanntlich für Regenten oft viel gefährlicher ist, lächerlich, als verhaßt zu sein. Katalalon und die anderen Anführer der östlichen Heere beschlossen seinen Sturz und riefen Isaak I. Komnenus, welcher früher Feldherr des Ostens gewesen war, zum Kaiser aus. Michael zog die weit geringere Anzahl der Truppen, die den Westen vertheidigen sollten, für sich zusammen. Isaak's Partei gewann aber, hauptsächlich durch Katalalon's Verdienst, eine entscheidende Schlacht und knüpfte Unterhandlungen an. Michael würde seinen Nebenbuhler durch das Versprechen der Adoption und der Cäsar-Würde wankend gemacht haben, wenn nicht Katalalon, der einst durch völlige Besiegung der heimkehrenden Russen das Reich schon einmal gerettet hatte, Isaak fast mit Gewalt dazu gebracht hätte, diesen Antrag zurückzuweisen. Michael legte darauf (1057) den Purpur freiwillig nieder und sein Gegner ward allgemein als Kaiser anerkannt.

Isaak verdiente den Thron. Er war vor allem Anderen bemüht, die durch seine verschwenderischen Vorgänger zerrütteten Finanzen wieder herzustellen, und sorgte dafür mit ebenso rastlosem Eifer, wie sein Bruder Johannes, dem er den Oberbefehl über die Truppen des Westens ertheilte, für die Sicherheit der Grenze. Diese angelegentliche Sorge für die Finanzen, die dem neuen Kaiser den Vorwurf des Geizes zuzog, bewog ihn, auch der Geistlichkeit gewisse Schranken zu setzen und die Vermehrung ihrer Besitzthümer zu verhindern, weil er glaubte, daß unter der Weiberregierung viel kaiserliches Gut dem Klerus zugewendet worden sei. Die todte Hand war im Orient noch viel schädlicher, als im Abendland, weil hier durch die Bereicherung der Geistlichkeit doch nur das dem Staate steuerbare Gut vermindert wurde, nicht aber, wie im Orient, außerdem noch Plackereien und Beeinträchtigungen der angrenzenden steuerbaren Privatgüter von ben Mönchen zu befürchten waren. Doch kann man freilich die despotische Art des Kaisers und die Mittel, durch welche er seinen Zweck zu erreichen suchte, nicht durchaus billigen; und dies war es wohl auch eigentlich allein, was ihn verhaßt machte.

Es ist übrigens sehr zu bedauern, daß wir über diese Zeit der byzantinischen Geschichte keine zuverlässigeren Berichte, als dürftige Hof-Chroniken haben; denn die Wissenschaften, oder was man damals so nannte, wurden unter Isaak und seinen nächsten Nachfolgern mit ganz ungewöhnlichem Eifer getrieben, und sowohl er selbst, als auch der Erbe seines Thrones, sowie die beiden unter Isaak auf einander folgenden Patriarchen und der Vorsitzer im Staatsrath, Michael Psellus, waren ausgezeichnete Gelehrte. Sogar die Bildung des weiblichen Geschlechts, sonst ganz unerhört im Orient, wurde damals in Constantinopel Ton, und es lebten in dieser und der nächstfolgenden Zeit mehrere eigentlich gelehrte Frauen, von welchen Eubolia, die Gemahlin der Kaiser Constantin Dukas und Romanus Diogenes, und Anna Komnena, die Tochter des Kaisers Alexius I., am berühmtesten geworden sind. Auch bei der Besetzung der unteren Stellen ward damals auf eine gewisse Bildung des Verstandes gesehen, welche freilich oft zum Schaden des Staates mit Geschäftstüchtigkeit verwechselt wurde. Daß übrigens eine gewisse Art von Bildung eher schadet, als nützt, ist bekannt, und ein leuchtendes Beispiel davon gewährt uns in dieser Zeit Michael Psellus, welcher lange an der Spitze des ganzen gelehrten Wesens im Reiche stand und unter Isaak alle Geschäfte des Kabinets leitete. Die Uebersicht seiner Arbeiten und seines Treibens gibt zugleich über vieles Innere dieser Zeit ein Licht, das die Chroniken nicht geben können. Schon von seinem fünften Jahre an ward er zum eigentlichen Lernen angehalten und er rühmt von sich, daß er seit der Zeit immer einen unersättlichen Durst nach der Wissenschaft empfunden habe. Sein Jugendunterricht kann nicht so schlecht gewesen sein, als er uns glauben machen will; denn sonst wäre die Sprache in seinen Schriften schwerlich so rein; er hätte, da er doch kein Dichtergenie war, nie so leidliche Verse machen lernen, und er würde sich seine Kenntnisse in der Mathematik, die nicht blos aus eigenem Studium geschöpft waren, sicher nicht erworben haben. Die unglückliche Manier einer jeden Zeit, in der man zu viele Bücher hat und daher, um neu zu sein, auf das Sonderbare verfällt, sowie die falsche Stellung, welche die herrschende Aristotelische Philosophie den Erfahrungswissenschaften gegeben hatte, brachten auch Psellus von dem Wege ab, auf den man ihn in seiner Jugend geführt hatte; höhnisch blickte er in seinen Schriften auf den Mann, der den Knaben Grammatik, Mathematik und dergleichen gelehrt hatte. Er eilte zur Vielwisserei und wollte über Goldmacherkunst, über der Chaldäer Unsinn, über die vorgebliche Kraft der Edelsteine ebenso gut schreiben, als über Geschichte, Medicin, Staatskunst und Alterthumswissenschaft, die er alle in seinen Schriften behandelt hat; selbst die bürgerlichen Gesetze brachte er in Verse, die als Poesie geringen, als dürftige Darstellung der damaligen Ansicht vom alten Recht einigen Werth haben. Um diese thörichte Vielwisserei kennen zu lernen, braucht man nur zu erfahren, daß er in einem seiner Werke, das eine Art von Encyklopädie sein soll, mit Dogmatik und Moral beginnt und, nachdem er alle Wissenschaften kurz abgehandelt hat, zuletzt auf die Kochkunst kommt. Da Psellus sich in der so gefährlichen Stellung eines byzantinischen Hofmannes durch zweideutige Mittel behauptete, und z. B. alle Leute, die man am Hofe gepriesen haben wollte, lobte, so sieht man wohl ein, daß seine Schule und der litterarische Eifer, den er weckte, nicht die erschlaffte Sittlichkeit neu beleben konnte, obgleich seit seiner Zeit der griechische Staat wieder tüchtigere Diener erhielt, wie sich dies gleich nachher gerade unter den widrigsten Umständen zeigte. Psellus war übrigens auch das Hauptwerkzeug, dessen sich der Kaiser Isaak bediente, als er mit dem zanksüchtigen Patriarchen, Michael Cerularius, in Streit gerieth. Die ganze Geistlichkeit der Hauptstadt hing jedoch an Cerularius, und Psellus vermochte sie, so beredt er auch war, nicht von ihm abzuwenden. Als nachher Isaak den Patriarchen durch seine warägischen Söldner, die entweder noch Heiden oder doch sehr schlechte Christen waren, aus der Kirche selbst und sogar vom Altare hinweg fortschleppen ließ, bot Psellus wieder vergebens seine ganze Beredsamkeit auf, um die hartnäckigen Geistlichen dahin zu bringen, daß sie den durch seine Gelehrsamkeit ausgezeichneten Lichnudes, den der Kaiser zum Patriarchen ernannt hatte, anerkenneten. Dies geschah erst, als Cerularius gestorben war.

Rühmlicher, als aus dem Streite mit seinem Patriarchen, zog sich Isaak aus der Gefahr, die von den Ungarn und Petschenären drohte; oder vielmehr, er brachte, nachdem er eiligst sein Heer nach Norden geführt hatte, durch Unterhandlungen die Ersteren zum Frieden und wurde durch das Glück von den Letzteren befreit. Die Verbindung der verschiedenen Horden, welche mit dem Namen der Petschenären bezeichnet ward, löste sich während des mit Constantin VII. geschlossenen Waffenstillstandes auf und Isaak fand sich mit den einzelnen Schaaren derselben einzeln ab (1058). Da er dies ungeachtet seiner Schwächlichkeit in Person betrieb und da er außerdem gleich nachher über seine Nachfolge im Kaiserthum, welches man als ein Privatgut des Regenten anzusehen gewohnt war, ohne Rücksicht auf seine eigene Familie verfügte, so verdiente er, daß sein Geiz, wenn dieser anders ihm mit

Grund vorzuwerfen ist, darüber vergessen würde. Er wählte zum Nachfolger keinen seiner Verwandten, obwohl sein wackerer Bruder Johannes fünf Söhne hatte, sondern den Mann, den er und Johannes für den tüchtigsten hielten, Constantin Dukas; er überließ demselben noch während seines Lebens die Regierung (1059) und trat in ein Kloster ein, wo er als Pförtner diente; die längere Herrschaft des Hauses der Komnenen beginnt erst 22 Jahre später mit seinem Neffen Alexius. Der neue Kaiser, Constantin X., trat durchaus in die Fußtapfen seines Vorgängers; nur gewannen die Sophisten, deren es damals viele am Hofe gab, noch mehr Einfluß, weil Constantin selbst in der Kunst der Rede einen eitelen Ruhm suchte und seine Gemahlin Eudokia, welche noch gelehrter als er war, sich fast blos mit gelehrten Dingen beschäftigte. Um sich von der damaligen Bildung und dem gelehrten Treiben am Hofe einen Begriff zu machen, darf man nur vernehmen, daß alle Gelehrten dieser Zeit die Kaiserin Eudokia nicht genug loben können, weil sie, statt der Stimme der Natur zu folgen und das Herz ihrer Kinder durch ihren Umgang zu bilden, Bücher schrieb oder vielmehr aus den Werken älterer Schriftsteller sich einen Bettlermantel zusammennähte. Wie schädlich mußte, bei der Neigung der Griechen zu Spitzfindigkeiten und zum speculativen Denken, ein solches zur Mode gewordenes Treiben sein, zumal da noch dazu der Kaiser selbst den Civilgeschäften eine zu große Aufmerksamkeit widmete, so daß man sich ihm nur in den Gerichtshöfen und auf der Rechnungskammer bemerklich machen konnte, während man vorher dem Regenten vorzugsweise in den Reihen der Truppen bekannt wurde! Das war ein größeres Uebel, als man vielleicht denkt; denn es verminderte in einer Zeit, wo die Bedrängniß des Reiches durch äußere Feinde zunahm, die Zahl der tüchtigen Streiter und vermehrte dagegen die der Advocaten.

Constantin ernannte vor seinem Tode (1067) seine drei noch jungen Söhne zu Nachfolgern und übertrug der Eudokia die Leitung der vormundschaftlichen Regierung, nahm ihr aber das Versprechen ab, sich nicht wieder zu verheirathen und ließ sowohl sie, als auch den Patriarchen und die Senatoren eine Acte unterzeichnen, durch welche sich alle eidlich verpflichteten, seinen Kindern das Reich zu bewahren. Schon sieben Monate nach Constantin's Tode ward dieser Eid gebrochen. Der General Romanus Diogenes machte nämlich, als er wegen eines hochverrätherischen Unternehmens vor Gericht gestellt und verurtheilt wurde, durch seine Gestalt auf die Kaiserin, sowie durch seine Talente und durch die Erinnerung an seine Thaten auf den Senat einen so großen Eindruck, daß er aus den Ketten zum Beherrscher des Reiches und zum Gemahl der Eudokia erhoben ward (1068). Nur die treuen warägischen Söldner nahmen sich der Söhne Constantin's an und gaben sich erst dann zur Ruhe, als der älteste derselben, Michael VII. Parapinakes, ihnen erklärte, daß er die Wiedervermählung seiner Mutter billige.

Romanus IV. suchte seinen Thron durch Siege und Eroberungen zu sichern. Er begab sich daher bald nach Asien, um seine Heere gegen die Selbschukken zu führen, welche seither, so lange sie noch mit der Bekriegung der Araber beschäftigt gewesen, die Griechen gescheut hatten, jetzt aber dreister geworden waren. Zwei Feldzüge gegen sie beendigte er mit Glück; der dritte aber mißglückte auf eine schreckliche Weise, weil er, durch Schmeichler irre geleitet, sich über sein Heer und über die Macht der Feinde täuschte. Er ward 1071 völlig geschlagen und gerieth in Gefangenschaft. Sobald die Nachricht davon nach Constantinopel kam, bewirkte Johannes Dukas, der Oheim von Constantin's VIII. Söhnen, daß man den Kaiser für abgesetzt erklärte und dem jungen Michael VII. huldigte; man gebrauchte den Vorwand, daß ein Gefangener in Feindeslaub dem Gesetz nach seine bürgerlichen Rechte in der Heimath einbüße. Das ganze Verfahren war ihm um so leichter möglich, da Romanus die gelehrten Hofschranzen seines Vorgängers von Anfang an gehaßt und die Familie der Komnenen gegen die des Dukas zu heben gesucht hatte. Unter dem Vorwande des Staatsinteresses verleugneten Alle ihre geschworene Treue und Eudokia die heiligste Pflicht eines Weibes. Ganz anders betrugen sich die Selbschukken gegen den tapferen Mann, dem das Glück seine Gunst entzogen hatte: sie behandelten ihn nicht blos menschlich, sondern auch mit der einem Kaiser gebührenden Ehre; ja, sie ließen ihn sogar gegen das Versprechen eines Lösegeldes frei und verlangten dafür keine andere Sicherheit, als sein kaiserliches Wort. Romanus schrieb sogleich an seine Gemahlin und diese zeigte wirklich Neigung, ihn wieder als Kaiser bei sich zu empfangen. Das brachte diejenigen, welche den früheren Beschluß hervorgerufen hatten, in Gefahr; sie erregten daher einen Tumult, der den Vorwand gab, Eudokia vom Antheil an der Regierung auszuschließen und in ein Kloster zu stecken. Romanus sammelte hierauf seine Anhänger und begann einen Krieg; er ward aber vom Unglück verfolgt und zuletzt durch seine eigenen Anhänger genöthigt, sich selbst in die Hände seiner Feinde zu liefern. Obgleich er sich erst nach einem förmlichen Vertrage, der ihn blos zur Abdankung und zum Mönchsleben verpflichtete, ergab, so war doch die Behandlung, die er erlitt, so empörend, daß man selbst bei den rohesten Barbaren wenige ähnliche Beispiele antrifft. Er ward, nachdem man ihn in Mönchskleidern und mit geschorenem Haupte auf einem elenden Maulthiere durch einen Theil von Kleinasien geschleppt hatte, nicht nur geblendet, ſondern man verband ihm nicht einmal die durchbohrten Augenhöhlen, der Kopf ſchwoll ihm an, Würmer ſammelten ſich in ſeinen Wunden und er ſtarb in dem bejammernswertheſten Zuſtande (1071). Er hatte bis zum letzten Augenblick Alles mit Ruhe und Standhaftigkeit ertragen und beſchämte dadurch doppelt ſeine gefühlloſen Mörder, von denen nachher jeder ſeine Hände in Unſchuld zu waſchen ſuchte. Daß Pſellus als gewandter Hofmann in ſeinen Schriften alle Schuld vom Kaiſer Michael, unter deſſen Regierung er ſelbſt Alles leitete, abzuwälzen weiß, verſteht ſich von ſelbſt; läßt er ihn doch bei der Nachricht von den vollbrachten Greueln Thränen weinen!

Michael VII. betrug ſich auch gegen ſeinen eigenen Bruder und Mitkaiſer, Conſtantin, wie ein Mann ohne Geſinnung und Herz; er hielt ihn die ganze Zeit ſeiner Regierung hindurch in ſtrenger Haft. Er ſelbſt bekümmerte ſich faſt nur um Bücher und Büchterweisheit und ließ es ſich recht ſauer werden, allerlei gelehrten Kram von Pſellus zu erlernen. Der Letztere erhielt einen ſolchen Einfluß auf ihn und auf den ganzen Hof, daß, wenn Michael auch eine beſſere Natur gehabt hätte, doch aus ihm nichts hätte werden können. Bei dem vorherrſchenden Einfluß eines ſolchen Mannes, bei der angedeuteten Richtung des Kaiſers und bei der Menge der Leute von der Feder, die ſeine Umgebung bildeten, war es natürlich, daß das Kriegsweſen ſank und daß man am Hofe ganz vergaß, wie ſehr das Reich im Gedränge zwiſchen den barbariſchen Donau-Völkern, den Selbſchukken und den Normannen wieder einer belagerten Stadt glich. So lange des Kaiſers Oheim, Johannes Dukas, einigen Einfluß behielt, ging es noch leidlich; als aber nach ſeiner Entfernung Alles in die Hände unkriegeriſcher Leute kam, ward der Schaden unheilbar. Da einer der Normannen von Unteritalien zu Johann's Entfernung den Anlaß gab und dadurch zugleich einen Wechſel der Dynaſtie herbeiführen half, ſo müſſen wir den Faden der byzantiniſchen Geſchichte hier abbrechen, um zunächſt die völlige Begründung der normanniſchen Herrſchaft in Italien und Sicilien darzuſtellen.

Die Normannen hatten, nach dem Siege bei Civitella und der Verſöhnung mit dem Papſte ihre Eroberungen in Apulien und Calabrien noch weiter ausgebreitet, geriethen aber über die Theilung des eroberten Landes unter ſich ſelbſt in Streit. Beſonders wurden Humfried und Robert Guiscard mit einander entzweit, und der Letztere nahm davon Anlaß, nach Humfried's Tode (1056) deſſen beide unmündige Söhne aus dem Beſitze zu treiben. Im Jahre 1059 ließ er ſich vom Papſte Nikolaus II. mit den Ländern Calabrien und Apulien belehnen und zugleich den Titel Herzog ertheilen, den man damals ſchon als den nächſten nach dem königlichen anſah. Wie der

Papst dazu kam, diese Länder zu verleihen, kann man nicht wohl fragen, weil man gerade zu jener Zeit mit dem Papstthume so unbestimmte Begriffe verband, daß Robert Guiscard leicht den Gedanken hegen konnte, Andere damit zu betrügen. Dem Letzteren war es nämlich dabei um weiter nichts zu thun, als einen Rechtstitel für seinen Besitz zu erhalten. Er schwor daher auch ohne Bedenken dem Papste den vorgelegten Lehenseid und versprach ihm eine jährliche Abgabe; denn er nahm es mit eingegangenen Verpflichtungen überhaupt nicht genau und das Halten stand ja in diesem Falle ganz und gar bei ihm; die verliehenen Länder mußten übrigens zum großen Theil erst den Arabern, den Griechen und einigen italienischen Fürsten abgenommen werden. Nikolaus II. und sein Freund Hilbebrand, welcher später unter dem Namen Gregor VII. Papst ward, hatten ihre Aufmerksamkeit auf etwas viel Wichtigeres gerichtet, als auf den Streit mit den Normannen, sie wollten sich an ihnen Bundesgenossen für ihre Zwecke verschaffen. Nikolaus belehnte Robert Guiscard zugleich auch mit Sicilien und gab ihm im Voraus den Titel eines Herzogs dieser Insel, was er nach den Begriffen jener Zeit viel eher thun konnte, weil es sich dabei blos um ein Besitzthum der Ungläubigen handelte. Es war nämlich die Herrschaft der Araber in Sicilien, welche schon bei der Entstehung der Dynastie der Fatimiden an diese gekommen war, seit den ersten Jahrzehnten des 11. Jahrhunderts durch unaufhörliche innere Unruhen erschüttert worden. Die Entfernung der Insel von Aegypten, dem Sitze der Fatimiden, die Vergrößerungssucht der Babiden und die Zusammensetzung der fatimidischen Truppen auf Sicilien, welche aus Negern, unruhigen afrikanischen Arabern und dem Auswurfe des aegyptischen Volkes bestanden und also schwer zu bändigen waren, erzeugten Zwietracht und Verwirrung auf der Insel; die Generale und Statthalter der verschiedenen Gegenden rissen die Gewalt an sich; der Babibe Motz faßte ebenfalls festen Fuß im Lande; kurz, die mohammedanische Bevölkerung trennte sich in eine Anzahl von kleinen Staaten, welche einander feindlich waren. Dies veranlaßte zuerst zur Zeit Michael's des Paphlagoniers die vorübergehende Eroberung Siciliens durch Maniates, an welcher auch normannische Schaaren Theil nahmen, und flößte dann dem jüngsten Bruder Robert Guiscard's, Roger I., den Gedanken ein, das Nämliche zu versuchen. Roger beschloß, aus einem Räuber ein christlicher Held zu werden, und legte den mit seinem Bruder entworfenen Plan eines Angriffes auf Sicilien dem Papste Nikolaus vor. Der Letztere fand diesen Plan so sehr seinen eigenen Absichten entsprechend, daß er, wie so eben angegeben worden ist, 1059 Robert Guiscard unter dem Titel eines künftigen Herzogs von Sicilien im Voraus mit der

Insel belehnte. Roger begann, von seinem Bruder unterstützt, seine Unternehmung mit der Eroberung der Stadt Messina (1060). In Afrika erwachte zwar bei dieser Nachricht der alte Religionseifer, und der Babiside Tamin bot Alles auf, um die Insel zu retten; allein Roger war unwiderstehlich und Tamin wurde bald durch Unruhen in seinem eigenen Reiche gezwungen, den Kampf mit ihm aufzugeben. Schon sieben Jahre nach seiner ersten Landung war Roger im Besitz der Nord- und Ostseite und konnte die Belagerung der Hauptstadt Palermo beginnen. Vier Jahre später fiel diese Stadt in seine Hände, wobei die Flotte von Pisa den Normannenfürsten unterstützte und an der Beute theilnahm; mit der Uebergabe von Agrigent (1089) war die Eroberung der Insel als vollendet anzusehen. Der Sieger verband Milde gegen die Mohammedauer, denen er ihre Einrichtungen und friedlichen Berufsarten ließ, mit großer Tapferkeit, und da die Normannen stets mehr von Eigennutz als von Glaubenseifer getrieben wurden und ihr Instinct sie auf wahre Klugheit führte, so suchte auch Roger die Kräfte und Reichthümer der Insel zu schonen, um später in Italien mit Nachdruck und Erfolg auftreten zu können.

Während Roger Sicilien eroberte, begann Robert Guiscard die Ausführung der größten Entwürfe. Er wollte alle longobardischen Staaten in Unteritalien erobern, die Griechen ganz aus dem Lande verdrängen, sie dann an der jenseitigen Küste aufsuchen und sich zum Herrn des adriatischen und mittelländischen Meeres machen. Die Griechen vertrieb er ohne große Mühe aus Unteritalien; schon im Jahre 1071 hatte er ihnen alle ihre dortigen Städte, zuletzt noch das wichtige Bari, entrissen. Mit der Unterwerfung der Longobarden hielt es ihm etwas schwerer. Er hatte 1058 seine erste Gemahlin verstoßen, um Sikilgaita, eine Schwester des Fürsten Gisulf von Salerno, zu heirathen, die ihn ungern nahm, weil seine Absicht deutlich war. Dann brachte er eine longobardische Stadt nach der andern unter seine Gewalt, vertrieb 1077 Gisulf selbst aus Salerno und unterwarf sich durch jedes Mittel der Gewalt oder der List, wie es gerade die Umstände mit sich brachten, das ganze untere Italien bis zu den Grenzen des Kirchenstaats. Nur Neapel blieb noch eine Zeit lang im Besitz eines longobardischen Fürsten, und aus der mit Capua vereinigten Grafschaft Aversa verdrängte Robert erst später die normannische Fürstenlinie, welche dort herrschte. Auch überließ er die Stadt Benevent dem Papste, der von alter Zeit her ein Recht auf sie zu haben glaubte.

Bereits waren viele italienische Normannen nach Griechenland ausgewandert, weil sie entweder dort mehr Aussicht auf Bereicherung hatten, oder mit der Herrschaft, welche Tankred's Söhne sich ange-

inaußſt halten, unzufrieden waren, oder, wie Humfried's außer Beſitz
geſetzte Söhne, gelegentlich an Robert Guiscard Rache zu nehmen
hofften. Dieſe machten den Griechen nicht wenig zu ſchaffen und
ſpielten zum Theil eine bedeutende Rolle in ihrem Reiche. Einer von
ihnen, Robert Crispin, ein Sohn Giſelbert's von Tilliers in der
Normandie, deſſen Nachkommen dieſe Stadt bis auf die neuere Zeit
beſaßen, war kaum in griechiſche Dienſte getreten, als er Unruhen
anfing und Alle, die gegen ihn geſchickt wurden, in Stücke hieb. Er
wurde dafür zweimal verbannt und, als er zurückkehrte, auf Romanus Diogenes' Anſtiften vergiſtet. Das nahmen ſeine Gefährten übel,
und ein anderer berühmter Normanne, Urſel, aus dem Stamme der
Herren von Bailleul, begann deßhalb einen Aufſtand. Er verwü-
ſtete einen ganzen Landſtrich in Kleinaſien und gab dadurch den Hofleuten zu Conſtantinopel eine willkommene Gelegenheit, ſich des Johannes Dukas, der ihnen im Wege ſtand, zu entledigen. Dieſer ward
mit einem aus Aſiaten, Warägern und normanniſchen Söldnern zu-
ſammengeſetzten Heere gegen Urſel geſchickt, erlitt gleich im erſten
Treffen eine Niederlage und fiel in die Hände der Feinde. Da Urſel
das Land, das er raubend durchzog, auf die Dauer nicht behaupten
konnte, ſo ſuchte er ſeinen Gefangenen zur Annahme der Kaiſerwürde
zu bewegen. Johann verſtand ſich dazu. Nun riefen aber ſeine Feinde
am Hofe die ſeldſchukkiſchen Türken gegen ihn herbei, und ſowohl Johann als Urſel wurden von dieſen gefangen genommen. Den Erſteren kaufte ſein Neffe, der Kaiſer Michael VII., los. Er gerieth dadurch zwar in die Gewalt ſeiner Feinde zu Conſtantinopel, wurde
aber weder am Leibe beſtraft, noch ſeiner Güter beraubt, ſondern zog
ſich aus eigenem Antrieb in ein Kloſter zurück. Man könnte übrigens
aus dieſer Behandlung Johann's wohl ſchließen, daß die feinere Bildung und die ſanfteren Studien den barbariſchen Geiſt des byzantiniſchen Hofes doch etwas geändert hatten; denn früher pflegte man
gegen Anverwandte des Regenten, die demſelben gefährlich zu ſein
ſchienen, ganz anders zu verfahren.

Durch Johann's Entfernung (1071) kam die Regierung des byzantiniſchen Reiches, wie ſchon geſagt, ganz in die Hände von unfähigen Menſchen. Dieſe zogen jetzt, um das Reich zu vertheidigen,
zwei Neffen des Kaiſers Iſaak I. Komnenus hervor. Der Eine von
ihnen, Iſaak, erhielt das wichtige Amt eines Befehlshabers in Antiochia, der Andere, welcher ſpäter Kaiſer wurde, Alexius, ward
gegen den kühnen Urſel geſchickt, der, nachdem er von ſeiner Frau losgekauft worden war, ſeine Raubſchaaren wieder um ſich geſammelt
hatte und aufs neue arge Verheerungen übte. Alexius hatte damals
Gelegenheit, im Kampfe mit einem Feinde, gegen welchen die ange-

sehensten Herren des Reiches unglücklich gewesen waren, die Eigenschaften zu zeigen, die ihn nachher auf den Thron brachten. Durch verständige Stellung und Vertheilung seiner Truppen nöthigte er den Räuber, sich den Seldschukken in die Arme zu werfen, vermochte diese dann zur Auslieferung desselben, sah aber seinen Gefangenen als ein Werkzeug an, das dem sinkenden Reiche gegen seine Feinde dienen konnte, und behandelte ihn daher stets sehr gelinde. So groß war also durch Cultur und Despotismus die Erschlaffung im griechischen Reiche geworden, daß selbst Alexius einen Mann wie Ursel für unentbehrlich hielt! Freilich drängten jetzt die Feinde von allen Seiten her. In Italien hatte Robert Guiscard den Griechen bereits alle ihre Besitzungen entrissen. In Kleinasien schwärmten die Seldschukken umher, welche damals unter einem großen Fürsten, Alp Arslan, standen, auf den 1072 sein ebenso gewaltiger Sohn, Malik Schah, folgte. An der Donau endlich bedrohten zugleich die Ungarn, Kroaten und Bulgaren das Reich; zum Glück waren aber diese Völker nicht so enge verbunden, als die Seldschukken. In Ungarn war die Regierung damals zwischen Geisa, einem Sohn Bela's I., und Salomo, einem Sohne Andreas I., getheilt,*) von denen der Erstere den Griechen und ihrem Glaubensbegriff, der Andere den Deutschen und ihrer Kirche zugethan war. Die Unbesonnenheit eines griechischen Statthalters führte einen Krieg zwischen den Ungarn und Griechen herbei, in welchem diese 1072 die schon zu jener Zeit sehr bedeutende Festung Belgrad an Geisa verloren. Die bei der Gelegenheit gemachten griechischen Gefangenen wurden von Geisa in ihre Heimath entlassen und Michael erwiderte diese Freundlichkeit durch Uebersendung der Krone, die, mit der früher vom Papste geschenkten zusammengefügt, noch bei den Ungarn bewahrt wird. Darin sah Salomo eine Untreue, die er an den Griechen zu rächen beschloß; er sammelte ein Heer und flieh mit demselben zum Fürsten der Servier, welcher gerade damals auch die Bulgaren aufgewiegelt hatte. Zum Glück für die Griechen ward Salomo, nachdem er seinen ersten Angriff gegen eine Summe Geldes eingestellt hatte, gleich darauf (1074) von Geisa verdrängt, welcher dann wahrscheinlich den Griechen auch sogar Belgrad zurückgab. So war der erste von der Donau her drohende Sturm beschwichtigt. Der zweite kam von den Kroaten, mit welchen vielleicht auch noch die Bosniaken verbunden waren; die Unternehmung lief aber für diese selbst so unglücklich ab, daß sie in ihren

---

*) Auf König Peter war, wie früher erzählt worden, Andreas I., der Vater Salomo's, und auf Andreas sein Bruder Bela I. (1061—100t) gefolgt; Geisa, der Sohn des Letzteren, wird meist als I. bezeichnet, da man die Zählung der Königsnamen mit Stephan zu beginnen pflegt.

Geschichtsbüchern lieber gar nichts davon erwähnt haben. Die dritte
Gefahr, die den Griechen von der Donau her drohte, bestand in einem
gemeinschaftlichen Angriffe der Servier und Bulgaren; sie war bedeutender und ward nur durch die Unvorsichtigkeit der Feinde selbst
glücklich beseitigt. Beide Völker drangen (1073) von zwei Seiten
her bis in die Nähe von Constantinopel vor, sie begingen aber dabei
den Fehler, daß sie auf ihrem Zuge weder die festen Städte eroberten, noch ein Beobachtungsheer zurückließen, um die Vereinigung der
Besatzungen zu hindern. So geschah, was voraus zu sehen war; die
Besatzungen schnitten zuerst einzelne Theile des feindlichen Heeres
ab, hieben viele Leute nieder und schickten die Anführer gefangen nach
Antiochia (1075).

Dies geschah gegen die Zeit, wo der Logothet oder Finanzminister, der in Constantinopel Alles regierte, sich und seinem Kaiser
durch Habgier und Getreidewucher einen so allgemeinen Haß zugezogen hatte, daß das Volk den Letzteren nur mit dem Schimpfnamen
Parapinakes, b. i. Maaß-Abzwacker, benannte, obgleich der schwache
Mann von dem schmählichen Wucher seines Günstlings wahrscheinlich gar nichts wußte. Die daraus entstandenen Bewegungen und
das Gefühl seiner eigenen Unfähigkeit bewogen Michael, einen Mitregenten anzunehmen. Seine Wahl fiel auf den General Nikephorus Bryennius, der damals seine Tüchtigkeit in Illyrien auf
glänzende Weise bewährte. Die Servier und Kroaten waren nämlich
in diese Provinz eingefallen, deren Bewohner sich schon zur Zeit der
Abbankung des Johannes Dukas empört hatten, und das Reich war
in Gefahr, ein Land zu verlieren, welches nicht nur ein Bollwerk der
Beherrschung des adriatischen Meeres war, sondern auch gegen den
jeden Augenblick drohenden Angriff Robert Guiscard's die Schutzwehr befestigter Seestädte und unwegsamer Gebirge darbot. Nikephorus Bryennius bewies bei der Wiedereroberung von Illyrien eine
Einsicht, Kraft und Kühnheit, welche Bewunderung verdient. Er
wußte seinen Soldaten die Furcht, in jenen wilden Berg- und Waldgegenden abgeschnitten zu werden, durch weise Anordnungen zu benehmen; er wagte es, die Kroaten und Dalmatier in ihrem eigenen
Lande, wo die Natur ihre Art zu fechten begünstigte, anzugreifen;
er rüstete endlich eine Flotte gegen die Seeräuber, welche das adriatische Meer erfüllt hatten, und schaffte durch Vernichtung derselben
dem dortigen Handel die verlorene Sicherheit wieder. Alle diese Verdienste und Vorzüge konnten indessen die Hofgunst, die dem Nikephorus Bryennius mangelte, nicht ersetzen, und Michael war kraftlos
genug, sich durch seine Umgebung von der Erhebung desselben abhalten zu lassen. Wer die Gegner des Nikephorus Bryennius waren,

kann man daraus schließen, daß die einzige am Hofe mächtige Familie, welche wahres Verdienst hatte, die der Komnenen, des Kaisers Wahl gebilligt hatte. Nikephorus Bryennius wurde sogar, als sein Bruder wegen dieser Ränke sich gegen den Hof in Waffen erhob, seiner Stelle entsetzt. Jetzt griff auch er zum Schwert, bewog den gegen ihn geschickten General Basilates, nachdem er ihn in Thessalonich eingeschlossen hatte, zum Abfall, und ließ sich, wiewohl nur ungern und fast gezwungen, zum Kaiser ausrufen (1077). Gleich darauf marschirte er gegen Constantinopel, konnte aber die Stadt nicht einschließen, weil es ihm an einer Flotte und an der nöthigen Zahl von Truppen fehlte. Da der Kern seines Heeres aus normannischen Söldnern bestand, so entließen Michael's Minister den früher von Alexius nach Constantinopel gebrachten Normannen Ursel aus der Haft, damit er von den Mauern herab seine Landsleute zum Uebertritt berede. Dies gelang zwar nicht, Ursel nahm aber ein Commando unter Alexius an, dem man die Führung des kaiserlichen Heeres übertragen hatte. Nikephorus Bryennius sah sich bald genöthigt, von Constantinopel wieder abzuziehen.

Unterdessen war vor den Mauern der Hauptstadt noch ein anderer Feldherr gleichen Namens erschienen, der sich in Asien an die Spitze der mit dem Finanzminister unzufriedenen Partei gestellt hatte, und fast an dem nämlichen Tage, wie Nikephorus Bryennius, zum Kaiser ausgerufen worden war. Dieser General war Nikephorus Botoniates, ein bejahrter und unverheiratheter Mann, der also noch Manchem die Aussicht auf den Thron offen ließ und schon aus dieser einzigen Ursache mehr Anhänger in Constantinopel erhalten mußte, als Nikephorus Bryennius. Der Kaiser Michael, von zwei Gegnern zugleich bedrängt, fühlte seine Schwäche, legte, um einem ärgeren Schicksale zuvorzukommen, den Purpur freiwillig ab und ging ins Kloster (1078). Die Herrschaft fiel dem Rechte nach an seinen Bruder Constantin, welchen er und seine Creaturen die ganze Zeit her nicht allein von der Regierung ausgeschlossen, sondern auch gefangen gehalten hatten; dieser getraute sich aber nicht, die Krone zu übernehmen. Man erkannte daher in Constantinopel den Nikephorus Botoniates als Kaiser an und öffnete ihm die Thore der Stadt. Er ließ sich sogleich den verhaßten Finanzminister ausliefern und behandelte ihn, wie man im Orient Staatsgefangene zu behandeln pflegt. Seinen Mitbewerber, Nikephorus Bryennius, und dessen Verbündeten, Basilates, besiegte und unterwarf Alexius Komnenus, dem er die Führung seines Hauptheeres anvertraut hatte (1078). Beide wurden gefangen genommen und in Constantinopel ohne Wissen des Kaisers und des Alexius geblendet. Die Gemahlin des Bryennius aber gab dem abgelebten neuen Kaiser ihre Hand, ja, sie halte vielleicht sogar, um Kaiserin zu bleiben, den Sturz ihres seitherigen Gemahls befördern helfen. Uebrigens verdient das Treffen, durch welches zwischen den beiden Nikephorus über den Besitz des Reiches entschieden worden war, eine nähere Betrachtung; denn es enthüllt nicht nur den traurigen Zustand der griechischen Heere, sondern es zeigt uns zugleich auch, welche geheime Kraft in der bestehenden Ordnung eines alten Reiches liegt, da ein Staat, wie der byzantinische bei der Gelegenheit erscheint, noch Jahrhunderte fortbestehen konnte, obgleich er bereits damals jeder inneren Kraft beraubt war. Petschenären-Horden gewinnen zuerst dem Nikephorus Bryennius die Schlacht, sie stürzen aber im Sieg auf ihres eigenen Kaisers Gepäck, lassen Sieg und Mitkämpfer im Stich und eilen mit dem Raub in ihr Vaterland zurück. Jetzt treffen bei Alexius, der mit einer nach fränkischer Weise gepanzerten Schaar dem Feinde bisher Stand gehalten hatte, seine lange erwarteten türkischen Hülfstruppen ein und diese gewinnen die Schlacht. So hört man also nur von Barbaren; die Griechen sind, siegend oder besiegt, immer die Geplünderten. Uebrigens war jene gepanzerte Schaar des Alexius eine Erfindung von Michael's verhaßtem Finanzminister. Dieser hatte nämlich den Vortheil, den die fränkische Reiterbewaffnung in gewissen Fällen gewährte, eingesehen, und deswegen eine Schaar gebildet, welche wie die Franken bewaffnet, von Kopf bis zu Fuß gepanzert und im Lanzenstechen geübt war. Ueberhaupt muß man diesem Manne, soviel Böses er auch begonnen hatte, die Gerechtigkeit widerfahren lassen, daß er tiefere Einsichten in die Staatsverwaltung besaß, als die meisten seiner Zeitgenossen. Es war freilich sehr verkehrt, die Staatseinkünfte dadurch zu vermehren, daß er das erste Bedürfniß des Lebens vertheuerte; allein er reichte doch mit den Einnahmen aus, ja, er legte sogar noch zurück. Nikephorus Botoniates dagegen war, ungeachtet er Schätze vorfand, bald in Verlegenheit, und verfiel auf ein Hülfsmittel, welches zwar nicht so auffallend, aber zerrüttender war, als Getreidewucher, nämlich auf die Verfälschung der Münze; und doch ward nicht geholfen. Daran war er selbst freilich nur zum Theil schuld; denn die europäischen Provinzen, die er noch dazu anfangs nicht in seiner Gewalt hatte, waren durch Barbaren und durch innere Kriege erschöpft, und da ihm, als er mit allen Truppen des Ostens nach Constantinopel zog, die Seldschukken auf dem Fuße folgten, so konnte er außerdem gerade aus den reichsten Gegenden des Reiches keine Steuern ziehen. Auch ein anderer Umstand beweist, daß Nikephorus das Verwalten durchaus nicht verstand; er verschleuderte nämlich unbedachtsam die Würden und Titel, welche bei den eitelen Griechen die Orden, Pensionen und Pfründen der neueren

Zeit erſetzten, und unter einer verſtändigen Regierung den Vortheil gewährten, daß man verdiente Männer ohne Unkoſten belohnen konnte.

Die Geſchichte des Nikephorus verliert ſich nach der Beſiegung ſeines Mitbewerbers in das Dunkel der Hofränke. Beſonders ſcheint die Geſchäftigkeit der unſeligen Theilhaber der Macht in gebildeten und verweichlichten Staaten, der Weiber und Schranzen, ſehr lebhaft und wirkſam geweſen zu ſein. Bald zeigte ſich Unzufriedenheit im Innern, und während einerſeits Robert Guiscard an der illyriſchen Küſte laudete und andererſeits die Seldſchukken in Kleinaſien erobernd vordrangen, kündigten die Generale Alexius und Meliſſenus, jener in Thracien, dieſer auf der aſiatiſchen Seite des Bosporus, dem Kaiſer den Gehorſam auf. Was die eigentliche Urſache von Nikephorus' Sturz war, ob ſeine Eiferſucht gegen die Komnenen, deren Einfluß dem alten und alſo auch grämlichen und ängſtlichen Manne bedenklich ſcheinen mochte, oder die ganz ausgezeichnete Gunſt, die er zwei Fremden gewährte, oder endlich Verrätherei ſeiner Gemahlin, deren Sohn erſter Ehe er zurückſetzte, iſt ſchwer auszumachen. Genug, Meliſſenus und Alexius empörten ſich in zwei verſchiedenen Gegenden des Reiches und erſchienen plötzlich vor der Hauptſtadt. Alexius ward von den Seinen zum Kaiſer ausgerufen (1081) und bemächtigte ſich Conſtantinopels hauptſächlich durch den Abfall einer fremden Schaar und des Georg Paläologus, der die kaiſerliche Flotte hatte führen ſollen. Seine Leute plünderten die Stadt, als wenn ſie im Sturm erobert worden wäre, und es würde in den Straßen ſelbſt zu einer Schlacht gekommen ſein, wenn nicht der Patriarch, der zufällig kein Geſchöpf des Hofes, ſondern ein frommer Mönch war, bei beiden Parteien Anſehen gehabt und dem Blutvergießen gewehrt hätte. Derſelbe Patriarch brachte nachher Alexius dahin, daß er wegen der vorgefallenen Greuel ſich einer Kirchenbuße unterzog, ein 40tägiges Faſten anſtellen ließ und Bußtage feſtſetzte, wodurch freilich weder die Gottheit verſöhnt, noch den Bürgern das Geraubte wiedergegeben, wohl aber der Schein gerettet wurde. So war auf rauchenden Trümmern der Thron des Hauſes der Komnenen, die ihn nun mehr als hundert Jahre im Beſitze behielten, ſchlimm genug gegründet. Alexius ſuchte ihn durch die morſche Stütze der Titel und Ehren, in denen er ſehr erfinderiſch war, zu befeſtigen. Er erſann zu dem Titel Erlaucht (Sebaſtos) noch das Hocherlaucht und Höchſterlaucht, konnte alſo Manchem das Ziel ſeines Strebens gewähren und ihn für wichtige Dienſte mit Goldſchaum und Dunſt belohnen. Er ſelbſt trug eine geſchloſſene Krone; eine offene geſtaltete er ſeinem Bruder Iſaak und dem Meliſſenus. Der Letztere führte den Titel Cäſar; für den Erſteren ward eine neue Würde zwiſchen dem Cäſar und dem Kaiſer, die eines Sebastokrators, geschaffen. Kaum hatte der neue Kaiser die innere Unruhe gestillt, als Robert Guiscard das Reich in die größte Gefahr brachte.

5. Geschichte der Päpste von Leo IX. bis auf Gregor VII.

Kaiser Heinrich III. hatte in einem Zeitalter, in welchem höchst sonderbare Begriffe von Freiheit herrschten, Staat und Kirche unter seinen Willen beugen wollen und der letzteren aus eigener Machtfülle mehrere Oberhäupter verliehen, freilich nur, indem er auf das innerhalb der Kirche obwaltende Streben nach Läuterung und Sittenstrenge bereitwillig einging. Wäre dieses oberherrliche Walten auf die Dauer durchgeführt worden, so würde das von unabsehbaren Folgen gewesen sein; es hatte aber eben darum nicht gelingen können. Rom hatte freilich gehorchen müssen; allein ein feiner Staatsmann, Hildebrand, der Stolz der Bischöfe, und ein einfacher, derber Mönch, der schon bei seinem Leben für heilig gehalten ward, Peter Damiani, der Abgott der Klostergeistlichen, arbeiteten, jeder auf seine Weise, dem Kaiser in der Stille entgegen. Peter Damiani, der die Menschen und ihr Treiben nur nach den beschränkten Begriffen eines Mönches beurtheilte und blos von klösterlichen Tugenden Heil erwartete, war das Orakel des großen Haufens, der Einfältigen unter dem Klerus und der abergläubischen Großen, die er mit Märchen und Wundergeschichten erfreute, während er der Geistlichkeit mitunter durch seine rauhen, aber nur allzu wahren Sittenpredigten beschwerlich wurde. Auf Seiten Hildebrand's dagegen, der die Kirche als die von Gott eingesetzte Schützerin gegen den Mißbrauch der weltlichen Macht ansah und daher ebensowohl äußere Unabhängigkeit, als innere Würde und Kraft für sie verlangte, standen die Päpste, die Schaaren der Mönche und ehelosen Geistlichen, sowie alle Verständigen, die sein Geist ergriff, sein Styl, rein und kräftig, ergötzte, sein Leben erbaute. Peter bahnte ihm den Weg zu seinem Ziele und er selbst ward nachher in seinem Streben vom Billigen zum Unbilligen, von diesem zum Tyrannischen und Ungerechten fortgerissen. In der Nähe der kleinen Stadt Soana in Tuscien geboren, wahrscheinlich als der Sohn eines wenig begüterten Grundbesitzers (nicht, wie man später gern erzählte, eines Zimmermannes), hatte er in seiner Jugend den Unterricht eines gelehrten Abts genossen, war als Mönch in Rom Schüler und Freund des durch Gelehrsamkeit und Erfahrung ausgezeichneten Papstes Gregor VI. geworden und hatte ihn, um sich seiner belehrenden Anweisungen erfreuen zu können, 1047 nach Deutschland in die Verbannung begleitet. Dort schloß er sich an Bruno oder Leo IX. an, welchen Heinrich III. 1048 zum Papste ernannte; er begleitete ihn nach Rom, ward sein Rathgeber in den verwickelten Angelegenheiten Italiens und blieb seit der Zeit die Seele des römischen Hofes. Er soll Leo schon in Deutschland bewogen haben, die kaiserliche Ernennung blos als vorläufig zu betrachten und sich in Rom neu wählen oder gewissermaaßen durch die Römer erst bestätigen zu lassen. Dies ist ebenso natürlich, als wahrscheinlich, so wenig sonst der biedere Leo gesonnen war, gegen seinen Kaiser, von dem er Hülfe erwartete, etwas zu unternehmen. Auch war es Hildebrand, auf dessen Betrieb Leo sogleich gegen die sogenannte Simonie und gegen die Verheirathung der höheren Geistlichkeit auftrat. Unter Simonie versteht man den Kauf und Verkauf geistlicher Stellen oder ihre Erlangung durch Bestechung. Sie war zwar schon längst durch die Kirchengesetze verboten, hatte aber dessen ungeachtet in allen Ländern so sehr überhand genommen, daß Leo auf der ersten Kirchenversammlung, die er in Rom hielt, seine Absicht, alle durch Bischöfe, die sich der Simonie schuldig gemacht, verliehenen Weihen für ungültig zu erklären, nicht durchsetzen konnte, weil sonst, wie ihm sogar sittlich strenge Geistliche erklärten, fast alle Hauptkirchen ihre Priester verlieren würden. Er mußte sich begnügen, die alten Kirchengesetze gegen Simonie zu erneuen und alle von jenen Bischöfen geweihten Priester der höheren Würden unfähig zu erklären. In Betreff der Verheirathung der Geistlichen hatte die schon frühe aufgekommene Vorstellung vom Verdienste der Ehelosigkeit im Laufe der Zeit immer tiefere Wurzel geschlagen, und es gab eine Partei in der Kirche selbst, welche, von dieser Vorstellung ausgehend, mit Eifer den Grundsatz verfocht, daß alle Priester unverheirathet sein müßten. Derartige Ansichten waren besonders in den mittleren und unteren Volksklassen der Lombardei mächtig; man bezeichnete zwar ihren Anhang mit dem geringschätzigen Namen der Pataria, aber die Patarener trugen, wie solches öfter geschieht, diesen Namen mit Stolz. Leo oder vielmehr Hildebrand, welcher dessen rechte Hand war, beschränkte nach einem klugen Plane auch diese Maaßregel ebenso, wie die andere, vorerst nur auf die höhere Geistlichkeit, und die von Leo und seinen nächsten Nachfolgern gemachten Verordnungen erwähnten der untergeordneten Priester nicht; doch waren ihre Erlasse schlauer Weise in allgemeinen Ausdrücken abgefaßt, so daß man später darauf Bezug nehmen und auf der gelegten Grundlage weiter fortbauen konnte. Uebrigens fanden die Verfügungen gegen die Simonie wegen des überhand nehmenden Mißbrauches der Pfründen in der ganzen Christenheit Beifall.*)

---

*) Simonie und Nicolaitismus sind die Ausdrücke, mit denen man die beiden Hauptgebrechen der Kirche bezeichnete; der erstere wird auf Simon (den Zauberer) zurückgeführt, welcher den Aposteln Geld bot, um von ihnen den heiligen Geist durch Handauflegen zu erhalten, aber von Petrus dafür scharf zurechtgewiesen wurde

Leo's Thätigkeit wurde am meisten durch die Normannen in Anspruch genommen. Er reiste, um Hülfe gegen sie zu erhalten, nicht weniger als dreimal nach Deutschland und suchte auch die Griechen zu einer Verbindung gegen die wilden Räuber zu bewegen; er erhielt aber von den Deutschen nur eine schwache Unterstützung und vereitelte seine Bemühungen unter den Griechen selbst dadurch, daß er die unseligen geistlichen Streitigkeiten zwischen den beiden Kirchen erneute. Unter Constantin Monomachus hatten nämlich einige zänkische Bischöfe des griechischen Reiches eine heftige Schrift gegen den Glauben oder vielmehr gegen die Gebräuche der lateinischen Kirche geschrieben und dadurch das ganze Abendland in Aufregung gebracht. Auch der Patriarch Michael Cerularius ließ sich in diesen Zank ein und trat mit Nachdruck gegen die Lateiner auf. Constantin Monomachus indessen, noch mehr aber sein Nachfolger Michael VI. fanden die Vorstellungen des Argyrus vernünftig, als derselbe sie ersuchte, mit dem Papst eine Verbindung gegen die Normannen einzugehen, und so sehr auch der Patriarch dagegen eiferte, so that Michael doch alle möglichen Schritte zur Freundschaft. Jetzt hätte Leo das Geistliche nicht weiter in Anregung bringen und nur die politische Verbindung ins Auge fassen sollen; allein das würde ihm, wenn er auch weniger hitzig gewesen wäre, bei der im Abendlande herrschenden Erbitterung nicht möglich gewesen sein. Er ließ eine eigene Schrift verfassen, in welcher die streitigen Punkte mit einer Umsicht und Fülle von Kenntnissen beleuchtet wurden, die den Bildungsanstalten der Zeit zu großer Ehre gereichen, da wohl auch jetzt nur Wenige eine solche Arbeit zu liefern im Stande sein würden. Diese Schrift sollte der Kardinal Humbert und mit ihm der Meister aller Gelehrten, der im Griechischen wie im Lateinischen bewanderte Erzbischof Peter von Amalfi, welcher als Erhalter der trefflichen Schule seiner Stadt berühmt ist, und der Kardinal Friedrich, ein Bruder des unruhigen Herzogs Gottfried von Lothringen, welcher schon lange Kanzler des Papstes war, nach Constantinopel bringen und dort mündlich vertheidigen. Eine so glänzende Gesandtschaft konnte Michael nicht anders als würdig empfangen, und zu seiner Ehre muß man sagen, daß er auf alle Weise die Zänke-

---

(Apostelgesch. VIII, 18—20). Weniger deutlich ist der Ursprung des Wortes Nicolaitismus; jedenfalls wird der Armenpfleger Nicolaus (Apostelgesch. VI, 5) nur mißverständlich mit einer Lehre in Verbindung gebracht, welche sophistisch die Unzucht rechtfertigt. Mit dem Worte faßte man übrigens alle Vergehen gegen die Keuschheit sowie gegen Eheverbote zusammen; sowohl die Priesterehe, in welcher viele Geistliche, vorzüglich in Deutschland, in gutem Glauben lebten, als auch die Buhlerei und jene besonders in Italien verbreiteten Sünden, die Peter Damiani in seinem Liber Gomorrhianus auf abschreckende Weise schildert.

rei zu beurkunden suchte; aber eines Theils hetzte der Patriarch Geistlichkeit und Volk gegen die Lateiner, ja sogar gegen den Kaiser, der sie schützte, auf, und anderes Theils konnten sich die Bevollmächtigten der lateinischen Kirche nicht entschließen, unwesentliche Gebräuche und Lehren, die in der orientalischen Kirche seit Jahrhunderten hergebracht waren, als Nebendinge zu betrachten und daher zuzugeben. Die Letzteren gingen endlich so weit, daß sie den hartnäckigen griechischen Klerus in seinem eigenen Lande und sogar in seiner Hauptkirche verfluchten: sie verfügten sich eines Tages in die Sophienkirche, legten vor den Augen des Volks einen Bannfluch auf den Hauptaltar nieder und schüttelten im Herausgehen den Staub von ihren Füßen (1054). Natürlich wurde dadurch der Riß zwischen beiden christlichen Kirchen noch weit größer, und man sieht nachher in den Kreuzzügen nur zu deutlich, wie sehr seitdem im griechischen Reiche der Haß gegen die Abendländer zunahm. Michael hatte sogar Mühe, die Gesandten Leo's wohlbehalten aus seinem Reiche zu bringen.*)

Während diese Unterhandlungen noch im Gange waren, hielten Argyrus und Leo treue Freundschaft; die für ihren Vortheil spürsamen Normannen entdeckten aber, was beabsichtigt werde, und verhinderten deshalb die Zusammenkunft und die Vereinigung Beider. Leo griff nachher mit Hülfe einiger Deutschen die Normannen an, ward aber, wie schon oben berichtet worden ist, bei Civitella geschlagen und gefangen genommen. Er starb bald nach seiner Freilassung (1054). Die Römer sahen sich von den Normannen bedroht und waren außerdem untereinander selbst in Parteien getheilt; alles geistliche Gut in ihrer Stadt, ja, das Gebiet von Rom selbst war folglich

---

*) Als die wichtigsten, seit dem im Jahr 1054 eingetretenen dauernden Schisma noch verschärften Unterscheidungspunkte zwischen beiden Kirchen lassen sich etwa folgende angeben. Im Dogma von der Dreifaltigkeit hängt sie entschieden der Lehre an, daß der Heilige Geist nur vom Vater ausgehe, nicht auch vom Sohne, wie Katholiken und Protestanten annehmen. Sie erkennt sieben Sacramente an, verbindet aber das Chrisma oder die Firmung unmittelbar mit der Taufe; sie vollzieht das Abendmahl in der Weise, daß gebrochenes Brod, und zwar, worauf sie streng hält, nur gesäuertes, in Wein, der mit Wasser gemischt worden, gereicht wird. Sie gestattet den Weltgeistlichen vom Bischof abwärts die einmalige Verehelichung mit einer Jungfrau, nicht mit einer Wittwe; sie erkennt im Allgemeinen den Ehebruch als Scheidungsgrund, verbietet aber eine vierte Vermählung auch den Laien. Sie verwirft die Lehre vom Fegefeuer und vom Ablaß für Lebende; sie gestattet in den Kirchen nur Flächen- oder niedere Reliefbilder, die freilich allverbreitet sind und deren eines in fast jedem Zimmer zu finden ist; plastische Bilder sind untersagt, doch hat man in Rußland diese Einschränkung beseitigt. Die Bestimmungen über das Fasten sind strenger, die Feier einiger heiligen Tage geräuschvoller als in der katholischen Kirche; die Predigt wurde im Vergleich zum liturgischen Theile des Gottesdienstes weniger gepflegt, dagegen war der Nationalsprache bei den verschiedenen Völkern mehr Raum gegönnt.

in großer Gefahr. Sie erkannten, daß nur von den Deutschen Rettung zu hoffen sei, und ersuchten also entweder den Kaiser Heinrich III. um die Ernennung eines neuen Papstes, den derselbe dann natürlich auch schützen mußte, oder sie nahmen doch den von ihm ernannten ohne Widerspruch an. Der Kaiser erwählte den Bischof Gebhard von Eichstädt, der sich den Namen Victor II. gab. Heinrich zog selbst mit ihm nach Italien; doch geschah dies wohl weniger um der Normannen willen, als wegen der ihm bedenklichen Verbindung Gottfried's von Lothringen mit Beatrix von Tuscien. Victor besaß übrigens das Vertrauen Heinrich's in so hohem Grade, daß dieser ihm nicht blos die italienischen Angelegenheiten allein überließ, sondern ihn auch nach Deutschland einlud, um ihm dort zu gewissen Einrichtungen behülflich zu sein. Victor war kaum in Deutschland angelangt, als der Kaiser starb (1056). Es war ein Glück, daß der Papst zugegen war und es mit dem sechsjährigen Kinde Heinrich's und mit dessen Mutter, Agnes von Poitiers, treu meinte; denn die Verhältnisse waren dadurch, daß der verstorbene Kaiser den Bogen überspannt hatte, sehr verwickelt und schwierig geworden. Ungarn war nicht beruhigt; in Flandern und Lothringen standen Gottfried und Balduin in den Waffen; die Sachsen, deren Land Heinrich mit Vorliebe zum Aufenthalt gewählt hatte, wie er denn besonders Goslar mit Bauwerken schmückte, waren doch zugleich durch die Errichtung fester Burgen am Harz geängstigt worden und hatten den Plan zu einem allgemeinen Aufstande gemacht, der nur durch einen Zufall verteilt ward; Agnes endlich, welche die vormundschaftliche Regierung führte, konnte weder für die Erziehung ihres Sohnes, noch für die Verwaltung des Reiches sorgen, so sehr auch sonst ihr gutes Gemüth zu loben sein mochte. Victor that, was er unter diesen Umständen am besten thun konnte: er söhnte Balduin und Gottfried mit dem jungen König aus und Gottfried geleitete ihn nach Italien, wo er seine Gemahlin Beatrix und die Markgrafschaft Tuscien wieder erhielt.

Gleich darauf (1057) starb Victor und Gottfried's Bruder Friedrich kam als Stephan IX. an seine Stelle. Man sagte ihm nach, daß er den Plan verfolgt habe, seinem Bruder die Krone Italiens zu verschaffen. Daraus ward freilich nichts, Gottfried stand aber nichtsdestoweniger in großem Ansehen; denn als nachher ein nicht gebührlicher Weise erwählter Papst Rom neun Monate lang inne hatte, sehen wir ihn das kaiserliche Recht ohne Widerstand verwalten. Späterhin kehrte er, da seine Stieftochter Mathilde, welcher die Länder der Beatrix gehörten, herangewachsen war, nach Deutschland zurück (1065). Er erhielt hier zwar sein Herzogthum Ober-Lothringen nicht zurück, dagegen gab man ihm beim Tode Friedrich's von Luxemburg, welchem Heinrich III. Nieder-Lothringen ertheilt hatte, dieses Herzogthum. Als er 1070 starb, vererbte er dasselbe auf seinen Sohn erster Ehe, Gottfried den Bucklichen. Dieser vermählte sich nachher mit seiner Stiefschwester Mathilde, welche, sowie Abelheid von Susa, auffallender Weise ansehnliche Länder, das Erbe ihres Vaters, selbstständig regierte und auch vermählt die Verwaltung derselben nicht dem Gemahl überließ, weshalb sich dieser auch wenig um sie kümmerte.

Die tuscische Fürstenfamilie, besonders den älteren Gottfried und die Mathilde, hatte Hildebrand, der Leiter des römischen Hofes, durch welchen in dieser Zeit zum ersten Mal auch beim Tod eines Papstes das System der äußeren Kirchenregierung nicht wankte, zu seiner Stütze ausersehen. Er baute auf sie seine Hoffnung, Rom von der weltlichen Gewalt zu erlösen, welche auf die geistliche Macht keine Rücksicht nahm. Doch ging er langsamen Schrittes zur Ausführung. Es war ganz Gebrauch geworden, daß der Papst vom Kaiser ernannt wurde und daß nachher in Rom noch einmal der bloßen Form nach eine Art von Wahl Statt fand. Um die Ernennung des Papstes wieder ganz und allein in die Hände der Römer zu bringen, hatte Hildebrand, als er 1058 von Stephan nach Deutschland geschickt wurde, mit den Vertrauten seines Planes die Abrede getroffen, daß sie, wenn Stephan während seiner Abwesenheit stürbe, die Erwählung eines neuen Papstes bis zu seiner Rückkehr aufhalten wollten. Die Gegenpartei jedoch, zu welcher besonders damals der schlechtere Haufen gehörte, wählte bei Stephan's Tode (1058) ohne Weiteres einen Mann, wie er sich eben darbot. Dieser Mann, Benedict X., war sehr übel berüchtigt und hatte alle rechtlichen Leute gegen sich, so daß er nicht einmal die gehörige Zahl Bischöfe zusammenbringen konnte, um sich einsegnen zu lassen. Es mußte daher auch für Hildebrand und seine Partei leicht sein, ihn zu vertreiben. Nichtsdestoweniger zeigt sich bei der Gelegenheit recht deutlich, welches Gewicht Hildebrand, der seit kurzem einer der Kardinäle oder Hauptgeistlichen von Rom war, selbst als bloßer Privatmann hatte; denn so lange Hildebrand abwesend war, trieb Benedict ungestört sein Wesen in Rom, kaum war aber jener erschienen, so zerrann Alles wie ein Nebel. Hildebrand stand mit dem Bischof Anno von Köln, in dessen Händen damals die Macht über Deutschland lag, recht gut, und wandte sich an Wibert, der als Kanzler der Agnes den italienischen Angelegenheiten vorstand und die Vollmacht der Kaiserin hatte. Dann ließ er durch seine Partei in Siena einen neuen Papst wählen und zwar den Bischof Gerhard von Florenz, einen Lothringer, welchen Gottfried mitgebracht hatte und dem dieser natürlich gern durch seinen Arm zum Besitze des Papstthums verhalf. Den Truppen Gottfried's mußte Benedict weichen, und Hildebrand übernahm mit Nikolaus II. (so nannte sich Gerhard als Papst) im Januar 1059 die Leitung der geistlichen Angelegenheiten der lateinischen Christenheit.

Mit Recht faßten Beide den Punkt des Kirchenregiments und der Kirchenfreiheit vorerst allein ins Auge. Sie ließen schon im April 1059 mit Zustimmung einer Synode vom Lateran aus folgendes merkwürdige Decret ergehen: „Es sollen nach dem Tod eines Papstes die Kardinäle (d. h. die vornehmsten Geistlichen der Stadt Rom) zur Erwählung eines neuen Papstes schreiten, unter Vorbehalt der schuldigen Ehrerbietung gegen unseren geliebten Sohn Heinrich, welcher jetzt König ist und, wie wir hoffen, künftig mit Gottes Willen Kaiser sein wird, wie wir ihm das schon unter Vermittelung seines Kanzlers Wibert zugestanden haben, und gegen seine Nachfolger, welche dieses Recht von dem apostolischen Stuhle persönlich erlangt haben werden." Durch dieses Decret, das uns jedoch seinem Wortlaute nach nicht zuverlässig bekannt ist und wahrscheinlich in mehr allgemeinen Ausdrücken abgefaßt war, sollte die Einmischung der Kaiser in die Papstwahl unmöglich gemacht und folglich auch der Streit über ihr Recht dazu beseitigt werden; denn da man dieses Recht dem damaligen Herrscher persönlich zugestand und sich vorbehielt, auch seinen Nachfolgern ein Gleiches zu gestatten, so hatte man für jeden eintretenden Fall einen Rückhalt. Von dieser Zeit an war die Erwählung des Papstes dem römischen Adel und Volk entnommen; sie wurde nunmehr allein von den Bischöfen, Presbytern und Diaconen der römischen Diöcese vollzogen, auf welche bald die Bezeichnung Kardinal in diesen drei Abstufungen eingeschränkt wurde.*) Die Kirchenämter, an denen die Kardinalswürde haftete, wurden auch solchen Geistlichen verliehen, die außerhalb des Kirchenstaates lebten; doch machten die geborenen Italiener allezeit bei weitem die Mehrzahl aus.

Ein zweites Ziel, das sich Nikolaus und Hildebrand vornahmen, war, die Normannen, die bisher Feinde der Päpste gewesen waren, in Freunde und Bundesgenossen umzuwandeln, um sich im Nothfall ihrer Hülfe bedienen zu können. Nikolaus begab sich daher selbst zu Robert Guiscard und belehnte ihn mit Calabrien, Apulien und Sicilien, trug aber dabei durch den Eid, den er ihm auferlegte, Sorge, daß vom päpstlichen Stuhle das Recht an die dem Normannen-Herzog übertragenen Güter und Besitzthümer in besseren Zeiten wieder geltend gemacht werden könnte. Sobald die Ordnung der Papstwahl

---

*) Den Titel Kardinal (von cardo, Thürangel, also die Wichtigkeit des Amtes bezeichnend) haben eine Zeit lang auch nichtrömische Geistliche, namentlich in Frankreich und in Ravenna, geführt.

festgestellt und die Hülfe der Normannen gesichert war, ging man weiter. Man suchte sowohl die Mönche ganz zu gewinnen, als auch den Klerus durch Ehelosigkeit zu vereinzeln, worauf schon seit Leo's IX. Zeit mit Eifer hingearbeitet worden war. Die lateranische Versammlung sprach bereits den verheiratheten Priestern das Recht ab, Messe zu lesen; sie schärfte auch den Stiftsgeistlichen die Beobachtung des kanonischen Lebens wieder ein, wie es einst Chrodegang von Metz anbefohlen hatte. Wie zahlreich und mächtig die Mönche, denen nun ja die Ansicht auf alle Pfründen allein oder vorzugsweise eröffnet wurde, bereits waren, davon kann das ein Beweis sein, daß damals der Abt von Clugny, dessen Vorgänger, der heilige Odilo, schon ein kleiner König gewesen war, seine Kirche so sehr erweiterte, daß sie tausend Brüder fassen konnte. Wie thöricht es aber war, den vielen Tausenden, die zum geistlichen Stande gehörten, mit Gewalt Enthaltsamkeit aufzuzwingen, das sagt nicht blos die Vernunft, sondern jeder, dem es ernst gewesen, hätte es auch aus des einfältigen Peter Damiani Schrift über die Laster des Klerus lernen können. Dieser eifrige Mönch entwirft ein so abschreckendes Gemälde von dem sittlichen Zustande der Geistlichen seiner Zeit, daß man hell in den Abgrund der Verworfenheit blickt, in den der ihnen angethane Zwang führen mußte. Uebrigens darf das Verhältniß, in welches damals Staat und Kirche gebracht wurden, nicht, wie man oft wähnt, als das Ergebniß eines ränkevollen Systems oder gar als Wirkung der Verschlagenheit eines einzigen Mannes angesehen werden, sondern die verborgene Gewalt, welche die menschlichen Dinge, deren höchste Ordnung wir selten errathen und nie erkennen, leitet und gestaltet, führte die Angelegenheiten zu dem Punkte, wo es sich entscheiden sollte, ob Rom noch einmal das Haupt und die Geisel der Welt werden sollte. Schon als Nikolaus II. nach wenigen Jahren starb (1061), fragten Viele ängstlich, wohin die jetzt ruhig, fest und schlau entwickelte Staatsweisheit der Päpste führen werde. An der Spitze der Partei dieser Besorgten, die das königliche Ansehen erhalten haben wollten und auch die Krone von Italien sammt dem grünen Patriziergewand an den jungen Heinrich sandten, stand der Kanzler Wibert; das Haupt der Anderen war Hildebrand, und die Normannen leisteten ihm schon damals Hülfe gegen die Ersteren. Die Ernennung eines neuen Papstes ward von den römischen Karbinälen ohne Rücksicht auf die königlich Gesinnten und mit Ausschließung vieler Bischöfe, welche bisher stets daran Theil genommen hatten, vorgenommen, und Hildebrand leitete ihre Wahl auf einen rechtlichen Mann, den Bischof Anselm von Lucca, der als Papst den Namen Alexander II. führte. Seine Gegner und unter ihnen alle lombardischen Bischöfe, welche die Acte, durch die sie von der Papstwahl ausgeschlossen wurden, nie anerkannt hatten, trafen auf einer Versammlung zu Basel, der auch die Kaiserin Agnes mit dem elfjährigen König beiwohnte, eine weniger glückliche Wahl; denn der Bischof Cadolaus von Parma, den sie als Honorius II. zum Papst ausriefen, war wohl in Staatsgeschäften erfahren und besaß auch die Gunst der Kaiserin; zum Papste taugte er aber unter den damaligen Umständen nicht, und wenn ihn Agnes durch den schamlosen Bischof Benzo von Alba in Rom einführen ließ, so hätte sie ihre Mittel gegen eine Partei, wie die Hildebrandische war, nicht schlechter wählen können. Der lombardische Papst behauptete sich nur kurze Zeit in Rom; er besetzte zwar die Stadt auch nachher noch einmal mit lombardischen Schaaren, mußte sie aber wieder räumen, nachdem er sich ein Jahr lang mühsam in der Engelsburg gehalten; denn er hatte durch den gezwungenen Rücktritt der Kaiserin Agnes die einzige Stütze verloren, die er bisher am deutschen Hofe gehabt hatte. Der Bischof Hanno von Köln, welcher damals die vormundschaftliche Regierung allein erhielt, fand es klüger, sich für Alexander zu erklären, als für den Schützling der Agnes und für einen alten Freund der kaiserlichen Familie, wie der Kanzler Wibert war. Deutschland und Italien erkannten 1067 Alexander II. als den allein rechtmäßigen Papst an. Der weitere Verlauf der päpstlichen Geschichte bis zu Alexander's Tod, wo Hildebrand als Gregor VII. römischer Bischof wurde (1073), sowie die Geschichte dieses bedeutendsten aller Päpste hängt aufs engste mit der Entwickelung der deutschen Angelegenheiten unter Heinrich IV. zusammen.

6. Heinrich IV. bis zum Tode seines Gegenkönigs Rudolf.

Nach Heinrich's III. Tode sammelte sich in Deutschland sogleich reichlicher Stoff zu Unruhen und es bedurfte deshalb nachher nur eines Anlasses, um diese zum Ausbruch zu bringen. Die Hauptsache war, daß Heinrich die Krone auf ein Kind vererbte und daß ein Weib und Geistliche die Erziehung desselben, sowie die Leitung der Reichsangelegenheiten übernahmen. Außerdem hatte der verstorbene Kaiser über die Verheirathung seines Sohnes und Nachfolgers und wahrscheinlich auch über die seiner gleichfalls noch ganz jungen Tochter Mathilde im Voraus eine Bestimmung getroffen. Der sechsjährige Heinrich IV. war mit Bertha, der Tochter des Markgrafen von Susa oder, wie wir sagen würden, von Piemont und Savoyen, verlobt worden, vermuthlich weil man hoffte, daß er mit ihr einen Theil der Erbgüter ihrer Mutter Adelheid erhalten würde. Seine Schwester Mathilde hatte der Vater dem Grafen Rudolf von Rheinfelden versprochen, wie dieser wenigstens vorgab. Sein Anspruch gab sogleich Anlaß zu Hader und Zwietracht. Die Wittwe des verstorbenen Kaisers, Agnes, wollte das Versprechen ihres Gemahls nicht halten, Rudolf raubte daher die Prinzessin und nun willigte Agnes, welche nach Weiberart dem Augenblicke gehorchte, nicht nur in die Verlobung ein, sondern sie ging auch in ihrer mütterlichen Besorgniß so weit, daß sie Rudolf zu Liebe einen tapferen Mann kränkte, während sie dadurch an jenem sich nur einen Undankbaren machte. Sie gab (1058) ihrem künftigen Schwiegersohne das Herzogthum Schwaben, obgleich ihr Gemahl dasselbe dem Grafen Berthold von Zähringen versprochen hatte. Zum Glück wurde im folgenden Jahre das Herzogthum Kärnthen mit Verona erledigt, welches Agnes dann dem beleidigten Berthold als Ersatz für Schwaben ertheilte.

Noch von einer andern Seite her ward der junge König gleich nach seines Vaters Tode mit einer großen Gefahr bedroht. Heinrich III. hatte die Sachsen, welche gegen alle Franken Mißtrauen hegten, durch Strenge und Härte gegen sich gereizt. Besonders waren sie über seine Bauten in der Stadt Goslar, seiner gewöhnlichen Residenz, aufgebracht. Er hatte dort einen Palast und Festungsmauern errichten lassen und mit der Leitung dieser Werke den nachherigen Bischof Benno von Osnabrück und andere Männer beauftragt, die sich zwar durch Kenntnisse, Kunstsinn und Geschicklichkeit auszeichneten, von Heinrich aber wohl nur aus dem Grunde gewählt worden waren, weil sie sich zu Dienern seines strengen und festen Willens eigneten. Statt daß nun diese Männer die Sachsen, welche schon an und für sich über solche Bauten in ihrem Lande ängstlich waren, durch Billigkeit bei den zu leistenden Frohnden beruhigt hätten, waren sie mit der größten Härte gegen sie verfahren und die Sachsen sahen seitdem die Bauten zu Goslar als ein Zeichen der Bedrückung und Sklaverei an. Ihre Erbitterung stieg nachher noch höher, weil derselbe Benno, der sie unter Heinrich III. mit Schlägen zum Frohndienste hatte treiben lassen, unter dessen Sohn auch den Bau anderer Burgen in der Gegend von Goslar leitete. Heinrich III. war daher kaum gestorben, als sie an Empörung dachten und die Ermordung des jungen Königs beschlossen. Ein unternehmender Mann, Otto, des verstorbenen Markgrafen Wilhelm von Nordsachsen Bruder, der dieses Land für sich in Anspruch nahm, stellte sich an ihre Spitze, und die Sache hätte sehr schlimm ausgehen können, wenn Otto nicht bei einem zufälligen Zusammentreffen mit Elbert und Bruno von Braunschweig, zwei Vettern des Königs, mit diesen in einen heftigen Kampf gerathen wäre, in welchem er und Bruno einander wechselseitig tödteten. Der unerwartete Tod des Führers schreckte die Sachsen, und da es ihnen jetzt an einem bedeutenden Haupte fehlte, so zerfiel der ganze Plan in sich selbst.

Eine Frau konnte in jenen Zeiten zur Erziehung ihres Sohnes und zur Leitung der Reichsangelegenheiten nur einen Geistlichen wählen. Ein Schwabe aus dem Adelsgeschlechte derer von Pfullingen, Anno, war als Erzbischof von Köln und als Erzkanzler des Reiches derjenige, an den man dabei vor allen Anderen denken mußte; aber er stand, seit er früher als Dompropst in Halberstadt gelebt hatte, mit den Sachsen in enger Verbindung und war außerdem der Kaiserin aus dem Grunde nicht angenehm, weil er eine ernste, strenge und wohl auch finstere und harte Erziehung verlangte. Agnes wählte daher statt seiner den Bischof Heinrich von Augsburg, der von Natur geschmeidig war, seiner Herrin Sinn errieth und erfüllte, und dem Knaben seinen Willen ließ. Dieser gewann das Vertrauen der Kaiserin in einem solchen Grade, daß man sogar bald, allerdings boshafter Weise und ohne jeden Grund, von seinem Verhältnisse zu ihr übel redete, und er brachte nun an seine Familie Ehren und Güter, welche Anno lieber der seinigen zugewendet hätte. Da der Knabe in der That sehr schlecht erzogen ward, so war es für den Letzteren leicht, gegen ihn und die Kaiserin Partei zu machen. Sein Hauptverbündeter war der sächsische Graf Otto von Nordheim, welchem Agnes kurz vorher erst das Herzogthum Baiern verliehen hatte. Man beschloß, sich des jungen Königes mit Gewalt zu bemächtigen und seine Mutter ganz von der Regierung zu verdrängen. Dieser Plan ward durch eine elende List ausgeführt (1062). Nach einem heiteren Mahle, das auf der Swibert's-Au in der Nähe von Düsseldorf (jetzt Kaiserswerth) gehalten wurde, lockten die Verschworenen den jungen König unter dem Vorwande, Anno's Schiff in Augenschein zu nehmen, auf dieses, und fuhren dann schnell mit ihm davon. Der Knabe sprang erschreckt ins Wasser und würde umgekommen sein, wenn ihn nicht Ekbert von Braunschweig, einer der Theilnehmer des abscheulichen Verraths, mit Lebensgefahr gerettet hätte. Die Verschworenen brachten Heinrich nach Köln und herrschten nun in seinem Namen. Sie waren, wie es scheint, unedel genug, die Mutter, die sich später nach Rom zurückzog, sogar an ihren Gütern zu verkürzen, wiewohl man, um gerecht zu sein, gestehen muß, daß sich theils der Ertrag von liegenden Gütern in jener Zeit nur schwer nach Rom überwachen ließ, theils auch Agnes, wie unter den Ottonen Adelheid, aus Eitelkeit und Andacht allzu freigebig mit ihren Einkünften gewesen war und dadurch Unzufriedenheit erweckt hatte. Der Unwille der Nation gegen Anno und seine Verbündeten wurde bald so laut, daß sich jener genöthigt sah, etwas zu thun, um den Vorwurf übermüthiger Herrschsucht von sich abzuwenden. Er setzte daher fest, daß die Sorge für die Bildung des Königs jedes Mal demjenigen Bischof überlassen sein solle, in dessen Sprengel sich derselbe gerade befände. Da der Hof nur durch Lieferungen unterhalten wurde, so konnte man mit dem Knaben nie lange in einer und derselben Gegend verweilen. Dies mußte auf die Erziehung Heinrich's sehr schlimm einwirken, zumal da es bei einer solchen Einrichtung der Bischöfe Vortheil war, den verkehrten Sinn des Knaben zu nähren. War seine Erziehung schon vorher schlecht gewesen, so ward sie jetzt noch viel schlechter. Heinrich wuchs ganz ohne Liebe und ohne Sorgfalt heran, man sah seinen Fehlern nach, ließ ihn treiben und thun, was er wollte, und bediente sich seines Namens, um sich und die Seinigen zu bereichern. Dies ward die Hauptquelle des Unglückes, das den König und das Reich nachher traf, und alle Schwächen seiner jüngeren Jahre sind nur hieraus herzuleiten.

Ein Jahr nach des Knaben Entführung nahm man ihn mit auf einen Zug gegen die Ungarn. König Andreas I., der sich von der deutschen Oberherrschaft frei gemacht hatte, ließ 1058 seinen erst sechs-Jahre alten Sohn, Salomo, zum Nachfolger und König krönen und brachte dadurch seinen Bruder Bela I., der sich unter ein Kind nicht fügen wollte, nebst dem größten Theile seines Volkes gegen sich auf. Bela wandte sich an den Neffen seiner Gemahlin, König Bolcolav II. von Polen. Andreas konnte nur von Deutschland her Hülfe hoffen, er gab also die kaum erst errungene Unabhängigkeit wieder auf, verlobte seinen Sohn mit Heinrich's IV. Schwester, Judith, und beleidigte auf diese Weise seine Unterthanen nochmehr. Die Unterstützung der Deutschen half ihm nichts; denn nachdem diese anfangs glücklich gestritten hatten, verloren sie durch die Unvorsichtigkeit ihrer Führer eine entscheidende Schlacht, und er selbst büßte sein Leben ein (1062). Bela starb ein Jahr später, sein Sohn Geisa konnte sich nicht behaupten; er floh mit seinem Bruder Ladislaus nach Polen, und man führte von Deutschland aus den jungen Salomo nach Ungarn zurück. König Heinrich wurde damals mitgenommen, um seinen Schwager im Triumph wieder einzusetzen, und dieser glänzende Zug, zu welchem er selbst freilich nur den Namen hergab, war der einzige durchaus gelungene in seinem ganzen Leben. Die eigentliche Leitung hatte Otto von Nordheim, welchen die Kaiserin zum Lohne mit dem angeblichen Schwerte des Kriegsgottes, das einst Attila getragen, beschenkte. Wichtiger ist der Umstand, daß Adalbert von Bremen, der mächtige Erzbischof des Nordens von Deutschland, welcher durch die Größe seines Gefolges und durch die Pracht seines Aufzuges alle Fürsten übertraf, neben seinem Todfeind Otto von Nordheim am Zuge Theil nahm und von der Zeit an den Haupteinfluß auf den königlichen Knaben erhielt. Das Letztere erklärt sich bei einigem Nachdenken leicht. Heinrich haßte seit der gewaltsamen Trennung von seiner Mutter den finsteren Anno und den herrschsüchtigen Otto und trieb sich mit leicht, sinnigen jungen Leuten umher, diese weckten seine bittere Erinnerung und nährten seinen Groll; was war daher natürlicher, als daß er sich dem einzigen Manne hingab, der ihm zugleich glänzend, freundlich und gefällig erschien? Adalbert steigerte seinen Haß gegen Anno's finsteren Ernst und theilte ihm jenen Widerwillen gegen den Stolz und Trotz der Sachsen mit, den er, obwohl selbst sächsischen Stammes, seit Jahren in sich nährte.

Die vorgefaßte Meinung, welche Heinrich in Betreff der Sachsen sein ganzes Leben hindurch hegte und die Gunst Adalbert's bei ihm sind für seine ganze Geschichte wichtig. Wir müssen uns daher zur Geschichte von Adalbert's nächsten Vorgängern im Erzbisthume Bremen wenden, um deutlich zu machen, daß das Interesse der vornehmsten Herren in Sachsen dem der Erzbischöfe von Bremen entgegengesetzt war und daß die Erweiterung des Sprengels der Letzteren eine Eifersucht zwischen Köln und Bremen erzeugte, welche jeder Erzbischof aufnahm und fortpflanzte. Das Bisthum Bremen-Hamburg umfaßte alle Slaven im Norden und Nordosten, mit Ausnahme derer, welche zu dem Bisthume Magdeburg gehörten; es hielt aber bei der Habgier ihrer sächsischen Nachbarn sehr schwer, das Christenthum unter ihnen fest zu gründen. Zu Kaiser Heinrich's II. Zeit drückte Herzog Bernhard II. von Sachsen, ein Enkel Hermann Billung's, die Slaven so sehr, daß sie im Norden der Elbe alle Spuren des Christenthums vertilgten und die Stadt Hamburg zerstörten. Bald nachher begann der Erzbischof Unwan von Bremen aufs neue christliche Colonisten in jenes Land zu bringen, aber Bernhard drang zu gleicher Zeit mit den Waffen ein und drückte die Slaven, als sie sich ihm unterworfen hatten, wieder durch Abgaben. Erst spät brachte ihn Unwan zu besseren Gesinnungen und nun gelang es diesem frommen Manne, die zerstörten Kirchen wieder herzustellen und Hamburg aus der Asche zu erheben. Da seine Frömmigkeit, nach einer allgemeinen Erfahrung über klösterlich erzogene Geistliche, mit einer gewissen Art von demüthiger Weltklugheit verbunden war, so ward unter ihm das Bisthum Bremen sehr ansehnlich. Auch sein mächtiger Zeitgenosse, Knut der Große, unterstützte ihn und setzte ihn über alle Bischöfe der skandinavischen Reiche. Den Fortschritt des Christenthums unter den Slaven störte aufs neue die Habsucht der Sachsen und ihrer Herzöge. Etwas besser ward es, als Bernhard II. und Knut der Große mit den Jahren frömmer wurden und die Sünden ihrer Jugend auszutilgen suchten, zumal damals auch die deutschen Kaiser die Bemühungen der bremischen Erzbischöfe unterstützten und ihr Ansehen hoben. Konrad II. rächte nämlich mit starkem Arm die Grausamkeiten, welche die Heiden an christlichen Städten und Dörfern übten, und eben derselbe Kaiser, noch mehr aber sein Nachfolger vermehrten durch Verordnungen auch die Gewalt der bremischen Erzbischöfe, welche bis dahin nur geistlich gewesen war, jetzt aber in weltlichen Dingen so sehr zunahm, daß ohne die rohe Habsucht der Sachsenfürsten schon Adalbert's nächster Vorgänger, Benzelin Albrand, eine glänzendere geistliche Würde im Norden gehabt hätte, als jemals irgend ein Bischof besaß. Dadurch geriethen jedoch die Erzbischöfe von Bremen mit den sächsischen Herzogen und Grafen in Streit und erregten zugleich die Eifersucht der Erzbischöfe von Köln; Adalbert aber mußte dem stolzen Anno von Köln um so mehr ein Dorn im Auge sein, da dieser überhaupt niemand zu seiner Seite haben wollte.

Adalbert stammte aus dem alten sächsischen Geschlechte Goseck, einem der ersten an Macht und Adel, bei welchem die Pfalzgrafschaft oder kaiserliche Gerichtshalterei in Sachsen erblich war und blieb. Er stand, nachdem er zuerst Bischof von Halberstadt gewesen war, 30 Jahre lang dem Erzbisthume Bremen vor und spielte in dieser Stellung 28 Jahre hindurch mit seltenem Glück die glänzendste Rolle im Norden. Er war großmüthig, freigebig und eines Theils gegen Arme und Niedere auf wahrhaft demüthige Weise herablassend, anderes Theils aber auch ebenso stolz und trotzig gegen Fürsten und Herren. Er trachtete, wie bereits oben angegeben ist, nach einer Art von nordischem Papstthum und würde seinen Plan wohl auch durchgeführt haben, wenn nicht im Augenblick der Vollendung sein Gönner, Leo IX., gestorben wäre. Da er jedoch mit Geist und Kraft Grundsätze predigte und verfocht, die zu Heinrich's III. Vorstellungen von kaiserlicher Machtvollkommenheit vortrefflich paßten, so erlangte er zwar nicht das gewünschte Patriarchat, wohl aber großes äußeres Ansehen; denn er ward der Günstling jenes Kaisers, wodurch er sich dann freilich den Sachsen, die einstweilen schweigen mußten, nur noch mehr verhaßt machte. Er behauptete, wiewohl wahrscheinlich nicht in der reinsten Absicht: das fast königliche Ansehen, das die sächsischen Herzoge in den Elbe-Gegenden besäßen, beruhe auf keinem Grund, und die Herzoge und Grafen müßten der Gerichtsbarkeit, die sie sich angemaßt, entsagen, sobald es der Kaiser verlange. Er selbst ließ sich diese Gerichtsbarkeit hier und da in seinem Sprengel übertragen, brachte viele Güter, selbst Klöster, ungerechter Weise an seinen Stuhl, nahm dafür mit seinen Leuten an allen Kriegszügen Heinrich's Theil und erschöpfte sein Bisthum für dessen Unternehmungen. Die Sachsen knirschten, sie mußten aber vor dem mächtigen Kaiser verstummen, da selbst der Bruder ihres Herzogs um Adalbert's willen in Ungnade gefallen sein soll. So wie seine Freundschaft für den Kaiser nicht gerade mit uneigennütziger Vaterlandsliebe verbunden war, so bediente er sich auch Fremder zur Erreichung seiner Zwecke. Er erkannte das Recht der Dänen an die von ihnen in Anspruch genommenen sächsischen Länder im Norden der Elbe gern an, weil sie sein Ansehen ehrten, während die Herzoge, die jenen Boden den ihrigen nannten, dasselbe auf alle Weise zu beschränken suchten. Selbst der tapfere und berühmte Wendenfürst Gottschalk, der zu Konrad's II. Zeit vom Christenthum abgefallen war und unter Heinrich III. alle Stämme seines Volkes zu einem mächtigen Reiche vereinigt hatte, ward Adalbert's Freund und diente demselben, um Geistliche zu versorgen, welche ihre Stellen verloren hatten und sich zur Erlangung von Bisthümern an den Erzbischof von Bremen wandten; denn Gottschalk trat zum Christenthum zurück und beförderte dessen Ausbreitung auf jede Weise.

Durch alles dies hatte sich Adalbert schon zu Heinrich's III. Zeit des Hasses genug gesammelt; man schloß ihn daher auch beim Tode des Kaisers anfangs von der Verwaltung ganz aus. Jetzt aber, wo der junge König am häufigsten in der zu Adalbert's Sprengel gehörenden Stadt Goslar verweilte, hatte er Gelegenheit, sich des Knaben zu bemeistern. Der Erzbischof von Trier war ein alter Mann und zu weit entfernt; Siegfried von Mainz war persönlich unbedeutend und reiste überdies damals nach Jerusalem; die Regierung blieb also ganz allein in den Händen Adalbert's und Anno's. Jedoch konnte der stolze Anno unmöglich gesonnen sein, einen Patriarchen, wozu sich Adalbert so gerne machen wollte, neben sich zu dulden. Er wurde ein Todfeind desselben. Zugleich waren auch die Sachsen überzeugt, daß Adalbert ihren König mit Haß gegen sie erfülle. Die Feindschaft Anno's und der Sachsen gegen Adalbert hatte übrigens, wie nachher die der Guelfen und Ghibellinen in Italien und in neuerer Zeit die der Whigs und Tories in England, nicht blos eine persönliche und äußere Ursache, sondern sie war auch ein Streit über Grundsätze und über den Boden, auf welchem jede Partei ihre Größe aufzubauen suchte. Adalbert wollte durch den Umsturz der Freiheit Alleinherrschaft, Machtfülle des Kaiserthums und vermittelst ihrer entscheidenden Einfluß der vom Hofe Begünstigten herstellen; Anno und die sächsischen Fürsten dagegen wollten auf den Trümmern der kaiserlichen Gewalt eine Landesherrschaft der Fürsten gründen, an der damals auch die kleineren Herren Theil nehmen sollten, weil man ihrer bedurfte. Beide Theile verkannten sich und den Staat, und es ist deshalb schwer zu sagen, welcher von Beiden der Wahrheit am nächsten gewesen ist;

daß aber Beide irrte waren, und wohin ihr Irrthum führte, sah damals nicht Gott allein, sondern auch unter den Menschen Hildebrand und durch ihn der Papst.

Die Gunst eines verzogenen Knaben wird nicht auf dem Wege, der zu dessen Besten führt, erhalten. Darum haben die Schriftsteller jener Zeit wohl nicht ganz Unrecht, wenn sie dem Bischof Adalbert das leichtsinnige Wesen und die frühen Ausschweifungen Heinrich's IV. mit schuld geben. Er verschaffte diesem das zu seinen Tollheiten erforderliche Geld; man beschuldigte ihn sogar, er habe, um dasselbe zu erhalten, alles Kirchensilber in Bremen einschmelzen lassen und man habe Heinrich's Buhlerinnen mit Edelsteinen seiner Kirche geschmückt einhergehen sehen. Damit er keinen Nebenbuhler mehr zu fürchten brauche, ließ er gern 1065 den 15jährigen Jüngling in Worms nach alter Sitte wehrhaft machen oder mit anderen Worten für mündig erklären. Er buhlete in der Umgebung des Königs, außer einigen recht ausgelassenen Jünglingen, nur Leute, wie den tollen Grafen Werner, welcher mit dem Könige wilde Unbändigkeit gemein hatte, aber im Staat unbedeutend war, und Benno von Osnabrück, von dessen Härte bei den Bauten in Goslar oben die Rede gewesen ist und der, wie sein Lebensbeschreiber rühmt, die Hofgunst nicht allein selbst besaß, sondern auch wem er wollte, verschaffen konnte. Heinrich ward in Goslar, wo er dem Erzbischof am nächsten war, zurückgehalten, und hier mußte Benno neue und immer neue Anlagen machen und gegen die Sachsen, die ihre Unzufriedenheit laut genug äußerten, auf den verschiedenen Höhen des Landes Trutzburgen errichten, in welche Reisige des Königs gelegt wurden. Da Heinrich so lange in der nämlichen Gegend verweilte, so stockten seine Einkünfte bald, die Lieferungen hörten nach und nach auf, seine Freunde zerstreuten sich auf ihre Güter und er lebte zuletzt nur noch von den Abteien und anderen Pfründen, von denen ihm jedoch kaum das Nöthige zukam, weil die Sachsen ganz sicher waren, daß er seine Ansprüche jetzt nicht mit den Waffen geltend machen könne. Unter diesen Umständen versammelten sich die Unzufriedenen, Otto von Nordheim und Anno an ihrer Spitze, ohne den König in Tribur, kündigten ihm, als er daselbst erschien, den Gehorsam auf, wenn er nicht Adalbert von sich entferne, und nöthigten diesen endlich zu eiliger Flucht (1066); einige Gebiete, die er durch königliche Schenkung besaß, wie Corvey, wurden ihm abgesprochen; andere nahmen die Billungen, die in Sachsen herrschten, eigenmächtig in Besitz. Der König, der nun alle die, welche ihm ergeben waren, von sich entfernt sah, mußte sich bequemen, die frühere Einrichtung wieder herzustellen, daß er im Reich umherreise und jedes Mal den Bischof, in dessen Sprengel er sich gerade befand, in seinen

Rath ziehe. Da er nach Abalbert's Vertreibung in den Niederlanden, also im Sprengel von Köln, verweilte, so übernahm Anno zum zweiten Male die Leitung der Geschäfte. Dieser ging im nächsten Jahr, als wenn er Herr des Kaisers und des Reiches wäre, nach Italien, wo der von Abalbert begünstigte Honorius noch immer mit Alexander um das Papstthum stritt. Uebrigens ließ er dort (1067) durch eine Kirchenversammlung in Mantua Alexander als rechtmäßigen Papst bestätigen, nachdem er sich von ihm eine förmliche Erklärung über sein Papstthum hatte geben lassen, durch welche, wie er glaubte, das kaiserliche Recht sicher gestellt ward. Honorius entsagte zwar der päpstlichen Würde nicht, er verlor aber alles Ansehen und starb in Dunkelheit. Sein Sturz hängt ohne Zweifel mit dem Sturz Adalbert's zusammen.

Die traurigen Wirkungen der Unordnung, Zwietracht und Herrschsucht, welche seit Heinrich's III. Tod im Reiche walteten, zeigten sich unterdessen überall. Den großen Fürsten, einem Rudolf von Rheinfelden, Otto von Nordheim und anderen, war es einzig um Erweiterung und Feststellung ihrer Macht zu thun; der Letztere war nicht nur Herzog von Baiern, sondern hatte auch bei den Sachsen als einer der Ihrigen großen Einfluß, den er durch seinen Feldherrnruhm wie durch Beredsamkeit und Schlauheit aufrecht hielt. Neben ihnen erscheint Anno sehr zweideutig. Er suchte noch ängstlicher, als vorher Heinrich von Augsburg gethan hatte, Bisthümer und Güter an seine Familie zu bringen. Er verhalf seinem Neffen Burkard, einem bitterbösen Manne, der stets das Schwert in der Hand hatte, zum Bisthum Halberstadt, und seinem stolzen und heftigen Bruder, Wezilo oder Werner, zum Erzbisthum Magdeburg (1063). Als er das zweite Mal ans Ruder kam, wollte er einem anderen Neffen, Konrad von Pfullingen, das Erzbisthum Trier verschaffen, und veranlaßte dadurch, daß die Trierer, die sich von den Kölnern keinen Erzbischof aufdringen lassen wollten, unter der Anführung ihres Domvogtes die königlichen Truppen schlugen und den neuen Erzbischof ermordeten; die Frevelthat blieb ungerächt, als sie den Domherrn Udo, der bei ihnen wie beim König in Gunst stand, wählten. Wie wenig man sich um das königliche Ansehen kümmerte, zeigt am besten der Streit, welcher auf Weihnachten 1062 zwischen dem Bischof Hezilo von Hildesheim und dem Abt Widerab von Fulda entstand und am Pfingstfeste 1063 einen blutigen Ausgang nahm. Es war man bei der Gelegenheit am deutlichsten erkennt, im Reiche schon dahin gekommen, daß das Geistliche weltlich und das Weltliche geistlich geworden war. Selbst die Zucht der Mönche war tief herabgesunken und man stiftete in diesem und dem folgenden Jahrhundert einen neuen Orden nach dem anderen, um die Klöster wenigstens einigermaßen ihrem eigentlichen Zwecke wieder näher zu bringen; denn die damalige Reichsverwaltung betrachtete die Klöster als Raubgut, dieselben wurden unter die geistlichen und weltlichen Herren ausgetheilt, welche die Hofgunst genossen und auch mit Bisthümern Handel trieben. So erhielten z. B. um 1063 die Erzbischöfe Adalbert und Anno jeder zwei Abteien, Siegfried von Mainz eine und die Herzoge Otto von Baiern und Rudolf von Schwaben ebenfalls jeder eine. Dem Lustgenossen des Königs, Werner, wurde damals ein zur Abtei Hersfeld gehöriges Dorf geschenkt, und als die Mönche sich vergebens um die Rückgabe desselben bemüht hatten und endlich deshalb Gebete und Fasten anstellten, erlaubte sich Werner den höhnenden Scherz, er verdiene großen Dank, weil er ein wirksames Mittel erfunden habe, die im Dienste Gottes lässigen Mönche zur Erfüllung ihrer Pflichten zu zwingen. Der Streit zwischen dem Bischof Hezilo von Hildesheim und dem Abt Widerad von Fulda war ein bloßer Rangstreit. Die Leute der Beiden zankten sich, als der König in Goslar das Weihnachtsfest feierte, in der Kirche selbst um die Ehrensitze, griffen zu den Schemeln und Bänken der Kirche und schlugen sich lange, bis es endlich dem Herzog Otto von Baiern gelang, Ruhe zu stiften. Allein am nächsten Pfingstfest, als der König und seine Großen wieder in derselben Kirche versammelt waren, brach der Streit von neuem aus. Hezilo hatte den Grafen Elbert von Braunschweig mit Gewaffneten hinter dem Hochaltar versteckt, dieser stürzte plötzlich über die Leute des Abtes her und trieb sie aus der Kirche; nun drangen aber die Reisigen, welche Widerad mitgebracht hatte, in die Kirche ein und es entstand mitten im Heiligthum eine förmliche Schlacht, bei der Bischof Hezilo die Seinigen von der Kanzel aus ermunterte und in welcher viele Leute getödtet wurden; der König selbst, der die Wüthenden vergebens bat und beschwor, wäre im Getümmel ums Leben gekommen, wenn ihn nicht einige Freunde gerettet hätten. Am anderen Tage wurde zwar Untersuchung über das Geschehene gehalten, aber es ging mit der Bestrafung so, wie es damals überhaupt zu gehen pflegte: Elbert kam ganz ohne Strafe davon, weil er ein naher Anverwandter des Königs war, dagegen mußte der wegen seines Stolzes verhaßte Abt von Fulda, auf welchen alle Schuld geworfen wurde, eine große Geldsumme bezahlen. Sein Unglück ward von den gegen ihn aufgebrachten Mönchen seines Klosters benutzt; sie empörten sich gegen ihn und konnten nur durch die weltliche Gewalt zur Ordnung zurückgeführt werden. Wie es bis in die Klöster hinein mit den Menschenrechten stand, zeigt ihre Bestrafung. Die einzelnen Mönche wurden, wie ein Geschichtschreiber jener Zeit sich ausdrückt, nicht nach dem Grad ihrer Schuld, sondern nach dem Glanz oder Dunkel ihrer Geburt härter oder milder bestraft. So erscheinen Moral, Bildung, Sitten und Recht allenthalben im traurigsten Zustande. Doch, zur Ehre der Menschheit sei es gesagt, es gab auch damals edle und durchaus gebildete Männer, welche jeder Zeit zur Zierde gereichen würden. Wir meinen besonders die beiden gleichzeitigen Geschichtschreiber Hermann Contractus (d. i. der Gelähmte) und Lambert von Hersfeld, welche grundgelehrt und wahrhaft gebildet waren, und dabei nicht nur kirchliche Frömmigkeit, sondern auch rechten Sinn und Wandel und eine himmlische Einfalt besaßen.*) Der Letztere erzählt z. B. von seiner Pilgerreise nach Jerusalem, die er als Mönch ohne Erlaubniß seines Abtes unternommen hatte: „Bei meiner Rückkehr fand ich, warum ich Gott während der ganzen Reise vorzugsweise angefleht hatte, meinen Abt noch am Leben; denn da ich ohne seinen Segen abgereist war, so fürchtete ich, daß ich, wenn er unversöhnt stürbe, eines großen Verbrechens schuldig bleiben würde. Aber die Gnade und Barmherzigkeit Gottes, die auf der weiten Reise so oft die größten Gefahren von mir abgewendet hat, verließ mich auch bei der Heimkehr nicht. Ich fand den Abt am Leben, er gewährte meiner Sünde Verzeihung und empfing mich, wie wenn ich aus dem Tod in das Leben zurückgekehrt wäre, glückwünschend und mit offenen Armen. Wie durch ein Wunder schien sein Leben geradezu für mein Seelenheil bewahrt worden zu sein; denn an demselben Tage, an dem er mich freisprach, erkrankte er und nachdem er acht Tage von schweren Leiden gequält worden war, vollendete er seinen Lauf und starb dem Herrn."

Der König Heinrich war unterdessen zum 16jährigen Jünglinge herangewachsen, hatte aber, was bei der Art seiner Erziehung ganz natürlich war, weder Grundsätze, noch Kraft erhalten. Mit großem, natürlichem Scharfsinn ausgestattet, durchschaute er die eigennützigen, unter hohen Tugendlehren und Sittenreden versteckten Absichten derer, die ihn und das Reich zu lenken gedachten, er gewöhnte sich früh, die Menschen gering zu schätzen und seine Handlungen darnach einzurichten. Seine besseren Anlagen entwickelten sich erst in reiferen Jahren; als Jüngling war er ritterlich, aber auch wild und roh, trieb mit seinen Spielgenossen manchen Unfug, haßte Anno und dessen Freund, Otto von Nordheim, und wartete nur auf eine Gelegenheit, Beide seinen Groll fühlen zu lassen. Diese glaubten seinem zügellosen Leben dadurch

---

*) Lambert wird in älteren Schriften meist „von Aschaffenburg" (Schafnaburgensis) genannt, und in dieser Stadt hat ihm auch König Ludwig von Baiern einen Denkstein setzen lassen; es ist aber erwiesen, daß er in derselben zwar die Priesterweihe erhielt, in seiner gesammten Stellung und Wirksamkeit aber der hessischen Abtei Hersfeld angehört.

ein Ende zu machen, daß sie ihn bewogen, die Vermählung mit der ihm schon von seinem Vater verlobten Bertha von Susa zu vollziehen. Er that es wider Willen; sie wurde 1066 in Würzburg gekrönt und hierauf in Tribur mit ihm vermählt; aber seine Abneigung gegen sie nahm offenbar dadurch noch zu, daß sie ihm von seinen Feinden aufgedrängt war. Schon im folgenden Jahre suchte er sie auf jede Weise wieder los zu werden, trieb zum Theil vielleicht gerade in dieser Absicht seine Ausschweifungen noch viel weiter, als vorher, und machte sich zuletzt ganz von Anno los. Die Scheidung war jetzt seine vorzüglichste Angelegenheit. Der Erzbischof Siegfried von Mainz schien ihm der rechte Mann, um dazu zu gelangen; er täuschte sich aber sehr, da Siegfried einer von jenen Leuten war, welche gern beide Enden des Fadens in der Hand halten und denen eben darum in der Regel beide entschlüpfen. Siegfried hatte Streitigkeiten mit den Thüringern, deren Land zu seinem Sprengel gehörte, von denen aber die Erzbischöfe von Mainz seit der Zeit des heiligen Bonifacius den Zehnten nicht erhoben hatten. Der nächste Vorgänger Siegfried's hatte diesen wieder in Anspruch genommen und er selbst suchte auf jede Weise sein vermeintliches Recht herzustellen. Er ließ sich daher auch von Heinrich bewegen, ihm zur Scheidung behülflich zu sein, weil der König ihm dagegen versprach, die Entrichtung des Zehnten in Thüringen mit Gewalt zu erzwingen; einstweilen wurde eine Trennung verfügt und Bertha nach dem Kloster Lorsch gebracht. Die Unterhandlung verfehlte jedoch ihren Zweck und Heinrich insbesondere machte sich auch noch die Thüringer zu Feinden. Der Papst schickte, um die Scheidung zu vermeiden, Peter Damiani, dessen Sinn, Bildung, Lebensweise und Art zu reden für die Blindgläubigen viel Anziehendes gehabt haben muß, ins Reich und dieser wußte die Sache wirklich zu hintertreiben; die Königin wurde (1069) zu Goslar von ihrem Gemahl wieder aufgenommen und die Versöhnung erwies sich als aufrichtig und beständig. *) Um diese Zeit erschien auch Adalbert von Bremen wieder am Hofe, nachdem er hatte mit ansehen müssen, daß sein Freund Gottschall, der Obotritenfürst, von den Wenden erschlagen, das Christenthum im Norden der Elbe noch einmal ausgerottet und Hamburg aufs neue zerstört wurde. Er erlangte 1069 die Hofgunst wieder, fiel aber bald nachher, da er sein Erzbisthum verringert und schwer heimgesucht, seine hohen Entwürfe vereitelt sah, ungeachtet er in seiner Arbeitsamkeit nicht nachließ, doch in einen Zustand des

---

*) Die lästerlichen Anekdoten über Heinrich's erste Ehejahre, welche der dem König überaus feindselige Chronist Bruno mittheilt, tragen ganz das Gepräge vulgärer Erfindung.

Trübsinnes und Weltüberdrusses, in welchem er noch zwei Jahre lebte (bis 1072). Das Reich befand sich damals im traurigsten Zustande. Die Sachsen, Thüringer und Baiern waren erbitterte Feinde des Königs. Auch die Schwaben, welche von den königlichen Gütern, die sie ehemals nur unter dieser Bedingung erhalten hatten, große Lieferungen machen und dem König ihre Reisige zu seinen Zügen hergeben mußten, waren unzufrieden und erwarteten begierig eine Gelegenheit, sich ihrer lästigen Verpflichtung zu entledigen und des Königs Gut zu dem ihrigen zu machen. Alle Ordnung und alles weltliche Gericht stockte in Deutschland. Der Papst, der dies merkte, beschied damals die zwei ersten Bischöfe des Reiches, Siegfried von Mainz und Anno von Köln, und mit ihnen den Bischof Hermann von Bamberg, wegen Verdachts der Simonie nach Rom vor seinen Richterstuhl (1070); sie leisteten Folge und fügten sich in die ihnen auferlegte Geldbuße, weil sie fühlten, daß sie im Grunde doch am Papst einen Rückhalt hatten. Der König selbst kümmerte sich um nichts und trieb sein ärgerliches Wesen nach wie vor. Er beschloß um diese Zeit, den verhaßten Otto von Nordheim, der mehr Ansehen hatte als er, durch jedes Mittel zu verderben. Ein gewisser Egino klagte diesen Mann an, daß er ihn habe verleiten wollen, den König zu ermorden; ob aus eigenem Antrieb oder gedungen, ist nicht zu entscheiden; Heinrich verfuhr aber gegen den Angeklagten mit einer Raschheit, durch welche er deutlich genug verrieth, daß ihm die Anklage sehr erwünscht kam. Er gebot, dem Herkommen gemäß, dem Herzog Otto, sich vor einer Versammlung zu Goslar durch einen Zweikampf zu reinigen. Dieser war erbittert, daß man einer so schändlichen Klage auch nur Gehör gegeben habe; er nahm Anstand mit einem elenden Menschen zu fechten, verlangte vor Allem sicheres Geleite und weitere Gerichtsverhandlung, und stellte sich, da ihm dies nicht zugestanden wurde, gar nicht zu Goslar ein. Heinrich erklärte ihn darauf seiner Lehen verlustig. Dies war allerdings dem damals bestehenden Rechte ganz angemessen; Heinrich beraubte ihn aber auch seiner sächsischen Erbgüter, die er ihm hätte lassen müssen. Das Herzogthum Baiern ertheilte er dem Sohne des Markgrafen Azzo von Este in Italien, Welf IV., welcher freilich seiner Abstammung nach zu dem deutschen Adel gehörte und seine Familie damals unter die Großen der Nation brachte, der aber bei dieser Gelegenheit einen sehr unedlen Charakter zeigte, den er während seiner in Italien verlebten Jugendzeit vom Vater angenommen haben mochte. Er war nämlich Otto's Schwiegersohn und wie es scheint, mit seiner Frau ganz zufrieden, suchte auch anfangs das über seinen Schwiegervater einbrechende Wetter zu beschwören; als dies jedoch nicht gelang, wandte er ihm den Rücken, verfließ seine Frau und erschlich sich Otto's Herzogthum. Heinrich ertheilte ihm dasselbe, ohne die Baiern zu fragen, und verletzte dadurch das allgemeine deutsche und das besondere baierische Recht, welches nur sein Vater verachtet, sein Großvater aber in Ehren gehalten hatte. Uebrigens stammte Welf IV. von jenem Welf ab, der als Genosse von Konrad's II. Sohne, dem Herzog Ernst von Schwaben, berühmt geworden ist und in Baiern begütert war. Dieser hatte einen Sohn und eine Tochter, Kunigunde, hinterlassen, und da der Erstere kinderlos gestorben war, so hatte die Letztere, welche mit dem Markgrafen Azzo von Este vermählt war, alle Güter der Familie erhalten. Welf IV. war ihr Sohn und erbte diese Güter, während ein zweiter Sohn Azzo's, der demselben von einer anderen Gemahlin geboren war, Fulco, die Besitzthümer des Hauses Este erhielt.*)

Otto suchte sich gegen Heinrich mit Gewalt zu behaupten, er verheerte in Thüringen die Güter des Königs wie seiner geistlichen Anhänger und schlug bei Eschwege ein Landes-Aufgebot, das sich ihm entgegengestellt hatte; dann fand er in Sachsen nicht nur an seinen eigenen Leuten, sondern auch an Magnus, dem Sohne des sächsischen Herzogs Ordulf, kräftige Hülfe. Da jedoch vorauszusehen war, daß er sich auf die Länge nicht werde behaupten können, so schenkte er den Vermittlungsvorschlägen des Grafen Eberhard von Mellenburg Gehör, welcher edel genug war, seinem Könige trotz der größten Verschiedenheit des Lebens und der Grundsätze in allen Widerwärtigkeiten treu zu bleiben. Dieser versprach dem empörten Herzog eidlich, daß er ihm beim Könige Verzeihung und die Rückgabe seiner Güter bewirken wolle, wenn er sich demselben ergebe. Otto und Magnus stellten sich darauf, um das königliche Ansehen zu ehren, in Halberstadt, und wurden, wie es scheint, für kurze Zeit in Haft genommen. Allein Heinrich fragte jetzt nach Eberhard's Bürgschaft nichts. Er hielt Otto ein ganzes Jahr gefangen und gab ihn nicht eher frei, als bis er sich durch Abtretung vieler Erbgüter losgekauft hatte; den Billungen Magnus suchte er dazu zu bringen, daß er dem Recht an das Herzogthum seines Vaters Ordulf, welcher damals (1071), starb, entsage, und als derselbe sich durchaus nicht dazu verstand, hielt er ihn in hartem Gewahrsam auf der bei Goslar errichteten Harzburg. Da Heinrich allenthalben Unzufriedenheit spürte, so legte er die Reichs-

---

*) Der Ursprung des Hauses Welf geht in die Sage zurück. Welf I., der Sohn Isenbrant's und Enkel Warin's, war Vater der Judith, der zweiten Gemahlin Ludwig's des Frommen. Welf II. war der Genosse des Herzogs Ernst von Schwaben, Welf III. sein oben erwähnter, kinderlos verstorbener Sohn. Welf IV. wurde Güter der neuen Linie des Hauses, dem er durch seine Mutter Kunigunde angehörte; als Herzog von Baiern wird er auch Welf I. genannt.

geschäfte noch einmal in die Hände Anno's; dieser konnte aber die
Thorheiten des noch jungen Königs unmöglich billigen, und zog
sich daher schon nach kurzer Zeit (1072) für immer zurück. Die Lage
der Dinge ward von Tag zu Tag bedenklicher. Heinrich's Schwager,
Rudolf von Schwaben, der nach dem Tode der Mathilde eine Schwester der mißhandelten Gemahlin des Königs geheirathet hatte, war
schon längst mit ihm entzweit. Auch der tapfere Berthold von Zähringen hatte sich vom Hofe zurückgezogen und der König war unbesonnen genug, ihm ohne weiteres sein Herzogthum Kärnthen zu nehmen
und es dem Grafen Marquard zu geben. Zu derselben Zeit ward
ein Theil von Norddeutschland ein Raub der grausamen Wenden und
Adalbert's Nachfolger, Liemar, sah den ganzen Glanz seines Erzbisthums erlöschen. Den Thüringern ward mit den härtesten Strafen
gedroht, wenn sie sich ferner weigern würden, den Zehnten an Mainz
zu entrichten. Endlich erhoben sich auch die Sachsen, deren Herzog
nun schon zwei Jahre von Heinrich gefangen gehalten wurde, und
schlossen einen Bund mit den Thüringern (1073).

Gerade zu dieser Zeit starb Papst Alexander II., und die römischen
Kardinäle benutzten die Verwirrung in Deutschland, um Hildebrand,
der den Namen Gregor VII. annahm, ohne vorhergegangene Anfrage
bei Heinrich zu seinem Nachfolger zu ernennen und nur die bloße Anzeige, daß derselbe gewählt worden sei, an den deutschen Hof gelangen
zu lassen. Die Wahl soll, wie Heinrich dem Papste Gregor später
öffentlich vorwarf, nicht der Ordnung und den bestehenden Gesetzen
gemäß vorgenommen worden sein; Hildebrand wurde nämlich unter
begeisterten Zurufen nach der Kirche Sanct Peters in Fesseln (San
Pietro in Vincoli) gebracht, hier von den Kardinälen gewählt und
alsbald proclamirt. War diese Wahl unkanonisch, so hatte der König
damals doppelten Grund, Widerspruch zu erheben. Er schickte allerdings seinen getreuen Eberhard nach Rom; Gregor beugte sich aber
schlauer Weise einen Augenblick vor dem königlichen Ansehen und
ward dafür von Eberhard bestätigt. Er erklärte nämlich dem Letzteren,
er habe die päpstliche Würde nur gezwungen angenommen, habe sich
aber durchaus nicht bewegen lassen, die Weihe eher zu empfangen, als
bis er die Einwilligung des Königs von Deutschland erhalten haben
würde, und diese Erklärung genügte dem Abgesandten Heinrich's und
die Weihe Gregor's VII. wurde am Peter- und Paulstage (29. Juni
1073) vollzogen.

Alle Sachsen, mit Ausnahme der Bischöfe Eppo von Zeiz, Benno
von Osnabrück und Liemar von Bremen, erhoben sich gegen den
König. Es waren diesmal nicht blos die Fürsten mit ihren Vasallen,
sondern die ganze sächsische Nation; denn jene hatten bei ihren Be-

schwerben gegen Heinrich auch das, was das Volk betraf, nicht übersehen und z. B. die Befreiung von einer gegen die Polen ausgeschriebenen Heerfahrt verlangt, weil die Sachsen Tag und Nacht gegen die Wenden gerüstet sein müßten. In der Nähe von Eisleben fand eine Versammlung statt, bei der Otto von Nordheim eine sehr aufregende Anrede hielt, die freilich, wie sie uns überliefert ist, einigermaßen an Aehnliches bei Livius oder Sallust erinnert. Der Aufstand ward so allgemein, daß ein Chronikschreiber sagt, es seien nur die Weiber und Kinder zu Hause geblieben. Freilich wurde das arme Volk, wie gewöhnlich, zuletzt doch wieder betrogen. Uebrigens war es ein großes Glück, daß die Wenden diese Empörung nicht zu einem Einfall in Sachsen benutzten; sie konnten dies nicht, weil sowohl Heinrich, als die sächsischen Fürsten sich einen Anhang unter ihnen erkauft hatten, und in Folge davon die Wenden unter einander selbst in Zwist geriethen. Die Sachsen rückten plötzlich, 60,000 Mann stark, gegen Goslar heran; Heinrich, obgleich nunmehr alt genug, um besonnen zu handeln, verlor doch den Kopf und benahm sich auf eine Weise, die ihm alle Achtung rauben mußte. Zuerst suchte er den Herzog Berthold durch einen Betrug zu gewinnen; er versicherte ihm nämlich, Marquard habe das Herzogthum Kärnthen ohne seine Erlaubniß in Besitz genommen. Dann machte er gegen die Sachsen, die ihm Bedingungen stellten, allerlei Winkelzüge, und als er sich zuletzt nicht länger halten konnte, floh er heimlich aus der Harzburg. Die sächsischen Bischöfe, die es allein mit ihm hielten, Eppo von Zeitz, Benno von Osnabrück und Liemar von Bremen, wurden von den Sachsen aus ihren Besitzungen verjagt und mußten ihm folgen. Hätte sich Heinrich damals entschließen können, alle seine Burgen sogleich aufzugeben, so wäre vieles Unheil verhütet worden; er verwarf aber den Rath der Fürsten, an welche er sich in der Noth gewendet hatte. Er suchte die Herzoge, Bischöfe und Grafen, die er wegen eines angeblich nach Polen zu unternehmenden Feldzuges zusammenberufen hatte, zu bewegen, mit ihm nach Sachsen zu ziehen; diese hielten aber seine Bedrängniß für eine günstige Gelegenheit, den vielen Beschwerden über die Willkür des jungen Königs Erledigung zu verschaffen. Sie verweigerten zwar ihre bewaffnete Vermittelung zwischen ihm und den Sachsen, welche seine Burgen damals einzeln belagerten, nicht geradezu; aber sie verlangten, daß er billige Bedingungen gewähre und den Sachsen den Weg des Rechts offen lasse. Es wurden darauf nach der langsamen Art, wie die Deutschen ihre Angelegenheiten zu behandeln pflegen, viele Versammlungen und lange Berathungen gehalten, viele Worte gemacht, viele Pläne entworfen, viel gerüstet und zuletzt doch nichts beschlossen und ausgeführt. Endlich griff der König in seiner Verlegenheit zu einer halben Maaßregel, welche beiden Theilen schadete. Er söhnte sich im Februar 1074 durch Vermittelung Otto's von Nordheim, dem er die Rückgabe von Baiern versprochen hatte, mit den Sachsen aus und beschwor den Vertrag von Gerstungen, in welchem er diesen alle ihre Forderungen zugestand und sich die Bedingung gefallen ließ, daß, wenn er je den Vertrag breche, alle Sachsen berechtigt sein sollten, die Waffen gegen ihn wieder zu ergreifen. Ein solcher Vertrag war dem König und den Sachsen nachtheilig. Der Erstere verlor dabei, weil er von seinem Ansehen mehr einbüßte, als er wieder gewann; ferner weil er alle seine Burgen in Sachsen aufgeben mußte, und weil die von ihm lange gefangen gehaltenen sächsischen Fürsten, die er zuvor in Freiheit gesetzt hatte, bei dem unvermeidlichen neuen Kriege für ihre Landsleute die besten Führer waren. Die Sachsen hatten den Nachtheil, daß sie mit dem Könige nicht ganz ausgesöhnt wurden, und schadeten sich in den Augen der übrigen deutschen Stämme, weil sie den Streit nicht lieber auf einer Reichsversammlung, wo die Beschwerden aller Stämme des Volks abgethan worden wären, geschlichtet hatten, und also der Welt verriethen, daß sie mehr an sich, als an Deutschland dachten. Dies nahmen besonders die Schwaben übel, welche den Sachsen mehrere Jahre zuvor ein Bündniß angetragen hatten, um den König zu einer Aenderung seines Lebens und seiner Regierung zu zwingen. Eine solche Verbindung hätte damals auf gesetzlichem Wege und nach alter Sitte den König mit der Nation aussöhnen können; sie war aber leider nicht zu Stande gekommen. Um so mehr wurden jetzt die Schwaben erbittert, als sie sahen, daß die Sachsen dem Könige nur für sich allein Vortheile abgetrotzt hatten.

Der Haß und die Verachtung der Nation gegen den jungen König war schon während des Krieges mit den Sachsen so groß gewesen, daß ein Theil der Fürsten im October des Jahres 1073 beschlossen hatte, auf einer um Weihnachten in Mainz abzuhaltenden Versammlung Rudolf von Schwaben zum Gegenkönige zu ernennen und daß dieser auch in der That erwählt worden wäre, wenn man wirklich einen Fürstentag hätte zu Stande bringen können; denn nur von einem solchen wollte Rudolf seines Eides und seiner Ehre wegen die Krone annehmen. Die Versammlung in Mainz war aber schwach besucht, wozu vielleicht der Umstand beitrug, daß die aufstrebende Bürgerschaft in den rheinischen Städten, und vor allen in Worms, mit großer Entschiedenheit für den König eintrat. In demselben Jahre war Heinrich auch von einem Manne seiner eigenen Umgebung mit einer großen Gefahr bedroht worden. Einer seiner Vertrauten, der in Ungnade gefallen war, Reginger, trat öffentlich mit der Behauptung auf, der

König habe ihn und einige Andere zu einem Mordanschlage gegen Rudolf aufgefordert. Es mochte wohl sein, daß der König zu den schlechten und leichtsinnigen Leuten seiner Umgebung gesagt hatte, ihm geschehe ein Dienst, wenn Einer Rudolf niederstoße; gebungen hatte er Reginger nicht. Die Fürsten verlangten gleichwohl von ihrem Könige, er solle sich von dieser Anklage reinigen, und Heinrich war so tief gesunken, daß er sich zu einer Reinigung durch Zweikampf gegen seinen Schwager Herzog Rudolf erbot. Eine solche Herabwürdigung wollte Ulrich von Kosheim (Godesheim), einer der Vertrauten des Königs, nicht zugeben. Er übernahm den Zweikampf mit Reginger, dieser starb aber noch vor dem bestimmten Tage im Wahnsinn, was nach den Begriffen der Zeit für ein Gottesurtheil zu Gunsten Heinrich's galt.

Die Sachsen schleiften gleich nach dem geschlossenen Vertrage, den Bedingungen desselben gemäß, die Burgen Heinrich's; die wilden Schaaren aber, die dabei gebraucht wurden, verschonten bei der Zerstörung der stattlichen Harzburg, der ausdrücklichen Uebereinkunft zuwider, nicht einmal die Kirche; sie zerstörten Tabernakel und Altäre und wühlten die Gräber auf, in welchen ein Bruder und ein Söhnchen des Königs bestattet waren. Dies schien dem Sinne der Besseren jener Zeit so empörend, daß Heinrich dadurch Gelegenheit erhielt, den Schimpf, den er persönlich von den Sachsen erlitten hatte, zu rächen. Wenn er diese Gelegenheit nicht besser benutzte, so lag das weniger im Mangel an Kraft und Geist, woran es ihm nicht fehlte, als an Einsicht und Klugheit, die er wenigstens in jungen Jahren nicht besaß. Wie wenig er verstand, aus den Umständen Vortheil zu ziehen, wie leichtsinnig er sich nur dem Augenblicke hingab, bewies er gerade damals bei einem ungarischen Zuge, den er noch vor seinem Rachezuge gegen die Sachsen unternahm. Die Deutschen schienen zum Kriege mit den Ungarn geneigt zu sein und Heinrich hätte sich dabei Ehre und Ansehen wieder erkämpfen können; er verdarb aber Alles durch seine schlechten Maaßregeln und mischte sich mitten in seinen Vorbereitungen dazu aus bloßem Privathaß in einen Streit der Kölner Bürger, bei dem sogar im glücklichsten Falle nichts zu gewinnen war. In Ungarn waren Geisa und Ladislaus, die sich in der ersten Zeit von Heinrich's Regierung nach Polen hatten flüchten müssen, wieder erschienen; ihr Vetter, Salomo, hatte sich mit ihnen ausgesöhnt und dem Ersteren ein eigenes Gebiet und königliche Ehren eingeräumt. Bei Gelegenheit eines Krieges mit den Byzantinern jedoch entzweiten sich Geisa und Salomo, es entstand ein blutiger Streit zwischen ihnen, und Salomo mußte bei seinem Schwager Heinrich Hülfe suchen (1074). Er erlangte gegen das Versprechen, sein Reich von ihm zu Lehen zu nehmen, die Zusage einer kräftigen Unterstützung, erhielt jedoch dafür einen derben Verweis vom Papste Gregor VII., der den sonderbaren Plan hatte, die weltliche Macht der geistlichen auch in weltlichen Dingen unterzuordnen, den Papst zu einem christlichen Groß-Lama zu erheben und dabei mit einem Schattenkönige den Anfang zu machen. Heinrich hatte seinem Schwager zwar Hülfe versprochen, betrieb aber die Sache mit sehr wenig Ernst; auch fehlte es ihm, als er ein Jahr später den Zug nach Ungarn endlich unternahm, bald an Lebensmitteln und an Leuten. Er zog daher ohne allen Erfolg wieder heim und überließ Salomo, der nach Deutschland floh, so völlig seinem Schicksale, daß nachher Gregor VII., wie wir aus einem Briefe desselben sehen, der Gemahlin Salomo's ein Almosen versprach. Geisa war und blieb König von Ungarn und wir finden in einem andern Briefe, daß ihm der nämliche Papst versichert, Gott habe das so gefügt, weil Salomo den Deutschen gehuldigt habe; keine Nation solle von einer anderen abhängig sein, Gott und sein Stellvertreter, der Papst, seien aber über allen Königen. Auch nach Geisa's Tode (1077) gestand dessen Bruder und Nachfolger Ladislans dem vertriebenen Salomo wohl den Königstitel und gewisse Einkünfte zu, behielt aber selbst Krone und Herrschaft.

Der Kölner Streit, welchen Heinrich beilegen wollte, ist für die Erkenntniß der gänzlichen Veränderung der Begriffe, Sitten und bürgerlichen Verhältnisse der Deutschen, welche unmittelbar nachher erfolgte, äußerst wichtig. Früher hatte das Volk zwar ärmlich, aber auch frei gelebt; der Landbau war in Ehren, das Schwert in Jedermanns Hand, Seelen verderbende Krämerei unbekannt gewesen; hohe Geburt oder alter Stamm war zwar geehrt, aber nicht zum Nachtheile und zur Demüthigung der Unedeln mit schädlichen Vorrechten und Befreiungen versehen worden. Jetzt trat eine andere Ordnung der Dinge ein. Der freie Bauer ward überall, außer etwa in Friesland und in wenigen anderen Landschaften, zu schmählicher Dienstbarkeit unter das Joch der Herren gebeugt; die weltlich gewordene Geistlichkeit wurde der Herrschaft Roms unterworfen und ebenso dem Vaterlande, wie dem Himmel entfremdet; der Kaiser ward zu einem bloßen Popanz; die edle Freiheit flüchtete sich hinter die Mauern der Städte zu den Krämern und Handwerkern, deren Arbeiten um Lohn Leib und Seele bricht; und Blut floß nicht mehr, wie früher, deshalb, weil üppige Fülle der Gesundheit die Kraft der Jugend nicht ruhen ließ, sondern von Seiten der Großen um des elenden Vortheiles elender Herren willen und zur Unterdrückung der ewig unveräußerlichen Rechte der Menschheit, von Seiten der Städter aber für eine Freiheit, wie sie der Krämer und jeder, dessen Seele von Erwerbsucht bewegt wird, um niederen Gewinn liebt. Alles dies fing gerade jetzt an, in recht auffallender Weise sichtbar zu werden. Und hieraus vor Allem ergibt sich die Bedeutung, welche der Bürgerstand in den Städten seit dieser Zeit für die Geschichte der Nation erhielt. Es scheint, daß nur noch die Städte die weltlichen und geistlichen Großen als Beamte des Kaisers, was sie eigentlich waren, ansahen; sie wurden dafür von den Kaisern geschützt und dienten diesen im Nothfalle gegen jene. Man sieht aber andererseits auch, daß mit dem Uebermuthe der Fürsten auch der Trotz der Bürger in gleichem Grade steigen mußte. In Köln hatten Anno's Leute (1074), als er zur Rückreise eines seiner Gäste ein Fahrzeug brauchte, geradezu das Schiff eines Bürgers in Beschlag genommen und die Frachtgüter desselben herausgeworfen. Die Bürger hatten aber Gewalt mit Gewalt vertrieben und es waren aus diesem ersten Streite viele andere Händel entstanden, bis endlich der Pöbel den Erzbischof aus der Stadt vertrieb und über alle seine Anhänger herfiel. Schon vier Tage nachher setzte sich Anno mit Gewalt wieder in den Besitz der Stadt und verfuhr jetzt mit großer Härte. Mehr als 600 der reichsten Kaufleute (man sieht aus dieser Zahl, wie bedeutend Köln damals schon war) ergriffen die Flucht und wandten sich an den König um Hülfe; Anno's Kriegsleute aber plünderten die Häuser derselben und mißhandelten die Zurückgebliebenen auf die schmählichste Art. Um den König, der ohnehin dem Erzbischof nicht gewogen war, noch mehr aufzubringen, sprengten die Flüchtlinge das Gerücht aus, Anno habe Wilhelm den Eroberer aus England zu Hülfe gerufen; und wenn man bedenkt, daß dieser ein Normanne war, daß er England durch Benutzung der dortigen Verwirrung und gleichsam im Sturm erobert hatte, und daß sein Heer nicht blos aus Normannen, sondern auch aus Niederländern und Deutschen zusammengesetzt war, so wird man die Verbreitung eines solchen Gerüchtes weniger auffallend finden. Heinrich eilte herbei; er hielt in Andernach eine Zusammenkunft mit Anno, saß dann in Köln über die Klagen gegen den Erzbischof zu Gericht und forderte von ihm die Aufhebung des über die Flüchtlinge gesprochenen Bannes, sowie Geiseln der Treue für die Zukunft. Anno weigerte sich dessen hartnäckig und der König war am Ende schwach genug, von seinen Forderungen abzustehen. Er zog sich dadurch um so größere Schmach zu, da die Bürger von Köln, als im nächsten Jahre Anno starb, sich selbst zu helfen im Stande waren.*)

---

*) Lambert schildert mit sichtlicher Abneigung die städtischen Wirthschaftspolitiker seiner Zeit. Ein junger Kaufmannssohn, in Köln sehr beliebt, regt die Bürger zuerst auf: „und es war nicht schwer, diese Menschenart nach Belieben zu wenden; von Jugend auf unter städtischen Vergnügungen erzogen, hatten sie keinerlei Erfahrung

Während der Sohn desjenigen Kaisers, dessen Allgewalt keine Grenzen gekannt hatte, zur Ohnmacht und sogar unter die Krämer herabsank, wandelte der Mönch Hildebrand als Papst in furchtbarer Größe des Geistes über der Könige Häupter, bis er, seiner Leibenschaften nicht länger Meister, seinen Schutzherrn, dem die Völker und er selbst Treue gelobt hatten, in den Staub trat und den Zügel seiner selbst verlor. Um nicht ungerecht gegen ihn zu sein, muß man bedenken, daß sein Streben, bevor der Stolz ihn zu übermüthigen Forderungen trieb, einem wahrhaftigen und allgemein gefühlten Bedürfniß entsprach. Die eingerissenen Mißbräuche, besonders die gänzliche Vergessenheit aller Zucht unter den Geistlichen und die leichtsinnige Art, wie Heinrich und seine Hofleute mit geistlichen Stellen verfuhren, hatten in jedem, der es mit Religion und Sitte wohl meinte, den Wunsch einer Abhülfe erregt, und nicht Gregor allein, doch gewiß aus guten Gründen er vor allen Anderen, erkannte die Nothwendigkeit, so schreiende Uebel abzustellen. Ein dem König allerdings nicht geneigter Schriftsteller der Zeit, dessen Ton aber zu ruhig ist, als daß man in seine Worte Zweifel setzen könnte, sagt: „Keiner konnte im Reiche Bischof oder Abt werden, der nicht viel Geld besaß und an den Lastern Heinrich's entweder Theil nahm oder sie doch begünstigte. Wenigstens kam es bei Keinem auf Gesinnung und Wandel an; im Gegentheil, Religion, Wahrheit und Gerechtigkeit wurden geradezu verabscheut. Unter den Priestern wurde derjenige am meisten gelobt, der die prächtigste Kleidung, die üppigste Tafel und die schönste Concubine hatte; von den Soldaten galt keiner für ruhmvoll, der nicht drei oder vier Meineide geschworen hatte." Gregor war aus reiner Absicht entschlossen, die Gebrechen der Kirche zu heilen. Er sah jetzt Heinrich's Verlegenheit; darum schritt er auf dem Wege, den seine Vorgänger nach seiner eigenen Anweisung ihm gebahnt hatten, rascher vorwärts. Schon Alexander II. hatte drei der angesehensten Bischöfe Deutschlands wegen des Vorwurfes der Simonie nach Rom vorgeladen, sich aber mit ihrem Gelde statt der Buße begnügt; Gregor dagegen setzte des nämlichen Vergehens wegen mehrere Bischöfe wirklich ab und erkannte andere nicht an. Er kam dadurch freilich, weil das Uebel zu allgemein herrschend war, in eine ähnliche Lage, als wenn die englische Nation alle ihre Repräsentanten, die es für Geld geworben, vom Parlament ausschließen wollte; doch hatte er andererseits wieder den Vortheil, daß es nicht an Leuten fehlte, welche sehnlich

---

in Kriegssachen; sie waren gewöhnt, nach vollbrachten Kaufgeschäften beim Essen und beim Wein über Krieg und Kriegswesen zu verhandeln, hielten Alles, was ihnen in den Sinn kam, für ebenso leicht zu thun als zu sagen, verstanden aber den Ausgang der Dinge nicht zu bemessen."

auf Absetzungen warteten, um für sich selbst Bisthümer erhaschen zu können. Heinrich nahm in vielen Fällen des Papstes rasche Weise nicht übel, weil sie manche seiner eigenen Widersacher traf und deshalb oft in seine Pläne paßte; erst als die Reihe an seinen Liebling, den Erzbischof Liemar von Bremen, kam, fuhr er zusammen. Doch merkte man auch bei der Gelegenheit seinem Benehmen gegen den Papst und dessen Legaten an, daß er kein gutes Gewissen habe. Im Frühling 1074 erschienen nämlich vier päpstliche Gesandte bei Heinrich, welche die von Gregor erneuerten Verordnungen gegen die Simonie und gegen die Priester-Ehe in Teutschland verkündigen sollten; sie waren von Heinrich's Mutter begleitet, die der Papst zur Bearbeitung ihres Sohnes beredet hatte. Diese Legaten verlangten von Heinrich vor allem Anderen, daß er fünf Männer seiner Umgebung, welche schon Alexander II. wegen ihres Handels mit geistlichen Stellen in den Bann gethan hatte, von sich entferne. Heinrich gehorchte, nahm aber nicht lange nachher, gleichsam um seine Schwäche recht deutlich zu zeigen, diese Männer wieder zu sich. Die zweite Forderung bestand darin, daß er eine deutsche Kirchenversammlung zur Annahme der päpstlichen Verfügungen gestalte. Dem widersetzten sich jedoch die deutschen Bischöfe, besonders Liemar von Bremen, welcher mit dem größten Nachdrucke die wohlbegründeten Rechte der deutschen Kirche vertheidigte, nach denen der Erzbischof von Mainz in Teutschland die Stelle des Papstes vertrat, so daß also dort auch nur durch diesen, nicht aber durch päpstliche Legaten eine Kirchenversammlung gehalten werden durfte. Der Kaiser nahm sich zwar seines Erzbischofs gegen die Legaten an; obgleich aber diese denselben von seinem Amte suspendirten, so entließ er sie doch reich beschenkt und mit einem Schreiben an Gregor, in welchem er seine ganze Stellung und Würde außer Augen setzte. Da er sich nämlich keine ruhige Ueberlegung angeeignet hatte, sondern immer nur an die nächste Gegenwart dachte, so war sein Blick damals blos auf Sachsen gerichtet; er übersah daher die Wichtigkeit der vorliegenden Sache; und statt seine Aufmerksamkeit ganz allein den heftigen Forderungen Gregor's in Betreff der Simonie und der Priester-Ehe zu widmen, gab er dem Papste die besten Worte, klagte in dem Briefe an ihn sich selbst an, ließ durch seine Mutter und andere Weiber Alles versprechen und wandte sich dann sogleich gegen die Sachsen.

Er hatte die Sachsen, von denen er durch wiederholte Gesandtschaften um Verzeihung angegangen worden war, ein ganzes Jahr lang hingehalten, bis er von allen Reichsständen die eidliche Versicherung erlangt hatte, daß sie seine königliche Ehre, welche, wie sogar die Sachsen selbst zugaben, gröblich verletzt worden war, rächen wollten.

Dann legte er seine Absichten offen an den Tag. Er wies eine neue Gesandtschaft der Sachsen schnöde ab und brach sogleich gegen sie auf. Sein Heer war sehr bedeutend, während die Sachsen, an deren Spitze der abgesetzte Herzog von Baiern, Otto von Nordheim, der Pfalzgraf Friedrich, ein Bruder Adalbert's von Bremen und einige sächsische Bischöfe standen, ihm nur eine geringe Macht entgegenstellen konnten; denn da sie früher ohne Zuziehung ihrer Verbündeten Frieden geschlossen hatten, so waren sie diesmal nicht im Stande gewesen, außer den Thüringern irgend eine andere Völkerschaft zur Theilnahme zu bewegen; im Gegentheil, selbst Rudolf von Schwaben war beleidigt auf Heinrich's Seite getreten und führte diesem seine Truppen zu. Der König hatte das alte Gesetz der Heeresfolge sehr strenge geltend gemacht und wirklich das ganze Reichsheer zusammengebracht. Gleich im ersten Treffen, welches bei Hohenburg oder Homburg an der Unstrut geliefert wurde (1075), erlitten die Sachsen trotz ihrer hartnäckigen Gegenwehr und trotz der Tüchtigkeit Otto's von Nordheim eine blutige Niederlage; sie verloren 8000 Mann an Todten, ließen aber freilich auch von ihren Gegnern mehr als 5000 nieder. Unter den Todten auf sächsischer Seite war auch Gebhard von Querfurt, dessen Sohn, Lothar von Supplinburg, später die Kaiserwürde erhielt. Heinrich verdankte den Sieg besonders dem Herzog von Lothringen, Gottfried dem Buckeligen, dem Gemahl der reichen Mathilde von Tuscien, von der er jedoch schon seit einiger Zeit getrennt lebte. Der Sieger drang nach der Schlacht sogleich in Sachsen ein und verwüstete das Land auf die grausamste Weise. Ehe er dann sein Heer entließ, legte er den Fürsten desselben die eidliche Verpflichtung auf, beim Beginne des Winters wieder zu erscheinen, um die Sachsen, zu deren Sümpfen nur der Frost den Zutritt bahnen konnte, völlig zu unterwerfen. Diesmal blieben zwar die Herzoge Rudolf von Schwaben, Welf von Baiern und Bertholb von Kärnthen aus; allein die Uebrigen erschienen und besonders führte Gottfried von Lothringen ein ungewöhnlich zahlreiches Heer herbei. Die Furcht vor der großen Kriegsmacht Heinrich's, mehr noch die Ueberredungen Gottfried's, welchem die Leitung der von den Sachsen angebotenen Unterhandlungen übertragen ward, vermochten das sächsische Volk, sich unbedingt der Gnade Heinrich's zu unterwerfen, nachdem Gottfried ihnen eine milde Behandlung versprochen hatte. Im October 1075 legten die Sachsen die Waffen nieder und alle ihre Fürsten und Bischöfe gaben sich in Heinrich's Hände; auf einer Ebene im Schwarzburgischen erschienen Otto von Nordheim, Herzog Magnus, der Erzbischof von Magdeburg und ein langer Zug sächsischer Edlen barfuß, von Kriegsleuten umringt, vor dem Sitz des Königs. Diesem standen jetzt zwei

Wege offen: entweder mußte er, ohne Rücksicht auf das in seinem Namen gegebene Versprechen, die Rebellen vernichten, das schien ihm zu hart und tyrannisch; oder er mußte sie alle begnadigen, das litt jedoch weder sein Groll noch seine Furchtsamkeit. Er schuf sich daher selbst ein neues und noch ärgeres Uebel. Er ließ die gefangenen Anführer weit und breit zur Verbannung und Haft vertheilen; gerade den gefährlichsten unter ihnen aber, Otto von Nordheim, gab er gegen Geiseln frei, ja, er machte ihn sogar nachher zu seinem Rathgeber in Regierungsangelegenheiten, ohne zu bedenken, daß ein erbitterter Feind selten ein wahrer Freund wird. Zu derselben Zeit traten Berthold, Welf und Rudolf in Unterhandlungen mit dem Papste Gregor, welcher, klüger als Alle, erkannte, daß jetzt oder nie die Zeit gekommen sei, die Kirche über den Staat und Rom über die Deutschen zu erheben.

Gregor hatte bereits als Rathgeber und Leiter der unmittelbar vor ihm herrschenden Päpste für das, was er zum Heile der Kirche nöthig glaubte, eifrig gearbeitet. Er wollte die Kirche ganz unabhängig machen und suchte daher das zwiefache Gesetz durchzusetzen, daß es keinem Weltlichen gestattet sein solle, ein geistliches Amt zu vergeben und daß kein Geistlicher verheirathet sein dürfe. Die Ehelosigkeit der Geistlichen war schon lange vor Gregor ziemlich allgemein im Gebrauch; dies geht aus dem Umstande hervor, daß die griechische Kirche schon früher einen ihrer Hauptvorwürfe gegen die lateinische daraus hernahm, daß die Priester der lateinischen Christenheit unverheirathet seien. Die Griechen beriefen sich dabei auf Worte des neuen Testaments, welche sie anders als die Lateiner deuteten; da aber diese Worte eine doppelte Erklärung zulassen, so hatten sie Unrecht, sich allein das Recht, sie zu deuten, anzumaßen. Eher hätte das ärgerliche Concubinat, das man den lateinischen Geistlichen erlaubte, das aber jetzt Gregor mit Feuer und Schwert verfolgte, und die allzu große Toleranz der Lateiner, daß sie gegen den uralten Gebrauch hier und da verheirathete Bischöfe duldeten, ihren Tadel verdienen können. Dies Alles sollte jetzt, so war es Gregor's Wille, völlig verschwinden und er gestattete dabei weder Erlaß noch Aufschub. Nicht zufrieden mit der Reinheit, die seinem Meister und dessen Aposteln genügt hatte, wollte er schwachen Sterblichen, deren Dasein Ein Augenblick zwischen zwei Ewigkeiten ist, eine himmlische Sittlichkeit aufzwingen. Er glaubte ferner zur Erreichung seines Zweckes mit Kronen spielen zu dürfen und wollte in die Hand des höchsten Priesters, der, wie fromm und weise er auch sein mag, doch ein Mensch bleibt, die Leitung der Welt und aller Völker legen. Er vergaß aber, daß vielleicht nur ein einziges Mal in jedem Jahrhundert ein umfassender und herrschender Geist, wie der seinige, geboren wird und daß, so oft ein solcher erscheint, die

Welt nicht ihn und er nicht die Welt erträgt. Daß Gregor selbst ein solcher Geist war, werden wenige Züge aus seinem Leben beweisen. Er ertrotzte durch schlaue Benutzung der Verhältnisse, wenigstens dem Scheine nach, eine Oberlehensherrlichkeit des päpstlichen Stuhles über Ungarn. Er hielt die Spanier und ihre Könige an, ihre Kirchen unter Roms Herrschaft zu stellen, und sie gehorchten. In Böhmen machte er bei einem Streite des Herzogs Wratislaw II. mit seinen Großen, gebeten und ungebeten, den entscheidenden Richter. Mit freundlichen Worten suchte er einen Großfürsten der sonst dem griechischen Ritus huldigenden Russen, Demetrius, zu gewinnen. Dem Herzog Boleslaw II. von Polen schrieb er gebieterisch kirchliche Einrichtungen in seinem Reiche vor und befahl ihm, die jenem Großfürsten geraubten Schätze zurückzugeben. Den Königen von Schweden, Norwegen und Dänemark gab er Gesetze, den Slavoniern und Kroaten einen König. In Dalmatien entschied er Streitigkeiten der kriegerischen und stets entzweiten Seeräuber und Bergbewohner. Auf der einen Seite rief er die Gläubigen seiner Welt gegen die Ungläubigen im Orient und in Spanien auf und stand auf der anderen mit dem mohammedanischen Fürsten Anzir von Mauretanien in so enger Verbindung, daß dieser mit ihm in einen Briefwechsel trat und aus Achtung für ihn die Christensklaven seines Landes frei ließ. Der rüstige und schlaue englische König, Wilhelm der Eroberer, der schon zu Nikolaus II. Zeit seine unerschütterliche Festigkeit gegen den päpstlichen Stuhl gezeigt hatte, verbot seinen Bischöfen, ihr Geld nach Rom zu schleppen; Gregor, der ihn immer seinen besonders guten Freund nennt, drohte ihm anfangs, und als Wilhelm, auf seine rohe Kraft gestützt, sich nicht beugen ließ, behauptete der gewandte Papst selbst im Nachgeben eine Sprache gegen ihn, die seinem Selbstgefühl angemessen war. Dem König Philipp I. von Frankreich, welcher den Geboten der Moral öffentlich Hohn sprach und italienischen Kaufleuten ihr Geld geraubt hatte, drohte Gregor mit dem Banne; sobald er aber sah, daß Philipp seiner Drohung lache, war er schlau genug, einzulenken. Selbst den Normannen Robert Guiscard, welcher bald seine einzige Stütze blieb, belegte er mit dem Banne, weil er Ländereien der Kirche besetzte.

Wer wird nicht den Mann bewundern, der von niedrigem Ursprung durch Verdienst und, was mehr ist, durch Tugend eine solche Höhe erreichte? einen Mann, der, weil er ein Mensch war, auf dieser furchtbaren Höhe nicht ohne Fehler bleiben konnte, aber edel, tugendhaft, kräftig und weitsehend blieb, so lange das Schicksal es zugab? Wer wird nicht, wenn er ihn sinken und stets tiefer sinken sieht, bemüthig erkennen, daß der Menschen Bestimmung ist, in mittleren Regionen zu verweilen, daß auf Gipfeln, die dem Himmel nahe sind, der Schwinbei weltlichen oder geistlichen Stolzes sie ergreift und der Zorn der Gottheit sie dann von der erklommenen Höhe herabstürzt? Selbst ein heftiger Gegner Gregor's, der Scholasticus Wenrich von Trier, sagt in dem besten Manifeste, welches gegen diesen Papst erlassen worden ist: Gregor habe von seiner Jugend an sich durch Sittenreinheit, Frömmigkeit, Bildung, Gelehrsamkeit und Eifer für die Kirche ausgezeichnet, er sei wegen seines ausgezeichneten Talentes unter die Kardinäle aufgenommen und wegen der gewissenhaften und lobenswerthen Verwaltung seines Amtes zur höchsten Stufe in der Christenheit erhoben worden, nachdem er vorher schon mehrmals für diese erhabene Stelle ausersehen gewesen sei, sie aber stets abgelehnt habe.

In Betreff der Ehelosigkeit der Geistlichen begnügte sich Gregor nicht mit bloßen Befehlen, sondern er betrieb auch die Ausführung derselben. Er sandte seine Legaten überall umher, machte die Bischöfe verantwortlich dafür und ließ durch Mönche das Volk aufregen. Es erfolgten Verwirrungen und empörende Gewaltthätigkeiten, ja Blutvergießen und Verzweiflung; denn man trennte Hunderte von Geistlichen von ihren Familien und das Volk übte eine wüthende Justiz an denjenigen unter ihnen, die nach seiner thörichten Ansicht von Heiligkeit nunmehr durch Urtheil und Recht für unwürdig erklärt waren, das Opfer der Messe darzubringen. In Deutschland waren besonders drei angesehene Bischöfe diesem neuen Gesetz entgegen, Siegfried von Mainz, Otto von Constanz und Liemar von Bremen. Der Erstere, ein wankelmüthiger, frömmelnder Mann, hatte zwar früher, durch Gregor's Drohung geschreckt, die Rechte der deutschen Kirche, welche Liemar so muthig vertheidigte, feige aufgegeben, eben dieselbe Schwäche trieb ihn aber jetzt zum Widerstande gegen das päpstliche Gebot; denn er erschrak vor der Schwierigkeit, die in Deutschland noch allgemein bestehende Sitte der Priesterehe abzuschaffen; auf zwei Kirchenversammlungen, die er zu Erfurt (1074) und zu Mainz abhielt, erregte er mit der Forderung, die Priester sollten ihre rechtmäßigen Frauen entlassen, die heftigsten Auftritte und selbst Bedrohungen gegen sein Leben. Der Bischof Otto von Constanz, dessen Sprengel ungemein groß war, widersetzte sich dem päpstlichen Gebot aus Grundsatz: er wollte seinen auf weit entlegenen Pfarreien, in einsamen Bergen und Walddörfern wohnenden Priestern nicht die einzige Freude des Lebens und die einzige Schutzwehr gegen arge Vergehungen entzogen haben. Liemar war ein Widersacher Gregor's, weil er seit seiner Suspension mit diesem gespannt war und weil er wahrscheinlich seine Möglichkeit sah, die Sache zur Ausführung zu bringen; denn die Sitte des Heirathens war unter der Geistlichkeit seines Sprengels so allgemein herrschend, daß die Unverheiratheten die Ausnahme bildeten. Diese drei Bischöfe redeten auf den Synoden zum Theil geradezu gegen Gregor's Gesetz, zum Theil schlugen sie Aufschub vor; allein vergebens. Das bethörte Volk, von Mönchen erhitzt, glaubte, nur ein unverheiratheter Priester sei rein. Die Großen waren gegen das hie und da mißbräuchlich eingetretene Vererben der geistlichen Pfründen. Die Mönche grollten den Weltgeistlichen, welche über ihre Sittenlosigkeit eiferten und auf Erneuerung der alten Ordensregeln drangen, und vergalten ihnen jetzt Gleiches mit Gleichem. Die Priester selbst hatten auf den Synoden keine Stimme; die wenigen Bischöfe aber, die sich ihrer Geistlichen annahmen, wurden von den vielen Aebten, welche auf den Concilien zugelassen waren, überstimmt; von den beiden bedeutendsten Bischöfen Deutschlands endlich war der Eine, Liemar, als Freund Heinrich's verhaßt, und der Andere, Siegfried, hatte nicht Muth und Aufrichtigkeit genug, die Sache gegen den Papst zu vertheidigen. So ging allmählich Gregor's Wille durch. Schwerer hielt es dagegen mit der Erweiterung, welche Gregor den Geboten gegen die Simonie gab. Er untersagte nämlich 1075 die sogenannte Investitur, d. h. die Belehnung der Bischöfe und Aebte mit Ring und Stab durch den weltlichen Lehensherrn oder mit anderen Worten die Vergebung der geistlichen Stellen durch Weltliche. Durch diesen Schritt regte er die ganze weltliche Macht gegen sich auf, er gab aber bis zu seinem Tod auch hierin nicht nach und machte es seinen Nachfolgern möglich, die Sache endlich im Wesentlichen zu Stande zu bringen. Gregor warf sich dadurch, daß er mit unerschütterlicher Festigkeit auf seinen Forderungen bestand, recht eigentlich zum Gebieter der Welt auf. Er strauchelte aber auf der schwindelnden Höhe, die er erreicht hatte; denn er ward herrschsüchtig und erbitterte dadurch sowie durch seine Heftigkeit viele seiner bisherigen Freunde gegen sich. Doch blieb sein Leben rein, wie es immer gewesen war; das gestehen auch seine ärgsten Feinde zu und die Lüge, daß seine Vertraulichkeit mit Mathilde von Tuscien in späterer Zeit zu einem verbotenen Umgang geworden sei, ist ebenso elend ersonnen, als lächerlich. Uebrigens hat sich unter dem Titel „Hildebrandische Dictate" ein Buch erhalten, in welchem Gregor's System in deutlichen, übersichtlich angeordneten Sätzen der Welt dargestellt und der Begriff von päpstlicher Machtvollkommenheit bis aufs Aeußerste gesteigert ist. Daß es von ihm verfaßt wurde, ist mehr als zweifelhaft; jedenfalls enthält es aber seine Ansichten und Gedanken.*)

---

*) In den Briefen Gregor's ist der berühmte, oft wiederholte Satz enthalten: „Die Welt wird gelenkt durch ein größeres Licht, die Sonne, und ein kleineres, den Mond. So ist die apostolische Gewalt wie die Sonne, die königliche Macht wie der

Die Staatsklugheit Gregor's ward für Niemand verderblicher, als für den deutschen König Heinrich IV. Dieser war thöricht genug gewesen, vom Papst eine Unterstützung seiner Pläne zu hoffen; Gregor, der durch seine Legaten die Lage Deutschlands hatte auskundschaften lassen, trat mit den sächsischen Bischöfen in genaue Verbindung und schloß sich insgeheim an Rudolf, Welf und Bertholb an, welche aus Selbstsucht die königliche Obergewalt anfeindeten und dabei Heinrich's Uebermuth zu fürchten hatten. Auf diese Verbindung trotzend, entließ Gregor drei deutsche Gesandte, die noch bei ihm verweilten, zurück an den König mit einem Schreiben, worin er ihm Vorwürfe darüber machte, daß er nach wie vor mit Gebannten Umgang habe, geistliche Stellen besetze und daß überhaupt seine Thaten so wenig mit seinen ehrfurchtsvollen Zusicherungen übereinstimmen; er erinnert ihn sogar daran, wie Gott einstens den stolzen Saul verworfen und den demüthigen David berufen habe. Mündlich ließ er ihm durch dieselben Gesandten noch vermelden, daß er sich genöthigt sehen werde, ihn, wenn er diese Ermahnungen nicht beherzige, zu excommuniciren und zwar schon in der nächsten, um die Fastenzeit in Rom abzuhaltenden Synode. Durch den Brief sowohl wie durch die mündlichen Aufträge, die um Neujahr 1076 zu Goslar an ihn gelangten, ward der junge, heftige König zum Aeußersten getrieben. Er wies die Abgesandten mit Hohn von sich und berief seine Bischöfe zu einer Berathung über die Anmaaßung des Papstes nach Worms. Hätte er dies gethan, um mit der Geistlichkeit zu überlegen, wie man die Unabhängigkeit der deutschen Krone und der deutschen Kirche in so drohender Gefahr retten könne, so würde man seinen Schritt begreiflich und lobenswerth finden; er hatte aber dabei keine andere Absicht, als über das ganze Betragen des Papstes eine Untersuchung anzustellen und dies war eben so unklug, als widerrechtlich und gewagt. Ganz abgesehen davon, daß Heinrich's Recht, die volle Gewalt eines Königs von Italien auszuüben, wegen noch nicht stattgehabter Krönung und Huldigung bestritten werden konnte, brauchte Gregor noch aus vielen anderen Gründen den von Heinrich bestellten Gerichtshof nicht anzuerkennen. Heinrich scheint übrigens das Erstere durchaus nicht beachtet zu haben; denn er verfuhr gerade in Italien bei der Besetzung der Bisthümer am ärgsten, er lachte des Versprechens, welches er früher dem Papste gegeben hatte, ernannte den Priester Thebald, obgleich Gregor mit allen seinen Anhängern denselben verworfen hatte, zum Erzbischof von Mailand und besetzte sogar nahe am römischen Gebiete die Bisthümer von Fermo

---

Mond. Wie dieser nur leuchtet durch jene, so sind Kaiser, Könige und Fürsten nur durch den Papst, weil dieser durch Gott ist."

und Spoleto, ohne den Papst zu fragen. Das Letztere war freilich zugleich das Klügste, was Heinrich thun konnte; denn Gregor hatte nicht nur in Rom Feinde, weil er dort eine Polizei einzuführen suchte, sondern er war auch in Italien überhaupt verhaßt, weil er unter den entarteten Geistlichen des Landes Ordnung halten wollte. In und um Rom waren nämlich seit den Tagen Gregor's VI. und seiner Gegenpäpste Mißbräuche eingerissen, welche alle Ruhe und Sicherheit aufgehoben hatten. Man hatte in der Stadt selbst Thürme oder Burgen angelegt, und da es der Regierung unmöglich war, diese Schlupfwinkel zu zerstören, so war alles der Willkür und Habsucht einiger wenigen Gewaltthaber preisgegeben. Ceneius, einer dieser Räuber, erlaubte sich sogar zu Ende des Jahres 1075 einen unerhörten Streich gegen den Papst selbst. Um nämlich von Gregor ein Versprechen der Unverletzlichkeit zu erhalten, beschloß er, den Augenblick, wo derselbe, auf seine geistliche Majestät und auf die Feier des Weihnachtsfestes vertrauend, ohne Wache in der Kirche Maria Maggiore war, zu benutzen, um sich seiner Person zu bemächtigen. Er überfiel ihn mit seinen Schaaren während des Abendmahls, ließ ihn am Altare selbst niederreißen, festnehmen und in einen Thurm werfen. Die Frevelthat ward schon am nächsten Morgen gerächt: das erbitterte Volk stürmte die Burg des Räubers und befreite den Papst. Dies geschah, während jene drei Gesandten Gregor's an König Heinrich unterwegs waren. Ceneius floh mit seinem Anhange erst nach einem festen Schloß in der Campagna, später zu dem Erzbischof Wibert von Ravenna, der, wie fast alle lombardischen Geistlichen, sich dem Papste Gregor und seinen Plänen widersetzte und das eigentliche Haupt seiner Feinde in Oberitalien war.

In Worms ward von den deutschen Bischöfen wirklich Gericht über Gregor gehalten und auf alle möglichen erdichteten Beschuldigungen hin ein Mann abgesetzt, den man nicht einmal vorzuladen das Recht hatte. Das Decret der Wormser Synode war in überaus heftigen und schmähenden Ausdrücken abgefaßt; der vom König beigefügte Brief trug die Aufschrift: „Heinrich, König nicht durch Anmaaßung, sondern durch göttliche Bestimmung an Hildebrand, nicht Papst, sondern falschen Mönch." In dem Schreiben selbst heißt es: „Dieweil du Gott nicht fürchtest, ehrest du auch nicht mich, seinen Gesalbten;" und am Schlusse: „Steige herab vom Apostelsitz, den du bir anmaaßest, daß ihn ein anderer einnehme, der nicht Gewaltthat unter der Hülle der Religion verdeckt, sondern Petrus' reine Lehre verkündigt." Decret und Brief wurden durch eigene Gesandte zuerst an die lombardischen Bischöfe, und, nachdem diese in einer Synode zu Piacenza dem Beschluß beigetreten waren, von einem italienischen Priester, Roland von

Parma, nach Rom gebracht. Gregor, welcher in dieser Absetzungs-
urkunde mit vollem Rechte nur die Aeußerung eines ohnmächtigen
Zornes erkannte, betrug sich anfangs mit Würde. Als ihn aber nachher seine Heftigkeit übereilte, ließ er sich von ihr so weit fortreißen,
daß er auch schlechte Mittel nicht verschmähte, um seinen Feind zu
stürzen. Er regte Bischöfe und Fürsten gegen König und Volk auf;
er zerbrach, um mit den Worten der Bibel zu reden, das geknickte
Rohr vollends und löschte den nur noch glimmenden Docht ganz aus,
statt, wie sein Herr und Meister geboten, das niedergebeugte Rohr
wieder aufzurichten und der erlöschenden Flamme neue Nahrung zu
geben. Er wird darum auch unter die Feinde der Menschheit gezählt.
Er hatte, als Roland von Parma mit noch einem Abgesandten von
Worms und Piacenza bei ihm erschienen, gerade seine Anhänger zu
einem Concil im Lateran versammelt. Roland erlaubte sich, Ange-
sichts der Versammlung im Namen der Synoden von Worms und
Piacenza die Absetzung Gregor's zu verkündigen und denselben als
einen reißenden Wolf zu bezeichnen. Hier würde der kecke Bote allerdings unter den Wuthansbrüchen der anwesenden Geistlichen und Weltlichen sein Leben verloren haben, wenn der Papst ihn nicht in Schutz
genommen hätte. Erst in einer zweiten Sitzung ließ er die Decrete
vorlesen und vergalt nun mit Hülfe dieser Synode, die ihm unbedingt
zur Seite stand, dem deutschen Könige Gleiches mit Gleichem. Jetzt
wurden nicht mehr blos Heinrich's Freunde verflucht, die Gregor
schon früher aus der Gemeinschaft der Kirche ausgestoßen hatte, nicht
blos der Erzbischof von Mainz, das Haupt der deutschen Geistlichkeit,
excommunicirt, und alle Bischöfe, welche dem Wormser Beschlusse
zugestimmt und nicht ihre Reue bezeigt hatten, mit dem Banne belegt
oder abgesetzt, sondern auch der König selbst von der Kirchengemeinschaft ausgeschlossen und seiner königlichen Würde verlustig erklärt;
ja, es wurden sogar, was auch damals unerhört schien, alle die, welche
ihm als Unterthanen gehuldigt hatten, von ihrem Eide entbunden,
weil dies den Absichten Gregor's diente und für die Unzufriedenen im
Reich ein Signal sein sollte. Der Bann selbst wurde in einer Versammlung verlesen, welcher Agnes, des Königs Mutter, beiwohnte.
Damit die Sache ihre Wirkung nicht verfehle, ward sie in vielen,
öffentlich durch Legaten und heimlich durch Briefe verkündigten Botschaften den auf einen Vorwand zum Abfall harrenden Gegnern Heinrich's in Deutschland kund gethan; und mit schlauer Gewandtheit
wurden diese Legaten mit der Vollmacht versehen, jeden wegen der
Simonie oder wegen anderer Vergehungen mit dem Banne belegten
Geistlichen loszusprechen, sobald er den König aufgebe und auf die
Seite seiner Gegner trete.

Der Ausspruch des Papstes und das Decret Heinrich's, welcher gleich nachher durch den Bischof von Utrecht noch einen erneuten Bannfluch gegen Gregor vorbereiten ließ, wurden in den verschiedenen Gegenden des Reiches je nach der herrschenden Stimmung verschieden aufgenommen. In Italien, wo der Papst verhaßt war, hatten die Lombarden bereits Heinrich's Ausspruch anerkannt. In Deutschland dagegen erhoben sich sogleich die Herzoge von Schwaben, Baiern und Kärnthen, und kamen überein, sich des Königs zu entledigen; auch die meisten anderen weltlichen und geistlichen Großen wandten sich dahin, wo die mächtigsten Fürsten den Ausschlag gaben. Selbst Otto von Nordheim, welchem Heinrich sein Vertrauen geschenkt und dem er die Verwaltung von Sachsen übertragen hatte, gesellte sich zu seinen Feinden. Man würde übrigens sehr irren, wenn man glaubte, daß es den Menschen jener Zeit an einem richtigen und reinen Begriffe vom Kirchenbanne gefehlt und daß man das Unsinnige einer Lösung des Eides der Treue durch einen erbosten Geistlichen nicht eingesehen habe; nein, es war der Gegnern Heinrich's nur um einen Vorwand zur Empörung, gleichviel welchen, zu thun, und wie sie den Anlaß benutzten, den ihnen der Papst gab, so hätten sie sich auch jedes anderen Vorwandes bedient. Wir haben dafür das Zeugniß eines edeln und würdigen Gelehrten jener Zeit, Wenrich's von Trier, der sich über Gregor's Verfahren klar, bestimmt und ruhig ausspricht und, nachdem er von dem Hauptgegner Heinrich's in Deutschland, Rudolf von Schwaben, gezeigt, daß derselbe keine besseren Sitten als Heinrich hatte, mit folgenden Worten fortfährt: „Es gibt auch noch Andere, die sich durch Blut den Weg zum Throne gebahnt, ihr Haupt mit einem blutbefleckten Diademe geschmückt, ihre Herrschaft durch Mord, Raub und Hinrichtungen befestigt haben, sowie manche Andere, welche ihre Anverwandten, die zugleich ihre Herren waren, getödtet haben, um die Güter derselben an sich reißen zu können. Diese Alle werden Freunde des Papstes genannt, mit seinem Segen geehrt und von ihm als sieggekrönte Fürsten begrüßt. Heinrich dagegen wird, weil er seine von Vater und Großvater ererbte Herrschaft zu behaupten entschlossen ist, ein Bösewicht genannt, ungehört verdammt und mit dem Banne belegt. Aber wenn er auch noch so gottlos und schlecht sein mag, wenn ihm auch noch Aergeres vom Papste vorgeworfen werden könnte, darf ich deshalb den ihm geleisteten Eid brechen und, weil er böse ist, selbst als Eidbrüchiger wissentlich die ewige Verdammniß auf mich laden? Nein, ich darf es weder, noch thue ich es; denn ich habe in den heiligen Schriften gelesen, daß die heiligen Väter und die gepriesenen Bekenner und Verehrer Gottes Schlechten und Gottlosen nicht nur Eide geleistet, sondern auch mit der größten Gewissenhaftigkeit gehalten haben."

Schlimm war es für Heinrich, daß sein mächtigster und klügster Anhänger, Gottfried der Buckelige, Herzog von Lothringen und Gemahl der „großen Gräfin" Mathilde, um diese Zeit in Friesland ermordet wurde; sein Neffe, der später so berühmte Gottfried von Bouillon, der übrigens dem König ebenfalls zugethan blieb, erhielt einen Theil des Landes, doch erst 1089 die Herzogswürde. Beim Volke machte es auch Eindruck, daß der Bischof Wilhelm von Utrecht starb, bevor sich die neue Synode zu Worms versammelte, auf der ihm eine hervorragende Rolle zugedacht war. Die Synode war schwach besucht und wirkungslos; dagegen traten deutsche Fürsten und Bischöfe erst von Ulm aus mit Gregor in Unterhandlung und kamen dann in Tribur zusammen, um über das Schicksal Heinrich's zu entscheiden, der ihnen gegenüber auf der anderen Seite des Rheins seine Anhänger versammelte. Sie waren um so eher geneigt, den König aufzuopfern, da der Papst ihnen dies als eine Gelegenheit, alle ihre Schuld auf Heinrich zu wälzen, zu erkennen gab. Ließ doch Gregor ihnen durch seine Legaten erklären, daß er mit Ausnahme des Königs allen Verflossenen Gnade gewähren wolle, wenn sie auf Seite des Papstes treten wollten! Heinrich stand fast allein; die meisten Fürsten hatten ihn verlassen. Jetzt hätte er die Größe des Geistes, die man später an ihm nicht vermißt, entfalten sollen; er verzagte aber und fügte sich den Befehlen seiner Unterthanen. Die versammelten Fürsten faßten den Beschluß, es solle dem König ein Jahr Zeit gelassen werden, um sich mit dem Papste zu versöhnen; dieses Jahr wurde aber nicht vom Tage dieser Verhandlung in Tribur, October 1076, sondern vom Tage der Excommunication, also von Ende Februar desselben Jahres an, gerechnet; es hieß daher, der Papst solle auf einem schon am 2. Februar, also nach vier Monaten, in Augsburg zu haltenden Reichstage die Klagen gegen den König anhören und dann als Richter entscheiden; wenn Heinrich von ihm nicht freigesprochen werde, so verliere er allen Anspruch an die Krone; bis zur Entscheidung darüber aber müsse er sich der Regierungsgeschäfte enthalten und in Speier als Privatmann leben. Der ganze Beschluß hatte keinen anderen Zweck, als den König auf eine solche Weise zu stürzen, daß dabei der Schein gewahrt werde. Heinrich, der in seiner Schwäche auf Alles einging, konnte sich darüber unmöglich täuschen. Nichts von Allem mußte er aber mehr fürchten, als den Reichstag zu Augsburg; denn hier waren die unversöhnlichen Sachsen, sowie Rudolf und dessen Spießgesellen, welche, einmal treulos, nie mehr wahre Freunde werden konnten, nicht blos seine Ankläger, sondern auch seine Richter. Er sah dies ein, und da nicht der Reichstag, sondern die päpstliche Absolution die Grundbedingung war, so faßte er vor allem Anderen die letztere ins Auge. Er hoffte sie von Gregor zu erhalten und war sogar entschlossen, sie durch jede Art von Unterwürfigkeit und Demuth in gewissem Sinne zu erzwingen; denn er sah dies als ein kleines Opfer an im Vergleich zu dem Triumph, den es seinen Feinden bereitet hätte, unter Vorsitz des Papstes über ihn Gericht zu halten. Er eilte darum ohne kaiserliches Gefolge mitten im Winter nach Italien. Da die treulosen Herzoge alle deutschen Pässe verlegt hatten, so mußte er den Umweg durch die Franche-Comté und Savoyen einschlagen. Er war nur von seiner Gemahlin, seinem kleinen Sohn und einem gemeinen Diener begleitet; denn er hatte sich, um die Kosten der Reise herbeizuschaffen, vergebens an Viele gewandt, die er einst mit Wohlthaten überhäuft hatte, und also die traurige Erfahrung gemacht, wie das Unglück die Menschen zurückscheucht und wie auch Könige verlassen werden, sobald sie dem Haufen nichts mehr schenken können. Selbst seine reich begüterte Schwiegermutter, die verwittwete Markgräfin Adelheid von Susa, und ihr Sohn Amadeus empfingen ihn zwar äußerlich mit Ehren, dachten aber niedrig genug, sich von dem hartbedrängten Freund und Verwandten die Erlaubniß zum Durchgange durch ihre Pässe mit der Abtretung eines Landstriches abkaufen zu lassen.

Gregor hatte, als ihm der von seinen deutschen Freunden gefaßte Beschluß zugekommen war, sogleich die Reise nach Deutschland angetreten und war schon im Norden der Apenninen angekommen, als Heinrich nach einer überaus beschwerlichen und gefahrvollen Winterreise über die Eisflächen des Mont Cenis, auf welcher ihn seine treue Gemahlin Bertha begleitete, unvermuthet in Italien erschien und die Lombarden sich sogleich in großen Schaaren um ihn sammelten. Da die deutschen Fürsten keine Hülfe geschickt hatten, um den Papst durch die feindselige Lombardei zu geleiten, so suchte er schnell bei seiner Freundin, Mathilde von Tuscien, Schutz, und begab sich nach Canossa, jener festen Burg derselben, wo drei Ringmauern außer dem Wohnpalast noch eine Kirche und ein Kloster umschlossen. Hier erwartete er nichts weniger, als daß Heinrich ihn demüthig um Absolution bitten werde. Dieser hatte aber zu gewaltsamen Mitteln kein Vertrauen mehr und statt sich an die Spitze der Lombarden zu stellen und den Papst mit den Waffen anzugreifen, ließ er die mit ihm verwandte Gräfin Mathilde, seine Schwiegermutter Adelheid, ihren Sohn Amadeus, ferner seinen Taufpathen, den Abt Hugo von Clugny, und den Markgrafen Azzo von Este, welche alle bei dem Papst in großem Ansehen standen, um ihre Vermittelung bitten. Gregor war eigentlich entschlossen, seinen deutschen Verbündeten Wort zu halten und seine Sache zu der ihrigen zu machen; auch konnte er, tödtlich mit Heinrich entzweit, nur dadurch zu seinem Ziele gelangen; allein diejenigen, die sich jetzt für den König verwendeten, waren lauter Leute, welche Gregor nicht entbehren konnte. Sie begaben sich zu ihm und baten dringend, dem Gesuche Heinrich's, der die Lösung vom Bann um jeden Preis zu erhalten wünschte, zu willfahren. Die Gründe der Staatsklugheit, die dem entgegenstanden, konnte ihnen Gregor nicht mittheilen, die Weigerung an sich aber wäre unbarmherzig gewesen und hätte eine feindselige Stimmung gezeigt, wie sie der Statthalter Christi nicht haben sollte; was blieb daher dem Papst anders übrig, als alle Bedingungen so zu stellen, daß, wie es schien, selbst ein geringerer Mann, als Heinrich, sie unmöglich eingehen konnte? Dieser jedoch, leichtsinnig wie er eben war und wenig bedacht auf persönliche Würde oder auf die Würde des Reiches, suchte nur die Absolution zu erhalten und war ganz unbedenklich über die Art, sie zu erhalten. So kam es dann am 25. Januar 1077 zu der schmählichen Scene in Canossa. Der Papst hatte verlangt, daß der König sich einer harten Buße unterwerfe, um seine Schuld gegen das Oberhaupt der Kirche zu sühnen, und Heinrich ward, um dies zu vollbringen, in die mit einer dreifachen Mauer umgebene Burg Canossa geführt. Hier stand er zwischen der zweiten und dritten Mauer ohne Gefolge und ohne königlichen Schmuck, im Büßerhemd und mit nackten Füßen drei Tage hinter einander vom Morgen bis zum Abend, ohne Speise zu sich zu nehmen, und flehte unter Thränen um die Absolution des Papstes. Dieser ließ ihn, obschon in seiner Umgebung Tadel über seine „tyrannische Grausamkeit" laut wurde, erst am vierten Tage sammt einigen Anderen, die auf Absolution harrten, vor sich kommen und ertheilte sie ihm auf dringendes Bitten der Gräfin Mathilde und nachdem der Abt von Clugny nebst einigen anderen Geistlichen und Fürsten Bürgschaft für Heinrich geleistet hatten. Er gab sie aber nur unvollkommen und auf Schrauben gestellt. Heinrich sollte sich dem Papste stellen, um sich gegen die wider ihn erhobenen Anklagen zu vertheidigen und dann nach dem Spruche des Papstes die Krone entweder behalten oder verlieren; auch sollte er dem Papst oder seinem Stellvertreter auf der Reise nach Teutschland Sicherheit und Beistand leisten. Nach der Erzählung des Geschichtschreibers Lambert hätte er auch noch versprechen müssen, bis zum Austrag der Sache den königlichen Schmuck nicht anzulegen, keine Regentenhandlung zu verrichten, und Alle, welche ihm Treue geschworen hatten, ihres Eides entbunden zu halten; würde ferner der Papst ihm die Krone wieder verleihen, so sollte er ihm zur Begründung der kirchlichen Ordnung im Reiche mit allen Kräften behülflich sein; endlich sollte er, wenn er auch nur einer einzigen dieser Vorschriften zuwider handle, für überwiesen erklärt, die Aufhebung des Bannes ungültig und die Fürsten zu einer neuen Königswahl berechtigt sein.

Einen ganz anderen Ausgang des Zwistes hatten die italienischen Bischöfe, mit Ausnahme der eigentlich römischen Geistlichkeit und einiger wenigen Anderen, gewünscht und erwartet; denn ihr Nutzen war von dem der deutschen Fürsten sehr verschieden. Die Letzteren wollten lieber dem entfernten Papst, als dem nahen Landesherrn gehorchen, die Italiener dagegen lieber einem weit entfernten weltlichen Gebieter, der sie im Nothfall gegen die wilden Grafen und Herren schützen konnte, als dem nahen Lenker der Kirche, welcher viel verlangte und des Schutzes der Waffen für sich selbst bedurfte. Die beiden erbittertsten Gegner Gregor's in Italien waren der Erzbischof Wibert von Ravenna und der Erzbischof Thebald von Mailand, die angesehensten Geistlichen des Landes, deren Vorgänger dem römischen Stuhle lange den Rang streitig gemacht hatten. Schon um dieser beiden Bischöfe willen hätte Gregor für sich selbst eine bewaffnete Unterstützung nöthig gehabt; denn Wibert von Ravenna war das eigentliche Haupt seiner Gegner in Italien und die mailändische Kirche hatte schon vor einem Jahrzehnt mit der römischen völlig gebrochen. In Italien waren nämlich in der letzten Zeit eifernde Frömmler, die oben genannten Patarener, aufgetreten, welche allerdings unter den damaligen Verhältnissen eifrige Verbündete der Cluniacenser und der strengen Kirchenreform waren, doch aber manichäischen Grundsätzen nicht fern standen, indem sie den Leib zu ertödten befahlen, weil er vom Teufel und aus seinem Reiche sei. Sie predigten gegen die Laster der Geistlichkeit und verlangten von den Dienern des Altars übermenschliche Reinheit. Da diese Fanatiker in dem mailändischen Sprengel immer mehr Anhang erhielten, so mußte man ihnen dort einigermaßen nachgeben und es war daher nicht gerade nachtheilig, daß ein begeisterter, wiewohl zu heftiger Priester in Mailand, Arialb, schon vor der Einführung des Cölibats durch Gregor gegen die Priesterehe auftrat (um 1062). Er gerieth darüber in Zwist mit seinem Erzbischof, Guido oder Wido; aber der Papst Alexander II. nahm sich seiner an und schickte nicht nur die beiden ärgsten Gegner der Priesterehe, Hildebrand und Anselm von Lucca, nach Mailand, sondern ertheilte auch dem bedeutendsten Manne von Arialb's Partei, Erlembald, den Titel eines römischen Gonfaloniere oder Bannerträgers, eine Würde, die späterhin selbst von Fürsten sehr gesucht wurde und durch welche der Letztere eine Art von Vogtei im Mailändischen erhielt. Es kam hierauf in Mailand bald zu einem förmlichen Kriege zwischen den Partien; das Blut floß in Strömen und Arialb ward von seinen wüthenden Gegnern grausam gemordet. Unter diesen Umständen hielt es

Guido, welcher bereits hoch in Jahren war, für gerathen, einem jüngeren Manne den Platz zu räumen. Er überließ 1068 die erzbischöfliche Würde einem ihm befreundeten Geistlichen, Gottfried, und dieser erlangte durch Fürsprache und wohl auch für Geld vom deutschen Könige die Bestätigung. Erlembald und seine Partei ernannten aber einige Jahre später, ohne die Rechte der mailändischen Kirche zu achten, einen jungen Mann, Atto, zum Erzbischof. Die erbitterten Geistlichen und Bürger mißhandelten und verjagten zwar den Letzteren, Gregor bestätigte ihn aber und Erlembald bot seine ganze Macht auf, um ihn den Mailändern mit Waffengewalt aufzudringen. Darüber ging ein großer Theil der Stadt in Flammen auf, und Erlembald selbst ward endlich (1075) erschlagen. Die Mailänder wandten sich hierauf an den deutschen König. Dieser wollte weder den vom Papste verworfenen Gottfried bestätigen, noch auch den von Erlembald ernannten und von Gregor begünstigten Atto anerkennen; er ließ daher durch die Mailänder einen neuen Erzbischof, den mehrerwähnten Thebald, ernennen und ertheilte ihm die königliche Bestätigung. Dies war neun Monate vor dem Fürstentage zu Tribur geschehen, und Thebald stand, wie Wibert von Ravenna, mit Gregor in offenem Krieg, als der von seinen Fürsten verrathene König in Italien erschien.

Heinrich's feige Demüthigung vor dem Papste rief in der Lombardei eine allgemeine Erbitterung gegen ihn hervor. Besonders waren Thebald, Wibert und die anderen Bischöfe über ihn aufgebracht. Die Städte empfingen ihn theils gleichgültig und kalt, theils verschlossen sie ihm geradezu ihre Thore; die Mailänder aber ließen ihren neuen Bischof im Stich und fügten sich dem Papste. Bald änderte sich jedoch die Scene. Gregor erließ gleich nach dem Auftritt in Canossa ein Schreiben an seine deutschen Freunde, welches hinreichend beweist, daß es ihm mit der Aussöhnung nicht ernst war; Heinrich aber sah seinen Fehler ein, fühlte jetzt erst, welche Schmach er auf sich geladen habe, und erhielt, da auch seine Getreuen aus Deutschland sich nach und nach um ihn sammelten, wieder Muth. Er trat offen als Gegner des Papstes auf, verhaftete die von demselben nach Mailand abgeordneten Legaten und hätte ihn vielleicht selbst nebst der Mathilde aufgehoben, wenn Gregor sich nicht nach Rom begeben hätte. Schon hatte er nach uralter Sitte das lombardische Volk zu einer Versammlung auf den roncalischen Feldern am Po berufen, als er genöthigt wurde, nach Deutschland zurückzueilen, wobei ihn viele angesehene Lombarden bis Verona geleiteten (April 1077). In Deutschland hatten nämlich die Unzufriedenen nicht sobald erfahren, was in Canossa vorgefallen sei, als sie schon im Februar eine Versammlung zu Ulm hielten und daselbst übereinkamen, daß man nun das Aeußerste wagen müsse.

Zugleich beraumten sie eine neue, zahlreichere Versammlung zu Forchheim an der Regnitz an und luden auch den Papst dahin ein. Daß dieser nicht kam, dafür sorgte Heinrich. Auch die eigentliche Absicht seiner Gegner in Deutschland war nicht so leicht durchzusetzen, als dieselben dachten. Die größeren Fürsten hatten zwar Heinrich's Absetzung schon längst beschlossen; vom Klerus aber willigte, ungeachtet der elende und schwache Siegfried von Mainz mit dem Beispiele des Abfalls voranging, nur ein kleiner Theil der Bischöfe in den Schritt der großen Herren ein, die niedere Geistlichkeit dagegen sammt dem Volke verließ ihren König nicht. Auch die kleineren Herren, welche durch Heinrich nie beleidigt worden waren, hielten an ihm. Sie sahen in Heinrich ihren Schützer, in den großen Herren dagegen, die er getränkt hatte, ihre eigenen Feinde. Natürlich wurden diese alle nicht gehört, der Thron von der Versammlung zu Forchheim für erledigt erklärt und Rudolf von Schwaben am 15. März 1077 zum König erwählt, wobei er jedoch versprechen mußte, nie auf Erblichkeit der Krone Anspruch zu machen. Das Volk indessen, das, wenn es sich selbst überlassen bleibt und nicht irre geleitet wird, das Gefühl des Rechtes stets bewahrt, zeigte sogleich deutlich, wie es darüber denke. Als Siegfried seinen neuen König in Mainz krönte, fielen die Bürger der Stadt über des Letzteren Leute her und es entstand ein förmlicher Kampf, in welchem über hundert Bürger das Leben verloren. Auch die Wormser wollten nichts von Rudolf wissen; sie verjagten ihren Bischof, weil er zur Partei desselben gehörte, und verschlossen ihm selbst die Thore ihrer Stadt. Ebenso ward der Bischof von Würzburg aus seiner Stadt vertrieben. Selbst in Schwaben, wo doch Rudolf den größten Anhang hatte, erhob man sich gegen ihn. Dieser befand sich daher, als Heinrich nach Deutschland zurückkam, in einer bedenklichen Lage. Dem Letzteren fehlte es für die bevorstehenden Kämpfe auch an Geldmitteln nicht, womit unter Anderen die Juden, gegen die er sich duldsam bewies, ihn unterstützten. Gleichwohl hörte das Unglück nicht auf, seinen Gegner zu verfolgen; Heinrich reiste aber im Druck und unter Widerwärtigkeiten, und ward durch das Mißgeschick kräftiger. Er wäre wahrhaft groß und preiswürdig geworden, wenn er die unverbrüchliche Treue, den hohen Sinn und die mit Bewußtsein und Einsicht verbundene Liebe eines Ulrich von Kosheim, Eberhard von Nellenburg, Hartmann, eines Liemar von Bremen, eines Udo von Trier, der beiden Burkard, eines Dietrich von Verdun und jener wenigen Anderen, deren Namen die undankbare Mitwelt in Vergessenheit sinken ließ, hätte belohnen können oder belohnen wollen. Die Nation wird stets den Aberglauben beklagen und verwünschen, der in einem Zeitalter, wo nur Pfaffen schreiben konnten, bewirkt hat, daß dieser Edeln hoher Sinn, ihre Treue gegen den König und Freund und ihre in Elend und Armuth, in Ketten und Bann und selbst im Tode bewiesene unwandelbare Anhänglichkeit an die Sache des Vaterlandes, der Vernunft und des Rechtes nicht allein nicht nach Verdienst geehrt und gepriesen, sondern vielmehr vom Geifer elender Pfaffen beträufelt worden ist! Eines ewigen Namens und unsterblichen Ruhmes werth, wären sie von Griechen und Römern in Liedern und Reden patriotisch gepriesen und ihr Andenken als das der würdigsten Helden der Nation uns und unseren Enkeln bewahrt worden.

Heinrich, der seinen Anhängern in Italien seinen jungen Sohn Konrad als Geisel und Vereinigungspunkt zurückgelassen hatte, eilte durch die Pässe von Kärnthen nach Baiern, zog hier den Herzog Wratislav II. von Böhmen mit seinen rohen Völkern an sich und brachte bald ein bedeutendes Heer zusammen, welches schnell durch den Uebertritt vieler Anhänger Rudolf's vermehrt wurde. Den nun entstehenden Kampf benutzte der Herzog Boleslav II. von Polen, um dem Reich zum Trotz den Königstitel anzunehmen. Rudolf mußte vor seinem Gegner weichen, sein Herzogthum Schwaben wurde von den einbrechenden Böhmen schrecklich mißhandelt und seine Anhänger fingen an, das Vertrauen in ihre Sache zu verlieren; auf einem Fürstentag in Ulm erschien Heinrich wieder feierlich mit der Krone geschmückt. Der Papst selbst änderte, über des Königs Glück bestürzt, seine Politik und vermehrte dadurch das Schwanken der Gegner desselben. Er nahm nämlich seine Stellung zwischen den Parteien, erklärte sich weder für noch gegen Rudolf's Wahl und zauderte sogar, den Bannfluch gegen Heinrich zu erneuen. Er bediente sich dabei einer echt italienischen List; denn während der Patriarch von Aquileja auf jener von Heinrich in Ulm gehaltenen Versammlung vorgebliche Briefe Gregor's zeigte, vermöge deren er die Lossprechung des Königs ankündigen sollte, hatte der zu den Sachsen gesandte Legat Bernhard in Goslar den Bann förmlich erneut und Rudolf's Wahl gebilligt, so daß also der Papst, je nach den Umständen, den Einen oder den Anderen seiner Vertreter beschuldigen konnte, seinen Auftrag überschritten zu haben. In eben dem Sinne und nach jeder Seite hin zu gebrauchen waren auch die Erklärungen, die er nothgedrungen geben mußte. Er hütete sich wohl, einen bestimmten Ausspruch zu thun, und erneute auf einer in Rom gehaltenen Synode (1078) den Bannfluch gegen Heinrich nicht, sondern erließ ihn in allgemeinen Ausdrücken gegen jeden, der die Aussöhnung des geistlichen und weltlichen Oberhauptes hindern und die Zusammenkunft des Ersteren mit den Deutschen stören oder unmöglich machen werde. Mit einem solchen Verfahren reimte es sich wohl, daß Gregor die Bibel für ein gefährliches Buch hielt und die reine Moral des Evangeliums lieber unter die Bischofsmützen, Mönchskutten und Meßgewänder wollte versteckt haben, weil er sicher war, daß sie dort keinen Schaden thue. „Ich kann", antwortete er einst dem Herzoge von Böhmen, als dieser ihn um Erlaubniß gebeten hatte, den Gottesdienst auch ferner in slavischer Sprache zu halten, „ich kann dein Gesuch durchaus nicht gewähren. Es hat nämlich dem Allmächtigen mit Recht gefallen, daß die heilige Schrift an manchen Stellen dunkel sei, weil sie, wenn sie Allen klar und verständlich wäre, an Ansehen und Bedeutung verlieren und durch Mißverständnisse die weniger Fähigen in Irrthum führen würde. Man darf dagegen nicht als Entschuldigung und Rechtfertigung anführen, daß einige fromme Männer die Sache zugegeben und stillschweigend geduldet haben; denn die Kirche hat in ihrer Kindheit vieles zugelassen, was später, als das Christenthum befestigt war und sich ausgebreitet hatte, in Folge einer sorgfältigeren Prüfung verbessert worden ist."

Der gesunde Sinn des Volkes in Franken und am Rhein ließ sich durch pfäffische Spitzfindigkeit und Tücke nicht irre machen. Es sammelte sich um Heinrich, der zwar mit ungeübten Bürgern und Bauern dem trefflich gerüsteten und der Waffen gewohnten Gefolge Rudolf's und seiner Fürsten nicht gewachsen war, dafür aber nach Niederlagen immer mächtiger wieder hervorkam, weil die Leute, welche seine Sache als die ihrige ansahen, sogleich aufs neue zu ihm strömten. Die Grausamkeiten waren auf beiden Seiten so abscheulich, daß z. B. einst die Truppen Rudolf's zwölftausend Bauern, die ihnen am Neckar Widerstand geleistet, theils niedermetzelten, theils schrecklich verstümmelten. Besonders wurden die armen Wenden, welche in Sachsen und Franken zahlreich angesiedelt waren, als gute Beute angesehen. Sie hatten bisher dem Könige gehört und da sie sich unter seinem Rechte wohl fühlten, so stritten sie für ihn und leisteten ihm wesentliche Dienste. Der Adel und die höhere Geistlichkeit benutzten die Gelegenheit, um dem Landvolke den letzten Rest der Freiheit zu entreißen. Am besten befanden sich in dieser schrecklichen Zeit die sächsischen Großen, welche insgesammt aus der Verbannung zurückgekehrt waren. Sie waren Herren und Gebieter in ihrem Lande, fühlten von dem Jammer des Krieges, welcher Baiern, Franken, Schwaben und die Rheingegenden verödete, durchaus nichts, und bemächtigten sich der Einkünfte der Bischöfe, welche zu Heinrich hielten.

Im ersten Jahre und im größten Theile des zweiten wechselte das Glück, bis sich Heinrich bei Melrichstadt im Würzburgischen in ein entscheidendes Treffen einließ (August 1078). Er selbst siegte auf seinem Flügel über das ihm gegenüberstehende Heer der Bischöfe von Magdeburg, Halberstadt, Merseburg, Mainz, Würzburg und Worms, nahm Siegfried von Mainz und Adalbert von Worms, sowie den päpstlichen Legaten Bernhard und den Oheim des Herzogs Magnus, Hermann, gefangen; allein Otto von Nordheim und der Pfalzgraf Friedrich von Sachsen schlugen seine Truppen auf der entgegengesetzten Seite und entrissen ihm den Sieg wieder. Einen schweren Verlust erlitt Heinrich in dieser Schlacht durch den Tod seines treuen Eberhard von Nellenburg, der auf dem siegreichen Flügel gefallen war. Er verzagte jedoch, des Unglückes schon gewohnt, auch unter diesen Umständen nicht und erhohlte sich bald wieder von dem erlittenen Schlag. Ueberhaupt erfuhr er manche Gunst des Geschickes, das ihn nie ganz sinken ließ und ihn noch mehr erhoben haben würde, wenn er den vielen edeln Männern unter seinen Anhängern, besonders dem Dietrich von Verdun, dem würdigsten Bischofe seiner Zeit, mehr gefolgt wäre. Wie weit dieser treffliche Mann, den seine Zeitgenossen durch den Beinamen des Großen geehrt haben, über alle Anderen hervorragte, mögen einige nähere Angaben zeigen. Dietrich erhob nie, auch aus Liebe zu seinem König und Freund nicht, seine Stimme für das Unrecht und wurde daher von allen Gegnern gescheut und geachtet. Er war im Anfange dieses Jahres, als Niemand eine Botschaft an Gregor übernehmen wollte, mit Benno von Osnabrück zu der oben erwähnten Synode nach Rom gereist. Hier wagte Keiner Hand an ihn zu legen; im Gegentheil, Volk, Adel und Geistlichkeit wurden durch ihn, durch Wenrich und Engelbert von Trier, sowie durch andere gelehrte, beredte und tugendhafte Geistliche so gestimmt, daß der Papst die allergelindesten Saiten aufspannte und sich auch nie mehr einfallen ließ, auf Dietrich, der weit außerhalb dem Bereiche seines Bannes war, einen ohnmächtigen Blitz zu schleudern. Als Dietrich wieder heimgekehrt war, half er dem König in Straßburg und Köln Bischöfe bestellen, weil er dies recht fand, und vertheidigte mit Entschiedenheit die freie Wahl derselben unter dem Einflusse des weltlichen Herrschers als ein Recht des Königs. Bald darauf starb der Erzbischof Udo von Trier; nun arbeitete Dietrich den Hildebrandischen Pfaffen in Deutschland, welche einen ihrer Freunde an dessen Stelle bringen wollten, mit Nachdruck entgegen und setzte den würdigen und gelehrten Engelbert, welchen Heinrich ernannt hatte, in Trier ein. Dies hinderte ihn aber nicht, noch in demselben Jahre, als Heinrich übel berathen in Utrecht Gregor wollte verfluchen lassen, mit seinen eigenen Feinden gegen ein solches Verfahren zu stimmen und sogar, als der König guten Rath verschmähte, sich heimlich zu entfernen, damit er nicht Zeuge oder Mithelfer sei, wenn Gottes Wort dem Hasse der Menschen diente. Nichtsdestoweniger ließ er dem Könige bald nachher wieder seine Feder, seine Stimme und seinen Degen für das Recht.

Heinrich suchte sich durch die Güter der aus Schwaben und Baiern vertriebenen Herzoge neue Freunde und Vasallen zu machen und die alten fester an sich zu knüpfen. Das Herzogthum Schwaben selbst ertheilte er im Frühling 1079 an Friedrich, den tapferen Sohn des Friedrich von Büren, dessen Familie man nach ihrem Stammschlosse Stausen auf der gleichnamigen Höhe bei Göppingen mit dem Namen der Staufer oder Hohenstaufen benannt hat, und ward so der erste Gründer der Größe dieses berühmten Hauses. Unterdessen gingen die päpstlichen Gesandten hin und her und nahmen, wie sich einer der Gegner Heinrich's ausdrückt, nach der Art der Römer von beiden Theilen Geld. Gregor wurde, als die Dinge eine für Heinrich günstige Wendung zu nehmen schienen, immer behutsamer und Rudolf klagte mit Recht laut, daß der Papst sich nicht bestimmt über ihn erklären wolle. Auch die Sachsen, bei denen der Legat Bernhard schon 1077 den König Heinrich aufs neue mit dem Banne belegt und Rudolf für den rechtmäßigen Beherrscher des Reichs erklärt hatte, waren äußerst aufgebracht, da der Papst den Ausspruch seines Gesandten weder förmlich anerkannte, noch auch mißbilligte. Gregor ließ sich zu keiner bestimmten Erklärung bringen, bis endlich ein neuer Sieg Rudolf's ihn aus der Verlegenheit heraus riß. Die Schlacht, in welcher Heinrich aufs neue besiegt ward, wurde im Januar 1080 bei Flarchheim unweit Mühlhausen in Thüringen geliefert. Auch diesmal hatte Heinrich den Sieg bereits in Händen, als Otto von Nordheim, in dessen Anordnungen man stets eine bewundernswürdige Feldherrnkunst wahrnimmt, ihm denselben wieder entriß; er verlor sogar sein ganzes Gepäck. In dieser Schlacht wie schon früher stimmten Rudolf's Anhänger die Losung „Sanct Peter" als Feldgeschrei an. Gregor ward durch Rudolf's Sieg, von dem er höchst übertriebene Nachrichten erhielt, endlich zu einem entscheidenden Schritte bewogen, welcher jede Aussöhnung mit Heinrich unmöglich machte. Er erneuerte den Bann und die Absetzung Heinrich's, erklärte alle demselben geschworenen Eide für nichtig und soll sogar dem Gegenkönige Rudolf eine Krone geschickt haben, welche die stolze Umschrift trug: Petra dedit Petro, Petrus diadema Rudolpho, d. i. Christus gab die Krone dem Petrus, Petrus aber dem Rudolf. Er machte also den armen Fischer Petrus, der sich am Himmelreich genügen ließ, das ihm der ewige König zum Lohne der Armuth und des Duldens, nicht des Herrschens verheißen hatte, zum Verleiher irdischer Kronen. Aber der Gott der Christen ist kein Gott der Tyrannei, der geistlichen so wenig, als der weltlichen. Das hatte Heinrich erfahren; das erfuhr auch Gregor. Heinrich hielt im Mai eine Synode zu Mainz, ließ den 1076 zu Worms gefaßten Beschluß der Absetzung Gregor's erneuen, Manifeste und Schriften gegen diesen in den Kirchen vorlesen und unter dem Volke verbreiten, und endlich von 30 Bischöfen, welche zu einer Synode in Brixen versammelt wurden, Gregor's alten Feind, den Erzbischof Wibert von Ravenna, als Clemens III. an seine Stelle erwählen (Juni 1080).

Von Brixen aus wollte Heinrich, wie es scheint, gegen Rom ziehen; aber die Fortschritte seiner Feinde in Deutschland wurden bedenklich. Er kehrte also nach Franken zurück und brachte dort so viele Leute zusammen, daß er schon zu Ende Septembers in Sachsen einfallen konnte. Hier war er jedoch kaum erschienen, als er Fehler gegen die Kriegskunst machte, die durch keine Tapferkeit gut gemacht werden konnten. Er nahm bei Grona unweit Zeitz eine Stellung, in welcher er einen Sumpf und die Elster im Rücken hatte. Hier griffen ihn die Feinde unter der Führung Rudolf's und Otto's von Nordheim am 15. October 1080 an. Ungeachtet seiner ungünstigen Stellung gewann er das Feld, mußte sich aber auch diesmal den Sieg durch Otto's überlegenes Talent wieder entreißen lassen. Otto hatte nämlich eingesehen, daß die Reiterei, in welche man zu jener Zeit allgemein die Hauptstärke sehte, einem guten Fußvolke auf die Dauer nie gewachsen ist. Er hatte deshalb, mit Rücksicht auf den Boden und auf die Nähe des Sumpfes, ein Fußvolk in Rüstung eingeübt und entschied mit demselben den Sieg zu Gunsten Rudolf's. Heinrich erlitt in dieser Schlacht einen ungemein großen Verlust an Menschen, wie an kostbarem Gute, das den Sachsen in die Hände fiel; es wurde aber auch jetzt nach der Niederlage größer, als vorher; denn die Schlacht kostete seinem Gegenkönige das Leben. Rudolf, der sich auch in diesem Kampfe seines Stammes würdig bewies, hatte zuerst die eine Hand verloren und war dann so gefährlich im Unterleibe verwundet worden, daß er wenige Tage nachher in Merseburg starb. Die lebensgefährliche Wunde empfing er, wie es wenigstens später hieß, von jenem Gottfried von Bouillon*), demselben, der im ersten Kreuzzuge unsterblichen Ruhm erlangte. Man erzählt, daß Rudolf auf dem Todtenbette zu den ihn umgebenden Bischöfen gesagt habe: „Seht, das ist die Hand, mit der ich meinem Herrn Heinrich Treue geschworen habe! Jetzt muß ich Reich und Leben verlassen. Bedenket wohl, ob ihr, auf deren An-

---

*) Gottfried, gleich seinem verstorbenen Oheim Gottfried dem Höckerigen treu auf der Seite Heinrich's stehend, wurde erst später Herzog von Niederlothringen; zuerst besaß er nur denjenigen Theil der Ardennenlandschaft, welcher nach der Stadt Bouillon genannt wird. — Die zusammengedörrte Hand Rudolf's wird noch jetzt in der Domkirche zu Merseburg gezeigt.

trieb ich den Thron des Reiches bestiegen habe, mich den rechten Weg geführt habt!" Zwar sind diejenigen, welche dies berichten, nicht in gleichem Grade zuverlässig; es könnte aber doch wohl sein, daß Rudolf trotz seiner stets bewährten Rüstigkeit vor dem Ende Zweifel geäußert habe, ob er den Bruch des Eides und der Treue vor Gott werde rechtfertigen können.

Heinrich machte einige Zeit nach der Schlacht an der Elster dem Herzog Otto, der in Sachsen ohne die Last des königlichen Namens König war, den Vorschlag, er wolle wieder zu den Sachsen kommen, unter der Bedingung, daß man seinen ältesten Sohn zum Nachfolger im Reiche anerkenne; Otto lehnte dies aber ab, indem er sagte, er habe schon oft von einem schlechten Bullen ein schlechtes Kalb fallen sehen und wolle daher eben so wenig vom Sohne, als vom Vater wissen. Selbst zu einem Waffenstillstande war er nicht zu bewegen. Heinrich hatte sich jedoch des übrigen Deutschlands größtentheils versichert; er konnte die Vertheidigung desselben denen, die er mit den Reichsgütern belehnt hatte, überlassen und ruhig darüber sein, daß kein bedeutender Fürst eine streitige Krone annehmen werde, deren Besitzer nur ein Diener der Sachsen gewesen wäre. Vor allen verließ er sich auf den von ihm eingesetzten Herzog Friedrich von Schwaben, den Staufer, dem er 1079 seine junge Tochter Agnes verlobt hatte. Er beschloß nunmehr, nach Italien zu ziehen, wo zu derselben Zeit, als er in Deutschland eine Schlacht verlor, seine Freunde und Vasallen einen bedeutenden Sieg über Mathilde und ihre Vasallen erfochten hatten. Er fand hier freilich den Papst im Bunde mit dem mächtigen Robert Guiscard, aber dieser war damals von einer anderen Unternehmung ganz und gar in Anspruch genommen.

7. Robert Guiscard, Gregor VII. und Heinrich IV.

Robert Guiscard und sein Bruder Roger hatten in den letzten zwei Jahrzehnten durch List und Gewalt, der eine fast das ganze untere Italien, der Andere die Insel Sicilien in Besitz genommen. Roger hatte es dabei nur mit Mohammedanern zu thun gehabt, Robert Guiscard aber mit Griechen, mit longobardischen Fürsten, mit seinen eigenen Blutsverwandten und mit dem geistlichen Oberhaupte der Christenheit. Robert kannte jedoch keine Rücksicht und ließ sich auch durch seinen dem Papste geleisteten Lehenseid nicht abhalten, Güter des römischen Stuhles zu besetzen. Gregor hatte daher schon 1073 Robert Guiscard's Schwager, den Grafen Richard von Aversa, der von diesem hart bedrängt wurde und des Schutzes bedurfte, enge an sich geknüpft, und dagegen Robert Guiscard, so oft derselbe einen Ort, an den die Kirche einen Anspruch hatte, wegnahm, mit dem Bannfluche bestraft. Robert hatte sich aber durch keine Drohungen abschrecken lassen, seinem Staate die Rundung zu geben, die ihm nothwendig erschien. Dessen ungeachtet war Gregor, schon als Heinrich die Buße in Canossa that, überzeugt, daß ihm der mächtige und kühne Normanne bei dem Streite mit den Deutschen doppelt gefährlich werden könne; er hatte daher bereits damals Unterhandlungen mit ihm angeknüpft, war aber sogleich wieder mit ihm zerfallen und hatte ihn noch einmal in den Bann gethan. In den nächsten Jahren dagegen führten die veränderten Umstände allmählich eine Aussöhnung und Verbindung zwischen Beiden herbei. Gregor bedurfte wegen seines Streites mit den Lombarden, mit den Deutschen und bald auch mit einem Gegenpapst eine mächtigere Stütze, als Mathilde von Tuscien und Richard von Aversa waren; Robert aber hatte eine Unternehmung gegen das griechische Reich beschlossen und wünschte deshalb Frieden mit dem Papste zu haben. Beide söhnten sich daher 1080 auf einer Zusammenkunft bei Aquino mit einander aus; Robert leistete dem Papste den Eid der Treue und Vasallenschaft und gelobte ihm Schutz und Hülfe, wogegen Gregor ihm den Besitz von Calabrien und Apulien aufs neue zugestand und selbst die nicht als rechtmäßig anerkannten Eroberungen Robert's wenigstens einstweilen in seine Hände gab. Daß der Papst damals auch die Kaiserkrone dem normannischen Herzog oder seinem Sohne, Boemund I., verheißen habe, ist sehr unwahrscheinlich. Dagegen gab er, wie es scheint, seinen bisherigen Schützling, Richard's von Aversa Sohn, Jordan, auf; denn dieser eilte sogleich zu Heinrich, welcher eben nach Italien im Anzuge war.

Die Verbindung mit Robert Guiscard half freilich dem Papste für den Augenblick nichts, da Robert nur an seinen Zug nach Griechenland dachte; doch hatte Gregor wenigstens den Vortheil, daß derselbe sich nicht an Heinrich anschloß, welcher gleich nach seiner Ankunft in Italien vergebens Unterhandlungen mit Robert anzuknüpfen suchte. Robert's Unternehmung gegen Griechenland ward durch die Unruhen begünstigt, in Folge deren sich zuerst Nikephorus Botoniates und dann Alexius I. in Constantinopel des Thrones bemächtigten. Er hatte sogar einen scheinbaren Vorwand zu seinem Angriffe, weil der gestürzte Kaiser, Michael Parapinakes, früher sein Bundesgenosse gewesen war und eine Tochter Robert's mit seinem Bruder verlobt hatte. Um jedoch nicht ganz als Räuber und Eroberer aufzutreten, gab er einen griechischen Mönch für den Kaiser Michael aus, und bei der Unwissenheit und Leichtgläubigkeit des sorglos nur dem Augenblicke lebenden Volkes im südlichen Europa fand er auch hie und da Glauben. Der Papst Gregor, durch Heinrich's drohenden Auszug bedrängt, verstand sich seinem normannischen Bundesgenossen zu Gefaßen nicht allein bazu, den Kaiser Nikephorus, der sich um ihn und alle seine Lateiner nicht im mindesten kümmerte, in den Bann zu thun, sondern er forderte auch durch besondere Schreiben alle Bischöfe von Unteritalien auf, sich eines griechischen Betrügers, von dessen Betrug er selbst überzeugt war, und eines glücklichen Räubers, der diesen Betrüger schützte, anzunehmen. Zu einem solchen Schritt ließ sich derselbe Mann in der Noth treiben, der alle Welt von dem allgemein anerkannten Könige Deutschlands und Italiens, dem Sohne des mächtigsten Kaisers und der von ihm selbst so sehr begünstigten Agnes, abwendig zu machen suchte! Als Heinrich im Frühjahr 1081 nach Italien gezogen war, den Gegenpapst Clemens III. in Pavia durch eine Synode bestätigen ließ und in Begleitung desselben ungehindert bis nach Florenz vorrückte, bat Gregor den Normannen, der damals seine Rüstungen gegen die Griechen beendigt hatte, bringend um Hilfstruppen; Robert antwortete ihm aber, die Normannen dürften während der Fastenzeit kein Blut vergießen. Dies war allerdings bei den Normannen Brauch; aber wer könnte sich dessen ungeachtet des Lachens enthalten, wenn er bei einem grausamen Räuber auf einmal ein so zartes Gewissen gewahr wird? Nach den Fasten schiffte Robert seine Truppen sogleich ein, um nach Griechenland überzusetzen, nachdem er den Sohn seiner zweiten Gemahlin, Roger Bursa, für seinen Nachfolger erklärt und dem Vormunde desselben, dem Grafen von Loritello, befohlen hatte, auf Heinrich's Fortschritte zu achten und, wenn die Zeit der höchsten Noth gekommen sei, dem Papste zu Hülfe zu eilen. Den Sohn seiner ersten Gemahlin, Boemund I., der dem Vater an Tapferkeit, wiewohl nicht an Schlauheit gleich, aber noch wilder war, nahm er mit sich, weil er demselben ein Reich in Griechenland gründen wollte. Schiffe zur Ueberfahrt hatte er freilich nicht hinreichend; aber die Dalmatier liehen ihm gern ihre Flotte, weil Gewinn dabei war.

Robert Guiscard besetzte zuerst die Insel Korfu und fuhr von da nach der Stadt Durazzo, die er sogleich heftig bestürmte (Juni 1081). Zu seinem Unglück hatte zwei Monate vorher Alexius I. Komnenus den Kaiser Nikephorus Botoniates verdrängt und zeigte gleich anfangs, daß es dem kühnen Normannen-Herzog nicht so leicht sein werde, einen griechischen Kaiser zu enthronen. Alexius wandte sich freilich vergebens an den Papst; er gewann aber den Erzbischof von Capua und durch diesen den Fürsten Jordan, welcher jeden Augenblick von Robert vertrieben zu werden fürchtete, bewog die an seinem Hofe verweilenden normannischen Flüchtlinge zu einer Landung in Calabrien und knüpfte mit dem deutschen König Unterhandlungen an, die jedoch von diesem nur benutzt wurden, um gegen das Versprechen einer

Hülfe, welche er unmöglich gewähren konnte, soviel Geld als möglich zu erhalten. Die besten Bundesgenossen waren für Alexius die Venetianer; denn diese leisteten ihm wesentliche Dienste, da sie sowohl an Seemacht, als auch an Geschicklichkeit den Dalmatiern überlegen waren. Zwar wurde Alexius von Asien her durch die Seldschukken bedroht; allein er verschaffte sich dadurch freie Hand, daß er ihnen einige Districte abtrat. Robert's Angriff auf Durazzo mißlang, trotz seiner verzweifelten Anstrengungen und trotz der Tollkühnheit seines Sohnes, weil er allzu schlechte Schiffe und noch schlechtere Maschinen hatte, und weil bald darauf die venetianische Flotte erschien, welche die Normannen mit Verlust zurückschlug und den Belagerten Lebensmittel brachte. Auch die griechische Flotte lief nicht lange nachher in den Hafen von Durazzo ein. Robert's Feinde waren seitdem Herren der See, und da er nun keine Zufuhr erhalten konnte, so gerieth er in nicht geringe Verlegenheit. Allein weder der Mangel, noch ausbrechende Seuchen, welche die Reiterei, den Kern seines Heeres, ihrer Pferde beraubten, noch die Nachricht, daß der griechische Kaiser selbst im Anzuge sei, konnten ihn zur Aufhebung der Belagerung bewegen. Gerade die Erscheinung des Letzteren verhalf ihm endlich zu einem glänzenden Sieg. Alexius hatte unterwegs ein allgemeines Aufgebot ergehen lassen und zog mit einer schlecht bewaffneten, des Krieges und der Zucht ungewohnten Menschenmasse nach Durazzo, vielleicht weil er durch die Menge Schrecken einzujagen hoffte; er hatte aber nicht bedacht, daß er es mit Feinden zu thun habe, welche gar nicht wußten, was Furcht sei und sich von Kindesbeinen an im Lager und auf dem Schlachtfelde umhergetrieben hatten. Selbst diejenigen von seinen Truppen, die man allenfalls als eigentliche Soldaten ansehen konnte, waren unter einander durch Abkunft, Sprache, Religion, Sitte und Streitart ganz verschieden, standen nicht unter einem Alles ordnenden Oberbefehl und konnten kein Zusammenwirken; denn es waren Türken, fränkische und waräg ische Miethstruppen, auch Angelsachsen, die, unzufrieden mit der normannischen Eroberung, ihre Heimath verlassen hatten; ferner 1800 jener Paulicianischen Ketzer, die man gewaltsam aus Asien nach Thracien versetzt hatte. Auch der Oberanführer dieses zahlreichen Heeres war seinem Gegner nicht gewachsen; denn obgleich Alexius wohl ebenso tapfer und rüstig als Robert war, so stand er doch an Schlauheit und Kriegserfahrung weit hinter ihm zurück. Gegen den Rath aller seiner älteren Officiere wagte der griechische Kaiser, als er in der Nähe von Durazzo angekommen war, eine Schlacht. In dieser ließen sich die Waräger, nachdem sie die ihnen gegenüberstehenden Feinde geworfen hatten, durch ihre Hitze zu weit fortreißen und verhalfen so dem Normannen-Herzoge zum Siege. Bemerkenswerth ist, daß Robert's Gemahlin, die Longobardin Sikilgaita von Salerno, in der Schlacht ein Commando hatte; sie scheint also, obgleich aus anderem Blut, eine Robert's würdige Amazone gewesen zu sein. Dieser erfocht einen vollständigen Sieg und übernachtete im Zelte des verwundeten und geflüchteten Kaisers (October 1081). Vier Monate nach der Schlacht fiel Durazzo durch den Verrath eines Venetianers, welchem Robert eine Summe Geldes gab und dem er die Tochter Wilhelm Eisenarm's zur Gemahlin versprach. Zum Glücke für Alexius ließ sich damals Heinrich bestimmen, eine Scheinbewegung gegen Robert Guiscard's Reich zu machen, und zu gleicher Zeit landeten auch die normannischen Flüchtlinge in Apulien. Dies machte Robert Guiscard's Gegenwart in Italien nöthig. Er übertrug im Frühjahr 1082 den Oberbefehl seinem Sohne Boëmund und kehrte in sein Reich zurück; der Prätendent Michael, zu dessen Gunsten er angeblich den Zug unternommen hatte, war schon bei Durazzo gefallen.

Heinrich war im Anfange des Sommers 1081 gegen Rom gezogen und hatte sich vor den Mauern der Stadt gelagert. Er war aber, da er einen Theil seines Heeres gegen die Burgen der Mathilde geschickt hatte, zu schwach gewesen, um eine Belagerung zu unternehmen, und hatte außerdem durch Krankheiten, die unter seinen Truppen einrissen, viel zu leiden gehabt. Er verließ daher im Juli die ungesunde Gegend von Rom und wandte sich wieder nach dem Norden von Italien. Wie sehr die Bürger der Städte auch in Italien demselben Könige, den die geistlichen und weltlichen Herren als ihren Feind ansahen, ergeben waren, sieht man an dem Beispiele der Stadt Lucca, in welcher Heinrich den Rest des Sommers zubrachte. Während der Bischof Anselm von Lucca sich bei Mathilden aufhielt und ihren kriegerischen Muth anfeuerte, war Heinrich über die ihm von den Bürgern der Stadt erwiesene Treue und Liebe so sehr erfreut, daß er ihnen Vorrechte und Freiheiten ertheilte, durch welche sich Lucca seit dieser Zeit von Jahr zu Jahr mächtiger neben dem blühenden Pisa erhob. Im Frühjahr 1082 zog der König wieder gegen Rom und machte dann auf Bitten des griechischen Kaisers eine Bewegung nach Süden hin, um den Herzog Robert zu schrecken.

Wegen der deutschen Angelegenheiten war er ganz unbesorgt, weil er sie seinen Freunden überlassen hatte und weil Otto von Nordheim ein Gegner war, mit dem er selbst es zwar nicht aufnehmen konnte, neben dem aber auch jeder neu ernannte Gegenkönig eine traurige Rolle spielen mußte. Zur Wahl eines neuen Königs entschlossen sich Heinrich's Gegner in Deutschland blos aus dem Grunde, weil sie vor dem Volke den Schein wahren wollten. Doch schoben sie die Wahl bis in den Juni (1081) auf. Auch dann konnten sie lange nicht einig werden, bis sie endlich durch die Fortschritte, welche die Hohenstaufen machten, dazu getrieben wurden. Sie erwählten am 9. August, als das Heer ihrer Gegner unter dem Herzog Friedrich von Schwaben bereits mit ihren eigenen Truppen zusammengetroffen war, den Grafen Hermann von Salm in Lothringen, einen Sohn des mächtigen Grafen Giselbert von Lützelburg oder Luxemburg. Der neue König eilte noch am Tage seiner Erwählung gegen die Feinde, welche bei Höchstädt an der Donau, einem durch Schlachten berühmten Orte, im Angesichte ihrer Gegner lagen, und gewann einen entscheidenden Sieg über sie. Er drang hierauf tief in Schwaben ein, wo die Hohenstaufen noch nicht festen Fuß halten fassen können, bedrängte Augsburg, das, wie andere Städte, zu Heinrich hielt, und ging dann nach Goslar, wo er um Weihnachten vom Erzbischof Siegfried von Mainz gesalbt und gekrönt wurde. Otto von Nordheim, der mit Hermann's Wahl unzufrieden war, hatte die Krönung bis zum Jahresschlusse aufzuhalten gewußt; er ließ ihn überhaupt zu keinem Ansehen im Reiche gelangen, und Hermann verlor als Schattenkönig natürlich auch die Macht, die er als Graf gehabt hatte, weil nichts mehr schadet, als eine hohe und selbst die höchste Stelle, wenn sie der Würde und des Glanzes entbehrt.

Heinrich zog zu Ende des Jahres 1082 zum dritten Male gegen Rom. Er suchte nämlich vor allen Dingen Gregor zu verjagen und Clemens als Papst in Rom einzusetzen, da, wenn dies vollbracht war, das Uebrige sich von selbst geben mußte. Er hatte schon im Sommer Burgen um die Stadt angelegt und diese, sowie das benachbarte Tibur mit Besatzungen versehen. Jetzt lag er sieben Monate lang vor Rom, verheerte das Gebiet der Stadt, bemächtigte sich aller umliegenden Oerter und Burgen und hemmte die Zufuhr. Endlich nahm er mit seinen Deutschen und Lombarden die leoninische Stadt und bald auch die Peterskirche in Besitz, wo er feierlichen Gottesdienst halten ließ, und schloß mit den römischen Bürgern einen Vertrag. Gregor, der sich in die Engelsburg zurückgezogen hatte, blieb auch in der höchsten Noth felsenfest. Er wies die von Heinrich angebotenen Unterhandlungen zurück, mied den Verkehr mit ihm standhaft und versammelte die Bischöfe seiner Partei um sich. Heinrich mußte damals jeden Augenblick fürchten, daß Robert Guiscard, der schon längst nach Italien zurückgekehrt war, mit seinen Normannen erscheinen werde; zum Glück war dieser aber in seinem eigenen Lande mit der Bezwingung empörter Städte beschäftigt. Obgleich viele Römer, statt mit Gregor Elend zu leiden, den deutschen König unterstützten, so konnte dieser doch erst im Frühling des folgenden Jahres (1084) die Stadt ganz einnehmen. Auch bei den Kämpfen um Rom soll Gottfried von Bouillon sich besonders hervorgethan haben; ja man nennt ihn als den Ersten, der in die Stadt eindrang. Am Palmsonntag wurde Clemens III. von einigen italienischen Bischöfen zum Papste geweiht, und am ersten Ostertag verrichtete er an Heinrich und seiner Gemahlin Bertha die Krönung. Der treffliche Freund des neuen Kaisers, Dietrich von Verdun, blieb auch bei dieser Gelegenheit seinen Grundsätzen getreu. Er erkannte den neuen Papst nicht an, sondern hielt zu Gregor als dem allein rechtmäßigen Oberhaupte der Kirche, und segnete den Erzbischof von Trier, obgleich er selbst ihn hatte wählen helfen, ohne Erlaubniß des Letzteren nicht ein, weil er dafür hielt, dies sei ebenso sehr dem Kirchenrechte zuwider, als Gregor's Anmaaßungen.

Im Mai erhielt Heinrich die Nachricht, daß endlich Robert Guiscard mit einem sehr starken Heere ausgezogen sei, um dem Papste, der sich in die Engelsburg eingeschlossen hatte, Hülfe zu bringen. Da die Römer, wie aus Allem hervorgeht, dem neuen Papste mehr gewogen waren, als dem alten, so glaubte Heinrich, der seine Gegenwart in Deutschland schon vorher für nöthig gehalten hatte und der Macht Robert Guiscard's nicht gewachsen war, es der Partei des Ersteren überlassen zu können, die Stadt so gut als möglich zu vertheidigen, und zog im Mai von Rom ab. Robert Guiscard sandte, als er in die Nähe der Stadt kam, 1000 auserlesene Krieger voraus, folgte dann selbst mit 3000 seiner besten Kerntruppen und ließ den ganzen übrigen Troß weit hinter sich, um das Weitere abzuwarten. Obgleich die Gegenpartei des Papstes Clemens schon bei Heinrich's Anwesenheit sehr mächtig gewesen war, so benahm sich doch Robert Guiscard beim Angriff auf die Stadt mit großer Ueberlegung und Vorsicht. Er führte seine Truppen in der Stille heran, brachte sie unter einer alten Wasserleitung heimlich bis an das St. Laurentiusthor, ließ dort einige seiner Leute in der Nacht auf Leitern über die Mauern steigen und durch sie dieses Thor sprengen. Dann rückte er selbst in die Stadt ein und führte Gregor aus der Engelsburg heraus. Seine rohen Schaaren, die er erst kurz vorher aus allerlei Volk ergänzt hatte und unter denen sich auch viele Mohammedaner befanden, hausten drei Tage lang fürchterlich. Die erbitterten Bürger ergriffen daher plötzlich die Waffen und es brach ein allgemeiner Aufstand aus, der so gut organisirt war, daß alle Normannen erschlagen worden wären, wenn sich nicht Robert dadurch Luft verschafft hätte, daß er an verschiedenen Stellen Feuer anlegen ließ. Ein großer Theil der Stadt ging in Flammen auf, die Römer erlagen ihren Feinden; ja Robert, der noch einige Tage in Rom verweilte, verkaufte mehrere tausend Bürger als Sklaven und ließ viele Andere mit Stricken gebunden, zum Theil von Mohammedanern, in das Lager schleppen. Rom hat durch diesen

Ueberfall eines christlichen Fürsten zu Gunsten eines Papstes an seinen antiken Bauwerken wohl nicht minder Schaden erlitten, als durch Alarich oder Geiserich; aber nicht nur die Hallen am Marsfelde, sondern auch alte Kirchen wurden vom Grunde zerstört. Robert Guiscard zog nun mit Gregor, der sich in Rom nicht sicher glaubte, noch eine Zeit lang in der Nähe der Stadt umher, eroberte die verlorenen Güter und Burgen der Kirche und kehrte dann in sein Reich zurück, weil er seine Unternehmungen in Griechenland jetzt in Muße vollenden wollte; nur in der Engelsburg ließ er eine Besatzung zurück. Gregor begab sich über Monte Cassino nach Salerno, versammelte hier eine Synode und belegte Heinrich, dessen Hauptfeind, Otto von Nordheim, schon zu Anfang 1083 gestorben war, aufs neue mit dem Banne. Der Bischof Otto von Ostia überbrachte als päpstlicher Legat dieses Decret nach Deutschland und hielt in Queblinburg eine deutsche Synode (Ostern 1085). Welche Beschlüsse hier gefaßt wurden, kann man leicht errathen, wenn man erfährt, daß Heinrich's Gegenkönig Hermann dabei anwesend war. Doch hatte ein bambergischer Geistlicher, Chunibert oder Gumbert, den Muth, vor allen Gegnern Heinrich's zu beweisen, daß das Primat des Papstes ein durchaus angemaßtes Recht sei, welches sich weder auf göttliche noch auf menschliche Gesetze stütze. Ein Laie, der gewiß nichts von den Gründen des Geistlichen verstand, rief ihm aber den Spruch zu, daß der Schüler nicht über dem Lehrer stehe und die Vernunft des Geistlichen mußte vor einem Einwurfe verstummen, dem dieses Laien Faust, aber auch nur diese, Nachdruck gab. Bald nach der Synode von Queblinburg fand eine andere in der Sanct Albanskirche zu Mainz statt, bei der sehr angesehene deutsche Bischöfe zugegen waren und auf welcher gerade die entgegengesetzte Stimmung herrschte wie zu Queblinburg. Hier wurde die Absetzung Gregor's bestätigt, die Rechtmäßigkeit seines Gegners Clemens anerkannt und über Hermann von Luxemburg als Reichsverräther und Störer der Kircheneinheit ein Fluch ausgesprochen. Auf derselben Versammlung (Mai 1085) wurde der Gottesfriede, nach welchem von Donnerstag bis Sonntag die Waffen ruhen sollten, als Reichsgesetz verkündet.

Gregor selbst, welcher schon im Januar erkrankt war, starb im Mai zu Salerno (1085). Er ward in der Kirche San Matteo beigesetzt und nach seinem Tode von Vielen als ein Heiliger und Märtyrer verehrt, von Anderen aber als der Urheber eines Systems verflucht, welches damals alle Kirchen zerriß, die schlechten Geistlichen unter die Waffen und ins Getümmel des Lebens rief, die frömmeren schaarenweise in die Einsamkeit der Klöster trieb, den Staat auf Jahrhunderte mit der Kirche entzweite und endlich, als das Licht der Erkenntniß sich verbreitete, die bestehende Kirchenordnung unhaltbar machte. Gregor selbst glaubte im Augenblicke des Scheidens vom Irdischen, und zwar, wie wir wünschen, aufrichtig, daß er ein Märtyrer der Wahrheit und des Rechtes gewesen sei und richtige Grundsätze behauptet habe, die er auch nach seinem Tode durch die von ihm empfohlenen Nachfolger aufrecht zu erhalten suchte. Er starb mit den Worten: „Ich habe das Recht geliebt und das Unrecht gehaßt; darum sterbe ich in der Verbannung!" Ueber die Lage der Kirche hatte er den ihn umgebenden Bischöfen und Freunden seinen tiefen Schmerz ausgesprochen, und zu seinem Nachfolger vier Männer, den Bischof Otto von Ostia, den kraftvollen Anselm von Lucca, der sich als Rathgeber der Gräfin Mathilde erprobt hatte, den Bischof Hugo von Lyon und seinen Freund, den Abt Desiderius von Monte Cassino, ganz besonders aber den Letzteren empfohlen. Diese Wahl zeigt besser, als alle Worte es thun könnten, welche furchtbare Festigkeit des Geistes Gregor gehabt hatte. Desiderius, ein gelehrter und frommer Mann, war Gregor's Vertrauter und Gefährte gewesen; er hatte einst den reichen Schatz seines Klosters der Mathilde überliefert, damit sie eine hinreichende Anzahl Leute zum Schutze der Kirche unterhalten könne; er hatte sich sogar strenger, als irgend ein Anderer, gegen jeden Antheil der Kaiser oder Könige an der Papstwahl erklärt. Als nämlich einst Otto von Ostia mit ihm darüber stritt und sich auf Nikolaus' II. Decret berief, antwortete er: „Weder der Papst, noch ein Bischof, noch irgend ein Mensch konnte dies mit Recht zugestehen; denn die päpstliche Würde ist unsere Herrin, nicht unsere Magd; sie ist Keinem unterworfen, sondern steht über Allen, und es kann sie daher Niemand wie eine Sklavin verkaufen. Wenn dies vom Papste Nikolaus geschehen ist, so ist es ohne Widerrede ungerechter und thörichter Weise geschehen; um einer menschlichen Unbesonnenheit willen aber kann und darf weder die Kirche ihre Würde einbüßen, noch dürfen wir dieses im mindesten zugestehen, noch wird es mit Gottes Willen überhaupt jemals wieder vorkommen, daß der König der Deutschen den Papst der Römer ernenne." Als hierauf Otto erzürnt ausrief, wenn man dies jenseits der Alpen höre, so würden dort Alle sich vereinigen und wie Ein Mann zusammenstehen, entgegnete ihm Desiderius: „Wahrlich, mögen auch die Deutschen, mag selbst die ganze Welt sich hiergegen mit einander verbinden, wir werden doch nicht von dieser Meinung abgebracht werden. Der Kaiser kann zwar, wenn Gott es zugibt, auf eine Zeit lang die Uebermacht erhalten und dem Rechte der Kirche Gewalt anthun, unsere Zustimmung dazu wird er aber nie erzwingen können." Ungeachtet dieser strengen Grundsätze hatte Desiderius doch im Handeln geschwankt, und als Heinrich ihn (1083) vor sich lud, um für seine Abtei die kaiserliche Belehnung einzuholen, hatte er sich zuerst in einen Briefwechsel mit ihm eingelassen und dann seinem Befehle gehorcht. Papst wollte er anfangs durchaus nicht werden, weil Rom nach Gregor's Tode in die Hände des Gegenpapstes gefallen war und weil er einsah, daß er das Werkzeug einer politischen Partei sein solle. Er weigerte sich ein ganzes Jahr hindurch, die gefährliche Würde anzunehmen, und bestieg auch dann nur gezwungen den päpstlichen Stuhl unter dem Namen Victor III.

Der Papstwechsel und manche Vorfälle in Deutschland eröffneten dem Kaiser Heinrich bessere Aussichten. Auch überlebte Robert Guiscard, der einzige Mann dieser Zeit, der ihm völlig gewachsen war, seinen Schützling Gregor nur um acht Wochen. Er starb im Juli 1085 auf der Insel Cephalonia, nachdem er neue ungeheure Rüstungen gegen die Griechen gemacht, selbst zur See bedeutende Vortheile errungen und die Aufhebung der Einschließung von Korfu erzwungen hatte.

8. Das deutsche Reich während der letzten 20 Jahre von Heinrich's IV. Regierung.

In Deutschland wurden die nachtheiligen Folgen, welche die oligarchische Aristokratie unter den beiden schwachen Gegenkaisern Rudolf und Hermann gebracht hatte, bald nach Gregor's Tode so einleuchtend, daß sich in Schwaben, in den Rheingegenden und in Lothringen die meisten Reichsstände von der päpstlichen Sache abwendeten und auch die Baiern gegen den Willen ihres Herzogs Welf auf Heinrich's Seite traten. Selbst Hermann's von Luxemburg Bruder, Konrad, war für diesen. Auch Wratislav II. von Böhmen, welchem Heinrich 1086 die Königswürde ertheilte, unterstützte ihn mit seiner ganzen Macht. Von den Bischöfen stand weit über die Hälfte auf seiner Seite. Alle sächsischen Bischöfe, mit Ausnahme Ubo's von Hildesheim, ferner die Bischöfe von Salzburg, Worms, Würzburg, Augsburg und der vom Papst ernannte Gegenbischof von Constanz, überhaupt 15 Bischöfe in Allem, waren ebenso heftig gegen Heinrich, als Liemar von Bremen, der nach Siegfried's Tod eingesetzte Bischof Wezilo von Mainz, Otto von Constanz, Burkhard von Basel, Hermann von Speier, Dietrich von Verdun und noch 18 Andere für Heinrich stimmten. Der Kampf beider Parteien dauerte unter wechselndem Glücke fort und ward ebenso wohl mit geistlichen, als mit weltlichen Waffen geführt. Wie Heinrich's Feinde diesen Kampf ansahen oder vielmehr angesehen wissen wollten, geht daraus hervor, daß sie bei ihren Truppen eine Art von Caroccio eingeführt hatten; sie ließen nämlich, so oft es zu einer Schlacht kam, ein sehr hohes, auf einem Wagen aufgestelltes und mit einer rothen Fahne geschmücktes Crucifix vor dem Heere her fahren. Dies war auch der

Fall in der Schlacht bei Bleichfeld, nördlich von Würzburg, wo sie (1086) dem König eine Niederlage beibrachten; dieser aber entwickelte eine solche Kriegstüchtigkeit, daß er schon nach einigen Monaten als Herr in Würzburg einzog. Im Jahre 1087 änderte sich die Lage der Dinge. Der Gegenkaiser Hermann, wohl fühlend, daß er nur ein Spielzeug der sächsischen Großen sei, legte seine Würde nieder, verglich sich mit Heinrich und starb im folgenden Jahre. An der Spitze der Gegner des Letzteren stand damals der Markgraf Elbert von Meißen, welcher, wie vorher Otto von Nordheim, Alles in seine Gewalt zu bringen suchte und eine mehr als zweideutige Rolle spielte. Er war einer der mächtigsten Großen, da er außer Meißen und Thüringen viele Besitzungen in Friesland und in anderen Theilen Norddeutschlands hatte. Die Sachsen wurden des Krieges endlich müde, so daß Bischof Burkhard von Halberstadt große Mühe hatte, sie zu neuen Zügen gegen den Kaiser zu bewegen. Im Jahre 1088 ward Burkhard von seinen eigenen Leuten in Goslar auf den Tod verwundet und starb in einem Kloster der Umgegend; nun stand nur noch Elbert dem Kaiser furchtbar gegenüber. Heinrich, der ihn schon zwei Jahre zuvor seiner Lehen verlustig erklärt und die ihm gehörenden friesischen Grafschaften des Oster- und Westergaues dem Bisthum Utrecht geschenkt hatte, ließ ihn durch ein Fürstengericht nochmals als Hochverräther verurtheilen und gab Meißen dem Grafen Heinrich von Eilenburg. Er drang dann mit seinen Truppen in Thüringen ein, ward aber bei der Belagerung der Burg Gleichen von Elbert, welcher die ganze Volksmasse der Umgegend aufgerufen hatte, nächtlicher Weile überrascht und mit sehr großem Verluste zurückgeschlagen. Diese Niederlage war doppelt empfindlich für Heinrich, weil er dabei zwei seiner ältesten und besten Freunde verlor: der Bischof Burkhard von Lausanne, welcher viele Jahre lang in Glück und Unglück zu ihm gehalten hatte, fiel tapfer kämpfend, und Liemar von Bremen wurde gefangen genommen. Den Nachtheil der erlittenen Niederlage wog bald nachher die Ermordung des Siegers auf, welcher in der Nähe seiner Erbgüter von Anhängern Heinrich's in einer Mühle erschlagen wurde; denn nach Elbert's Tode neigten sich die Gegner des Kaisers zum Frieden, und dieser konnte sich nach Italien wenden, wo der Zustand der römischen Kirche ihn größere Vortheile erwarten ließ, als er in Deutschland hoffen durfte.

Desiderius, als Papst Victor III., ward, als er endlich wider Willen die päpstliche Würde angenommen hatte (Mai 1086), durch den kaiserlichen Präfecten schon vier Tage nach seiner Ernennung aus Rom vertrieben. Er legte in Terracina die Zeichen seiner neuen Würde nieder und begab sich, um in Ruhe zu leben, in sein Kloster

Monte Cassino zurück. Nur mit großer Mühe ließ er sich im März 1087 bewegen, das Papstthum noch einmal zu übernehmen; die Peterskirche wurde von normannischen Kriegern erstürmt und die Weihe vollzogen. Da jedoch die Stadt zum größeren Theil auch nachher im Besitze des Gegenpapstes Clemens blieb und die Mehrzahl der Römer sich demselben zuneigte, so überließ Victor schon im Herbste die Stadt Rom seinem Gegner und ging in sein Kloster zurück, wo er bald nachher starb. Er hatte als Papst den Bischof Hugo von Lyon und dessen Freund, den Abt Richard von Marseille, welcher Gregor's rechte Hand gewesen war, mit dem Banne belegt und Otto von Ostia zu seinem Nachfolger vorgeschlagen; es scheint deshalb, als wenn während der kurzen Zeit seines Papstthums sich neben ihm und Clemens noch eine dritte Partei gebildet hätte. Die Kardinäle leisteten seiner Empfehlung um so schleuniger Folge, da Heinrich bald nach Victor's Tode seinen ältesten Sohn, Konrad, nach Italien vorausgeschickt hatte. Otto ward, freilich erst nach Verlauf eines halben Jahres, unter dem Namen Urban II. zum Papst geweiht (März 1088). Er beeilte sich, die Gräfin Mathilde von Tuscien, deren leitender Freund, Anselm von Lucca, gestorben war, und Heinrich's alten Feind, den mächtigen Herzog Welf von Baiern, der päpstlichen Sache dadurch treu zu erhalten, daß er eine Heirath zwischen dem Sohne des Letzteren, Welf V., und der Gräfin zu Stande brachte, obgleich der junge Welf, welcher dadurch die Aussicht auf einen Theil der tuscischen Besitzthümer erhielt, erst 18, Mathilde aber bereits 43 Jahre alt war. Nichtsdestoweniger aber suchte Urban von Anfang an den Frieden. Uebrigens war der Wunsch nach Ruhe damals so allgemein, daß Heinrich nur seinen Gegenpapst hätte aufgeben dürfen, um Urban's Anhänger mit sich auszusöhnen; er konnte aber, als man ihm dies vorschlug, unmöglich auf die Gefahr hin, seine Feinde doch nicht ganz zu gewinnen, eine Bedingung annehmen, welche seine bisherigen Freunde von ihm getrennt haben würde.

So war die Lage der Dinge in Italien beschaffen, als Heinrich daselbst erschien (April 1090). Er schloß sogleich die Hauptfestung der Mathilde, Mantua, enge ein, und belagerte sie elf Monate lang, bis die Einwohner ihrer Leiden überdrüssig wurden und die Stadt dem König übergaben. Dann eroberte er noch einige andere Orte der tuscischen Gräfin, hielt seinen Papst Clemens gegen Urban aufrecht, nöthigte durch seine Anhänger in Rom den Letzteren, nach Unteritalien zu fliehen, und übte seine Gewalt in Kirchensachen in einem Umfang aus, wie noch Niemand vor ihm. Obwohl ihm ein Unternehmen gegen die verhängnißvolle Burg Canossa mißlang, ja sogar das kaiserliche Feldzeichen von den Gegnern erbeutet und in die dortige Kirche gebracht wurde, stand gleichwohl seine Sache damals nicht ungünstig. Er büßte aber auch, wie fast immer, die Vortheile, die er als Oberhaupt des Staats errungen hatte, durch das Unwürdige seiner Verhältnisse als Privatmann wieder ein. Er hatte sich nach dem Tode seiner treuen Gemahlin Bertha (Ende 1087) mit der Wittwe des Grafen Heinrich von der Nordmark, der Tochter eines russischen Großen, vermählt, vielleicht um dadurch Anhang im Sachsenlande zu gewinnen. Die neue Kaiserin, die in ihrer Heimath Eupraxia oder Praxedis geheißen hatte, in Deutschland aber den Namen Adelheid erhielt, wurde zu Köln vom Erzbischof von Magdeburg gekrönt (1089). Bald aber gerieth sie mit ihrem Gemahl in Streitigkeiten der ärgerlichsten Art. Mag Heinrich aus Rohheit und Zuchtlosigkeit gegen sie gefehlt haben, so gibt uns doch ihr ganzes Betragen die unvortheilhafteste Vorstellung von ihrer Denkweise. Sie entfloh der strengen Aufsicht, in der sie gehalten wurde, und begab sich zur Gräfin Mathilde, die damals entschiedener als je gegen die kaiserliche Partei auftrat. Wenn die strenge tugendhafte Beschützerin eines Gregor und Urban dem befleckten Weibe die Freundeshand bot, weil sie nur durch Anstiften ihres Gatten gefehlt habe, so zeigt dies nur, wie einseitige Meinungswuth auch auf die moralischen Begriffe der Zeit Einfluß hat. Wir freilich vermögen auch in der Weise, wie Mathilde bei ihren Ehebündnissen verfuhr, eine wahrhaft hohe sittliche Auffassung nicht zu erkennen. Auf zwei Kirchenversammlungen erschien die entflohene Kaiserin als Anklägerin gegen Heinrich; erst in Konstanz und später (1095) zu Piacenza, auf derselben großen Versammlung, wo Papst Urban den ersten Kreuzzug einleitete. Auch hier wurde sie mit einem Mitgefühl empfangen, welches ihre schamlosen Enthüllungen nicht verdienten. „Der Herr Papst", so berichtet der Chronist Bernold von Sanct Blasien, „nahm sammt der heiligen Synode ihre Klagen höchst erbarmungsvoll auf, weil man genau wußte, daß sie solche Greuel weniger begangen als wider Willen ertragen; und so befreit er sie gnädig von der Buße." Nachdem ihre Bekenntnisse die erwünschte Wirkung gethan, tritt sie wenig mehr hervor; sie starb drei Jahre nach ihrem Gemahl in einem Kloster zu Kiew (1109).

Von größerer politischer Wichtigkeit war Heinrich's Zerwürfniß mit seinem ältesten, doch erst 19jährigen Sohn Konrad, dessen Erhebung zum deutschen König seine Mutter Bertha noch erlebt hatte. Derselbe wird von allen Seiten als ein schöner, kühner und liebenswürdiger Jüngling geschildert, der der kirchlichen Richtung aufrichtig zugethan war. Was ihn zuerst mit dem Vater persönlich entzweit hat, läßt sich nicht mit Bestimmtheit angeben. Bald nach dem Tode seiner Großmutter, der piemontesischen Markgräfin, ließ ihn der

Kaiser nach Italien ziehen, damit er einen Theil ihrer Güter als sein Erbe in Besitz nehme (1092). Hier war es, wo Mathilde ihn völlig auf die Seite der Gegner zu ziehen wußte. Konrad ward auf Befehl seines Vaters gefangen gesetzt, entkam aber nach einiger Zeit und ward vom Erzbischof Anselm von Mailand, dem Nachfolger Thebald's, als König von Italien gekrönt (1093). Die Städte Mailand, Cremona, Lodi und Piacenza fielen vom Kaiser ab, traten in einen Bund zusammen und besetzten die Alpenpässe, um seine deutschen Freunde zu verhindern, ihm Hülfe zu bringen. Jetzt verzweifelte Heinrich an seiner Sache; er sank in Schwermuth, zog sich in eine einsame Burg im Osten Oberitaliens zurück und entsagte eine Zeit lang allem Verkehr mit der Welt, während in Italien und Deutschland die größte Verwirrung herrschte. Im letzteren Lande erhielt B e r t h o l d II. von Zähringen, welchen Heinrich's Gegner zum Herzoge von Schwaben ernannt hatten, das Uebergewicht über die Hohenstaufen, und zugleich ließen die dem Kaiser feindlichen Geistlichen ihrerseits auf zwei Jahre eine Art von Gottesfrieden verkündigen, welcher über alle südlichen Provinzen ausgedehnt wurde. In Italien erlangte Urban II., der sich bis dahin gegen Clemens und seine Anhänger kaum halte erhalten können, durch die Predigt des Kreuzzuges auf einmal ein größeres Ansehen. Er berief nämlich jene Kirchenversammlung nach Piacenza (1095), welche von vielen tausend Geistlichen und Laien besucht ward, riß die versammelte Menge zu dem Beschluß eines Kriegszuges ins gelobte Land hin, und erregte in ganz Italien eine schwärmerische Begeisterung dafür, welche Niemanden mehr zu Statten kam, als ihm selbst. Die Italiener schlossen sich an ihn an und sein Gegenpapst verlor seitdem schnell alles Ansehen, während zu gleicher Zeit viele Städte, ohne den Kaiser zu fragen, ja sogar gegen ihn Verbindungen zur Erhaltung ihres Handels und ihrer Rechte unter einander schlossen. Unterdessen hatte Heinrich wieder neuen Muth gefaßt, da einer seiner mächtigsten Gegner, Welf von Baiern, mit seinem Sohne zu ihm übertrat. Die Gräfin Mathilde hatte nämlich schon 1077 ihre gesammten Güter förmlich der römischen Kirche vermacht, dies aber dem jungen Welf seither verheimlicht.*) Sobald Welf es erfuhr und sich also in seiner Erwartung betrogen sah, trennte er sich von ihr und ging nebst seinem Vater zur Partei des Kaisers über (1095). Nichtsdestoweniger verzweifelte Heinrich bald an Italien, und kehrte 1097 nach Deutschland zurück.

---

*) Die Schenkung hatte im Lateran stattgefunden, und zwar sinnbildlich durch Uebergabe eines Kornhalmes, eines Rasenstückes, eines Baumzweiges, eines Handschuhes und eines Messers an Gregor VII.; sie galt sowohl für die italienischen als für die transalpinen oder deutschen Besitzungen der Gräfin.

Hier belehnte er den alten Welf wieder mit dem Herzogthum Baiern und ordnete auf einem Fürstentage die schwäbischen Angelegenheiten. Berthold II. von Zähringen trat Schwaben an die Hohenstaufen ab und erhielt dafür nicht nur seine Grafschaft im Breisgau zurück, sondern auch die Reichsvogtei in Zürich und in dem Lande zwischen dem Jura und dem Bernhardsberge. Ueberhaupt trat damals endlich Ruhe in Deutschland ein und nur noch wenige Große waren offen gegen Heinrich; doch vermochte dieser nicht, sich das Ansehen eines Kaisers wieder zu verschaffen und schleppte vielmehr sein Leben als Reichsoberhaupt hin, als daß er eigentlich regiert hätte. Das einzige einigermaaßen Wichtige, was er im Laufe mehrerer Jahre that, war gegen seinen Sohn Konrad gerichtet. Er bewog nämlich die Fürsten, diesen Sohn, welcher 1087 in Aachen gekrönt worden war, der empfangenen Würde verlustig zu erklären und dagegen seinen zweiten Sohn, Heinrich V., an dessen Stelle zu wählen. Heinrich V. wurde zu Anfang des Jahres 1099 in Aachen gekrönt; der Vater nahm ihm aber, durch das Benehmen seines Bruders gewarnt, vorher das eidliche Versprechen ab, daß er, so lange sein Vater lebe, nie die Regierung oder die Güter des Kaisers an sich reißen wolle. Der unglückliche Konrad nahm ein klägliches Ende. Man hatte ihn zuerst mit der noch im Kindesalter stehenden Tochter des Grafen Roger I. von Sicilien vermählt, welche ihm eine sehr reiche Mitgift zubrachte. Als aber sein Vater nach Deutschland zurückgekehrt und die päpstliche Partei wieder zu Muth und Ansehen gekommen war, zerfiel diese Partei mit ihm, weil er jetzt als Werkzeug nicht mehr nöthig war. Die Undankbaren ließen ihn so tief sinken, daß man seinen im Jahre 1101 erfolgten Tod eher eine Wohlthat, als ein Unglück für ihn nennen muß. Sie hatten ihm sogar sein Geld genommen, so daß er in seinen letzten Jahren oft Mangel litt. Er verbrachte auf einem einsamen Schlosse zwischen Parma und Piacenza trübe Tage und starb, nachdem sich Mathilde ihm wieder angenähert hatte, auf einer Reise in Florenz (1101).

Noch ehe Heinrich seinen zweiten Sohn zum Nachfolger hatte ernennen lassen, war er der Juden wegen mit dem Erzbischof Ruthard von Mainz in Zwietracht gerathen. Das Gesindel des ersten Kreuzzuges, welches von Frankreich und vom Ueberrhein her durch Deutschland zog, war aus rohem Fanatismus und aus Habgier über die Juden hergefallen und hatte sich besonders im Mainzer Sprengel die ärgsten Mißhandlungen und Plünderungen gegen dieselben erlaubt. Der Kaiser nahm sich der Unglücklichen an, gestattete allen, die man zur Taufe genöthigt hatte, die Rückkehr zum väterlichen Glauben und beschloß, die Reichsgesetze gegen die Räuber in Kraft zu halten. Bei den Untersuchungen, welche er deshalb veranstalten ließ, wurden auch

Rutharb's Freunde und Verwandte der Theilnahme am Raube beschuldigt, ja, es kamen sogar kaum glaubhafte Anzeigen gegen den Erzbischof selbst vor. Dieser flüchtete sich auf seine Kirchengüter in Thüringen, von wo aus er später mit des Kaisers Gegnern in Verbindung trat. Heinrich zog die Einkünfte des Mainzer Bisthums für sich ein, beging aber bei der Gelegenheit die Unvorsichtigkeit, dem in Deutschland ganz gesunkenen päpstlichen Ansehen dadurch ein neues Gewicht zu geben, daß er die Mainzer Kirchengeschäfte durch einen Legaten seines Papstes Clemens verrichten ließ. Uebrigens sagt ein Schriftsteller der Zeit, die Excommunication habe damals in Deutschland so sehr alle Kraft verloren gehabt, daß sogar Manche, die bis dahin die eifrigsten Anhänger des Papstes gewesen seien, ohne das mindeste Bedenken zu der mit dem Banne belegten Partei übergetreten wären.

Durch die Bewegungen, welche Ruthard von Thüringen aus veranlaßte und durch einige andere Vorfälle im Inneren des Reiches ward Heinrich verhindert, der Aufforderung seiner italienischen Freunde zu folgen, die ihn, als Urban II. 1099 gestorben und Paschalis II. an seine Stelle gewählt worden war, nach Italien riefen, um durch einen billigen Frieden die Kirchenspaltung zu beendigen. Dies wäre um so eher möglich gewesen, da im nächsten Jahre auch der Gegenpapst Clemens III. starb. Allein statt dem klugen Rathe verständiger Freunde zu folgen, stürzte sich Heinrich durch Unvorsichtigkeit in eine Reihe neuer Verlegenheiten. Er betrieb die Wahl eines Gegenpapstes und bewog dadurch Paschalis, den Bannfluch gegen ihn zu erneuern. Er ersuchte den alten ehrwürdigen Abt Hugo von Clagny, der ihn aus der Taufe gehoben hatte, nach Deutschland zu kommen, um den Frieden mit der Kirche wieder herzustellen; allein sein Schreiben an diesen edlen Mann, der ihn durch seine Erscheinung allerdings wieder hätte heben können, war schwerlich aufrichtig gemeint. Er that auf einem Fürstentag in Mainz (Weihnachten 1102) das Gelübde eines Kreuzzuges und gab das förmliche Versprechen, die Krone seinem Sohne abzutreten, damit die Aussöhnung des Staates mit der Kirche erleichtert werde; er hatte aber weder bei dem Einen, noch bei dem Anderen die Absicht, die übernommene Verpflichtung zu halten. Er hielt endlich die vornehmsten Reichsbeamten an seinem Hofe zurück, unter dem Vorwande einer Berathung, welche nie angestellt wurde. Zu diesem Allen kam der Same der Unzufriedenheit im Reiche, der immer noch nicht erstickt war und sowohl wegen der Vernachlässigung des Herkommens, deren sich der Kaiser oft schuldig machte, als auch wegen der Art, wie er sich des Volkes gegen die gehaßten und gefürchteten Großen bediente, nicht wohl erstickt werden konnte. Er übte nämlich in jener Zeit, wo das Gesetz schwieg, durch die Bürger und die geringeren Vasallen oft eine tumultuarische Justiz gegen die größeren Herren, und gerade als er den Kreuzzug und die Abdankung zu Gunsten seines Sohnes versprochen hatte, riefen zwei Vorfälle dieser Art, die man ihm zur Last legte, im ganzen Reiche Bewegungen hervor, ließen den Empörungen einen Schein des Rechtes und gaben, besonders der eine, gewissermaßen das Signal zu einem neuen Bürgerkriege. Dies war die Ermordung Konrad's von Bleichingen, eines Sohnes Otto's von Nordheim, und die Tödtung des Grafen Sieghard von Burghausen. Konrad ward auf einer Reise erschlagen und sein Mord erweckte unter den Großen den Verdacht, daß der Kaiser die Sache angestiftet habe. Sieghard hatte sich zugleich dem Volke und dem Kaiser verhaßt gemacht und ward während der Anwesenheit des Letzteren in Regensburg auf eine Weise umgebracht, daß nicht blos Sieghard's Verwandte und die Fürsten seinen Tod dem Kaiser schuld gaben, sondern daß auch die Vermuthung einigen Schein hat, als wenn dieser sich damals wirklich eines Feindes ohne Recht und Gericht entledigt habe. Die Bürger von Regensburg und die Dienstleute des dortigen Hochstiftes verschworen sich nämlich gegen das Leben des Grafen und es entstand plötzlich ein Aufruhr, der auf keine Weise gestillt werden konnte, auch sogar dann nicht, als sich Heinrich's Sohn selbst ins Mittel legte. Die Verschworenen bestürmten am hellen Tage sechs Stunden lang die Wohnung Sieghard's, drangen endlich in dieselbe ein und enthaupteten den Grafen, nachdem sie ihn halten beichten und das Abendmahl nehmen lassen. Der ganze Vorfall zeigt deutlich, daß der Kaiser, wenn er auch den Mord nicht veranstaltet haben mag, ihn doch nicht verhinderte, wie er wohl gekonnt hätte. Die Sache machte einen solchen Eindruck, daß Heinrich in Regensburg nicht mehr sicher zu sein glaubte und sich, wie der dies erzählende Chronikschreiber sagt, nach einer passenden Gelegenheit von da zu entwischen umsah (1104).

Solche Vorfälle brachten die Unzufriedenheit zum Ausbruch. Die Baiern und Sachsen erhoben sich zu gleicher Zeit in Waffen. Zugleich merkte der Kaiser, daß er auch seinem eigenen Sohne nicht mehr trauen dürfe. Er nahm diesen daher, als er nach Sachsen aufbrach, mit sich; der junge Heinrich verließ ihn aber unterwegs, zog in Baiern und Schwaben die Unzufriedenen an sich und ward auf Paschalis' Befehl durch einen päpstlichen Legaten von dem Banne gelöst, in welchen er früher zugleich mit seinem Vater gefallen war. Vergebens suchte der Vater auf wahrhaft ängstliche Weise eine Aussöhnung mit dem Papste, weil der auf ihm ruhende Bannfluch seinen Gegnern, welche ebenso, wie die meisten seiner eigenen Anhänger, nur die Behauptung und

Vermehrung ihrer Güter im Auge hatten, noch immer als Vorwand nöthig war. Höchstwahrscheinlich war sogar damals schon Alles zwischen seinen Feinden in Deutschland und dem Papst im Voraus verabredet. Doch ist der Abfall des jungen Heinrich von seinem Vater wohl nicht allein aus den Bemühungen des Papstes und seiner Anhänger in Deutschland, sondern zum Theil auch aus dem Charakter Heinrich's IV. herzuleiten. Vermuthlich brachte man dem Sohne die Ueberzeugung bei, daß sein Vater seine alten Fehler nicht ablegen und daher das Reich in zunehmende Verwirrung bringen werde, und daß dem nicht anders, als durch seinen eigenen Anschluß an die Feinde desselben zu steuern sei. Der junge Heinrich würde also, die Richtigkeit dieser Vermuthung vorausgesetzt, einen Schritt gethan haben, der sich aus rein politischen Gründen vertheidigen ließe, während er moralisch im höchsten Grade zu tadeln ist. Auf einer Kirchenversammlung zu Nordhausen in Thüringen erklärte er, er wünsche nicht des Vaters Absetzung, sondern nur dessen gehorsame Rückkehr zum heiligen Petrus.

Der Kaiser Heinrich hatte sich, sobald er die Empörung seines Sohnes erfahren (zu Ende 1104), nach Mainz begeben und vernahm hier bald, daß die sächsischen Bischöfe von dem Letzteren zum Abfall gebracht worden seien und daß derselbe mit Hülfe der Thüringer den Bischof Ruthard wieder in Mainz einsetzen wolle. Wirklich erschien auch der junge König in der Nähe von Mainz, seine Unternehmung scheiterte aber an der Anhänglichkeit, welche die Bürger der Stadt und andere Rheinländer dem Kaiser bewiesen. Dagegen hatte der Letztere den Schmerz, daß auch die beiden anderen rheinischen Erzbischöfe, der von Köln und der von Trier, schon damals Anstalten machten, sich von seiner Partei zu trennen. Er folgte seinem Sohne nach Franken und Baiern und zog den Markgrafen Leopold III. von Oestreich und den Herzog Borziwoi II. von Böhmen an sich, welche beide mit dem slavischen Theil ihrer Heere seine Hauptstütze wurden. Am Regen-Flusse traf er mit seinem Sohne zusammen; es kam aber zu keiner Schlacht, angeblich weil die Fürsten den unnatürlichen Kampf wo möglich zu vermeiden suchten, mehr aber weil im eigenen Lager des Kaisers Verrath geschmiedet wurde, so daß er sich nach Böhmen retten mußte. Borziwoi nahm ihn auf ehrende Weise auf und ließ ihn durch seine sorabischen Milizen sicher nach Mainz geleiten. Sein Heer hatte sich nach seiner Flucht zerstreut und er selbst verlor jetzt den Muth. Von allen Seiten verrathen, wagte er, als sein Sohn gegen den Rhein zog, nicht bis nach Speier vorzubringen, wo seine Schätze lagen. Der junge Heinrich bemächtigte sich derselben und setzte dann dem Vater nach, welcher niemandem mehr traute und rheinabwärts entfloh. Der Letztere, obgleich er noch nicht ganz verlassen war, befand sich doch in einer solchen Lage, daß die zwei angesehensten Männer seiner Umgebung, der Pfalzgraf Siegfried und Rheingraf Wilhelm, nur durch Geld bei ihm zurückgehalten wurden, daß er also in der Gewalt solcher Menschen war, die in bürgerlichen Kriegen mit Eid und Treue ein Gewerbe zu treiben pflegen. König Heinrich besetzte die Stadt Mainz, zog dann seinerseits den Rhein hinab und nahm jetzt zur List seine Zuflucht. Er kam bei Koblenz mit seinem Vater zusammen, stellte sich betrübt, als dieser ihm zu Füßen fiel, kniete zu ihm nieder, bat mit Thränen um Verzeihung, versprach eine Versöhnung zwischen Kaiser und Reich zu Stande zu bringen und beredete den alten Mann, ihn mit einem ganz geringen Gefolge nach Mainz zu begleiten, wo eine Reichsversammlung gehalten werden sollte. Als der Kaiser unterwegs, von einigen Getreuen gewarnt, Verdacht schöpfte, versicherte ihn der Sohn unter Eidschwüren seiner Treue und Aufrichtigkeit. In Bingen, wo der König seinen Vater mit einer größeren Schaar von Bewaffneten umgab, erhielt er, einer mit Ruthard genommenen Abrede gemäß, die Nachricht, daß dieser sich weigere, einen Gebannten in seine Stadt aufzunehmen, und daß viele Feinde des Kaisers aus Schwaben und Baiern angekommen wären. Er gebrauchte dies als Vorwand, um seinen Vater nach der Burg Böckelheim bei Kreuznach zu bringen. Hier betheuerte er ihm noch einmal seine redliche Absicht; kaum war aber der betrogene Kaiser mit nur wenigen seiner Begleiter in die Burg eingetreten, als dieselbe geschlossen und mit Wachen umstellt wurde (December 1105). Er ward nun in strenger Haft gehalten und man ließ ihn an Lebensmitteln Mangel leiden. Während der junge König in Mainz die Weihnachtstage in glänzender Umgebung feierte, wurde dem Vater in Böckelheim nicht gestattet, ein Bad zu nehmen oder sich den Bart scheeren zu lassen; auch das Abendmahl konnte er nicht genießen, da kein Geistlicher bei ihm war; „mir allein“, so klagt er später, „war an jenem Abend das hochheilige Kind nicht geboren worden.“ Schon nach wenigen Tagen wurde er durch einen vom Sohn geschickten Großen, unter Androhung dauernder Gefangenschaft, gezwungen, an seine Besatzung in Hammerstein den Befehl zu schicken, daß sie dort aufbewahrten Reichsinsignien ausgeliefert würden. Alle diese Schritte hatte Ruthard sammt den zwei päpstlichen Legaten, welche von Mainz aus die ganze Sache leiteten, schon im Voraus gerechtfertigt, weil sie einen hartnäckigen Verächter des Bannes beträfen.

In Mainz sollte der versammelte Reichsrath über den alten Kaiser und seinen Sohn entscheiden; aber welcher Reichsrath! Zweiundfunfzig Große, an deren Spitze Ruthard und die Legaten standen, aber kein einziger von des Alten Freunden, keiner, der das Unwürdige einer solchen Behandlung seines Kaisers fühlte! Auf diese Weise mußte sich freilich das Volk der Sache annehmen, und die Bürger von Mainz thaten dies mit solchem Nachdruck, daß die zahlreich versammelten Herren ungeachtet ihres rüstigen Gefolges sich nicht getrauten, ihr Scheingericht in Mainz zu halten, sondern es nach Ingelheim verlegten. Hier erlitt der alte Kaiser Kränkungen, welche sich vielleicht politisch damit rechtfertigen lassen, daß das Wohl des Reiches und die Ruhe des Gewissens vieler Tausende die Entfernung des Kaisers von der Reichsverwaltung forderte, bei deren Erzählung aber die Natur sich empört und das menschliche Gefühl sich sträubt; denn man muß vernehmen, daß Leiden und Thränen eines Vaters und die Abdankung eines unglücklichen Fürsten weder den unnatürlichen Sohn, noch die harten Fürsten rührten, da sie um deswillen weder für die Gewährung der päpstlichen Absolution eintraten, noch auch dem mißhandelten Kaiser nur die Freiheit und Sicherheit verschafften, die er durch seine Nachgiebigkeit hatte erkaufen wollen. Die versammelten Fürsten verlangten nämlich von ihm eine augenblickliche Niederlegung der Krone. Auf seine Frage, ob man ihm dagegen Sicherheit seines Lebens gewähren wolle, antwortete Bischof Gebhard von Conftanz, einer der päpstlichen Legaten: nur dann, wann er laut bekenne, Gregor VII. ungerechter Weise verfolgt, Wibert von Ravenna widerrechtlich als Papst eingesetzt und die Kirche frevenlich beleidigt zu haben. Heinrich bat hierauf inständig, man möge ihm doch Zeit gönnen, um sich rechtfertigen zu können; zugleich erklärte er, daß er sich dann einem Gerichtsspruche der Fürsten unterwerfen und bis dahin Geiseln stellen wolle. Alles vergeblich; man drohte ihm mit fortwährender Gefangenschaft, wenn er sich nicht auf der Stelle füge, und verwies ihn wegen der Erlösung vom Bann auf eine persönliche Buße in Rom. Da wandte sich der Kaiser an seinen Sohn und bat ihn, Mitleid zu haben mit seinem Vater, der ja des Herrschens milde sei und sich nach Ruhe sehne; jammernd flehte er, sein Sohn möge doch nicht Dinge geschehen lassen, die ihn selbst mit Schande beflecken würden. Viele Anwesende wurden durch die Worte und den Anblick des alten Mannes zu Thränen und Wehklagen hingerissen; der Sohn aber hatte kein Gefühl für den Vater, und als dieser ihn bat, er möge doch die Stimme der Natur in sich reden lassen, würdigte ihn der Hartherzige nicht einmal eines Blickes. Hierauf entsagte der Kaiser der Regierung und allen seinen Gütern. Sein Sohn verfügte sich dann mit den Fürsten nach Mainz, erhielt hier die Reichsinsignien und ward als König von Deutschland anerkannt (Januar 1106). Zur Unterhandlung mit dem Papste wurde eine Anzahl deutscher Bischöfe und Fürsten abgesandt. Von diesen spielte der Erzbischof Bruno von Trier die schändlichste Rolle; denn er war erst durch Heinrich IV. in sein Bisthum eingesetzt worden, wandte sich dann zu Paschalis, als demjenigen, dessen Anhang er für den bedeutendsten hielt, und erschien jetzt unter denen, welche die Briefe trugen. Uebrigens gelangten die Gesandten nicht nach Rom; sie wurden in Trient festgehalten und kehrten nach ihrer Befreiung in die Heimath zurück.

Das Volk blieb auch jetzt noch dem alten Heinrich getreu, der von Ingelheim zuerst nach Köln und von da zu dem Bischof Otbert von Lüttich floh. Dieser hielt ihn in Verbindung mit dem Herzog Heinrich von Limburg und Niederlothringen davon ab, sich seinem Vorsatze gemäß in Wälder und Sümpfe zu flüchten. In Lüttich, Köln, Bonn und anderen Städten erhoben sich die Bürger für ihn, obgleich im Mai (1106) auf einem Reichstage zu Worms die edlen Vertheidiger des Kaisers mit der Acht belegt und die Reichstruppen gegen sie aufgeboten wurden. Vergebens griff der junge König die Kölner an, vergebens gab der Papst sie in einem Briefe dem Teufel anheim, vergebens rieth ihnen sogar der verzagte Kaiser selbst, sich zu fügen, vergebens forderte Paschalis den Grafen Robert von Flandern auf, gegen die Geistlichkeit von Cambrai und Lüttich, die sich entschieden für den Kaiser ausgesprochen hatte, mit Feuer und Schwert zu wüthen; die Unterstützung des lothringischen Herzogs und ihr eigener Edelmuth hielt die Kölner und den niederländischen Klerus aufrecht. Der König und seine Anhänger sahen sich genöthigt, Unterhandlungen anzubieten und ein neues Manifest zu erlassen, um einigermaaßen die öffentliche Stimme zu gewinnen. Da kam plötzlich die Nachricht vom Tode des alten Mannes. Er war am 7. August 1106 in Lüttich gestorben; 50 Jahre lang hatte er den Königsnamen geführt. Das Volk jammerte am Grabe des unglücklichen Kaisers, der ein so klägliches Ende genommen hatte; aber im Lager seines Sohnes erscholl lauter Jubel über seinen Untergang, und die eigennützigen Geistlichen, die ihn im Leben verfolgt hatten, verfolgten ihn auch noch im Tode. Otbert, der den Kaiser in einer Kirche zu Lüttich beigesetzt hatte, wurde durch den unnatürlichen Sohn und dessen Bischöfe genöthigt, die Leiche wieder ausgraben und in ein ungeweihtes Gebäude auf einer Maas-Insel bringen zu lassen. Hier ruhte sie eine Zeit lang und ein aus Jerusalem zurückgekehrter Mönch betete Tag und Nacht für die Seele des verfolgten Kaisers, bis der König die Leiche nach Speier bringen und dort in dem Dom beisetzen ließ. Auch jetzt ward ihr noch keine Ruhe gewährt. Der Bischof von Speier ließ sie wieder aus dem Dom heraustragen und in eine noch ungeweihte Kapelle niedersetzen. Aus dieser ward sie erst fünf Jahre später nach dem Dom in die Gruft der Väter zurückgebracht (7. August 1111). Die Kölner trotzten auch nach dem Tode Heinrich's IV. noch eine Zeit lang dem Sohne desselben; sie schlugen sich tapfer gegen das wider sie aufgebotene Reichsheer, bis sie endlich die Unmöglichkeit eines längeren Widerstandes einsahen und zur Freude der königlichen Truppen Geld zahlten, um sich mit dem Könige zu versöhnen. Auch Herzog Heinrich von Limburg unterwarf sich erst nach einiger Zeit; er wurde gefangen gesetzt, verlor sein Herzogthum, welches Gottfried von Löwen besetzte, entkam aber nachher und behauptete die herzoglichen Rechte ebenso in seinem Gebiete Limburg, wie sie seitdem der Graf von Löwen als Herzog von Brabant in dem seinigen in Anspruch nahm.

9. Das deutsche Reich und die Päpste zur Zeit Heinrich's V.

Heinrich's V. Lage war, so lange sein Vater lebte, mißlich gewesen, weil das Gemüth des Volkes, besonders in Niederdeutschland, sich dem alten Kaiser zugeneigt hatte; nach dem Tode desselben aber war er ein ganz anderer Mann. Seine Regierung hat in doppelter Hinsicht eine große Bedeutung. Er suchte nämlich eines Theils mit besserem Glück, als sein Vater, das Ansehen des Reichsoberhauptes gegen die Großen zu behaupten, die Großen zu bezwingen und die im Reich eingerissene Anarchie aufzuheben, und wußte anderes Theils mit Aufopferung dessen, was nicht mehr zu retten war, sein kaiserliches Recht gegen das Hildebrandische System des päpstlichen Stuhles auf eine ebenso kräftige, als kluge Weise aufrecht zu erhalten.

Gleich nach dem Tode seines Vaters zeigte er dem Papste Paschalis, der auf einer Kirchenversammlung zu Guastalla das Verbot der Investitur durch Weltliche erneuerte, wie wenig er geneigt sei, die alten königlichen Rechte aufzugeben und sich unter den Willen des geistlichen Oberhauptes zu beugen. Er ließ den Papst ersuchen, nach Deutschland zu kommen, um hier auf einer Kirchenversammlung das Verhältniß des Staates zur Kirche zu ordnen, und als Paschalis dieser Einladung nicht entsprach, belehnte Heinrich nicht nur mehrere neue Bischöfe kraft seines königlichen Rechtes mit Ring und Stab und ließ dieselben durch Ruthard von Mainz weihen, sondern er setzte auch gegen das Verbot des Papstes den gebannten Bischof Udo von Hildesheim wieder ein und drang einer Abtei einen Vorsteher auf, welcher ebenfalls im Banne war. Vergebens suchte Paschalis durch Unterhandlungen dem Hildebrandischen Grundsatze Geltung zu verschaffen; er konnte den König auf keine Weise zum Nachgeben bringen und auf einer Kirchenversammlung zu Chalons (1107) vertrat der gelehrte und kluge Erzbischof Bruno von Trier, mit welchem der derbe, starke Herzog Welf von Baiern, der sich überall ein Schwert vortragen ließ, dort erschien, die kaiserlichen Rechte mit großer Entschiedenheit. Auch eine zweite Versammlung zu Troyes, auf welcher, wie zahlreich sie auch sonst besucht war, kein deutscher Bischof erschien, führte die Lösung der Frage nicht herbei. Heinrich wandte sich nunmehr gegen den Grafen Robert von Flandern, welcher im Auftrag des Papstes das Bisthum Cambrai besetzt hatte, verheerte Flandern und zwang den Grafen, das Bisthum wieder herauszugeben. Dann suchte er in Polen, Böhmen und Ungarn die deutsche Oberherrschaft wieder herzustellen, welche während der Streitigkeiten seines Vaters mit der Kirche und den Großen untergegangen war. Alle drei Länder wurden damals durch Thronzwiste zerrüttet. In Polen machte dem Herzog Boleslav III. dessen Halbbruder, Sbignievv, die Herrschaft streitig. In Böhmen ward 1107 Borziwoi, Wratislav's II. Sohn, von seinem Vetter, dem Herzog Swatopluk von Mähren, vertrieben und wandte sich an den deutschen König um Hülfe. Dieser nahm sich Borziwoi's anfangs an, beschied Swatopluk vor sich und ließ ihn verhaften; als er es aber unmöglich fand, seinen Schützling im Besitze von Böhmen zu befestigen, gab er Swatopluk für Geld frei, erkannte ihn als Beherrscher des Landes an und erließ ihm gleich nachher den Rest jener Summe unter der Bedingung, daß er ihm auf einem Zuge nach Ungarn Heeresfolge leiste.

In Ungarn hatte sich König Geisa in seinem Streite mit Salomo an Gregor VII. um Hülfe gewandt, und dieser hatte damals (1074) eine Oberlehensherrlichkeit des päpstlichen Stuhles über Ungarn in Anspruch genommen. Als Geisa 1077 starb und die Ungarn seinen Bruder Ladislaus I. an seine Stelle setzten, verlangte der Papst von diesem eine förmliche Huldigung; Ladislaus ließ sich aber, so fromm er auch war, doch nicht darauf ein. Dagegen machte er sich durch weise Gesetze und Einrichtungen um sein Reich verdient. Er führte eine ordentliche Justiz sowohl für Civil- als Kriminalfälle ein und setzte nach deutschem Gebrauch an die Spitze der Gerichte einen Palatinus oder Pfalzgrafen, welcher in Abwesenheit des Königs dessen Stelle vertrat, während dieser auf seinen Gütern und da, wo er sich gerade aufhielt, noch immer selbst zu Gericht saß. Das Land hob sich damals ungemein empor. Nach dem Tode seines Schwagers, des Königs Zwonimir von Kroatien, nahm Ladislaus im Vertrauen auf den Einfluß, den sich seine Schwester dort erworben hatte, die Länder Kroatien, Dalmatien und Illyrien in Besitz und stellte die Verwaltung derselben unter die Leitung seines Neffen Almus. Diesen ernannte er nachher, als er ohne Hinterlassung eines Sohnes starb (1095), aus Rücksicht auf das Wohl des Reichs zu seinem Nachfolger, mit Uebergehung eines anderen Neffen, des Sohnes von Geisa, Koloman ober Kalmany, den er zu Kriegsgeschäften untüchtig hielt und wegen seines mißgestalteten Körpers für den geistlichen Stand bestimmt hatte. Der Letztere trat aber sogleich als Prätendent auf und mit Hülfe der Polen gelang es ihm, seine Rechte geltend zu machen und Almus auf die Provinzen am adriatischen Meere zu beschränken. Kolomans geistliche Bildung und seine frühere Bestimmung schadeten dem Reiche sehr, weil er dem System der Kirche zu Gefallen wesentlichen Vorrechten seiner Nation entsagte. Er schloß mit dem Papst eine Uebereinkunft, vermöge deren er die Investitur aufgab und sich darin fügte, daß nicht nur den Ungarn der Gebrauch ihrer Sprache beim Gottesdienst in vielen Fällen entzogen, sondern auch ihren Priestern das verhaßte Cölibat aufgedrungen wurde. Wegen seiner engen Verbindung mit dem Papst und mit dessen deutschen Freunden blieb er, so lange Heinrich IV. lebte, mit Zumuthungen von Deutschland her verschont; nachher aber benutzte Heinrich V. ein Hülfegesuch des Almus, um die längst vergessene Oberhoheit des deutschen Reiches über Ungarn wieder geltend zu machen (1108). Zu dieser Unternehmung lieh ihm auch Swatopluk von Böhmen und Mähren seine Kriegsmacht. Der Erfolg war ganz anders, als man erwartet hatte. Die Deutschen trafen den ungarischen König wohl gerüstet und fanden, wie schon früher öfters, in der Bodenbeschaffenheit des Landes unübersteigliche Hindernisse. Zugleich benutzte der vertriebene Borziwoi von Böhmen die Abwesenheit seines Vetters, um, vom Polenherzog Boleslav III. unterstützt, sein Reich wieder zu erobern. Jetzt wandte sich Swatopluk aus Ungarn nach Böhmen zurück, verjagte seinen Gegner und hauste aufs grausamste gegen die Anhänger desselben. Dann fiel er mit Heinrich in Polen ein. Hier fanden sie einen noch weit hartnäckigeren Widerstand, als in Ungarn, und mußten ebenfalls unverrichteter Dinge umkehren (1109). Unterwegs ward Swatopluk in Heinrich's Lager von einem Angehörigen der Familie Wrissowicz, die er mit kannibalischer Wuth auszurotten gesucht hatte, ermordet. Die Truppen Swatopluk's riefen sogleich mit Heinrich's Zustimmung seinen Bruder Otto zum Herzog aus. Diesem machten aber der zurückgekehrte Borziwoi und dessen Bruder, Wladislav I., jeder für sich den Thron streitig. Auf diese Weise entstand ein mehrjähriger innerer Krieg, in welchem Heinrich, durch eine bedeutende Summe Geldes gewonnen, sich für den Letzteren entschied und Böhmen wieder in die alte Abhängigkeit vom Reiche brachte.

Unterdessen war der Streit über die Investitur noch immer in vollem Gange. Doch waren in Betreff desselben die weltlichen und geistlichen Reichsstände ziemlich einer und derselben Meinung mit dem König und der römische Hof wagte nicht, mit einer offenen Fehde-

Erklärung hervorzutreten. Heinrich konnte daher, nachdem er schon längst einen Römerzug beschlossen hatte, bereits im Jahre 1109 eine glänzende Gesandtschaft von weltlichen und geistlichen Großen vorausschicken, um den Papst von der Einstimmigkeit der Nation zu überzeugen. Diese Gesandtschaft hatte ganz den gehofften Erfolg, da sie nur Friedensbotschaften des Papstes und die Versicherung einer freundschaftlichen Aufnahme des deutschen Königs zurückbrachte. Auch Mathilde von Tuscien hatte die Gesandten auf ihrer Heimkehr sehr freundlich empfangen. Zu Ostern 1110 feierte Heinrich seine Verlobung mit der fünfjährigen Mathilde, einer Tochter des Königs Heinrich I. von England und Enkelin Wilhelm's des Eroberers; im September desselben Jahres brach er mit einem starken Heer auf und zog über Lausanne und den großen Bernhard nach Italien; auch gelehrte Geistliche begleiteten ihn. Am Po stieß ein böhmisches Heer zu ihm und auch aus Italien langten Verstärkungen an. Das Heerlager, das er nun auf der roncalischen Ebene bei Piacenza aufschlug, war stattlich genug, um Achtung und Furcht einzuflößen. In den Städten der Lombardei fand er jedoch eine schlechte Aufnahme und wenig Gehör für seine Befehle. Die oberitalienischen Städte, besonders Mailand, hatten sich nämlich in den letzten Zeiten eine solche Unabhängigkeit und Freiheit errungen, daß sie es wagen durften, dem Könige die üblichen Leistungen zu versagen. Wie sehr sie sich damals fühlten, kann man daraus beurtheilen, daß sie später unter den hohenstaufischen Kaisern den Zustand, in welchem sie sich zu Heinrich's V. Zeit befunden hatten, als den der höchstmöglichen Befreiung von den Lasten des Reiches in Anspruch nahmen. Indessen zeigte das Schicksal der Stadt Novara, welcher Heinrich wegen ihrer Widersetzlichkeit nicht nur eine große Geldstrafe auferlegte, sondern auch einen Theil der Mauern einriß, sowie sein Verfahren gegen das am anderen Ende von Oberitalien gelegene Arezzo, das er ganz zerstörte, klar und deutlich, daß er und die Seinigen wenigstens den Schwächeren ihre Macht fühlbar machten. Er zog mit seinem 30,000 Mann starken Heere von Ort zu Ort und wüthete mit Feuer und Schwert gegen die Städte, die sich ihm zu widersetzen wagten. Auch den Papst setzte Heinrich, als er bis nach Tuscien vorgerückt war, so sehr in Schrecken, daß er ihm zuletzt einen sehr merkwürdigen Vorschlag machen ließ, welcher weit mehr einer Ausflucht, als der Einleitung zu einem Concordat ähnlich sah. Paschalis bot dem Könige an, alle Güter und Einkünfte, welche die Kirche als Reichslehen besaß, der weltlichen Macht zurückgeben zu lassen, wogegen der König eidlich allen Ansprüchen an die Investitur entsagen sollte. Zugleich verpflichtete sich der Papst, den König mit allen Ehren zu empfangen und ihn in der herkömmlichen Weise zum Kaiser zu krönen. Diesen Vorschlag empfing Heinrich zu Sutri und nahm ihn unter der Bedingung an, daß, was kaum als möglich zu erwarten war, die Zustimmung aller Fürsten und Bischöfe dazu eingeholt werde.

Der König zog hierauf nach Rom (Februar 1111). Er ward äußerst feierlich empfangen; der gesammte Klerus und das ganze römische Volk strömten ihm vor die Thore entgegen. Auf Bitten der Bürger beschwor er die Freiheiten und Rechte der Stadt, aber in deutscher Sprache, was den Stolz der Römer beleidigte. Gegen ihre Gewohnheit blieben sie dessen ungeachtet ruhig. Ferner versprach Heinrich, den Papst weder tödten noch am Leibe schädigen oder in Haft bringen zu lassen. An der St. Peterskirche, wo der Papst mit den Kardinälen den König erwartete, stieg dieser vom Pferde, beugte seine Kniee vor Paschalis, küßte ihn auf Mund, Stirn und Auge und leistete ihm den Dienst eines Stallmeisters oder Marschalls, indem er ihm den Steigbügel hielt: eine übliche Pflicht der Höflichkeit, aus welcher die Griechen den deutschen Kaisern einen großen Vorwurf machten, weil sie sich nach ihren Begriffen mit der Würde des Herrschers nicht vertrug. Vor dem silbernen Thore der Kirche erklärte Paschalis dem Herkommen gemäß, daß er Heinrich krönen wolle und dieser antwortete ihm mit der gewöhnlichen Formel: er gelobe und verspreche vor Gott und dem heiligen Apostel Petrus, daß er unter Gottes Beistand nach seinem Wissen und Vermögen stets ein Beschützer und Vertheidiger der römischen Kirche sein wolle. Nachdem hierauf ein Kardinal in der Mitte des Schiffes der Kirche das erste Gebet, ein anderer das zweite gesprochen hatte, setzten sich Papst und König, und nun sollte jener die Feierlichkeit vollenden, als auf einmal die angefangene Ceremonie stockte und ein heftiger Streit entstand. Der Papst verlangte nämlich die Zusicherung des geschlossenen Vertrags, Heinrich gab aber wohlbedächtig die Erklärung, daß er die Trennung der Kirchengüter von den Kirchenämtern nicht verlange, sondern seines Theiles den Geistlichen den ungekränkten Genuß alles dessen, was sie bisher besessen, gern zusichern werde. Als nun der Papst das Wort ergriff und von der Einstellung der Investitur, zugleich aber auch von der Rückgabe der dem Reiche gehörenden geistlichen Güter sprach, wurde er durch den Widerspruch der Bischöfe und der weltlichen Großen unterbrochen. Heinrich erklärte darauf den Vertrag für unausführbar, weil der Papst die Einwilligung der Bischöfe dazu nicht erhalten könne, und verlangte die Kaiserkrönung ohne Rücksicht auf die in demselben festgesetzten Bedingungen. Dem suchte sich aber der Papst auf jede Weise zu entziehen, und nun ward hin und her gesprochen und unterhandelt, bis endlich einer aus Heinrich's Gefolge laut ausrief: „Was braucht es vieler Worte? Unser Herr will gekrönt sein!" Heinrich ließ jetzt, um die Krönung zu erzwingen, den Papst und die Kardinäle festnehmen und, als sie bis tief in die Nacht hinein hartnäckig blieben, gefangen wegführen. Zwei Kardinäle entschlüpften aber und riefen das römische Volk zu den Waffen. Dieses überfiel während der Nacht alle Deutschen, die es einzeln antraf, griff am anderen Morgen das um die Peterskirche lagernde königliche Heer an und trieb es in die Flucht. Der König selbst rettete sich nur durch die edle Aufopferung eines seiner Fürsten. Er sprang schnell ohne Fußbekleidung auf ein Pferd, ritt die marmornen Stufen vor der Kirche herab, stürzte aber und wäre verloren gewesen, wenn nicht der mailändische Graf Otho ihm sein eigenes Pferd geliehen und sich statt seiner den Feinden preisgegeben hätte, die ihn dann tödteten und in Stücke zerrissen. Heinrich sammelte und ermuthigte die Seinigen wieder, verfolgte die Rebellen bis zur Engelsburg und richtete eine schreckliche Niederlage unter ihnen an. Doch ward er nur eines einzigen Stadttheiles Herr. Die Römer gingen sogar unter einander eine förmliche eidliche Verpflichtung ein, den König als ihren Feind, jeden aber, der mit ihnen gegen die Deutschen kämpfen würde, als ihren Bruder anzusehen. Heinrich konnte sich zwar nicht gegen sie halten, aber er nahm doch, als er nach drei Tagen aus der Stadt zog, den Papst und 16 Kardinäle gefangen mit sich.

Er unterhandelte hierauf mit seinen Gegnern, während er zugleich die Umgegend der Stadt verheerte. Doch kam es erst nach zwei Monaten zu einem Vertrag. Der Papst verzichtete in demselben zu Gunsten des Königs auf die Investitur und versprach, wegen des ihm angethanen Unrechts nie Rache zu nehmen, den König nie zu bannen und ihn nach herkömmlicher Form zu krönen; auch gestattete er wahrscheinlich in einem geheimen Artikel, daß Heinrich's IV. Leiche, welche noch immer unbeerdigt war, an geweihter Stelle beigesetzt werde. Dagegen ließ der König den Papst und die übrigen Gefangenen frei und verstand sich zu einer Abbitte, welche die Ehre der Kirche wieder herstellte. Eine große Zahl deutscher Fürsten und viele Kardinäle beschworen, jene für den König, diese für den Papst die Erfüllung dieses Vertrags. Heinrich zog hierauf zur Krönung nach Rom. Gleich nachdem diese vollzogen war (13. April 1111), nahmen Papst und Kaiser zur Bekräftigung des beschworenen Vertrags gemeinschaftlich das Abendmahl. Auch ließ sich Heinrich, als er aus Rom abzog, Geiseln für die Versicherung geben, daß Paschalis ihn nicht mit dem Banne belegen wolle. Er kehrte, nachdem er noch in der Nähe von Canossa die Gräfin Mathilde begrüßt hatte, gerades Weges nach Deutschland zurück, wohnte in Speier der Bestattung seines Vaters bei und verlich den Bürgern der Stadt gewisse Rechte zum Lohn für die bewiesene Treue. Gleich nach seiner Abreise traten die Kardinäle, durch die schlechte Behandlung der Geiseln und durch manche andere Umstände erbittert, gegen die ihm gestatteten Rechte nachdrücklich auf und thaten, was der Papst selbst nicht thun wollte oder durfte. Sie sprachen zwar keinen förmlichen Bannfluch aus, erklärten aber die dem Kaiser eingeräumten Rechte für ungültig. Im folgenden Jahre ward dieser sogar, während er zu Hause in neue Händel verwickelt war, von dem Erzbischof G u i b o von Vienne auf einer Synode feierlich mit dem Banne belegt und der Papst billigte Guibo's Verfahren, indem er erklärte, die Investitur dem Kaiser nur gezwungen zuerkannt zu haben. Doch bestätigte er die Sache blos in allgemeinen Ausdrücken und brach sein Verhältniß zu dem Kaiser nicht ab.

Die Angelegenheiten, welche den Kaiser in Deutschland beschäftigten, hatten wieder in Sachsen ihren Ursprung. Mit dem Herzoge Magnus war 1106 das Haus der Billunger ausgestorben und Heinrich hatte das Herzogthum Sachsen dem Grafen L o t h a r von S u p p linburg gegeben, welcher mit Richenza, einer Enkelin Otto's von Nordheim, vermählt war und welcher später als deutscher Kaiser berühmt geworden ist. Dieser griff in Verbindung mit dem Markgrafen der Altmark einen sächsischen Großen an, nahm ihn gefangen und ward dafür im Jahre 1111 von Heinrich seines Herzogthums wieder beraubt, welches damals Otto von Ballenstädt, der Schwiegersohn des letzten Billungers und Stammvater des anhaltischen Fürstenhauses, erhielt. Lothar ergriff deshalb gleich nachher begierig eine sich darbietende Gelegenheit, um am Kaiser Rache zu nehmen. S i e g f r i e d nämlich, Pfalzgraf am Rhein, welcher weiblicher Seits mit dem Grafen Ulrich von Weimar verwandt war, nahm, als dessen Haus ausstarb, die Erbgüter desselben in Anspruch; Heinrich zog aber Ulrich's Verlassenschaft als dem Reiche anheimgefallen ein. Siegfried brachte darauf einen mächtigen Bund sächsischer Großen zu Stande, welchem auch der Herzog Lothar beitrat (1112). Heinrich war jedoch den Verschworenen überlegen; sie wurden theils durch ihn selbst, theils durch seinen wackeren Anführer, den Grafen H o y e r von M a n s f e l d, bei Warnstedt in der Nähe von Quedlinburg besiegt; Siegfried verlor dabei das Leben und einige andere Fürsten wurden gefangen genommen. Er verdarb indessen durch den Mißbrauch, den er von seinem Siege machte, Alles wieder. Er verfuhr mit rücksichtsloser Härte gegen die besiegten Fürsten; er ließ seinen früheren Vertrauten und Kanzler, A l b e r t von S a a r b r ü c k, welcher freilich, nachdem Heinrich ihn zum Erzbischof von Mainz gemacht hatte, mit den Feinden desselben in Verbindung getreten war, nicht nur in den Kerker werfen, sondern auch drei Jahre lang sehr hart behandeln; er gab den gefangenen Grafen Wiprecht von Groitzsch, obgleich ihm deſſen Sohn für die Freiheit deſſelben die Hauptburg ſeiner Familie geöffnet hatte, nicht frei, und ſchuf ſich dadurch in dem jungen Wiprecht einen unverſöhnlichen Feind, der ſeinem Hoyer von Mansfeld an Liſt und Gewandtheit überlegen war; er ließ endlich den Landgrafen Ludwig von Thüringen, der ihn kaum erſt verſöhnt hatte und deßhalb unbeſorgt ſeiner in Mainz abgehaltenen Vermählung mit Mathilde, der Tochter des Königs von England, beiwohnte, ungerechter Weiſe verhaften. Dieſes tyranniſche Verfahren rief eine geheime Verſchwörung hervor. Als der Kaiſer im Juli 1114 nach Friesland, wo ſeine Gegenwart nöthig war, ziehen wollte, brach dieſelbe in eine Empörung aus, die ſich bald über ganz Niederdeutſchland verbreitete. Die Verſchworenen benutzten dabei ſein Verhältniß zum Papſte, um ihre Sache zu einer heiligen zu machen. Der Kardinal und päpſtliche Legat, Biſchof Kono oder Konrad von Präneſte, erneuerte mehrere Male nach einander den Bannfluch gegen den Kaiſer, um Volk und Geiſtlichkeit von ihm abzuwenden. Zum Unglück für Heinrich, welcher die Empörer zuerſt am Niederrhein bekämpft hatte und dann in Sachſen eingebrochen war, ließ ſich Hoyer von Mansfeld im Februar 1115, ohne die ihm zueilende Verſtärkung abzuwarten, von unzeitiger Hitze fortreißen, verlor gegen den jungen Wiprecht von Groitzſch eine entſcheidende Schlacht am Welfisholz bei Mansfeld und kam ſelbſt ums Leben. Heinrich mußte in Folge davon ſogleich aus Sachſen weichen und er wäre jetzt in eine ähnliche Lage gekommen, wie einſt ſein Vater beim Ausbruche des ſächſiſchen Krieges, wenn nicht Herzog Lothar von Sachſen beſonnener geweſen wäre, als damals Otto von Nordheim, und ſich geweigert hätte, gegen den Kaiſer anders als vertheidigungsweiſe zu verfahren. Doch ward die Verwirrung im Reiche immer größer. Ein anderer päpſtlicher Legat, Dietrich, kam aus Ungarn nach Sachſen und regte die ganze Geiſtlichkeit gegen den Kaiſer auf. Der Letztere ward in Mainz, wohin er einen Reichstag ausgeſchrieben hatte, durch die Bürger gezwungen, ihren Biſchof Albert oder Adalbert von Saarbrück freizugeben. Dieſer war kaum frei, als er ungeachtet des ſo eben erſt geleiſteten Eides Alles gegen Heinrich aufzuregen ſuchte und in Köln eine Verſammlung der demſelben feindlichen Biſchöfe hielt. Bald wollte kein angeſehener Geiſtlicher mehr vor dem Kaiſer Meſſe leſen; ſelbſt der ihm bis dahin treu ergebene Biſchof Erlung von Würzburg, der von ihm nach Köln geſchickt worden war und ſich dort von ſeinen Gegnern hatte gewinnen laſſen, weigerte ſich deſſen und verließ, als Heinrich ihn mit Androhung des Todes dazu gezwungen hatte, den Hof. Heinrich nahm ihm dafür die herzoglichen Rechte in Ostfranken, welche die Bischöfe von Würzburg bisher besessen hatten. Der beabsichtigte Reichstag zu Mainz konnte nicht gehalten werden, weil sich nur sehr wenige Reichsstände dazu einfanden. Auch die Bemühungen des Herzogs Welf V. von Baiern und des Bischofs Hartwig von Regensburg, die Parteien zu einer Aussöhnung zu bewegen, waren vergeblich. Der Kaiser ergriff endlich ein anderes Mittel: er stellte dem geistlichen und sächsischen Bund einen weltlichen und schwäbischen entgegen, und beschloß, durch einen Römerzug seinen Feinden in Deutschland auf einige Zeit aus dem Wege zu gehen. Sein Schwager Friedrich von Hohenstaufen war im Jahre 1105 gestorben und dessen ältester Sohn, Friedrich der Einäugige, hatte das Herzogthum Schwaben erhalten; nun verlieh der Kaiser dem Bruder desselben, Konrad, das Herzogthum Ostfranken. Dieser Schritt, durch welchen die tapfere Familie der Hohenstaufen eigentlich erst ihre große Bedeutung im Reich erhielt, sicherte dem Kaiser den Süden von Deutschland, da auch Welf von Baiern ihm ergeben blieb und Friedrich von Schwaben in Verbindung mit dem neu ernannten Pfalzgrafen Gottfried von Kalw sich um so lieber gegen die rheinischen Bischöfe gebrauchen ließ, weil diese ihn im vorigen Jahre zu Köln in Heinrich's Bann mit eingeschlossen hatten.

Nach Italien, wo der Kaiser im Frühjahr 1116 erschien, riefen ihn nicht nur seine Verhältnisse zum Papst und zur Kirche, sondern auch der Tod der Gräfin Mathilde, welche im Sommer des vorigen Jahres gestorben war. Diese hatte bekanntlich ihre Güter dem römischen Stuhle vermacht und Heinrich, der als Urenkel einer Großtante der Mathilde, noch mehr aber als Kaiser dieselben in Anspruch nahm, mußte dem Papste zuvorzukommen suchen. Er gelangte sogleich ohne großen Widerstand zum Besitze dieser Güter und fand bei der Behauptung der kaiserlichen Rechte auf dieselben seine Hauptstütze an den Lehrern des Justinianischen Rechtes, besonders an dem berühmten Werner oder Irnerius zu Bologna, welcher schon längst die ganze Rechtsverfassung in den Besitzungen der Mathilde dem Gesetzbuche Justinian's gemäß eingerichtet hatte und der ihm kurz darauf auch bei einer Papstwahl in Rom wichtige Dienste leistete, indem Werner durch seine juristischen Formen und Formeln die Künste der römischen Gegner zu vereiteln verstand. Von Tuscien zog Heinrich im Frühjahr 1117 nach Rom, wo der Papst im vorigen Jahre über die Besetzung der Präfectenstelle in einen so heftigen Zwist mit dem Volke gerathen war, daß er auf kurze Zeit die Stadt hatte verlassen müssen. Heinrich hatte in Folge davon unter den Römern einen bedeutenden Anhang und Paschalis sah sich bei seiner Annäherung genöthigt, nach Benevent zu entfliehen. Da der Kaiser kurz vor Ostern nach Rom gekommen war, so wollte er einer alten Sitte gemäß an diesem Feste einen sogenannten Krontag feiern. Die Könige des Mittelalters pflegten nämlich dreimal im Jahre, auf Ostern, Pfingsten und Weihnachten, ein besonders feierliches Hoflager zu halten, wobei sie sich unter gewissen Ceremonieen mit der Krone schmückten. Heinrich konnte keinen der anwesenden Kardinäle bewegen, ihm die Krone aufzusetzen; dagegen fand sich der portugiesische Bischof, Mauritius Burdinus, der mit Aufträgen von Paschalis in der Stadt zurückgeblieben war, zu dieser Ceremonie bereit. Um Pfingsten verließ Heinrich die Stadt wieder und begab sich nach Oberitalien. Sogleich kehrte Paschalis nach Rom zurück und rüstete Kriegswerkzeuge, um seine Gegner aus den von ihnen besetzten Stadttheilen zu vertreiben; er starb aber, noch ehe ihm dies gelungen war (Januar 1118).

Paschalis' Partei wählte schon vier Tage nachher in der Person seines Kanzlers, Johann von Gaëta, unter dem Namen Gelasius II. einen Mann, der den Streit mit dem Kaiser fortsetzen sollte und deshalb gleich im Anfange harte Schicksale erlitt. Die Wahl war nämlich kaum geschehen, als Cencius Frangipani, ein Mann aus einer der angesehensten römischen Familien, welcher zur Gegenpartei gehörte, mit seinen Leuten über den neu Gewählten herfiel, ihn gefesselt in seine Feste schleppte und dabei mit Faustschlägen mißhandelte. Gelasius wurde zwar von seinen Anhängern sogleich wieder befreit, aber nun erschien ganz unerwartet der Kaiser aufs neue vor Rom. Der Papst floh in einen Kahn und fuhr schnell die Tiber hinab, um sich nach Gaëta zu retten. An der Mündung dieses Flusses ward er zugleich von einem fürchterlichen Sturme und von den ihn verfolgenden Teutschen in große Gefahr gebracht, und nur mit genauer Noth konnte er an einer unbesetzten Stelle landen, von wo Hugo Visconti, Kardinal von Alatri, den alten Mann auf seinen Schultern durch die Moräste der Tiber nach Ardea brachte. Dort bestieg er ein Schiff und fuhr nach Gaëta. Der Kaiser knüpfte Unterhandlungen mit ihm an, und wir sehen bei der Gelegenheit, daß die lombardischen Städte schon damals, ehe man noch an die Parteiung der Guelfen und Ghibellinen dachte, den päpstlichen Grundsätzen zugethan waren, weil sie durch den Papst ihre Freiheit zu bewahren hofften. Gelasius machte nämlich dem Kaiser das Anerbieten, den Zwist zwischen dem Staate und der Kirche einem Concil zur Entscheidung zu überlassen, er wollte dasselbe aber nicht in Rom, sondern in Mailand oder Cremona gehalten haben. Da der Kaiser in diese Städte weder früher eingelassen worden war, noch jetzt dort irgend einen Einfluß hatte, so mußte er dies natürlich zurückweisen. Gelasius brachte indessen durch diese Forderung das römische Volk gegen sich auf und Heinrich wußte daraus Nutzen für sich zu ziehen. Er bewog am 9. März mit Hülfe des Rechtsgelehrten Werner von Bologna Klerus und Volk von Rom, denselben portugiesischen Bischof, der im vorigen Jahre am Krontage das Geschäft des Papstes gegen dessen Willen übernommen hatte, zum Papste zu ernennen. Der Kaiser setzte den Gewählten, der sich den Namen Gregor VIII. gab, feierlich als Papst ein, ließ sich am Pfingstfeste von ihm krönen und eilte dann nach Deutschland, nachdem er seine Gemahlin zur Reichsverweserin in Italien ernannt hatte. Gelasius kehrte zwar nachher mit Hülfe der Normannen nach Rom zurück, er mußte sich daselbst aber versteckt halten, wurde, als er nach einiger Zeit einen Gottesdienst zu leiten wagte, von den Frangipani in der Kirche selbst angegriffen, sah seine Anhänger in mehrtägigen blutigen Gefechten unterliegen und verließ die Stadt als Flüchtling. Er begab sich über Pisa nach Frankreich, wo er von der frommen Bevölkerung mit großer Ehrfurcht empfangen wurde, aber schon zu Anfang des folgenden Jahres (1119) im Kloster von Clugny starb.

In Deutschland, wo unterdessen die beiden hohenstaufischen Brüder, von den rheinischen Städten trefflich unterstützt, das Gleichgewicht zu erhalten gewußt hatten, war während der Abwesenheit des Kaisers die schrecklichste Verwirrung eingerissen. Die Parteien verheerten auf barbarische Weise eine der anderen Besitzungen; es bildeten sich Räuberschaaren, welche den Hader und den Mangel an gesetzlicher Ordnung zu Plünderungen benutzten; die Kirchen blieben an manchen Orten ganz leer stehen und unter der Geistlichkeit riß eine solche Zwietracht ein, daß z. B. an manchen Orten das Domkapitel für die eine, der Bischof für die andere Partei war. Unter allen Gegnern des Kaisers war Albert von Mainz am thätigsten. Er bot alle seine Kräfte auf, um im Bunde mit den sächsischen Großen seine und des Papstes Sache zur Reichsangelegenheit zu machen; er hielt auch deshalb in Köln und Fritzlar Versammlungen, und schon war in Würzburg ein Reichstag angesetzt, um den Kaiser mit Hülfe der Sachsen zu verurtheilen, als Heinrich in Deutschland erschien. Dieser suchte sich anfangs durch schreckliche Verheerungen an seinen Gegnern zu rächen. Bald sah er aber ein, daß mit bloßer Gewalt nichts auszurichten sei, zumal da nach Gelasius' II. Tode die mit demselben entflohenen Kardinäle zu Clugny den Erzbischof Guido von Vienne, einen Kirchenfürsten von hoher Geburt, mit verschiedenen Herrscherhäusern verwandt und Oheim der Königin von Frankreich, dabei aber einen der entschiedensten Vertheidiger des Hildebrandischen Systems, als Calixtus II. zum Papste gewählt hatten (1. Februar 1119). Heinrich faßte deshalb den großartigen Entschluß, die Streitigkeiten in Deutschland durch Nachgiebigkeit beizulegen, um desto kräftiger gegen den

Papst auftreten zu können. Zu diesem Zwecke berief er einen Reichstag nach Tribur, arbeitete den Entscheidungen desselben dadurch vor, daß er mit den Einzelnen unterhandelte und jedem das ihm Entrissene zurückgab, und verlangte dagegen von Allen, daß das Reichsgut in seinen Händen bleiben und die Sache des Papstes in Tribur (September 1119) nicht zur Sprache gebracht werden solle. Zu Aller Erstaunen war einer der ersten Schritte des neuen Papstes ein Versuch, sich mit dem deutschen Könige auszusöhnen. Er schickte zwei französische Geistliche, den Bischof von Chalons und den Abt von Clugny, an Heinrich, um mit ihm über die Herstellung des Friedens und über ein Concordat zu unterhandeln. Der Erstere räumte in Straßburg, wo er mit dem Kaiser zusammenkam, nicht nur ein, daß alle um seinetwillen verfolgten Geistlichen, sobald die Hauptsache abgethan sei, vom Papste wieder eingesetzt werden sollten, sondern er machte auch einen Vorschlag, nach welchem durch eine Clausel des Concordats dem Kaiser alle Verbindlichkeiten, die aus der bisherigen Form der Investitur in Rücksicht auf weltliche Dinge hergeleitet wurden, vorbehalten blieben. „Wenn du in Wahrheit den Frieden wünschest", sagte er zum Kaiser, „so mußt du die Investitur der Bischöfe und Aebte ganz aufgeben. Damit du aber sicher seiest, daß dadurch deine königliche Gewalt nicht beeinträchtigt werde, so wisse, daß ich, ein im französischen Reiche gewählter Bischof, weder vor noch nach meiner Weihe von meinem Könige mit Ring und Stab belehnt worden bin, daß ich aber nichtsdestoweniger sowohl in Betreff der Steuern, der Zölle und der Kriegsverpflichtung, als überhaupt in Bezug auf alles, was seit alter Zeit der Kirche von dem Könige geschenkt worden ist, gegen den König meine Schuldigkeit getreulich erfülle: gerade wie dir deine Bischöfe dienen, um deren Investitur willen du dir einen solchen Zwist und sogar den Bannfluch zugezogen hast." Auf diese Erklärung erwiderte der König: „Wohlan, so geschehe es! Mehr verlange ich nicht." Sobald die Kirche dies eingeräumt hatte, konnten Kaiser und Reich nicht anstehen, die bloße Form aufzugeben. Es wurde also eine schriftliche Erklärung hierüber abgefaßt und die Legaten reisten zum Papste zurück. Ein in Rheims versammeltes Concil, bei welchem jedoch außer Albert von Mainz und seiner Partei nur wenige deutsche Bischöfe zugegen waren, sollte dies bekräftigen, zauderte aber aus Hinterlist. Kaum erfuhr der Kaiser das Zögern der Rheimser Versammlung, so bewog er den Herzog Welf, den Pfalzgrafen Gottfried und andere Deutsche, eidlich zu geloben, daß sie bei den in Straßburg angetragenen Bedingungen beharren und ihm zur Behauptung derselben beistehen wollten. Auf die Nachricht davon näherte sich der Papst wieder und entschloß sich, wiewohl ungern, zu einer Zusammenkunft mit dem Kaiser, schickte aber zwei Kardinäle voraus, um einige zweifelhafte Punkte des Straßburger Vertrages zu berichtigen. Eine solche Berichtigung von Seiten des Papstes wollte Heinrich nicht zugestehen, weil eine Clausel des Vertrages die beste Auskunft für zweifelhafte Fälle an die Hand gab; es hieß nämlich in diesem: bei streitigen Punkten solle, wenn sie rein kirchliche Angelegenheiten beträfen, nach kanonischem, in weltlichen Dingen dagegen nach weltlichem Recht entschieden werden. Außerdem entstanden einige andere unvorhergesehene Schwierigkeiten, z. B. in Betreff der Art, wie der Kaiser vom Banne gelöst werden solle. Auch suchte Heinrich den Grafen von Troyes, in dessen Schloß sich Calixtus begeben hatte, zu bewegen, den Papst einen Tag lang zurückzuhalten. Alles dies schreckte den Letzteren so sehr, daß er eilig davonfloh und nach Rheims zurückkehrte. Hier that er den Kaiser aufs neue feierlich in den Bann: die versammelten Bischöfe und Aebte mußten sich mit Wachslichtern in der Hand von ihren Sitzen erheben, der Papst sprach dann über Heinrich, über den Gegenpapst und über die Anhänger von Beiden den Fluch aus, und nachdem er in seinem Zorne, den Hildebrandischen Grundsätzen vom päpstlichen Rechte gemäß, sogar den von Heinrich's Unterthanen geleisteten Eid der Treue für aufgelöst erklärt hatte, bekräftigten alle Anwesenden den ausgesprochenen Fluch mit lauter Stimme, indem sie ihre Lichter auf den Boden warfen (October 1119).

Der Papst setzte seine Hoffnung auf Albert von Mainz, den er zu seinem ständigen Legaten für Deutschland ernannte, und auf die Sachsen, welche dieser auf jede Weise zu einem nachdrücklichen Kampfe mit dem Kaiser fortzureißen suchte. Heinrich ließ sich jedoch nicht einschüchtern, obgleich ganz Norddeutschland die Waffen gegen ihn erhob und sogar einige seiner Anhänger am Rhein von ihm abfielen. Er hatte die Schwaben, Franken und Baiern für sich, überließ daher die Sachsen eine Zeit lang um so ruhiger sich selbst, da ihre Fürsten sich zu mäßigeren Ansichten neigten, und vereinigte seine ganze Macht im Westen des Reiches. Er verjagte die Bischöfe von Worms und Speier und suchte durch die Eroberung von Mainz den Rheinstrom in seine Hände zu bringen, um auf diese Weise den Papst ebenso von aller Verbindung mit den Deutschen abzuschneiden, wie er ihn von Italien entfernt hielt. Während er mit seinen Truppen gegen Mainz zog, eilte Albert mit den Sachsen der bedrohten Stadt zu Hülfe. Schon lagen beide Heere einander im Angesicht und Deutschland schien jetzt durch seine eigene Kraft vertilgt zu werden, als man rechtzeitig auf beiden Seiten zur Besinnung kam und sich zum Frieden entschied. Es ward beschlossen, den ganzen Streit einem Schiedsgerichte von zwölf Fürsten zu überlassen, welche von beiden Theilen gewählt werden und ihren Spruch nach drei Monaten auf einem Reichstage in Würzburg bekannt machen sollen. Zur bestimmten Zeit erschienen hier beide Theile der Sitte der Zeit gemäß bewaffnet und lagerten sich eine Tagreise weit von einander (September 1121). Nachdem man sich eine Woche lang berathen hatte, kam man über folgende Punkte überein: es solle allgemeiner Reichsfrieden sein und jeder, der denselben breche, mit dem Leben bestraft werden; alle königlichen Güter und Einkünfte sollten dem König, alle kirchlichen der Kirche verbleiben, das geraubte Eigenthum seinen Besitzern zurückgegeben, gegen alle Diebe und Räuber aber mit Strenge verfahren werden; über die Investitur solle alles, was Deutschland als Reich angehe, auf einer besonderen Reichsversammlung, und zwar ohne den Papst zu fragen, durch Stimmenmehrheit entschieden, in Betreff des Uebrigen aber von Reichswegen eine Gesandtschaft an den Papst abgeordnet und bei diesem auf ein Concil angetragen werden. Calixtus war im vorhergehenden Jahre nach Rom zurückgekehrt und hatte im Frühjahr 1121 mit Hülfe der Normannen seinen Gegenpapst, Gregor VIII., um den sich der Kaiser sehr wenig bekümmerte, in Sutri gefangen genommen. Er behandelte ihn auf eine Weise, die für die Sitten der Zeit und für die Begriffe derselben von Anständigkeit sehr bezeichnend ist: Gregor ward mit einem Hammelsfelle bekleidet, verkehrt auf ein Kameel gesetzt und so vom Gefolge des Papstes, unter dem Gespötte des Pöbels, nach Rom gebracht und in der Stadt umhergeführt. Dann ließ ihn Calixtus an verschiedenen Orten gefangen halten, bis er nach Jahren im Kloster Cava starb, jedoch seinen Gegner nie anerkannte. Obgleich Calixtus im unbestrittenen Besitze des päpstlichen Stuhles war und auch die Bürger von Rom ganz für sich gewonnen hatte, so wagte er doch nicht, sich offen den Beschlüssen der Deutschen zu widersetzen. Er verwarf ihren Antrag nicht, suchte aber einen Mittelweg einzuschlagen und bestimmte, daß drei Legaten unter Vermittelung Albert's von Mainz unterhandeln sollten. Albert nahm jedoch den gefährlichen Antrag nicht allein auf sich, sondern wirkte nebst Anderen dahin, daß die Legaten die Sache mit Heinrich und den Fürsten selbst in Worms ausmachen sollten.

Die Stadt Worms hatte Heinrich, als er das übrige Bisthum zurückgab, sich selbst gewissermaßen vorbehalten und die dort zur Unterhandlung zusammenkommenden Fürsten waren mehrentheils Baiern, Franken und Schwaben, d. h. Heinrich's Freunde, indem die Sachsen in solcher Entfernung von ihrer Heimath nur in geringer Zahl erschienen oder sich dort nicht aufzuhalten wagten. Die Kardinäle sahen unter diesen Umständen keine Möglichkeit, die Hildebrandischen Grundsätze durchzusetzen. Sie suchten daher die Ehre des Papstes dadurch zu retten, daß sie das Wort Investitur nicht von der königlichen Belehnung der Bischöfe mit den Regalien gebraucht wissen wollten; dagegen gestanden sie dem Könige zu, daß auch künftig die Wahlen derselben in seiner oder seines Stellvertreters Gegenwart, also unter seinem Einflusse gehalten werden und daß über streitige Wahlen nicht der Papst, sondern der Kaiser und die Bischöfe der Diöcese entscheiden sollten. Jedoch schien ihnen dies so bedenklich, daß sie ungeachtet ihrer Vollmacht nicht wagten, den Vertrag sogleich abzuschließen, sondern nach Rom zurückreisten, um zuerst den Papst und die Kardinäle darüber zu befragen. Während ihrer Abwesenheit hauste der Kaiser nach seiner Weise: er bestellte einen ganz jungen Menschen, blos weil er von guter Familie war, zum Bischof von Würzburg, obgleich die Mehrzahl der Domherren dagegen war und einen Anderen auf gesetzmäßige Weise erwählte, so daß selbst die beiden hohenstaufischen Brüder sich gegen ein solches Verfahren auflehnten und dem Letzteren mit den Waffen zum Bisthum verhalfen; dann ließ der Kaiser seinen Zorn auf Albert von Mainz fallen und belagerte gerade das von diesem stark befestigte Aschaffenburg, als zur Freude der Deutschen die Kardinäle mit dem unterzeichneten Concordat zurückkehrten. Auf dem freien Feld von Worms wurden in Gegenwart einer unzähligen Volksmenge, die aus allen Theilen Deutschlands zusammengeströmt war, die beiden Urkunden dieses sogenannten Wormser Concordats vorgelesen und ausgetauscht (September 1122).*) Die eine war vom Papste ausgestellt, die andere vom Kaiser, und die letztere hatten die Erzbischöfe von Mainz und Köln, die Bischöfe von Bamberg, Regensburg, Speier, Augsburg, Utrecht und Constanz, der Abt von Fulda, die Herzoge Friedrich von Schwaben und Heinrich der Schwarze von Baiern, der seinem kinderlosen Bruder Welf II., dem ehemaligen Gemahl der Gräfin Mathilde, im Jahre 1120 gefolgt war, und außerdem noch sechs andere Fürsten unterzeichnet. Nachdem der Vertrag in aller Form verkündigt und angenommen war, hielt einer der päpstlichen Legaten feierlichen Gottesdienst und nahm den Kaiser mit seinen Anhängern wieder in den Schooß der Kirche auf. Der Wormser Vertrag konnte den deutschen Stämmen als eine erfreuliche und sogar dem Kaiser günstige Lösung der Frage erscheinen, die seit 50 Jahren das Reich in Aufregung hielt; immerhin war aber das Papstthum nunmehr förmlich als eine selbstständige in der gesammten abendländischen Christenheit waltende Macht anerkannt.

Als Heinrich auf diese Weise ohne demüthigende Ceremonien mit

---

*) Die eine, die vom Kaiser ausgestellt wurde, befindet sich noch jetzt im Original, mit goldenem Siegel versehen, zu Rom im Archiv des Vaticans.

der Kirche ausgesöhnt war, glaubte er durch seinen Sieg stark genug geworden zu sein, um der deutschen Nation dasselbe zumuthen zu können, was sein Schwiegervater, Heinrich I., den Engländern zumuthete. Er wollte durch Einführung einer allgemeinen Reichssteuer der Krone volle Kraft und volles Ansehen verschaffen. Seine Vasallen ließen sich aber nicht so leicht gebieten, als die englischen. Nicht viel besser ging es mit seinem Rachezuge gegen den König Ludwig VI. von Frankreich, der die beiden letzten Päpste gegen ihn unterstützt hatte. Die Deutschen stellten sich nur in geringer Zahl ein und er mußte, nachdem er kaum an die französische Grenze gekommen war, wegen eines Aufstandes der Wormser wieder umkehren; er nahm die Stadt ein und strafte sie um 2000 Mark Silber. Heinrich starb zu Utrecht im Jahre 1125, ohne Kinder oder irgend einen männlichen Anverwandten seines Hauses zu hinterlassen; er wurde in Speier beigesetzt. Die Sorge um sein Haus hatte er zuletzt noch seinem älteren Neffen Herzog Friedrich von Schwaben anvertraut.

10. Civilisation und Litteratur bis zur Zeit der Hohenstaufen.
A. Volkssprache, Volksbildung und Volkspoesie
in den Ländern romanischer Zunge.

Unser Zweck erfordert, daß ebenso, wie in der politischen Geschichte Vieles weggelassen und alles Gelehrte bei Seite geschoben werden muß, auch hier alles übergangen werde, was ohne gelehrte Forschung und Kritik nicht behandelt werden kann. Die Blüthe der deutschen Volkspoesie und der dichterischen Benutzung derselben, was von allen deutschen Sagen übrig war, fällt in die Zeit, als in Frankreich schon eine neue romantische Dichtung geschaffen worden war; wir können daher mit Zuversicht behaupten, daß die Letztere durch die unter Konrad II. Statt gefundene Verbindung des burgundischen Reiches mit dem deutschen einen Einfluß auf Deutschland erhielt, und daß die unter den Hohenstaufen auftretenden höfischen Dichter ihren Gesang nicht ohne Einfluß des romanischen ausbildeten. In der romanischen Litteratur sehen wir, wie sich allmählich die verschiedenen Dialekte der romanischen Sprache entwickelten und wie unter den Sängern ein Wettstreit entstand. Wir sehen, wie nach und nach jeder Zweig der großen romanisch redenden Familie in seinem Dialekt eine bildende oder unterhaltende Litteratur erhielt, die, wenn auch nicht geschrieben, doch mündlich überliefert ward.

Die deutschen Stämme, die sich jenseits des Rheins oder der Alpen neue Wohnsitze eroberten, fanden bei den Völkern, in deren Land sie sich als Eroberer niederließen, eine Civilisation vor, die an eine ihnen selbst ganz fremde Sprache geknüpft war; sie nahmen daher mit jener auch diese an, änderten sie aber dabei in soweit, als es ihrer Bequemlichkeit und ihren Bedürfnissen angemessen war. Auf diese Weise entstanden in Frankreich, Spanien und Italien aus der Vermischung des Lateinischen mit deutschen Elementen die sogenannten romanischen Sprachen. Es war indessen nicht das klassisch festgestellte Schriftlatein der Litteratur und der Redeschulen, das hierbei zu Grunde lag, sondern die bequemere, plattere, dabei vom grammatischen Zwang freie Sprechweise des Landvolkes, die der italische Krieger nach Spanien und Gallien gebracht hatte. Die Umwandelung der lateinischen Sprache durch deutsche Stämme war jedoch weder in jenen drei Ländern überhaupt, noch auch in den einzelnen Gegenden derselben die nämliche, es bildeten sich vielmehr verschiedene Sprachen und in denselben wieder verschiedene Dialekte. Auch blieb unter den Großen die deutsche Sprache noch lange im Gebrauch. In Betreff der in Frankreich entstandenen romanischen Sprache und ihrer Dialekte ist der früher erwähnte Eid von Straßburg wichtig, welchen Ludwig's des Frommen Söhne, jeder als Repräsentant der Bewohner des ihm angewiesenen Gebiets in der Sprache derselben schworen; daher sind auch die beiden deutschen Eidesformeln sowie die romanischen von neueren Gelehrten etymologisch und grammatisch behandelt worden.

Schon im 9. Jahrhundert war die neue Volkssprache im ganzen südwestlichen und nördlichen Frankreich so selbstständig ausgebildet und von dem unter den Römern in Gallien zur allgemeinen Landessprache gewordenen Latein entfernt, daß man nöthig fand, an eine Uebersetzung der Vulgata oder der kirchlich als Original geltenden lateinischen Bibel zu denken. Diese Uebersetzungsfrage kam zuerst auf einem Concilium zu Tours im Jahre 813 zur Sprache; sie ward später (847) auf einer Kirchenversammlung zu Mainz, sowie um 851 wieder auf einer dritten in Arles und nachher noch auf anderen verhandelt. Die Sprache wurde schon, ehe sie in ganz verschiedene Dialekte zerfiel und von unzähligen Volksdichtern auf verschiedene Weise zu ritterlichen, spöttischen und erheiternden Liedern und Erzählungen oder zu feurigen Liebesgesängen benutzt ward, von Geistlichen zur Belehrung des Volkes schriftstellerisch gebraucht. Zu den ältesten Denkmälern der werdenden französisch-romanischen Sprache gehören eine aus dem Ende des 10. Jahrhunderts herrührende Uebersetzung eines Gedichts auf Boëthius,*) ferner eine Anzahl von Legenden und Kirchengesängen; späteren Ursprungs ist ein in vielen Rücksichten sehr wichtiges Gedicht der später mit so unsäglicher Grausamkeit ver-

---

*) Von diesem Gedicht ist noch ein Bruchstück von 257 Versen vorhanden, am besten herausgegeben von Diez in dessen „Altromanische Sprachdenkmäler".

folgten und ausgerotteten Waldenser. Dem letzteren Gedichte hat der Geschichtschreiber der Troubadours oder provençalischen Dichter, Raynouard, mit Recht große Aufmerksamkeit gewidmet. Schon aus diesen wenigen Ueberresten geht das Resultat hervor, welches ebensowohl durch die ganze Geschichte der späteren südfranzösischen Dichtkunst bis auf ihre Verpflanzung nach Italien, als durch die Geschichte der verschiedenen Ketzer bis auf Dulcin und bis auf den Krieg, den Simon von Montfort im Namen des Papstes mit den Albigensern führen mußte, bestätigt wird: daß man nämlich zu der Zeit, als Papismus und Ceremoniendienst in Deutschland unter dem Volke herrschend wurden, in Gegenden, wo jetzt blinder Aberglaube oder himmelstürmender Unglaube herrscht, biblische Lehre und religiöse Begeisterung kannte. Dies wird noch deutlicher, wenn man die anderen Stücke betrachtet, welche von Sprachforschern als älteste Reste der sich bildenden französischen Sprache angeführt werden. Man wird schon aus einer bloßen Anführung derselben erkennen, daß die Geistlichkeit in Südfrankreich weltliche Poesie und falsche Anwendung biblischer Lehre, welche das Volk irre leitete, durch biblische Poesie und durch richtige Uebertragung des poetisch erzählenden Theiles der heiligen Schrift zu bekämpfen suchte. Man findet nämlich in den Bibliotheken schon aus dem 11. Jahrhundert Uebersetzungen der Bücher Samuelis und der Bücher der Könige oder, wie beide Schriften zusammen in der Vulgata genannt werden, der vier Bücher der Könige, und diese Schriften bestätigen, daß man die Poesie der weltlichen Dichter durch biblische zu bekämpfen suchte; denn die Uebersetzer derselben haben mit richtigem Tact nach der Beschaffenheit der in jenen Büchern enthaltenen Geschichten bald Prosa, bald Verse gewählt. Auch die Bücher der Maccabäer wurden in jenen Zeiten ewiger Fehde als Heldengeschichten in die Volkssprache übertragen. Alle handschriftlichen Reste der romanischen Litteratur des 11. und 12. Jahrhunderts beweisen mehr oder weniger, daß man im südlichen Frankreich damals bei weitem besser für religiösen und moralischen Unterricht des Volks sorgte, als jetzt, wo man nur mechanischen Gottesdienst und Bigotterie in den Ländern romanischer Zunge zu fördern sucht. Es finden sich nämlich in den Bibliotheken ein Commentar über die Psalmen und, neben einer Uebersetzung der allgemein zur Erbauung der eingewanderten Barbaren benutzten Erzählungen Gregor's des Großen, auch Proben von Predigten in der Landessprache. Man übersetzte außerdem die Lebensbeschreibungen der Heiligen und Bücher über Naturlehre. Selbst der im 12. Jahrhundert lebende heilige Bernhard, welcher einige Zeit hindurch mehr galt, als der Papst, verdankte dies größtentheils seinen in der Landessprache abgefaßten Gedichten und Predigten, welche voll Begeisterung und Poesie waren.

Schon ehe die eigentliche romantische Poesie zur Zeit der Kreuzzüge in ihrer großen Mannigfaltigkeit in allen Dialekten blühte, wurden heilige Gesänge für Processionen, sowie Lieder für Feste und Feierlichkeiten aller Art in der Landessprache gedichtet, und bittere Spottgedichte gingen von Mund zu Mund und waren mehr gefürchtet, als die Waffen der furchtbarsten Ritter. Im südlichen und westlichen Frankreich gab es nicht blos, wie einst zur Zeit Homer's, eine Art Rhapsoden, welche bei glänzenden Versammlungen die einzelnen Heldenthaten oder das Leben gewisser ritterlicher Kämpfer besangen, sondern man hielt auch förmliche Wettkämpfe der Dichtung wie der Waffenübung, und in beiden vertheilten Damen die Preise. Diese Damen wurden daher auch fast göttlich verehrt und neben der in südlichen Gegenden bekanntlich sehr sinnlichen Liebe eine geistige und durchaus reine gepriesen, welche die dem Dichter irdisch unerreichbare Schöne zur Erscheinung eines himmlischen Wesens machte. Auf diese Weise ward auch die Jungfrau Maria als Dame des Herzens besungen. Als später des heiligen Bernhard Mystik und des heiligen Bonaventura Idealphilosophie in den Schulen gelehrt wurden, steigerte sich in demselben Grade, in welchem dies geschah, die Poesie des Südens. Der Gesang der Provençalen und Limousiner war es, der Dante und Petrarcha begeisterte, als der Eine die Beatrix, der Andere die Laura idealisirte und auf dieselbe Weise vergötterte, wie die Jungfrau Maria seit dem 11. Jahrhundert poetisch vergöttert worden war. Alle Dichter, vom Grafen Wilhelm IX. von Aquitanien und Poitou an, der um 1070 lebte und zugleich einer der ältesten und berühmtesten Troubadours war, bis auf Arnaldo Daniele, pflegten Liebe und Ritterthum (amore e cortesia) zu besingen, und die Poesie der Ritterschaft im Zeitalter der Kreuzzüge knüpft sich an das Bestehen der sogenannten Cours d'amour oder Liebeshöfe an. Man hat zwar die Existenz derselben ihres abenteuerlichen Aussehens wegen oft bezweifelt; daß jedoch gesellige Kreise bestanden, in welchen Fragen aus dem Gebiete der Liebe mit Berufung auf die Gesetze derselben in dichterischem Wettkampf erörtert und von Damen die Entscheidungen gefällt wurden, ist kaum in Abrede zu stellen. Wir müssen daher dieser Liebeshöfe hier gedenken, obgleich wir erst am Schlusse der Geschichte der Kreuzzüge von der romanischen und von der deutschen ritterlichen Dichtung ihrem ganzen Umfange nach handeln und hier nur die Anfänge derselben berühren wollen. Von den Gerichtshöfen der Liebe redet freilich der Hauptschriftsteller in so fern fabelhaft, als er erzählt, daß die

Regeln oder Gesetze der Liebe, nach denen sie urtheilten, von einem britischen (breton) Ritter zur Zeit des Königs Arthur erfunden worden seien; allein die Art, wie er von diesen Tribunalen und ihren Gesetzen spricht, beweist doch deutlich, daß sie schon lange vor seiner Zeit gehalten worden sein müssen. Sie bestanden, wie aus den späteren, freilich nicht gerade sehr kritischen Geschichtschreibern der Troubadours hervorgeht, aus den angesehensten Damen, Rittern und Herren, welche über streitige Punkte der Ritterlichkeit, der Liebe und der Galanterie entschieden. Diese Gerichte waren oft zahlreich besetzt. Am häufigsten werden die Aussprüche der Damen von Gascogne, und die unter dem Vorsitze der Vicomtesse Ermengarde von Narbonne, der Königin Eleonore von Frankreich und der Gräfinnen von Champagne und von Flandern um die Mitte des 11. Jahrhunderts gefällten Urtheile mit ausdrücklicher und wörtlicher Anführung ihrer Decrete erwähnt. Auch in das nördliche Frankreich kam diese Art Poesie fast um dieselbe Zeit, und die Franzosen haben die Anregung zur Ausbildung des geselligen Tones am Hofe der nördlichen Provinzen und also auch das Aufblühen jeder Art von Litteratur, die nicht auf Schulbildung beruht, stets mit der Geschichte vornehmer Damen in Verbindung gebracht. Sie behaupten, durch die Heirath ihres Königs Robert I. mit Constantia, der Tochter Wilhelm's I. von Aquitanien, sei die Rohheit der nordfranzösischen Großen, d. h. aller derjenigen, deren Besitzungen nördlich von der Loire lagen, gemildert und seitdem feinere Sitte durch das Beispiel des Hofes empfohlen und den galanteren und höflicheren Manieren der südlichen Provinzen im Norden Eingang verschafft worden. Als Ludwig VII. um 1137 Eleonore, die Enkelin des berühmten Troubadours Wilhelm IX. von Aquitanien und Poitou, heirathete, folgten ihr Schaaren von Sängern der Liebe und des Ritterthums, und die Gerichte der Liebe kamen seitdem auch in der Normandie, in Isle de France, in Flandern und Champagne in Gebrauch. Eleonore ward von allen Troubadours gefeiert, einer der berühmtesten der ritterlichen Sänger, Bernhard von Ventadour, widmete ihr vorzugsweise seine Gedichte und Huldigungen und vergötterte sie in seinen Versen auch dann noch, als ihr Gemahl, weil er sie gar zu galant gefunden, sich von ihr geschieden und sie Gemahlin des Königs Heinrich II. von England geworden war.

Die Gesetze, nach denen in den Liebeshöfen entschieden ward, viele in denselben erlassene Urtheilssprüche und das Liebes- und Dichterrecht, welches aus ihnen hervorgeht, so wie Namen der Damen und Ritter, die sich um dasselbe verdient gemacht haben, auch die Zusammensetzung der Gerichte in einzelnen für Galanterie und Dichtkunst besonders wichtigen Fällen hat uns ein königlicher Kapellan, Andreas, in einem Buche aufbewahrt, dem er den Titel gibt: Buch von der Kunst zu lieben und wie der Liebe entgegen zu arbeiten sei (l'art d'aimer et de la reprobation de l'amour). Dieser soll um das Jahr 1170 gelebt haben, was uns glaublich scheint, weil der grundgelehrte Fabricius und die gelehrten Benedictiner, welche über Chronologie (l'art de verifier les dates) geschrieben haben, darin übereinstimmen; denn dem Geschichtschreiber der Troubadours, Raynouard, trauen wir in streitigen chronologischen Fällen ebensowenig Autorität zu, als uns selbst. In der Voraussetzung also, daß Andreas der Kapellan im 12. Jahrhundert gelebt und sich mit Recht auf die Urtheilssprüche des vorhergehenden Jahrhunderts berufen habe, setzen wir diese Liebes-tribunale mit Raynouard schon ins 11. Jahrhundert; sie bestanden vielleicht sogar schon früher, auf jeden Fall war aber die Einrichtung ganz gewiß bereits im 12. Jahrhundert gemacht. Aus den Aussprüchen der Liebeshöfe sucht Andreas diejenigen unter seinen Zeitgenossen zu belehren, welche die Gesetze reiner und anständiger Liebe kennen lernen wollen und einer ungesetzlichen Liebe zu widerstehen suchen. Er ver-fährt dabei ganz so, wie die Rechtsgelehrten seiner Zeit in anderen Streitsachen verfahren mußten. Diese mußten nämlich zuerst das ur-sprüngliche Recht oder Herkommen kennen, dann aber die Erläuterung, Anwendung, Beschränkung oder Erweiterung desselben in den Aus-sprüchen der des Herkommens kundigen Gerichtsschöffen aufsuchen. Das ursprüngliche Recht der Liebe und Ritterschaft findet Andreas bei der ältesten Ritterschaft und ihrem Könige, bei Arthur und seiner Tafelrunde; die Verschiedenheit nach Stämmen und Gegenden und Zeiten geben ihm nachher die Aussprüche der Damen und Herren, welche in den Gerichten über Liebe und Galanterie und über deren Sachwalter, die Dichter, entschieden. Die Letzteren wetteiferten näm-lich vor den richtenden Richtern und Damen nicht allein im Allge-meinen erzählend oder singend, sondern es traten auch zwei oder mehrere Troubadours gegen einander auf, um in eigenen Gedichten, die man Streitverse oder Tenzonen nannte, streitige Punkte der Liebe und Galanterie, der Eine auf diese, der Andere auf eine entgegen-gesetzte Weise zu vertheidigen und dann der Entscheidung des Gerichts anheim zu stellen. Dies veranlaßte viele Feste und Feierlichkeiten, und der Gesang der Troubadours und Trouvers und der anderen verschiedenen Klassen von Dichtern bis zu den Jongleurs herab ward mit Recht die das Leben erheiternde Kunst (gaya ciencia) genannt.

Da die verschiedenen Gattungen dieser Dichtkunst, welche bald in ganz Frankreich in allen Schlössern und Burgen von Rittern und Damen, endlich sogar von Leuten, die eine Lebensbeschäftigung daraus machten, betrieben wurde, erst nach und nach entstanden, so versparen wir die Aufzählung derselben auf einen folgenden Zeitabschnitt. Dort werden wir auch einige der bedeutendsten oder bekanntesten Sänger der französischen Ritterzeit nennen; hier müssen wir nur noch hervorheben, wie viel geistiges Leben durch den Volksgesang in dem ganzen Raume, der jetzt Frankreich heißt und zu dem wir noch Flandern zählen, erweckt ward, und wie die Bildung sich besonders allgemein dadurch verbreitete, daß in so vielen Dialekten wetteifernd gesungen wurde. Während in Deutschland mehr abwechselnd bald in dem einen, bald in dem anderen Dialekte etwas Vorzügliches geleistet wurde, und zwar wegen der inneren Kriege erst viel später, zogen in Frankreich die Sänger, jeder in seinem Dialekt dichtend, von Süden nach Norden, von Westen nach Osten und umgekehrt, und glänzende Turniere, Hochzeiten und andere große Ritterfeste vereinigten oft alle Sänger der verschiedenen Dialekte an Einem Ort.

Es würde uns zu weit von unserem Zweck entfernen, wenn wir alle die verschiedenen Dialekte der romanischen Sprache aufzählen wollten, welche schon im 11. und 12. Jahrhundert für besondere Gattungen von Gedichten benutzt wurden. Wir glauben, daß sich diejenigen Dialekte der romanischen Sprache, welche, um uns des Ausdrucks zu bedienen, schriftstellerisch gebraucht wurden, auf sieben zurückbringen lassen. Von diesen würden die Dialekte Picard, Walon, Normand, Parisien dem nördlichen Frankreich angehören, das Bourguignon aber den Süden und Norden dieses Landes vermittelnd vereinigen; Gascon und Provençal endlich würden in verschiedenen Mischungen und Färbungen in den Provinzen Languedoc, Dauphiné, Bourbelais gebraucht. Die beiden letzteren Dialekte waren die ausgebreitetsten, wurden von den ausgezeichnetsten Dichtern gebraucht und haben sich am längsten erhalten; man pflegt daher auch, wenn von Ritterpoesie die Rede ist, die provençalische Dichtung vorzugsweise neben der catalonischen zu nennen. Die provençalische Sprache, welche in weiterem Sinne auch die limousinische Sprache umfaßt, ist weit klangvoller als die nordfranzösische; sie ist überhaupt die erste abendländische Volkssprache, in welcher sich eine einheimische Kunstdichtung ausbildete. Man pflegte sie von den beiden romanischen Idiomen, deren Gebiete sie berührt, nach dem Worte zu unterscheiden, das die Bejahung ausdrückt; sie heißt daher die Oc-Sprache, und dieser Name (Languedoc) ging sodann auf das Land über.*)

*) Oc ist das lateinische hoc; die nordfranzösische Sprache hieß langue d'oil, welches letztere Wort, aus hoc illud entstanden, später in oui überging die italienische Sprache wurde als lingua di si bezeichnet, si aber ist das lateinische sic.

B. Schulbildung oder Fortschritte der in lateinischer Sprache behandelten Theile des menschlichen Wissens.

1. Schulen, Lehre und Philosophie bis zum Ende des 12. Jahrhunderts.

Da die Philosophie des Mittelalters ganz ausschließlich dem gelehrten Schulunterricht und der Theologie angehörte, so würden wir ihres Fortganges in dieser Periode gar nicht gedenken, wenn nicht gerade die unserer Zeit leer und unnütz scheinenden Speculationen der damaligen gelehrten Schulen dem Leben und der Wissenschaft eines von Geistlichen beherrschten und gezügelten Zeitalters Kraft und Gebiegenheit gegeben hätten. Sinn für innere Anschauung und reine Geistesthätigkeit war die Frucht der unablässigen dialektischen Uebungen und philosophischen Klopffechtereien, welche von unzähligen philosophirenden Geistlichen getrieben wurden. Das Grübeln und Speculiren ist zwar stets dem Verkehr des Lebens verderblich, weil es viele geistige Kräfte und die besten Köpfe demselben entzieht und Tausende stumpf macht; im Mittelalter verhielt es sich aber damit gerade so, wie mit der rauhen Erziehung und der harten Uebung der Ritterschaft, oder wie in neuerer Zeit mit den englischen Gelehrten-Schulen und mit jenen deutschen Fürstenschulen, aus denen ein Klopstock, ein Lessing und andere tüchtige Männer hervorgegangen sind: die große Masse ging unter und ward nicht gezählt, die Wenigen dagegen, welche sich durcharbeiteten, wurden in den Stand gesetzt, Unglaubliches zu leisten. Freilich hatte es in anderer Hinsicht auch seine schlimmen Folgen, daß alle Schulen eine geistliche Einrichtung hatten, daß die ganze Intelligenz der Zeit unter den Einfluß der Geistlichen kam und daß jedes Kloster, ja, wie wir aus Abälard's Geschichte sehen, sogar einzelne Einsiedeleien, wenn sich ein tüchtiger Mann fand, sich in Lehranstalten verwandeln konnten, in welchen, weil es wenig Bücher gab, Hunderte von Männern des kräftigsten Lebensalters zusammenströmten. Die Geistlichkeit erhielt durch alles dies einen Einfluß, der dem, den sie im Beichtstuhl hatte, gleichkam. Es war dies aber doch zugleich auch ein geistiges Gegengewicht gegen das damals herrschende Faustrecht.

Die Ausbreitung der geistigen Bildung blieb in dem bis jetzt behandelten Zeitraume noch immer den Geistlichen und insbesondere den Mönchen anvertraut. Sie bedienten sich in ihren Schulen der alten Eintheilung des Wissens, die auf die römisch-gothische Zeit und auf Cassiodor insbesondere zurückgeführt werden kann. Die drei nach dieser Auffassung mehr elementären Wissenschaften der Logik oder Dialektik, der Grammatik und Rhetorik hießen das Trivium und wurden in den unteren oder den Trivialschulen unterrichtet; aus Arithmetik, Geometrie, Musik und Astronomie bestand das Quadrivium, und beide zusammen bildeten die sieben freien Künste. Auch in den mathematischen und mechanischen Leistungen blieben die Mönche noch Meister; sie übten Malerei und Schnitzerei, waren die Bauverständigen und bildeten die kirchliche Ornamentik aus. Immerhin bereitete sich nach zwei Seiten hin eine Veränderung vor. Die neuen Mönchsorden, die am Schlusse des 11. Jahrhunderts und im 12. entstanden, hatten zu den Studien ein anderes Verhältniß als die Benedictiner im 6. Jahrhundert. Es liegt in der Natur jeder menschlichen Einrichtung, die auf geistigen Grundlagen beruht, daß sie im Laufe der Zeit von ihrem Ursprung abweicht und entartet; um so mehr ist dies beim Mönchswesen der Fall, das an die menschliche Natur Anforderungen stellt, denen sie nur selten gewachsen ist. Je mehr die strenge Richtung im Kirchenthum sich kräftigte, um so häufiger schien es nothwendig, die leicht erschlaffende Zucht der Klöster wieder herzustellen; es stand also bei diesen Reformen nicht die Rücksicht auf ein nützliches Wirken, auf Beförderung von Kenntnissen in erster Linie, sondern es handelte sich um Selbstverleugnung, Kasteiung und strenge Ascese. Der Orden von Clugny sah auf die klassischen Studien nicht ohne herbes Mißtrauen, obwohl er bei den wichtigen Streitfragen, die er durchzuführen hatte, der Wissenschaft nicht entbehren konnte; nachdem er in allen Ländern Einfluß und Reichthümer gewonnen hatte, drang auch weltliche Gesinnung und Prachtliebe ein. Schon zur Zeit des ersten Kreuzzuges wurde von einem Benedictiner-Abte der Mönchsorden von Citeaux oder Cistercium in einer öden Landschaft von Burgund gestiftet, welcher sich durch rauhe Strenge von den Cluniacensern unterschied; die Cistercienser duldeten nicht einmal bei ihren Kirchengeräthen eine prunkende Ausschmückung. Ihnen trat der heilige Bernhard bei, durch welchen Citeaux einen solchen Ruf und Zuwachs erhielt, daß bald neue Klöster angelegt wurden, namentlich das von Clairvaux, in welches 1115 Bernhard selbst eintrat.*) Ihm zu Ehren nannten sich später die Mönche seines Ordens in Frankreich Bernhardiner. Mönch, Gelehrter und Staatsmann zugleich, wandte er sich der Philosophie und dem Bibelstudium zu, während er sich auch an den vorgeschriebenen Handarbeiten betheiligte und eine demüthige

---

*) Clairvaux (Clara vallis) bedeutet ein helles Thal. Die Abteien in den verschiedenen Ländern wurden mit Vorliebe an solchen Punkten errichtet, die an die Lage des Mutterklosters erinnerten, so daß ein geübtes Auge oft an der Anlage eines Klosters den Orden erkennt, dem es angehört.

Gläubigkeit empfahl. Einen solchen Mann mußte das Verhältniß von Glauben und Wissen lebhaft beschäftigen; er spricht sich über dasselbe in seinen Homilien über das Hohelied in bezeichnender Weise folgendermaßen aus: „Es gibt Leute, die wissen wollen, einzig zu dem Zwecke, damit sie wissen, und das ist eine unnütze Neugierde; Andere, damit man von ihnen wisse, und das ist eine übermüthige Eitelkeit; wieder Andere, damit sie ihr Wissen für Geld verkaufen und hierdurch Brod gewinnen, und das ist ein schmählicher Erwerb: Du aber, lerne, damit Du erbaut werdest und Andere erbauest, das ist Religion und Liebe."

Weit entschiedener waren die anderen inzwischen gestifteten Mönchsorden der Ascese und einer für die Welt unersprießlichen Beschaulichkeit gewidmet; so der Orden der Camaldulenser, welcher zur Zeit Kaiser Heinrich's II. durch den von diesem so hoch verehrten Romuald begründet wurde (1018) und von dem Thale Camaldoli bei Arezzo seinen Namen erhielt; ferner der überaus strenge Orden der Kartäuser, welchen der aus Köln gebürtige Bruno ausdrücklich im Gegensatze zu der ausschweifenden Lebensart einiger höheren Geistlichen stiftete (1084) und dessen Angehörige, abgesehen von den gewöhnlichen Gelübden, auch durch ein vollständiges Stillschweigen Heiligkeit zu gewinnen meinten, das, mit Ausnahme des Gebetes und Gottesdienstes, nur am Donnerstag gebrochen werden durfte. Das erste, von Bruno selbst geleitete Kloster wurde in der Diöcese von Grenoble und zwar in der Wüste Chartreuse (Chartusia) errichtet. In der Bauart blieben sie jedoch nicht immer der ursprünglichen Einfachheit getreu, wie die reich ausgeschmückte Certosa bei Pavia beweist. Romuald und Bruno waren von altem, edlem Geschlechte, ja der Erstere gehörte dem Hause der Herzoge von Ravenna an. Neben ihnen ist Norbert zu nennen, der aus Xanten am Niederrhein gebürtig war und von dem man erzählt, daß er bei der Gefangennehmung des Papstes Paschalis und seiner Kardinäle durch Kaiser Heinrich V. zugegen gewesen sei; dieser furchtbare Vorgang habe so tiefen Eindruck auf ihn gemacht, daß er sich einem einsamen Leben ergab, worauf er nach neun Jahren (1120) im Sprengel von Laon eine Brüderschaft gründete, die nach einer dem heiligen Augustin zugeschriebenen Regel eingerichtet war. Die Wiese, auf welcher das erste Stift gegründet wurde, erhielt den Namen Prémontré (pratum monstratum), weil sie dem Stifter Norbert durch eine himmlische Erscheinung gezeigt worden war. Dem Orden der Prämonstratenser wie dem der Camaldulenser gehörten bald auch Nonnenklöster an. Alle diese Gründungen hatten wohl Einfluß auf das Volksleben und auf die mittelalterliche Gesellschaft, doch leisteten sie wenig oder gar nichts für die Geistesbildung; erst die sogenannten Bettlerorden nahmen wieder eine bedeutsame Stellung zu den Studien ein.

Noch in einer zweiten Richtung kündigte sich ein verändertes Verhältniß der Studien zu der geistlichen Führung an; es traten nämlich neue Wissenschaften in den Vordergrund, die von Laien gelehrt wurden. Das Studium des römischen Rechts hatte in Italien nie ganz aufgehört; es erhielt einen neuen Aufschwung vom 11. Jahrhundert an, und Irnerius, der zu Bologna um 1140 starb, war einer der einflußreichsten Männer seiner Zeit; fast gleichzeitig erhob sich die Schule der wissenschaftlichen Medicin, welche in Salerno blühte, zu europäischem Ansehen. Aber auch die Art, in welcher Abälard, Meister eines glänzenden und anregenden Vortrags, die Philosophie mit der Theologie verband, ging über die bisherigen Schranken des Unterrichtswesens hinaus. In derartigen Fällen bildeten sich von Klöstern und Höfen unabhängige Lehrkörper, welche die Professoren und Schüler in einer Gesammtheit umfaßten und daher bald Universitäten genannt wurden. *)

In Hinsicht auf die philosophischen Bestrebungen haben wir am Schlusse der vorhergehenden Periode angedeutet, auf welche Weise man versuchte, die menschliche Vernunft mit dem blinden Glauben, die Forschung mit der Tradition und mit vorgeschriebener Lehre auszusöhnen. Wir haben nachgewiesen, wie die Anfänge der sogenannten scholastischen Philosophie oder des Versuchs, die positiven Lehren des Christenthums aus dem Wesen der menschlichen Vernunft herzuleiten und alle menschlichen Wissenschaften auf Verbindung von Verstandesbegriffen und auf Schlüsse zurückzuführen, aus den Schulen und Schriften der späteren römischen Kaiserzeit und des apostolischen Reiches herzuleiten seien; wir müssen in dieser Periode, d. h. vom Anfang des 11. Jahrhunderts an bis zum Beginne des 13., der Entstehung einer eigenthümlichen Philosophie folgen. Johann Erigena und andere hatten den Grund der neuen Wissenschaft gelegt, und Gerbert oder Sylvester II., der in Spanien unterrichtet worden war, hatte schon ganz in der Weise der späteren Scholastiker gelehrt und geschrieben. Durch Gerbert und unmittelbar nach seiner Zeit ward man auch mit den Bemühungen der Araber um den Aristoteles bekannt. Hierbei waren die gelehrten Juden in Spanien und Frank-

---

*) Bei dem Worte universitas dachte man im Mittelalter keineswegs an den heutzutage daran geknüpften Begriff der Allseitigkeit und des inneren Zusammenhanges der Studien.

reich behülflich, deren Sprache dem Arabischen verwandt ist und welche damals von Toledo bis nach Metz und im ganzen südlichen Frankreich, vorzüglich aber in Toulouse und Metz, blühende höhere Lehranstalten hatten. Durch ihre Hülfe ward der Occident mit den aus dem Arabischen in schlechtes Latein übersetzten Schriften des Aristoteles und mit den berühmten, an einem anderen Orte angeführten arabischen Erklärern des Aristoteles bekannt, welche des Griechen Speculation fortgesetzt und auf die Erfahrungswissenschaften ausgedehnt hatten. Die Philosophie erhielt theils durch die Bemühung Gerbert's, theils seit seiner Zeit einen unmittelbaren Einfluß auf alle Künste des Lebens und auf die Naturwissenschaften, soweit diese den Gewerben und dem größeren Verkehre dienen; schon in dieser Hinsicht hat es auch für den, der sich um die Wissenschaft selbst nicht kümmert, einen Werth, wenigstens die Namen der Männer zu kennen, die sie während einer finsteren Zeit im klösterlichen Dunkel gefördert haben. Es gibt aber noch einen anderen und wichtigeren Grund, dem Gange der philosophischen Entwickelung des Mittelalters auch in dieser Periode so weit zu folgen, als geschehen kann, ohne tief in den Geist derselben einzudringen oder Kunstwörter und fremdartige Worte zu gebrauchen, deren die Wissenschaft und die Schule nicht entbehren kann, die aber außerhalb derselben unverständlich sind. Dieser Grund besteht darin, daß die Poesie, deren wir vorher gedacht haben, ihr reinstes und bestes Element aus der in jener Periode herrschend gewordenen Philosophie schöpfte. Der Zusammenhang zwischen Abälard und Dante und sogar zwischen dem Ersteren und den erst der neueren Zeit angehörenden Rousseau, welcher Abälard nur aus dürftigen Bildern, die von anderen Bildern copirt waren, kennen konnte, wäre nicht schwer nachzuweisen; es bedarf dessen aber nicht. Die ganze Vergeistigung der Liebe und des Ritterthums, ebenso die große und glänzende Mystik der Dichter Cataloniens, der Provence und aller romanischen Länder überhaupt, also auch die eines Guido Guinicelli und Dante, war ja eine Stieftochter der scholastischen Philosophie. Ein dritter Grund, der es nothwendig macht, einige Namen von Philosophen zu nennen und einige Punkte der von ihnen verbreiteten Lehre zu berühren, liegt darin, daß auch derjenige, der an philosophischen Forschungen nicht den geringsten Antheil nimmt, aber gleichwohl die Geschichte des Mittelalters genau kennen lernen will, mit dem Streite der sogenannten Nominalisten und Realisten, welcher zu jener Zeit begann und durch das ganze Mittelalter hindurch fortdauerte, wenigstens im Allgemeinen bekannt sein muß.

Wir haben in der vorigen Periode bemerkt, daß zur Zeit der Ottone

Gerbert oder Sylvester II. nicht blos der Philosophie, sondern der ganzen Wissenschaft des Occidents überhaupt einen neuen Aufschwung gab; wir wollen hier nur noch hinzusetzen, daß unmittelbar nach ihm vier große Lehranstalten vor allen anderen ausgezeichnet waren und Schüler aus allen Gegenden vereinigten. Diese höheren Lehranstalten bestanden in Pavia, in Avranches, in Poitiers und im Kloster Bec in der Normandie. Um die Lehranstalt von Bec und zugleich um die Bildung von ganz Europa haben sich zwei Männer unsterblich verdient gemacht, von denen der Eine sich vorzugsweise mit Theologie und mit dem alten römischen Rechte beschäftigte, der Andere ein auch von den Philosophen unserer Zeit anerkannter tiefer Denker war. Der Erstere hieß Lanfranc, der Zweite Anselm von Canterbury. Beide waren Italiener; Lanfranc war 1005 in Pavia, Anselm 1085 zu Aosta im Piemontesischen geboren. Beide standen sich im Leben so zur Seite, daß der Eine stets da aushalf, wo der Andere schwächer war, und daß der Eine als Nachfolger des Anderen in den höchsten Würden dasjenige vollendete, was der Andere unvollendet gelassen hatte. Lanfranc ward in Bologna gebildet, wo damals das römische Recht in barbarischem Latein aufs neue erklärt ward, weil das Recht des Herkommens für die neuen Verhältnisse der ins römische Reich eingewanderten Völker nicht mehr ausreichte; wie denn das alte römische Recht in Italien nie ganz verschwunden war, und sowohl dem nach und nach eingeführten päpstlichen Recht, als auch den Aussprüchen einzelner besonderen Gerichte der Normannen diesseits und jenseits des Canals zu Grunde gelegt ward. Wir vermuthen daher auch, daß Lanfranc in die Normandie ging und in den Benedictiner-Orden trat, um der im Kloster Bec bestehenden Schule durch den Vortrag des römischen Rechts einen neuen Glanz zu geben. Daß das letztere geschah und daß sich auch sogar aus Italien Studirende in Bec einfanden, wissen wir wenigstens ganz gewiß. Nach Bec führte das Schicksal auch den Piemonteser Anselm, der um 1062 daselbst Mönch ward und, als Lanfranc Abt in Caen wurde, ihm als Prior dieses Klosters folgte. Als nachher Wilhelm der Eroberer England erobert hatte, machte er Lanfranc zum Erzbischof von Canterbury. Er und seine Anhänger waren angestrengt bemüht, die Ansichten des Berengar von Tours zu bekämpfen, der eine freie, geistige Auffassung der Brodverwandlung beim Abendmahl in Lehre und Schrift vortrug. Berengar wurde mehrere Male zum Widerruf genöthigt und von verschiedenen Kirchenversammlungen als Ketzer bezeichnet; Gregor VII. jedoch benahm sich gegen ihn schonend und rücksichtsvoll und schaffte ihm wahrscheinlich die Möglichkeit, sich in der Nähe von

Tours einer frommen Einsamkeit zu widmen, in welcher er 1188, ein Jahr vor Lanfranc, in sehr hohem Alter starb.

Nach Lanfranc erhielt Anselm die Würde eines Erzbischofs von Canterbury, nachdem er vorher Abt des Klosters Bec gewesen war. Der Eifer beider Männer für Wissenschaft, für Lehre und für das Sammeln und Vervielfältigen von Büchern war sehr rühmlich; zu einer Zeit, in welcher 65 Bücher als eine ansehnliche Bibliothek gerühmt werden und einer Sammlung von 200 als der größten Seltenheit gedacht wird. Anselm's theologischer Eifer war nicht immer billig und gerecht gegen die, welche seinen Gründen andere entgegensetzten; das zeigte sich beim Ausbruche des Streites über Realismus und Nominalismus. Dieser Streit der Realisten und Nominalisten scheint dem, der die Dinge nur obenhin betrachtet, unbedeutend oder höchstens nur ein eitler Kampf um logische Spitzfindigkeiten zu sein; wer aber die Sache genauer prüft, wird anders urtheilen. Er wird bedenken, daß, während die ganze übrige Menschheit in den Waffen oder unter hartem Drucke lebte, eine kleine Zahl von Männern, die in den philosophischen Kämpfen gebildet worden waren, ganz allein Regel und Gesetz, Regierung und Leitung der Menschen besorgte; er wird daher auch einsehen, wie ein Streit über das Verhältniß der Dinge zu den menschlichen Begriffen von diesen Dingen unter den Hunderten kräftiger Männer, welche damals die wenigen höheren Lehranstalten besuchten, blutige Händel veranlassen konnte. Man stritt nämlich darüber, ob, wie Plato gesagt habe, die Begriffe als den Dingen vorausgegangen und als ihr eigentliches Wesen angesehen werden müßten, oder mit andern Worten, ob der Begriff der Dinge und also auch das Wesen der ganzen Außenwelt von Ewigkeit her in der Gottheit gewesen sei und ob folglich auch dem Begriffe allein eine Existenz zuzuschreiben sei, und dem Menschen nur die äußere Erscheinung desselben kund werde. So lehrte auch Anselm anfangs, bis er zu der Ansicht des Aristoteles übertrat. Dieser und mit ihm die spätere scholastische Schule nach Anselm's Vorgange behauptete nämlich, daß die Dinge und die Begriffe derselben zugleich gegeben und von einander unzertrennlich wären. Diese Ansicht ist diejenige, was man Realismus nennt.*) Dagegen hatte der griechische Philosoph Zeno gelehrt, daß unser Verstand die Begriffe der Dinge

---

*) Der Realismus des Mittelalters steht demnach derjenigen Richtung am nächsten, die man heutzutage Idealismus nennt, indem er vorzugsweise den Begriffen Wesenheit oder Realität zugesteht und davon seinen Namen hat; der Nominalismus hält die allgemeinen Begriffe, die universalia, für bloße Namen.

erst von diesen erhalte, daß er sie also aus äußeren Wahrnehmungen bilde, die den Begriffen vorangehen müßten. Die letztere Ansicht, welche in neuerer Zeit auch Locke gegen Leibniz vertheidigte, erhielt den Namen Nominalismus. Man sieht leicht, daß, wenn dieselbe consequent durchgeführt wird (was freilich im Mittelalter weder geschah noch geschehen konnte oder durfte), am Ende alles menschliche Wissen nur Abstraction ist, und die ganze Kunst der Scholastik, welche die Welt und ihre Ordnung, die Seelen und ihr Wesen in Begriffe verwandelt oder, wie wir es nennen, construirt, wegfallen muß. Diese Kunst des Construirens, welche die Grundlage der ganzen Scholastik des Mittelalters bildet, hat Anselm von Canterbury mit solcher Kraft des Geistes, mit solcher Umsicht und unablässigen Anstrengung tiefen Denkens vollendet, daß wir ihn, was wir auch vom Resultate seiner Bemühungen halten mögen, den größten Männern aller Jahrhunderte beizählen müssen. Wir müssen eingestehen, daß er gleich den größten Dichtern gezeigt hat, wie und auf welche Weise die Gottheit dem schwachen Menschen an ihrer schöpferischen Kraft Antheil verliehen hat. Man wird sich daher auch nicht verwundern dürfen, daß er, der die ganze Theologie mit bewunderungswürdiger Schärfe auf den Begriff der Dreieinigkeit zurückführte, in seiner Schrift über die Dreieinigkeit mit einer so unbegrenzten Heftigkeit gegen die Nominalisten loszieht, und daß diese, besonders ihr Urheber, so heftig verfolgt wurden. Um die Wuth gegen die, gleichwohl unvertilgbaren, Nominalisten und ihre Lehre zu begreifen, darf man nur daran denken, daß auch der Lehre der jetzt überall so sehr verwünschten französischen Philosophen des 18. Jahrhunderts doch eigentlich der Nominalismus zu Grunde lag. Als Urheber des Nominalismus wird gewöhnlich der Mönch Roscellinus genannt, und dieser war es auch, der den Streit mit Anselm muthig und kräftig führte und dafür auf jede Weise verfolgt ward; allein er war gleichwohl nicht derjenige, der sich zuerst wissenschaftlich gegen den Realismus und den darauf gegründeten Scholasticismus erhob. Man nennt einen Johannes Sophista oder Johannes Francus als den Urheber der dem Anselm so verhaßten Lehre und den Roscellinus aus Compiegne als dessen vorzüglichsten Schüler. Von Beiden weiß man sonst wenig, und es ist ihren Gegnern gelungen, Roscellin's Schriften der Nachwelt ganz zu entziehen, so daß wir seine Lehre nur aus den Schriften seiner Gegner kennen. Man hat sogar die Existenz Johann's des Sophisten bezweifelt; gewiß ist jedoch, daß Roscellin, der Stifter einer philosophischen Schule, zu Compiegne in Bretagne geboren war und ebenso, wie Arnulf von Laudun und Robert von

Paris, welche gleichfalls für den Nominalismus stritten, als Ketzer verfolgt ward. Wir dürfen in einer allgemeinen Geschichte weder die Verfolgungen, welche über Roscellinus und seine Anhänger verhängt wurden, erzählen, weil dies uns in die Kirchengeschichte führen würde, noch in die dialektischen Streitigkeiten eingehen, in denen er sich so sehr auszeichnete, daß sich seine Meinungen, trotz aller Verfolgungen, in den Schulen fortpflanzten. Nur das Eine wollen wir bemerken, daß sein Verbrechen darin bestand, eine gefährliche Ketzerei in der Lehre von der Dreieinigkeit vorgetragen zu haben. Man muß übrigens nicht glauben, daß Roscellin, welcher selbst ein Domherr des heil. Martinus in Compiegne war, die Lehre von der Dreieinigkeit überhaupt angetastet habe; er griff vielmehr nur das System Anselm's an, der, wie auch einige neuere speculative Theologen gethan haben, das ganze christliche Glaubenssystem aus der Lehre von der Dreieinigkeit entwickelte oder wenigstens auf dieselbe gründete. Wie bedeutend übrigens Anselm von Canterbury für die Geschichte der Bestrebungen des menschlichen Geistes und der von ihm gegründeten theologisch philosophischen Lehrart war, mag man daraus schließen, daß es derjenige war, der seit den Zeiten der alten heidnischen Philosophen zum ersten Male wieder versuchte, das Dasein Gottes gleich einem mathematischen Satze zu demonstriren, und daß die Methode, die er dabei befolgte, und die Beweise, die er gebrauchte, bis auf Kant in den philosophischen Schulen herrschend blieben. Er erfand den sogenannten ontologischen Beweis, den man später beibehielt, den aber einer seiner Zeitgenossen, der Mönch Gaunilo, mit siegenden Gründen widerlegte, was wir hier nur darum anführen, weil man bei dieser Gelegenheit aus einem einzigen Blatte von Anselm's in den Jahren 1071 und 1721 neu gedruckten Werken sehen kann, daß die Zeit Anselm's nicht blos eine dunkle und theologische, sondern auch eine gründlich und tief philosophische war. *)

Anselm's Zeitgenosse, Wilhelm von Champeaur, den man wegen der Behauptung, daß alle Dinge dasselbe reelle Wesen hätten und blos durch zufällige Eigenschaften von einander verschieden wären, zu einem Spinozisten oder speculativen Pantheisten gemacht

---

*) Ein berühmter Ausspruch Anselm's von Canterbury († 1109) lautet: Credo, ut intelligam; es ist des Menschen würdig, sich das Verständlich zu machen, was er glaubt, aber der Glaube muß vorausgehen; wenn es nicht gelingt, das Geglaubte mit dem Verständniß zu erfassen, der soll nicht das Horn zum Stoß erheben, sondern das Haupt zur Andacht neigen. — Der Kern des ontologischen Beweises liegt in dem Satze: Gott kann nur als das vollkommenste Wesen gedacht werden; zur Vollkommenheit gehört aber die Existenz.

hat, kennen wir nur durch seinen Schüler Abälard (geb. 1079 zu Palet bei Nantes), der jedoch weniger wegen seiner Philosophie, als wegen seiner Liebschaft mit der Heloise und wegen der in alle Sprachen übersetzten und als Meisterwerk bewunderten Briefe von ihm an sie und von ihr an ihn weltberühmt geworden ist. Von seiner Philosophie wußte das große Publikum nichts und die Gelehrten wenig, bis sich seit einigen Jahrzehnten die Franzosen bemüht haben, neben ihrem Descartes auch Abälard als Philosoph wieder zu Ehren zu bringen, weshalb sie auch verlorene Schriften von ihm wieder ans Licht gezogen haben. Als Geliebter der Heloise ist er durch seine unglücklichen Abenteuer und durch seinen Briefwechsel auch den galanten Damen und Herren bekannt, wäre es auch nur, weil Rousseau in einem bekannten Roman ihn nachgeahmt, wiewohl keineswegs erreicht hat. Man hat ihn in Beziehung auf Philosophie für Roscellin's Schüler ausgegeben, dagegen streiten aber zwei entscheidende Gründe; denn erstens mußte Roscellin, nachdem er zuerst durch eine Synode zu Soissons zum Widerruf gezwungen worden war und dann denselben zurückgenommen hatte, aus Frankreich fliehen, als Abälard erst 13 Jahre alt war, und zweitens war Abälard kein Nominalist, sondern bekämpfte vielmehr diese Partei mit vielem Talent.

Abälard sowohl als auch seine geliebte Heloise bestrebten sich, den zu ihrer Zeit in Frankreich erwachten Eifer für Geistesbildung und Wissenschaft durch Beispiel und eifriges Lehren zu fördern, und gründeten neben den vielen bestehenden Lehranstalten eine ganz neue. Unter den Lehranstalten des 11. und 12. Jahrhunderts nennt man uns vorzugsweise die zu Rheims, Caën, Laon, Tournay, Cambrai, Soissons, Chalons an der Marne, Amiens und Arras, ganz besonders aber die zu Lüttich, Besançon, Chartres, Orleans und Paris. Neben diesen werden noch die in Metz, Toul, Verdun, in Sens, Bourges, Poitiers, Tours und Angers angeführt. In Deutschland rühmte man zu derselben Zeit die Schulen zu Köln, Mainz, Paderborn und Braunschweig. Was den Eifer Abälard's und seiner Heloise für wissenschaftliche Bildung angeht, so wissen wir, daß Abälard schon in seiner Jugend wegen der von ihm in öffentlichen Disputationen bewiesenen Fertigkeit, Schlüsse zu bilden und Begriffe zu spalten und genau zu bestimmen, in ganz Frankreich eben so berühmt ward, als die berühmtesten Ritter seiner Zeit durch die Kraft und Uebung, die sie in den Turnieren bewährten. Heloise war, schon ehe sie ihn kennen lernte, wissenschaftlich gebildet. Sie kam als Kind in das Kloster zu Argenteuil und ward dort nicht blos mit der heiligen Schrift und mit den Werken der Kirchenväter, sowie mit Musik und Kirchengesang

vertraut gemacht, sondern sie studirte auch, weil damals das weibliche
Geschlecht oft den Mangel der Wundärzte ersetzen mußte, Chirurgie
und Arzneikunst. 18 Jahre alt lehrte sie als blühende Schönheit in
das Haus ihres Oheims Fulbert zu Paris zurück. Gerade zu derselben Zeit lehrte Abälard mit großem Beifall in Paris an der Schule
bei Notre Dame und gewann, wie er ausdrücklich sagt, viel Geld.
Auch Heloise suchte seinen Unterricht und Fulbert ließ sich durch Geld
verlocken, den Philosophen in Kost und Wohnung zu nehmen und
ihm den Unterricht seiner Nichte ganz zu überlassen. Heloise lernte
von ihm Griechisch und Hebräisch, besonders die erstere Sprache,
deren Abälard, wie wir bestimmt wissen, ganz mächtig war. Er hatte
den Aristoteles gelesen und zwar die Metaphysik desselben, obgleich
dies dem französischen Gelehrten Jourdain entgangen ist, der sonst
in seiner Preisschrift über die Uebersetzungen und Commentare des
Aristoteles jede Spur der Kenntniß dieses Philosophen im Mittelalter angegeben hat. Aus Plato führt Abälard oft ganze Stellen an;
seine Bekanntschaft mit der Metaphysik des Aristoteles geht aber aus
seiner philosophischen Begründung der Dreieinigkeitslehre, die er
„Einleitung in die Theologie" betitelt hat, deutlich hervor. Abälard
vergaß, während er bei Fulbert wohnte, seine theologischen Studien
und machte Liebesgedichte, welche sehr gesucht wurden, die er aber
später selbst unterdrückte; Heloise schwärmte mit ihm Platonisch und
Aristotelisch, vergaß sich aber im Umgange mit ihm und entbrannte
in so glühender Liebe, daß sie in ihren Briefen kaum Ausdrücke finden
kann, ihre Gluth passend auszudrücken. Als sie ihm einen Sohn geboren hatte, den sie Astrolabium nannte, drangen Fulbert und alle
Verwandte auf Ehe. Abälard war bereit dazu, nur sollte die Ehe
geheim bleiben, damit er auch ferner Theologie lehren könne; Heloise
widerstrebte, theils weil sie erklärte, daß sie lieber seine Geliebte bleiben, als seine Frau sein wolle, theils um nicht die Welt und die
Wissenschaft des größten Lehrers und Theologen zu berauben. Die
Hochzeit ward vollzogen, aber Fulbert plagte, peinigte und schlug die
gelehrte Nichte, weil sie stets ableugnete, daß Abälard ihr Ehemann
sei. Dieser brachte sie daher nach Argenteuil ins Kloster und ließ sie
daselbst als Nonne einkleiden. Dies beleidigte den alten Fulbert tödtlich,
weil er glaubte, Abälard habe sie dorthin gebracht, um sie von ihrem
Oheim zu entfernen und auch künftig mit ihr zu leben. Er rächte die
Kränkung seiner Familie dadurch, daß er Abälard durch gedungene
Frevler verstümmeln ließ, wodurch er, nach den bestehenden Satzungen und nach den Begriffen der Zeit, zur Erlangung kirchlicher Würden unfähig wurde. Von dieser Zeit an blieb der Verkehr zwischen

Abälard und Heloife auf den Briefwechfel befchränkt und Abälard
felbst ging, als er geheilt war, in das Kloster St. Denys. Dort lebten Abt und Mönche über allen Begriff zügellos und machten dem
Philofophen, der ihnen Moral predigen wollte, das Leben sauer. Er
rettete sich daher auf das Gebiet des Grafen von Champagne, wo
ihm die Mönche von Troyes eine ihnen gehörende Einsiedelei in der
Nähe von Provins einräumten. Hier trat er als Lehrer auf und sah
bald eine so große Zahl Schüler, die von allen Seiten herbeiftrömten,
um sich vereinigt, daß die Parifer Professoren klagten, sie würden
von ihren Zuhörern verlaffen, und daß auch sogar die zwei vornehm-
ften Lehrer der Hochschule von Rheims einen Vorwand suchten, um
ihn aus der Champagne zu vertreiben. Diesen Vorwand gab ihnen
feine vorher angeführte Philosophie der Dreieinigkeit, welche der Erzbischof von Rheims und die Bischöfe, die diefer zu einem Concil nach
Soiffons berief, 1121 verdammten, weil fie fie nicht verftanden. Er
felbst mußte fein Buch verbrennen, ward in das Kloster St. Medard
gesteckt und mußte fpäter in das Kloster St. Denys zu dem ihm feindlichen Abte zurückkehren. Als ihm hier einst die kritisch-hiftorische
Bemerkung entschlüpfte, Dionysius der Areopagite sei nicht derjenige
gewesen, der Frankreich zum Christenthum bekehrt habe, machte ihm
der Abt ein Staatsverbrechen daraus, und er wäre dem Könige ausgeliefert und dann durch diesen dem weltlichen Gericht übergeben
worden, wenn er sich nicht aufs neue in das Gebiet des Grafen von
Champagne geflüchtet hätte; denn man machte damals mit Staats-
verbrechern fehr kurzen Proceß. Sein böser Abt ftarb indessen und
das Kapitel des Klosters erlaubte ihm, sich aufzuhalten, wo er wollte,
wenn er, der damals weltberühmte Mann, sich nur nicht an eine
andere Klostergemeinschaft anschlösse. Abälard ließ sich hierauf an
einem einsamen Orte bei Nogent fur Seine in der Diöcese von Troyes
nieder, erhielt Geldunterstützung von Freunden, baute ein Häuschen,
verwandelte es mit Erlaubniß des Bischofs in ein Bethaus, welches
er der Dreieinigkeit widmete, und begann dort mit solchem Zulauf zu
lehren, daß seine Niederlassung bald einer förmlichen Colonie glich.
Seine Schüler, deren Zahl in kurzer Zeit auf 600 anwuchs, ließen
sich nämlich Hütten bauen, siedelten sich rund um das Bethaus an
und bauten neben demselben ein neues Haus aus Holz und Stein, so
daß ein förmliches Kloster entstand, welches Abälard Paraklet oder
den tröstenden Geist in der Wüste nannte, weil er den Bau neben
dem Bethaus dem heiligen Geiste gewidmet hatte. Dieser Umstand
gab den Hauptlehrern in Rheims, Alberich und Ludolf dem Lombarden, welche erbos't waren, daß ihre Schüler sie und die Krönungs-

stabt des Reichs verließen, um sich in der Wüste rund um Abälard anzusiedeln, den Vorwand, ihn aufs neue zu verletzen. Das Geschrei ward bald so arg, daß Abälard sein Lehren aufgeben und die ihm angetragene Stelle eines Abtes vom Kloster St. Gildes de Ruys in der Bretagne annehmen mußte. Auch dort hatte er von den Mönchen und vom Schutzvogt des Klosters viel zu leiden, bis ihn die Klagen seiner Heloise ins östliche Frankreich zurückriefen. Der Abt von St. Denys verjagte nämlich die Nonnen von Argenteuil, deren Priorin Heloise war. Abälard kam ihnen zu Hülfe und räumte ihnen sein Bethaus zum Paraklet mit allem, was dazu gehörte, zur Einrichtung eines Nonnenklosters ein, dessen erste Aebtissin Heloise ward. Papst Innocenz II. bestätigte im Jahre 1130 dieses Kloster Paraklet, welches sehr bald mit bedeutenden liegenden Gütern begabt ward und, wie uns Ducange beweiset, stets Damen aus den ersten Häusern Frankreichs zu Aebtissinnen hatte. Dies ist für die Bildungsgeschichte des 12. Jahrhunderts unwichtig; um so größere Bedeutung hat dagegen für diese ein anderer Umstand. Heloise machte es sich nämlich zur Pflicht, ihre geistlichen Schwestern nicht blos im Lateinischen, sondern auch im Griechischen und Hebräischen zu unterrichten; ihr vorzüglichstes Studium war jedoch die heilige Schrift. Wenn sie Schwierigkeiten fand, die sie selbst nicht lösen konnte, so sammelte sie diese und schickte sie an Abälard, der eine Art Oberaufsicht über das Kloster führte. Den Nonnen zu Gefallen schrieb Abälard sein Hexaemeron oder seine Abhandlung über die Schöpfung und deren sogenannte sechs Tagwerke. Nach einer Notiz, die man bei Bayle findet, ward zum Andenken an die griechische Gelehrsamkeit der Heloise in der folgenden Zeit alle Jahre im Kloster Paraklet am Pfingstsonntage Messe in griechischer Sprache gelesen. Aehnliche Kenntnisse hatten in jener Zeit auch viele andere Nonnen. Dies geht nicht nur aus der großen Zahl lateinischer Gedichte hervor, welche von den Gelehrten an Nonnen gerichtet wurden, sondern auch daraus, daß sehr viele Prinzessinnen und Fräulein des ersten Ranges, deren Namen wir hier nicht aufzählen wollen, sich mit Rhetorik und Poesie beschäftigten.

Abälard selbst war einer der fünf Männer, welche in jenem Jahrhundert am besten Latein schrieben. Diese Männer waren außer ihm sein Freund und Schützer, **Peter der Ehrwürdige**, Abt von Clugny, sein Schüler, **Johann von Salisbury**, welcher zugleich Philosoph und Geschichtschreiber der Philosophie jener Zeit war; ferner **Arnold von Lisieux** und **der heilige Bernhard von Clairvaux**. Der Letztere ließ sich gebrauchen, um den armen, lebensmüden Forscher der Wahrheit bis ins Grab zu verfolgen. Wahrscheinlich war nämlich Abälard, nachdem er das Kloster Paraklet an Heloise übergeben hatte, wieder als Lehrer in Paris aufgetreten und hatte den Haß der Neider, die ihn schon dreimal vertrieben hatten, aufs neue geweckt. Die Theologen zogen daher aus seinen Schriften eine Anzahl ketzerischer Sätze. Auch der heil. Bernhard, der ein guter Redner und Dichter, aber ein schlechter Philosoph war und, wie alle Schwärmer, vom Gebrauch des Verstandes nicht reden hören mochte, hatte sich längst gegen Abälard's Lehre erklärt, die ihm zu hoch war. Im Jahre 1140 berief der Erzbischof von Sens ein Concilium nach Sens, auf welchem sich König Ludwig VII. selbst einfand und der heilige Bernhard, der damals schon für einen Wunderthäter galt, das große Wort führte. Es ist unnöthig zu sagen, daß, wo ein Wunderthäter vor Wundergläubigen redete, der Denker verdammt ward. Die Richter waren entweder Feinde des Verdammten, der einen sehr bedeutenden Anhang hatte, oder verstanden gar nichts von dem, was sie als Ketzerei verdammten; sie überließen daher dem Papst Innocenz II., welcher Bernhard's Client war, das Urtheil. Dieses entsprach ganz den Wünschen von Abälard's Gegnern; der Papst befahl, seine Bücher zu verbrennen, ihn selbst einzusperren und nicht zu gestatten, daß er ferner als Lehrer auftrete. Peter der Ehrwürdige nahm sich des Verdammten an; er gab ihm eine Freistätte in seinem Kloster, söhnte ihn mit dem heil. Bernhard und mit dem Papste aus, und sorgte für ihn bis zum letzten Augenblicke seines Lebens. Abälard starb 1142 in der Abtei St. Marcel bei Chalons sur Saone. Seinen Leichnam schickte man der Heloise, die ihn in ihrem Kloster Paraklet beerdigen ließ; seit 1818 ruhen beide unter einem Grabdenkmal auf dem Kirchhof Père-Lachaise zu Paris.

Seit Anselm das System der scholastischen Philosophie geschaffen, Abälard durch seine philosophischen Bestrebungen die ganze Jugend von Frankreich für die Speculation begeistert und einen europäischen Ruhm erworben hatte, wurde, wie wir das vor einigen Jahrzehnten auch in Deutschland erfahren haben, alles als platt und gemein verachtet, was nicht in Ausdrücke der Schule gekleidet oder in der Form von unwiderleglich scheinenden Schlüssen vorgetragen werden konnte. Unklarheit und Unverständlichkeit hieß Weisheit, reales und historisches Wissen ward von der Jugend verachtet. Unter diesen Umständen war es ein Glück, daß der heil. Bernhard und einige andere Männer, von denen in der nächsten Periode die Rede sein wird, ihre Mystik in die Schulen brachten.

2. Geschichte und Staatswissenschaft.

Die Deutschen wurden durch vielerlei Dinge und Umstände abgehalten, an den ersten heftigen Kämpfen über speculative Theologie so lebhaften Antheil zu nehmen, als die Franzosen und Engländer; sie waren dagegen im 12. Jahrhundert fleißig beschäftigt, das, was sich unter ihnen ereignete, aufzuzeichnen. Der Nächste nach den bisher angeführten Männern, der die Geschichte seiner Zeit oder wenigstens die deutsche Geschichte behandelte, war Wipo, der Verfasser einer Biographie Konrab's II. Dieser flickt sich, nach der Sitte der Zeit, einen Bettlermantel aus Redensarten des vorzugsweise beliebten Sallustius zusammen, kann aber damit seine Blößen nicht decken. Daß er kein Sallust war, ergibt sich schon aus der Sammlung kurzer, mitunter ganz hübsch ausgedrückter moralischer Lehren in lateinischen Reimversen, welche er auf Konrab's Bitte für dessen Sohn Heinrich schrieb, und die sich erhalten hat. Indessen ist davon die Rede nicht, sondern nur von Styl und von Grammatik. In dieser Beziehung merkt man nur zu deutlich, daß er der Sprache, die er schreibt, höchst unvollkommen mächtig ist, indem er unrichtig und grammatisch fehlerhaft schreibt; deshalb enthält sein Werk nicht das, was er in deutscher Sprache wohl würde geschrieben haben, sondern das, was er lateinisch zu schreiben im Stande war. Dies gilt jedoch nur dem Vortrag; denn die Thatsachen führt er der Reihe nach ganz getreu auf, und da er das schreibt, was er selbst gesehen und erlebt hat, so tritt er auch manchmal mitredend hervor.

Ein ganz anderer Mann ist der schwäbische Graf Hermann von Beringen, dessen Familiengüter oberhalb des Städtchens Riedlingen in der Nähe der Donau lagen. Weil er durchaus verwachsen war und seine Glieder nicht gebrauchen konnte, so ward er schon früh für das Klosterleben bestimmt und trat als Mönch in das adeligen Mönchen vorbehaltene Kloster Reichenau. Wegen seines gichtbrüchigen Körpers wird er gewöhnlich mit dem Namen Hermannus Contractus bezeichnet; allgemein rühmen ihn die Zeitgenossen wegen seines ausgebreiteten Wissens und seines milden, freundlichen Charakters. Das, was von seinen Kenntnissen erzählt wird, beweist ebenso, wie die von Bruno, dem Oheim des Kaisers Konrad II., hinterlassenen Schriften, daß der Kreis der Schulkenntnisse jener Zeit doch nicht so eng war, als man vielleicht glauben könnte, obgleich wir gern zugestehen, daß das Arabische, welches Graf Hermann verstanden haben soll, nicht gerade sehr bedeutend gewesen sein mag. Bruno war Bischof von Würzburg, verfaßte Auslegungen der Psalmen und schrieb außerdem über die fünf Bücher Mosis, über das neue und alle Testament überhaupt, sowie über das Vaterunser und über das athanasianische und apostolische Glaubensbekenntniß. Er zeigt in diesen Auslegungen Kenntniß der hebräischen Sprache und der Septuaginta oder griechischen Bibelübersetzung, mit welcher er hie und da das hebräische Original vergleicht. Auch in den Psalmen ward nicht der bildliche und allegorische Sinn allein, sondern auch der natürliche und buchstäbliche berücksichtigt. Hermann von Beringen würde sich vortrefflich zu der philosophischen Geschichtschreibung geeignet haben, wenn das wahr ist, was uns Tritheim von ihm berichtet, und was durch ein anderes, freilich ebenfalls nicht von einem Zeitgenossen herrührendes Zeugniß bestätigt wird, daß er nämlich ein ausgezeichneter Philosoph, Belletrist (rhetor), Astronom, Musiker und Dichter gewesen, und besonders Griechisch, Latein und Arabisch sehr gut verstanden habe. Da er jedoch nur im Kloster, nicht im Lichte des Lebens schrieb, also das Besondere gar nicht kannte, wohl aber das Allgemeine, so that er vielleicht besser daran, eine allgemeine Geschichte zusammenzutragen, als die Geschichte seiner Zeit zu schreiben; denn des lateinischen Styls und der Hülfswissenschaften der Geschichte war er vollständig mächtig. Er nahm sich den Eusebius zum Muster, theilte die ganze Geschichte bis auf seine Zeit herab in sechs Zeitalter und entlehnte seine chronologisch geordnete Geschichte der Hauptereignisse in diesen Zeitaltern aus Eusebius, aus dem Fortsetzer desselben, Hieronymus, und aus Beda, den er mehrentheils wörtlich ausschreibt. Man sieht aber, daß er kein gewöhnlicher Compilator ist; denn er rafft nicht, wie die mönchischen Chronikenschreiber sonst thun, alles, was ihm unter die Hand kam, und zwar Wunder und abenteuerliche erbauliche Legenden am liebsten, zusammen, sondern er verwirft, was offenbar fabelhaft ist, und nimmt mehrentheils nur Begebenheiten auf, die wirklich eine Wichtigkeit haben. Die Abweichung der verschiedenen Handschriften seiner Weltchronik hat die Herausgeber in große Verlegenheit gebracht, um so mehr, da man Ursache hat zu glauben, daß er selbst, bei der Durchsicht verschiedener Abschriften, Aenderungen und Verbesserungen gemacht hat. Uebrigens kann die an das Werk angehängte Geschichte nur bis zum Jahre 1053 als Geschichte seiner Zeit gelten; denn Hermann starb 1054, wenig über 40 Jahre alt. Was bis zum Jahre 1062 weiter folgt, setzte, wie das in allen Klöstern geschah, irgend ein anderer Mönch hinzu.

Berthold von Constanz, welcher Hermann's Geschichte fortsetzte, wollte eigentlich weniger eine Geschichte schreiben, als seine Vorliebe für Gregor VII. und seine Abneigung gegen Heinrich IV. in ein Klosterprotocoll niederlegen. Seine Chronik war nachher ebenso, wie das Werk Hermann's, fast in allen Klöstern zu finden, und beide Werke wurden von den Mönchen benutzt, um aus ihnen eine Art Sammlung historischer Denkwürdigkeiten und Bemerkungen über allerlei Gegenstände zu machen, weshalb in den Ausgaben gewöhnlich in gespaltenen Columnen zwei abweichende Abschriften neben einander fortlaufen. Ebenso einseitig und heftig für die päpstliche Sache eingenommen zeigt sich ein anderer Fortsetzer Hermanns, der Mönch Bernold von Sanct Blasien. Des Lambert von Hersfeld (früher meist Lambert von Aschaffenburg genannt) Geschichte der Thaten der Deutschen, welche von ihm selbst auch als Chronik bezeichnet wird, beginnt mit kurzen Notizen über die Weltgeschichte von Adam an und mit etwas ausführlicheren über die deutschen Geschichten seit der Zeit des älteren Pipin. Lambert schöpft alles das, was er bis 1050 erzählt, aus anderen Schriften, die Begebenheiten von 1050—1077 dagegen hat er selbstständig beschrieben. Sein Werk ist, besonders wenn man kurz vorher den leidenschaftlichen Berthold von Constanz gelesen hat, eine der erfreulichsten Erscheinungen im ganzen Mittelalter. Er erzählt die Gräuel seiner Zeit aufrichtig und wahr; aber die Tiefe des Gefühls, die Einfalt, die aufrichtige Religiosität, die er zugleich an den Tag legt, beweisen, daß seine Persönlichkeit ihn über seine Zeit erhob, und trösten den Vaterlandsfreund, dessen Gemüth durch die von Lambert erzählten Zustände deutscher Nation verwundet ist, mit dem Gedanken, daß fern vom Getümmel der Welt auch damals Hunderte leben mochten, welche diesem Manne glichen. In Rücksicht des unseligen Streites der Kirche und des Staats, mit dem sich Lambert und die zunächst folgenden Verfasser der Geschichte ihrer Zeit beschäftigen, kann man bei allen Anderen auf den ersten Blick erkennen, ob sie zur Partei des Kaisers oder der des Papstes gehören; nicht so bei Lambert, obwohl er im Allgemeinen gewiß nicht parteilos war, vielmehr zu Heinrich's Gegnern gehörte. Jedoch er allein unter allen bedauert aufrichtig, daß jener unselige Streit Deutschland unglücklich machte, und weiset auch der ihm näher stehenden Partei nach, in welchen Stücken sie Unrecht habe. Auf der einen Seite schildert er mit Unwillen Heinrich's IV. Jugendsünden, sowie den Frevel seiner Freunde und seiner wüsten Jugendgenossen, auf der anderen zeichnet er uns mit lebhaften Farben den Jammer und die Unsittlichkeit, welche Gregor VII. dadurch hervorrief, daß er mit unerbittlicher Strenge darauf bestand, daß die damals fast insgesammt verheiratheten Priester sich von ihren rechtmäßigen Frauen trennen und fortan auf einsamen Pfarreien unbeweibt leben sollten. Schon oben ist erzählt worden, wie rührend er seine Freude und seine tiefe religiöse Empfindung ausspricht, weil er von einer ohne Erlaubniß seines Abtes unternommenen Pilgerfahrt noch gerade zu rechter Zeit zurückgekommen sei, um die Absolution des sterbenden Abtes zu erhalten. Sein Styl ist rein, würdig und natürlich und liest sich besser, als selbst die italienischen Historien des 15. und 16. Jahrhunderts, welche zu sehr nach den von den Alten abgezogenen Schulregeln des Styls gearbeitet sind und in denen oft die Hauptsache zur Nebensache wird, weil ihre Verfasser eifriger nach klassischer Schreibart, als nach der nackten Wahrheit und nach einfach gesundem Urtheile streben. Unter den historischen Parteischriften der kaiserlichen Seite ist ein kurzgefaßtes Leben Heinrich's IV. hervorzuheben, das sich nicht nur durch treffliche Anordnung und ganz vorzügliche Darstellung auszeichnet, sondern auch in seinem ganzen Ton, zumeist aber in der rührenden Todtenklage am Schlusse das Gepräge der aufrichtigsten Anhänglichkeit an sich trägt. Die bedeutenden und schönen Eigenschaften des unglücklichen Kaisers sind hier in einer Weise geschildert, die auch dem Lobredner Ehre macht. Die mehrfach ausgesprochene Vermuthung, daß Bischof Otbert von Lüttich, der Beschützer des Kaisers in seinen letzten Tagen, das kleine Werk verfaßt habe, hat viel Ansprechendes, läßt sich aber neueren Forschungen gegenüber nicht aufrecht halten. Ist diese Schrift dem Kaiser allzu günstig, so suchte Walram oder Waltram von Naumburg, der ein Buch über die zu bewahrende Einheit der Kirche geschrieben hat, welches durchaus historisch ist, den Kaiser lebhaft genug, aber mehr sachlich in Schutz zu nehmen, indem er die Gregorianer theils angreift, theils widerlegt; das eben genannte Buch desselben gab noch im Jahre 1520 Ulrich von Hutten heraus. Des Sachsen Bruno Geschichte des sächsischen Krieges wird, obgleich sie in Rücksicht der Sprache und Manier nicht zu verwerfen ist, durch die Heftigkeit des Verfassers historisch unbrauchbar. Bruno ist ebenso das Organ der sächsischen Aristokratie gegen den Kaiser, wie Bernold und Berchthold Organ des Papstes und der Pfaffen sind. Die Chronik des Marianus Scotus kann, mit der Chronik des Hermannus Contractus verglichen, den Beweis liefern, daß das Mangelhafte der Arbeiten im Mittelalter ebenso, wie in unserer Zeit, nicht dem Stande der Schriftsteller und insbesondere nicht dem Mönchsleben der meisten von ihnen schuld zu geben ist, sondern daß auch damals Alles ganz allein davon abhing, ob ein Mann Anlagen hatte oder nicht. Marianus und Hermann gehörten Beide dem Kloster an, beide legen besonderen Werth auf chronologische Studien, aber der Eine schreibt und excerpirt wie ein beschränkter Mönch, der Andere dagegen, obgleich auch er ein Mönch ist, als ein gebildeter Mann, der Welt und Menschen kennt. Einiges machen freilich auch die Umstände; denn Marianus, ein geborener Irländer, schrieb seine Chronik im Martinskloster zu Mainz auf Wunsch des Erzbischofs Siegfried († 1084), der ihn zu diesem Zweck einmauern ließ, wie er ihn schon früher einmal in Fulda hatte einmauern lassen; ein Verfahren, dem sich diese schottischen Mönche nicht selten unterzogen.

Der Männer, welche die Geschichte der hohenstaufischen Zeiten beschrieben haben, kann erst weiter unten gedacht werden; dagegen sind hier noch zwei Geschichtschreiber des Nordens anzuführen. Der Eine, Saxo Grammaticus, ist wegen seines klassischen Styls mit den italienischen Stylisten zu vergleichen, der Andere, Adam von Bremen, war Augenzeuge vieler der Begebenheiten, die er erzählt, und überdies ein Freund des Dänenkönigs Swend Estrithson, eines Neffen Knut's des Großen; er ist daher zugleich als Geschichtschreiber und als Quelle der Geschichte seiner Zeit wichtig. Adam von Bremen hat eine Kirchengeschichte der Zeit von 755—1076 geschrieben, der er ein geographisches Büchlein über Dänemark und die weiter nach Norden liegenden Gegenden angehängt hat. Am wichtigsten ist der letzte Theil seiner Kirchengeschichte, weil er dort berichtet, was er selbst erlebt hat; denn er erzählt offen und einfach, und zeigt wahrhaftige Religiosität, nicht den blinden Aberglauben der Klosterschriftsteller. Sein Vortrag wird schon durch den Umstand in ein vortheilhaftes Licht gesetzt, daß sich Adam von Bremen dem König von Dänemark noch mehr durch seine Beredsamkeit, als durch seine Frömmigkeit empfohlen hatte. Merkwürdig ist das Lob, das er selbst diesem König ertheilt, derselbe habe den ganzen Erinnerungsschatz der Barbaren in seinem Gedächtniß wie in einem Buch getragen. Was er vom Norden erzählt, ist anziehend, wie eine Reisebeschreibung; denn er hatte das, was er beschreibt, selbst gesehen. Man wirft ihm aber viele Fehler gegen die Zeitrechnung vor, weil er der eigenen Eingebung folgend so schrieb, wie ihm die Sache im Gedächtnisse war oder gerade in den Sinn kam, weil er also die Hülfsmittel der Gelehrten verschmähte. Ein ganz anderer Mann, der freilich auch um ein Jahrhundert später, zur Zeit von Dänemarks höchster Blüthe schrieb, ein Künstler und Meister des Styls bis zum Uebermaaß, ist der unter dem Namen Saxo Grammaticus bekannte Geistliche und Geheimschreiber des Bischofs Absalon oder Axel von Roeskild, welcher seine Studien in Paris gemacht und die französische Bildung sich angeeignet hatte. Seine dänische Geschichte, zu deren Abfassung ihn

Axel, nachdem derselbe Erzbischof von Lund geworden war, ermunterte, begreift den Zeitraum von den Urzeiten bis auf 1180, also nicht ganz bis auf den Tod des Geschichtschreibers, der erst im Jahre 1204 erfolgte. Saxo Grammaticus wollte die alten nordischen Sagen in ein ganz klassisch römisches Gewand kleiden und hat deshalb nicht blos, wie man gewöhnlich sagt, seinen Styl nach Martianus Capella und nach Valerius Maximus gebildet, sondern es ist ihm auch mehrentheils gelungen, ein so reines Latein zu schreiben, als es nur irgend jemand in unserer Zeit schreiben kann. Sein Buch ist daher auch unzählige Male herausgegeben worden, selbst noch im 18. Jahrhundert von Kloß, der in dem Rufe stand, das beste Latein zu schreiben.

Zum Schlusse dessen, was über die deutschen Geschichtschreiber vor der hohenstaufischen Zeit bemerkt worden ist, nennen wir noch die vom Abt Norbert von Iburg abgefaßte Lebensbeschreibung des Bischofs Benno von Osnabrück, der nicht nur Heinrich IV. als Staatsmann zur Seite stand, sondern auch dessen Burgbauten im Harz leitete und zu Speier einen kunstvollen Rheindamm aufführte. Dieser vielseitige Mann hatte früher, ebenfalls in Speier, als Lehrer mit Erfolg gewirkt und große Summen dabei erworben, so daß ein bekannter Ausspruch Wipo's doch nicht allgemein gültig sein kann; dieser rühmt nämlich den Wissenstrieb der Italiener und fügt hinzu:

Einzig im deutschen Gebiet noch gilt es für eitel und schmählich,
Einen zur Lehre zu senden, der nicht der Kirche geweiht ist.

Endlich glauben wir noch einen durch Staatsschriften aller Art, sowie durch seine Staatsweisheit und Staatsverwaltung ausgezeichneten Geistlichen beifügen zu müssen, welcher Minister, Diplomat und Reichsverweser des Hohenstaufen Konrad III. war und ebenso als großer Gelehrter und Philosoph, wie als praktischer, nach Möglichkeit für Eintracht und Frieden wirkender Staatsmann glänzte. Dieser Mann, der seine Staatsschriften und Depeschen nicht durch Untergebene ausarbeiten ließ, sondern selbst abfaßte und schrieb, war der Abt W i b a l d von Stablo und Corvei. Seine Staatsschriften und Aufsätze sind von Martene und Durand im zweiten Foliobande ihrer großen Sammlung handschriftlicher Ueberbleibsel des Mittelalters gesammelt worden und füllen einen großen Theil dieses Bandes; sein Wirken ist in einer besonderen Schrift von J. Janssen eingehend geschildert. Wibald war in die Philosophie seiner Zeit durchaus eingeweiht und scheint seinen Kaiser manchmal durch seine Demonstrationen und dialektischen Künste belustigt zu haben. Wir finden wenigstens in einem Briefe, welchen Wibald an einen andern Gelehrten, den Scholasticus Mangold, über die wissenschaftliche Richtung der Zeit schrieb, die Anekbote, Kaiser Konrad sei, als ihm von Wibald demonstrirt worden sei, daß er drei Augen habe, über das lustige Treiben der Gelehrten sehr erfreut gewesen. Wibald verstand ganz vollkommen Griechisch. Er leitete unter Konrad III. die Reichsgeschäfte und stand während des Kreuzzuges dieses Kaisers dem Reiche auf eine solche Weise vor, daß der Kaiser kaum vermißt ward. Schon vorher führte er des Kaisers ganze Correspondenz, die, wie wir aus seinen noch vorhandenen Briefen und Depeschen sehen, gerade damals sehr schwierig war und mit Constantinopel, Rom, mit anderen auswärtigen Höfen, sowie mit den deutschen Bischöfen geführt wurde. Wie er das that, können wir hier nicht in der Kürze deutlich machen; denn es würde nur durch Anführung der erwähnten Actenstücke geschehen können.

Geschichte des Mittelalters.

III. Das Zeitalter der Kreuzzüge.

i

I. Geschichte der mohammedanischen Reiche des Ostens kurz vor dem Anfang der Kreuzzüge.

1. Einleitung.

Am Ende des 11. Jahrhunderts begannen die Kreuzzüge, welche den Orient und das Abendland aufs neue in die engste Berührung mit einander brachten und in beiden Weltgegenden die folgenreichsten Bewegungen und Umgestaltungen herbeiführten. Will man die Entstehung und den Zusammenhang dieser wichtigen Begebenheiten verstehen, so muß man den Blick nothwendig zuerst auf den Zustand der mohammedanischen Reiche des Ostens werfen; denn die Veranlassung zu den Kreuzzügen ward nicht etwa blos durch Peter's des Eremiten Predigten gegeben, sondern noch weit mehr durch die in jenen Reichen eingetretenen Veränderungen und durch den Umstand, daß diese Veränderungen zu derselben Zeit Statt fanden, als sich ein eigenthümlicher Geist ritterlicher Poesie von Spanien und Südfrankreich aus über die christlichen Völker des Abendlandes verbreitete. In diesen beiden Ländern erhielten nämlich die von den Dichtern längst behandelten Sagen von Arthur und seiner Tafelrunde, von Karl dem Großen und Roland, von Troja und von Alexander dem Großen eine ganz neue Bedeutung, seitdem 1085 eine große Zahl christlicher Ritter aus Castilien, Navarra, Aragonien und Südfrankreich, ja sogar aus Deutschland den spanischen Arabern die Stadt Toledo entrissen hatten. Rodrigo Diaz, unter dem Beinamen Cid in Liedern gefeiert, war der Achilles dieses Zugs, welchen er noch um 14 Jahre überlebte; er und seine Begleiter wurden nicht nur von catalonischen und provençalischen Dichtern einem Arthur, einem Karl dem Großen, einem Roland und anderen Helden der Sage an die Seite gestellt, sondern man pries sie auch allenthalben als sieggekrönte Helden des Glaubens und gab nach und nach allen Rittersagen und Kriegsgesängen eine entschieden christliche Beziehung. Als auf diese Weise wie überhaupt durch die gesammte Richtung der Zeit die Ritterschaft des Abendlandes für die Religion begeistert, ihr kriegerischer Sinn auf die Ungläubigen gerichtet und die Idee von der Möglichkeit und Rühmlichkeit der Kreuzzüge in ferne Länder unter den Völkern des Südens und Westens verbreitet worden war, bedurfte es nur eines Funkens, um das glimmende Feuer zur Flamme anzufachen. Ein solcher Funke war aber theils das Nothgeschrei der griechischen Kaiser, welche von den wilden Seldschulken in ihrer eigenen Hauptstadt bedroht wurden, theils und noch mehr die erschütternden Berichte der aus Palästina zurückkehrenden Pilger über die Mißhandlungen, die das heilige Land und seine Bewohner von denselben Feinden zu erdulden hatten.

Die mohammedanische Welt, welche schon längst in eine Anzahl Reiche und Dynastieen zerfallen war, bildete damals zwei Hauptgruppen von Staaten, von denen die eine die auf der Nordküste von Afrika und in Spanien gegründeten Reiche, die andere die mohammedanischen Staaten in Asien umfaßte. Die ersteren waren ganz unabhängig und die Fatimiden von Kairo, die sich von Ali und Fatima, der Tochter Mohammed's, herleiteten, behaupteten unter den Stämmen schiitischer Richtung eine Art von Vorrang; die anderen dagegen erkannten den Schatten-Khalifen zu Bagdad wenigstens als ihren geistlichen Oberherrn an. Das Reich der Letzteren, das sich von den östlichen Grenzen Aegyptens und der Byzantiner bis in die Nähe von Indien, Sibirien und der Mongolei erstreckte, war eine Art von Feudalmonarchie geworden, bestand aber im Grunde nur noch der äußeren Form nach; denn es hatte sich eine beträchtliche Zahl von Herrscherfamilien aufgeworfen, welche im Namen des Khalifen zu Bagdad unumschränkt über einen größeren oder kleineren Landstrich geboten. Die Khalifen selbst aber waren aus Beherrschern der Gläubigen Gefangene und Sklaven der Emirs al Omra geworden, die als ihre höchsten Beamten das Scepter führten. Dieses Amt war seit dem Jahre 945 in der Familie der Buiden erblich, welche zugleich selbstständige Beherrscher von Persien waren; ihre Herrschaft war für das Khalifenhaus von Bagdad um so drückender, als sie ihrer inneren Ueberzeugung nach keineswegs als orthodoxe Sunniten gelten konnten. Den Buiden hatte schon damals der Untergang gedroht, als ein tüchtiger Krieger und Regent von türkischer Abkunft, der Ghasnawide Mahmud I., im äußersten Osten der mohammedanischen Welt ein großes Reich gegründet hatte. Auch ward die eine Linie der Buiden in der That noch von Mahmud selbst unterworfen. Allein dieser mächtige Fürst starb schon zwei Jahre nachher und unter seinem Sohn und Nachfolger, Massud I., kam bereits die von ihm geschaffene Macht durch den wilden Muth der Seldschulken ins Wanken. Die Buiden erlagen daher erst diesem neu auftretenden Volke, dessen Erscheinung in Vorderasien alle bisherigen Verhältnisse überhaupt veränderte.

2. Geschichte der Seldschukken in Persien.

Die Seldschukken waren ein Volk des türkischen Völkerstammes, welches zwar zu dem kaukasischen Menschenstamme, nicht aber zu der indo-germanischen Abtheilung desselben gehört, sondern neben demselben eine besondere Gruppe der kaukasischen Race bildet. Daß sie neben der Wildheit rauher Volksstämme auch nicht ohne die Tugenden derselben waren, zeigt der bei ihnen geltende Spruch, daß es am Manne nur einen Vorzug gebe, die Tapferkeit, und ebenso am Weibe nur einen, die Keuschheit. Die älteste Geschichte dieses Volkes läßt sich mit einiger Sicherheit bis in das zehnte Jahrhundert unserer Zeitrechnung verfolgen. Gegen das Ende dieses Jahrhunderts zogen die Seldschukken als Nomaden im Lande der heutigen Kirgisen umher und standen unter einem Häuptlinge, welcher nebst den Häuptlingen mehrerer anderen Horden einem Groß-Khan, Bigu oder Jalgu, zinspflichtig war. Um das Jahr 970 rissen sich die Seldschukken unter Seldschuk, dem Sohne Dokak's, von dieser Unterwürfigkeit los, wanderten in die Nähe der Bucharei, traten hier, um vor den benachbarten tatarischen Horden Schutz zu erhalten, zum Islam über, und wuchsen durch die Aufnahme vieler Männer aus anderen Horden bedeutend an Zahl. Uebrigens schlossen sie sich in ihrem neuen Wohnsitz an den mächtigen Tataren-Fürsten Bagra-Khan an und kämpften unter ihm mit ihren heidnisch gebliebenen Stammgenossen. Unter den nächsten Nachkommen Seldschuk's sind sein Sohn Israel oder Arslan und dessen Neffen, Jabgu, Togrulbeg und Daud Gagrubeg, besonders bemerkenswerth; jener, weil er zuerst den Seldschukken feste Sitze diesseits des Dschihun verschaffte, diese, weil sie die Gründer des so wichtigen Seldschukken-Reiches wurden. Israel half dem Sohn und Nachfolger Bagra-Khan's, Ilek-Khan, Bochara erobern und ließ sich im Gebiete dieser Stadt nieder. Dahin zogen auch seine Neffen, nachdem sie früher vor Bagra-Khan, dem sie zu gefährlich geschienen hatten, in die vorigen Wohnsitze zurückgewichen waren. Als bald nachher der Ghasnawide Mahmud I. die Bucharei unterwarf, wurde der Seldschukken-Häuptling Israel sein Vasall. Mahmud fand denselben furchtbar, weil Israel mit den Völkerschaften der Wüste in engem Zusammenhange stand und durch seinen Ruf eine unzählige Menge von Kriegern nach Persien zu ziehen drohte. Er ließ ihn daher einkerkern und man rieth ihm damals, alle Seldschukken zu vernichten; er that es aber nicht, sondern suchte sie dadurch unschädlich zu machen, daß er sie im Lande Khorasan zerstreute. Hier wurden sie von seinen Statthaltern so sehr gedrückt und mißhandelt, daß die einzelnen Stämme, welche unter Israel gestanden hatten, wieder aufbrachen, raubend in der Wüste von Kohestan und in den

Gebirgen von Iral abschern umherzogen und sich zum Theil in Ab-
serbidschau niederließen. Die übrigen zahlreichen Horden unter Togrulbeg und seinen Brüdern kehrten über den Dschihun-Fluß zurück,
trieben sich in Chowaresmien, dessen Beherrscher Mahmud's Vasall
war, eine Zeit lang umher und drangen bald nach Mahmud's Tode
feindselig in Khorasan ein.

Das Reich der Ghasnawiden war damals in einer bedenklichen
Lage. Bei Mahmud's Tode (1031) befand sich nämlich der ältere
seiner beiden Söhne, Massub I., zufälliger Weise im äußersten Westen,
und da es allgemein hieß, der Vater habe ihm die persischen Länder,
seinem jüngeren Sohne, Mahmud II. aber die östlichen Theile des
Reiches bestimmt, so wurde der Letztere in Ghasna als König ausgerufen. Auf die Nachricht davon zog Massub sogleich gegen seinen
Bruder. Er war kaum bis Ghasna gekommen, als die Generale
seines Bruders ihm diesen in Hoffnung großen Lohnes auslieferten;
er ließ die Verräther in den Kerker werfen und gab seinem Bruder
die Freiheit, behielt aber die Herrschaft des ganzen Reiches für sich
allein. Einige Jahre lang blieb er im ruhigen Besitze derselben; 1033
aber traten in verschiedenen Theilen des Reiches bedenkliche Ereignisse
ein. In Indien fielen die ghasnawidischen Besatzungen von Massub
ab, am kaspischen Meer empörte sich ein ganzer Landstrich, und an
der Grenze von Khorasan nahmen die Seldschukken eine drohende
Stellung an. Alle Erfahrenen im Staatsrathe sprachen sich dahin
aus, daß man unter diesen Umständen Indien vor der Hand seinem
Schicksal überlassen und dagegen die ganze Macht des Reiches zur
Vertheidigung und Behauptung der persischen Länder verwenden
müsse; Massub verwarf jedoch den Rath der Verständigen, zog nach
Indien und ward dort drei Jahre lang durch den Kampf mit den
Rebellen beschäftigt. Unterdessen drangen die Seldschukken unter
Togrulbeg und seinen Brüdern in Khorasan ein, schlugen ein ghasna-
widisches Heer nach dem anderen und unterwarfen sich die ganze
Provinz. Als endlich Massub selbst mit seiner ganzen Macht gegen
sie zu Felde zog, hatten sie sich in Khorasan bereits so fest gesetzt, daß
sie nicht mehr vertrieben werden konnten. Sie waren zwar nicht im
Stande, ihm die Spitze zu bieten, sie wichen ihm aber listig aus, zogen
den Krieg in die Länge und brachten dem Ghasnawiden endlich im
dritten Jahre (1041) eine entscheidende Niederlage bei. Gleich nachher ward Massub von seinem Bruder Mahmud, und dieser wieder
von Massub's Sohne, Mabub I., gestürzt, und die Seldschukken erhielten Gelegenheit, große Verstärkungen an sich zu ziehen, weil in
demselben Jahre (1041) auch das tatarische Reich, welches unter
Bagra-Khan und Ilek-Khan geblüht hatte, in mehrere von einander

getrennte Theile zerfiel. Togrulbeg, der seine Eroberungen schnell weiter ausdehnte und sich schon 1039 Sultan von Ostpersien nannte, übergab seinem Bruder Gagrubeg die Herrschaft der östlichen Provinzen Persiens und verlegte seine eigene Residenz zuerst nach Rei, dann (1045) nach Hamadan. Er sicherte sich seine Herrschaft durch weise Verordnungen und zeigte überhaupt von Anfang an jenen unwandelbaren Sinn für Religion und für das Beste seiner Unterthanen, den er und sein nächster Nachfolger nie verleugnet haben.

Nachdem Togrulbeg 1050 auch Jspahan den Ghasnawiden entrissen hatte, erwartete er den Verfall des westlichen Reiches der Buiden, um sich desselben im günstigen Zeitpunkte zu bemächtigen. Die Buiden waren unter einander in Streit, mißhandelten die abbasidischen Khalifen zu Bagdad, deren Gebieter sie als Emirs al Omra waren, und standen selbst unter der Herrschaft der türkischen und beilemitischen Miethstruppen, die sie im Widerspruch mit der weisen Politik der ersten Regenten ihres Hauses angenommen hatten. Zwar vereinigte un 1045 einer von ihnen, Kalandschar, noch einmal das ganze Reich, allein nach seinem Tode (1048) zerfiel Alles wieder, und seine beiden Söhne stritten mit einander um die Herrschaft, während zugleich die Schiiten und Sunniten in Bagdad einander bekämpften und die rohen Söldner die Bewohner der Stadt auf unerhörte Weise mißhandelten, ja selbst den Khalifen, Kajem Beamrillah, nicht verschonten. Schon damals war Togrulbeg bereit, dem Letzteren zu Hülfe zu eilen; doch hinderte ihn seine ängstliche Religiosität, eher gegen die heilige Stadt zu ziehen, als bis sowohl der Khalif, als sein buidischer Emir al Omra, Maletar Rahim, ihn darum ersuchten und also gleichsam die Religion selbst es zu gebieten schien. Dies trat im Jahre 1055 ein. Damals drohte nämlich der Anführer der türkischen Garden des Khalifen, Basasiry, ein eifriger Schiite, alles Bestehende über den Haufen zu werfen. Er machte sich zum Gebieter der Stadt, ließ dem Buiden und dem Khalifen nichts als ihre leeren Titel, setzte sich aus Mißtrauen über die mit Togrulbeg geführten Unterhandlungen mit den Fatimiden in Aegypten in Verbindung, und drohte die Lehre der Schiiten, deren Zahl in Bagdad sehr groß war, zur herrschenden zu machen. Nun brach Togrulbeg, vom Khalifen und seinem Emir al Omra gerufen, gegen Bagdad auf. Er drang, während Basasiry abwesend war, in die Stadt ein, befreite den Khalifen aus den Häuden seiner Peiniger, benutzte aber einen Streit der seldschukkischen Soldaten mit den Leuten des Buiden, um diesen gefangen nach Rei schleppen zu lassen, wo derselbe nicht lange darauf starb und mit ihm sein Geschlecht erlosch. Nachdem Togrulbeg dem Khalifen eine seiner Nichten als Gemahlin aufgedrungen hatte, verließ er Bagdad wieder, um den Rest des buidischen Reiches in Besitz zu nehmen. Als er auch dieses glücklich vollbracht und seinen Bruder, Ibrahim Inal, zu seinem Stellvertreter in Mosul eingesetzt hatte, kehrte er nach Bagdad zurück und ließ sich vom Khalifen, dem der fromme Selbschukke als Wiederhersteller des Reiches erschien, mit der höchsten weltlichen Würde bekleiden (1058). Dies geschah unter ganz besondern Feierlichkeiten. Togrulbeg trat vor den Khalifen, welcher, umgeben von allen Großen der Stadt, auf einem sieben Ellen hohen Sitze saß. Er küßte den Boden und des Khalifen Hand und nahm dann neben ihm auf einem Sessel Platz. Hierauf übertrug ihm der Khalif die Würde eines Emirs al Omra, indem er ihm durch den obersten Dolmetscher sagen ließ: „Der Khalif übergibt deiner Fürsorge alle Länder, welche Gott seiner Herrschaft anvertraut hat und überträgt dir als seinem Stellvertreter die Beschützung der frommen, treuen und gottesfürchtigen Bürger. Fürchte also Gott in dem Amte, das er dir verleiht, erkenne dankbar die Gnade, die er dir gewährt hat, und zeige dich ihrer würdig!" Nach diesen Worten bekleidete der Khalif den Selbschukken-Sultan mit dem Ehrenkleid eines Emirs al Omra und überreichte ihm das Diplom seiner neuen Würde; Togrulbeg's Name sollte künftig zunächst nach dem des Khalifen in der Chotba (dem Festgebet) genannt werden. Nachdem hierauf Togrulbeg nochmals des Khalifen Hand und den Fußboden geküßt hatte, entfernte er sich.

Unterdessen hatte Basasiry im ganzen Lande Irak den zu Kairo herrschenden Fatimiden als Khalifen ausrufen lassen und sich mit Togrulbeg's Bruder, Ibrahim, vereinigt, mit welchem dieser schon vorher öfters im Zwist gewesen war. Togrulbeg zog gegen seinen Bruder, ward aber von ihm geschlagen und in Hamadan belagert. Seine Entfernung und sein Unglück benutzte Basasiry zu einem Angriff auf Bagdad, wobei ihn der Olaikide Koreisch unterstützte. Er nahm, trotz der hartnäckigen Gegenwehr der sunnitischen Einwohner, die Stadt ein (1058), und ließ den abwesenden Fatimiden zum Khalifen ausrufen. Der unglückliche Kajem Beamrillah, dessen Palast sogleich bestürmt wurde, wandte sich in seiner Noth an den Olaikiden. Mit allen Reliquien des Propheten behangen, bat er von den Zinnen seines Palastes herab denselben um Schutz und Hülfe, und nun stritten seine beiden Besieger um seine Person, während er selbst dem Spotte der Feinde preisgegeben war, sein erster Diener grausam zu Tode gequält und sein Palast geplündert wurde. Endlich kamen Basasiry und Koreisch überein, ihn den Händen eines Dritten anzuvertrauen. Sie übergaben ihn einem Vetter des Letzteren, Mohares, der ihn nach einer Stadt am Euphrat brachte. Ehe jedoch der mißhandelte Nachfolger des Propheten Bagdad verließ, mußte er in einer gerichtlichen, von Notar und Zeugen unterschriebenen Urkunde bekennen, daß weder er, noch irgend ein Anderer aus dem Hause der Abbasiden ein Recht auf das Khalifat habe, weil ein Erbe der Fatima vorhanden sei. Diese Urkunde ward nebst vielen Kostbarkeiten aus Kajem Beamrillah's Palast an den fatimidischen Khalifen Mostanser in Aegypten geschickt. Die Anerkennung des Letzteren und die Herrschaft der Schiiten in Bagdad dauerte nur so lange, als Togrulbeg durch seinen Bruder beschäftigt ward. Kaum hatte er nach Verlauf eines Jahres diesen gefangen genommen und umgebracht, als er mit leichter Mühe Basasiry nebst den schiitischen Einwohnern aus Bagdad vertrieb und Kajem Beamrillah, welchen Mohares auf Togrulbeg's Aufforderung sogleich frei gab, wieder als Khalifen einsetzte. Basasiry, der vom Fatimiden anfangs große Summen erhalten hatte, ward nach dem Falle von Bagdad von demselben ganz aufgegeben und bald darauf durch Togrulbeg's Truppen getödtet. Der selbstschuldische Sultan war jetzt Herr von Persien und Irak und ernannte, da er meistens von Bagdad abwesend war, den Amid al Mull zu seinem Stellvertreter in dieser Stadt, um die Aufsicht über den Khalifen zu führen. Nicht zufrieden, dem Letzteren eine seiner Nichten aufgedrungen zu haben, verlangte er 1061 auch noch eine Tochter desselben zur Gemahlin. Kajem Beamrillah wollte sich anfangs nicht dazu verstehen, das Geschlecht der Abbasiden durch Vermischung mit türkischem Blute herabzuwürdigen; allein Amid al Mull fand ein Mittel, die Heirath zu erzwingen: er entzog dem Khalifen so lange seine Einkünfte, bis er einwilligte. Noch ehe die Vermählung vollzogen wurde, starb der 70jährige Togrulbeg (1063). Seine türkischen Soldaten hatten noch kurz vorher während seiner Anwesenheit in Bagdad gezeigt, daß die große Masse ihres Volkes ihren alten Stammcharakter noch keineswegs abgelegt hatte; denn sie hatten die Einwohner nicht nur zum Theil aus ihren Wohnungen verjagt und auf manche andere Weise gequält und gedrückt, sondern auch die Frauen derselben auf die roheste Weise mißhandelt.

Togrulbeg hinterließ den Ruhm eines würdigen Regenten und wird von allen Schriftstellern besonders wegen seiner großen und unwandelbaren Frömmigkeit gepriesen. Da er keinen Sohn hatte, so folgte ihm sein ebenso berühmter Neffe Alp Arslan, der Sohn Daud Gagrubeg's. Ein anderer Neffe, Kaderd, hatte schon 1041 Kerman von Togrulbeg erhalten, nahm noch einen Theil von Farsistan dazu und behauptete sich im Besitze dieser Länder gegen Alp Arslan, der ihn von Zeit zu Zeit bekriegte. Der neue Sultan und Emir al Omra trat ganz in seines Oheims Spuren und setzte ebenso wie dieser seinen vorzüglichsten Ruhm in Kriegsunternehmungen. Er bezwang zuerst Turkestan, verweilte dann in Chowaresmien und zog endlich gegen die Griechen und gegen die Fatimiden zu Felde. Die Verwaltung der inneren Staatsangelegenheiten überließ er ganz seinem berühmten Vezier Nezam el Mulk. Dieser war, gleich allen anderen Vezieren der ersten Seldschukken-Sultane, als Gelehrter und als Schützer der Künste des Friedens ausgezeichnet. Schon Togrulbeg's Vezier, Khaveral, hatte sich durch seinen Eifer für die Wissenschaften Ruhm erworben und gehört zu den vier großen Männern, welche von den heutigen Persern als die Zierden der Landschaft Descht Khaveran in Khorasan, ihrer Heimath, angesehen werden. Die drei übrigen waren: der große Theolog Abusaid Meheme, welcher unter Alp Arslan's Sohne lebte, ein anderer Abusaid, den man den König des geistlichen Lebens nannte und der schon früher erwähnte Lobdichter Enweri (Anueri), der im folgenden Jahrhundert unter dem Sultan Sandschar blühte († 1152). Alle vier waren in den von den Seldschukken-Fürsten ausgestatteten Schulen gebildet worden.

Im Kampfe mit den Griechen fand Alp Arslan an Romanus Diogenes einen würdigen Gegner. Als dieser in seine Gewalt gefallen war, zeigte sich im Benehmen des Sultans die Wirkung der besseren Philosophie des Islam, welche ihm seine Jugendlehrer eingeprägt hatten. Er bewies sich nicht nur großmüthig gegen den gefangenen Kaiser und gab ihn unter billigen Bedingungen frei, sondern er bewährte auch in einem Gespräche mit Romanus eine Religiosität und Moral, gegen welche die unchristliche Gesinnung des Kaisers einen grellen Abstich bildete. Dieser sagte trotzig, er würde, wenn der Sultan in seine Hände gefallen wäre, ihn die Gefangenschaft haben fühlen lassen; Alp Arslan aber erwiderte ihm darauf: „Ich dagegen werde deine Härte und Strenge nicht nachahmen. Auch höre ich, daß euer Prophet Christus euch Frieden und Vergebung vorgeschrieben hat und die Uebermüthigen zurückweist, die Demüthigen aber liebt!" Nachdem der Sultan den Kaiser freigegeben hatte (der kurz darnach auf die oben erzählte qualvolle Weise von seinen Glaubensgenossen bis zum Tode mißhandelt wurde), richtete er seine Waffen gegen den fatimidischen Khalifen. Er drängte ihn nach und nach aus dem östlichen und nördlichen Syrien und machte sich auch in Arabien so furchtbar, daß man zu Mekka statt des Fatimiden wieder den Khalifen von Bagdad im öffentlichen Gebete nannte. Unterdessen war der Krieg mit den Byzantinern aufs neue ausgebrochen, weil diese die Bedingungen des mit Romanus Diogenes geschlossenen Vertrages nicht erfüllten. Alp Arslan's Eifer für den Islam veranlaßte bei der Gelegenheit in dem Lande Georgien, dessen christliche Einwohner er zur Annahme desselben zwingen wollte, große Grausamkeiten und

Verfolgungen. Mitten in dem Kampfe mit den Georgiern, welche ihre befestigten Klöster hartnäckig vertheidigten, ward er durch Bewegungen in Turkestan genöthigt, sich gegen diese Provinz zu wenden. Ehe er dahin zog, musterte er sein aus 200,000 Reitern bestehendes Heer, erklärte seinen Sohn, Malekschah, unter großen Feierlichkeiten zum Nachfolger und übertrug ihm die Führung des georgischen Krieges. Er selbst hatte seinen Zug nach Turkestan kaum begonnen, als er eines gewaltsamen Todes starb (1072). Er machte nämlich einem Gefangenen Vorwürfe über die Hartnäckigkeit, mit der er sich vertheidigt hatte und wollte mit eigener Hand eine grausame Strafe über ihn verhängen, der Gefangene zückte aber einen verborgen gehaltenen Dolch und verwundete ihn tödtlich. Die letzten Worte Alp Arslan's und die Grabschrift, die er sich setzen ließ, enthalten die ganze Philosophie seines Lebens und zugleich die Hauptsumme orientalischer Weisheit in gedrängter Kürze. Er sagte sterbend: er habe die Demuth gegen Gott verletzt; denn er habe sich für den größten Herrscher gehalten und über jeden Angriff erhaben geglaubt; dafür habe ihn Gott von seiner Höhe herabgestürzt und ihm durch den schwächsten und geringsten der Menschen die Gebrechlichkeit seiner Kräfte gezeigt; er flehe daher zu Gott, daß er ihm seine Sünden vergeben und Gnade gewähren möge. Die Grabschrift, die er sich in der Stadt Meru setzen ließ, lautete: „Ihr Alle, die ihr Alp Arslan's bis zu den Himmeln emporragende Größe gesehen habt, kommt nach Meru und sehet sie unter Staub begraben!"

Malekschah, der seinem Vater in der Regierung folgte, vertrieb seinen Oheim Kaberd aus Kerman und Farsistan und verlegte seine Residenz nach dem in einer wohl bewässerten Senkung des Plateaus von Iran schön gelegenen Ispahan (Aspadana), als dem Mittelpunkte seines Reiches. Er wird von den späteren persischen Dichtern und Gelehrten als einer der größten Regenten gepriesen, ein Ruhm, den er vorzugsweise seinem erfahrenen Vezier, Nezam el Mulk, verdankte. Dieser für die Geschichte der mohammedanischen Cultur und Litteratur höchst wichtige Mann war ganz nach den Grundsätzen des Islam gebildet worden, wußte schon im zwölften Jahre den Koran auswendig und ließ sich bei jedem seiner Schritte von den Vorschriften desselben leiten. Er war daher ein ebenso strenger und unerbittlicher Richter, als ein unermüdlicher Wohlthäter der Armen und ein treuer Diener seines Herrn. Als Vezier betrachtete er sich selbst mit Recht als die Säule des Thrones, und ein von ihm verfaßtes Lehrbuch für Fürsten, welches nicht blos gute Rathschläge, sondern auch historische Muster enthält, beweist, daß er zugleich ein erfahrener und denkender Staatsmann war. Auch ist er im Orient unter dem Namen Khuadsche

Ruſlan, d. i. Lehrer der rechtlichen Menſchen, noch immer bekannt. Er ſtellte die in den letzten Zeiten zerfallenen Lehranſtalten zu Bagdad wieder her, ſtiftete das nach ihm benannte Neſamiſche Collegium, eine der großartigſten Akademieen, welche die Weltgeſchichte kennt und gründete nicht nur in allen Hauptſtädten von Weſtperſien, ſondern auch weiter gegen Oſten in Herat Schulen, wie ſie in den ehemals von den Samaniden beherrſchten Ländern längſt beſtanden. Während er auf dieſe Weiſe für die Verbreitung, Bildung und Gelehrſamkeit an und für ſich ſelbſt unermüdlich wirkte, machte er ſich durch ſeinen Antheil an der Einführung einer neuen Zeitrechnung auch um die Anwendung der exacten Wiſſenſchaften auf das bürgerliche Leben verdient. Dieſe Arbeit beſtand in einer ähnlichen Verbeſſerung des Kalenders, wie die im Jahre 1582 durch den Papſt Gregor XIII. veranlaßte, und wurde von acht Aſtronomen gemacht. Es ward damals zugleich eine neue Aera oder eine neue Zählung der Jahre eingeführt. Dieſe neue Zeitrechnung, welche aus aſtronomiſchen Gründen mit dem 15. März des Jahres 1079 begann, erhielt den Namen der Dſchelaleddiniſchen Aera, weil Malekſchah den Beinamen Dſchelal ed Daula we eddin, d. i. Zierde des Staates und des Glaubens, führte. Wenn man bedenkt, in welch großem Umfange Neẓam el Mulk für die Wiſſenſchaften thätig war, ſo wird man begreiflich finden, daß ihn der Khalif zu Bagdad einſt ebenſo feierlich für den Fürſten der Gelehrten erklärte, wie Malekſchah für den Beherrſcher des weltlichen Reiches. Alle Gelehrten von Auszeichnung wurden damals nach Bagdad berufen und erſchienen in einer Zahl, wie man ſie noch nie beiſammen geſehen hatte. In feierlicher Proceſſion zogen ſie zum Palaſte des Khalifen, geführt von Neẓam el Mulk, welcher dabei allein von ihnen die Ehre hatte, reiten zu dürfen. Der Khalif ſchickte ihnen ſeine Hofbeamten entgegen und als ſie vor ihn gekommen waren, ward dem Veẓier, wie einſt dem Sultan Togrulbeg, ein beſonderer Sitz neben dem Khaliſen angewieſen; außerdem erhielt er ein prächtiges Ehrenkleid und den Titel: Gelehrter, Gerechter und Lenker des Staates des Khalifen.

Malekſchah's Regierung iſt für die politiſche Geſchichte des Orients in zwiefacher Hinſicht ſehr wichtig. Unter ſeiner Mitwirkung traten nämlich in Syrien und Paläſtina Veränderungen ein, welche die unmittelbare Veranlaſſung der Kreuzzüge wurden, und er ſtiftete in ſeinem Reich eine Anzahl von Lehensherrſchaften, die daſſelbe in viele kleine Staaten auflöſten. Von dem erſteren Punkte kann erſt dann die Rede ſein, wenn die Geſchichte der Fatimiden erzählt iſt. Die Theilung des Reiches unter abhängige Fürſten hat eine weltgeſchichtliche Bedeutung erhalten, weil ſie das Entſtehen der verſchiedenen ſelbſchuttiſchen Reiche veranlaßte, die mit den Kreuzfahrern in Berührung kamen, besonders des Reiches von Nicäa und Ikonium. Der Stifter des Letzteren war Soliman I., ein entfernter Anverwandter Alp Arslan's, der bereits von diesem kurz vor seinem Tode mit allen den Griechen entrissenen und noch zu entreißenden Ländern Kleinasiens belehnt worden war. Soliman selbst benutzte die Verwirrung im griechischen Reich, um seine Herrschaft weiter auszubreiten; er nahm ganz Kappadokien, Cilicien und Isaurien, sowie Cyzikus, Nicäa und andere zum Theil weit von einander entfernt liegende Städte und Gegenden in Besitz und Alexius I. trat ihm, als er gegen Robert Guiscard zog, von freien Stücken einen beträchtlichen Landstrich ab, um Ruhe vor ihm zu haben. Soliman schlug seinen Wohnsitz in Nicäa auf und hinterließ, als er 1086 starb, ein Reich, welches sich von Erzerum (Arx Romanorum) in Armenien bis nach Nicäa und bis zur Grenze von Syrien erstreckte. Sein Sohn, Kilidsch Arslan I., wurde zwar 1097 durch die Kreuzfahrer und die Byzantiner der Hauptstadt seines Reiches und einiger anderen Orte beraubt, behauptete sich aber dessen ungeachtet nicht allein in seiner Herrschaft, sondern legte auch sogar den Schein einer Abhängigkeit von Malekschah's Nachfolgern ab. Durch das letztere erleichterte er nachher den Christen ihre Unternehmungen in Jerusalem. Da er nach dem Verluste von Nicäa seine Residenz in Ikonium (Konijeh) aufschlug, so pflegt man den von seinem Vater gegründeten Seldschukken-Staat das Reich von Ikonium zu benennen. Man hat diesem Reich auch den Namen Reich von Rum oder Romanien gegeben, weil es aus griechischen oder, wie bei den Byzantinern der officielle Ausdruck war, römischen Ländern gebildet worden war. Von den anderen Vasallen-Herrschaften, welche Malekschah gründete und aus denen besondere selbschukkische Dynastieen hervorgingen, hatte das Reich Kerman zwar schon früher bestanden, Malekschah hatte aber den Beherrscher desselben, Kaberd, besiegt und getödtet. Dessen ungeachtet verlieh er es 1073 dem Sohne Kaberd's, Sultanschah, in dessen Familie es erblich blieb. In Syrien setzte er seinen Bruder, Tutusch I., als Regenten ein.

Malekschah's Reich war übrigens zu ausgedehnt, als daß er alle Theile desselben allein hätte übersehen können, zumal da Jagdliebe und große Neigung zum Luxus ihn zerstreuten und außerdem in der letzten Zeit seiner Regierung eine Favorit-Sultanin, Terkan, ihn von seinem trefflichen Vezier entfernte. Er herrschte nicht blos bis zum Archipelagus und bis in das Innere von Palästina, sondern er eroberte auch Turkestan und zwang sogar den Beherrscher von Kaschgar und die jenseits dieses Landes streifenden Horden bis an die Grenze von China, seine Oberherrschaft anzuerkennen. Für seine

Jagden erbaute er unzählige Schlösser. Er hielt außerdem nicht weniger als vierzig bis fünfzig tausend Luxuspferde. Zu gleicher Zeit war er sehr mildthätig und freigebig. Sein mehr als neunzig Jahre alter Vezier, Nezam el Mulk, fiel in Ungnade, weil er der Sultanin Torkan entgegen arbeitete, als dieselbe ihrem Sohne die Nachfolge zuzuwenden suchte. Nezam ward 1092, wahrscheinlich auf Anstiften der Sultanin, ermordet und Malekschah folgte schon fünfunddreißig Tage später seinem Vezier in Tode nach. Durch Togrulbeg, Alp Arslan und Malekschah hatte auch das Khalifat der Abbasiden wieder auf eine Zeit lang das alte Ansehen gewonnen, Mekka und Medina waren ihm unterthan und Bagdad galt von Neuem als Mittelpunkt der rechtgläubigen moslemischen Welt.

Der Tod des dritten großen Sultans der Seldschukken hatte auf den Gang der Kreuzzüge einen ebenso großen Einfluß, als das von ihm eingeführte System der Lehensherrschaft; denn es erfolgten Thronstreitigkeiten, in Folge deren der westliche Theil des Reiches in kleine Staaten zersplittert und der Unterstützung des östlichen Theiles beraubt wurde. Malekschah hinterließ vier Söhne, von welchen zwei, Mohammed und Sandschar, von einer Sklavin geboren waren, die beiden anderen aber, Barkiarok und Mahmud, Prinzessinnen aus dem Blute der Regenten von Turkestan zu Müttern hatten. Mahmud's Mutter, die zuvor erwähnte Favorit-Sultanin Torkan, ließ gleich nach ihres Gemahls Tode ihrem erst fünf Jahre alten Sohne huldigen, verschaffte ihm die Bestätigung des Khalifen und übernahm die vormundschaftliche Regierung. Dagegen lehnte sich Barkiarok auf. Er hatte anfangs Glück; da aber der Beherrscher von Syrien, Malekschah's Bruder Tutusch, das Reich ebenfalls in Anspruch nahm, so wurde ihm die kaum erst errungene Herrschaft bald wieder entrissen. Doch ermannte er sich wieder und tödtete Tutusch in einer Schlacht (1095). Sein Stiefbruder Mahmud und dessen Mutter waren kurz vorher gestorben und da Tutusch's Söhne zuerst unter einander selbst in Streit geriethen und nachher in ihren eigenen Ländern genug zu thun hatten, so behauptete sich Barkiarok im Besitze der Stadt Bagdad und der Oberherrschaft des Seldschukken-Reiches. Doch gerieth er bald mit einem anderen Halbbruder, Mohammed, in einen neuen Thronstreit und konnte nicht verhindern, daß sich in Chowaresmien ein Beherrscher aufwarf und daß Samarkand den Gehorsam verweigerte. Mit Mohammed, an den sich bald auch der andere Bruder, Sandschar, anschloß, führte Barkiarok fünf Jahre lang Krieg. Er mußte sich zuletzt zu einem Frieden bequemen, in welchem sein Bruder einen Theil des Reiches zur völlig unabhängigen Herrschaft erhielt. Bei diesem Vertrage kamen die sonderbaren Bedingungen vor, daß beide Brüder künftig nur durch ihre Veziere mit einander correspondiren sollten und daß es ihren Soldaten gestattet sei, von dem einen Bruder zu dem anderen überzutreten. Als Barkiarok bald nachher (1104) starb, konnte er seine Herrschaft nicht auf seinen Sohn vererben, sondern Mohammed bemächtigte sich des ganzen Reiches. Dieser hatte, so lange er lebte, an seinem Bruder Sandschar einen treuen Vasallen. Kaum war er aber gestorben (1118), als Sandschar seinen Sohn bekriegte. Das Ergebniß des Kampfes war, daß der Neffe unterlag und nur durch die Gnade seines Oheims einige Trümmer des väterlichen Reiches im Westen rettete. Sandschar, welcher im Osten herrschte, brachte Chowaresmien und Samarkand wieder in Abhängigkeit und behauptete sein Ansehen bis an die indische Grenze, wo er schon vorher einen flüchtigen Ghasnawiden, Bahram, gegen dessen Bruder geschützt und in die Herrschaft wieder eingesetzt hatte. Zu seinem Unglücke faßte er den thörichten Plan, die tatarischen Horden der Khitauen in Kaschgar anzugreifen, und verlor im Kampfe mit ihnen sein ganzes Heer. Zwölf Jahre später (1153) gerieth er mit einem anderen Volk der Wüste in einen Krieg, der ihm noch weit verderblicher ward. Dieses Volk waren die Turkmannen. Sie besiegten Sandschar's Heer, nahmen ihn selbst gefangen und verheerten Khorasan auf barbarische Weise. Der Sultan entrann nach drei Jahren aus der Gefangenschaft, starb aber schon im folgenden Jahre (1157). Sein Stamm erhielt sich zwar noch kurze Zeit im Besitze des Herrschernamens, das Reich ward aber durch häufige Empörungen und durch stete Angriffe benachbarter Herrscher zerrissen.

3. Geschichte der Fatimiden in Aegypten bis zur Zeit der Kreuzzüge.

Kein Geschlecht von mohammedanischen Herrschern verdient eine größere Aufmerksamkeit, als das der Fatimiden, deren Geschichte früher bis zu der Zeit erzählt ist, wo sie Aegypten eroberten und zum Mittelpunkt ihres Reiches machten. Selbst abgesehen von ihrem Einfluß auf die Gestaltung der Dinge im Zeitalter der Kreuzzüge sind die Fatimiden schon darum vorzugsweise bedeutend, weil sie allein eine Verwaltung eingeführt hatten, welche auf wissenschaftlichen Grundsätzen beruhte. Schon ihre Vorgänger, die Tuluniden, hatten in Aegypten ein Finanzsystem eingeführt, welches der Natur des Landes, den einheimischen Sitten, sowie der den Einwohnern eigenthümlichen Art der Gewerbe und des Ackerbaues angemessen und für die Unterthanen ebenso vortheilhaft war, als für den Regenten. Es gab nämlich, außer einigen wenigen unbestimmten Quellen des Einkommens, drei Haupteinnahmen des Staates, Zölle, Grundsteuer und Regalien, und von diesen wurden nur die letzteren verpachtet. Der Ertrag der Zölle läßt sich nicht ermitteln, die anderen Abgaben dagegen kennen wir aus den auf unsere Zeit gekommenen Registern der Regierung. Auch über die Erzeugnisse des Bodens und über den Zustand des Ackerbaues sind uns Angaben überliefert worden. Es geht aus diesen Schriften hervor, daß in der Blüthezeit der Tuluniden und Fatimiden das gesammte culturfähige Land des Reiches bebaut ward und daß Aegypten damals einen Reichthum von Producten und eine Größe der Bevölkerung hatte, die uns, wenn wir sie mit späteren Zeiten vergleichen, in Erstaunen setzen. Der Ertrag der Grundsteuer und der Zölle stieg und sank ganz genau in demselben Verhältniß, als die einzelnen Dynastieen und die einzelnen Regenten oder ihre Minister dem Besitze Sicherheit verschafften und das Gesetz, nicht die Gewalt regieren ließen; und schon aus der Erneuerung oder Abschaffung gewisser Steuern läßt sich mit Bestimmtheit schließen, ob eine Regierung gut oder schlecht war. Zu der trefflich geordneten Einrichtung der Verwaltung kam unter den ersten Fatimiden noch der Umstand hinzu, daß auch die auswärtigen Verhältnisse des Staates ungemein günstig waren. Die blühenden Reiche auf der Nordküste von Afrika und in Sicilien erkannten in den Fatimiden anfangs ihre Oberherren und nachher lange Zeit ihre geistlichen Schützer und Leiter; mit ihnen bestand also auch ein ungestörter Verkehr. Ferner wurde dadurch, daß damals auch Palästina und Syrien unter die Herrschaft der Fatimiden kamen, die Verbindung mit dem inneren Asien wieder hergestellt. Die ersten Regenten dieses Hauses unterwarfen sich außerdem nicht nur die heiligen Städte Mekka und Medina, sondern auch die übrige Küste von Arabien, und wendeten in Folge davon den Handel Indiens und des fernen Ostens aufs neue den Aegyptern zu. Endlich traten sie gleich anfangs mit den mächtigen nubischen Völkern in Unterhandlung und stellten dadurch den Verkehr mit dem innern Afrika her, der unter den Tuluniden unterbrochen gewesen war, jetzt aber lebhafter als je betrieben wurde.

Diese Vortheile waren zum Theil schon von dem ersten aegyptischen Fatimiden, Moëz, errungen worden, der sich den Titel eines Khalifen und Fürsten der Gläubigen beilegte und das unmittelbar nördlich von Fostat neugegründete Kairo (eigentlich Masr el Kahira, die aegyptische Siegesstadt) zur Residenz erhob; er ließ, um seine Dynastie noch enger an den neuen Wohnort zu knüpfen, sogar die Särge seiner Vorfahren dorthin bringen. Noch günstiger als zu seinen Lebzeiten wurden die Umstände unter der Regierung seines Sohnes Aziz (975—996), weil damals die in Syrien mächtige Dynastie der

Hamadaniden unterging. Die in zwei Linien getheilten Hamadaniden hatten bisher von Mosul an bis zur aegyptischen Grenze geherrscht, wurden aber zugleich von den Buiden, den Griechen, den Arabern der Wüste und den Fatimiden bedrängt, während Familienstreitigkeiten ihr eigenes Haus entzweiten. Die Hamadaniden von Mosul erlagen endlich, nachdem sie einander selbst aufgerieben und große Stücke ihres Reiches an die Griechen und an die Buiden verloren hatten, einem arabischen Stammhäuptlinge, der auf den Trümmern ihrer Macht die Herrschaft der Okailiden gründete. Die andere Linie, welche in Aleppo ihren Sitz hatte, erlitt ein ähnliches Schicksal, nur erhielt sie sich noch einige Jahre länger. Der letzte selbstständige Herrscher dieses Hauses, Saab ed Daula, welcher fast sein ganzes Leben hindurch mit empörten Unterthanen zu kämpfen hatte, ward aus Aleppo vertrieben, gelangte erst nach manchem Kampfe wieder zum Besitze dieser Stadt und starb gleich nachher (991). Sein Sohn war ein bloßes Werkzeug des Freigelassenen Lulu. Schon unter Saab ed Daula suchten die Griechen und Aegypter aus der eingerissenen Verwirrung und Auflösung Nutzen zu ziehen; die Letzteren bemächtigten sich der Stadt Damaskus und Aziz selbst ging kurz vor seinem Tode nach Syrien, um die Eroberung von Aleppo zu leiten. Doch behauptete sich Lulu, welcher später seinen Herrn ermordete und dessen Söhne zur Flucht nach Aegypten zwang, nicht nur im Besitze dieser Stadt, sondern vererbte auch 1008 seine Herrschaft auf seinen Sohn Mansur. Dieser mußte bald nachher einem Freigelassenen, Fatah, weichen. Fatah unterwarf sich dem Beherrscher von Aegypten; Aleppo wurde aber unter dem zweiten Nachfolger des Aziz den Fatimiden wieder entrissen, und kam in den Besitz der Dynastie der Kelabiden oder Marbaschiten.

Die Regierung des Fatimiden Aziz, zu dessen Geschichte wir zurückkehren, ist in mehrfacher Beziehung wichtig. Er ließ gegen die orientalische Sitte den Vezier seines Vaters, einen bekehrten Juden, im Amte, weil derselbe ein sehr tüchtiger und rechtlicher Mann war. Auch gab er, als späterhin das Volk sich gegen diesen Vezier auflehnte, ebenfalls gegen die Gewohnheit orientalischer Regenten, ihn nicht für seine eigenen Sünden der Wuth des Pöbels preis, sondern ließ den Verfolgten mit seinen Verwandten und seinem Gelde in Sicherheit bringen, setzte ihn nach zwei Monaten wieder in sein Amt ein und hielt ihn bis zu seinem Tode in großen Ehren. Aziz zeichnete sich hauptsächlich durch große Toleranz und durch Liebe zu den Wissenschaften aus. Er wählte seine Beamten ohne Rücksicht auf Religion und Herkunft nur nach ihrer Brauchbarkeit und gab Christen und Juden die wichtigsten Aemter. Seine Liebe zu den Wissenschaften bewies er am glänzendsten durch seine Sorge für Ibn Junis, einen der geschicktesten und berühmtesten arabischen Astronomen. Er stellte diesen Mann zuerst an und unterstützte ihn in seinen Studien. Ibn Junis gab sich unter Aziz Schutze nicht, wie die persischen Gelehrten, vorzugsweise mit astrologischen Beschäftigungen ab, sondern verfaßte die berühmten Hakemitischen Sterntafeln, welche von Aziz Nachfolger, Hakem, dem er sie widmete, ihren Namen erhalten haben. Aziz ist endlich auch noch durch sein Verhältniß zu den spanischen Mohammedanern berühmt, welche damals in einem lebhaften Handelsverkehr mit Sicilien, Italien, Aegypten und der syrischen Küste standen und denen er sich als den allein wahren Abkömmling des Propheten aufbringen wollte. Es entspann sich eine Correspondenz zwischen ihm und dem spanischen Khalifen, welche zuletzt sehr beleidigend ward und damit endigte, daß der spanische Monarch auf den letzten Brief des aegyptischen Regenten die kurze Antwort gab: „Du schiltst uns, weil du uns kennst; kennten wir dich, wir würden dir antworten."

Unglücklicher Weise starb Aziz, ehe sein Sohn und Nachfolger, Hakem, erwachsen war, so daß dieser schon als elfjähriger Knabe zum Besitze des damals reichsten Landes der Welt und der ausgebreitetsten Herrschaft gelangte (996). Hakem's Regierung bestand aus einer Reihe von frevelhaften und wahnsinnigen Handlungen. Er begann dieselbe mit der Ermordung des ihm vom Vater gesetzten Vormundes, eines verdienten und nur übertrieben strengen Mannes. Doch waren die ersten Jahre seiner Regierung, wenn man die unvernünftige Verfolgung der Sunniten in Damaskus ausnimmt, rühmlich. Er vereinigte nicht allein durch Falah's Unterwerfung Aleppo mit dem Reiche, sondern es wurden damals auch in Aegypten mehrere Städte neu angelegt, alte wohlthätige Anstalten wieder hergestellt, weise Maaßregeln zur Belebung des Handels getroffen und die Bebauung des Landes so sehr gefördert, daß die unter der vorigen Regierung bedeutend herabgesunkene Grundsteuer wieder voll erhoben werden konnte. Die erste der vielen Handlungen, welche Hakem aus übermüthiger Selbstüberhebung und aus einer bis zum Wahnsinne gesteigerten religiösen Schwärmerei beging, war die harte Verfolgung der Sunniten zu Damaskus (1003). Es ward dabei durchaus keine Rücksicht darauf genommen, daß die Sunniten in Syrien die größere Mehrzahl der Bevölkerung bildeten; denn Hakem kannte in seinem Eifer für die schiitischen Grundsätze keine Grenzen. Er ließ sich darin in demselben Grade immer weiter fortreißen, als sein Ansehen und sein Ruhm zunahmen. Es gewann nämlich unter ihm fast das Aussehen, als wenn das leitende Oberhaupt der Sunniten, der Khalif zu

Bagdad, durch die Fatimiden völlig verdrängt werden sollte. Hakem ward bis nach Mosul und Mekka hin als echter Nachfolger des Propheten anerkannt, obgleich gerade damals der Abbaside Kader alle Nachkommen Mohammed's und die ersten Gelehrten seines Reiches zu Bagdad versammelte und durch sie ein Manifest verfassen ließ, in welchem die Abstammung der Fatimiden vom Propheten für eine erlogene erklärt wurde (1011). Auch der olailidische Beherrscher von Mosul, Mabain, Kufa und anderen Städten ließ in seinen Moscheen für Hakem beten und nannte ihn die von Westen her aufgehende Sonne. Diese Verehrung mag wohl Vieles zu der hohen Meinung beigetragen haben, welche Hakem von sich selbst hatte und die ihn nachher wahnsinnig machte. Doch scheint der Hauptgrund derselben von der mystischen Theologie der ismaelitischen Secte, in welche er schon früh eingeweiht wurde, hergeleitet werden zu müssen. Diese Secte, von welcher später, nach der Darstellung des ersten Kreuzzuges, ausführlich geredet werden wird, bestand aus schwärmerisch-fanatischen Schiiten und lehrte ein mystisches System, dessen Grundgedanke die Behauptung war, daß die Würde eines Imam und mit ihr der Geist der Gottheit sich im Geschlechte der Fatima forterbe und stets vom Vater auf den Sohn übergehe. Hakem wandte diese Idee auf sich persönlich an, um göttliche Ehre zu fordern und göttliche Lehren zu verkünden. Er gab sich für die verkörperte Gottheit aus, ließ sich öffentlich für dieselbe erklären und schickte schon gegen das Jahr 1009 seine Da'is oder Missionäre in den fernen Osten aus, um dort die ismaelitische Lehre zu predigen, während eine bedeutende Zahl von Fanatikern sie in Syrien und Arabien verbreitete.

Seit dieser Zeit war Hakem seines Verstandes nicht mehr mächtig. Er hatte schon früher mit Neronischer Grausamkeit eine an Wahnsinn grenzende Polizei eingeführt. Er hatte unter Anderm alle Weinstöcke ausreißen lassen, damit sich Niemand mehr durch Weintrinken versündigen könne; er hatte die Spazierfahrten auf dem Kanal bei Kairo untersagt, alle auf diesen gehende Fenster zumauern, alle Ausgänge zu demselben und sogar die Nebenstraßen sperren lassen; er hatte den Weibern verboten, aus dem Hause zu gehen oder auch nur auf dem Dache zu erscheinen, und deßhalb sogar den Schuhmachern bei Strafe verboten, keine Frauenschuhe mehr zu verfertigen. Als man ihn einst in Kairo darüber öffentlich verhöhnte, ließ er die Stadt anstecken und plündern. Er selbst ritt oft auf einem Esel in den Straßen umher, um seine strenge Sittenpolizei aufrecht zu erhalten. Sobald er sich nun gar für einen Gott erklärt hatte, ging er in seinen Tollheiten immer noch weiter; je wahnsinniger er selbst aber ward, desto mehr begeisterte er die Anhänger seiner Secte für sich, desto mehr mußte der besonnene und verständige Theil seiner Unterthanen von den wüthenden Schwärmern leiden, die den Sprößling der Fatima anbeteten. Besonders hatten die Juden und Christen unter seinem Wahnsinn zu leiden. Er befahl ihnen, sich durch ein äußeres Kennzeichen von den Gläubigen zu unterscheiden, und als zufälliger Weise der fromme Betrug entdeckt ward, vermöge dessen man die Lampe des heiligen Grabes in Jerusalem der einfältigen Pilger wegen durch ein Wunder sich selbst entzünden ließ, gerieth er darüber in einen solchen Zorn, daß er nicht nur die Pilgerfahrten der Christen verbot, sondern auch alle Kirchen und Synagogen im Reiche zu zerstören befahl. Wirklich wurden auch viele derselben, namentlich die Auferstehungskirche zu Jerusalem, niedergerissen und die Felsenkrypta, die man als das heilige Grab verehrt, mindestens stark beschädigt. Sogar die Mohammedaner, die zu dem todten Propheten nach Medina wallfahrteten und also den lebendigen Geist des Herrn in ihm selbst, seinem Gesalbten, verachteten, wurden verfolgt und ihre Wallfahrtsorte zerstört. Doch widerrief er nachher Alles, was er sowohl gegen die Mohammedaner, als gegen die Juden und Christen verordnet hatte. Seine Verfolgung der Letzteren dauerte indessen lange genug, um durch die Klagen der heimkehrenden Pilger das Abendland überall aufzureizen und die erste Idee eines Kreuzzuges zu verbreiten. Hakem's eigene Familie kam zuletzt ins Gedränge zwischen dem Fanatismus seiner Anhänger und der Tollheit seines Verfahrens, und seine Schwester, Sitt el Molk, soll deshalb seine Ermordung veranstaltet haben (1021). Die Art und Weise seines Todes ward in das Dunkel eines räthselhaften Verschwindens gehüllt und veranlaßte bei seinen Verehrern den Glauben, daß er gen Himmel gefahren oder, wie Andere sagten, in das Meer hinabgestiegen sei.*)

Sitt el Molk bemächtigte sich des Schatzes und durch denselben der Regierung, die sie im Namen ihres Neffen, Thaher, verwaltete und bis zu ihrem Tode (1025) behauptete. Nachher herrschte Thaher. Unter ihm gingen freilich Aleppo und einige andere syrische Städte verloren, er ward aber dafür in Afrika allgemein als der allein wahre Khalif anerkannt und der Wohlstand Aegyptens nahm unter seiner gut geordneten Regierung zu. Als er 1036 starb, war sein Sohn, Mostanser, erst sieben Jahre alt. Die Mutter desselben übernahm

---

*) Noch heutzutage glauben die Drusen, die hauptsächlich im südlichen Libanon wohnen, an Hakem den Fatimiden als den menschgewordenen Gottesgeist, der im Jahre 411 nach der Hedschra, welches dem Jahre 1021 nach Chr. entspricht, von der Erde geschwunden sei, aber zu seiner Zeit wiederkehren werde; sie betrachten diesen Glauben als eine Geheimlehre, sind übrigens, was den Satzungen Hakem's entspricht, im Leben nüchtern und fleißig, im Kriege tapfer und grausam.

daher in Verbindung mit dem von ihr ernannten Vezier die Regierung. Diese Beiden legten einen so großen Werth auf den Besitz von Syrien, daß sie mit den Griechen einen Frieden schlossen, weil damals die Flotte derselben das Meer beherrschte und auch Antiochia in ihren Händen war. In diesem Frieden wurde dem griechischen Kaiser das Recht gegeben, die Auferstehungskirche in Jerusalem wieder aufbauen zu dürfen, eine Gunst, die den Aegyptern selbst am meisten Vortheil brachte, weil der Ruf des neuen Gebäudes noch viel mehr Pilger als früher nach Palästina zog. Ueberhaupt wird unter Mostanser's ungewöhnlich langer Regierung noch kein Verfall der fatimidischen Macht nach außen hin sichtbar; dagegen bilden die im Innern eintretenden Begebenheiten und Veränderungen nur eine lange Reihe von Unglücksfällen des Herrschers, eine ununterbrochene Folge von Unruhen und Empörungen der Soldaten und eine Geschichte stolzer Sklaven, die sich aller Gewalt bemächtigt hatten. Damals begann also im aegyptischen Reich eine Zeit der Verwirrung, und diese führte dort eine ähnliche Einrichtung herbei, wie hundert Jahre vorher in Bagdad: die Regierung kam nämlich ganz in die Gewalt eines einzelnen Staatsbeamten, während dem Khalifen blos ein Schatten eitler Ehre übrig blieb; nur ward jener allmächtige Gebieter nicht, wie in Bagdad, Emir al Omra, sondern Vezier genannt. Später erhielt er sogar den Titel König und Sultan, und schon zu Mostanser's Zeit führte er dieselben Ehren-Beinamen, wie der Khalif. Die Geschichte des fatimidischen Reiches knüpft sich daher auch seit dieser Zeit ebenso, wie die des abbasidischen, mehr an die Namen dieser Beamten, als an die der Khalifen.

Der erste regierende Vezier Mostanser's war Abu Mohammed Hasan, welcher gewöhnlich unter dem von seinem Geburtsort entlehnten Namen Dazuri angeführt wird. Er vereinigte neun Jahre lang die ganze Gewalt der Regierung in seiner Hand, nahm kurz vor seinem Falle sogar auch das äußere Ansehen des Regenten an und ließ seinen Namen neben dem des Khalifen auf die Münzen setzen. Seine Regierung fällt gerade in die Zeit, wo Basasiry's Plan, die Fatimiden auch in Bagdad als die einzigen Nachfolger des Propheten anerkennen zu lassen, durch Togrulbeg vereitelt ward. Es scheint, daß sich der aegyptische Vezier damals durch die Besorgniß um seine eigene Existenz abhalten ließ, die Schiiten in Bagdad gehörig zu unterstützen. Sonst war er ein ausgezeichneter Regent, und alles, was wir von ihm erfahren, zeigt, daß er den Staat mit Weisheit und Gerechtigkeit lenkte und daß unter ihm alle Zweige der inneren und äußeren Verwaltung in einem geordneten und blühenden Zustande waren. Doch finden sich auch schon damals Spuren des Verfalles. Wenigstens deuten die Steuerregister aus jener Zeit einen sehr verminderten Betrag der Staatseinnahmen an, obgleich Jazuri selbst sich in den von ihm getroffenen Einrichtungen als einen tüchtigen Finanzmann bewährte. Diese Abnahme der öffentlichen Einkünfte steht übrigens damit in genauem Zusammenhange, daß zwei räuberische Stämme der Araber mehrere Jahre hindurch Syrien verwüsteten, und zwei andere die östliche Seite des Nil-Thales auf eben die Weise heimsuchten, wie noch in der neuesten Zeit die Beduinen manchmal gleich Heuschrecken über diese Gegenden hergefallen sind. Den Verheerungen Aegyptens machte Jazuri dadurch ein Ende, daß er die beiden letzteren Stämme bewog, durch das Nil-Thal in den Westen von Afrika zu ziehen und den dort herrschenden Babisiden Moëz anzugreifen. Dieser hatte den aegyptischen Bezier persönlich beleidigt, und zwar auf eine Weise, die, wenn sich die Sache wirklich so verhielt, deshalb merkwürdig ist, weil sie uns bei Moëz einen Familienstolz zeigt, welcher sonst den Orientalen fremd ist und den er deshalb von den Abendländern, mit denen er in Verkehr stand, angenommen haben muß. Da nämlich Jazuri der Sohn eines Bauern war, so gebrauchte der Babisibe in allen seinen Schreiben an ihn aus Stolz nicht die gewöhnliche Form „dein Diener", sondern er schrieb stets „dein Ergebener", und ließ sich trotz aller Vorstellungen und Beschwerden Jazuri's nicht davon abbringen. Uebrigens erreichte der Bezier seinen Zweck gegen den Babisiben, da die Araber diesen in große Bedrängniß brachten; aber er bewirkte damit zugleich auch die Zerstörung der herrlichen Gegend und des blühenden Handels von Barka, dessen Bewohner damals nach Alexandria flohen.

In Bezug auf Polizei und Gerechtigkeitspflege war Jazuri ein unübertroffenes Muster. Er sorgte für schnelle Justiz und für eine geregelte Handhabung derselben; er führte eine Gewerbefreiheit ein, die mit strenger Aufsicht auf die Gewerbe verbunden war; er erhielt die ersten Lebensbedürfnisse durch die gestattete Concurrenz stets in niedrigem Preise; er nöthigte endlich den geizigen Moslamer, der bisher unter dem Vorwande, Magazine für die Mangeljahre halten zu müssen, mit Getreide Handel getrieben hatte, seine Erwerbsthätigkeit auf andere Dinge zu wenden. Unglücklicher Weise geschah das letztere zur unrechten Zeit; denn es blieb gerade damals einige Jahre nach einander die volle Ueberschwemmung des Nils aus, und der Mangel jener Magazine machte sich um so drückender fühlbar, als eine Unterhandlung, welche Jazuri mit den Griechen anknüpfte, um von ihnen Getreide zu beziehen, erfolglos blieb. Diese Unterhandlung (gegen 1054) veranlaßte nachher eine lange Reihe von Streitigkeiten, in denen man ebenso, wie in der Festigkeit des mohammedanischen Beziers und der Unbeständigkeit der christlichen Minister, die Geistes-

Überlegenheit des Ersteren über die Letzteren deutlich erkennt. Dieselben Händel gaben übrigens auch eine neue Veranlassung zu den Kreuzzügen, weil das Heiligthum der Christen zu Jerusalem auf Jazuri's Geheiß zwar nicht, wie zu Hakem's Zeit, zerstört, aber doch entweiht wurde. Jazuri rächte sich nämlich an den Griechen dadurch, daß er die vielen Schätze ihrer Glaubensgenossen, welche in der Auferstehungskirche zu Jerusalem niedergelegt waren, wegnehmen ließ. Ein auffallendes Beispiel der bei den Fatimiden herrschenden Milde und Regelmäßigkeit zeigt sich zur Zeit von Jazuri's Verwaltung bei Gelegenheit des Todes zweier übermäßig reichen Verwandtinnen des Khalifen, welche über hundert Jahre alt geworden sein müssen, da sie Schwestern des ersten fatimidischen Beherrschers von Aegypten waren. In Bagdad würde man Beide längst aus der Welt geschafft oder doch ihre Schätze, die eine fast unglaubliche Summe betrugen, in die Hände des Khalifen gebracht haben; in Aegypten dagegen warteten alle vier Nachfolger des Moëz den Heimfall dieser Reichthümer ruhig ab, und erst der vierte setzte sich als rechtmäßiger Erbe in den Besitz derselben.

Jazuri behauptete sich neun Jahre am Ruder und ward dann gestürzt und wahrscheinlich hingerichtet. In der nächsten Zeit nach ihm folgte eine Veränderung der anderen, ein Minister dem anderen, und alle vortrefflichen Anstalten des Reiches geriethen in Verfall. Endlich kam die Regierung wieder in die Hände von Mostanser's Mutter, einer Negerin. Diese hielt sich, da sie den türkischen Söldnern nicht trauen konnte, zu ihrem Schutz eine Garde von Negern, die dann bald in einen förmlichen Krieg mit jenen geriethen. An der Spitze der Türken stand ein Abkömmling des vor 60 Jahren gestürzten syrischen Herrschergeschlechtes der Hamadaniden, Nasr ed Daula, der in den nächsten zehn Jahren eine bedeutende Rolle am Hofe des Khalifen spielte. Dieser besiegte, nachdem er noch zwei arabische Stämme an sich gezogen hatte, die Neger, welche bis auf 50,000 Mann angewachsen waren und förmlich Besitz von Ober-Aegypten genommen hatten, in zwei regelmäßigen Schlachten, ohne sie jedoch vernichten zu können (1067). Er besetzte darauf die Stadt Alexandria, zwang den Khalifen auf eine für diesen höchst schimpfliche Weise zur Herausgabe seiner Schätze, und vertheilte sie unter seine Freunde und Soldaten. Selbst die Gräber der Fatimiden plünderten damals seine wilden Horden, als sie Mostanser vergebens eine Zeit lang belagert hatten, um neue Summen von ihm zu erpressen. Auch in die kostbare Bibliothek der fatimidischen Khalifen drangen sie ein und zerstörten ihre unersetzlichen Schätze. Diese Bibliothek war in 40 Sälen des Khalifen-Palastes aufgestellt und enthielt eine erstaunliche Menge von Büchern, unter denen sich allein 18,000 Schriften über die Wissenschaften des Alterthums und 2400 sorgfältig geschriebene und mit Gold und Silber verzierte Exemplare des Korans befanden. Alle diese Werke wurden von den Türken mitgenommen und auf eine unerhörte Weise verschleudert. Nasr ed Daula ward bald nachher durch einen Theil seines Heeres, den er gegen sich erbitterte, aus Kairo vertrieben; er schlug darauf seine Residenz zu Alexandria auf und rüstete sich hier zum Kriege mit den Negern. Er zog 40,000 Reiter des arabischen Stammes Lewatah an sich und lud sogar den Seldschukken-Sultan Alp Arslan nach Aegypten ein; zum Glück war dieser aber, damals gerade mit den Griechen und mit den Vorbereitungen zu einem Zuge nach Turkestan beschäftigt. Nasr ed Daula besetzte mit seinen wilden Horden ganz Unter-Aegypten, zerstörte dort alle Cultur und vernichtete die Dämme und Kanäle, damit er sich in dem verwüsteten Lande desto besser behaupten könne. Zu diesen Uebeln eines Vertilgungskrieges kam, um die Leiden der unglücklichen Aegypter voll zu machen, noch eine beispiellose Hungersnoth und in ihrem Gefolge die Pest. Der damalige Zustand des übervölkerten und fünf Jahre lang von Hunger, Krieg und Pest heimgesuchten Landes ist schwer zu beschreiben. Mehl und Brod waren manchmal nicht für Gold und Edelsteine zu kaufen, alle Polizei hörte auf, die Menschen verwandelten sich in reißende Thiere, Menschenfleisch ward fast zur gewöhnlichen Speise, die Gegend von Kairo zu einer Einöde und der Palast des Khalifen zu einer Räuberhöhle. Der Khalif selbst kam in eine Lage, welche der eines Bettlers völlig gleich war. Er verzehrte nach und nach alle Reste des alten fatimibischen Reichthums, mußte, um sein Leben zu fristen, sogar die noch übrigen Verzierungen an den Gräbern seiner Vorfahren verkaufen und würde zuletzt Hungers gestorben sein, wenn sich seiner nicht eine wohlthätige Frau angenommen hätte, welche damals ihr unermeßliches Vermögen ganz zu Almosen verwendete und dem Khalifen, wie anderen Armen, täglich ein Mal einen Napf Suppe schickte. Moslanser sank soweit herunter, daß er zuletzt, als Nasr ed Daula sich zum Herrn von Kairo gemacht hatte, einen monatlichen Gnadengehalt von seinem Sklaven annehmen mußte. Bei diesem entsetzlichen Jammer des Landes und seiner Bewohner war allein Nasr ed Daula glücklich: er schwang sich auf den höchsten Gipfel der Macht empor und war im Begriff, auch den letzten Schritt zu thun und den Namen eines Sultans anzunehmen, als er mitten in seiner Residenz von seinen eigenen Freunden erschlagen ward (1072).

Der unglückliche Fatimide gewann durch den Tod seines Tyrannen nichts, er erhielt vielmehr in den Mördern desselben nur neue Peiniger und es folgte wieder eine Reihe von Unglücksfällen und Zwistigkeiten, welche faſt zwei Jahre lang Aegypten zerriſſen, bis Moſtanſer endlich von außen her Hülfe holte und an die Spitze der Verwaltung einen Mann ſtellte, der noch jetzt im Andenken der Aegypter lebt, und deſſen Familie für die Geſchichte bedeutender geworden iſt, als die Fatimiden, welche ſogar auf ihre eigenen Angelegenheiten keinen Einfluß mehr hatten. Dieſer Mann war Bedr, von Geburt ein Armenier und Chriſt, der als Sklave zum Islam übergetreten war, nach ſeinem früheren Herrn gewöhnlich al Dſchemali genannt wurde und ſich während einer Reihe von Jahren als Statthalter von Damaskus ausgezeichnet hatte. Er hatte den Fatimiden in den letzten unglücklichen Zeiten einen Theil von Syrien und Paläſtina gerettet und ſich ſelbſt durch Tapferkeit und Gewandtheit in ſeiner Stellung zu behaupten gewußt, ungeachtet ihn nicht nur Naſr eb Daula zu verdrängen ſuchte, ſondern auch die Unterſtatthalter in Tyrus, Tripolis und anderen Städten nicht mehr auf ſeine Befehle hörten, und zugleich Hungersnoth und Peſt in Syrien wütheten. Endlich hatte ihn jedoch Naſr eb Daula mit einer überlegenen Kriegsmacht angreifen laſſen. Dieſen Truppen, welche aus rohen Miethsvölkern beſtanden und ſelbſt gegen die friedlichen Unterthanen ihres Herrn furchtbar hauſten, war er nicht gewachſen geweſen. Er hatte deshalb einen Stamm nogaiiſcher Turkmannen zu Hülfe gerufen, die mit den Seldſchukken in Syrien eingebrochen waren und von Atſiz, einem Unterhäuptling Alp Arslan's, angeführt wurden. Dieſe ſchlugen und vertrieben zwar Bedr's Feinde, richteten aber dann ihre Waffen gegen ihn ſelbſt, eroberten 1072 Jeruſalem und unterwarfen ſich faſt ganz Syrien und Paläſtina. Bemerkenswerth iſt es, daß der Anführer dieſer Raubhorden die in der Hauptkirche von Jeruſalem aufgehäuften Schätze unberührt ließ und von den Vorſtehern nichts weiter verlangte, als daß ſie das Gebet im Namen der Abbaſiden halten ſollten.

Bedr ward 1074 von Moſtanſer nach Aegypten berufen und zum leitenden Vezier ernannt. Er fand das Land in einem ſchauderhaften Zuſtande. „Alle Wohnungen", ſagt ein arabiſcher Geſchichtſchreiber, „ſtanden verödet da, die Peſt hatte Alles hingerafft, Tod und Verwüſtung hatten ſich über das ganze Land verbreitet; es waren nur noch wenige Menſchen übrig; dieſe trugen auf dem Geſichte die bleiche Farbe des Todes; der Hunger, die Peſt und der Schrecken, den ein aus Sklaven und Fremden zuſammengeſetztes Heer einjagte, hatten ihre Züge bis zur Unkenntlichkeit entſtellt. Es gab keine Hände für den Ackerbau mehr, alle Verbindungen zu Waſſer und zu Lande waren unterbrochen und man konnte nur mit großen Schwierigkeiten und unter militäriſcher Bedeckung reiſen. Die Stadt Kairo war verwüſtet und verlaſſen und Bedr's Soldaten mußten ſich von den Steinen der leeren Häuser Fostats Wohnungen bauen." So schrecklich auch der Zustand des unglücklichen Landes war, so wußte doch Bedr bald Hülfe zu schaffen; denn er brachte seine syrischen Truppen mit und war in Betreff der Mittel, Ruhe und Ordnung herzustellen, in Aegypten nicht ängstlicher, als er in Syrien gewesen war. Welche Mittel er zu gebrauchen pflegte und wie er sie anwendete, kann man aus dem einen Umstande schließen, daß er in seinem Kriege mit den Resten der früheren Milizen oft an einem einzigen Tage 20,000 Menschen, Männer, Weiber und Kinder, auf dem Markte von Kairo feil bieten ließ. Die ganze Regierung erhielt von dem Tage an, wo der Khalif ihn mit ganz besonderen Feierlichkeiten zum Vezier erklärt hatte, eine neue und bessere Gestalt. Die räuberischen Kriegshorden wurden vernichtet, Ordnung und Zucht kehrten zurück, zerstörte Kanäle wurden wieder hergestellt, der Handel kam in seinen alten Gang und der Wohlstand des Landes blühte bald von neuem auf. Selbst die Küste von Arabien, die sich einige Jahre vorher den Abbasiden unterworfen hatte, huldigte den Fatimiden wieder und der von Bagdad gesandte Teppich der Kaaba wurde mit einem anderen vertauscht, in welchen Mostanser's Name eingewirkt war. Nur Syrien blieb, mit Ausnahme der Seestädte, eine Beute der eingedrungenen wilden Horden, und die Mißhandlungen, welche die dortigen Christen von diesen zu erdulden hatten, riefen den ersten Kreuzzug hervor, noch ehe Aegypten sich wieder in den Besitz des Landes gesetzt hatte.

4. Die Okailiden, Kelabiden und ersten Atabegen in Syrien.

In Mosul und Aleppo, den wichtigsten Städten an der Südostgrenze der Christen gegen die Mohammedaner, waren um den Anfang des 11. Jahrhunderts die Hamabaniden durch die Okailiden und Kelabiden verdrängt worden. Der Stifter des okailidischen Herrscherhauses, Abul David, hatte sich 991 des Reiches von Mosul bemächtigt und sein Bruder, Mokalled, der ihm 996 folgte und bis 1001 regierte, hatte seine Herrschaft über ganz Mesopotamien ausgebreitet. Mokalled's Sohn und Nachfolger, Karwasch, ist besonders wegen der Gewandtheit merkwürdig, mit der er im Gedränge zwischen den Fatimiden und Abbasiden mehrmals den einen Oberlehensherrn mit dem anderen und die schiitische Secte mit der sunnitischen vertauschte; denn je nachdem der tolle Fatimide Hakem oder die im Namen der Abbasiden herrschenden Buiden das Uebergewicht in der Nachbarschaft erhielten, erkannte er bald diese, bald jenen als Gebieter an. Er ward in der Mitte des 11. Jahrhunderts das Opfer einer jener Revolutionen, die in den Staaten des Orients so häufig sind. Einer seiner Brüder stürzte ihn und warf ihn ins Gefängniß. Nachdem dieser dann kurze Zeit regiert hatte, folgte ihm Koreisch, der Sohn eines dritten Bruders, der bisher in Nisibis geherrscht hatte und, wie bereits oben angegeben ist, beim Aufstande Basasiry's in Bagdad eine wichtige Rolle spielte. Sein Sohn und Nachfolger, Muslem (1061—1085), erweiterte die Herrschaft noch mehr und bemächtigte sich auch Aleppo's. Diese Stadt hatte sich, nachdem sie aus den Händen der letzten Hamabaniden in die Gewalt der Fatimiden gefallen war, 1025 dem arabischen Stammfürsten Saleh ergeben, welcher dort die Dynastie der Marbaschiten oder Kelabiben gründete. Saleh dehnte seine Herrschaft über einen beträchtlichen Landstrich aus und behauptete sich im Besitze derselben, bis die in Syrien eingebrochenen Turkmannen unter Anuschtekin sich gegen Aleppo wandten und ihn 1029 in einer Schlacht tödteten. Anuschtekin bekriegte nachher auch Saleh's Söhne und ward 1038 Herr von Aleppo. Er war 1042 kaum gestorben, als die Stadt wieder ein Zankapfel zwischen den Fatimiden und den arabischen Stämmen wurde und bald den Ersteren, bald einem Emir der Letzteren gehorchen mußte. Endlich kamen die Marbaschiten wieder in den Besitz von Aleppo (1060) und behaupteten die Stadt, bis sie 1080 von ihrem Stammverwandten, dem Okailiben Muslem, vertrieben wurden. Wie sehr die gewerbreichen syrischen Städte unter diesem steten Wechsel der Herrschaft und durch Gebieter, wie die arabischen Beduinen waren, zu leiden hatten, zeigt eine Anekdote, welche von Muslem's Großoheim, Karwasch berichtet wird. Dieser Fürst, den die arabischen Geschichtschreiber doch einen weisen Mann und guten Dichter nennen, soll oft gesagt haben: er habe einst Gott nur wegen fünf oder sechs Beduinen, die er getödtet, Rechenschaft abzulegen; denn die Bewohner der Städte bringe ja der höchste Richter nicht in Anschlag. Uebrigens gab Muslem, welcher Mosul und Aleppo unter seiner Gewalt vereinigte, seiner Herrschaft solches Ansehen, daß auch die den Griechen gehörende Stadt Antiochia ihm Tribut zahlen mußte. Diese ausgebreitete Macht ward jedoch den Okailiben selbst verderblich; denn sie brachte sie in das Gedränge zwischen den beiden selbstkultischen Staaten, die sich unterdessen in Syrien und Kleinasien gebildet hatten.

Es ist bereits oben erwähnt worden, daß eine Horde nogaiischer Turkmannen unter Alsiz sich kurz vorher fast ganz Syrien und Palästina unterworfen hatte. Selbst die wichtige Stadt Damaskus, welche damals wenigstens 300,000 Einwohner hatte, war in ihre Gewalt gefallen. Nicht zufrieden mit dieser bedeutenden Herrschaft, beschloß Alsiz auch Aegypten zu erobern. Er brach mit einem Heere Turkmannen, Kurden und Araber auf und erschien so plötzlich vor Kairo, daß der aegyptische Vezier, Bedr, keine hinreichende Kriegsmacht zusammenbringen konnte (1077). Der Letztere nahm daher zu einem gewöhnlichen Hülfsmittel orientalischer Regenten und Minister seine Zuflucht. Er knüpfte eine Unterhandlung mit Atsiz an, verstand sich zur Zahlung einer bedeutenden Summe Geldes, erlangte zur Herbeischaffung derselben einen Waffenstillstand und benutzte diesen, um Truppen zusammenzuziehen und Atsiz's Leute zu verführen. Dann lieferte er ihm eine Schlacht, in welcher das ganze Heer seines Gegners vernichtet wurde. Dieser Sieg Bedr's entschied zugleich das Schicksal von Syrien; denn Atsiz wandte sich, von den Aegyptern verfolgt und von den Syriern gehaßt, an den Selbschukken-Sultan Maletschah um Hülfe, gegen den er sich schon im vorhergehenden Jahre zu einem Tribut verstanden hatte. Sein Gesuch fiel gerade in die Zeit, wo Maletschah die selbschukkischen Lehensherrschaften zu stiften begonnen hatte. Da dieser auch seinem Bruder Tulusch ein Reich verschaffen wollte, so beauftragte er denselben, Atsiz zu unterstützen und stand ihm selbst mit seiner ganzen Macht bei. Tulusch schlug die Aegypter, von denen Atsiz in Damaskus eingeschlossen war, er ward aber gleich darauf aus einem Bundesgenossen desselben sein ärgster Feind; denn Atsiz war kaum zu ihm gekommen, als er einen Vorwand suchte und ihn umbringen ließ (1080). Auf solche Weise machte sich Tulusch um eben die Zeit, als der Okailibe Muslem Aleppo besetzt hatte, zum Herrn von Damaskus und von anderen Städten, welche seither Atsiz unterworfen waren. Muslem suchte sich durch eine Verbindung mit dem aegyptischen Khalifen gegen die ihm drohende Gefahr zu schützen; dieser schickte ihm aber die versprochene Hülfe nicht, während Tulusch von Maletschah fortwährend durch Truppen unterstützt ward. Der Okailibe wurde daher 1083 bei einem Angriff auf Damaskus geschlagen und erlitt einen so bedeutenden Verlust, daß er bald nachher Mosul und andere Städte des Ostens dem Selbschukken-Sultan preisgeben und dessen Vasall werden mußte. Auch dies rettete ihn nicht vom Untergange. Gerade damals eroberte nämlich der selbschukkische Beherrscher von Nicäa, Soliman I., das den Griechen unterworfene Antiochia, dessen seitheriger Besitzer dem Okailiben Tribut bezahlt hatte, gerieth darüber mit dem Letzteren in Krieg und tödtete ihn 1085 in einer Schlacht. Soliman wollte sich sogleich auch Aleppo's bemächtigen, auf die Nachricht davon eilte aber Tulusch von Damaskus herbei und nun suchten beide selbschukkische Hordenführer nach Geier-Art einander die streitige Beute zu entreißen, bis endlich Soliman in einer Schlacht das Leben verlor. Dessen ungeachtet ward Tulusch nicht Herr von Aleppo; denn Muslem's Statthalter vertheidigte sich tapfer gegen ihn und wandte sich an Maletschah selbst um Hülfe. Dieser erschien und ordnete die Angelegenheiten von Syrien so, daß sowohl Aleppo, als Antiochia dem Tutusch entzogen blieben. Das Erstere erhielt einer von Malekschah's Feldherren, der ebenso barbarische als tapfere Aksonkor, das Andere Baghi Sejan, ein Neffe Malekschah's. Auch der Familie der Okailiden und ihrem seitherigen Statthalter in Aleppo wurden kleine Herrschaften in Syrien eingeräumt. Neben diesen kleinen syrischen Fürsten war schon früher in Jerusalem ein Herrscherhaus eingesetzt worden, das sich bis nach Malekschah's Tod im Besitze desselben behauptete. Tutusch hatte nämlich diese Stadt 1084 dem Turkmannen Ortok zur Verwaltung oder vielmehr zur Erhebung des von den Einwohnern derselben zu entrichtenden Tributs überlassen und Ortok vererbte seinen Besitz (1091) auf seine beiden Söhne, Solman und Jlgazi. Dieser häufige Wechsel der Dinge und die Herrschaft roher Hordenführer war für die Bewohner von Syrien sehr verderblich; sie mußten nicht nur alle Leiden des Krieges ertragen, sondern die Barbaren verfuhren auch mit vandalischer Rohheit gegen Menschen und Kunstwerke, und besonders hatten die Christen des Landes, sowie die europäischen Pilger die ärgsten Mißhandlungen zu erdulden. Hätten wir nicht in den Reisebeschreibungen unserer Tage so viele Berichte über das Betragen der Türken in Asien und Afrika gegen Juden und Christen, so würden uns die Nachrichten der Geschichtschreiber jener Zeit über das Schicksal der Christen in Jerusalem übertrieben scheinen. Die rohen Türken mißhandelten diese auf die empörendste Weise; sie hielten die armen Christen in steter Angst, raubten ihnen Hab und Gut, drangen während des Gottesdienstes schreiend und tobend in ihre Kirchen ein, setzten sich auf die Altäre, schimpften und schlugen die Priester und schleiften den Patriarchen am Bart auf dem Boden hin. Auch die europäischen Pilger wurden von ihnen aufs ärgste mißhandelt und waren keinen Tag ihres Lebens sicher.

So lange Malekschah lebte, waren die verschiedenen Herrscher in Syrien seine Vasallen geblieben; kaum war er aber gestorben (1092), als Tutusch Alle zwang, ihn als den Oberlehensherrn des ganzen Landes anzuerkennen. Auch blieben ihm bei seinem Versuche, sich das von seinem Bruder hinterlassene Reich zu unterwerfen, Alle getreu; nur der Beherrscher von Aleppo, Aksonkor, schloß sich an Malekschah's Sohn, Barkiarok, an, der ihm eine beträchtliche Unterstützung unter Kerboga schickte. Doch besiegte Tutusch sowohl den Aksonkor, als seinen Verbündeten Kerboga, nahm Beide gefangen und ließ den Ersteren hinrichten, den Anderen in Hims einkerkern. Jetzt hatte es das Ansehen, als wenn sich unter Tutusch eine furchtbare Macht bilden würde, da er nicht nur in Syrien, sondern auch bis zum Tigris hin fast überall als Herrscher anerkannt ward; allein er erlag kurze

Zeit nachher seinem Neffen Barkiarok und verlor in dem entscheidenden Treffen das Leben (1095). Sein Tod hatte Veränderungen in Syrien zur Folge, welche für die Geschichte des schon im nächsten Jahre beginnenden ersten Kreuzzuges sehr wichtig sind. Baghi Sejan blieb Herr von Antiochia und huldigte, wie vorher dem Tutusch, so jetzt dem Barkiarok, dem Sohn Malekschah's. Ebenso behaupteten sich auch Ortok's Söhne, Solman und Ilgazi, im Besitze von Jerusalem und erkannten Barkiarok's Oberherrschaft an. Kerboga, welchen Tutusch's Söhne, wahrscheinlich in Folge eines Vertrages mit Barkiarok, freigaben, erhielt von seinem alten Herrn nicht nur Mosul, sondern auch alle übrigen Städte am Tigris und Euphrat; welche nicht eigene Gebiete hatten und selbst von diesen wurden die meisten seine Vasallen. Dagegen gelangte Alfontor's Sohn, Zenghi, obgleich sein Vater für Barkiarok das Leben eingebüßt hatte, nicht wieder zum Besitze seines väterlichen Fürstenthums Aleppo, da sich ein Anderer desselben bemächtigte. Tutusch hatte nämlich zwei Söhne hinterlassen, von welchen sich der Eine, Rodwan, in Aleppo, der Andere, Dokak, in Damaskus zum Herrscher aufwarf. Der letztere überließ die Verwaltung einem alten Diener seines Vaters, der seine Erziehung geleitet hatte, Togtekin, und dieser machte nachher die Herrschaft von Damaskus in seiner eigenen Familie erblich. Beide Reiche hatten in der nächsten Zeit ewige Fehden mit einander. Rodwan suchte sich gegen seinen Bruder und dessen Vezier durch die Fatimiden zu schützen, welche noch immer die Küstenstädte von Syrien besaßen. Er erkannte sie jedes Mal, wenn er ihrer Hülfe bedurfte, als Oberherren an, fiel aber dann stets gleich wieder von ihnen ab, und ließ in seinen Moscheen aufs neue für den abbasidischen Khalifen beten. In Aegypten war unterdessen der eigentliche Regent, Bedr, und gleich nachher auch der Khalif Mostanser nach einer Regierung von 58 Jahren gestorben (1094). Beiden folgten ihre Söhne in der Herrschaft nach. Sie theilten sich in dieselbe ebenso, wie ihre Väter; Mostali, der Sohn Mostanser's, ward zum Khalifen ausgerufen und ließ bis zum Jahre 1101, wo er starb, der Regierung seinen Namen; Bedr's Sohn Ahmed Afdal trat in das Amt seines Vaters ein und zwar mit derselben Machtvollkommenheit, welche dieser gehabt hatte. Um den Anfang seiner Regierung recht glänzend zu machen, unternahm der neue Vezier in demselben Jahre, in welchem die Führer des ersten Kreuzzuges nach dem Orient aufbrachen, einen Eroberungszug nach Syrien. Er wollte dieses Land, dessen Küste immer in der Gewalt des aegyptischen Khalifen geblieben war, auch im Innern unterwerfen und wandte sich zuerst gegen die Stadt Jerusalem. Die türkischen Beherrscher derselben, Ilgazi und Solman, konnten sich gegen das überlegene

Heer Afdal's nicht behaupten; sie übergaben daher die Stadt (im August 1096) nach einer kurzen Belagerung den Aegyptern, erhielten mit ihren Schaaren freien Abzug und erkämpften sich unter manchen Abenteuern am oberen Tigris neue Besitzungen.

Uebrigens herrschten die Dynastieen, welche aus dem sich auflösenden Seldschullen-Reiche hervorgingen, unter verschiedenen Namen. Die Beherrscher von Rum, Aleppo und Damaskus und die Nachkommen Sandschar's in Ostpersien nannten sich Sultane. Die meisten anderen dagegen führten den Titel Atabegen, welchen schon Malekschah seinem berühmten Bezier Nezam el Mulk ertheilt hatte, und der soviel als Vater oder Vormund des Fürsten, d. i. also eigentlich nur so viel als Reichsverweser, bedeutete.

II. Der erste Kreuzzug und das Königreich Jerusalem.

1. Allgemeine Bemerkungen.

Als die Christen des Abendlandes zum ersten Male einen Kreuzzug nach Palästina unternahmen, war die Lage der Dinge ebensowohl in Europa, als im Orient so beschaffen, daß keine Zeit für eine solche Unternehmung günstiger hätte sein können. Ein kurzer Rückblick auf den Zustand der orientalischen Reiche und auf die letzten Hauptereignisse im Abendlande wird genügen, um dies anschaulich zu machen. Im Orient waren die Mohammedaner schon seit Jahrhunderten in die zwei feindseligen Secten der Schiiten und Sunniten geschieden. Die erstere barg noch dazu, wie weiter unten gezeigt werden wird, in ihrem Inneren eine Anzahl fanatischer und zum Theil völlig ungläubiger Orden, zu denen selbst der fatimidische Khalif in Aegypten gehörte, obgleich er, wie man im Orient sich ausdrückt, das Kleid der Aliden oder der Nachkommen und Anhänger des vierten Khalifen trug, den die eine Hälfte der Mohammedaner als den ersten rechtmäßigen Nachfolger des Propheten anerkannte. In Bagdad lebte der sunnitische Khalif aus dem Hause der Abbasiden mit den Schiiten, welche die Hälfte der Einwohner ausmachten, in ewigem Streit. Er trug außerdem nur den Namen eines Herrschers und war, wie früher von den Buiden, so jetzt von seinem selbstsüchtigen Emir al Omra ganz und gar abhängig. Eine ebenso klägliche Rolle spielte der fatimidische Khalif in Aegypten unter der Herrschaft seines Beziers Ahmed Afdal; dieser allmächtige Minister war sogar ein eifriger Sunnit und suchte den Bekennern seiner Glaubensmeinung die Oberhand zu verschaffen.

Im Reiche Rum oder Ikonium herrschte der Seldschuke Kilidsch Arslan I. ebenso vereinzelt und durch Mißtrauen und Furcht von seinen Glaubensgenossen getrennt, als Kerboga von Mosul am Tigris und oberen Euphrat und Baghi Sejan in Antiochia; alle drei beobachteten sich einander mit eifersüchtigen Blicken. Noch weit feindseliger standen sich die beiden Brüder Rodwan und Dokak gegenüber, welche in den wichtigen Städten Aleppo und Damaskus herrschten. Die Seeküste von Syrien gehörte den Fatimiden, die sich soeben erst auch die Stadt Jerusalem mit einem Theile des inneren Palästina unterworfen hatten. In den Gebirgen, welche Syrien nördlich begrenzen, herrschten die christlichen Armenier, welche ihre Besitzungen bis in die Nähe von Antiochia ausgebreitet hatten und nach der anderen Seite hin den Türken von Ikonium auf dem Nacken saßen. Doch waren auch sie durch Religionszwiste getrennt und zwei Patriarchen fluchten Einer dem Anderen. Fern im Osten endlich, jenseits des Euphrat, lag die bedeutende, ganz von Christen bewohnte Stadt Edessa, welche unter griechischem Schutze stand und eine aristokratische Regierung mit einem leitenden Oberhaupt hatte. Sie ward nachher von einem der Fürsten des ersten Kreuzzuges besetzt und bildete den Mittelpunkt der ersten christlichen Grafschaft, welche die Kreuzfahrer in Asien gründeten.

Auch im Abendlande hatte sich Alles so gestaltet, daß dort eine Fülle von äußerer und innerer Kraft vorhanden war, durch welche der Kampf mit der zersplitterten Macht der Mohammedaner in Asien ungemein erleichtert wurde. Der kriegerische Sinn der dortigen Völker hatte durch die von Spanien her angesachte Begeisterung für den Kampf mit den Ungläubigen eine neue Richtung und einen neuen Aufschwung erhalten. Die Klagen und Schilderungen der heimkehrenden Pilger hatten diese Begeisterung genähret und die Gemüther des Volkes wurden daher bald aufs tiefste von der Vorstellung ergriffen, daß es ein Verdienst vor Gott sei, nach dem gelobten Lande zu ziehen, um die mißhandelten Glaubensgenossen vom Joche der Türken und Araber zu befreien und das Grab des Erlösers den Ungläubigen zu entreißen. In den Hauptländern der Christenheit endlich waren kurz vorher erschütternde Bewegungen gewesen und die Ritter hatten in denselben entweder Sünden auf sich geladen, oder sie empfanden doch, als es wieder Ruhe werden sollte, den Mangel an Beschäftigung und an Gelegenheit zum Rauben; sie mußten also mit Freude den Ruf zum Kreuzzuge vernehmen. In welchem Umfange schon vorher die Pilgerfahrten nach dem gelobten Lande stattfanden, läßt sich an derjenigen nachweisen, die im Jahre 1064 unter Führung des Erzbischofs Siegfried von Mainz unternommen wurde; es nahmen an ihr gegen 7000 fromme Männer Antheil, erlitten jedoch durch feindlichen Ueberfoll in Palästina selbst große Verluste. Dieser Zug, bei welchem die Bischöfe in voller Kriegespracht erschienen, machte großen Eindruck auf die Zeitgenossen und war selbst für die deutsche Dichtung nicht ohne Bedeutung; der volksthümlichste unter den Theilnehmern war der schöne, reiche und leutselige Bischof Günther von Bamberg, der, wie ihm ein Freund vorwirft, lieber von König Etzel und Amelung hörte als von Sanct Augustin; er starb auf der Rückfahrt zu Stuhlweißenburg in Ungarn. Von den Bewegungen, welche Heinrich's IV. Zwist mit dem Papst im deutschen Reiche hervorgerufen hatte, ist bereits ausführlich die Rede gewesen. Auch in England und Frankreich walteten Zwietracht und Haber, und obgleich die Unruhen in diesen Ländern nicht dieselbe welthistorische Bedeutung hatten, wie Heinrich's IV. Kampf mit Gregor VII., so war doch auch dort eine große Verwirrung und Aufregung erzeugt worden. Philipp I. von Frankreich hatte, gleich nachdem er volljährig geworden war, mit den Söhnen und Enkeln seines seitherigen Vormundes Balduin mehrere Jahre lang Krieg zu führen, verstieß dann seine Gemahlin, um eine verbotene Ehe einzugehen, und gerieth darüber kurz vor den Zurüstungen zum ersten Kreuzzug in einen heftigen Zwist mit seiner eigenen Geistlichkeit und mit dem Papst Urban II., der ihn sogar in den Bann that. In England hatte Wilhelm der Eroberer die normannische Herrschaft mit rücksichtsloser Willkür befestigt und bei seinem Tode (1087) dem ältesten seiner drei Söhne, Robert Courthose, die Normandie, dem zweiten, Wilhelm II., England hinterlassen. Der Letztere, welcher die despotische Natur seines Vaters geerbt hatte, verfuhr wie dieser in Allem gewaltthätig, und erregte dadurch bedeutende Unruhen in seinem Reiche; Robert dagegen war ebenso leichtsinnig, als ritterlich tapfer, kümmerte sich weder um die Verwaltung, noch um die Gerechtigkeitspflege, hielt nicht einmal seinen eigenen Haushalt in Ordnung und wirthschaftete in seinem Herzogthume so schlecht, daß er froh war, als der Aufruf zum ersten Kreuzzug ihm eine Gelegenheit bot, dasselbe seinem Bruder für 10,000 Mark verpfänden zu können.

2. Die Veranlassungen und Vorbereitungen zum ersten Kreuzzuge.

Ein einfältiger Eremit und Pilgersmann aus normannischem Blute, Peter von Amiens, war es, der den ersten Aufruf zu einem Kreuzzug ergehen ließ. Peter war seines kleinen und schwächlichen Körpers wegen Einsiedler geworden und machte gerade zu der Zeit, als die rohen Türken in Palästina herrschten, eine Pilgerreise nach Jerusalem (1093 und 1094). Hier sah er mit tiefer Betrübniß, wie die Christen der Stadt von den Barbaren mißhandelt und ihr Gottesdienst auf höhnende Weise entweiht wurde. Entrüstet wandte er sich an den Patriarchen der Stadt und faßte im Einverständniß mit ihm den Entschluß, durch eine feierliche Predigt die Christen des Abendlandes um Hülfe für ihre orientalischen Glaubensbrüder anzuflehen. Voll dieses Gedankens durchwachte er eine Nacht am heiligen Grabe, sah im Traume Christus und vernahm von ihm den Ruf, mit Muth und Ausdauer zu vollbringen, was er sich vorgesetzt habe. Mit Briefen des Patriarchen an den Papst und an die Fürsten des Abendlandes versehen, schiffte sich Peter ein, landete in Italien und begab sich zum Papst Urban II. Dieser fand anfangs weder an der sonderbaren Person Peter's, noch an der von ihm vorgetragenen Sache großes Behagen; allein bald überzeugte man ihn, wie vortrefflich Peter's Plan seinem Zwecke diene, und der glänzende Erfolg von Peter's Predigt entfernte vollends jedes Bedenken. Urban war damals mit Heinrich IV. im Kriege, mußte dessen Sohn Konrad, den er zum Abfall bewogen hatte, unterhalten, und ward durch die Partei des Gegenpapstes Clemens III. so bedrängt, daß er sich kaum nach Rom wagen durfte und, wenn er einmal dahin kam, in einem Privathause wohnen mußte. Was konnte ihm erwünschter sein, als eine herrschend werdende Begeisterung für den Glauben, die den kriegerischen Sinn der Völker in Einen Strom lenkte und ihn selbst zum Leiter einer allgemeinen Bewegung machte? Er gab also dem Eremiten eine Vollmacht, in seinem Namen die Fürsten und Völker zu einem Kriegszuge nach Palästina aufzufordern.

Peter ward aus begreiflichen Gründen allenthalben, besonders aber im südlichen Frankreich und Burgund, als ein Heiliger empfangen. In den Niederlanden machte ein besonderer Umstand die Zuhörer seiner Predigt geneigt. Der Graf Robert von Flandern, ein tapferer und zugleich mächtiger uud reicher Fürst, hatte auf einer Pilgerreise die Bekanntschaft des griechischen Kaisers gemacht und von demselben schon vor Peter's Aufruf ein Staatsschreiben erhalten, in welchem er bringend um bewaffnete Hülfe ersucht ward. Diesseits des Rheins hielt man, bei dem kälteren Blute der Deutschen und bei der obwaltenden Zwietracht zwischen der geistlichen und weltlichen Gewalt, den Eremiten und Alle, die sich von ihm hinreißen ließen, lange Zeit für eine Art harmloser Narren.

Der neue Glanz, welchen Peter's Predigt und des Papstes Theilnahme an derselben um diesen verbreitete, zeigte sich schon im März 1095 auf der Kirchenversammlung zu Piacenza. Dieses Concil war, zahlreicher besucht, als vielleicht noch je ein anderes gewesen war, und der bisher vernachlässigte Papst erschien hier nicht nur als Richter des Kaisers Heinrich IV., dessen zweite Gemahlin ihre anstößiger

Beschuldigungen gegen den unglücklichen Mann vorbrachte, sondern auch als Beschützer des griechischen Kaisers, der ihn um Hülfe gegen die Selbschuken gebeten hatte und dessen Gesandte in Piacenza vor der Versammlung auftraten, sowie endlich als Haupt der gegen den Islam streitenden Kirche. Die Zahl der auf dem Concil Erscheinenden war so groß, daß keine Kirche sie faßte und daß der Papst sie, wie einst Moses, als er seine Gesetze gab, und wie Christus, als er die Bergpredigt hielt, auf freiem Felde versammeln mußte. Was zu Piacenza im Frühjahr begonnen worden war, sollte im Herbst zu Clermont in der Auvergne, wohin Urban ein Concil ausschrieb, vollendet werden. Hier strömte eine fast unglaubliche Anzahl Menschen von romanischer Zunge, Geistliche, darunter 13 Erzbischöfe und über 200 Bischöfe, Ritter und Volk zusammen. Der Papst selbst sprach zu den Versammelten, schilderte ihnen die Leiden der orientalischen Christen, erinnerte sie an die ritterlichen Helden der Vorzeit und forderte sie zur Rettung der mißhandelten Brüder auf. Seine Worte und die ehrwürdigen Ceremonieen, durch welche man das Herz der Christen rührte, machten einen solchen Eindruck, daß die Zuhörer ihn kaum zu Ende kommen ließen, und durch den einstimmigen Zuruf: Gott will es! (in damaliger Sprache: Deus lo volt) laut bezeugten, das, was er verlange, sei der Wille des Höchsten. Die meisten Anwesenden thaten das Gelübde, in den heiligen Krieg zu ziehen, und der einmal angefachte Enthusiasmus riß nachher überall die Menschen zu dem gleichen Entschlusse hin. „Die Männer", sagt ein Geschichtschreiber aus jener Zeit, „verließen ihre Weiber, der Vater den Sohn, der Sohn den Vater, und es gab kein Band des Herzens, welches die allgemeine Begeisterung zu zügeln vermochte; ja, sogar Mönche ließen sich durch die Fesseln, die sie sich dem Herrn zu Liebe freiwillig angelegt hatten, nicht in ihren Klöstern zurückhalten." Indessen berichten die Zeitgenossen selbst, daß sich sehr Viele dabei blos von weltlichen Rücksichten leiten ließen. Manche nahmen, wie jener Schriftsteller hinzusetzt, nur deshalb das Kreuz, um ihre Freunde nicht zu verlassen, Andere, um nicht für feig gehalten zu werden, noch Andere aus gedankenlosem Leichtsinn, oder auch um sich ihren Gläubigern zu entziehen. Der erste Bischof, welcher das Gelübde des Kreuzzuges ablegte, war Ahhemar von Puy, die ersten weltlichen Fürsten Graf Roger II. von Foix und der Graf Raimund von Toulouse und St. Gilles, der reichste und mächtigste Herr in ganz Südfrankreich; Letzterer, bereits 55 Jahre alt und einäugig, ließ sich auf dem Zuge von seiner jungen dritten Gemahlin mit ihrem kleinen Sohne begleiten. Dem gegebenen Beispiele folgten viele andere französische Große. Die angesehensten unter ihnen waren Gottfried von Bouillon,

Herzog von Niederlothringen und als solcher deutscher Reichsfürst, der immer auf der Seite Heinrich's IV. gestanden hatte, mit seinen beiden Brüdern Eustachius und Balduin, ferner der Graf Robert von Flandern, der leichtsinnige Herzog Robert von der Normandie, welcher damals sein Herzogthum an den englischen König Wilhelm II., seinen Bruder, verpfändete, und Graf Hugo von Vermandois, der Bruder des Königs Philipp I. von Frankreich. Der erste von diesen Fürsten, Gottfried von Bouillon, war der Sohn des Grafen Eustach von Boulogne und einer Schwester des Herzogs Gottfried des Buckeligen von Lothringen und nach dem Tode des Letzteren von Heinrich zuerst zum Markgrafen von Antwerpen und dann zum Herzog von Lothringen ernannt worden. Auch zwei angesehene normannische Fürsten in Unteritalien nahmen, sobald der Ruf des heiligen Kriegszuges dorthin gedrungen war, das Kreuz. Diese waren der Fürst Boemund I. von Tarent, Sohn Robert Guiscard's, und des Letzteren Schwestersohn, der Markgraf Tankred von Brundusium. Boemund hatte fast zu derselben Zeit, in welcher er die Nachricht vom Tode seines Vaters erhielt, im Kampfe mit den Griechen seine Flotte und sein Heer verloren und war dadurch zur schnellen Rückkehr nach Unteritalien genöthigt worden. Hier hatte er sich mit dem Fürstenthum Tarent begnügen müssen, während sein jüngerer Bruder, Roger Bursa, nach dem Willen des Vaters Calabrien, Apulien und Salerno erhalten hatte. Sein Vetter Tankred war ein für alle ritterlichen Tugenden begeisterter junger Mann und kann ebenso als das Musterbild eines jugendlichen Ritters jener Zeit angesehen werden, wie Gottfried von Bouillon für das Musterbild eines frommen und weisen christlichen Streiters galt, oder mit anderen Worten, jener wurde zum Achilles, dieser zu einem besseren Agamemnon des ersten Kreuzheeres.

Während die Fürsten und Herren noch mit den Zurüstungen zu ihrem Kreuzzuge beschäftigt waren, eilten einzelne Schaaren des aufgeregten und bethörten Volkes ihnen voraus. Die eine dieser Schaaren führte der tapfere, aber arme Ritter Walter von Pexejo und sein Neffe, den man seiner Dürftigkeit wegen Walter von Habenichts (Gautier Senzaveir) nannte, mit Peter dem Eremiten selbst, eine andere der deutsche Priester Gottschalk aus der Rheingegend in Verbindung mit dem rohen und gewaltthätigen Grafen Emicho von Leiningen. Diese Haufen, welche größtentheils aus dem schlechtesten Gesindel bestanden, wurden durch ihre Ausschweifungen und Frevelthaten zum Spott und Aerger aller Völker, durch deren Länder sie zogen. Am meisten hatten auf ihrem Zuge die Juden zu leiden. Die rohen Haufen fielen schon in den rheinischen Städten in Verbindung mit dem Pöbel über dieses unglückliche Volk her, begingen die ärgsten Frevel gegen dasselbe und tödteten viele Hunderte; einige Bischöfe traten muthig und wohlgesinnt für die Verfolgten ein; dagegen wurde der Erzbischof Ruthart von Mainz beschuldigt, den Ueberfall begünstigt oder gar am Raube Theil genommen zu haben. In Köln trennte sich der Ritter Walter Pexejo von Peter; er gelangte bis über Belgrad hinaus zu den Bulgaren, die jedoch, über die Zügellosigkeit der Pilger erbittert, eine große Anzahl derselben erschlugen; Walther selbst fiel und sein Neffe sammelte von den Uebrigen die tüchtigsten Leute um sich und führte sie nach Constantinopel. Ebendahin gelangte auch Peter, dessen Schaaren schon in Ungarn die Ungunst des Volks erfahren, an der Save jedoch die Stadt Semlin im Sturm erobert und mehrere tausend Einwohner getödtet hatten; bei Nissa dagegen erlitten sie solche Verluste an Menschen und Vorräthen, daß sie im traurigsten Zustand sich mit Walter vereinigten. Kaiser Alexius ließ sie auf ihr dringendes Bitten nach Bithynien übersetzen; hier jedoch wurden sie größtentheils von den Selbschukken vernichtet (1096). Der jüngere Walter starb im Kampf, Peter wartete die Ankunft der fürstlichen Herren ab. Diesen ritterlichen Kreuzheeren, welche später aufgebrochen waren, bereitete der Vorgang jenes Gesindels in den christlichen Ländern, durch welche der Zug ging, natürlich große Hindernisse. Sie wären übrigens mehr als hinreichend gewesen, die Macht der Türken in Kleinasien und Syrien über den Haufen zu werfen, wenn man nur eine bestimmte Ordnung des Zuges verabredet und einen bestimmten Führer des Ganzen erwählt hätte. Es war aber keines von Beidem geschehen.

3. Der erste Kreuzzug.

Das erste der geordneten, von Fürsten angeführten Kreuzheere begann unter Gottfried von Bouillon im August 1096 seinen Zug und langte beim Beginne des Winters vor den Thoren von Constantinopel an. Etwas früher war der französische Prinz Hugo von Vermandois mit einem anderen Heere durch Italien gezogen, hatte von Urban II. die Petrusfahne empfangen und war von da nach Durazzo übergesetzt. Hier war Hugo selbst auf Veranstaltung des griechischen Kaisers, Alexius I., verhaftet und nach Constantinopel gebracht worden. Er hatte nämlich gleich nach seiner Landung dem Commandanten von Durazzo eine trotzige Botschaft sagen lassen und dadurch den Kaiser um so mehr beleidigt, als er zwei angesehene griechische Staatsdiener, welche kurz vorher verbannt worden waren, in seinem Gefolge hatte. Doch genoß Hugo in seiner Gefangenschaft einer freundlichen Pflege, und ward später mit großer Aufmerksamkeit behandelt. Zunächst nach Hugo und Gottfried kamen Boemund und Tankred bei Constantinopel an; die Südfranzosen unter Graf Raimund und Anderen zogen von Aquileja aus über Illyrien und Thessalonich. Boemund und Tankred hatten sich auf ihrem Marsche durch die griechischen Provinzen so feindselig benommen, daß man sich nicht wundern darf, wenn die Ankunft so vieler nordischen Ritter und das Fremdartige ihres Rüstzeuges unter den Griechen die größte Bestürzung verbreitete und wenn diese von ihren Gesinnungen solche Gedanken faßten, wie sie des Kaisers Tochter, Anna Komnena, um den Uebermuth des ganzen Heeres zu bezeichnen, dem französischen Prinzen in den Mund legt. In der von Anna verfaßten Geschichte ihres Vaters nennt sich nämlich Hugo einen König der Könige und einen legitimen Prinzen, wie keiner mehr unter der Sonne sei. Von Boemund fürchteten die Griechen sogar, er gehe mit dem Gedanken eines Angriffes auf ihr eigenes Reich um, wie er sich schon früher an seines Vaters Angriffen gegen dasselbe betheiligt hatte. Ganz natürlich entstand zwischen den Kreuzfahrern und dem griechischen Hof eine Reihe von Mißverständnissen und Zänkereien, welche besonders darin ihren Grund hatten, daß der griechische Kaiser sich als den rechtmäßigen Herrn der Länder ansah, welche die Kreuzfahrer den Ungläubigen entreißen wollten, und daß er daher von den Führern der Kreuzheere einen Lehenseid verlangte, vermittelst dessen er sich sein Eigenthumsrecht über diese Länder zu wahren suchte. Die Fürsten, welche nach und nach insgesammt bei Constantinopel angelangt waren, weigerten sich, einen solchen Eid zu leisten, und es kam sogar zu blutigen Auftritten. Endlich ward Boemund durch Geschenke dazu bewogen und die Anderen verstanden sich, des Wartens müde, nachher auch zur Forderung des Kaisers. Nur Tankred und Raimund verweigerten den Eid; doch fügte sich der Erstere bald nachher auf Bitten Boemund's ebenfalls, und Raimund gab wenigstens das Versprechen, seine Waffen nicht gegen die Griechen zu gebrauchen.

Hierauf wurden die Kreuzheere von den Griechen freundlich nach der asiatischen Küste hinübergebracht (Mai 1097). Ihre gesammte Zahl betrug damals, wenn den Angaben von Mönchen, welche über Kriegsangelegenheiten berichten, zu trauen ist, mit Inbegriff der Weiber, Kinder und Geistlichen 600,000 Menschen, eine Zahl, die für den eigentlichen Zweck des Zuges wohl hinderlich, nie aber förderlich sein konnte. Dies zeigte sich gleich anfangs bei der Belagerung von Nicäa, der früheren Residenz des Seldschukken-Sultans Kilidsch Arslan I., welcher nunmehr in Iconium wohnte und an welchem man zunächst den Tod der unter Peter dem Eremiten und Walter von Habenichts vorausgegangenen Landsleute zu rächen hatte. Peter selbst und der geringe Ueberreſt ſeiner Schaar vereinigten ſich bei dieſer Stadt mit dem ritterlichen Kreuzheere. Die Kreuzfahrer hielten Nicäa ſechs Wochen lang eingeſchloſſen, ohne die Zufuhr über den Ascania-See, an welchem Nicäa (jetzt Jsnil) liegt und welcher durch einen Abfluß mit dem Marmara-Meer verbunden iſt, verhindern zu können. Als endlich die Stadt nach einer Belagerung von ſieben Wochen und drei Tagen aufs Aeußerſte gebracht zu ſein ſchien, erhielt Alexius, der ſchon ſeit geraumer Zeit mit dem Sultan in enger Verbindung geſtanden hatte, für Geld die Uebergabe der Burg von der türkiſchen Beſatzung (Juni 1097); die letztere pflanzte zur Ueberraſchung und zum großen Verdruſſe der Belagerer die Fahne des oſtrömiſchen Reiches auf und machte ſo jeden weiteren Angriff unmöglich. Um im ſicheren Beſitze des Kaufes zu bleiben und nicht die Rache der erbitterten Kreuzfahrer auf ſich zu ziehen, beſchenkte Alexius die mächtigſten Führer derſelben zum Verdruß des eigentlichen Heeres; die Beſchenkten ſelbſt kümmerte es wenig, daß auf dieſe Weiſe ihre Brüder auf den geringen Antheil, den ihnen Alexius zukommen ließ, beſchränkt blieben. Uebrigens berichten die Chroniſchſchreiber des Abendlandes zwar über die Belagerung von Nicäa ebenſo, wie über alle Unterhandlungen mit den Griechen, zum großen Nachtheile der letzteren; wenn man aber erfährt, auf welche Weiſe die Lateiner ſich in Freundes und Feindes Land betrugen, ſo wird man den Kaiſer Alexius leicht entſchuldigen, zumal da er damals in ſeinem ganz ausgeſogenen Reiche zu den härteſten Mitteln greifen mußte, um die vermehrten Ausgaben zu decken. Doch muß man auf der anderen Seite auch eingeſtehen, daß der griechiſche Staat durch den Zug der Abendländer neue Feſtigkeit gewann, indem alle Eroberungen derſelben diesſeits des Taurus ſogleich vom Kaiſer beſetzt wurden.

Gegen Ende Juni brachen die Kreuzfahrer wieder von Nicäa auf. Sie hatten auf ihrem weiteren Marſche in dem alten Phrygien bis nach Cilicien hin durch Mangel an Lebensmitteln, durch die glühende Hitze der Sonne und durch die Unzuverläſſigkeit der Wegweiſer in einem ganz fremden Lande ſo ſehr zu leiden, daß viele Tauſende ſtarben. Für die Kriegführung ſelbſt kam ihnen der tiefe Gegenſatz, der zwiſchen den Fatimiden in Aegypten und dem abbaſidiſchen Khalifen in Bagdad nebſt ſeinem Emir al Omra Barkiarok, dem Sohne Malekſchah's, beſtand, ſehr zu Statten. Letzterer hatte ohnedies nicht das Anſehen ſeines Vaters, und ſo nahmen die Beherrſcher der kleineren Gebiete im Taurus und in Armenien zum Theil eine zuwartende Haltung an. Gleichwohl drohte die erſte Feldſchlacht, welche die Kreuzfahrer gegen die Truppen Kilidſch Arslan's und ſeiner Verbündeten bei Doryläum zu beſtehen hatten (Juli 1097), den Chriſten sehr gefahrvoll zu werden; die Normannen waren bereits im entschiedenen Nachtheil, als Gottfried und Bischof Ahhemar heranrückten, welche durch Tapferkeit und kluge Führung einen vollständigen Sieg herbeiführten. Dagegen zeigte sich schon in Cilicien die unter den Anführern bestehende Verschiedenheit der Absichten und Gesinnungen recht deutlich. Tankred und Gottfried's Bruder, Balduin, welche an der Spitze des Vorderheeres standen, wollten Beide den Besitz der reichsten Stadt dieses Landes, Tarsus, mit Gewalt an sich reißen und geriethen darüber in einen heftigen Zwist. Gleich nachher verließ Balduin sogar das Heer der Gläubigen ganz, um für sich allein auf Eroberungen auszugehen. Er unterwarf sich einen Strich Landes am Euphrat, ward in der sehr bedeutenden christlichen Stadt Edessa, welche von den Türken bedrängt war, als Bundesgenosse aufgenommen und, nachdem die Einwohner ihr seitheriges Oberhaupt in einem Aufruhr erschlagen hatten, zum Fürsten ausgerufen (1098). Viele Städte der Umgegend huldigten ihm gleich darauf und er gelangte auf diese Weise zum Besitz einer bedeutenden Grafschaft. Diese bildete freilich gewissermaaßen eine Vormauer der Christen im Nordosten von Syrien und war später, in Verbindung mit dem armenischen Staat und mit dem nachherigen Fürstenthum Antiochia, dem Reiche, welches die Kreuzfahrer in Palästina gründeten, zuweilen von Nutzen.*) Unmittelbar jedoch schadete Balduin's Entfernung der eigentlichen Hauptunternehmung, sowohl weil er sich selbst und viele andere tapfere Ritter der allgemeinen Sache entzog, als auch weil jetzt Boemund, dem durch Balduin gegebenen Beispiele gemäß, seiner Habgier und Herrschsucht ohne Scheu die Zügel schießen lassen konnte.

Diese Eigenschaften Boemund's zeigten sich besonders bei und nach der Belagerung der syrischen Stadt Antiochia am Orontes oder Asy, wobei er und die Seinigen ihr Gelübde gänzlich vergaßen und durch ihre Entfernung das zusammengeschmolzene Heer der Kreuzfahrer gewissermaaßen zwangen, den ferneren Zug, also den eigentlichen Zweck der ganzen Unternehmung aufzuschieben. Diese Belagerung von Antiochia, welche neun Monate dauerte, ist übrigens höchst merkwürdig. Man erstaunt dabei weniger über die außerordentlichen Schwierigkeiten, welche die Stadt den Pilgern in den Weg legte, als über die Ausdauer der christlichen Streiter, da diese, weit von ihrer Heimath entfernt, keine Erwerbsmittel hatten und die Zeitumstände, sowie der geringe Vorrath des baaren Geldes in Europa es ihnen unmöglich machten, Geld von Hause zu beziehen, an Sold aber damals nicht zu

---

*) Später setzte Balduin ganz nach abendländischer Weise seinen Vetter Jocelyn de Courtenay als Lehensfürsten über einen Theil seiner Grafschaft.

denken war. Der seldschukische Beherrscher von Antiochia, Baghi Sedschan, hatte die christlichen Einwohner vertrieben, jedoch die Frauen und Kinder sammt dem Patriarchen als Geiseln zurückbehalten. Zu den Schwierigkeiten der Belagerung kamen im Winter noch Hunger und Krankheiten, welche im Heere der Kreuzfahrer Tausende hinrafften. Sehr viele entzogen sich den Entbehrungen und Leiden durch die Flucht und suchten theils in die Seestädte, theils nach Edessa zu entkommen; unter diesen war auch der elende Peter von Amiens, der jedoch nebst einigen Anderen von Tankred wieder eingeholt und ins Lager zurückgebracht wurde. Endlich erkaufte Boemund, nachdem ihm von den anderen Führern die Stadt im Voraus als Eigenthum zugesichert worden war, die Uebergabe von einem vornehmen syrischen Renegaten, Phyrrhus oder Firuz, welchem Baghi Sedschan einen Thurm der Mauer anvertraut hatte (Juni 1098). Die Einnahme von Antiochia war für die Kreuzfahrer der Uebergang zu neuen Trübsalen. Sie fanden nur äußerst wenige Vorräthe in der Stadt und schon drei Tage nach der Eroberung zeigten sich die Vorposten eines großen feindlichen Heeres, welches gegen Antiochia heranzog. Der seldschukische Sultan Barkiarok hatte nämlich schon früher dem Beherrscher von Mosul, Kerboga, befohlen, mit seiner ganzen Macht zum Entsatze der Stadt herbeizueilen; dieser hatte sich aber zum Glück für die Kreuzfahrer unterwegs durch einen vergeblichen Angriff auf Edessa aufhalten lassen. Als er endlich bei Antiochia ankam und die Stadt einschloß, geriethen die Christen in Noth und Verzweiflung. Tausende erlagen dem Mangel und der ausbrechenden Seuche, während viele Andere sich der Gefahr des Unterganges durch die Flucht entzogen. Einer der angesehensten französischen Fürsten, Stephan von Blois, durch seinen Reichthum berühmt (er besaß, wie man sich erzählte, so viel Burgen als Tage im Jahre sind) fand Mittel, zu Schiffe nach Kleinasien zu gelangen; er scheint sogar durch seine Schilderungen der hoffnungslosen Lage ein griechisches Hülfsheer vom Weiterzuge nach Antiochia zurückgehalten zu haben. Von diesem Ausbleiben der Griechen nahmen später einige Fürsten Veranlassung, die Zusage des Lehenseides an Kaiser Alexius und sein Reich für ungültig zu erklären. Kerboga's Truppen bildeten übrigens zwar eine ungeheure Zahl, er selbst verließ sich aber, wie es scheint, sehr wenig auf die Angriffswaffen seiner uneinigen Schaaren und ihrer Führer. Dagegen wäre es ihm wahrscheinlich gelungen, das umlagerte Heer der Christen auszuhungern, wenn nicht ein glücklicher Einfall des provençalischen Mönchs Peter Bartholomäus dieses gerettet hätte. Peter zeigte eines Tages dem Grafen Raimund an, der Apostel Andreas sei ihm erschienen und habe ihm gesagt, daß in einer Kirche der Stadt die Lanze vergraben wäre, mit welcher einst Christus am Kreuze durchbohrt worden sei. Man fand die heilige Lanze an dem bezeichneten Orte, diese ward als ein Unterpfand der göttlichen Hülfe angesehen und die bereits fast ausgehungerten Kreuzfahrer wurden dadurch zu neuem Muth entflammt. Sie machten, 26 Tage nach der Eroberung von Antiochia, gewissermaaßen unter dem Schutze der heiligen Lanze, welche Raimund's Kapellan mit in den Kampf trug, einen verzweifelten Ausfall auf das Heer der Feinde. Diese stritten ohne Ordnung und Einigkeit, die Christen dagegen mit Verzweiflung und heiliger Begeisterung; die letzteren waren überdies dem Feinde gerade dadurch überlegen, daß sie fast gar keine Pferde mehr hatten und deshalb zu Fuße kämpfen mußten; denn in einem solchen Kampfe und auf einem ungünstigen Boden war die türkische Reiterei gegen schweres Fußvolk ganz unbrauchbar. Unter diesen Umständen konnte der Sieg nicht lange zweifelhaft sein. Die Christen trieben die ungeordneten Haufen der Feinde in die Flucht, tödteten eine unzählige Menge derselben und bemächtigten sich des türkischen Lagers, in welchem sie viele Kostbarkeiten und, was das Wichtigste war, einen großen Vorrath von Lebensmitteln, sowie viele Pferde und Schlachtthiere fanden. Ungeachtet des anscheinend wunderbaren Erfolges erhoben sich doch in dem frommen Heere so bedenkliche Zweifel gegen die Echtheit der Lanze, daß der Mönch Peter Bartholomäus dieselbe, wie erzählt wird, vermittelst einer sehr gefährlichen Feuerprobe, nämlich des Durchschreitens zwischen zwei brennenden Scheiterhaufen, zu erweisen genöthigt wurde; er bestand sein Wagestück, starb aber kurz nachher an den Folgen. Nach dem glänzenden Siege von Antiochia, der dem Normannen Boemund den Besitz der Stadt sicherte, stockte der Zug aus vielen Ursachen, hauptsächlich aber deshalb, weil der fatimidische Khalif Mostali oder vielmehr sein allmächtiger Minister Afdal, welcher seit Kurzem Jerusalem den Seldschulken entrissen hatte, den Kreuzfahrern alles Friedliche und Freundliche anbieten ließ und weil also jetzt der eigentlich nur gegen die Seldschulken unternommene Krieg keinen Zweck mehr hatte. Eine Gesandtschaft, welche Afdal an die Fürsten des Kreuzheeres schickte, erklärte die Seldschulken für gemeinschaftliche Feinde und bot nicht nur ein Bündniß gegen sie an, sondern Afdal wollte auch das Pilgern und die Feier des christlichen Gottesdienstes in der Stadt Jerusalem erlauben. Von Seiten der Kreuzfahrer ward zu den weiteren Unterhandlungen und zur Abschließung des Bündnisses eine Gesandtschaft nach Aegypten abgeordnet. Außer dem dadurch veranlaßten Aufenthalte wirkte auch der Tod des trefflichen Bischofs Abhemar von Puy, der bisher zugleich als päpstlicher Legat und als Krieger den Zug begleitet hatte, hemmend auf den eigentlichen Zweck der Unternehmung ein. Abhemar hatte sich, wie die allgemeine Theilnahme bei seinem Tode zeigte, die Liebe und Achtung Aller erworben und er war es besonders gewesen, der unter schwierigen Umständen den heiligen Eifer erhalten hatte.

Erst sehr lange nach der Zurücktreibung Kerboga's traten die Kreuzfahrer den weiteren Zug nach Jerusalem an. Ja, sie würden selbst dann noch nicht aufgebrochen sein, hätte nicht das Volk unter heftigen Drohungen die Weiterführung verlangt und nicht Gottfried, Tankred und die beiden Robert das heilige Grab durchaus den Ungläubigen entreißen und Raimund sich durch Eroberungen in Asien für die Kosten des Zuges entschädigen wollen. Die Unterhandlung mit den Aegyptern zerschlug sich ganz, weil man die völlige Abtretung Palästinas verlangte, in welche Afdal natürlich nicht einwilligen konnte. Warum übrigens der aegyptische Regent erst dann Rüstungen gegen die Kreuzfahrer machte, als diese nach ihrem Abzuge von Antiochia die den Fatimiden unterworfenen Küstenstädte erobert hatten, läßt sich wohl nur aus der damaligen Lage der Dinge in Aegypten und aus Afdal's Verhältniß zu seinem Herrn und dessen Beamten erklären. Die Kreuzfahrer zogen über Laodicea, Tripolis, Sidon, Tyrus, Akka*) und Cäsarea, dann über Ramlah und Emaus; hier erblickten sie endlich am Morgen des 7. Juni (1099) von einer Anhöhe die heilige Stadt; unter Thränen fielen sämmtliche Kriegsleute auf die Kniee und stimmten Lobgesänge an. Die Eroberung von Jerusalem ist, obgleich die Kreuzfahrer dabei nicht mit der Hauptmacht der Aegypter zu kämpfen hatten, die einzige eigentlich bewunderungswürdige Kriegsthat auf dem ganzen ersten Kreuzzug, sowohl wegen der verhältnißmäßig kurzen Zeit, in der sie zu Stande gebracht wurde, als auch weil die äußeren Umstände den Christen ungünstig waren. Schon gleich anfangs, als sie der heiligen Stadt kaum ansichtig geworden waren, stürmten sie mit rasender Wuth gegen die hohe Mauer, und obgleich Jerusalem durch Natur und Kunst stark befestigt war, so wären sie doch schon damals in die Stadt eingedrungen, wenn sie nur Leitern gehabt hätten. Dies muß um so mehr Staunen erregen, da die Besatzungstruppen und die fanatisch erbitterten Bürger, welche Jerusalem vertheidigten, nicht weniger als 60,000 Mann ausmachten, das Heer der Kreuzfahrer aber bis auf 40,000 Mann zusammengeschmolzen und auch von diesen mehr als die Hälfte zum Kampfe untüchtig war. Als endlich eine förmliche Belagerung begonnen wurde,

---

*) Akka oder Akon, an einer Bucht im Norden des Karmel; statt des biblischen Namens kam seit Ptolemäus I. der Name Ptolemaïs auf; das jetzige Saint Jean d'Acre, im Mittelhochdeutschen meist Akers genannt.

fehlte es den Christen an Holz und an Baumeistern, um Kriegsmaschinen zu bauen, während die Mohammedaner mit beiden wohl versehen waren. Die Ersteren hatten ferner durch den Mangel an Wasser viel zu leiden und mußten jeden Tag befürchten, daß Afdal mit einem bedeutenden Heere der Stadt Entsatz bringen werde. Durst, Hitze und Kriegsbeschwerden ertrugen die Gläubigen gern als eine Art von Buße, dem Holzmangel half bald die zufällige Entdeckung eines kleinen Haines ab, und kurz darauf kamen von Joppe her, wo einige pisanische und genuesische Schiffe mit Lebensmitteln gelandet waren, auch tüchtige Maschinisten und Werkmeister mit Zimmergeräthe zum christlichen Heere. Zwei aegyptische Boten, welche aufgefangen wurden, spornten sogar durch die von ihnen erpreßte Nachricht, daß in 14 Tagen Afdal mit einem großen Heere erscheinen werde, zur äußersten Anstrengung an. Das gesammte Heer unternahm barfuß noch eine feierliche Bitt- und Bußfahrt nach dem Oelberg, und sodann beschloß man zu einer Zeit, wo nach gemeiner Klugheit die Erstürmung der Stadt durchaus unmöglich war, einen neuen allgemeinen Sturm. Zwei Tage hinter einander kämpften die Christen mit ihren wüthenden Gegnern. Endlich stiegen zuerst zwei Brüder aus Flandern und dann Gottfried von Bouillon, sein Bruder Eustach und die beiden Robert über die Fallbrücke eines Belagerungsthurmes auf die Mauer. Sie öffneten ein Thor und in der dritten Nachmittagsstunde des 15. Juli 1099, fünf Wochen nach Beginn der Belagerung, drangen die Christen in die eroberte Stadt ein. Die Feinde zogen sich, nachdem sie in den Straßen noch lange verzweifelt gekämpft hatten, in die mit Mauern umgebene Moschee Omar's zurück, welche auf der Stätte des Salomonischen Tempels errichtet war. Tankred eroberte auch dieses Bollwerk, und damit war die Einnahme der Stadt beendigt.

Entsetzlich waren die Gräuelthaten, welche die durch Fanatismus, durch Entbehrungen aller Art und durch einen langen Kampf auf Leben und Tod erhitzten Kreuzfahrer in der eroberten Stadt verübten. Die ganze Nacht hindurch wurden die Moslemen gewürgt, über die Treppenstufen der Moschee Omar's rieselte das Blut; viele Juden fanden in der Synagoge, wohin sie sich geflüchtet hatten, durch die Flammen ihren Untergang. Man metzelte alle Ungläubigen, die man fand, ohne Gnade nieder oder marterte sie auf qualvolle Weise zu Tode, und schonte nicht einmal der Säuglinge. Wie die Wuth und die Leidenschaft im Morden, Rauben und Entehren grenzenlos gewesen war, so war gleich nachher Andacht und Bußfertigkeit der rohen Krieger übermäßig und eher indischer Büßer, als christlicher Ritter würdig. Das war aber Charakter des Mittelalters; es machte allein die Ritterzeit poetisch. Die Streiter badeten, sie reinigten sich von Blut, sie zogen als Büßende in Procession barfuß und mit entblößtem Haupte in die Auferstehungskirche, um Gott zu danken und Buße zu geloben. Am dritten Tage ergab sich die Besatzung der Burg und erhielt freien Abzug. Dies verdroß das Kreuzheer und die Fürsten konnten dasselbe nur dadurch beschwichtigen, daß sie alle noch am Leben erhaltenen Ungläubigen seiner Mordlust preisgaben. Das himmelschreiende Verfahren der Kreuzfahrer in Jerusalem erfüllte die ganze mohammedanische Welt des Ostens mit Wuth und weckte begeisterte Prediger und Sänger, welche die damals unter den Gläubigen herrschende Schlaffheit verfluchten und die besseren Söhne des Islam zum Eifer für den heiligen Glauben aufforderten. Diese Predigten und Gesänge verhallten zwar in der nächsten Zeit fruchtlos, weil Barkiarok mit seinen Brüdern im Kampfe war und weil die seldschullischen Gebieter der syrischen Städte nicht gewohnt waren, Liedern und Predigten ihr Ohr zuzuneigen; allein sie äußerten späterhin ihre Wirkung, und der ewige Krieg der Rache, zu dem die Gläubigen aufgereizt wurden, mußte den Christen nothwendiger Weise verderblich werden, da sie ihren Feinden an Zahl weit nachstanden.

4. Das Königreich Jerusalem in der ersten Zeit.

Sobald die Kreuzfahrer im Besitze der Stadt Jerusalem waren, erklärten sie ihren Entschluß, sich im Lande zu behaupten, dadurch, daß sie einen förmlichen Staat gründeten und, nachdem man vorher an Raimund und Andere gedacht hatte, endlich den Frömmsten und Würdigsten ihrer Herzoge, Gottfried von Bouillon, zum König desselben ernannten. Gottfried nahm wohl die Herrschaft, nicht aber den Königstitel an; er nannte sich „Beschützer des heiligen Grabes". Die Worte, die er dabei gesprochen haben soll: er wolle nicht eine Königskrone tragen an der Stätte, wo der Heiland der Welt eine Dornenkrone trug, bezeichnen in idealer Weise die schwungvolle Sinnesart, mit welcher der Kreuzzug vom Volk im Großen und von den Besten der Zeit aufgefaßt wurde. Der neue Herrscher hatte übrigens von seinem kleinen Reiche kaum Besitz genommen, als die Nachricht kam, daß Afdal mit einem ungeheuren, aus Negern, Beduinen und schlaffen Aegyptern bestehenden Heere im Anzuge sei. Man darf sich nicht wundern, daß der Kern der europäischen Ritterschaft diese Feinde trotz ihrer Menge verachtete. Die Christen hatten ja erst ganz neulich durch glorreiche Siege, durch Begeisterung und Glaubensschwärmerei neue Stärke gewonnen und Afdal selbst setzte schwerlich großes Vertrauen auf das von ihm geführte Heer, da sein Vater Bedr einst mit einer kleinen Zahl syrischer Truppen, d. h. mit Seldschulken und Kurden, dieselben unzähligen Schaaren geschlagen hatte. Bei Askalon kam es im August 1099 zu einer Schlacht, welche von den Christen ohne sehr große Anstrengung gewonnen ward. Die ansehnliche Beute verschaffte dem erschöpften Jerusalem die nöthigen Lebensmittel, den Rittern Pferde, an denen sie großen Mangel gelitten hatten, dem Landbau das fehlende Zugvieh, sowie durch die übertriebenen Nachrichten von der Menge der eroberten Schätze dem Kreuzheere neuen Zuwachs aus Europa. Schon ehe übrigens diese Nachrichten nach Europa kamen, hatten die Pisaner aus Neid gegen die Genueser einen Zug ausgerüstet, und mit ihrer Flotte langte auch der Bischof Daimbert oder Dagobert von Pisa an, der vom Papste Paschalis II. an Abhemar's Stelle gewählt worden war und nachher als Patriarch von Jerusalem viel Unfrieden und Unheil stiftete.

Gottfried starb schon ein Jahr nach seiner Erwählung (1100). Er hatte in seinem neuen Reiche die Gebräuche und Sitten der Gegenden, aus denen er herkam, als feste Gesetze eingeführt, ohne sie jedoch, wie man gemeiniglich behauptete, selbst niederschreiben zu lassen, und es entwickelte sich nachher in Palästina sehr schnell ein consequent durchgeführtes Feudal- oder Lehenssystem. Um dieses richtig aufzufassen, darf man den Unterschied zwischen dem Ritterthum und einem auf Krieg und Kampf beruhenden Feudalwesen nicht übersehen; jenes ging in Palästina unter, dieses dagegen blühte dort recht eigentlich auf. Das echte Ritterthum beruhte auf dem Haß jeder Feigheit, auf Treue und Wahrheit, auf Religion und Uneigennützigkeit, auf dem Abscheu vor niedriger Wollust und auf der Vertheidigung wahrer Liebe. Von diesen Tugenden konnten einige im Klima und bei den Sitten des Orients unmöglich ausdauern; dagegen war die Tapferkeit anfangs unerläßlich und die Religion blieb ein Wort der Vereinigung gegen die Streiter des Islam. Eine Grundlage von ganz anderer Art hatte das Feudalwesen. Es beruhte auf dem jener Zeit eigenthümlichen Staatsverhältniß, nach welchem der Wehrlose, Ungerüstete und Ungeübte gar nichts war, alle anderen Bürger des Staates aber sich gewissen, unter einander verschiedenen Bedingungen, welche an den Besitz bestimmter Güter geknüpft waren, unterwerfen mußten und auf diese Weise die Glieder einer zusammenhängenden Kette bildeten. Der Mächtigste unter den Güterbesitzern war das Ende und Haupt der ganzen Kette. Dem Grundsatze nach hätte dies jedes Mal der König sein sollen; dieser war es in Europa nicht immer, wohl aber in Palästina, weil er hier stets zugleich auch der Anführer im Kriege war.

Nach Gottfried's Tode wußte eine mächtige Partei im Reiche, alles Widerspruches ungeachtet, es durchzusetzen, daß sein Bruder Balduin, der in Edessa herrschte, zum König erwählt wurde. Dieser nahm die Königswürde an, obgleich seine Besitzungen am Euphrat und Tigris bedeutender waren, als das kleine Jerusalem, auf dessen Hauptstadt sammt einem Stadtviertel von Joppe noch überdies bald nachher der Patriarch Daimbert Anspruch machte. Das Fürstenthum Edessa trat der neue König, Balduin I., an seinen nächsten Verwandten, Balduin von Bourges, ab; er selbst wurde zu Bethlehem gesalbt und gekrönt und übernahm hierauf die Regierung. Balduin I. war schon längst in löblicher Feindschaft mit einem der nachherigen vier Hauptbarone Jerusalem's, Tankred. Dieser konnte, als Balduin König wurde, nicht im Lande bleiben, da er als unversöhnlicher Feind desselben ihm die Lehenstreue nicht versprechen konnte. Er benutzte daher den Umstand, daß Boemund von Antiochia in die Gefangenschaft eines türkischen Emirs gerathen war, um sich unter einem schicklichen Vorwande zu entfernen. Er begab sich als Verweser von Boemund's Fürstenthum nach Antiochia, nachdem er vorher mit Balduin unterhandelt und ihm seine Lehen unter der Bedingung abgetreten hatte, daß dieselben, wenn er binnen 15 Monaten zurückkehre, ihm wiedergegeben werden, im anderen Falle aber dem Könige verbleiben sollen. Mit einem anderen Feinde, dem Patriarchen Daimbert, ward Balduin, der in seiner Jugend selbst dem geistlichen Stande angehört hatte, bald nachher leicht fertig. Er forderte seine Kampfgenossen zur Plünderung der Reichthümer auf, die der habsüchtige italienische Prälat aufgehäuft hatte, und vertrieb ihn dann aus Jerusalem. Daimbert begab sich zu seinem Freunde Tankred, Balduin aber zog aus den Schätzen desselben die Mittel, einen neuen Angriff der Aegypter abzuwehren.

Der Bericht über diesen ersten Krieg Balduin's mit den Aegyptern gleicht mehr einer Dichtung von Arthur's Tafelrunde oder von den Paladinen der Ritterromane, als einer historischen Erzählung; und doch ist es gewiß, daß Balduin mit nur etwa 1000 Mann den 30,000 Streitern Afdal's entgegen ging und siegreich zurückkehrte. Gleich nachher rief der Tod des Khalifen Mostali einen Thronstreit in Aegypten hervor. Diese Lage der Dinge und der kurz zuvor erfochtene glänzende Sieg erweckten in Balduin's Seele den Gedanken, sein Reich auf Kosten der Aegypter zu erweitern. Er hoffte dabei einen großen Zuwachs an Streitkräften zu erhalten, weil jene Kreuzfahrer, die sich einst durch ihre Flucht aus dem umlagerten Antiochia beschimpft hatten, damals mit einer ungemein großen Zahl von neuen europäischen Pilgern in Kleinasien eingedrungen waren. In einem und demselben Jahre nämlich waren drei neue Kreuzheere nach dem Orient gezogen (1101), mit der Absicht, den Krieg weiter nach Osten, vielleicht bis zum Sitze des Khalifen zu tragen. Das eine, bei welchem der Erzbischof von Mailand, der Marschall des Kaisers Heinrich IV., der

Graf von Burgund, der Graf von Blois und der Bischof von Laon die Hauptpersonen waren, rückte unter der Führung des alten Raimund von Toulouse, der sich damals zufällig in Constantinopel befand, in Kleinasien ein, erlitt aber bald eine Niederlage durch die Türken und ging großentheils auf schmähliche Weise unter. Der zweite Zug unter dem Grafen Wilhelm von Nevers hatte ein ähnliches Schicksal; denn von den 15,000 Pilgern, aus welchen Wilhelm's Heer bestand, erreichten nur 700 auf dem Rückzug aus dem Inneren von Kleinasien die Stadt Antiochia. Das dritte Heer erlag am spätesten dem Schwerte der Türken. Es bestand aus Franzosen und Deutschen; die Hauptführer derselben waren Hugo von Vermandois, der auf dem ersten Kreuzzuge bekanntlich nur bis Constantinopel gelangt war, Hugo von Lusignan, der Baiern-Herzog Welf I., der Erzbischof von Salzburg und der als Troubadour berühmte Wilhelm IX., Herzog von Aquitanien und Graf von Poitou; auch eine fürstliche Frau, die Markgräfin Ida von Oestreich, hatte sich dem Zuge angeschlossen. Dieses Heer erlitt in Kleinasien das Loos seiner Vorgänger; denn die vielen Tausende, aus denen es bestand, kamen fast alle entweder auf jammervolle Weise um oder geriethen in türkische Gefangenschaft. Ida verschwand und wurde nie mehr gesehen; Welf I. entkam durch Flucht, gelangte nach Jerusalem, starb aber während seiner Heimreise auf der Insel Cypern; Hugo von Vermandois und Hugo von Lusignan retteten sich nach Tarsus, wo der Erstere an seinen Wunden starb; der Erzbischof von Salzburg erlitt einen martervollen Tod, und Wilhelm von Poitou erreichte mit nur sechs Begleitern ein Schloß Tankred's. Alle diese ungeheuren Heerzüge dienten also nur dazu, die Türken durch Beute zu bereichern, und brachten keine Hülfe nach Palästina, wohin blos unbedeutende Reste derselben gelangten. Während auf solche Weise Balduin's Hoffnungen zerrannen, setzte Afdal aufs neue in Aegypten sich fest; der seldschukische Sultan Mohammed aber, Stiefbruder Barkiarok's und Nachfolger desselben seit 1104, hatte von Bagdad aus dem Emir Maudud von Mosul die Oberleitung des Krieges gegen die Christen übertragen und dieser mußte eine Zeit lang die kleinen Fürsten von Syrien und Armenien zu einem festeren Bund als bisher zu vereinigen. Gleichwohl beschloß Balduin, bei Tiberias mit einem kleinen Heer einen Angriff auf die verbündeten Gegner zu machen (1113). Die Folge davon war eine schreckliche Niederlage. Doch hob das Zuströmen neuer ritterlicher Pilger, die Unterstützung der italienischen Handelsstaaten und die strenge Consequenz, mit welcher das Lehenssystem in Palästina aufrecht erhalten wurde, die niedergeworfene Macht des Königreichs Jerusalem bald wieder empor, und die Regierung Balduin's war ungeachtet jenes harten Schlages eine der kräftigsten der ganzen damaligen Zeit.

Die unzähligen Kriege, welche Balduin nachher bis zu seinem Tode beschäftigten, wurden theils mit den Aegyptern, theils mit dem Sultan Mohammed und mit anderen vom Euphrat und Tigris her drohenden mohammedanischen Fürsten geführt, und endeten meistens, ohne daß auf einer von beiden Seiten etwas Bedeutendes wäre gewonnen oder verloren worden. Den einzigen Gewinn davon hatten die italienischen Seestaaten, welche dem Könige von Jerusalem zum Besitze der Seeküste verhalfen; denn sie bereicherten sich durch den ganz frei gegebenen Handel mit den Waaren des Ostens, während zugleich die gutbezahlten Ueberfahrten der Pilger ihre Flotten vermehrten und der Wohlstand aller ihrer Bürger durch Gewerbe zunahm. Für die Blüthe dieser Seestädte hatte die Eroberung Palästinas eine sehr große Bedeutung und der Transport der Pilger war für sie ebenso wichtig, wie in unseren Tagen die Ueberfahrt der europäischen Auswanderer für belgische und deutsche Seestädte ist. Am Ende seiner Regierung hätte Balduin in einem neuen Kriege mit Aegypten vielleicht sehr wichtige Vortheile erkämpft, wenn er nicht plötzlich erkrankt und gestorben wäre (1118); denn er war schon bis nach der Grenzstadt El Arisch vorgedrungen. Er empfahl den ihn begleitenden Vasallen des Reiches seinen zu Edessa herrschenden Vetter, Balduin von Bourges, zum Nachfolger, und da des Königs Bruder, Eustachius, nach Europa zurückgekehrt war, so trugen jene kein Bedenken, den Vorgeschlagenen, dessen Tapferkeit bekannt war, als ihren König anzuerkennen. Balduin's I. Gebeine wurden auf dem Calvarienberg neben seinem Bruder Gottfried von Bouillon begraben.

Die Regierung Balduin's II. (1118—1131) war die thätigste und rühmlichste, von welcher Seite her man auch die Verhältnisse des kleinen Reiches betrachten mag. Mit den syrischen Herren wurden zwar anfangs unglückliche Kriege geführt, und sowohl der tapfere Joscelin, einer der bedeutendsten Großen von Jerusalem, welchem Balduin das Fürstenthum Edessa gegeben hatte, als auch der König selbst geriethen in die Gefangenschaft Balak's, eines Fürsten aus dem Geschlechte der Ortokken oder Nachkommen Ortok's; ja, sogar die Stadt Aleppo ward von diesem genommen (1123). Kaum war aber Joscelin durch einen glücklichen Zufall wieder frei geworden, als er, durch Erfahrung gewitzigt, den Krieg auf die rechte Weise zu führen begann, und der gleich nachher erfolgte Tod Balak's, sowie die Auslösung des Königs änderten die Scene völlig. Noch ehe Balduin seine Freiheit wieder erhalten hatte, war der Doge von Venedig mit einer beträchtlichen Flotte angekommen und hatte eine Verbindung mit den

Baronen des Reiches geschlossen, durch welche die Venetianer bedeutende Vorrechte in Palästina erhielten und sich zu einem gemeinschaftlichen Kriegszuge gegen die Aegypter verpflichteten. Die Eroberung von Thrus (1124) war die nächste Folge dieser Verbindung. Da Aegypten seit Afdal's Tode (1121) fast beständig durch innere Unruhen verwirrt ward, so würde man damals vielleicht die ganze Küste den Fatimiden entrissen haben, wenn sich nicht an der Ostgrenze des christlichen Reiches zwei furchtbare Feinde, der türkische Atabeg Emadeddin Zenghi und der Staat der Assassinen, erhoben hätten. Zenghi war ein Sohn des tapferen Aksonkor, der im Kampfe zwischen Barkiarok und Tutusch das Leben verloren hatte. Er war durch den Seldschukken Sultan Mahmud II. zuerst zum Statthalter von Wasset und Jrak ernannt und dann (1127) mit Mosul, Mesopotamien und Syrien belehnt worden, und bildete sich nach und nach eine für die Christen sehr gefährliche Macht. Die Entstehung des sonderbaren Staates der Assassinen bedarf einer ausführlichen Erläuterung.

5. Die Assassinen.

Die Assassinen waren eine der sogenannten ismaelitischen Secten, welche von Turkestan an bis auf das Pyrenäen-Gebirge verbreitet waren und ihren Namen von ihrem angeblichen Stifter, Jsmael, dem siebenten Nachkommen Ali's, erhalten hatten. Das System der Jsmaeliten ist aus dem Einflusse indisch-persischer Lehren auf den Jslam hervorgegangen und beruhte auf dem Gedanken, daß das Jmamat oder der Geist Gottes in der Familie des Stifters der ismaelitischen Secten vererbt werde und durch Wanderung von einem Leibe zum anderen übergehe. Dieser Gedanke ward beim Beginne der Abbasidenherrschaft dahin ausgebildet, daß nur die sieben ersten Jmame bis auf Jsmael den Zeitgenossen öffentlich erschienen seien, daß die folgenden dagegen im Verborgenen bleiben und nur durch Glaubensboten wirken sollten, bis der von Gott dazu beseelte, der Mahdi, wieder hervortreten werde. Dem System liegt eine allegorisch-mystische Lehre zum Grunde, nach welcher der Koran gedeutet wird und die nach dem Zeugnisse eines Kenners zu einer Auflösung der Religion in Philosophie, zur unbegrenzten Freiheit im Denken und Urtheilen und bei dem einen Theile der ismaelitischen Secten zu einer unbegreiflichen Frechheit der Sitten, bei dem anderen zu einer ebenso unbegreiflichen Weltentsagung führt. Alle ismaelitischen Secten hatten ihre Geheimlehren, ihre Weihen und Grade, ihre geheimen Orgien und Missionäre, welche Proselyten machten und mehrentheils auch für politische Zwecke arbeiteten. Die Laien nannte man Resiks, die Eingeweihten Jebars, die Lehrer und Missionäre Dai's. Zu den ismaeli-

tischen Secten gehörten die bereits früher mehrmals erwähnten **Karamathier**, sowie die von der Zeit des Fatimiden Hakem an bis auf
unsere Tage im Libanon lebenden **Drusen** und die ebendaselbst
wohnenden **Rosairis**. Keine von allen diesen Secten aber war
glücklicher, als die der **Fatimiden**, welche, wie im vorigen Band
erzählt worden, Obeidallah, ein Daï der Karamathier, in Afrika stiftete.
Die Nachkommen dieses Daï, welche dort ein Reich gründeten und
bald nachher Aegypten zum Mittelpunkte desselben machten, nahmen
den Uneingeweihten gegenüber die Würde des Oberhauptes der Gläubigen in Anspruch, behielten aber dabei für die Eingeweihten auch die
Würde eines Oberhauptes der Secte, und sehr oft war ihr erster Minister
der Justiz zugleich Leiter der geheimen Bundesvorsteher und Ober-
Missionär oder Daï der Daïs. Sie blieben mit den Karamathiern stets
in einer gewissen Verbindung und die Letzteren wurden von ihnen sogar genöthigt, das Aeußere des Islam mehr zu schonen, als früher,
wo noch keine der ismaelitischen Secten im Besitz eines Reiches war.

Mit dem beginnenden Untergange der Karamathier und dem
Sinken der Fatimiden in Aegypten schien der Fanatismus der Ismaeliten ganz unschädlich geworden zu sein, als ihn auf einmal **Hassan
ben Sabah**, der Stifter der **Assassinen**, neu belebte und ihm
eine durchaus politische Richtung gab. Hassan war der Sohn eines
ismaelitischen Lehrers, der, wie er selbst nachher, seine Ueberzeugungen
unter dem Mantel religiöser Beschauung versteckte. Er ward in Nischapur Schüler eines sehr rechtgläubigen Theologen und Mitschüler
des berühmten Selbschulten-Beziers Nezam el Mulk, kam durch den
Letzteren an den Hof des Sultans Malekschah, suchte hier Nezam zu
stürzen und warf, als ihm dieser Plan fehlgeschlagen war, endlich die
Maske heuchelnder Andacht ab. Er schloß sich darauf an die Ismaeliten an, ward von ihnen bald als eine Art von Prophet anerkannt
und bediente sich seitdem ihrer geheimen Ordensverbindung und des
Fanatismus getäuschter Adepten ganz vortrefflich zu seinen Zwecken.
Die Nachrichten über den Orden, welche er in Iral erhielt, noch mehr
aber die Bekanntschaft mit der Lehre der Karamathier und ihren
Verbindungen mußten ihn natürlich auf Aegypten, als den Hauptsitz
seiner Secte, aufmerksam machen. Er begab sich dorthin, hatte das
Glück, daß einer seiner Orakelsprüche den Absichten des Khalifen
Mostanser entsprach und ward deshalb auf Befehl desselben von den
ersten Personen des Hofes und vom Daï der Daïs als eine Art Heiland empfangen. Dessen ungeachtet konnte er sich am ägyptischen
Hofe nicht halten, weil der Bezier Bedr, dem er entgegen arbeitete,
allzu mächtig war und sich bei seinen Entschlüssen weder um die Eingeweihten, noch um den Ober-Daï bekümmerte. Hassan mußte schnell

das Land verlassen und verdankte es nur seinen vielen Freunden, daß er mit dem Leben davon kam. Er entfloh auf einem fremden Schiffe aus Aegypten, durchreiste dann Syrien und Persien, und gewann in beiden Ländern viele Anhänger. Schon damals sprachen seine Anhänger von ihm nur mit dem Ausdruck „unser Herr" und hielten ihn für den Vorläufer des nächstens erscheinenden Imam. Doch mußte er alle möglichen Gestalten annehmen, um den Nachstellungen des Beziers Nezam el Mull zu entgehen, bis es ihm um 1090 gelang, mit den Entschlossensten seiner Anhänger die Bergfestung Alamut im Land Deilem zu besetzen und sich von da aus das umliegende Gebirge zu unterwerfen. Seine Anhänger nannten ihn seitdem den Scheik al Dschebel, d. i. den Herrn des Gebirges oder, wie die Europäer übersetzt haben, den Alten vom Berge.

In Alamut entfaltete sich Hassan's eigenthümlicher Charakter, den er auch seiner Secte einprägte und mit solcher Strenge behauptete, daß er sogar seine beiden Söhne für die Uebertretung seiner Gebote mit dem Tode bestrafte. Er selbst opferte der Einrichtung seines Staates und dem Vergnügen, von einer Felsenspitze aus mit göttlichem Ansehen zu herrschen, die Freuden des Lebens. Stets mit Geschäften überhäuft, erschien er kaum zweimal während seines Lebens auf der Terrasse seiner Festung und verließ das Schloß selbst nie wieder. Er zog alle Ismaeliten von Persien an sich, wußte ihnen einen vollkommen blinden Fanatismus einzuflößen und bildete aus ihnen eine seinen Geboten unbedingt gehorchende Schaar von schwärmerischen Ordensbrüdern; doch war er bescheiden genug, sich selbst nur für den Repräsentanten des Imam auszugeben. Da die Mitglieder seiner Secte sich durch den Genuß der Haschischa, eines aus Hanfkörnern bereiteten, furchtbar wirkenden Berauschungsmittels in einen Zustand seliger Entzückung zu versetzen pflegten, so haben sie davon später den Namen Haschischim erhalten, woraus dann die Abendländer Assassinen machten.*) Ein venetianischer Reisender des 13. Jahrhunderts, Marco Polo, erzählt, die Assassinen hätten in ihrem Gebirge einen paradiesischen Garten gehabt, in welchen der zur Aufnahme in ihren Orden Auserkorene gebracht worden sei, nachdem man ihn vorher durch Berauschung das Bewußtsein geraubt habe; hier sei er, um ihn durch den Vorgeschmack des Paradieses zu begeistern,

---

*) Vor einigen Jahren hat man in Paris mit dem Haschisch-Trank Versuche angestellt; als Wirkung bezeichnete man eine freudige, phantastische Erhöhung des Lebensgefühls, bei welcher der Begeisterte sich selbst größer und kühner empfand und das Körperliche, das ihn umgab, von ihm wegzustreben schien. Die morgenländischen Schriftsteller gebrauchen übrigens weit seltener den Ausdruck Haschischim, als Ismaili oder Fedawi, d. i. die Aufopfernden.

nach seinem Erwachen mit allen möglichen Sinnengenüssen umgeben, nach einigen Tagen aber aufs neue berauscht und bewußtlos hinweggetragen worden. Wie es sich auch mit dieser Erzählung eines allerdings geistvollen und in manchen Dingen vortrefflichen Beobachters verhält, den aber seine Zeit wegen der Uebertreibung der Reichthümer, die er im Orient wollte gesehen haben, Marco Millioni nannte, so ist doch ausgemacht, daß Hassan's Anhänger sich schon zur Zeit ihres Stifters den Namen der durch Haschischa rasend Gemachten verdienten, den sie später geführt haben. Sie begingen die verwegensten Thaten und opferten sich im Gehorsam gegen ihren Gebieter lachend dem Tode. Hassan vereitelte daher auch durch den Fanatismus derselben alle Angriffe der Seldschukken auf seinen Staat. Malekschah und Nezam el Mull boten zuletzt die ganze Macht ihres Reiches gegen ihn auf; allein einer der assassinischen Fedais gab dem verhaßten Vezier in der Mitte des Heeres den Todesstoß. Bald darauf starb auch der Sultan und in Folge davon unterblieb der gegen Hassan beabsichtigte Kriegszug. Zwar griffen nachher auch die um das seldschukische Sultanat streitenden Prätendenten die Felsenburgen der rasenden Schwärmer an; mit welchem Erfolge aber, läßt sich leicht denken, da sie selbst stets vom Orden gewissermaaßen umstrickt waren und der falsche Prophet jeden Betrug für Lobenswerth, jeden Mord für eine Heldenthat erklärte, sobald das, was er selbst die gute Sache nannte, dadurch befördert ward. Die Dolche seiner rasenden Anhänger trafen jeden Großen, der sein Feind war. Es war damals sogar in gleichem Grade gefährlich, den Alten vom Berge zu hassen und ihn zu lieben; denn die Fürsten ließen alle die, welche sich zu seinen Gunsten aussprachen, umbringen, und seine geheimen Anhänger tödteten jeden, den sie für seinen Feind hielten. Leicht vereitelte daher Hassan nicht nur alle Unternehmungen der Seldschukken gegen Alamut, sondern es ward auch von seinen Anhängern rings um diese Burg eine Festung nach der andern erobert. Bei seinem Tode (1125) übergab der schlaue und feste Mann die neu errichtete geistlich-weltliche Macht nicht einem Manne aus seiner Familie, sondern dem ältesten und erfahrensten Lehrer der Secte, Kia Buzurt, welcher während einer 14jährigen Regierung den Schrecken der Assassinen zu vermehren wußte und in Alamut eine eigene Dynastie stiftete, die sich bis ins folgende Jahrhundert hinein erhielt.

Wichtiger, als diese persische Dynastie der Assassinen, ist für die Geschichte der Kreuzzüge derjenige Theil der Secte, welcher in Syrien einheimisch wurde. Dort verbreiteten sich die Assassinen seit dem Jahre 1105, wo Rodwan es seinem Vortheile angemessen gefunden hatte, sie nach Aleppo einzuladen. Sie dienten ihm als Mörder und machten ihn weit und breit allen anderen syrischen Herrschern furchtbar. Halb mit seinem Willen, halb gegen denselben gründeten sie in der Stadt Jamiah oder Apamea, die er durch ihren Beistand erobert hatte, einen zweiten Hauptsitz ihrer Macht, wo ein zweiter Alter vom Berge seine Residenz aufschlug.*) Der erste dieser syrischen Scheits der Assassinen, Abu Thaher, gerieth freilich drei Jahre nachher in die Gefangenschaft Tankred's, welcher Jamiah eroberte; ja, die Christen nahmen nachher noch eine zweite Burg der Assassinen ein und Robwan war sogar genöthigt, die vom Khalifen aufs feierlichste verfluchten Ketzer verfolgen zu helfen; allein alles dies konnte ihre Verbreitung in Syrien nicht hemmen. Sie hatten von Anfang an jeden kühnen Frevler, der sich zu ihnen gesellte, gern in ihren Orden aufgenommen, und da ihnen im Leben reiche Beute, im Tode aber, mochte dieser auch noch so wohlverdient sein, alle Seligkeiten eines sinnlichen Paradieses verheißen waren, so nahm ihre Zahl fortwährend zu. Zugleich wurden sie von ihren Brüdern in Persien nicht blos meistentheils mit Ober-Dais, sondern auch mit einem fortwährenden Zuwachs von tüchtigen Streitern und Schwärmern versehen. Als Robwan's Sohn und Nachfolger sie in Aleppo, wo sie seither die Herren gewesen waren und mit rücksichtsloser Willkür gehaust hatten, auszurotten suchte, verbreiteten sie sich von da über ganz Syrien und dienten den Besitzern der verschiedenen Staaten und Städte als Werkzeuge des Mordes. Maudud, der Beherrscher von Mosul, fiel 1113 im Bethause selbst durch ihre Dolche. Bei einer feierlichen Audienz, welche Togtekin, der Gebieter von Damaskus, beim Sultan in Bagdad hatte, opferten Assassinen im Angesichte des ganzen Hofes einen der ersten Großen des Reiches ihrer laut erklärten Rache. Der Statthalter von Aleppo und seine beiden Söhne wurden ebenfalls Opfer ihrer Wuth, sowie wahrscheinlich auch Afdal, der mächtige Vezier von Aegypten, und der fatimidische Khalif Amer, welcher Afdal's Mörder gedungen gehabt hatte. Ganz auf dieselbe Weise verfuhren ihre Brüder in Persien. Dort ermordete z. B. ein Assassine den Vezier des Sultans Sandschar, weil dieser die Ismaeliten verfolgte, die sein Vorgänger in Schutz genommen hatte. Der Mörder trat, um seinen Zweck zu erreichen, bei dem Vezier als Stallknecht in Dienst, und dieser ging unbesorgt in seine Ställe, da der Assassine außer einem Bund um die Hüften nichts auf dem Körper hatte; der Dolch war aber in den Mähnen eines Pferdes versteckt, welches jener am Bügel

---

*) Nach Einigen kommt der Name des Gebirgsherrn (Vetulus a monto) vorzugsweise oder ausschließlich dem syrischen Oberhaupte zu, das auf der Burg Mafiat (oder auf Kahf) im Libanon seinen Sitz hatte; s. unten.

hielt, und als das Pferd sich bäumte, ergriff der Mörder schnell den Dolch und durchbohrte den Vezier. In Syrien ließ Toglekin, der sich der Assassinen ebenso, wie andere Herrscher, zu seinen Zwecken bediente, ihr Oberhaupt, Behram, öffentlich bei sich in Damaskus residiren und räumte ihnen 1126 die Feste Banias ein. Seit dieser Zeit befolgten sie in den syrischen Gebirgen dasselbe System, welches ihr Stifter Hassan in Deilem befolgt hatte: sie eroberten eine Burg nach der andern und setzten sich auf diese Weise immer mehr im Lande fest. Endlich unternahmen die Rechtgläubigen einen förmlichen Glaubenskrieg gegen die verruchten Ketzer und verfolgten nicht nur sie, sondern auch die Drusen, die Nosairis und andere Sectirer wie wilde Thiere. Jetzt faßten die Assassinen den Plan, Damaskus den Mohammedanern zu entreißen und den Franken zu überliefern; sie scheiterten jedoch dabei, und es verloren damals blos in Damaskus über 6000 von ihnen das Leben. Sonderbar genug ward aber gerade dasselbe Jahr, in welchem sie dieses Unglück erlitten (1127), der Anfangspunkt der eigentlichen Gründung ihrer Macht in Syrien. Ismael nämlich, Behram's Nachfolger, überlieferte damals die Feste Banias den Franken, und ward von ihnen sicher aus dem Lande geleitet; seine Anhänger aber suchten und fanden in unzugänglichen Felsenschluchten bessere Schlupfwinkel, als jene Burgen gewesen waren, und erkauften sich schon vier Jahre nachher die Feste Kadmus. Nach neun anderen Jahren bemächtigten sie sich durch Mord der Burg Masiaf auf dem Antilibanon, eroberten nach und nach noch andere Festungen der Umgegend und gründeten so einen neuen Assassinen-Staat in Syrien. Masiaf ward die Residenz ihres Ober-Daï oder Scheil el Dschebel und dieser war seitdem ebenso berühmt und furchtbar, als der persische, sowie das syrische Fürstenthum der Assassinen von nicht geringerer Bedeutung war, als das persische. Das erstere blieb später sogar noch anderthalb Jahrzehnte länger bestehen.

6. Die geistlichen Ritterorden und das Königreich Jerusalem bis zum zweiten Kreuzzuge.

Um dieselbe Zeit, als unter den Mohammedanern jener heilige Bund der Ismaeliten gegen die positive Religion eine furchtbare Festigkeit gewann, entstanden unter den Christen die Ritterorden. Es bildeten sich nämlich Gesellschaften, welche den im Westen zu einer besonderen Beschäftigung einzelner Stände gewordenen ritterlichen Kampf in eine solche Verbindung mit der Religion brachten, daß von der Zeit an eine gewisse Art von Blutvergießen sogar als ein vor Gott verdienstliches Werk angesehen wurde. Die beiden ersten Ritterorden waren die der Johanniter und der Tempelherren. Schon lange vor dem ersten Kreuzzuge war nämlich in Jerusalem durch Kaufleute aus Amalfi und anderen italienischen Städten ein Hospiz mit einer Marienkapelle zur Verpflegung kranker Pilger gegründet, später durch eine neue, dem heiligen Johannes*) gewidmete Stiftung erweitert und mit Vorrechten und Gütern begabt worden. Die Mitglieder derselben führten nach ihrem Schutzpatron den Namen Johanniter und übten schon während des ersten Kreuzzuges unter der Leitung Gerhard's von der Provence eine segensreiche Wirksamkeit aus; zu festerer Gestaltung gelangte der Orden unter dem zweiten Vorsteher Raimund Dupuy seit 1118. In demselben Jahre entstand neben dieser wohlthätigen Verbindung noch eine andere Gesellschaft, bei deren Bildung, wie es scheint, gleich anfangs die Idee eines streitenden Ordens zu Grunde lag. Neun (nach Anderen sechszehn) Ritter traten nämlich zusammen und schlossen einen zur Beschützung der Pilger bestimmten Verein, dessen Mitglieder sich nach Art der Klostergeistlichen einem Gelübde oder einer religiösen Verbindlichkeit unterzogen. König Balduin II. erkannte den Nutzen, den eine solche Anstalt für sein schwaches Reich haben könnte und räumte daher dem Orden einen Theil seines Palastes ein; da dieser nahe bei der Stelle erbaut war, wo ehemals der Tempel Salomonis gestanden haben soll, so erhielten die Ordensritter den Namen der Brüder des Tempeldienstes, auch **Tempelherren** oder **Templer**. Der Patriarch von Jerusalem erkannte sie als eine Art von geistlicher Verbindung an, die Geistlichen traten ihnen Gebäude für ihre Diener und Söldlinge ab und schon nach neun Jahren (1127) ward der Orden der Tempelherren durch ein Concilium, welches Papst Honorius II. zu Troyes hielt, bestätigt. Gleich nachher vereinigten sich auch alle diejenigen Pfleger des Hospitals von Jerusalem, welche von ritterlicher Abkunft waren, zu einem ähnlichen Ritterorden, indem sie sich ebenso, wie die Tempelherren, durch ein Gelübde verpflichteten, gegen die Ungläubigen zu kämpfen. Beide Orden wurden bald in allen christlichen Ländern mit Gütern reich beschenkt. Der König Alphons I. von Aragonien und Navarra setzte sogar 1131 Beide in Gemeinschaft mit einem in Aragonien neu errichteten, zur Beschützung desselben gegen die Mauren verpflichteten Ritterorden durch ein förmliches Testament zu Erben seiner Reiche ein. Die Aragonier und Navarresen erkannten zwar diese Schenkung nicht an, weil sie ihrem Könige das Recht, über ihr Land wie über ein Eigenthum zu verfügen, nicht zugestanden; allein die Ritterorden

---

*) Jedoch ursprünglich nicht, wie man gewöhnlich liest, Johannes dem Täufer, sondern wahrscheinlich dem heil. Johannes dem Mitleidigen oder Spender (Eleemosynarius) von Alexandria.

erhielten doch in Folge des Alphonsinischen Testaments große Vortheile und Rechte in Aragonien. Lothar von Sachsen, welcher nach Heinrich's V. Tode deutscher Kaiser ward, schenkte den Tempelherren 1130 seine Erbgüter in der Grafschaft Supplinburg, und Heinrich I. von England begabte sie ebenfalls mit großen Besitzungen. In diesen Ordensgesellschaften war demnach das Ritterthum mit dem Mönchthum in eigenthümlicher Weise verbunden, indem zu den Gelübden der Armuth, der Keuschheit und des Gehorsams noch ein viertes trat, nämlich des Kampfes gegen die Ungläubigen. Die Scheidung in Priester, dienende Brüder und Ritter entwickelte sich zunächst bei dem Orden des Hospitals; unter den Templern war die kriegerische Richtung stets vorherrschend. Die letzteren waren an dem weißen Mantel mit achteckigem rothem Kreuze zu erkennen; ihr Ordenssiegel zeigte zwei Reiter auf einem Roß als Sinnbild brüderlicher Eintracht, und auf dieses „schöne Beisammensitzen" bezog sich auch ihre Losung „Beauséant". Als Ordenstracht der Johanniter galt, wenigstens in Friedenszeiten, der schwarze Mantel mit weißem Kreuz.

Die geistlichen Ritterorden bezeichnen mehr als irgend eine andere Einrichtung den Geist des Mittelalters auf seiner idealen Höhe. Ihr schneller Anwachs an Reichthümern und Macht kam jedoch vorerst dem Königreiche Jerusalem trefflich zu Statten, weil der frische Eifer für ihren Zweck die auserlesensten Streiter Europas nach Palästina zog und die Einkünfte der europäischen Güter zum Unterhalte dieser Mannschaften in Asien verwendet wurden. Durch die Unterstützung dieser Ritterorden und der italienischen Seestaaten ward daher Balduin II., ohne ein neues europäisches Kriegsheer erflehen zu müssen, in den Stand gesetzt, einen sehr bedeutenden Zug gegen Damaskus und Aegypten zu veranstalten und das bedrängte Fürstenthum Antiochia in seinen Schutz zu nehmen. Der erste christliche Besitzer dieses Fürstenthums, Boemund, war, als er sich aus seiner Gefangenschaft losgekauft hatte, nach Europa gegangen, um neue Hülfe zu holen. Er hatte diese jedoch nicht erhalten, weil man lieber unmittelbar nach Palästina zog, und war dagegen nach Griechenland gegangen, um seine Rache an Alexius zu befriedigen. Er starb 1111, ohne nach Antiochia zurückkehren zu können. Auch Tankred, welcher seit Fürstenthum seither verwaltet hatte, endete kurz darauf (1112), nachdem er Antiochia seinem Vetter Roger übergeben hatte, um es bis zur Ankunft von Boemund's Sohn zu beherrschen. Roger fiel 1119 im Kampfe mit den Türken, und nun nahm Balduin II. das Fürstenthum in seinen Schutz, bis der junge Boemund II., den er mit seiner Tochter Elisa vermählte, herangewachsen war. Auch Boemund II. blieb in einem unglücklichen Treffen und Balduin mußte sich des verwaisten

Fürstenthums noch einmal annehmen, weil Elisa dasselbe ihrer Tochter Constantia zu entreißen und sich zu diesem Zwecke sogar gegen ihren Vater mit dem Sultan Zenghi von Mossul zu verbinden suchte, was ihr aber nicht gelang. Baldwin II. starb bald nachher (1131), nachdem er sein Königreich mit Einwilligung der Stände, besonders der Geistlichkeit und des Patriarchen, dem 60jährigen Gemahl seiner Tochter Melisende, Fulko von Anjou, übergeben hatte.

Der neue König (1131—1143) fand das Reich in der höchsten Blüthe. Dieses erfreute sich in seiner inneren Einrichtung eines Zustandes, den damals kein Land in Europa kannte. Während nämlich hier die Staaten noch immer im Ringen und Kämpfen um eine Verfassung waren und oft in einem und demselben Lande die allerverschiedensten Gewohnheitsrechte bestanden, hatten in Palästina die großen und kleinen Vasallen, die Ritterorden und die theils aus Syrern, theils aus Franken und Griechen bestehenden Einwohner der Städte ihre bestimmten, durch ein geschriebenes und beschworenes Gesetz festgestellten Rechte und Pflichten. Das Gesetzbuch des Königreiches, welches sowohl die Verhältnisse der Lehensstaaten Antiochia, Edessa und Tripolis feststellt, als auch die inneren Zustände ordnet, führt den Titel „Assisen und gute Bräuche von Jerusalem" (Assises et bons usages de Jérusalem); wenn jedoch die Entstehung desselben in der Einleitung auf Gottfried von Bouillon zurückgeführt wird, so ist dies für eine fromme Fiction zu erachten. Leider trug auch im Königreich Jerusalem, wie allenthalben, die höchste Blüthe den Keim des Verderbens in sich; es zeigten sich bereits Spuren furchtbaren Sittenverderbnisses, welches bald das Reich im Inneren vergiftete, und von außen drohten Zenghi und die Assassinen dem neuen christlichen Staate den Untergang. Die Letzteren faßten in demselben Jahre, in welchem Fulko die Regierung antrat, an den Grenzen Palästinas festen Fuß. Zenghi erweiterte seine Macht anfangs zwar nur unmerklich und war überdies eine Zeit lang im Osten beschäftigt; seit aber Josselin I. von Edessa gestorben war (1131) und sein leichtsinniger Sohn und Nachfolger, Josselin II., sich ganz den Vergnügungen überließ, ward der Emir durch seine Ränke und seine wachsende Macht den Christen wahrhaft furchtbar, zumal da er bald nachher durch die Verordnung, daß der ganze Besitzstand im Orient auf die Zeit vor der Ankunft der Abendländer zurückgeführt werden solle, seine Sache zur Sache aller Mohammedaner machte. Während auf diese Weise Edessa dem Reiche Palästina nur noch einen schwachen Schutz gewährte, wurde das Fürstenthum Antiochia von Kalojohannes (Johannes dem Schönen), dem Nachfolger des Kaisers Alexius I., gefährdet, weil dieser die seither nie bestimmt anerkannten

Rechte seines Thrones auf Antiochia geltend zu machen suchte. Fulko hatte seine Enkelin Constantia, die Tochter Boemund's II., mit Raimund, einem Sohne Wilhelm's IX. von Poitou, vermählt, und Kalojohannes, der ihr einen Prinzen seines Hauses zu geben gewünscht hatte, sah sich dadurch in seiner Hoffnung betrogen und ward noch mehr durch die Art, wie die Vermählung geschah, beleidigt. Der griechische Kaiser griff daher den Fürsten Raimund an und dieser zog ungeachtet der Hülfe des Beherrschers von Armenien den Kürzeren. Fulko, den er um seinen Beistand anrief, konnte ihm diesen nicht gewähren, weil er dem von Zenghi hart bedrängten Grafen von Tripolis zu Hülfe ziehen mußte. Der König von Jerusalem ward geschlagen und in der syrischen Festung Barin enge eingeschlossen. Jetzt eilte Raimund mitten in seinem Kriege mit den Byzantinern, ohne auf seine eigene Gefahr Rücksicht zu nehmen, dem Könige zu Hülfe und auch Joscelin zog zum Entsatze desselben herbei. Beide kamen aber zu spät; denn Fulko hatte bereits die Burg übergeben und sich zur Zahlung einer großen Geldsumme verpflichtet. Raimund konnte sich natürlich, nach dem unglücklichen Ausgange dieser Unternehmung, keiner bedeutenden Unterstützung von Seiten Fulko's getrösten; er erbettelte daher in der Noth die Gnade des Kaisers, die ihm dieser nur unter entehrenden Bedingungen gewährte. Er mußte dem Beherrscher von Griechenland huldigen, die Obergewalt desselben in Antiochia anerkennen und sich verbindlich machen, sein ganzes Fürstenthum gegen einige andere syrische Städte zu vertauschen, welche Kalojohannes jetzt den Ungläubigen zu entreißen gedachte. Die Erscheinung des tapferen griechischen Kaisers in Syrien und seine Verbindung mit den Christen des Landes verbreitete zwar großen Schrecken unter den Mohammedanern, hatte aber keinen anderen Erfolg, als daß die Christen einige kleine Städte wegnahmen; sie diente vielmehr gewissermaaßen nur, um der Welt recht augenscheinlich zu zeigen, daß der Anführer der mohammedanischen Heere den christlichen auch dann, wenn Männer wie Kalojohannes und Raimund an ihrer Spitze standen, überlegen war. Der griechische Kaiser kehrte 1138 mit seinem Heere nach Europa zurück. Jetzt konnte sich Zenghi ungestört in Syrien ausbreiten. Er eroberte das ganze Land um den Orontes-Fluß und bildete von da aus einen bedeutenden Staat. Obgleich er sich bei der Gelegenheit selbst gegen diejenigen, die seines Glaubens waren, treulos und grausam bewies, so ward er doch von seinen mohammedanischen Zeitgenossen einstimmig gelobt, weil sie meinten, daß alles dies durch seine Verdienste um den Glauben aufgewogen werde. Seine Entwürfe gegen Damaskus scheiterten zwar, er drang aber dagegen tief in das Gebiet des Grafen von Tripolis ein und wartete dann nur auf eine Gelegenheit, die östliche Vormauer der Christen, Edessa, niederzureißen.

Einige Jahre nachher starb Kalojohannes, welcher wieder in Syrien erschienen war und dem Fürsten Raimund, der sich ebenso, wie Joscelin II., treulos und falsch gegen ihn bewies, Antiochia zu entreißen gesucht hatte. Er würde dies gewiß zu Stande gebracht haben, wenn ihn nicht der Tod überrascht hätte (1143). Sein Sohn, Manuel I., den er mit Ausschließung eines älteren Sohnes zum Nachfolger ernannt hatte, mußte nach Constantinopel zurückeilen, um sich den Thron zu sichern, und konnte in der nächsten Zeit an Antiochia und Syrien nicht denken. Im Todesjahre des Kaisers Kalojohannes starb auch der König Fullo, mit Hinterlassung eines 13jährigen Sohnes und Nachfolgers, Balduin III., in dessen Namen seine Mutter Melisende die vormundschaftliche Regierung führte. Diese Umstände boten dem mächtigen Zenghi die längst erwartete Gelegenheit, Edessa zu erobern. Während Joscelin in Tellbascher, wohin er seine Residenz verlegt hatte, sorglos seinen Lüsten nachhing, drang Zenghi plötzlich in das Fürstenthum Edessa ein. Joscelin bat zwar Raimund von Antiochia und die Königin Melisende um ihren Beistand; jener aber überließ ihn seinem Schicksal und diese sandten ihre Hülfstruppen zu spät. Edessa ward daher schon nach einem Monat eine Beute des türkischen Fürsten (1144); der Erzbischof fiel während der Erstürmung, die Kreuze wurden umgerissen, die Kirchen in Moscheen umgewandelt; übrigens verfuhr Zenghi, den nun das Morgenland als den Helden des Islam pries, nachdem die erste Kampfesmuth gestillt war, mit Schonung und Milde. Durch die Eroberung von Edessa wurde er Herr des ganzen Landstriches von Mossul und von den Grenzen Armeniens und Antiochias an bis zum Königreich Jerusalem und bis in die syrische Wüste. Zum Glück für die unter sich zwieträchtigen Christen waren aber auch ihre Feinde nicht einiger, als sie; Zenghi fiel 1146 durch den Dolch eines Mörders, den ein durch seine Eroberungssucht bedrohter Emir gedungen hatte, und Edessa ward gleich nach seinem Tode mit Hülfe der Einwohner wieder von Joscelin besetzt. Von Zenghi's beiden Söhnen gelangte der jüngere, Nureddin, der beim Tode des Vaters gegenwärtig gewesen war und dessen Segen empfangen hatte, zur Herrschaft von Aleppo; der ältere, Seifeddin Gazi, ward durch die Beamten seines Vaters in den Besitz von Mossul gesetzt. Nureddin war für die Christen ein mindestens ebenso gefährlicher Feind, als Zenghi gewesen war. Er besaß die kriegerischen Eigenschaften seines Vaters, verband aber mit denselben die Tugenden eines würdigen Privatmannes, und Gerechtigkeit, Wahrhaftigkeit, ungeheuchelte, von allem Fanatismus freie

Frömmigkeit werden ihm ebensowohl von christlichen, als von mohammedanischen Berichterstattern zugeschrieben. Diese Eigenschaften hinderten ihn jedoch nicht, die Bewohner von Edessa auf eine schauderhafte Weise für ihren Abfall zu bestrafen. Er ließ, nachdem er unter entsetzlichem Blutvergießen in diese Stadt eingedrungen war, alle diejenigen Einwohner, welche nicht der Mordlust seiner wilden Krieger erlegen waren, als Sklaven fortschleppen und machte die Stadt selbst dem Erdboden gleich. Das schreckliche Schicksal Edessa's und seiner Einwohner weckte das Abendland zu einem neuen Kreuzzuge, der nicht von einzelnen Großen und Rittern, sondern von den Staaten und ihren Königen selbst ausgeführt ward. Da dies mit der damaligen Lage von Europa und mit dem Einflusse, den der heilige Bernhard hatte, genau zusammenhängt, so ist es vorerst nöthig, einen Blick auf die Geschichte der vornehmsten Staaten zu werfen, welche an dem neuen Kreuzzuge Theil nahmen.

III. Geschichte der vornehmsten Staaten Europas bis gegen die Zeit des dritten Kreuzzuges.

1. Das deutsche Reich zur Zeit Lothar's II.

In Deutschland, wo 1125 mit Heinrich V. das fränkische Haus ausgestorben war, bewarben sich zwei Fürsten um den erledigten Thron: der Hohenstaufe Friedrich, welcher von seinem gleichnamigen Vater, dem Schwager Heinrich's, das Herzogthum Schwaben geerbt hatte,*) und der Herzog Lothar von Sachsen aus dem Hause Supplinburg. Von diesen war der Letztere allein zugleich durch Frömmigkeit und Macht ausgezeichnet, der Erstere aber der Geistlichkeit und allen Gegnern Heinrich's V. verhaßt. Die päpstliche und geistliche Partei brachte daher auf einer vom Erzbischof Adalbert von Mainz nach dieser Stadt berufenen Versammlung den bereits über fünfzig Jahre alten Herzog Lothar auf den Thron und verschaffte dadurch in Deutschland einem Systeme Geltung, welches dem des verstorbenen Kaisers ganz entgegengesetzt war.

Obgleich Friedrich sicher erwartet hatte, daß die Wahl ihn treffen

---

*) Friedrich, der Sohn Friedrich's von Büren, vermählt mit der Kaisertochter Agnes, als Herzog von Schwaben Friedrich I. genannt, war 1105 gestorben; seine Söhne waren der oben genannte Friedrich II. (der Einäugige) und der demnächst zu erwähnende Konrad von Franken, der spätere König Konrad III.; die Mutter der Beiden, Agnes, die Schwester Heinrich's V., hatte sich in zweiter Ehe mit dem Markgrafen Leopold von Oestrich aus dem Babenbergischen Hause verbunden.

würde, so erkannte er doch Lothar als rechtmäßig erwähltes Oberhaupt der Nation an. Er gerieth aber sogleich in Streit mit ihm, weil Lothar die Verwaltung der Reichsgüter, welche Heinrich V. dem Hohenstaufen übergeben hatte, diesem nehmen und auf Andere übertragen wollte. Als Friedrich darauf gegen den neuen Kaiser Städte und Burgen befestigte, als Nürnberg, Bamberg, Würzburg und Speier sich für ihn erklärten, wurde das gewöhnliche Proceßverfahren gegen ihn eingeleitet: Lothar rief die Fürsten zu einem Gerichte zusammen, das den Herzog von Schwaben mit der Reichsacht belegte. Friedrich verwarf aber diesen Ausspruch als ungültig, weil weder die Baiern, noch die Schwaben, noch die Ostfranken und die Rheinfranken sich auf dem Fürstentage eingefunden hatten. Lothar mußte in dem Kampfe mit ihm zu dem gefährlichen Hülfsmittel der Miethstruppen seine Zuflucht nehmen, bis es ihm gelang, den mächtigen Welfen Heinrich den Stolzen, welcher 1126 von seinem Vater das Herzogthum Baiern geerbt hatte und durch seine Schwester mit Friedrich verschwägert war, von diesem zu trennen. *) Lothar gewann Heinrich dadurch, daß er ihn 1127 mit seiner einzigen Tochter und Erbin Gertraud, die von Seiten ihrer Mutter Richenza eine Urenkelin Otto's von Nordheim war, vermählte, worauf Heinrich zu seinem Herzogthum Baiern auch noch das Herzogthum Sachsen erhielt. Heinrich gab seinem Schwiegervater den ersten Beweis der Freundschaft durch einen hinterlistigen Versuch, seinen Schwager Friedrich aufzuheben. Der Anschlag ward glücklich vereitelt; von diesem Zeitpunkte aber begann die heftige Feindschaft des welfischen und hohenstaufischen Hauses, welche nachher Deutschland und noch mehr Italien einige Jahrhunderte lang verwirrt hat. Während der Krieg zwischen Lothar und Friedrich ununterbrochen fortdauerte, kehrte des Letzteren Bruder Konrad aus Palästina zurück, und dieser nahm, um dem königlichen Titel Lothar's einen anderen entgegensetzen zu können, eine Einladung italienischer Städte und Herren an. Dort hatten sich die Städte, besonders das ganz demokratisch gewordene und zu einer sehr reichen Stadt herangewachsene Mailand, in der letzten Zeit immer mehr gehoben, und im Gefühle dieser Macht riefen Mailand, Parma und ein Theil der Fürsten des Landes Konrad herbei, um sich mit deutscher Hülfe ganz von den Deutschen loszumachen. Dieser erschien

---

*) Welf II. (V.), der ehemalige Gemahl der großen Mathilde, starb 1119 ohne Erben; ihm folgte sein Bruder Heinrich der Schwarze, dessen Tochter Judith mit Friedrich von Hohenstaufen vermählt war. Heinrich der Schwarze zog sich (1126) in ein Kloster zurück, wo er in demselben Jahre starb; seine Söhne waren Heinrich der Stolze und Welf (gewöhnlich als VI. bezeichnet), welcher Letztere die Hausgüter in Schwaben erhielt.

und ließ sich zum lombardischen König erwählen aber vielmehr von den Mailändern und Parmesanern zu ihren Zwecken gebrauchen, während sein Bruder in Deutschland die Sache der Familie allein verfocht. Hier blieben bis zum Jahre 1132, wo Lothar nach Italien zog, die Dinge fast in gleichem Stande; der König herrschte im Norden, Friedrich aber behauptete sich durch Tapferkeit und Glück in Schwaben, am Rhein und in Franken.

Nach Italien riefen den deutschen König die Städte Novara, Pavia, Piacenza, Cremona und Brescia, die sich der Anmaaßung Mailands und Parmas, den Anderen Gesetz und König zu geben, widersetzt und gegen den Uebermuth derselben einen Bund geschlossen hatten. Doch war es nicht sowohl die dringende Bitte dieser Städte, was Lothar zum Zuge nach Italien bewog, als vielmehr die Ermahnung des heil. Bernhard, welcher damals die Rolle eines Propheten, die er nachher 15 Jahre lang mit außerordentlichem Erfolge fortspielte, übernommen hatte. Dieser aus einem vornehmen burgundischen Geschlecht entsprossene und ebensowohl durch körperliche Vorzüge, als durch einen schwärmerischen Geist, durch Bildung, Beredsamkeit und ungewöhnliche Enthaltsamkeit ausgezeichnete Mann hatte schon im 23. Lebensjahre, als er in den Orden der Cistercienser eintrat, das größte Aufsehen gemacht; er verbreitete nachher als Abt des neu gegründeten Klosters von Clairvaux an der Aube weit und breit den Ruf der Heiligkeit um sich und ward gewissermaaßen das Orakel seiner Zeit. Dazu wirkten alle jene persönlichen Eigenschaften, sowie seine vornehmen Verbindungen und die Bedeutung, welche er dem Cistercienser-Orden verschaffte, auf gleiche Weise mit. Als beim Tode des Papstes Honorius II. (1130) eine Doppelwahl Statt fand, nahm Bernhard aufs entschiedenste für den einen der Gewählten Partei und dies war es auch, was ihn bewog, seinen Einfluß auf Lothar's frommes Gemüth zu versuchen. Bei der Papstwahl waren nämlich die meisten Stimmen auf einen unwürdigen Mann gefallen, der aus einer zum Christenthum übergetretenen jüdischen Familie stammte und als Papst den Namen Anaklet II. annahm; die Anderen dagegen hatten Innocenz II. gewählt, welcher zwar alle Besseren, aber die geringere Zahl für sich hatte. Anaklet suchte bei dem Grafen Roger II. von Sicilien, dem Sohne von Robert Guiscard's Bruder Roger I., Hülfe, welcher 1127 beim Aussterben von Robert Guiscard's Stamm dessen Länder in Unteritalien besetzt hatte. Um Roger zu gewinnen, ertheilte ihm Anaklet nicht nur die Belehnung mit diesen Ländern, sondern er krönte ihn auch in Palermo als König von Sicilien, wofür Roger den Papst mit gewaffneter Hand nach Rom führte und Innocenz zur Flucht nach Frankreich nöthigte. Hier errang der heilige Bernhard, welcher für den Letzteren Partei genommen hatte, auf einer Kirchenversammlung durch seine Beredsamkeit einen vollständigen Sieg über die bisher noch zwischen beiden Päpsten schwankenden Bischöfe und bewog den König Ludwig VI. von Frankreich, sich zu Gunsten seines Schützlings zu erklären. Den deutschen König hatte Bernhard schon mehrere Wochen zuvor mit Innocenz in Lüttich zusammengebracht und obgleich jener anfangs die Bedingung machte, daß Innocenz in Betreff der Investitur den Zugeständnissen entsage, welche unter Heinrich V. dem päpstlichen Stuhle gemacht worden waren, so hatte Bernhard doch den König zuletzt vermocht, davon abzustehen und Innocenz als den wahren Papst anzuerkennen. Die Hauptsache blieb freilich noch zu thun übrig, nämlich Lothar zur gewaltsamen Einsetzung des Papstes in Rom zu bewegen. Dies war nicht leicht, da Lothar mit den Hohenstaufen in einem gefährlichen Kampfe war und zugleich an den sächsischen Grenzen bisher mit den Slaven stete Kriege gehabt hatte, so daß er, um Innocenz in Rom einzusetzen, sein eigenes Land dem Zufalle hätte überlassen müssen. Auch schienen die Deutschen zu einer bedeutenden Anstrengung wenig geneigt zu sein. Lothar zögerte lange, bis er endlich im Herbst 1132 den Zug nach Italien antrat. Er ward nur von wenigen Truppen begleitet, rechnete aber theils auf den heiligen Bernhard, der ihn in der Lombardei treffen wollte, theils auf die Hülfe, welche ihm Bernhard's Beredsamkeit von der italienischen Ritterschaft, von den Bischöfen des Landes und besonders von den gegen Mailand verbündeten Städten verschaffen sollte.

In Italien spielte Konrad seit einem Jahre eine so traurige Figur, daß er zuletzt fast nur noch in Parma als König anerkannt war und, sogar am Nothwendigen Mangel leidend, bald nach Lothar's Ankunft das Land verlassen mußte. Doch war auch die Unternehmung seines Gegners weder für diesen, noch für das Reich ruhmvoll. Lothar mußte sich, obgleich er der Form wegen die gewöhnliche Versammlung auf den roncalischen Feldern hielt, durch das Gebiet der Mailänder und Parmesaner gewissermaaßen durchschleichen und seine aus kaum 2000 Rittern bestehende Begleitung ward, wo sie auch immer mit jenen zusammentraf, aufs schmählichste verhöhnt. In Rom, wohin er in Begleitung des Papstes Innocenz zog, bemächtigte er sich zwar eines Theiles der Stadt; er verdankte dieses aber nur der Hülfe der Pisaner und Genueser. Nicht einmal die eigentliche Krönungskirche, die von St. Peter, kam in die Gewalt der Deutschen und Innocenz mußte deshalb den Kaiser in der Kathedrale Constantin's, neben dem lateranischen Palaste, krönen (1133). Er hätte ihn lieber ungekrönt entlassen, wenn er nicht durch den mächtigen Einfluß des heiligen

Norbert dazu bestimmt worden wäre. Dieser Geistliche, den wir als Stifter des Prämonstratenser-Ordens oben anführten, hatte auf Lothar's Römerzuge dasselbe Ansehen, wie der heilige Bernhard, nur besaß er bei seinem deutschen Phlegma die Hestigkeit und Beweglichkeit dieses Mannes nicht, hatte aber dafür als Erzbischof von Magdeburg mehr äußeres Gewicht. Der neue Kaiser verständigte sich mit Papst Innocenz über die Mathildischen Güter in der Weise, daß dieselben vom römischen Stuhl in erster Linie ihm selbst, in zweiter seinem Schwiegersohn Heinrich dem Stolzen gegen einen Jahrestribut von 100 Mark Silber zu Lehen gegeben wurden. Für diese Güter erklärte er sich demnach zum Vasallen des Papstes.*) Bald nach der Krönung kehrte Lothar, weil er sich in Rom nicht behaupten konnte, nach Oberitalien zurück; nicht lange darauf mußte auch Innocenz vor dem Gegenpapste nach Pisa zurückweichen, und von dem ganzen Zuge des Kaisers war schon wenige Monate nachher kaum eine andere Spur mehr übrig, als einige Privilegien, die er seinen Anhängern in Italien ertheilt hatte. Von diesen waren diejenigen, die er den Mantuanern und Bolognesern ertheilte, die wichtigsten. Mantua erhielt das Recht, seinen kaiserlichen Palast vor die Mauern der Stadt zu verlegen und den Bolognesern gab Lothar für die bei ihnen bestehende berühmte Rechtsschule ein glänzendes Privilegium. In Unteritalien erging es den Anhängern des Kaisers und seines Papstes seitdem sogar noch schlimmer, als je zuvor. Die Vasallen des deutschen Reiches, Rainulf von Averla und Robert von Capua, irrten, von Roger II. vertrieben, unstet umher; und Neapel, das zuletzt noch allein von allen Städten jener Gegenden zu dem Reiche hielt, würde den Sicilianern damals erlegen sein, wenn ihm nicht die Pisaner eine Flotte zu Hülfe geschickt hätten. Bald nachher zogen diese wieder ihre Schiffe zurück und wandten sich gegen die altberühmte Handelsrepublik Amalfi, deren Glanz und Blüthe sie durch zwei Ueberfälle und Plünderungen (um 1136) auf immer vernichteten. Nun ward Neapel blos durch die Tapferkeit und das Talent seines Oberanführers Sergius vor dem Untergange bewahrt. Sergius leistete zwei Jahre lang das Unmögliche, reiste, nachdem er vergebens Lothar aus Deutschland herbeigerufen hatte, bald nach Pisa, bald nach Neapel zurück und wußte den Muth der freien Bürger trotz aller Schrecken einer harten Belagerung und trotz der drohenden Gefahr des Hungertodes so lange aufrecht zu

---

*) Die Curie wußte dieses sehr starke Zugeständniß zur Erhöhung ihres Ansehens noch weiter auszubeuten; es wurde nämlich bald nachher im Lateran ein Bild angebracht, welches Lothar darstellt, wie er nicht etwa blos ein Lehen, sondern die Krone vom Papst empfängt; in der Aufschrift heißt es vom Kaiser geradezu „homo fit papae" (er wird ein Mann, d. i. Lehensmann des Papstes); s. unten.

erhalten, bis Lothar 1136 zum zweiten Male in Italien erschien und, durch Sergius zu schleuniger Hülfe gedrängt, gerade noch zur rechten Zeit in Neapel eintraf.

Während in Unteritalien auf diese Weise der letzte Rest des kaiserlichen Ansehens dahinschwand und in der Lombardei die Städte fast ganz frei wurden, erhielt durch Lothar's Aussöhnung mit den Hohenstaufen der Name des Kaisers in Deutschland selbst wieder die Bedeutung, die er in Heinrich's IV. Jugendzeit gehabt hatte. Nachdem nämlich der innere Krieg noch eine Zeit lang verheerend gewüthet hatte und namentlich das den Brüdern Friedrich und Konrad besonders getreue Ulm durch Heinrich den Stolzen zerstört war (1134), ward im folgenden Jahr, hauptsächlich auf Betreiben des heiligen Bernhard, eine Aussöhnung der beiden feindseligen Familien, der welfischen, der auch Lothar angehörte und der hohenstaufischen, zu Stande gebracht. Die hohenstaufischen Brüder erhielten die streitigen Güter als Lehen zurück und gelobten dem Kaiser aufs neue Gehorsam. Auf einem Reichstage ward dann ein Landfrieden festgesetzt, die kleineren Vasallen zum ersten Male durch das ganze Reich hin zur Beobachtung desselben gezwungen und so die Ruhe im Inneren hergestellt. Auch nach Außen hin erschien damals das Ansehen des Kaisers in vollem Glanze: die Könige von Dänemark und Ungarn huldigten der deutschen Uebermacht, der Herzog von Polen zahlte den seit zwölf Jahren rückständigen Tribut, die russischen Großfürsten schickten eine Gesandtschaft und der griechische Kaiser wie der Papst baten dringend um Hülfe gegen König Roger von Sicilien. Lothar trat daher im August 1136 seinen zweiten Römerzug, durch welchen er die Schmach des vorigen zu tilgen hoffte, unter den günstigsten Umständen an; denn er ward dieses Mal von der ganzen Reichsmacht unterstützt. In Oberitalien verschlossen ihm auffallender Weise gerade die Städte, die sich früher für ihn erklärt hatten, die Thore, während Parma und Mailand ihn im Triumph aufnahmen, weil Konrad, den diese Städte früher als König anerkannt hatten, seine Vortruppen führte. Die Folge war, daß die ersteren hart behandelt und die letzteren ungemein begünstigt wurden. Ueberhaupt mußten alle Städte von Verona an bis nach Turin vor Lothar's Richterstuhl erscheinen und er verweilte ausdrücklich den Rest des Jahres in der Lombardei, um nicht blos in feierlichen Gerichtsversammlungen Recht zu sprechen, sondern auch neue Gesetze zu geben und das Lehenswesen einzurichten. Merkwürdig ist dabei, daß der Kaiser, der doch den Italienern über Privatverhältnisse zu Gericht saß, ihre Sprache entweder nicht verstand oder es unter seiner Würde hielt, sich derselben zu bedienen.

Im folgenden Frühjahr brach das deutsche Heer aus der Lombarbei auf und zog, von Lothar und Heinrich dem Stolzen geführt, auf zwei verschiedenen Wegen nach Unteritalien. Das bedrängte Neapel ward befreit und ganz Calabrien und Apulien unterworfen. Roger ließ den Sturm austoben und rüstete unterdessen in Sicilien ein neues Heer. Er hatte richtig gerechnet. Die Deutschen litten bald durch das Klima und durch den Abgang derer, welche die Dienstzeit ausgehalten hatten; der Kaiser gerieth, als er Rainulf von Aversa mit dem Herzogthum Apulien belehnte, mit dem Papste in Streit, weil dieser sich dadurch in seinen Rechten beeinträchtigt glaubte;*) die Pisaner wurden erbittert, als das deutsche Heer Salerno allein einnahm und folglich auch allein plünderte. Alles dies zusammen nöthigte den Kaiser, die Unternehmung aufzugeben und nach Deutschland heimzukehren, wo er noch auf der Rückreise in dem Dorfe Breitenwang (nahe bei Reutte am oberen Lech) erkrankte und starb (1137); er wurde am letzten Tag des Jahres zu Lutter im Braunschweigischen bestattet. Der tapfere Rainulf behielt nur eine kleine Anzahl Deutsche bei sich, welche sich freiwillig in seinen Dienst begeben hatten. Mit diesen und seinen eigenen Vasallen wehrte er sich, so lange er lebte, aufs tapferste gegen Roger. Vergebens bot damals der heilige Bernhard, der die ganze Zeit über in Italien geblieben war, Alles auf, um Roger auf andere Gedanken zu bringen; er konnte zwar, wie ein Geschichtschreiber sich ausdrückt, Wunder thun, aber den harten König von Sicilien vermochte er nicht zu erweichen. Als endlich Rainulf 1139 plötzlich starb, änderte sich Alles. Zuerst bemächtigte sich Roger der Stadt Neapel, die er seitdem so sehr begünstigte, daß Salerno und Amalfi völlig herabsanken und nur Neapel blühte. Dann zog Innocenz, nachdem er Roger mit dem Banne belegt hatte, in eigener Person gegen ihn zu Feld; er ward aber, wie einst sein ritterlicher Vorgänger Leo IX., gefangen genommen und mußte sich den von seinem Feinde vorgeschriebenen Bedingungen unterwerfen. Roger ward von ihm als König anerkannt und mit Apulien, Calabrien und Capua belehnt; dagegen erklärte er Innocenz für den einzigen rechtmäßigen Papst und nahm jene Lehen von ihm allein, ohne daß dabei des deutschen Reiches und seiner Rechte Erwähnung geschah. Roger unterwarf nachher mit leichter Mühe die wenigen noch übrigen Städte, die sich seiner Herrschaft nicht hatten fügen wollen und bildete so aus den Ländern diesseits und jenseits der Straße von Messina ein einziges großes Reich. Dieses Reich stieg unter ihm zu einer schönen Blüthe

---

*) Der Streit wurde endlich dahin geschlichtet, daß Jeder der Beiden, Kaiser und Papst, einen Zipfel der Gonfana (Bund- oder Kriegsfahne) anfaßte, vermittelst welcher Rainulf die Belehnung empfing.

empor und genoß, nach dem einstimmigen Zeugnisse der Feinde wie
der Freunde Roger's, die Wohlthat einer geordneten Regierung und
Polizei, während fast alle anderen europäischen Staaten jener Zeit
in einem Zustande der größten Verwirrung und Unsicherheit waren.
Doch fügen Roger's Feinde hinzu, daß die Kraft, mit der er in seinem
Reiche die Ordnung und Ruhe behauptete, zugleich das Herkommen,
die Verfassung und oft selbst die Menschlichkeit niedergedrückt habe.
Eine besonders hohe Bedeutung verschafften dem Reiche der Normannen die blühenden Lehranstalten, welche in demselben bestanden,
die medicinische und naturhistorische Schule in Salerno, die vor Roger's Herrschaft begründete Rechtsschule in Amalfi und die immer
mehr erweiterte Schule in Neapel. Sicilien und Neapel erhielten
nämlich dadurch, daß die skeptische Philosophie der Araber auf der
ersten dieser Lehranstalten Wurzel faßte, daß auf der zweiten die von
den Geistlichen ganz unabhängige normannische Staatswissenschaft
gelehrt ward und daß sich von der dritten aus die italienisch-griechische
Rechtskenntniß verbreitete, einen großen politischen Einfluß auf Italien,
der sich später bei den guelfischen und ghibellinischen Streitigkeiten erst
recht deutlich zeigte. Während übrigens Neapel und Sicilien innerhalb ihrer Grenzen die Freistaaten untergehen sahen und sich unter
einer monarchischen Regierung einer zum Theil vortrefflichen Verfassung erfreuten, herrschten im übrigen Italien Unordnung und Zwietracht. In Tuscien oder Toscana war wilde Gährung und Verwirrung, bei der Niemand seines Eigenthums sicher blieb. In dem
päpstlichen Staate, besonders in der Stadt Rom selbst, bereitete sich
eine höchst merkwürdige Revolution vor, welche bald nachher große
Veränderungen herbeiführte. Die Städte der Lombardei befehdeten
sich unter einander selbst. Die deutsche Herrschaft in Italien aber
schien ihr Ende erreicht zu haben, indem während der ganzen Regie-
rungszeit des folgenden Kaisers an einen Römerzug auch nicht einmal gedacht werden konnte.

2. Das deutsche Reich unter Konrad III.

Zum leichteren Verständniß der Geschichte des deutschen Reiches
unter den Hohenstaufen, welche nach Lothar's II. Tode zum Besitze
der Kaiserwürde gelangten, ist es nöthig, zuerst einen Blick auf die
bedeutendsten fürstlichen Familien Deutschlands zu werfen, obgleich
in jenen Zeiten von einem regierenden Hause neben dem kaiserlichen
noch keine Rede war. Das Geschlecht der Billungen, in welchem
das Herzogthum Sachsen seit Otto dem Großen erblich gewesen war,
starb 1106 mit dem aus Heinrich's IV. Geschichte bekannten Herzog
Magnus aus. Die herzogliche Würde in Sachsen wurde damals

durch Kaiser Heinrich V. seinem späteren Nachfolger, Lothar II. aus dem Hause Supplinburg, übertragen; dieses starb schon mit Lothar aus, welcher keinen männlichen Anverwandten, sondern nur eine einzige Tochter, Gertraud, hinterließ. Da Gertraud mit Heinrich dem Stolzen aus dem welfischen Hause vermählt war, so ging das Herzogthum Sachsen auf diese Familie über, welche seit Heinrich's IV. Zeit Baiern besaß und bereits auch in Sachsen begütert war, weil Heinrich's des Stolzen Mutter Wulfhilde, eine der beiden Töchter des letzten Billungen, ihrem Gemahle bedeutende Erbgüter, namentlich die lüneburgischen, mitgebracht hatte. Auf diese Weise verband das Haus der Welfen unter Heinrich dem Stolzen und seinem Sohne, Heinrich dem Löwen, große Besitzthümer in Süddeutschland mit dem wichtigsten Theile von Norddeutschland und herrschte also über eine Art von Königreich. Doch hatte Heinrich der Stolze seinem Bruder, Welf VI., die bedeutenden Allodialgüter der Familie in Schwaben abtreten müssen. Das welfische Haus verlor, wie wir später sehen werden, schon unter Heinrich dem Löwen die beiden Herzogthümer Sachsen und Baiern und blieb nur im Besitze seiner Allodialgüter. Dagegen erhob sich zu derselben Zeit eine andere Familie, die im Besitze eines Theiles von Norddeutschland blieb. Dies war das askanische Haus. Der Stifter desselben, Graf Otto von Ballenstädt, heirathete die älteste Tochter des letzten Billungen Eilika, die ihm verschiedene Erbgüter ihres Hauses zubrachte. Sein Sohn, Albrecht der Bär, erhielt vom Kaiser Lothar II. die Markgrafschaft Nordsachsen (1134), erweiterte dieselbe später durch Eroberung der Mittelmark und eines Theiles der Neumark, nannte sich seitdem Markgraf von Brandenburg und ward, da seine Söhne das väterliche Erbe theilten, zugleich der Stifter des brandenburgischen und des anhaltischen Hauses. Während auf diese Weise ein Theil des Ansehens, welches bis dahin bei den Herzogen von Sachsen gewesen war, auf Brandenburg überging, kam ein anderer an die Länder Meißen und Lausitz, welche gegen die Mitte des zwölften Jahrhunderts Graf Konrad von Wettin, der Stifter der noch jetzt bestehenden sächsischen Fürstenhäuser, erhielt.*) Von den übrigen Familien, die sich auf den Trümmern von Heinrich's des Löwen Macht erhoben, wird nachher im Verlaufe der Geschichte selbst das Nöthige erzählt werden. Dagegen ist es passend, hier noch des Hauses der Zähringer zu gedenken. Berthold II. von Zähringen, Sohn des 1078 verstorbenen Berthold's des Bärtigen, hatte 1097 durch einen Vertrag mit Hein-

---

*) Als Stammsitz gilt die Burg Winkel, gegenwärtig zu einem Rittergute bei Wettin im Halleschen Saalkreise gehörig.

rich IV. zu der ererbten Grafschaft Breisgau die kaiserliche Vogtei in Zürich und in anderen Gegenden der Schweiz erhalten. Sein Bruder Hermann I., der einen Theil der väterlichen Güter erbte, ward Stammvater der badischen Fürsten; Berthold's II. Sohn Konrad aber, der Stifter von Freiburg im Breisgau, erhielt im Jahre 1127 vom Kaiser Lothar die Grafschaft Hochburgund und gründete ein Fürstenhaus, welches 1218 erlosch.

Lothar II. war im December 1137 gestorben, und die Deutschen hielten sich schon damals eines Oberhauptes so wenig bedürftig, daß sie die Wahl eines neuen Kaisers bis auf Pfingsten des folgenden Jahres hinausschoben. Während dieser Zeit bewahrte Heinrich der Stolze die Reichsinsignien als ein Unterpfand seiner eigenen Erwählung. Er täuschte sich aber in dieser Hoffnung. Seine Mitstände fürchteten, daß ihre bisherige Freiheit gefährdet sein würde, wenn sie an die Spitze des Reiches einen Mann stellten, der nicht nur von Charakter hochfahrend und übermüthig war, sondern auch die beiden wichtigsten Herzogthümer des Reiches und die bedeutendsten Privatgüter besaß. Dazu kam noch, daß die Hohenstaufen in der letzten Zeit ihren Einfluß aufs neue ungemein vermehrt hatten und daß zwei bedeutende Fürsten die Ansprüche derselben an die Kaiserwürde aufs thätigste unterstützten. Diese Fürsten waren der ihnen schon längst befreundete Herzog Sobieslav I. von Böhmen und der Markgraf Leopold V. von Oestreich, welcher, als Sohn von Heinrich's IV. Tochter Agnes aus ihrer zweiten Ehe mit Leopold IV., ein Stiefbruder der Hohenstaufen Friedrich und Konrad war. Uebrigens mochte auch Konrab's Frömmigkeit und die sichtbare Zuneigung des Papstes und der lombardischen Städte zu Gunsten des Hohenstaufen mitwirken. Die eigentliche Entscheidung gab der schlaue Erzbischof Adalbero von Trier, der Heinrich dem Stolzen persönlich abgeneigt war und der es gegen eine Vergütung übernommen hatte, die Wahl auf Konrad zu lenken. Adalbero berief noch einige Monate vor dem festgesetzten Wahltage seine und der Hohenstaufen Freunde nach Koblenz und bewirkte hier die einseitige Erwählung Konrad's III.; die Wahlhandlung fand in der Peterskirche zu Lützelkoblenz im Beisein weniger Bischöfe und eines päpstlichen Legaten statt. Als dieses die Sachsen und ihr Herzog erfuhren, appellirten sie anfangs nach altdeutscher Sitte an das Schwert; doch ließen sie sich bald nachher wieder beschwichtigen.

Konrad wurde auf diese Weise zwar mit den Sachsen ausgesöhnt und allgemein als König anerkannt, aber die nächste Folge der Wahl war ein schrecklicher Krieg in den Niederlanden und eine Fehde mit Heinrich dem Stolzen. Jener Krieg entstand dadurch, daß Konrad dem Erzbischof von Trier für die geleisteten Dienste die Abtei St. Maximin gab, die er weder verschenken konnte noch durfte. Die Mönche der Abtei riefen den Grafen von Namur, der als damaliger Inhaber von Luxemburg ihr Schutzvogt war, zu Hülfe, und dieser begann einen langen und blutigen Krieg mit Adalbero, in welchem das Land des Letzteren schrecklich litt. Heinrich der Stolze, der sich nach der Huldigung der Sachsen zur Herausgabe der Reichsinsignien verstanden hatte, gerieth gleich nachher mit dem neuen König in Zwist, weil Konrad ihm unter dem Vorwande, daß kein Fürst zwei Herzogthümer zugleich besitzen dürfe, Sachsen zu entziehen suchte. Als sich Heinrich nicht fügen wollte, ließ Konrad auf einer Art von Reichsgerichtstag ihm Sachsen absprechen. Dieses Urtheil hatte viele und gute Gründe gegen sich; denn das Gericht, durch welches dasselbe gesprochen wurde, bestand blos aus wenigen und noch dazu mit Konrad befreundeten Fürsten, Heinrich selbst war nicht gehört worden und die Hauptbeschuldigungen beschränkten sich darauf, daß der Letztere die Reichsinsignien anfangs nicht herausgegeben und sich auf Konrad's erstem Reichstage nicht eingefunden habe. Heinrich vertheidigte anderthalb Jahre lang sein Herzogthum Sachsen, welches Konrad dem Markgrafen Albrecht dem Bären verliehen hatte, mit Muth und Glück, obgleich ihm der König auch das Herzogthum Baiern entriß und seine dortigen Freunde dadurch von ihm abzog, daß er die Güter des verfolgten Herzogs jedem, der sich ihrer bemächtigen konnte, preisgab. Uebrigens verlieh Konrad Baiern seinem eigenen Halbbruder, Leopold V. von Oestreich. Um den völligen Sturz seiner Macht in Baiern aufzuhalten, wollte Heinrich noch einmal aus Sachsen dahinziehen, er erkrankte aber plötzlich in Quedlinburg und starb (1139). Durch seinen Tod ward Konrad von dem gefährlichsten Gegner befreit. Heinrich hinterließ einen erst zehn Jahre alten Sohn, Heinrich den Löwen, und dessen Mutter Gertraud, welche im Verein mit ihrer Mutter, der Kaiserwittwe Richenza, die Sache des jungen Heinrich führte und die Sachsen zu einem fortgesetzten hartnäckigen Widerstand vermochte. In Baiern suchte Heinrich's des Stolzen Bruder, Welf VI., in Verbindung mit den Grafen von Dachau, den einzigen Vasallen des Landes, welche für ihren Herzog die Waffen ergriffen hatten, das Herzogthum gegen Leopold zu behaupten. Er besiegte diesen 1140 zwischen Inn und Isar, ward aber vier Monate später bei Weinsberg von Konrad selbst geschlagen.*)

―――

*) An diesen Sieg (December 1140) knüpft sich die unverbürgte Angabe, daß hier zum ersten Male die Rufe: „Hie Welf! Hie Waiblingen!" erschollen seien. Der letztere Name knüpft sich an den sehr alten, von den Saliern an die Hohenstaufen vererbten Ort Waiblingen an der Rems. Die Uebergabe von Weinsberg (sammt

Nachdem hierauf Baiern noch eine Zeit lang verwüstet worden war, kam endlich dadurch, daß Heinrich's des Stolzen Wittwe den Antrag zu einer zweiten Heirath nicht ungern annahm, eine Aussöhnung zu Stande. Heinrich II. mit dem Beinamen Jasomirgott*), der im Herbste 1141 seinem kinderlosen Bruder Leopold in Oestreich und Baiern gefolgt war, bot der noch jungen Frau seine Hand an und ward von ihr als Gemahl angenommen. Welf setzte dessen ungeachtet den Kampf in Baiern fort, er war jedoch seinem Gegner nicht gewachsen, und konnte, selbst als er nach dem Tode der Gertraud den Krieg aufs neue anfing, seinen Zweck nicht erreichen. In Sachsen dagegen ging es ganz anders. Albrecht der Bär ward von den tapferen Bewohnern dieses Herzogthums nie anerkannt; sie wollten keinen anderen Herzog haben, als den jungen Heinrich, trieben Albrecht, gleich als er zum ersten Male von der ihm durch den Kaiser übertragenen Gewalt Gebrauch machen wollte, aus dem Lande, drangen in seine alten Besitzungen ein, und zerstörten sogar sein Stammschloß Anhalt. Er mußte zuletzt, um seine Markgrafschaft Brandenburg wieder zu erhalten, unter der Vermittelung des Erzbischofs von Mainz einen Vertrag schließen, vermöge dessen er dem Besitze der herzoglichen Würde in Sachsen förmlich entsagte; doch erhielt er die Mark Nordsachsen als ein selbständiges Land und gewann so eine Stellung, die er, wie oben erwähnt, zur Eroberung slavischer Länder und zur Begründung eines bedeutenden Machtgebietes benutzte. Diese Abmachungen wurden 1142 zu Frankfurt auf einem sehr glänzenden Reichstage verkündigt.

Als die Händel in Baiern und Sachsen einstweilen beigelegt waren, wurde Konrad dringend nach Italien eingeladen, wo sowohl in Rom, als in der Lombardei seine Gegenwart sehnlich gewünscht wurde. Anaklet war 1138 gestorben und der von seiner Partei gewählte Victor IV. ward durch den heiligen Bernhard bald zur Unterwerfung unter Innocenz II. bewogen; dagegen erhielt der Letztere gleich nachher an einem jungen Manne, Arnold von Brescia, einen Gegner von ganz anderer Art. Arnold war ein Schüler Abälard's und zwar einer der wenigen, die auf dem Wege ihres Lehrers weiter gingen, die Alten kennen lernten und aus Plato's Ideen in Verbindung mit biblischen Vorstellungen eine idealische Republik entwarfen. Er wirkte in seiner Vaterstadt und anderen italienischen Städten und wußte das Volk für den Grundsatz zu begeistern, daß die Geistlichkeit nur ihrem

---

der volksthümlichen Erzählung von der Weibertreue) ist wohl in die ersten Tage des Jahres 1141 zu versetzen.

*) Oder Jaßomirgott, nach einer von ihm häufig gebrauchten Betheuerungsformel.

eigentlichen Berufe obliegen und weder weltliche Macht besitzen, noch an den weltlichen Dingen Antheil nehmen solle. Er ward das Orakel der römischen Volkspartei und blieb es, bis Innocenz II. sich mit Roger von Sicilien ausgesöhnt hatte. Dann mußte er entweichen, lebte eine Zeit lang in Frankreich und der Schweiz, unterhielt aber auch von hier aus die Verbindung mit den Römern, welche fortgerissen von der Erinnerung an die alte römische Freiheit und Größe, sich schon unter Innocenz gegen die päpstliche Gewalt erhoben hatten. Nach Innocenz' Tode wurde Cölestin II. auf den römischen Stuhl erhoben, der einst mit Arnold zugleich den Abälard gehört und seinen ehemaligen Mitschüler gegen die Verfolgung des heiligen Bernhard in Schutz genommen hatte. Dieser jedoch regierte nur einige Monate; sein Nachfolger Lucius II. handelte ganz im Einverständniß mit dem städtischen Adel von Rom und bekämpfte die Volkspartei, die theils von dem Beispiel der aufstrebenden lombardischen Städte angeregt, theils von Begeisterung für die antike Republik und Weltherrschaft erfüllt war. Papst Lucius ging so weit, an der Spitze des bewaffneten Adels das Capitol, den Sitz der römischen Commune, zu stürmen; er wurde jedoch von einem Steinwurf zu Tode getroffen (Februar 1145). Hierauf wählten die Kardinäle in der Kirche San Cesario einen neuen Papst, Eugen III., einen Schüler und fast demüthigen Verehrer des heiligen Bernhard. Während dieser noch mit der republikanischen Partei im Streite war, kehrte Arnold nach Rom zurück, von ganzen Schaaren Proselyten begleitet, die er in der Schweiz gewonnen hatte. Die Römer ließen sich in der von ihm angeregten Bewegung immer mehr fortreißen. Sie vertrieben den Papst Eugen, errichteten nach dem Beispiele ihrer Vorfahren einen Senat und stellten die ganze Form der alten Republik her. Beide Theile, sowohl Eugen und sein Freund, der heilige Bernhard, als auch die Römer baten den deutschen König um Hülfe, und die Letzteren gaben sich in ihren Schreiben an ihn den der altrömischen Zeit entlehnten prächtigen Titel: Senatus populusque Romanus. Während Konrad einerseits dringend nach Rom eingeladen wurde, ersuchten ihn andererseits die lombardischen Städte flehentlich, den Uebermuth der Mailänder, die sich alle ihre Nachbarn unterwerfen wollten, zu bändigen. Er lehnte alle diese Anträge ab, weil er es für besser hielt, das kaiserliche Oberstrichteramt in Deutschland durch häufige Reisen und Gerichtsversammlungen geltend zu machen, als in die Höhle zurückzukehren, aus der er vorher nicht ohne Schmach gekommen war. Auch machte ihm die unruhige deutsche Ritterschaft genug zu schaffen; glaubte ja doch sein eigener Halbbruder, der Geschichtschreiber Otto von Freisingen, das Ende der Welt müsse nahe sein, weil man selbst in den Fastenzeiten seine Ruhe mehr habe! Konrad gab daher den Italienern zwar durch offene Briefe seine Aufmerksamkeit auf ihre Angelegenheiten zu erkennen, hütete sich aber wohl, seinen Worten durch die That Nachdruck zu verleihen. Ungefähr auf gleiche Weise verfuhr er gegen die Ungarn und Polen; er nahm die von ihnen dargebotene Huldigung an und empfing die von Nebenbuhlern vertriebenen Könige dieser Völker freundlich, strengte sich aber nicht besonders eifrig zu ihren Gunsten an. Vergebens flehte der Papst den König an; vergebens suchten ihn die Römer zu überzeugen, daß es die höchste Zeit sei, sich an ihre Spitze zu stellen, wenn er nicht durch den Papst die Vortheile verlieren wolle, deren die alten römischen Kaiser genossen hatten; vergebens schrieben sie ihm, daß der Papst mit Roger II. ein Bündniß geschlossen und demselben, um Hülfe von ihm zu erhalten, sehr bedeutende Rechte über die Kirche seines Landes eingeräumt habe; Konrad blieb ungerührt und überließ Italien seinem Schicksale.

Je weniger Konrad geneigt war, aus irgend einem Grunde das Reich zu verlassen, desto auffallender ist es, daß er sich durch den heiligen Bernhard zu einem Kreuzzuge bewegen ließ, und von allen Wundern Bernhard's ist dieses gewiß nicht das kleinste. Bernhard hatte nach dem Falle von Edessa im Auftrage des Papstes unter den Franzosen das Kreuz mit großem Erfolg gepredigt. Zu gleicher Zeit hatte sich ein deutscher Mönch, Radulf, für Bernhard's Bevollmächtigten ausgegeben, um am Rhein ebenfalls mit Erfolg zum heiligen Zuge aufrufen zu können, und seinem Rufe waren viele Tausende aus den niederen Volksklassen gefolgt, welche dann in ihrem Fanatismus über die Juden herfielen. Durch diese Greuel betrübt, erließ Bernhard ein Rundschreiben an die Deutschen, in welchem er sie warnte, sich nicht, wie einst die Schaaren Peter's des Eremiten, Gottschall's und Anderer, unerfahrenen Führern anzuvertrauen, und sie zugleich mit sehr guten Gründen von der Verfolgung der Juden abmahnte. Die Ausrottung der Juden, schreibt er, habe gar keinen Nutzen, da es genug christliche Wucherer gebe, welche deren Stelle einnehmen würden, und da man mit ihrer Vertilgung auch die Hoffnung ihrer Belehrung vernichte. Selbst die Heiden würde man dulden müssen, wenn man sich ebenso ihrer dereinstigen Belehrung ruhig getrösten könne, und nur weil sie die Christen angriffen und verfolgten, müsse man das Schwert gegen sie erheben und Gewalt mit Gewalt vertreiben. Es verdient übrigens bemerkt zu werden, daß, während Bernhard die Juden gegen den Pöbel in Schutz nahm, der Papst Eugen über das Geld und Gut dieses Volkes auf eine Weise verfügte, welche noch empörender ist, als die Mißhandlungen der rohen Volkshaufen, weil es unter scheinbar rechtlichen Formen geschah. Eugen erklärte nämlich

in einer Bulle, daß alle, die das Kreuz nähmen, der Zahlung ihrer
Schulden überhoben und des ihren Gläubigern geleisteten Eides kraft
der päpstlichen Machtvollkommenheit entbunden sein sollten. Der
Abt von Clugny gab gleichzeitig dem König von Frankreich den Rath,
man solle das Leben der Juden schonen und ihnen nur ihr Geld nehmen.
Gleich nachdem Bernhard sein Schreiben an die Deutschen hatte ausgehen lassen, begab er sich selbst nach Frankfurt, wo er mit Konrad
zusammentraf und ihn beim Heile seiner Seele beschwor, an dem neuen
Kreuzzuge Theil zu nehmen. Konrad erwies ihm die höchste Ehrfurcht
und soll den heiligen Redner einst, da er in der Kirche durch das
Gedränge der begeisterten Zuhörer in Gefahr gerieth, auf seinen Armen
ins Freie getragen haben; doch gab er ihm eine ausweichende Antwort und Bernhard besaß Feinheit und Höflichkeit genug, um vorerst
nicht weiter in ihn zu bringen.*) Er wandte sich dafür nach dem
Oberrhein, wo die romanische Sprache, in welcher er predigte, mehr
bekannt war und benutzte dann die Festlichkeit des sogenannten Kron-
tages, welche die Könige des Mittelalters auf Weihnachten zu feiern
pflegten, um noch einmal zu versuchen, ob er vielleicht auch Konrad
rühren könne. Er ging nach Speier, wo Konrad die Weihnachten zubrachte, wählte einen feierlichen Moment der Meßhandlung, um in
begeistertem Tone rührende Worte an ihn zu richten und machte durch
seine edle Geberde, durch die Würde seiner Haltung und durch seine
fast geisterartige Gestalt einen solchen Eindruck auf die Versammlung,
daß Konrad sich der allgemeinen Stimmung nicht entziehen konnte
und am Altar das Kreuz und das Panier des Zuges aus Bernhard's
Hand bemüthig annahm.

Sobald der Entschluß der Süddeutschen ihren Landsleuten im
Norden bekannt ward, stimmten auch diese ein. Doch hatte weder der
heilige Bernhard Einfluß auf sie, noch zogen sie gegen die Ungläubigen in Palästina. Sie richteten vielmehr auf den Rath ihrer Bischöfe,
welche meist fürstlichen oder doch ritterlichen Geschlechts waren, ihre
Waffen gegen die Heiden, die in ihrer Nähe wohnten und häufige
Einfälle in das christliche Deutschland machten. Zu Heinrich's IV.
Zeit waren die wendischen Stämme an der Nordgrenze von Deutsch-
land durch ihren christlichen Fürsten Gottschalk in ein großes Reich
vereinigt worden, sie hatten aber 1066 Gottschalk erschlagen und alle
Spuren des Christenthums wieder ausgerottet. Unter ihren damaligen
Häuptlingen war Kruto der mächtigste. Dieser nahm seinen Sitz

---

*) Die Stelle, wo Bernhard von Clairvaux an Konrad Wunder wirkte, befindet
sich in einem Hof, der Domkirche von Frankfurt gegenüber, welcher später durch Kauf
in den Besitz der Cistercienser-Abtei von Hayna in Hessen kam und daher Haynerhof
heißt; sie ist durch eine dem Heiligen zu Ehren errichtete Kapelle bezeichnet.

in Mecklenburg, machte sich Holstein, Stormarn und Dithmarschen tributbar und blieb so lange im ungestörten Besitze seiner Herrschaft, bis Gottschalk's Sohn, Heinrich, welcher früher nach Dänemark geflüchtet war, seine Gemahlin gewann und ihn mit Hülfe derselben erschlug (1105). Heinrich war nun Herrscher über die Stämme in Mecklenburg und Holstein, schloß sich aber aus Mißtrauen gegen seine Landsleute an die Christen an und huldigte dem Herzog Magnus von Sachsen. Er erbitterte dadurch seine Unterthanen; sie empörten sich und konnten nur mit Hülfe der Sachsen wieder bezwungen werden. Er drückte dann alle, die am Aufstande Antheil genommen hatten, noch weit härter als zuvor und begründete seine Herrschaft über sie durch Waffengewalt. Dies kam am meisten den benachbarten Deutschen zu Statten, weil seit dieser Zeit die Streifzüge in ihre Länder aufhörten. Nachher ward Heinrich von den Rugiern oder Ranen angegriffen, welche den Mittelpunkt ihres Cultus auf der Insel Rügen hatten und bis tief in Preußen hinein mächtig waren. Diese Völkerschaft hatte zwar, wie alle wendischen Stämme, einen Häuptling oder Anführer, richtete sich aber zugleich auch nach den Weisungen ihres Oberpriesters und verband also die priesterliche Regierung mit der königlichen. Ihr Hauptgott war Swantewit, dessen Tempel zu Arkona auf Rügen stand und dem sie alles erbeutete Gold und Silber brachten, weil sie selbst im Verkehr ihres Lebens sich der edlen Metalle nicht bedienten. Die Rugier überfielen Heinrich in Lübeck, wo er seinen Sitz genommen hatte, wurden aber von ihm geschlagen und nebst den vielen anderen Völkerschaften, denen Swantewit ebenfalls als Hauptgottheil und sein Tempel als Mittelpunkt der Herrschaft galt, unterworfen. Seit der Zeit war Heinrich Herr des ganzen Wenden-Landes bis nach Havelberg und Brandenburg hin. Die Rugier erschlugen nachher seinen Sohn Waldemar, dem er die Oberaufsicht über die pommersche Küste und über die bedeutenden Zölle und Abgaben, welche auf derselben erhoben wurden, übertragen hatte; und Heinrich unternahm darauf mit einem Scheine des Rechts einen Raubzug gegen den Tempel Swantewit's, wobei die Hülfstruppen der Sachsen seine Hauptstärke ausmachten. Dieser Zug verschaffte ihm selbst und den Sachsen ausgezeichnete Reichthümer, ohne die Rugier ärmer zu machen, indem damals bei weitem nicht der ganze Tempelschatz geplündert wurde. Gleich nachher fiel sein Reich zusammen, weil die Sachsen zu Heinrich's V. und Lothar's Zeiten in anderen Gegenden des Reiches beschäftigt waren und also ihm und seinen Söhnen keine Hülfe mehr leisten konnten. Ein Volk nach dem anderen riß sich los und bald nach Heinrich's Tode (1121) zerfiel der große wendische Staat völlig. Die Holsteiner und Stormarn, die zwar einen Anstrich von Christenthum hatten, aber lieber in Hainen und an Quellen, als in den Kirchen ihren Gottesdienst verrichteten, schlossen sich damals an die Wenden an. Die Rugier erneuerten, um die erlittenen Beleidigungen zu rächen, ihre verheerenden Einfälle und plünderten Lübeck. Räubereien wurden wieder die gewöhnliche Beschäftigung aller Bewohner der Ostseeküste und überall herrschte Verwirrung und Verwüstung, obgleich Lothar schon als Herzog von Sachsen, um eine bessere Ordnung der Dinge in Holstein herzustellen, dieses Land dem Grafen Adolf von Schauenburg übergeben und nachher als Kaiser bis in das Innere von Schleswig mehrere Züge unternommen hatte. Weder Holstein, noch die Länder an der Elbe blieben verschont; die Wenden warfen überall das Christenthum von sich und bildeten bis nach Danzig hin eine Anzahl kleiner heidnischer Reiche. Jedes dieser Reiche hatte seinen eigenen Cultus, alle zusammen aber erkannten den Götzen auf Rügen als ihre Hauptgottheit an; Swantewit's Tempel war gewissermaaßen das Delphi der verbündeten Wenden und sein Oberpriester ihr Orakel, die Christen aber wurden als liebliche Opfer des grausamen Götzen angesehen. Während nachher Heinrich der Stolze und Albrecht der Bär um das Herzogthum stritten, kämpften Adolf von Schauenburg und Heinrich von Badewide um den Besitz von Holstein mit Wagrien, das endlich dem Grafen Adolf zuerkannt wurde, während Heinrich Lauenburg als Lehen empfing. Die Wenden hatten inzwischen Zeit genug, ein mächtiges Reich zu stiften, an dessen Spitze die beiden Obotriten-Fürsten Nillot und Pribislav standen. Gegen diesen Slavenstaat richteten 1147 die norddeutschen Fürsten unter der Anführung des jungen Sachsen-Herzogs, Heinrich's des Löwen, ihren Kreuzzug, während Konrad und die Süddeutschen nach Palästina zogen.

Der Erfolg beider Unternehmungen war auf gleiche Weise unrühmlich. Konrad's Kreuzfahrt nahm, wie unten gezeigt werden wird, einen unglücklichen Ausgang, und der Zug gegen die Wenden hatte keine andere Wirkung, als arge Verheerungen des Landes, welche dann die Wenden an den Westphalen und Holländern vergalten, die Graf Adolf in Holstein angesiedelt hatte. Dagegen nahm ein Kreuzzug, den die Deutschen am Niederrhein mit einigen Westphalen und Niederländern gegen die Mauren in Portugal machten, einen rühmlichen Ausgang. In diesem Lande hatte am Ende des vorigen Jahrhunderts König Alphons VI. von Castilien und Leon dem Grafen Heinrich von Burgund, der mit einer Schaar tapferer Krieger nach Castilien gekommen war und im Kampfe mit den Mauren ausgezeichnete Dienste geleistet hatte, seine Tochter zur Gemahlin und das zwischen Minho und Duero gelegene Land zum Lehen gegeben, und so die Entstehung eines neuen Reiches veranlaßt, welches nachher von dem Hafen Porto Cale an der Mündung des Duero den Namen Portugal erhielt. Heinrich's Sohn, Alfons I., überwand in der Schlacht bei Durique (1139) fünf saracenische Emire und ließ sich zum König von Portugal ausrufen; vier Jahre später hielt er eine Reichsversammlung zu Lamego ab, auf welcher seine Krönung vollzogen wurde und er im Verein mit den Ständen (Höfen oder Cortes) die Grundzüge der Verfassung und Gesetzgebung feststellte. Der neue König war (1147) gerade mit einem Unternehmen gegen die Stadt Lissabon beschäftigt, als jene Kreuzfahrer, an die sich unterwegs noch viele Engländer angeschlossen hatten, an der Mündung des Tajo landeten. Sie halfen ihm die Stadt erobern und kehrten darauf mit reicher Beute in ihre Heimath zurück. Im Wenden-Lande bewirkte bald nachher der fromme Mönch Wizelin durch seine Predigten, was seine Landsleute vergebens mit den Waffen versucht hatten. Er arbeitete mit Ausdauer und Glück für die Verbreitung des Christenthums und dieses faßte wieder feste Wurzeln bei den Wenden, obgleich Heinrich der Löwe, um von Wizelin's geistlichem Samen die zeitlichen Früchte zu genießen, dem wackeren Mönche Schwierigkeiten bereitete und nicht eher ruhte, als bis dieser ihn in dem ärmlichen Bisthum, das er im Mecklenburgischen gestiftet, als Oberlehensherrn anerkannt hatte.

Konrad hatte, ehe er seinen Kreuzzug antrat, dem Namen nach seinen Sohn Heinrich, welcher vorher zum römischen König erwählt worden war, an die Spitze der Geschäfte gestellt; in Wirklichkeit aber war Wibald, Abt von Stablo, Malmedy und Corvei, während der Abwesenheit des Königs Regent und Lenker des Reiches. Wibald hatte als Freund des Königs Konrad, als der erste Gelehrte und als der tüchtigste Geschäftsmann ungemein großes Ansehen in Deutschland. Man nannte ihn seiner Gewandtheit im Ausdruck wegen den Cicero seiner Zeit, er faßte sowohl unter Konrad, als auch im Anfange der folgenden Regierung alle kaiserlichen Briefe und Documente ab und sein Bruder begleitete den König Konrad auf dem Kreuzzuge als Kanzler. Wibald gehörte zwar, wie bereits früher angedeutet ist, zu den Wenigen, welche die wissenschaftliche Richtung ihrer Zeit klar erkannten und das Verhältniß der damaligen Schulstudien zum Leben richtig beurtheilten; dessen ungeachtet sieht man aber auch aus seiner Geschichte, wie nachtheilig es für das Reich und für die Aufrechthaltung des Herkommens war, daß die Geistlichen als die einzigen Gelehrten jener Zeit überwiegenden Einfluß hatten und fast ausschließlich zu allen den Geschäften gebraucht wurden, welche nicht mit dem Schwerte beendigt werden konnten. Wibald verfuhr, sobald es seine Politik verlangte, ohne Rücksicht auf Sitte und Herkommen, und besaß dabei einen solchen Gelehrtenhochmuth, daß wir z. B. in einem seiner Briefe, den er an einen Mönch schrieb, die stolzen Worte finden: „Ich spreche zu dir in der Einzahl, während ich sonst im Verkehr mit Mönchen mich der Mehrzahl zu bedienen pflege; allein ich habe es jetzt mit einem Studirten und Philosophen zu thun."

Den Verlauf des zweiten Kreuzzuges werden wir später im Zusammenhang mit der Geschichte des Orients kennen lernen. Konrad beschleunigte seine Rückkehr aus Palästina, weil er die Nachricht erhielt, daß der Gegner seines Hauses, der Oheim des jungen Herzogs von Sachsen, mit Roger von Sicilien einen Bund geschlossen habe. Welf VI. hatte nämlich den Kreuzzug mitgemacht, war aber schon vor dem Könige wieder heimgekehrt und hatte unterwegs mit dem Könige Roger von Sicilien, der sich durch die enge Freundschaft Konrad's mit dem Kaiser von Constantinopel, seinem geschworenen Feinde, bedroht sah, Verabredungen gegen Konrad getroffen. Reichlich mit Geld versehen, reiste er von Neapel nach Deutschland zurück und unterhandelte unterwegs nicht nur mit dem Papste, sondern regte auch die lombardischen Städte auf und knüpfte mit seinen Verwandten vom Haus Este Verbindungen gegen Konrad an. Dieser bot gleich nach seiner Zurückkunft (1149) das ganze Reich gegen ihn auf; noch ehe aber die Reichshülfe ankam, hatte sein Sohn, Heinrich, den alten Welf in einem Treffen bei Bopfingen bereits geschlagen. Nun legten sich die beiderseitigen Freunde ins Mittel und die Sache ward durch ein förmliches gerichtliches Verfahren geschlichtet, obgleich Wibald nachdrücklich auf der Entscheidung durch Waffengewalt bestanden und sich dabei, wie in neuerer Zeit Ludwig XIV. und Bonaparte, auf den Gedanken gestützt hatte, daß die Stimme der Gerichte nur in einem kleinen Raume vernommen, Kriegsthaten aber, wenn sie mit einigem Glanze ausgeführt werden, über den größten Theil des Erdkreises verbreitet würden. Kaum hatte Konrad die Ruhe in Süddeutschland wieder hergestellt, als man ihn auf jede Weise nach Rom zu locken suchte. Die Römer glaubten nämlich die Verfassung, die sie nach dem Muster der alten Zeiten Roms eingerichtet hatten, nicht eher befestigt, als bis der Kaiser dieselbe bestätigt habe; sie gaben sich daher große Mühe, ihm ihren neuen Senat als seinen einzigen wahren Freund in Italien vorzustellen, und rühmten sich in ihren Briefen an den Kaiser, daß sie den Papst und seine Anhänger nur deshalb mißhandelt und vertrieben hätten, weil diese sich mit Roger gegen die Ehre und das Ansehen des Kaisers verbunden gehabt. Wirklich fanden auch, wenn man nach den Briefen Konrad's und Wibald's urtheilen darf, die Grundsätze Arnold's von Brescia, welcher damals an der Spitze der römischen Republik stand, bei dem deutschen Könige zum Theil Eingang. Er billigte es, daß die Priester weder Krieg führen, noch Blutvergießen erregen, sondern auf Predigten und Messe-Lesen als ihren einzigen Beruf beschränkt bleiben sollten, obgleich er in Deutschland diesen Grundsatz noch viel weniger hätte geltend machen können, als der neue römische Senat in Rom. Auch gefiel diese Ansicht seinem Minister und Diplomaten Wibald nicht, der ihm in seinen Unterhandlungen, besonders mit den Römern, ganz unentbehrlich war. Wibald wirkte daher in dieser Sache dem Sinn des Kaisers entgegen; er berief sich, sobald ein Auftrag ihm mißfiel, auf seine erschöpften Geldmittel und lehnte unter diesem Vorwande insbesondere die Gesandschaft an den Papst, sowie die Besorgung eines Tractats mit dem griechischen Kaiser ab Es zeigt sich bei der Gelegenheit recht auffallend, wie viel schwieriger die Lage des Beherrschers von Deutschland war, als die des Papstes und der Könige von England und Frankreich. Die Männer, deren sich die Päpste bei ihren Unterhandlungen bedienten, waren Leute, welche stets bei dem Geschäfte blieben, und die Beherrscher von England und Frankreich hatten den großen Vortheil, daß es in ihren Ländern keine unabhängigen Geistlichen gab, daß also, da zu jener Zeit alle schriftlichen Geschäfte nur durch Geistliche verrichtet werden konnten, ihre Geschäftsmänner sich weit mehr als in Deutschland in den Willen des Regenten fügen mußten. Ein deutscher Kaiser dagegen fand, wie man besonders in Wibald's Verhältniß zu Konrad erkennt, manchmal gerade bei seinen eigenen Räthen und Unterhändlern die größten Schwierigkeiten. Aus diesem Grunde, sowie wegen der drohenden Haltung Heinrich's des Löwen, zog sich auch der von Konrad beabsichtigte Römerzug in die Länge, und der Kaiser starb endlich, ohne ihn ausgeführt zu haben, 1152 zu Bamberg, wo er im Dom beigesetzt wurde.

3. Das deutsche Reich unter Friedrich Barbarossa bis zur Demüthigung Heinrich's des Löwen.

Konrad hatte zwei Söhne; von diesen war aber der ältere, Heinrich, kurz nach dem Sieg über Welf gestorben, und der zweite, Friedrich von Rothenburg, der nachher Herzog von Schwaben wurde, war bei des Vaters Tode erst acht Jahre alt. Der König übergab auf seinem Todbette die Reichsinsignien nicht diesem Sohne, sondern seinem tapferen Neffen, Friedrich I., von den Italienern Barbarossa genannt und zeigte hierdurch, daß er in der damaligen Lage des Reiches das Interesse seines Hauses dem Vortheile seines Sohnes vorziehen zu müssen glaubte. Da ganz Deutschland den von ihm empfohlenen Friedrich schon vorher als den Mann erkannt hatte, welcher der Krone am würdigsten sei, so wurde derselbe schon 17 Tage nach Konrad's

Tode von den Ständen in Frankfurt einstimmig zum Oberhaupte des Reiches erwählt und zu Aachen gekrönt. Friedrich Barbarossa war der einzige deutsche Fürst, welcher unter den damaligen Umständen der kaiserlichen Würde den Glanz erhalten konnte, den ihr Konrad mühsam und nur zum Theil wieder verschafft hatte. Auch waren die Umstände niemals günstiger, um diesen Glanz zu vermehren. Die immer wachsende Kampf- und Raublust des zahlreichen Adels und dessen Streit mit den Fürsten auf der einen und den Bürgern der vielen Städte auf der anderen Seite machten das Bedürfniß eines Schiedsrichters recht fühlbar; die Verständigen schlossen sich gern an den Kaiser an, und Konrad hatte die Verbindung des Hauptes und der Glieder des Reichs dadurch befördert, daß er die alte Ordnung der Hoftage erneuert hatte. Diese waren von ihm wieder ganz so wie in den vorigen Zeiten gehalten worden; die Fürsten und Herren hatten, je nachdem es in den Berufungsschreiben ausgesprochen war, mit einem glänzenden oder einem geringen Gefolge erscheinen müssen, und zwar ebensowohl die ersten Geistlichen des Reiches, als die niedere Ritterschaft, weil Konrad selbst die Erzbischöfe nur als seine Hofbeamten anzusehen pflegte und bei Kriegszügen über ihre und ihrer Stifter Vasallen, sowie über ihre Person unbedingt verfügte. Als z. B. einst das Kloster zu Quedlinburg mit dem Interdict belegt worden war, hatte er dieses durch einen kaiserlichen Befehl ohne Weiteres aufgehoben.

Sobald Friedrich an die Regierung gekommen war, zeigte er ein kräftiges Walten; so entschied er auf seinem ersten Reichstag (Pfingsten 1152) in Merseburg den Thronstreit zwischen den dänischen Fürsten Svend und Knut in der Weise, daß Svend König wurde und Knut von ihm die Insel Seeland zu Lehen nahm; der Erstere erkannte die Reichshoheit an und trug dem deutschen König das Schwert vor. Bald richtete Friedrich seinen Blick nach Italien und faßte den großartigen Entschluß, in geistlichen und weltlichen Dingen, sowie in der Ausdehnung des Reiches den Zustand der Karolingischen und Ottonischen Zeit zurückzuführen. Zu diesem Entschlusse trug nicht wenig bei, daß die ganze Lage der Dinge in Italien seinen Plan zu begünstigen schien und daß an seiner Erwählung zum Reichsoberhaupt auch italienische Große Theil genommen hatten. Die Städte des nördlichen Italiens, welche immer demokratischer geworden waren und bei ihrem blühenden Handel fortwährend an Wohlstand zunahmen, lagen in steter Feindschaft mit einander. Besonders bedrohte damals die Stadt Mailand alle anderen. Sie war so groß und mächtig geworden, daß schon 1137 auf einer feierlichen Versammlung, welche Lothar II. in den roncalischen Feldern hielt, nicht weniger als 40,000 Mailänder in Rüstung erschienen waren. Die Mailänder hatten in der letzten Zeit ihre Herrschaft rings herum ausgedehnt, und zwangen nicht blos alle Landherren, wenn sie ihre Güter in Frieden besitzen wollten, sich in Mailand Häuser zu bauen und Bürger ihrer freien Volksgemeinde zu werden, sondern sie demüthigten und zerstörten auch jede Stadt, die sich dem lästigen Bunde mit ihnen entzog. Dies hatten, wie wir unten sehen werden, besonders Lodi und Como erfahren. In mittleren Italien unterhielt Pisa einen ununterbrochenen Briefwechsel mit dem kaiserlichen Hofe; nach Rom aber rief nicht blos das Volk, das sich die Regierung angemaaßt hatte, sondern auch der Papst den Kaiser, um ihren unversöhnlichen Zwist zu schlichten. In Unteritalien endlich hatte Roger von Sicilien stets Feindseligkeiten mit dem griechischen Kaiser, Manuel I., der sich mit Konrad gegen ihn verbunden, diesen um einen Römerzug bestürmt und sich, um ihn dazu zu bringen, sogar herabgelassen hatte, dem ersten Minister des deutschen Kaisers, Wibald, durch Briefe und Geschenke zu schmeicheln. Friedrich sah indessen, als die deutschen Stände einen vorgeschlagenen Kriegszug nach Ungarn ablehnten, daß er durchaus nicht an Italien denken könne, wenn er nicht vorher seinen Herrscherplan zu einer Reichsangelegenheit gemacht habe. Das Mittel dazu fand er in der Ankunft apulischer Reichs-vasallen, welche von Roger vertrieben worden waren und Hülfe in Deutschland suchten. Diese mußten auf einem Reichstage nach der Sitte der Zeit mit lautem Wehklagen die Hülfe des Reiches anrufen und dadurch die Stände gewissermaaßen zwingen, den Zug nach Italien als einen Reichskrieg zu beschließen. Doch ward derselbe noch auf zwei Jahre hinausgeschoben. Da ohne die Hülfe der Sachsen und ihres jungen Herzogs, welcher noch immer dem väterlichen Herzog-thum Baiern nicht entsagt hatte, kein günstiger Erfolg von der italie-nischen Unternehmung zu hoffen war, so legte Friedrich den alten Proceß über Baiern noch einmal einem Reichstage vor und forderte Heinrich Jasomirgott von Oestreich auf, den rechtlichen Besitz des Landes vor seinen Mitständen zu erweisen. Der Letztere erschien jedoch, weil er die Sache als abgethan ansah, weder damals noch im nächsten Jahre auf dem Reichstage, und Friedrich benutzte dies, um Heinrich den Löwen dadurch an sich zu knüpfen, daß er ihm Baiern zusprach. Auch von der Mitwirkung der höheren Geistlichkeit hing für das Ge-lingen der Unternehmung sehr viel ab; Friedrich suchte daher solche Männer in die bischöflichen Stellen zu bringen, welche ihm ihre Stimme auf den Reichsversammlungen und ihre Leute zu seinen Kriegen geben mußten. Er kümmerte sich dabei weder um die vorgenommenen Wahlen, noch auch um den Widerspruch des Papstes, wies vielmehr die Legaten des Letzteren mit Unwillen zurück, als sie die von ihm für Magdeburg angeordnete Wahl eines Erzbischofs untersuchen wollten, und hielt das kaiserliche Ansehen nicht weniger in geistlichen, als in weltlichen Geschäften aufrecht.

Als er den Herzog von Sachsen, der seine herzogliche Gewalt ebenso in Norddeutschland gebrauchte, wie Friedrich die kaiserliche im Reiche, gewonnen hatte, entwickelten sich seine Absichten deutlicher. Damals begann er auch durch seine Rechtslehrer das System der Verfechter des kaiserlichen Ansehens sowohl gegen die Anmaaßungen der Kirche, als gegen die Republikaner in Italien mit Festigkeit behaupten und durchsetzen zu lassen. Diese italienischen Republikaner oder, wie sie nachher hießen, die Guelfen, erfanden nämlich ein eigenes politisches System; sie setzten dem Rechte und der Gewalt des Kaisers das Christenthum als eine Republik eigener Art entgegen und wußten die christliche Hierarchie, an deren Spitze der Papst stand, sehr gut mit dem System ihrer bürgerlichen Freiheit in Verbindung zu bringen. Auf diese Weise kämpften nachher Papst und Republiken, zu einem Grundsatze vereinigt, gegen die Anhänger des Kaisers oder die Ghibellinen (deutsch Waiblinger), welche ihnen entgegensetzten, daß seit der Vernichtung der römischen Freiheit durch Julius Cäsar, oder durch Uebertragung der gesammten Staatshoheit auf denselben, Gewalt und Gesetz vom Volk an den Kaiser übergegangen seien, daß also seinem Willen allein die Allgewalt der Herrschaft und die Majestät des Gesetzes zukomme. Der ghibellinische Grundsatz siegte zwar schon damals in den Schulen und Gerichtshöfen, wo man das Justinianeische Recht als höchste Weisheit verehrte; dagegen war aber in der Form der Verfassung und in der politischen Verwaltung der italienischen Städte von den kaiserlichen Rechten bereits auch jede Spur verwischt. Diese Städte hatten seit Heinrich's IV. Zeit, als die Kaiser die Ordnung nicht erhalten konnten, sich immer größere Freiheiten und Rechte angemaaßt; sie bildeten zuletzt Bündnisse unter sich und führten Kriege, als wenn sie völlig unabhängige Staaten wären. In einem solchen Kriege war 1110 Lodi von den Mailändern zerstört und seine Bürger in sechs offene Flecken vertheilt worden. Ebenso hatten sich die Mailänder 1127 nach einem langjährigen Kriege Como unterworfen, obgleich zwölf Städte demselben Hülse geleistet hatten. Die nämlichen Mailänder zeigten dem neuen Kaiser selbst ein Jahr vor seinem Römerzuge in recht auffallender Weise, wohin es mit dem kaiserlichen Ansehen in den italienischen Staaten gekommen war. Einige Handelsleute von Lodi trugen dem Kaiser bittere Beschwerden über die Bedrückungen vor, welche ihre Vaterstadt von den Mailändern zu erdulden hatte. Friedrich schickte darauf ein abmahnendes Schreiben an die Consuln und die Bürgerschaft von Mailand; hier verachtete man aber nicht allein den kaiserlichen Befehl, sondern man wagte es sogar, das

Schreiben, in welchem er enthalten war, zu zerreißen und mit Füßen zu treten. Während die Mailänder in ihrem Uebermuth sich so weit vergaßen, gingen Arnold von Brescia und seine Römer mit dem Gedanken um, für sich allein einen römischen Kaiser zu wählen, damit sie desto sicherer in den Besitz ihrer alten Rechte kämen. Diese beiden Umstände machten die Sache des Kaisers zu einer Ehrensache des Reiches und bewogen ihn selbst, seinen Zug zu beschleunigen, zumal da der Tod des Königs Roger II. (1154), dessen Sohn und Nachfolger, Wilhelm I. oder der Böse, die Talente seines Vaters nicht besaß, auch in Unteritalien die Behauptung der kaiserlichen Rechte zu erleichtern schien.

Friedrich zog im October 1154 von Augsburg aus mit einem nicht sehr zahlreichen Heere in die Lombardei, deren Anblick ihn, wie einst seinen Oheim, wegen des ganz verschiedenen Zustandes der Gesellschaft, wegen der Wohlhabenheit und des Selbstvertrauens ihrer Bewohner und wegen der Mannigfaltigkeit und Lebhaftigkeit ihrer Künste und Gewerbe nicht wenig überraschte. Er hielt, besonders der Mailänder wegen, eine große Versammlung auf den roncalischen Feldern, um alle diejenigen, welche nicht erscheinen würden, verurtheilen zu können; die schlauen Mailänder fanden sich aber wider Erwarten ein, und als die Städte Pavia, Lodi und Cremona eine Anklage gegen sie vorbrachten, unterwarfen sie sich, weil sie des Kaisers Waffen fürchteten, einem gerichtlichen Ausspruche. Sie wurden zu einer Geldbuße von 1000 Mark und zur Freilassung der kurz vorher gefangenen Bürger von Pavia verurtheilt. Friedrich fand jedoch leicht einen Vorwand, sie dessen ungeachtet der Treulosigkeit zu beschuldigen und eine feindselige Stellung gegen sie anzunehmen. Sie hatten nämlich nicht nur den Kaiser selbst durch Geld zu gewinnen gesucht, daß er ihre Herrschaft über Lodi und Como bestätige, sondern ihre Abgeordneten, welche Friedrich als Wegweiser angenommen hatte, führten auch das deutsche Heer absichtlich in öde Gegenden. Friedrich konnte sich zwar nicht sogleich gegen ihre Stadt selbst wenden, er griff aber ihre Verbündeten, die Bürger von Chieri und Asti, an und schleifte die Mauern beider Städte. Noch weit härter züchtigte er eine andere Bundesgenossin Mailands, die Stadt Tortona, die sich weigerte, dem Bunde mit Mailand zu entsagen und sich dagegen an das kaiserlich gesinnte Pavia anzuschließen. Zwei Monate lag Friedrich vor der Stadt; als er sie endlich nahm, überließ er es den Pavesen und anderen Nachbarn, ihre Rache ebensowohl an den Einwohnern, als an den Mauern und Gebäuden auszuüben und trat mit seinen Deutschen den Marsch nach Rom an. Seit dieser Zeit entstand eine unversöhnliche Feindschaft zwischen der Republik Mailand und dem Kaiser.

Die Mailänder boten alle Mittel auf, um die Stadt Tortona, deren Bewohner sich größtentheils zu ihnen geflüchtet hatten, dem Kaiser zum Trotz völlig wiederherzustellen. Sie erschöpften zu diesem Zwecke nicht nur ihren öffentlichen Schatz, sondern es ward auch zwischen den einzelnen Bürgern die besondere Vereinigung getroffen, daß von den sechs Quartieren ihrer Stadt stets vier nach Tortona zogen und dort entweder bauen halfen oder die Pavesen abhielten, die Werkleute zu beunruhigen.

Friedrich hatte sich unterdessen in Pavia mit der lombardischen Krone krönen lassen und war dann nach Rom gezogen. Papst Eugen III. war 1153 gestorben und der heilige Bernhard noch in demselben Jahre ihm nachgefolgt. Anastasius IV., der nach Eugen auf den römischen Stuhl erhoben wurde, gelangte nie zur Ausübung der weltlichen Herrschaft in Rom und starb schon nach anderthalb Jahren. Nun erhielt (December 1154) unter den schwierigsten Umständen der Angelsachse Nicolaus Breakspeare, Sohn eines Priesters und in der Jugend von seinem Vater verstoßen, die päpstliche Würde. Er nahm den Namen Hadrian IV. an und trat sogleich mit großer Energie gegen die republikanische Partei auf; er forderte die Verbannung Arnold's von Brescia und verhängte, da dieselbe verweigert wurde, in der Palmwoche das Interdict über die ewige Stadt. Schon nach wenigen Tagen drängte das bestürzte Volk zum Nachgeben und Arnold mußte weichen. Mit Hadrian hatte der Kaiser schon beim ersten Zusammentreffen zu Sutri einen Zwist über ceremonielle Ehren, welche derselbe in Anspruch nahm. Es war nämlich Sitte, daß der Kaiser dem Papste beim Absteigen den Steigbügel hielt, eine Höflichkeitsbezeugung, welche im Mittelalter keine weitere Bedeutung hatte. Friedrich unterzog sich derselben bei seinem ersten Zusammentreffen mit Hadrian entweder gar nicht oder er that es nicht auf die übliche Weise und Hadrian erhob darüber einen Streit, welchen Friedrich zuletzt dadurch beilegte, daß er sich jener Sitte als einer Sache der Form und des Herkommens unterwarf. Kaum war der Papst beruhigt, als Friedrich mit dem sogenannten römischen Volk und dessen Senat in einen noch heftigeren Streit gerieth. Die Römer schickten ihm nämlich Abgeordnete entgegen, ließen ihm stolz die Kaiserkrone anbieten und forderten dafür nicht nur die Anerkennung ihrer alten Rechte und Gewohnheiten, sondern sie verlangten auch Brief und Siegel darüber und 5000 Pfund Silber. Friedrich wies sie unwillig von sich, drang sogleich in die Stadt Rom ein und ließ sich unmittelbar darauf vom Papste krönen (18. Juni 1155). Die Römer griffen aber gleich nach der Krönung das deutsche Heer an und es kam zu einem blutigen Kampfe, in welchem sie selbst wie gewöhnlich den

Kürzeren zogen und nicht weniger als 1000 Bürger erschlagen oder in der Tiber ertränkt wurden, während von den Deutschen fast kein Mann fiel. „Empfange, o Rom", ruft Friedrich's Geschichtschreiber und Zeitgenosse, Otto von Freisingen, bei der Gelegenheit aus, „empfange deutsches Eisen statt des arabischen Goldes! Dies ist das Geld, welches dein Herr dir für deine Krone anbietet." Besonders rüstig hatte Heinrich der Löwe auf den römischen Pöbel eingehauen, und wie sehr die Stimmung des Papstes gegen seine Pfarrkinder damals zu ihrem Nachtheile war, kann man daraus ersehen, daß dieser dafür den Herzog nicht nur hoch belobte, sondern auch sogleich einem von Heinrich willkürlich eingesetzten Bischof der Wenden die Weihe ertheilte, die er bis dahin aus gerechter Rücksicht auf die Einsprache des Erzbischofs von Bremen verweigert hatte. Der Kaiser opferte im ersten Zorn über die bettelstolzen Römer auch Arnold von Brescia der Rache des Papstes. Er hatte vor seiner Ankunft in Rom dem Papste in einem Vertrage versprochen, sowohl den neuen römischen Staat aufzulösen, als auch Arnold von den Freunden, bei denen er sich versteckt hatte, sich ausliefern zu lassen und dem Papste zu übergeben. Bisher hatte er bedächtig gezögert, sein Versprechen zu erfüllen; jetzt aber ließ er den verfolgten Republikaner in seiner Freistätte aufspüren und an den Papst überliefern, auf dessen Befehl derselbe dann sogleich verbrannt wurde.*) Bald trieb die Furcht vor der Sommerhitze den Kaiser nach Spoleto, wo man einen kaiserlichen Abgeſandten in Haft hielt; zur Strafe wurde die Stadt erstürmt und theilweise zerstört. Da jedoch fortwährend die Hitze seine Kriegsgenossen theils verscheuchte, theils darnieder warf, so trat Friedrich den Rückweg über Ancona und Bologna nach Deutschland an. Auf diesem Marsche wäre er an einer Stelle der Tyroler Pässe wahrscheinlich umgekommen, hätte ihn nicht die Tapferkeit seines Bannerträgers, des Pfalzgrafen von Baiern, Otto von Wittelsbach, auf eine fast wunderbare Art errettet. Das deutsche Heer war nämlich rundum von Felsen eingeschlossen und eine lombardische Schaar, von einem Veroneser, Alberich, geführt, sperrte von einer Höhe aus die einzige offene Stelle des Weges; Otto erkletterte aber mit 200 Rittern in schwerer Rüstung, trotz der Steilheit der Felsen, die über den Feinden emporragenden Spitzen und erzwang so den Durchgang. Zwölf bei dieser Gelegenheit gefangene Adelige aus Verona wurden

---

*) Die allgemein verbreitete Annahme, daß Arnold's Scheiterhaufen auf der Piazza del Popolo, da, wo jetzt ein aegyptischer Obelisk aufgerichtet ist, geſtanden habe, wird von Gregorovius für unrichtig gehalten. Arnold's Aſche wurde, nach Otto von Freiſingen, in den Fluß geſtreut, damit ſie nicht vom Volke zur Verehrung aufbewahrt werde.

von einem dreizehnten, dem man unter dieser Bedingung das Leben
schenkte, mit dem Strange getödtet und ihre Leichen an die Land-
straße gelegt; worauf Verona zur Begütigung eine Ergebenheits-
gesandtschaft an den Kaiser nach Regensburg schickte. In Deutschland
brach Friedrich sogleich, erbittert über eine Treulosigkeit der Griechen,
die mit diesen bereits früher angeknüpften Unterhandlungen wieder
ab. Er war schon vor dem Zuge nach Italien mit dem Kaiser Manuel
sowohl wegen der Normannen, als auch wegen der beabsichtigten
Vermählung mit einer griechischen Prinzessin in diplomatischen Verkehr getreten, und jetzt sollte der Abt Wibald, der die Correspondenz
mit den Griechen geführt und Manuel's ganze Aufmerksamkeit erregt
hatte, an der Spitze einer Gesandtschaft nach Constantinopel abgehen;
diese unterblieb aber, weil die Griechen sich einen schändlichen Betrug
erlaubt hatten. Sie hatten nämlich in ihrem Kriege mit Wilhelm
von Sicilien durch die mit dem Siegel Friedrich's versehenen Briefe,
die in ihren Händen waren, die Reichsvasallen im Neapolitanischen
bewogen, griechische Besatzung in ihre festen Plätze aufzunehmen und
auf diese Weise einen großen Theil der Küste in ihre Gewalt gebracht.
Der dadurch erlangte Vortheil währte jedoch nicht lange, da ihnen
Wilhelm alle jene Städte bald wieder entriß; Friedrich war aber so aufgebracht über sie, daß er die nach Constantinopel bestimmte Gesandtschaft nicht abgehen ließ und die griechischen Gesandten, welche zu ihm
nach Deutschland kamen, lange nicht sehen wollte, sondern an der
Grenze anhalten ließ und ihnen das Gehör versagte.

In Deutschland selbst lebte bei des Kaisers Rückkehr Recht und
Gerechtigkeit wieder auf. Die Fürsten lernten, daß sie Glieder eines
Reiches und dem Gesetze unterworfen seien, sie mußten sich vor Gericht stellen und die alte Strafe des Hundetragens ward gegen sie
erneut; der rheinische Pfalzgraf, Hermann von Stahleck, der sich
selbst mit gewaffneter Hand Recht verschaffte, war der Erste, welcher
1156 nebst zehn mitschuldigen Grafen diesem Schimpfe unterworfen
ward; sein Hauptgegner, der Erzbischof von Mainz, Arnold von
Seelenhofen, wurde zu derselben Strafe verurtheilt und nur aus
Rücksicht auf sein Alter und sein hohes geistliches Amt von der Ausführung losgesprochen. Pfalzgraf Hermann aber fühlte sich durch die
erlittene Schmach so gekränkt, daß er sich in ein Kloster zurückzog
(1156). Die Rheinpfalz verlieh Friedrich darauf an seinen Stiefbruder
Konrad, der nun die neuen Besitzungen, die sich bis an das Erzbisthum Trier und an die Grafschaft Katzenellenbogen erstreckten, mit
seinem früheren Gebiet um Speier und Worms vereinigte und Heidel-
berg zum pfalzgräflichen Sitz erhob. Die unruhige Ritterschaft verlor unter Friedrich's Waltung, so oft sie Raub und Mord übte, ihre

Burgen; den Bürgern aber wurden ihre Privilegien erneut; die Künste endlich erfreuten sich des kaiserlichen Schutzes. Friedrich selbst verstand und übte mit Geschick die damals von den Ufern des Ebro bis an den Po blühende Kunst der Provençalen und gab einen glänzenden Beweis davon, als er 1157, bei der Huldigung der Provence, der um ihn versammelten ritterlichen Dichterzunft ihre Gesänge mit einem berühmten Liederspruch erwiderte;*) ja, er machte seinen Namen unter diesen Sängern so berühmt, daß einer von ihnen aus der folgenden Generation, als die Lieder des Südens auch an der Loire und Seine gesungen wurden, den Kaiser Friedrich unter den weisen und begeisterten Fürsten der Vorzeit nennt, welche die Gegenwart vermisse. Die einzige schwierige Angelegenheit, welche Friedrich in Deutschland vorfand, war die Ausgleichung des neu ausgebrochenen Streites zwischen Heinrich dem Löwen und dem Markgrafen von Oestreich. Sie ward aber 1156 auf einem Reichstage dadurch beigelegt, daß der Letztere zu Gunsten des Ersteren dem Herzogthum Baiern entsagte und dagegen für seine durch einen kleinen Theil von Baiern vergrößerte Markgrafschaft Oestreich den Titel und Vorzug eines Herzogthums sammt besonderen Vorrechten für sich und seine Nachkommen erhielt; das wichtigste bestand darin, daß der Herzog von Oestreich sein Lehenland, das „Schild und Herz des römischen Reiches", als ein untheilbares auch an Erblöchter vergeben und es nach seinem Willen mit Ordnungen versehen, auch in eigenem Namen das Recht üben lassen dürfe. Heinrich Jasomirgott verwandte seine Sorgfalt besonders auf weitere Hebung seiner Hauptstadt Wien, die er schon früher sehr vergrößert und verschönert hatte. Ferner wurde auf derselben Versammlung ein allgemeiner Frieden beschworen, damit die ganze Reichsmacht gegen die Mailänder gerichtet werden könne; doch ward, als man diesen Nationalfeldzug beschloß, der ausdrückliche Vorbehalt beigefügt, daß jeder nur diesseits der Appenninen zu dienen verpflichtet sei. Kurz vor dem zweiten italienischen Feldzuge, der das kaiserliche Ansehen im Süden der Alpen herstellen sollte, erneute Friedrich die Reichsversammlungen in Burgund und erpreßte von den Polen und Ungarn wenigstens Geldsummen, da die Umstände ihn hinderten, seine eigentlichen Pläne gegen beide Völker auszuführen. Zu Burgund war der Kaiser durch seine zweite Vermählung in ein neues Verhältniß getreten. Er hatte nämlich nach langen Verhandlungen die Scheidung von seiner ersten Gemahlin, Adelheid von

---

*) Eigentlich einem Spruch zu Ehren der Ritter und Frauen derjenigen Stämme, die sich der romanischen Sprachen zum Gesang bedienen; er beginnt mit den Zeilen: „Plas mi cavalier Francos E la donna Catalana."

Bohburg, durchgesetzt und sich mit dem griechischen Kaiser Manuel in Verbindung gesetzt, um die Hand einer byzantinischen Fürstentochter zu erhalten. Diese Unterhandlung zerschlug sich jedoch und Friedrich vermählte sich (1156) mit Beatrix, der schönen und hochgebildeten Erbtochter des Grafen Reinald von Bar, die ihm die Freigrafschaft Burgund mit Ausnahme von Genf, Sitten und Lausanne zubrachte. Um diese Zeit stand das kaiserliche Ansehen so hoch, daß er auf einem Reichstage in Würzburg vom König Heinrich II. Plantagenet von England kostbare Geschenke mit einem wahrhaft unterwürfigen Begleitschreiben erhielt und der neue König Waldemar von Dänemark, Svend's Nachfolger, ihn als Oberlehnsherrn begrüßen ließ. Wenige Monate nachher (October 1157) fand eine nicht minder glänzende Reichsversammlung in der burgundischen Stadt Besançon statt; dieselbe ist nicht blos deshalb merkwürdig, weil auf ihr alle burgundischen Bischöfe bis nach der Provence hin dem Kaiser die Huldigung leisteten, sondern sie übte auch auf sein Verhältniß zum Papste einen großen Einfluß aus. Hadrian hatte, im Gedränge zwischen dem Normannen Wilhelm und den rebellischen Römern, den Ersteren als Herrn von Sicilien und Unteritalien anerkannt und mit diesen Ländern förmlich belehnt; darüber war Friedrich zwar aufgebracht, er sprach aber vor seinen und des Reiches Getreuen nicht davon, weil das deutsche Reich schon zu Lothar's Zeit der Behauptung eingebildeter Rechte auf Apulien entsagt hatte und also durch jenen Schritt des Papstes nicht unmittelbar berührt wurde. Dagegen wußte Friedrich einen zwischen ihm und dem Papste ausgebrochenen Streit zu einer Sache der versammelten Reichsstände zu machen. Hadrian hatte ihn, weil ein schwedischer Bischof auf der Rückreise von Rom durch einige burgundische Edelleute mißhandelt worden war, in einem Schreiben mit unverdienten Vorwürfen über die schlechte Polizei im Reiche überhäuft. Er hatte dabei zugleich, um den Vorrang der Kirche, welchen Friedrich zu bestreiten anfing, recht auffallend zu behaupten, absichtlich einige starke Ausdrücke hinzugefügt, nach denen es schien, als wenn er die Kaiserwürde für ein Lehen (beneficium) des päpstlichen Stuhles halte. Friedrich ließ den Inhalt des Schreibens und die lateinischen Aeußerungen eines der Legaten, welche dasselbe überbracht hatten, durch seinen Kanzler Rainald von Dassel den versammelten Deutschen so übersetzen und erklären, daß Alle in den heftigsten Zorn über den Papst geriethen. Auch ward jenes Gemäldes Erwähnung gethan, welches Innocenz II. nach der Krönung Lothar's II. hatte verfertigen und im Lateran aufhängen lassen. Auf diesem Gemälde war Lothar vor dem Papste knieend dargestellt und dabei waren die Worte geschrieben: Rex venit ante fores, jurans prius urbis honores; post homo fit papae, sumit quo dante coronam (der König erscheint vor den Thoren, nachdem er vorher die Rechte der Stadt Rom beschworen hat; dann wird er der Lehensmann des Papstes, von welchem er die Krone empfängt). Die Reichsversammlung war über die päpstlichen Anmaßungen aufs höchste erbittert. Otto von Wittelsbach zog sogar das Schwert gegen den Legaten Roland von Siena (Bandinelli), deſſen Worte der Kaiſer hatte verdeutſchen laſſen und er würde ihn getödtet haben, wenn nicht Friedrich dazwiſchen getreten wäre. Hadrian gerieth in keinen geringen Schrecken, als er erfuhr, welchen Ernſt die ganze Nation bei dieſer Gelegenheit gezeigt hatte. Er verſuchte zuerſt die deutſchen Biſchöfe von den übrigen Reichsgliedern und ihrem Haupte zu trennen; dieſe antworteten ihm aber auf eine ebenſo würdige als beſcheidene Weiſe ganz im Sinne ihrer Mitſtände und der Papſt eilte darauf, den drohenden Sturm durch freundliche Briefe und befriedigende Erklärungen zu beſchwören.*)

Die Abſichten Friedrich's bei ſeinem zweiten Römerzuge konnten nicht zweifelhaft ſein, da er denſelben Kanzler, der in Beſançon den ernſten und feſten Ton gegen den Papſt angegeben und den Pfalzgrafen Otto, der den Geſandten Hadrian's mit dem Tode bedroht hatte, vorausſchickte. Dieſe Männer ſollten in den Städten einſtweilen die kaiſerlichen Rechte geltend machen und diejenigen, die ſich der Verletzung derſelben ſchuldig gemacht hatten, gebührend beſtrafen. Otto verfuhr in Italien gerade ſo, wie kurz vorher in Beſançon: er zückte, als er einſt auf italieniſche Große ſtieß, welche mit den Griechen unterhandelt hatten, das Schwert gegen ſie und ſetzte ſie dadurch ſo in Schrecken, daß ſie ſich ſeinen Bedingungen unterwarfen; die Griechen aber ſchalt er tüchtig und jagte ſie dann fort. Das Reichsheer ſelbſt, welches im Sommer 1158 aufbrach, mußte ſich theilen und rückte auf verſchiedenen Wegen in Italien ein. Später kam noch Heinrich der Löwe mit Adolf von Holſtein und 1500 auserleſenen Rittern. Heinrich ſtrafte unterwegs den Frevel, den ſich zwei Tyroler Grafen gegen Legaten des Papſtes, welche unter kaiſerlichem Geleite reiſten, erlaubt hatten und ſicherte den kaiſerlichen Boten die Wege. Friedrich entwarf, als alle ſeine Leute ſich vereinigt hatten, eine vortreffliche Heerordnung und machte ſie mit Zuſtimmung des Heeres in 25 Artikeln als Geſetz bekannt. Er wollte ſogleich militäriſch gegen

*) Die bezügliche Stelle des Schreibens hatte gelautet: „Deine Mutter, die heilige römiſche Kirche, bereut es nicht, deine Wünſche erfüllt zu haben; ja ſie würde ſich freuen, wenn du aus ihrer Hand noch größere beneficia (als die Krone) empfingſt." Der Ausdruck beneficium war für Lehen gebräuchlich; der Papſt erklärte, ihn im gewöhnlichen Sinne für „Wohlthat" gemeint zu haben.

Mailand verfahren, ließ sich aber durch die römischen Juristen in seinem Gefolge bewegen, das gerichtliche Verfahren zu beobachten und die Termine einzuhalten, wodurch die Mailänder Zeit erhielten, sich zu rüsten. In Mailand hätte sich der Adel und die höhere Bürgerschaft gern gefügt; die Aermeren aber bestanden auf dem Kriege, theils weil dieser sie nährte und den drückenden Lasten des gewöhnlichen Lebens entzog, theils aber auch aus Eifersucht auf die anderen Stände. Der Kaiser rückte mit allen seinen Truppen vor Mailand und begann eine förmliche Belagerung. Hartnäckig wehrte sich die Stadt gegen eine Macht von 150,000 Mann, während die Bürger von Pavia und Cremona gegen das mailändische Gebiet und seine Bewohner aufs grausamste wütheten und in Mailand selbst zuletzt Mangel an den nothwendigsten Bedürfnissen eintrat. Dessen ungeachtet wollten die geringeren Klassen der Bürgerschaft lange Zeit von keiner Capitulation hören, bis endlich Graf Guido von Blandrate, welcher zugleich Bürger von Mailand, Mitglied der Ritterschaft und bedeutender Gutsbesitzer der Gegend war, seine Vermittelung beim Kaiser anbot und, von den Wohlhabenden unterstützt, die Einwilligung des ganzen Volkes zur Unterhandlung erhielt. Die Bedingungen, welche Friedrich vorschrieb, wurden, so hart sie auch waren, angenommen. Die Mailänder sollten Abbitte thun, einen kaiserlichen Palast in ihrer Stadt erbauen, 9000 Mark Silber zahlen, 300 Bürger als Geiseln stellen und, was das Härteste war, sich gefallen lassen, daß die Regalien oder kaiserlichen Rechte auf einer Versammlung festgesetzt würden, auf welcher der Kaiser selbst den Vorsitz führte. Nachdem die Bewohner von Mailand in einem sehr bemüthigen Aufzuge, wobei von den Vornehmen jeder ein bloßes Schwert auf dem Rücken und von den Bürgern jeder einen Strick um den Hals trug, dem Kaiser ihre Schuld bekannt und seine Verzeihung erfleht hatten, züchtigte Friedrich zuerst die Städte Verona und Ferrara und berief dann auf den Martinstag eine große italienische Reichsversammlung, in welcher seine Rechte und die Pflichten der Vasallen und Unterthanen genau bestimmt werden sollten. Während er seine Vorkehrung für diese Versammlung traf, brach ein Zwist zwischen ihm und dem Papste Hadrian IV. aus, weil dieser den Sohn des Grafen von Blandrate, welchen Friedrich zum Erzbischof von Ravenna ernannt hatte, nicht bestätigen wollte. Dazu kamen in der nächsten Zeit noch andere Vorfälle, welche den Bruch immer größer machten, und die Zwietracht zwischen den Oberhäuptern des Reiches und der Kirche ging zuletzt so weit, daß Hadrian nahe daran war, den Bann über Friedrich auszusprechen, als er starb (1159).

Ehe Friedrich die große Versammlung auf den roncalischen Felbern eröffnete, hielt er zuerst eine kleinere, zu der er nur solche Herren zuließ, von welchen weniger Widerspruch zu befürchten war und gewann vermittelst der römischen Rechtslehrer in Bologna, Bulgarus, Martin Gosias, Jakob Hugolinus und Hugo de Poria Ravennate, die bedeutendsten Stimmen für das neue Evangelium von der kaiserlichen Allmacht.*) Dann wagte er es ohne Scheu, vor den versammelten Consuln der lombardischen Städte durch jene Rechtslehrer den Satz behaupten zu lassen, daß der kaiserliche Wille die einzige Quelle alles Rechtes und aller Gesetze sei, oder wie die Bolognesercher Juristen sich ausdrückten, daß das ganze Recht der Gesetzgebung vom Volke auf den Kaiser übergegangen sei und daß alles, was derselbe als seinen Willen ausspreche, Gesetzeskraft habe. Diesem Grundsatze gemäß wurde dann in der großen Reichsversammlung der Begriff der dem Kaiser zustehenden Rechte oder der Regalien sehr weit ausgedehnt. Er selbst wollte zwar von der ganzen Strenge dieses sonderbaren Rechtes keinen Gebrauch machen, aber er riß doch gleich nachher in Folge eines richterlichen Ausspruchs, den er that, die Stadt Monza von Mailand ab und ernannte die Consuln oder Bürgermeister und die Podesta's oder Stadtschultheißen, welche er nach den Beschlüssen der roncalischen Versammlung mit Einstimmung der Gemeinden bestellen sollte, ohne vorhergegangene Wahl der Bürger. Während er auf solche Weise despotisch verfuhr, wurden die erbitterten Lombarden und ihre Bundesgenossen durch Abgeordnete des griechischen Kaisers, die sich in Venedig aufhielten, zur Vertheidigung ihrer Freiheit ermuntert. Dazu kam, daß die deutschen Commissäre, welche bei ihrem Herrn zugesprochenen Abgaben zu erheben hatten, sich auf eine Art benahmen, die keineswegs geeignet war, die Unzufriedenen zu beruhigen. Die Mailänder endlich fühlten zu drückend das Unglück eines Zustandes, welcher gewissermaßen zwischen Krieg und Frieden in der Mitte lag. Sie griffen daher auch schon ein Jahr nach der roncalischen Versammlung aufs neue zu den Waffen. Das Signal dazu war die schimpfliche Vertreibung des Kanzlers Rainald, der zu Mailand im Namen des Kaisers schaltete. Die Mailänder hatten jedoch ihre Kräfte nicht wohl berechnet; denn wiewohl Friedrich mit dem Papste im Streite war, so blieb er doch immer einer einzelnen Stadt

---

*) Den berühmten Juristen gab man, wie den großen Theologen der Zeit, schmückende Beinamen; so hieß Bulgarus os aureum (Goldmund, wie Chrysostomus); Martin de Gost copia legum (Fülle der Gesetze); Hugolinus oder Ugolino sol Lombardiae (Sonne der Lombardei). Die Lehrer des römischen Rechts waren übrigens geneigt, die Vorstellung vom Imperium, wie Hadrian, Constantin und Justinian es aufgefaßt und geübt hatten, ohne Weiteres auf den gegenwärtigen Kaiser zu übertragen.

überlegen und diese konnte sich auf die Dauer unmöglich gegen die ganze deutsche Macht behaupten. Die Reichsacht wurde förmlich gegen Mailand ausgesprochen. Freilich war der Kaiser, obgleich ihn die Bürger von Pavia, Cremona, Lodi, Novara und Como unterstützten, lange nicht im Stande, die ungeheure Stadt einzuschließen und förmlich zu belagern, weil seine Lehensmannschaft, welche nur auf kurze Zeit diente, ihn gleich nach dem Frieden mit Mailand verlassen hatte; er ängstigte aber die Mailänder anderthalb Jahre lang durch Verheerung ihres Gebietes und schritt dann, als endlich neue Hülfe aus Deutschland angekommen war, zu entscheidenden Maaßregeln. Er nahm sein Hauptquartier zu Lodi, schnitt allen Zusammenhang der Stadt mit Piacenza und dadurch alle Zufuhr von dorther ab, zerstörte um Mailand die Bäume und Saaten und machte das Gebiet der Stadt zu einer Wüste. Zugleich hielt die mit Mailand verbundene Stadt Crema eine siebenmonatliche Belagerung aus, bei der die erbitterte Meinungswuth sich auf eine furchtbare Weise kund gab. Die Bürger zerfleischten die gefangenen Deutschen auf der Mauer; die Belagerer knüpften die Geiseln von Crema an ihre Maschinen, damit ihre Angehörigen keine Pfeile abschleudern könnten; diese aber ließen sich nicht zurückhalten und priesen ihre Kinder glücklich, daß sie für die Freiheit stürben. Erst Januar 1160 erhielten die Einwohner freien Abzug. Unterdessen hatte sich Friedrich's Verhältniß zum Oberhaupte der Kirche in Folge einer zwistigen Papstwahl so gestaltet, daß dadurch eine für die Mailänder günstige Wendung der Dinge herbeigeführt zu werden schien. Die in zwei Parteien zerfallenen Kardinäle hatten nach Hadrian's Tode, die einen den obengenannten Kardinal Roland unter dem Namen Alexander III., einen heftigen Gegner des Kaisers, die anderen Victor IV., einen Anhänger desselben, gewählt. Friedrich hatte darauf zur Entscheidung des Zwistes eine Kirchenversammlung in Pavia veranstaltet, auf welcher Alexander nicht erschien, Victor aber für den rechtmäßigen Papst erklärt wurde, und war dann gegen den Ersteren und seine Kardinäle mit dem römischen Senat und Volk in Verbindung getreten. Beide Päpste verfluchten einander, und Alexander, der auch den Kaiser in Bann that, verband sich mit den Mailändern. Friedrich brachte 1161 in Lodi, wo er sein Hauptquartier hatte, die Sache noch einmal vor ein Concil; dieses fruchtete aber ebenso wenig, als vorher die Kirchenversammlung zu Pavia, besonders weil der König Ludwig VII. von Frankreich, welchen Friedrich anfangs gewonnen hatte, auf die Seite seiner Gegner trat. Alexander sah nämlich die Consequenz eines solchen Gerichthaltens über Päpste ein, begab sich auf einem guenesischen Schiffe nach Frankreich und zog Ludwig von dem

Kaiser ganz ab, oder mit anderen Worten, er weckte die Furcht des Schwachen vor dem Starken und bewirkte dadurch, daß die Sache in ihrem seitherigen Zustand erhalten wurde. Obgleich auf diese Weise Friedrich mit einem Gegenpapste belastet blieb und die Mailänder an Alexander und seinem Anhang eine neue Stütze erhalten hatten, so wurden die Letzteren doch durch den Kaiser in die äußerste Noth gebracht und mußten sich zuletzt dazu verstehen, seine Gnade aufs neue zu suchen (Frühjahr 1162).

Damals, wenn anders je, wäre der günstigste Augenblick gewesen, die deutsche Herrschaft in der Lombardei fest zu begründen, wenn Friedrich seinen Sieg mäßig gebraucht und die Demüthigung der Mailänder nicht zu ihrem Verderben, sondern nur zum Schrecken ihrer Bundesgenossen benutzt hätte. Er verfuhr aber gegen sie und ihre Verbündeten aufs grausamste. Nachdem sich die ganze Bürgerschaft ebenso, wie drei Jahre früher, persönlich vor ihm gedemüthigt und die Erhaltung ihres Lebens erflehlt hatte, wurde unter dem Beirathe der feindseligen Städte über Mailand Gericht gehalten und dessen Zerstörung beschlossen; die meisten Gebäude wurden verbrannt, Mauern und Thürme niedergerissen und die Bewohner selbst in vier offene Flecken zerstreut.*) Auch Brescia, Placenza und andere mit Mailand verbündete Städte erlitten ein ähnliches Schicksal, und das unglückliche Tortona gab Friedrich, als er nach Deutschland zurückkehrte, zum zweiten Male der Wuth der Pavesen preis, welche dasselbe dem Erdboden gleich machten. Im November 1162 kehrte Friedrich nach Deutschland zurück, nachdem er den Kanzler Rainald zu seinem Stellvertreter in der Lombardei bestellt hatte, wo nun auch der kaiserliche Papst Victor IV. seinen Aufenthalt nahm. Alle lombardischen Städte litten seitdem durch die Habsucht der kaiserlichen Obervögte und durch ritterlichen Trotz, der ihnen um so mehr unerträglich sein mußte, da ihre Freiheit vorher ganz zügellos gewesen war. Die Folgen zeigten sich schon im Jahre 1163, wo die geheimen Lockungen der Venetianer und des griechischen Kaisers, das Geld und die Versprechungen des von Friedrich bedrohten Königs von Neapel und Sicilien und die Ermunterungen des Papstes Alexander III. gegen den deutschen Kaiser ein Bündniß der Städte Verona, Treviso, Padua und Vicenza hervorriefen, welches unter dem Namen des Veroneser Bundes bekannt ist. Schon

---

*) Historisch unbegründet ist die Sage, daß man den Beschluß gefaßt oder gar ausgeführt habe, über den Boden von Mailand einen Pflug zu führen und in die Furchen Salz zu streuen, als sinnbildliches Zeichen, daß es nie wieder erstehen solle. Die Zerstörung war nicht vollständig, und dauernde Vernichtung einer größeren Stadt ist überhaupt ungemein selten.

diese Verbindung brachte den Kaiser in große Verlegenheit; er mußte, nachdem er im Herbste 1163 wieder nach Italien gegangen war, auf kurze Zeit über die Alpen zurückkehren, um von den Deutschen die Absendung neuer Truppen zu erbitten, und fand diese wenig geneigt, sich in Italien zu opfern. Anstatt nun, so lange noch die Deutschen der Römerzüge nicht ganz müde waren und einige lombardische Städte ihn schwach unterstützten, durch Milderung des Druckes seine Feinde zu versöhnen und die Streitigkeiten ohne Nachtheil für seine Ehre zu beendigen, vermehrten er und seine Leute die Bedrückungen und brachten dadurch Alles zur Verzweiflung. Die kaiserlichen Beamten verfuhren mit der größten Willkür und Härte; sie sogen durch Abgaben, die sie auf alle möglichen Dinge legten, das Mark des Landes aus und erhoben sogar manchmal dieselbe Steuer zweimal.*) Auf diese Weise wurden dann endlich selbst die getreuesten Städte zum Abfall genöthigt.

Inzwischen hatte sich im Zustande des deutschen Reiches manche Veränderung vollzogen. Es herrschte nicht mehr dieselbe Ordnung und Eintracht, wie zwischen dem ersten und zweiten Römerzuge (1155—1158), die der tüchtige Geschichtschreiber Ragewin mit den Worten schildert: es sei damals gewesen, als ob die Menschen, die Erde und der Himmel sanfter geworden seien. Schon während der Kaiser Mailand bekriegte (1160), war in Mainz bei einem Aufstande der Erzbischof Arnold getödtet worden, derselbe, den Friedrich einst bestraft, dem er aber nachher großes Vertrauen geschenkt hatte. Zu seinem Nachfolger wurde nicht, wie Einige vorschlugen, der gewaltige, redekundige Christian von Buch ernannt, sondern Konrad von Wittelsbach, Bruder des treuen Pfalzgrafen Otto. In dem Aufstande selbst glaubte wohl Friedrich eine Regung desselben hartnäckigen Volksgeistes zu sehen, der ihm in der Lombardei so viel zu schaffen machte; wenigstens belegte er Mainz mit der Reichsacht, zog im April 1163 selbst nach der Stadt, ließ ihre Mauern und Thore niederreißen und entzog ihre alle Ehrenrechte. Manche Wirren veranlaßte der Kaiser dadurch, daß er Heinrich den Löwen mehr als billig, selbst seinen uneigennützigeren Freunden gegenüber, begünstigte. Allerdings verwandte der Herzog seine Macht in großartiger Weise, besonders im Norden, wo er slawisches Land für deutsche Bildung gewann und bei seiner Gewaltthätigkeit doch auch einen sicheren Blick für die Interessen des Handels und für bürgerliches Gedeihen kundgab. Pribislav, der

---
*) Eine besondere Kränkung für die Mailänder bestand darin, daß Rainald die Reliquien der heiligen drei Könige, die ihm Friedrich geschenkt hatte, von dort nach Köln bringen ließ (1164).

Sohn des Obotritenfürsten Rillot, bekannte sich zum Christenthum; sein Sohn Heinrich Borwin, mit einer Tochter Heinrich's vermählt, wurde Stammvater der Herzöge von Mecklenburg, welche heutzutage die einzigen europäischen Erbfürsten aus slawischem Geblüte sind. In Baiern kann Heinrich der Löwe als Begründer der Stadt München angesehen werden; denn er verlieh dem dort gelegenen Orte (villa Munichen) im Jahre 1158 besondere Vorrechte für die Verbringung des Salzes von Reichenhall und Hallein, und scheute sich zu diesem Zwecke nicht, die Zollstätte eigenmächtig wegzuräumen, die der Bischof Otto von Freisingen, Friedrich's Verwandter (der berühmte Geschichtschreiber), an einer anderen Stelle der Isar angelegt hatte.

Auch die übereilte Aufstellung eines zweiten Gegenpapstes, Paschalis III., nach Victor's IV. Tode, die hauptsächlich Rainald von Köln herbeigeführt hatte (1164), verursachte Schwierigkeiten in Deutschland und beeinträchtigte den Aufschwung nationaler Gesinnung, der die Geistlichkeit noch kurz vorher beseelte. Selbst Bischöfe, die dem Kaiser sehr ergeben waren, wie Konrad von Salzburg und Konrad von Mainz, der Wittelsbacher, neigten sich auf Alexander's Seite. Aber der Erzbischof Rainald vertrat die Unabhängigkeit des Reiches in einer wahrhaft schroffen Weise, die um so mehr Friedrich's Beifall gewann, als derselbe den Gedanken einer selbstständigen Machtfülle des römischen Kaiserthums zu einer schwindelnden Höhe ausgebildet hatte. Dazu kam, daß der Freundschaftsbund des Hohenstaufen mit Heinrich dem Löwen ein fester zu sein schien. Im Jahre 1165 unternahm Rainald eine glänzende Gesandtschaftsreise zu König Heinrich II. von England, um ihn in seinem Streite gegen den Erzbischof von Canterbury, Thomas Becket, also mittelbar gegen den Papst, zu ermuthigen und ihn so zum Genossen im Kampfe für die monarchische Idee zu machen; zugleich aber kam er als Freiwerber um zwei englische Prinzessinnen, deren eine mit Heinrich dem Löwen vermählt, die andere einem Sohne des Kaisers einstweilen zugesagt werden sollte. Die eine dieser Werbungen kam zum Ziele; Mathilde Plantagenet vermählte sich 1168 in Braunschweig mit Heinrich dem Löwen, der sich sechs Jahre vorher von seiner ersten Gemahlin, die dem Zähringer Hause angehörte, getrennt hatte. Nach Rainald's Heimkehr fand eine Reichsversammlung in Würzburg statt, auf welcher alle anwesenden Fürsten und Geistliche einen Eid ablegten, nur Paschalis III. als Papst anzuerkennen. Von diesem seinem Papste ließ Friedrich Karl den Großen heilig sprechen und veranstaltete zu Aachen eine feierliche Ausstellung der Gebeine des ersten römisch-fränkischen Kaisers. Nur einer der größeren Fürsten und einer der Bischöfe verließen Würzburg, ohne den Eid abzulegen; aber der

Erstere war Friedrich's Vetter, der Herzog von Schwaben, und der Letztere Konrad von Wittelsbach, Erzbischof von Mainz. Dieser wurde von Alexander III. zum Kardinal erhoben, vom Kaiser aber in die Reichsacht erklärt; an seine Stelle trat nunmehr der energische, den Frauen und dem weltlichen Glanz ergebene Christian von Buch.

Bald liefen alle Fäden, an denen der Widerstand gelenkt wurde, in der Hand des Papstes zusammen. Am 8. April 1167 kamen in einem zwischen Mailand und Bergamo gelegenen Kloster Abgeordnete von Cremona, Bergamo, Brescia, Mantua und Ferrara zusammen und erweiterten das Veronesser Bündniß durch den Beitritt ihrer Städte zu einem lombardischen Bunde. Selbst die in mehrere Orte zerstreuten Mailänder schickten insgeheim Gesandte zu diesem Congreß. Hier ward sogleich beschlossen, daß die Stadt Mailand mit Hülfe des ganzen Bundes durch eine allgemeine Steuer und Beihülfe wieder aufgebaut werden solle. Dieser Beschluß wurde um dieselbe Zeit ausgeführt, als der Kaiser gegen den Papst zu Felde lag und die Tapferkeit des Erzbischofs Christian und Rainald's von Köln ihm den Zugang zum Sitze seines Hauptfeindes bahnte. Friedrich war nämlich im Herbst 1166 nach der Lombardei und im darauffolgenden Frühjahr nach Mittelitalien gezogen und hatte, während er selbst Ancona belagerte und einnahm, 300 Ritter unter Rainald gegen Rom vorausgeschickt. Während diese in Tusculum verweilten, wurde diese Stadt von der ganzen Macht der ihnen stets feindseligen Römer, die auf 30,000 Mann angegeben wird, angegriffen. Rainald ließ den Kaiser, der noch vor Ancona stand, dringend bitten, ihm Hülfe zu senden; keiner der weltlichen Fürsten seines Heeres aber wollte das Wagestück unternehmen. Da rief der Erzbischof Christian von Mainz alle seine Leute zusammen, zog durch Geld und Bitten noch Andere an sich und eilte mit 1300 Mann dem bedrängten Rainald zu Hülfe. Bei Tusculum angekommen, legte er sich in einen Hinterhalt. Rainald that einen Ausfall und beide Bischöfe erfochten mit ihrem kleinen Häuflein einen so vollständigen Sieg über die Römer, daß diese mehrere tausend Todte und eine noch größere Zahl Gefangene auf dem Schlachtfelde zurückließen. Einige Zeit nachher erschien der Kaiser mit seinem ganzen Heere vor Rom, nahm die Stadt ein, wobei Feuer und Schwert in der Peterskirche wütheten, und nöthigte Alexander zur Flucht nach Benevent (Juli 1167). Er setzte Paschalis feierlich auf den päpstlichen Stuhl ein, ließ sich von den Römern huldigen und seine Gemahlin Beatrix als Kaiserin krönen. Kaum hatte er jedoch auf diese Weise seine in der Lombardei völlig gesunkene Herrschaft in Rom neu gegründet, als das römische Sommerfieber in ganz ungewöhnlichem Grade zu wüthen begann und mit dem blühenden Heere und der Krone der deutschen Ritterschaft, die sich um Friedrich gesammelt hatte, auch seine durch 13jährige Bemühungen gegründete Macht vernichtete. Fast alle Gemeinen des Heeres und die tapfersten Führer, des Kaisers Vetter Friedrich von Rothenburg, der ihn in allen seinen Kriegen begleitet hatte, der Erzbischof Rainald von Köln, der ihm mit der Lanze und der Feder gleich nützlich gewesen war, sowie mehr als 2000 Mann ritterlichen Geschlechts wurden das Opfer der mörderischen Krankheit. Auch der junge Herzog Welf starb; ihn überlebte sein Vater, der alte Welf VI., der kurz vorher auf der Heimfahrt von Jerusalem durch Italien gekommen war.

Sobald die Nachricht von diesem Unglück, das für ein göttliches Strafgericht galt, in die Lombardei kam, erhob Alles, von den Thälern Piemonts an bis zur Etsch, die Waffen gegen den Kaiser; selbst das getreue Lodi ward genöthigt, dem Bunde gegen ihn beizutreten, und nur Pavia allein hielt fest an ihm. Wenn aber Friedrich je groß erschien, so war es damals. Er zog mit dem geringen Reste seiner Macht nach Pavia, warf hier in einer öffentlichen Versammlung den Fehdehandschuh hin und sprach über alle lombardischen Städte, die sich gegen ihn verschworen hatten, mit Ausnahme von Lodi und Cremona, die Acht aus. Dann machte er an der Spitze der Paveser Bürgerschaft und der wenigen Deutschen, die ihm noch übriggeblieben waren, häufige Streifzüge gegen die anderen Städte, besonders gegen das neu errichtete und ganz neu blühende Mailand. Um ihn daran zu hindern und Pavia zu verderben, erbauten seine Feinde zwischen Asti und Pavia, da wo drei Flüsse eine Fläche einschließen, eine neue feste Stadt, die sie dem Kaiser zum Trotz und ihrem Papste zu Ehren Alessandria nannten. Diese Stadt zählte schon nach zwei Jahren in den eilig errichteten Strohhütten, von denen sie den Spottnamen della Paglia (die Strohstadt) erhielt, eine Bevölkerung von mehr als 15,000 streitbaren Bürgern. Endlich ward die Zahl und Uebermacht der Feinde zu groß und Friedrich mußte nach Deutschland zurückeilen. Er bahnte sich unter großen Schwierigkeiten einen Weg über die Alpen und entging in Susa, wo die Bürger sich gegen ihn verschworen und seinen Palast umzingelten, dem Tode nur dadurch, daß, wie ein Chronist erzählt, der Ritter Hermann von Siebeneichen, der ihm ähnlich sah, sich in sein Bett legte und so den Feinden darbot, die ihn aus Achtung vor solcher Treue verschont haben sollen (März 1168).

In Deutschland suchte Friedrich durch die feste Begründung seiner Macht diesseits der Alpen eine furchtbare Rückkehr nach Italien, an welche vorerst nicht zu denken war, vorzubereiten. Er zog die große und reiche Hinterlassenschaft seines kinderlos verstorbenen Vetters, Friedrich von Rothenburg, für sich ein und bestimmte das von diesem

verwaltete Herzogthum selbst seinem zweiten Sohne Friedrich; er
rundete seine schwäbischen Güter durch Ankauf und Tausch; er ließ
seinen ältesten Sohn, Heinrich VI., zum Nachfolger erwählen und
in Aachen krönen (1169); er verschaffte auch den übrigen Söhnen
beträchtliche Besitzungen und wußte es in Burgund dahin zu bringen,
daß er einen derselben dort versorgen konnte. Wer hätte damals, als
Friedrich allen seinen Söhnen auf eine glänzende Weise zu Fürstenthümern verhalf, denken sollen oder mögen, daß schon sein Urenkel
in Dürftigkeit fallen und daß der letzte Sprößling seines Stammes
durch Henkershand sterben würde! Auch auf Kosten Heinrich's des
Löwen erweiterte und befestigte Friedrich um jene Zeit die Macht
seiner eigenen Familie, indem er eine Uebereilung desselben, zu welcher ihn Habsucht veranlaßte, geschickt zu benutzen wußte. Heinrich
befleckte nach der Schilderung eines Mannes, der ihn bei seinem nachherigen langen Aufenthalte in England hatte kennen lernen, den Ruhm
seiner edlen Abkunft und glänzenden Tapferkeit durch übermäßige
Habgier und Unzuverlässigkeit; denn er war schmutzig geizig, nach
fremdem Gute gierig, in hohem Grade aufgeblasen und stolz und,
was in jener Zeit einem Fürsten am meisten zur Schande gereichte, fast
gegen Niemanden seinem Worte getreu. Als nächster Erbe Welf's VI.,
dessen einziger Sohn in Rom ein Opfer der Seuche geworden war,
hatte er die nahe Aussicht, die Allodien des welfischen Hauses zu
erhalten; er beging aber aus Geiz die Unvorsichtigkeit, daß er seinem
Oheim, der ein lustiges Leben führte und in Schulden gerathen war,
eine nicht gerade bedeutende Geldsumme, welche dieser von ihm verlangte, verweigerte, obgleich er denselben dadurch nöthigte, sich an
Andere zu wenden und zu deren Gunsten ein Testament zu machen.
Heinrich hatte geglaubt, Niemand werde es wagen, die Erbschaft an
sich zu kaufen. Der Kaiser aber that dies; er gab dem alten Welf
eine Summe Geldes und verschaffte sich auf diese Weise durch ein
Testament desselben die welfischen Allodien in Deutschland und die
Mathildischen Güter in Italien, mit welchen Welf früher belehnt worden war. Ueber den erlittenen Verlust tröstete er Heinrich einigermaaßen dadurch, daß er die von demselben beeinträchtigten Bischöfe
und weltlichen Herren zur Ruhe verwies. Der bedeutendste nord-
deutsche Fürst neben Heinrich, Albrecht der Bär, der zu Nordsachsen
auch die Mittelmark und einen Theil der Neumark erobert hatte, starb
1170 in seiner Heimath Ballenstädt. Nachdem Friedrich sein Haus
und sein von der kaiserlichen Würde unabhängiges Ansehen in Deutschland fest gegründet hatte, rüstete er einen neuen Zug nach Italien
und schickte 1171 den Erzbischof Christian von Mainz mit einigen
Truppen voraus. Christian, ein Hauptcharakter in der deutschen Ge-

schichte, gehört unstreitig zu den bedeutendsten Männern seiner Zeit. Er hatte große diplomatische Kenntnisse, war, wie sich späterhin in Venedig zeigte, mit einem ausgezeichneten Talent für politische Unterhandlungen begabt und besaß eine nicht blos zu seiner Zeit, sondern unter allen Umständen ganz vorzügliche Fertigkeit in den Sprachen; denn er sprach das Lateinische, Römische, Französische, Griechische, Apulische, Lombardische und Brabantische wie seine Muttersprache. Ebenso merkwürdig war die Riesenstärke, mit welcher er seinen ungeheuren Streitkolben führte und einst in einem Treffen 38 Lombarden die Zähne einschlug. Nur in einem Zeitalter, wie das seinige war, konnte derselbe Mann zugleich in seiner priesterlichen Würde groß sein, da wir finden, daß Niemand daran Anstoß nahm, wenn er (1174) vor Bologna als Feldherr und Streiter an Einem Tage Hunderte mit eigener Hand verwundete und dann am folgenden Tage als Erzbischof und Priester mit der nämlichen Hand bei einer feierlichen Messe der Gottheit das reine und blutlose Opfer der Christen darbrachte.

Christian bereitete in Italien dem Kaiser sehr geschickt den Weg vor. Er drang mit seinen gemietheten Schaaren, die aus dem Kriege ein Gewerbe machten, durch die Lombardei, siegte bei Bologna in einem entscheidenden Treffen, erschien in Toscana und hob sich durch einen Meisterstreich seiner Staatsklugheit an die Spitze der verbündeten Städte dieses Landes. Friedrich selbst trat seinen neuen Zug nach Italien, den fünften, im Herbste des Jahres 1174 an. Niemand bezweifelte den glücklichen Ausgang seines Unternehmens; er ließ sich aber auch diesmal durch seinen unseligen Jähzorn irre führen. Erst hielt er sich aus bloßer Rachsucht mit der Züchtigung von Susa, das er nach der Einnahme niederbrannte, lange auf. Dann lagerte er sich in der feuchten Ebene von Alessandria, wo ihm die feindlichen Städte den Unterhalt abschneiden konnten und wo ihm die ungesunde Luft verderblich ward. Er fühlte bald das Unbequeme seiner Lage und sah, daß die lombardischen Truppen, die sich in seinem Rücken gelagert hatten, leicht seine Verbindung mit Pavia unterbrechen und alle Zufuhr abhalten könnten; die Furcht vor seinem Namen war jedoch so groß, daß seine Feinde selbst ihm einen Waffenstillstand und Friedensunterhandlungen anboten. Er ging auf ihr Anerbieten ein. Es wurden im Frühling 1175 in Folge eines Vertrags die Feindseligkeiten einstweilen eingestellt und von beiden Seiten Schiedsrichter ernannt, um den Streit ganz zu beendigen. Friedrich's Absicht war wohl schwerlich, sich diesen Schiedsrichtern zu unterwerfen; er wollte offenbar nur Zeit gewinnen, um die von Teutschland her zugesagten Verstärkungen zu erwarten und sein Heer nach langen Entbehrungen zu erquicken. Auch führten die Verhandlungen mit den Lombarden zu seinem Ziele. Friedrich rechnete auf die ganze Macht von Norddeutschland, da einerseits Heinrich der Löwe, dessen Nachbarn aufs höchste gegen ihn erbittert waren, alle Ursache hatte, sich den Kaiser befreundet zu halten, und andererseits die angesehensten Bischöfe des Landes die größten Anstrengungen machten, um mit Hülfe des Kaisers die Anmaaßungen Heinrich's auf gerichtlichem Wege einzuschränken, nachdem sie es mit den Waffen umsonst versucht hatten. Unglücklicher Weise wollte aber Heinrich gerade damals die Stadt Goslar an sich reißen; der Kaiser verweigerte seine Einwilligung dazu und Heinrich versagte ihm theils deshalb, theils auch aus anderen Gründen seine Hülfe in der Lombardei. Friedrich bewog darauf den Herzog zu einer persönlichen Zusammenkunft in Chiavenna und bot Alles auf, um ihn zufrieden zu stellen und zu gewinnen. Er erinnerte ihn an die Bande der Verwandtschaft, die ihn mit seinem Kaiser verknüpften, er versprach ihm alles Mögliche, er bat und flehte, er umfaßte zuletzt sogar seine Kniee; Alles war aber vergeblich, der Herzog blieb unbeugsam. Die Kaiserin soll bei der Gelegenheit mehr Rachsucht und mehr weiblichen Hochmuth, als Friedrich kaiserlichen Stolz gezeigt haben; denn ein gleichzeitiger Geschichtschreiber läßt sie ihrem knieenden Gemahle zurufen: „Stehe auf, mein Herr, und gedenke dieser Schmach; auch Gott möge ihrer eingedenk bleiben!" Beide trennten sich und blieben für immer entzweit.*) Indessen führten die Bischöfe Wichmann von Magdeburg und Philipp von Köln, der Nachfolger Rainald's, bedeutende Heere nach Italien und stießen am Comer See zu Friedrich, an den sich auch die Bürgerschaft von Como anschloß. Er brach mit den erhaltenen Verstärkungen von Como auf, um sich mit der zahlreichen Bürgermiliz von Pavia zu vereinigen. Dies suchten die Mailänder zu verhindern und zugleich dem Elende einer nochmaligen langen Belagerung durch eine Entscheidung auf offenem Felde vorzubeugen. Die ganze Bürgerschaft von Mailand, durch Brescianer, Novaresen, Lodisaner, Veronesen, Piacentiner und Vercelliner verstärkt, verlegte dem deutschen Heere den Weg und dem Kaiser blieb, um den Durchgang zu erzwingen, kein anderes Mittel, als eine Schlacht. Diese ward am 29. März 1176 bei Legnano, in der Nähe von Mailand, geliefert. Die Lombarden erlitten anfangs eine völlige Niederlage und ergriffen die Flucht; selbst die aus 300 edlen Mailändern bestehende sogenannte Todesschaar wich zurück, und nur derjenige Theil der Mailänder Bürger zu Fuß, der den Fahnenkarren

---

*) Wir sind der gewöhnlichen Darstellung gefolgt, die pathetisch ausgeschmückt ist; die Nachrichten selbst erregen schon dadurch Zweifel, daß die Zusammenkunft, die auf den März 1176 anzusetzen wäre, bald nach Partenkirch in Oberbaiern, bald nach Chiavenna (Cleven) am Fuße des Splügen verlegt wird.

vertheidigte und sich eidlich verpflichtet hatte, diesen zu retten oder neben ihm zu sterben, leistete den Deutschen noch Widerstand, als die ganze Macht von Brescia, die man als Rückhalt aufgestellt hatte, hervorbrach und das Treffen wiederherstellte. Jetzt wendete sich das Glück, die Deutschen wurden von einander getrennt und mit großem Verluste geschlagen; ihr ganzes Gepäck fiel in die Hände der Feinde und der Kaiser selbst verlor nicht nur seine Fahne und seinen Schild, sondern gerieth auch in Lebensgefahr. Er ward mehrere Tage hindurch vermißt und seine Gemahlin hatte bereits Trauer um ihn angelegt, als er wieder in Pavia erschien.

Friedrich sammelte die Reste seines Heeres, erkannte aber bald die Unmöglichkeit, seine Absichten mit Gewalt durchzusetzen und schlug daher den Weg der Unterhandlung ein. Bei dieser Gelegenheit zeigten sich seine großen Eigenschaften auf eine glänzendere Weise, als in allen seinen Kriegen und Schlachten; denn er rettete seine Ehre und seinen Vortheil, indem er den Unterhandlungen eine solche Wendung zu geben wußte, daß seine Feinde von einander getrennt wurden und jeder aus Furcht, durch einen Separatfrieden des Anderen beeinträchtigt zu werden, sich mit dem Kaiser zu vergleichen eilte. Die Leitung der ganzen Angelegenheit übertrug der Kaiser dem Erzbischof Christian von Mainz, welcher diese für die Ehre des größten deutschen Kaisers entscheidenden Verhandlungen so meisterhaft führte, daß zu seinem unsterblichen Ruhme nur ein Schriftsteller fehlt, der sein Verdienst gehörig entwickelte. Friedrich hatte schon vorher, wiewohl vergebens, den Versuch gemacht, den Papst Alexander von den Lombarden zu trennen; jetzt ließ er ihn mit großer Feinheit nicht als Bundesgenossen, sondern als Vermittler auftreten, eine List, durch welche zugleich Alexander gewonnen und die Lombarden um alle Vortheile ihres Bundes mit ihm gebracht wurden. Cremona und Tortona fühlten dies sogleich und schlossen noch in demselben Jahre, in welchem die Schlacht von Legnano geliefert worden war, einen besonderen Frieden mit dem Kaiser. Als Friedrich nachher durchsetzte, daß nicht eine der Städte des lombardischen Bundes, sondern das neutrale Venedig zum Congreß-Orte gewählt ward, folgten mehrere Andere dem Beispiel von Cremona und Tortona, und auf dem Congreß selbst (1177) erschienen 23 Städte und unter ihnen Genua als Verbündete des Kaisers und nur 25, welchen sich Venedig anschloß, als Glieder des lombardischen Bundes. Die Bedingungen, welche die Lombarden vorlegten, schienen sehr gemäßigt; denn es ward der Hauptsache nach vom Kaiser blos verlangt, daß er von ihnen nur diejenigen Verpflichtungen in Anspruch nehme, welche seinen Vorgängern seit Heinrich's IV. Tode geleistet worden waren. Gleichwohl ging er auf diese Bedingungen nicht ein, weil er sich nicht durch einen förmlichen Vertrag mit seinen bisherigen Unterthanen für immer die Hände binden und die Lombardei auf diese Weise für frei erklären wollte. Er suchte sich lieber mit dem Papste allein in einem besonderen Frieden abzufinden, obgleich dies nicht ohne große Opfer von seiner Seite her geschehen konnte. Sein Versuch gelang. Alexander und das damalige Oberhaupt des Hauses Este, die Hauptstütze des Papstes, schlossen einen Separatfrieden mit dem Kaiser; dieser gab dafür freilich seinen Gegenpapst Calixtus III. (1168 nach Paschalis' III. Tode gewählt) auf und gewährte manche andere Bedingungen, die er im Frieden mit den Lombarden nicht würde zugestanden haben; dagegen sollten aber auch die Bischöfe und Kardinäle der kaiserlichen Partei anerkannt und neu bestätigt, der Gegenpapst mit einer Abtei versorgt und keine neue Verpflichtung des Kaisers gegen den Papst verlangt werden. Alexander wirkte zwar, um den Schein zu wahren, für die Lombarden statt eines festen Friedens, den sie gewünscht und gehofft hatten, einen Waffenstillstand auf sechs Jahre aus; sie würden diesen aber auch ohne sein Verlangen von selbst erhalten haben, weil Friedrich's Kräfte und die Geduld der Reichsvasallen erschöpft waren. Eine andere Verpflichtung, welche Alexander dem Kaiser im Frieden von Venedig auferlegte, schlug gerade zum großen Nachtheile des Papstes aus. Friedrich mußte nämlich versprechen, auch gegen Neapel und Sicilien 15 Jahre lang alle Feindseligkeiten einzustellen, und dies führte zu einer Annäherung zwischen dem Kaiser und dem normannischen Könige, welche der Papst am allerwenigsten erwartet hatte und die nicht lange nachher eine glänzende Wendung der Dinge bewirkte; denn Friedrich vermählte 1186 trotz der päpstlichen Gegenbemühungen seinen ältesten Sohn mit der Erbin von Neapel und Sicilien und erwarb dadurch seinem Hause das blühendste Reich im damaligen Europa. Uebrigens begab sich Friedrich, nachdem er den Frieden mit Alexander geschlossen hatte und vom Banne gelöst worden war, zu einer Zusammenkunft mit dem Papste nach Venedig. Alexander empfing ihn an der Markuskirche und der Kaiser erwies ihm die herkömmlichen Ehrenbezeugungen; er fiel vor ihm auf das Knie und küßte ihm den Fuß; der Papst hob ihn auf, ertheilte ihm Kuß und Segen und ging mit dem Kaiser in die Kirche; dieser hielt ihm nach dem Gottesdienste den Steigbügel. Am 1. August verkündigte der Papst in feierlicher Versammlung von einem Throne herab, neben welchem der Kaiser seinen Sitz hatte, die Verzeihung und Versöhnung; Friedrich hielt eine deutsche Antwortsrede, die der Erzbischof Christian ins Lateinische übersetzte. Im März des folgenden Jahres (1178) zog Alexander III., von einer Adelsgesandtschaft eingeladen, unter dem Jubel des Volkes in Rom ein.

Den Waffenstillstand mit den Lombarden benutzte der Kaiser, wie wir unten sehen werden, um den deutschen Zweig des welfischen Hauses zu stürzen. Das Haupt desselben, Heinrich der Löwe, hatte an England eine Stütze und behielt in Deutschland seine Erblande; Friedrich hatte daher bei jedem Zuge nach Italien einen Feind im Rücken, diese Züge mußten aber häufiger werden, seitdem er sich die Anwartschaft auf Neapel und Sicilien zu verschaffen suchte. Außerdem durfte er nie hoffen, ohne die Freundschaft der lombardischen Bundesstädte die Verbindung dieses Reiches mit Deutschland erhalten zu können. Diese Umstände bewogen ihn, nach dem Ablaufe des Waffenstillstandes (1183) zu Constanz einen förmlichen Frieden mit den Lombarden abzuschließen, welcher, richtig beurtheilt, beiden Theilen, dem deutschen Reiche und den lombardischen Städten, gleich vortheilhaft war und das ganze Verhältniß dahin abänderte, daß Friedrich nachher, als der Papst sich der Verbindung von Friedrich's ältestem Sohne mit der Erbin von Neapel auf jede mögliche Weise widersetzte, an den Lombarden treue Bundesgenossen hatte. Die Hauptbestimmungen des Friedens von Constanz waren nämlich folgende: Die Lombarden erhielten innerhalb der Städte alle Hoheitsrechte, außerhalb derselben aber alle diejenigen Rechte und Einnahmen, die sie von Alters her besessen hatten. Ferner sollten die Consuln künftig, außer in den Städten, in welchen sie bisher durch den Bischof bestätigt worden waren, von dem Bevollmächtigten des Kaisers mit ihrem Amte belehnt werden, und zwar unentgeltlich. Bei Processen, deren Gegenstand den Werth von 25 Pfund überstieg, ward eine Appellation an den Kaiser zugestanden, jedoch der weiten Entfernnng wegen nicht an ihn selbst, sondern an seine Vögte in den einzelnen Städten und Bisthümern. Auch versprach der Kaiser, in seiner Stadt und in seinem Bisthume länger als nöthig sei zu verweilen, damit seine Anwesenheit den Städten nicht zu große Unkosten verursache. Endlich wurde den Städten gestattet, sowohl innere, als äußere Befestigungswerke zu errichten und ihren bisherigen Bund nicht nur beizubehalten, sondern auch, so oft es ihnen gutdünkte, zu erneuern. Dagegen wurden alle aus Furcht vor dem Kaiser oder wegen der Bedrückungen seiner Stellvertreter geschlossenen Verträge aufgehoben und für ungültig erklärt. —

So lange Friedrich mit den italienischen Angelegenheiten beschäftigt war und in Italien festgehalten wurde, verfolgte Heinrich der Löwe seine herrschsüchtigen Pläne im Norden des Reiches. Er suchte das ganze nördliche Deutschland zu unterwerfen und in eine Art von eigenem Reiche umzuwandeln. Dabei drückte er jeden, der den geringsten Widerstand zeigte, zu Boden, und zwar nicht blos in Sachsen und in den benachbarten Ländern, sondern auch in Baiern, wo die Gewalt seiner Waffen überwog. Auf welche Weise er verfuhr, zeigt sich recht deutlich bei der Gelegenheit, als er sein Interesse darin fand, aus Lübeck eine bedeutende Handelsstadt zu machen (1158). Er nahm dem Grafen von Holstein ohne Weiteres seine Rechte über diese Stadt, zwang ihn, als er sich widersetzte, mit Gewalt zur Nachgiebigkeit, gab dann den Lübeckern bedeutende Privilegien, und ließ in den nordischen Reichen bekannt machen, daß der Handel mit Lübeck von allen Zöllen befreit sei. Uebrigens blühte von der Zeit an diese Stadt rasch auf und nahm an Einwohnerzahl ungemein zu. Heinrich unterwarf sich einen großen Theil der Wenden, siedelte Colonisten aus den Niederlanden in Mecklenburg und an den Ufern der Weser und Elbe an, erlangte vom Kaiser das Recht, in den eroberten Slaven-Ländern Bischöfe zu bestellen, erschlich sich vom Papste die Bestätigung derselben und erbaute in jenen Ländern nicht nur Burgen, sondern machte auch die von ihm dort eingesetzten und abhängigen Bischöfe zu Herren und Gebietern der Wenden. Endlich schloß er zur Bekämpfung der Wenden einen Bund mit dem großen Könige der Dänen, Waldemar I., welcher unter der Leitung seines tapferen und weisen Freundes, des Bischofs Axel oder Absalon von Roeskild, sein Reich damals zu neuer Kraft emporhob und, als er auf dem Reichstage zu Besançon (1162) dem Kaiser für seine wendischen Länder huldigte, dem Versuche desselben, ihn zu seinem Lehensmann zu machen, seltene Festigkeit und ungewöhnlichen Muth entgegengesetzt hatte. Die Verbindung mit Waldemar entzweite den Herzog von Sachsen mit allen seinen Nachbarn, weil er, ohne auf die Rechte derselben Rücksicht zu nehmen, sich mit dem dänischen Könige in ungerechtes Gut theilte; er vermehrte aber dadurch seine Kräfte so sehr, daß er nach dem Ausdruck eines Chronikschreibers eine größere Macht, als jemals irgend ein anderer Herzog, erlangte und der Erste von allen Fürsten ward. Endlich halfen sich die von ihm bedrängten Bischöfe und Fürsten in Norddeutschland dadurch, daß sie zur Bekämpfung ihres gemeinschaftlichen Feindes einen großen Bund zu Stande brachten, dessen mächtigste weltliche Glieder der Markgraf Albrecht von Brandenburg und der Landgraf Ludwig II. von Thüringen waren (1166). Diese griffen den Herzog von Osten her an, während im Norden Graf Christian von Oldenburg den Erzbischof von Bremen, welcher ebenfalls dem Bunde beigetreten war, kräftig unterstützte und die Stadt Bremen dem Herzog entriß. Heinrich kam anfangs ins Gedränge; denn obgleich er auf der einen Seite den Grafen von Oldenburg bald wieder aus Bremen verjagte, so nahm ihm dagegen auf der anderen Seite der Erzbischof von Magdeburg Freiburg im Erzgebirge ab, und als er gegen diesen eilte, ergriff Goslar, damals eine sehr wichtige freie Stadt, die Partei seiner Feinde. Auch arbeitete der Erzbischof Rainald von Köln, der in Italien Alles beim Kaiser galt und vermochte, für die Sache der Verbündeten, und dies war für den Herzog um so gefährlicher, da Friedrich den Letzteren schon damals als einen Reichsfeind betrachtete, wiewohl er der Umstände wegen noch nichts merken ließ. Zum Glück für Heinrich raffte gleich nachher (1167) das Sommerfieber in Rom nicht nur den Erzbischof von Köln, sondern auch des Kaisers Heer hin, und dieser mußte nun aus Staatsklugheit dem Kriege in Deutschland Einhalt thun. Friedrich ließ, schon ehe er aus Italien zurückkehrte, durch Commissäre den Fürsten Ruhe gebieten, und als er selbst über die Alpen kam, vernichtete er durch einen Machtspruch den ganzen Bund gegen Heinrich. Er beschied die sächsischen Fürsten und Bischöfe vor sich, warf ihnen vor, daß sie durch ihren Streit den Aufruhr der Lombarden unterstützt hätten, und zwang sie, das Bündniß gegen Heinrich aufzulösen und ihm alles Geraubte zurückzugeben.

Nach den Siegen über seine deutschen Feinde und nach der Vernichtung ihres Bundes wuchs die Macht des habsüchtigen Sachsen-Herzogs. Er zwang den kriegerischen Waldemar, der sich schon damals einen König der Dänen und Wenden zu nennen anfing, die Beute des Haupttempels der Rugier, den er geplündert hatte, mit ihm zu theilen, obgleich die völlige Unterwerfung dieser Völkerschaft nur durch die dänische Flotte zu Stande gebracht worden war. Heinrich selbst hatte zwar schon vordem das Heiligthum Swantewit's beraubt; der Tempel und die ihn schützenden Befestigungen waren aber seit der Zeit wieder hergestellt worden und nur Waldemar oder vielmehr sein Freund Axel konnte, weil er zugleich zu Wasser und zu Lande mächtig war und mit Heer und Flotte gegen Rügen zog, dem Reiche der Rugier den Todesstoß geben. Die Dänen allein eroberten die Festen der Insel, sie allein unterwarfen das rugische Volk und zwangen es zum Christenthum und dennoch mußte Waldemar, wenn er Ruhe haben wollte, den Gewinn seines Unternehmens mit Heinrich theilen (1169). Um der Zudringlichkeit des Kaisers in seinen italienischen Angelegenheiten zu entgehen, machte Heinrich bald darauf (1172) eine Pilgerfahrt nach Jerusalem, welche für ihn weniger kostspielig als ein Kreuzzug war und weit mehr Ehre brachte, weil den Kriegsleuten alle möglichen Hindernisse in den Weg gelegt wurden, er aber als bloßer Pilger nicht nur vom griechischen Kaiser, sondern auch von allen anderen christlichen und mohammedanischen Fürsten, durch deren Länder er kam, gleich einem der größten Monarchen empfangen wurde. Seine Rückkehr (1173) fiel gerade in die Zeit, als Friedrich seinen Haupt-Rachezug gegen die Lombarden beginnen wollte und also eines

solchen Mannes und solcher Streiter, wie Heinrich hatte, am meisten
beburfte; diefer wollte aber auch jetzt keinen Antheil an Friedrich's
Kriegen nehmen. Er erweiterte seine Besitzungen, betrieb mit besonderem Eifer seinen Bergbau im Harz, wußte bei Belagerungen auch seine Bergleute trefflich zu nutzen und suchte endlich, um den ganzen Harz sein nennen zu können, auch Goslar seiner Herrschaft zu unterwerfen. Den Besitz einer solchen Stadt konnte und wollte Friedrich ihm nicht gestatten; er zerfiel darüber endlich ganz mit dem Herzog und suchte ihn seit der Zeit zu verderben. Im Jahre 1176, kurz vor der Schlacht bei Legnano, kam es dann zu einer offenen und unversöhnlichen Feindschaft zwischen Beiden. Weil Friedrich damals kein Recht hatte, die Hülfe des Herzogs zu fordern, so konnte er zwar aus der Weigerung desselben auch keinen Vorwand zu Feindseligkeiten gegen ihn hernehmen; es gaben ihm aber die Streitigkeiten, welche zwischen Heinrich und seinen Nachbarn ausbrachen, diesen Vorwand. Der Erzbischof Philipp von Köln, der, wie sein Vorgänger Rainald, ein Freund und eine Creatur des Kaisers war, hatte kaum die Gesinnungen und Wünsche Friedrich's bemerkt, als er (1178) in Heinrich's Länder einbrach. Er erwartete sicher, daß der Herzog ihn mit Gewalt zurücktreiben werde; dieser bemerkte aber, wie es scheint, die Absicht, ließ den Erzbischof bis Hameln vorbringen und rief dann die gerichtliche Hülfe des Kaisers an. Dies war das Zeichen einer allgemeinen Bewegung; alle Feinde Heinrich's traten klagend gegen ihn auf. Der Kaiser selbst zeigte seine feindliche Gesinnung nicht nur durch die Art, wie er Alle anhörte und aufnahm, sondern auch dadurch, daß er, nachdem Heinrich auf eine Vorladung nach Magdeburg nicht erschienen war, einen neuen Reichstag, der über den Herzog richten sollte, in Goslar hielt, also in einer Stadt, in welcher derselbe wegen der zwischen ihm und den Bürgern bestehenden Feindschaft nicht wohl erscheinen konnte. Er zeigte sie endlich auch darin, daß er ihn als einen Widerspenstigen ächten und aller Ehren und Lehen verlustig erklären ließ; auf einer Reichsversammlung zu Gelnhausen (1180) wurde ihm das Herzogthum Sachsen, auf einer anderen zu Regensburg auch Baiern abgesprochen. Wie schwierig übrigens der Kampf mit Heinrich war, geht daraus hervor, daß dieser Proceß fast zwei Jahre hindurch gezogen ward und daß auch dann der Herzog die ihm abgesprochenen Besitzungen nicht aufgab, sondern zum Schwerte griff. Eine Entschuldigung seines gewaltsamen Widerstandes gegen den vom Kaiser und Reich gefaßten Beschluß fand er in demselben Rechte, nach welchem man ihn verurtheilt hatte; denn er nahm von einem alten Herkommen, nach welchem jeder Angeklagte nur in seinem Heimathlande gerichtet werden durfte, Anlaß zu der Behauptung,

daß über ihn als einen geborenen Schwaben in Goslar kein Spruch habe gefällt werden können. Auch wehrte er sich in der That lange und tapfer; zwei Jahre hindurch führte er einen für seine Feinde verderblichen Krieg und der Kaiser mußte, um das, was als Recht erkannt war, durchzusetzen, zuletzt noch den König Waldemar zu Hülfe nehmen. Die Zahl der Feinde ward aber endlich zu groß, die Beute, welche der Kaiser verhieß, war zu reich und Heinrich unterlag. Er stellte sich, nachdem er Alles verloren hatte, in Erfurt persönlich dem Kaiser (Ende 1081) und bemüthigte sich knieend vor ihm, erlangte aber keine Verzeihung.

Mit den Trümmern des großen Reiches, welches Heinrich 30 Jahre lang gebaut hatte, wurden viele deutsche Häuser bereichert. Das Wittelsbachische Haus, dessen damaliges Haupt, der Pfalzgraf Otto, dem Kaiser so viele Dienste geleistet hatte, ward mit dem Herzogthum Baiern belehnt; die mächtigen Grafen von Andechs erhielten unter dem Titel Herzoge von Meran bedeutende Güter; dem Grafen Bernhard von Anhalt, einem Sohne Albrecht's des Bären, wurden die herzoglichen Rechte in dem freilich sehr beschränkten Sachsen ertheilt; mit Westphalen vom Niederrhein bis zur Weser wurde der Erzbischof von Köln belehnt; alle Bischöfe in Niedersachsen nahmen von jetzt an ihre Güter und ihr Recht unmittelbar vom Kaiser, statt mittelbar vom Herzoge zu Lehen; die wendischen Fürsten Bogislav und Kasimir wurden Herzoge von Pommern; Goslar behielt seine Freiheit und ward noch dazu in seinen Besitzungen vergrößert; Lübeck endlich, welches bisher eine herzogliche Municipalstadt gewesen war, ward ebenso, wie das bis dahin dem Herzog von Baiern unterworfene Regensburg, eine kaiserliche freie Stadt. Die Art, wie Lübeck sich beim Kampfe zwischen Heinrich und seinen Feinden benommen hatte, verdient zur Ehre dieser Stadt und zum Andenken des festen Bandes, welches die Dankbarkeit knüpfte, erwähnt zu werden. Die Lübecker blieben dem Herzoge, dem sie Alles verdankten, getreu, selbst als ihre Stadt von Friedrich und Waldemar zu Wasser und zu Lande belagert wurde. Nachdem sie aufs Aeußerste gebracht waren, ließen sie den Herzog durch Abgeordnete befragen, ob er verlange, daß sie auf ihrer Gegenwehr beharrten und erst als dieser ihnen seine Einwilligung ertheilt hatte, ergaben sie sich dem Kaiser.

Heinrich rettete nach tiefer Demüthigung von seinem ganzen Reiche kaum die Reste der alten Erbgüter seiner Familie. Doch konnte sein unbeugsamer Sinn durch keine Gewalt und keine Ueberredung dahin gebracht werden, daß er das kaiserliche Verfahren anerkannt und seinen Ansprüchen entsagt hätte. Uebrigens war der Kaiser selbst nicht geneigt, ihn gänzlich zu verderben, er mußte aber dem Drängen der

Feinde desselben so weit nachgeben, daß er ihn auf drei Jahre aus dem Reiche verbannte; dagegen sicherte er ihm alle ererbten Familiengüter, aus denen später das Herzogthum Braunschweig mit Lüneburg entstand, feierlich zu. Der Herzog begab sich (1182) zu seinem Schwiegervater, dem König Heinrich II. von England. Dieser unterhandelte für ihn mit dem Papste und mit dem Kaiser, bis er ihm endlich 1185 von dem Letzteren die Erlaubniß zur Rückkehr erwirkte. Wahrscheinlich verschaffte er ihm damals zugleich noch andere Vortheile; Heinrich kam aber nie in den Besitz derselben, weil sein Benehmen zur Zeit von Friedrich's Kreuzzug seine Entfernung zum zweiten Male nöthig machte (1188).

Seit der Demüthigung Heinrich's und dem fast gleichzeitigen Frieden mit den Lombarden war des Kaisers ganze Aufmerksamkeit auf das Reich Neapel und Sicilien gerichtet, dessen König, Wilhelm II., keine Kinder hatte und dadurch seiner noch unvermählten Tante, Constantia, die Aussicht auf den Thron eröffnete. Friedrich hatte den Plan entworfen, seinen 20jährigen Sohn Heinrich mit der um elf Jahre älteren Constantia zu vermählen und durch diese Heirath nach Wilhelm's Tode die Krone des neapolitanisch-sicilianischen Reiches, aller Gegenbemühungen des Papstes ungeachtet, mit der deutschen zu vereinigen: ein unseliger Gedanke, der seinem Geschlechte viel Unglück und zuletzt den Untergang bereitete. Friedrich bot übrigens alle Künste auf, um jenen Sohn mit dem Glanze seiner eigenen Macht und Würde zu umgeben; es scheiterten aber alle seine Bemühungen, dem Prinzen einen erborgten Glanz zu leihen, weil die Natur demselben nicht sowohl die Talente, den Muth, die Größe seines Vaters, als vielmehr, worauf in diesen Zeiten der Einfalt viel ankam, die Eigenschaften einer edeln Seele versagt hatte. Friedrich hatte ihn schon als 4jähriges Kind (1169) zum deutschen König wählen und krönen lassen. Zur Feier seines Ritterschlages aber und um den Italienern den Schimmer ihres künftigen Herrschers zu zeigen, hielt er im Jahre 1184 auf einer Ebene bei Mainz, weil die Stadt selbst die Menge der Gäste nicht faßte, einen der prachtvollsten Krontage, welche jemals gefeiert worden sind. Dieses glänzende Fest, zu welchem viele weltliche und geistliche Herren mit Tausenden von Rittern aus nahen und fernen Ländern erschienen waren, ist von einem deutschen Schriftsteller der Zeit als ein erstes und einziges Nationalfest ausführlicher, als manche Kriege, beschrieben worden; es ward bei den Engländern als Krönungsfest des jungen Kaisers berühmt und ein Dichter romanischer Zunge, Guyot von Provins, welcher zugegen gewesen, hat es nach Friedrich's Tode den Franzosen als ein Fest besungen, das den Hoftagen des Ahasverus und der Esther, des

Julius Cäsar, des Arthur und des Alexander der Ritterromane vergleichbar sei.

Seit Friedrich sich mit den Lombarden verständigt und sein Auge auf Neapel geworfen hatte, drohte ein neuer Streit die Kirche und das Reich für immer zu entzweien; dieser wurde zwar durch den dritten Kreuzzug und durch Friedrich's Theilnahme an demselben aufgehalten, er brach aber bald nachher noch weit furchtbarer aus.

4. Deutsche Poesie bis zum Auftreten der ritterlichen Dichter.

Im Laufe des 11. und größtentheils auch des 12. Jahrhunderts blieb die Litteratur noch fast ausschließlich in den Händen der Geistlichkeit. Es läßt sich aber deutlich erkennen, wie der Gesichtskreis der abendländischen Völker und somit auch ihr Bedürfniß nach geistiger Unterhaltung sich erweitert, so daß die Stoffe nicht mehr genügen, auf denen die ehrenwerthen, aber in gewissem Betracht auch dürftigen Leistungen der Klostergeistlichkeit von Sanct Gallen, Fulda und anderen Bildungsstätten beruhten. Immer neue Gegenstände werden in den Kreis der Darstellung gezogen, bis um die Zeit vom zweiten bis zum dritten Kreuzzuge das weltliche Element eine solche Triebkraft gewinnt, daß die dichterische Thätigkeit den Händen der Geistlichen entgleiten und an die Ritter übergehen muß. Zwei Umstände haben hierzu vorzugsweise mitgewirkt: einestheils erhielten Ritterthum und Kriegswesen durch die Bekämpfung des Heidenthums einen idealen Inhalt, und sodann veredelte sich nach dem Vorgange der Catalonier und der Provençalen die Auffassung der Liebe zu einem schwärmerischen Cultus. Die Verbindung beider Motive wurde die Seele der mittelalterlichen Epopöe. So lange die Liebesdichtung sich im scherzhaften oder begehrlichen Lieberton bewegte, konnten einzelne Geistliche, die es mit dem Gelübde nicht allzu streng nahmen, sich daran betheiligen, und sie haben es namentlich in vorzüglichen lateinischen Gedichten reichlich gethan; gerade der Ernst und die Zierlichkeit aber, womit man den Frauendienst zu üben begann, erforderten schließlich einen kunstmäßigen Betrieb, an welchem der im Cölibat lebende Stand nicht länger Antheil nehmen konnte. Dieser Uebergang vollzog sich langsam, und wir wollen seine Hauptstadien in der Kürze angeben.

Unser Standpunkt ist selbstverständlich hier nicht derjenige der Sprach- und Litteraturforscher, noch weniger derjenigen, welche an die Werke dieser Uebergangszeit einen ästhetischen Maaßstab legen. Allerdings ist es auch geschichtlich von Interesse, sich klar zu machen, wie das Althochdeutsche allmählich seine sinnliche Fülle, seinen klangreichen Vocalismus abschleift, um eine biegsamere, tonlosere Form anzunehmen. Am Schlusse des Zeitraumes steht das Mittelhochdeutsche vollendet da und entschädigt für die aufgegebenen Vorzüge durch eine vielseitigere Verwendbarkeit, sowie durch eine immer mehr ausgebildete Gesetzmäßigkeit des Versmaaßes und des Reimes, weil bestimmter und freier, als sie jemals in unserer neueren Dichtung gewaltet hat. Aber gerade die Achtung vor diesen Eigenschaften vermindert häufig die Anerkennung, die wir den Werken des 11. und 12. Jahrhunderts schuldig sind. Von leicht zu genießendem dichterischem Reiz, von Feile und Meisterschaft ist freilich in diesen Erzeugnissen einer kampfbewegten und unruhig gährenden Zeit wenig oder fast nichts zu bemerken. Dagegen gewähren sie eine Vorstellung von der ungemeinen Intensität, mit welcher die Gedanken des Jahrhunderts sich der Geister bemächtigten. Jeder neue Bildungsstoff mußte sich diesen Grundgedanken fügen, mochte er nun aus dem Alterthum oder aus dem Orient stammen. Zu keiner Zeit haben Dichtung und Litteratur so sehr das Gepräge der Gesammtheit und so wenig des Einzelnen getragen, als in dieser Periode bis zum Eintritte der höfischen Kunst. Die subjectiven und akademischen Ansichten von Poesie und von Dichterruhm, die wir dem Alterthum entlehnt haben und die in voller Stärke eigentlich erst Petrarca eingeführt hat, sind den deutschen Dichtern des 11. und 12. Jahrhunderts völlig fremd; den Ruhm der Originalität nehmen sie nicht in Anspruch, ja sie halten ihn kaum für einen Ruhm; sie entlehnen mit der größten Unbefangenheit und berufen sich gern auf ein ihnen vorliegendes Buch, wahrscheinlich auch da, wo ein solches in der That nicht vorlag. Was die Form dieser Dichtungen angeht, so sind jetzt viele Gelehrte der Ansicht Wilh. Wackernagel's, daß dieselben anfangs in einer Art von Reimprosa abgefaßt waren, wie dieselbe in spätlateinischen Schriften vorkommt, und daß man erst allmählich, besonders unter Einwirkung der kunstmäßigen französischen Dichtung, begann, die betonten Silben zu zählen und die Reimzeilen lautgerecht zu gestalten, wie sie am Schlusse des Zeitraumes erscheinen.*)

An die Evangelienharmonieen des 9. Jahrhunderts und an die Bearbeitungen biblischer Stücke, die von St. Gallen, Fulda und anderen Klöstern ausgingen, reihten sich andere Bearbeitungen religiöser Stoffe, in denen man etwas freier verfuhr. Hauptsächlich ging diese dichterische Thätigkeit von dem deutschen Südosten, von Oestreich und Steiermark aus. Was man früher davon kannte, war vereinzelt und

---

*) Völlig entschieden ist die Frage nicht; im Einzelnen scheint der berühmte, durchaus vaterländisch gesinnte Forscher aus wünschendem Billigkeitsgefühl den Einfluß des Französischen allzu hoch angeschlagen zu haben.

gab keinen Begriff von der Innigkeit und dem Fleiße, mit dem man sich in dieses erbauliche Dichten versenkte, bis man im vorletzten Jahrzehnt mit dem Inhalte einiger Klosterhandschriften und Sammlungen bekannt wurde, unter denen die von Joseph Diemer herausgegebene aus dem Chorherrenstifte Vorau den ersten Rang einnimmt. Bruchstücke der heiligen Schrift aus dem alten Testament wurden meist in der Art behandelt, daß sie zu der Erscheinung Christi und des Christenthums in sinnbildlichen Bezug gebracht wurden. Vor Allem steht hier die Schöpfung, die in einem dieser Gedichte besungen wird, in genauem Zusammenhang mit der Wiedergeburt der Menschheit, Adam mit Christus, der Sündenfall mit der Erlösung. Die Auffassung der Bibel, für welche hier der Ton angeschlagen wurde, blieb das ganze Mittelalter hindurch die herrschende. Abel's Lamm wie die Opferung Isaak's gelten als vorbildlich für den Opfertod Christi, der Verkauf Joseph's durch seine Brüder für den Verrath des Judas. Zum Verständniß der mittelalterlichen Kunst bis in das 16. Jahrhundert hinein ist dies Verfahren von erster Wichtigkeit, denn es wurde mit sinnreicher Schärfe durchgeführt und bietet den Schlüssel zu der Reihe von Arbeiten in Stein und Holz, die unsere Kirchen zieren. So wurde in späterer Zeit Eva mit Maria in Gegensatz gebracht (Eva und Ave), und Simson, der das Thor trägt, deutet auf Christus, der das Grab durchbricht. Noch größer war die Anzahl der alttestamentlichen Motive, die man vorbildlich auf Maria bezog, als die Lehre von der Unbeflecktheit aufgestellt wurde: der feurige und doch nicht verbrennende Dornbusch, der blühende Stab Aaron's, das unbenetzte Fell Gideons gehören hierzu. Freilich ging bei solcher Betrachtung jede historisch-treue oder, wie wir gern sagen, objective Auffassung der Bibel, ja jede Möglichkeit dazu für das Mittelalter verloren; wir müssen aber die Folgerichtigkeit bewundern, mit der man das Phantastische in ein System brachte, bis es ebenso concrete Wirksamkeit gewann, als die wissenschaftlich ergründete Wahrheit.

Außer der „Schöpfung" führen wir noch ein Gedicht über die vier Evangelien und ein anderes an, das die Bücher Mosis unter ähnlichen Gesichtspunkten in Reime faßt; auch ist bemerkenswerth, daß unter den Erzählungen des alten Testaments das Buch Judith schon damals mit Vorliebe behandelt wurde. Welchen tiefen Eindruck diese gläubige und erbauliche Dichtungsweise auf die Zeitgenossen machte, erkennen wir aus einer merkwürdigen Angabe über die früher erzählte große Pilgerfahrt nach dem gelobten Lande, die, hauptsächlich unter der Leitung des Bischofs Günther von Bamberg, im Jahre 1065 stattfand. Es heißt nämlich im Eingang des eben erwähnten Gedichtes über die vier Evangelien, der gute Bischof habe seinen

Pfaffen ben Auftrag gegeben, ein gutes Lied zu bichten, was sie benn auch thaten, ba sie schriftkundig waren; Ezzo schrieb ben Text, Wille erfanb bie Weise unb bas Lieb that eine solche Wirkung, baß Alles sich zum Mönchsstande brängte (do ilten si sich alle munichen).*)

Einzig an das neue Testament hält sich bas Leben Jesu, also eine Evangelienharmonie, welche von einer Frau Ava verfaßt wurde, die in dem östreichischen Kloster Göttweih 1127 als Klausnerin starb unb bei ihrer Arbeit von zwei Söhnen unterstützt wurde; sie ist, da Roswitha lateinisch schrieb, die älteste beutsche Dichterin von bekanntem Namen; ihr Werk schließt mit einer Schilderung des Antichrists unb des jüngsten Tages. Auch die „Urstende", b. h. die Auferstehung Christi wurde bichterisch bearbeitet; das bekannteste Werk bieses Inhaltes hat, wie neuerdings bewiesen worden, einen Konrab von Heimesfurt zum Verfasser, der nach bamaliger Weise seinen Namen kaum erkennbar unter einem Akrostichon versteckt.

Unter ben Dichtungen, bie rein erbauliche Betrachtungen ohne Anlehnung an biblische Geschichten enthalten, ist eines hervorzuheben, bas in Oestreich verfaßt wurde unb als „Todesmahnung" (von des todes gehūgede) bezeichnet wird; ob ber Verfasser, Heinrich, ein Geistlicher ober Laie gewesen, ist schwer zu entscheiben. Jedenfalls war er ein Mann von ernster unb aufrichtiger Denkungsart, der besonders bie Verberbniß ber Geistlichkeit unb bie zu Rom herrschende Gelbgier in ebenso scharfen Ausbrücken geißelt, wie bies von ben genialen Lateindichtern derselben Zeit (um 1160) geschah; er meint von ben bamaligen Prälaten: wenn man mit herrlicher Kost unb wohlgeställtem Bart unb hochgeschorenem Haar das Himmelreich erwerben könne, so würden sie alle heilig sein.

Die Lehrprosa aus bieser Zeit ist an sich geringfügig, ba sogar bie beutsche Predigt erst im 13. Jahrhundert einen nennenswerthen Aufschwung nahm. Auch liegt sie uns nur in bürftigen Bruchstücken vor, welche vereinzelte Belehrungen aus ber Natur- unb Weltkunde enthalten; boch sinb auch biese für die gesammte Geistesrichtung des Mittelalters bezeichnend. Nachbem ein gelehrter Grieche unter bem Titel „Physiologus" allerlei Angaben naturgeschichtlichen Inhalts zusammengestellt hatte, erschienen andere Werke, bie benselben Namen trugen; von einem solchen, bas aus bem 12. Jahrhundert stammt unb nach einer lateinischen Vorlage deutsch bearbeitet ist, besitzen wir wenige Blätter, bie nach ber Ueberschrift „allerlei Weisheit" aus bem

---

*) In einer Biographie des Bischofs Altmann von Passau wird berichtet, baß unter ben Gelährten Günther's ein welser unb gelehrter Mann, Ezzo, ein Lied von ben Wundern Christi in beutscher Sprache abgefaßt habe; möglicherweise basselbe, von bem ber beutsche Dichter spricht.

Thierreiche mittheilt. Hier sind nun sämmtliche Beobachtungen sinnbildlich aufgefaßt und mit Christus oder dem Satan, mit Erlösung oder Tod in Bezug gebracht; die Häutung der Schlange, der Igel, der sich in den Trauben wälzt, erhalten einen moralisch-erbaulichen Sinn. War schon aus dem Alterthum eine Reihe von Fabeln in die Naturgeschichte gekommen, so ist es interessant zu erkennen, wie dieselben nun durch leitende symbolische Gedanken in einen concreten Zusammenhang gebracht werden, so daß es schließlich kaum möglich war, die Schranken zu beseitigen, wie es denn im Beginn der Neuzeit auch auf dem Gebiete der Naturkunde überhaupt eines mächtigen Durchbruches der Geistesfreiheit bedurfte, um einer objectiven Beobachtung den Weg zu bahnen.

Als die Betrachtungen und Paraphrasen aus der Bibel dem gesteigerten Bedürfniß nach geistiger Nahrung nicht mehr genügten, wurde der Stoff der Dichtung durch Aufnahme der Legende mächtig erweitert. Zuerst trat wohl das Lob der Maria und eine apokryphe Schilderung ihrer Schmerzen und Freuden in den Vordergrund. Ihr Cultus stimmte vortrefflich zu dem idealen Frauendienste; der heilige Bernhard pries und verehrte sie, obwohl er ihre unbefleckte Empfängniß nicht als Dogma aufgestellt wissen wollte. Alles Frauenhafte erschien in Maria göttlich verklärt; späteren Geschlechtern erschien sie als die milde, zugängliche Fürsprecherin bei Christo, dessen ernste Erscheinung als Verkünder der Wahrheit und als Erlöser am Kreuze bald in Poesie und Kunst fast vernachlässigt wurde. Das vorzüglichste unter den hierher gehörigen Gedichten des 12. Jahrhunderts ist das um 1170 von Wernher von Tegernsee verfaßte Marienleben, das uns in drei Stücken von ungleicher Arbeit vorliegt. Was davon echt ist, zeichnet sich durch Anmuth, Innigkeit und besonders durch Natürlichkeit des Tones aus. Aber auch der schlichte Gang dieser Mariengeschichten genügte in den Zeiten der Kreuzzüge nicht mehr; die Aufregung und Spannung eines abenteuerlichen Lebens, die wechselvollen Bilder vom Bosporus und aus dem Morgenlande mußten auch in der Poesie zur Gestaltung kommen. Und in der That führen uns die Legenden, welche damals in Deutschland gedichtet wurden, in eine so buntbewegte Welt ein, wie nur irgend ein Ritterroman es vermag, nur daß die Minne nicht den Mittelpunkt der Handlung abgibt, wenn auch hie und da ein frommer Held auf seinen Zügen eine Gemahlin sucht. Meerfrauen, wunderthätige Land- und Seethiere, Spielleute, grausame Könige und eingeschlossene Prinzessinnen fehlen nicht; es ist als ob der geistliche Dichter diese Unterhaltung um den Preis eines erbaulichen und bußfertigen Abschlusses gerne gewährte. Mitunter liegen den frommen Abenteuern einzelne Züge aus der altheidnischen Göttersage zu Grunde, welche als Zeugniß dienen können, daß diese Werke zum Theil auf deutschem Boden erwuchsen. So in einer der bekanntesten Erzählungen von Orendel, der an den altnordischen Oervandil erinnert; in unserer Legende ist er ein Königssohn aus Trier, der im Morgenlande den grauen ungenähten Rock des Heilandes auf wunderbare Weise erwirbt; das Gewand findet sich nämlich im Leibe eines Walfisches, und damit Orendel es laufen könne, sendet ihm Maria durch den Engel Gabriel die 30 Geldstücke, um die Judas den Herrn verkauft hat. Der nahtlose Rock, den Orendel nach Trier gebracht haben sollte, gilt schon in den Streitschriften jenes Jahrhunderts als ein Sinnbild der kirchlichen Einheit, die durch keine Sectenbildung und kein Schisma zerstört werden solle. — Selbst in einem sehr verbreiteten Gedicht vom weisen Salomo und seinem Bruder Morolt, auch Markolf genannt, weisen bestimmte Spuren auf altheidnische Erfindung. Die Erzählung selbst behandelt den abenteuerlichen Raub einer Prinzessin, die Salomo dem König Cyprian entführte und die ihm wieder durch den gewaltigen Pharao, einen Herrscher am Wendelsee, entführt wird; Morolt ist hier ein zauberkundiger Mann, der unter vielen Gefahren Alles zum Guten lenkt. In späterer Zeit erhielt die Sage eine andere Beziehung; Salomo wurde Vertreter der überschraubten Bücherweisheit und des Hochmuthes, der aus ihr entspringt; der Bauer Markolf dagegen führt die Sache des schlichten Mutterwitzes und des gesunden Menschenverstandes. — Dieser Erzählung stehen andere nahe, in welchen die ritterliche Abenteuerlust ohne alle didaktische oder gar biblische Zuthat ihren Tummelplatz findet; sie brehen sich um Brautfahrten und Wanderungen an fremde Königshöfe, wie früher der „Ruodlieb", doch gibt sich in dem Zuge nach dem Orient das Zeitalter der Kreuzzüge kund. Höchst bezeichnend ist, daß in diesen Gedichten weder ein religiöses Motiv, noch auch, wie späterhin meistens, die Minne den Mittelpunkt bildet, sondern die Lehenstreue, welche die Ritter ihrem abenteuerlustigen Herrn widmen, und die Hingebung, mit welcher ihnen dieser wiederum zugethan ist. Die bekannteste dieser Dichtungen, die man zuweilen als byzantinisch-palästinische bezeichnet, hat ihren Namen von einem lombardischen König Rother (wohl Rothari).

Um die reiche poetische Triebkraft des 12. Jahrhunderts in Deutschland zu würdigen, muß man erwägen, daß manche Werke, die uns aus späteren Zeiten vorliegen, in ihrem ganzen Inhalte, wie auch in der Anordnung und Ausführung demselben angehören; die Form, in der wir sie besitzen, ist nur aus dem Bedürfniß entstanden, auf das Ueberlieferte die vollendete Vers- und Reimkunst der höfischen Dichlungsart anzuwenden. Die Begriffe von dichterischem Verdienst in jener Zeit waren nämlich noch so wenig subjectiv, daß Niemand Bedenken trug, etwa eine Epopöe aus der ursprünglichen Mundart, Sylbweise oder Versform des Verfassers in die eigene zu überschreiben. Dies ist zum Beispiel der Fall mit der sehr beliebten Erzählung von Herzog Ernst. Ursprünglich ist der Held des Gedichtes der bekannte Stiefsohn Kaiser Konrad's des Saliers; aber der Volksgeist verfuhr in Deutschland mit seinen geschichtlichen Erinnerungen in derselben Weise, wie er früher aus den Personen und Begebenheiten der Völkerwanderung die deutsche Heldensage gestaltet hatte. Der tapfere großmüthige Rebell wurde in der Erinnerung mit einem anderen jugendlichen Herzog von Schwaben, Ludolf, dem Sohne Otto's, vermengt; und zur Schilderung der Gefahren und Abenteuer, die er besteht, nahm man den Stoff aus dem Kreise, der damals jede Einbildungskraft beherrschte, aus dem Morgenlande und seinen Märchen; so daß Herzog Ernst und Graf Wetzel nicht nur, wie die Pygmäen der Alten, einen Krieg mit Kranichen führen, sondern daß er auch gleich einem Prinzen aus Tausend und Eine Nacht vom Vogel Greif entführt und mit seinem Schiffe an den Magnetberg angetrieben wird.

Aber auch die Legende genügte dem lebhaften Drange nach Unterhaltung und Belehrung nicht; die geistlichen Dichter zogen einen noch weit bedeutungsvolleren Schatz von Erzählungsstoffen in ihren Kreis. Durch die Kreuzzüge, wie schon früher durch die Kämpfe in Spanien, war man mit dem Morgenlande und seinen Bewohnern nicht blos in Berührung gekommen, sondern in einen Gegensatz getreten, der zum Nachdenken aufforderte. In noch weit höherem Grade war dies der Fall mit Rom, der ewigen Stadt, und mit den Vorstellungen, die sich an sie knüpften, seit die Romfahrten zu einem feststehenden Herkommen wurden. Ein kräftiges, thatenlustiges und wenig belesenes Geschlecht hatte sich hier mit einer Fülle von Thatsachen auseinanderzusetzen, und dies mußte, um dem Volksgeiste zu genügen, in wenigen, großen, greifbaren Zügen geschehen; das bunte Bild bedurfte des einfachsten Rahmens. Den Völkern des Alterthums war eine solche Aufgabe nie zu Theil geworden; die Außenwelten, an denen sie ihre Auffassung übten, waren weder so vielseitig noch so umfassend, wie im Mittelalter. Es gehört zu den merkwürdigsten Leistungen des letzteren, daß es in der naivsten Weise die ihm bekannte Weltgeschichte zu einer Gesammtlegende umschuf, die in Bezug auf fest geschlossene Grundgedanken nichts zu wünschen übrig läßt. Einige Hauptzüge bot schon die Eintheilung der Begebenheiten in vier Weltalter, die seit Orosius ziemlich allgemein war und die man in kühner Weise mit dem Traume Daniel's in Verbindung brachte. Zwar die beiden erſten Weltalter oder Monarchieen waren entlegen und traten mehr in den Hintergrund; dagegen knüpfte ſich bereits ein lebhaftes Intereſſe an Alexander, den Stifter der griechiſchen Weltherrſchaft, und der vollſte Glanz breitete ſich um Julius Cäſar und Auguſtus, die Begründer des römiſchen Imperiums, das man in dem gegenwärtigen Kaiſer noch fortleben ſah und von dem man annahm, daß es dauern werde bis an das Ende der Tage. Das römiſche Reich, ſo glaubte man, war von Gott vorherbeſtimmt, damit das Chriſtenthum ſich raſcher verbreiten könne; ſo waren Julius Cäſar und Chriſtus in der Weltordnung auf einander berechnet. Dem Kaiſer Auguſtus wurde auf der Höhe von Ara coeli am Capitol die Erſcheinung Chriſti ſchon in ſeiner Geburtsnacht von der Sibylle verkündigt. Wenn derſelbe Kaiſer die Janushalle ſchloß, ſo geſchah es, damit nach der Verheißung bei dem Auftreten des Heilandes Frieden auf Erden ſei. Im Laufe des 12. Jahrhunderts erhielten dieſe Vorſtellungen einen erhöhten Einfluß. Zuerſt durch den Begriff vom deutſchen Kaiſerthum, wie er ſich in Friedrich Barbaroſſa und ſeinen Anhängern entwickelte und wie der Hohenſtaufe ſelbſt ihn klar genug ausſprach; denn Friedrich kann als Vorläufer oder erſter Träger derjenigen Ideen von römiſcher Weltmonarchie gelten, die über ein Jahrhundert nach ihm Dante verkündigte. Papſt und Kaiſer hießen nicht mehr Sonne und Mond, ſondern galten als Lichter von gleicher Leuchtkraft und beide von Gott entzündet. Wer einem der beiden vom Himmel verliehenen Schwerter ſich entzieht, iſt gleicherweiſe ſtrafbar. Darum verſetzt noch Dante in den unterſten Raum des tiefſten Höllenkreiſes den Judas Iſchariot zwiſchen Brutus und Caſſius, den Verräther Chriſti neben die undankbaren Mörder Cäſar's. Wenn es demnach in allen Gebieten des Wiſſens zu den Kennzeichen des Mittelalters gehört, daß die Gegenſtände eine ſymboliſche Beziehung gewinnen, ſo trat dies auch für die Geſchichtsbetrachtung ein; die Weltchronik erhielt einen ſyſtematiſchen Zuſammenhang, dem ſich die Einzelheiten unterordnen mußten. Dieſer Zuſammenhang wirkte beſtimmend ſelbſt auf helle Geiſter, und erſchwerte die kritiſche oder wiſſenſchaftliche Behandlung; die Einzelheiten aber fanden einen nicht minder verbreiteten Glauben, als die römiſche Königsgeſchichte bei den Leſern des Livius.

Geſtützt wurde dieſe legendariſche Geſchichtsanſicht durch die bei den Zeitgenoſſen eifrig gepflegte Gelehrtenfabel von der Abſtammung des fränkiſchen Volkes von den Trojanern. Aeneas war von Virgil vorzugsweiſe als Stammvater der Römer beſungen worden; von ſeinem Sohn Julus leitete ſich das juliſche Haus, alſo auch Cäſar ab, welcher demnach kraft einer Art von Erbrecht die Weltmonarchie übernahm. Traten nun die Franken ihrerſeits in die trojaniſche Erbſchaft ein, ſo vermittelte Karl der Große, den Friedrich im Jahre 1165 unter die Heiligen stellen ließ, den Uebergang. In dem umfassenden Werke, das man die Kaiserchronik zu nennen pflegt und das eigentlich eine bunte Reihe von Geschichtslegenden enthält, bildet Julius Cäsar den Mittelpunkt. Statt die Zeitverstöße in diesem Werke zu belächeln, sehen wir uns vielmehr veranlaßt zu bewundern, mit welcher naiven Consequenz der Geist des Jahrhunderts seinen Vorrath von anekdotischem Wissen zu gestalten verstand; denn hier verfuhr der Theil des Volkes, der die Feder führte, mit den vereinzelten Männern und Begebenheiten ebenso, wie man einst während der großen Wanderung mit Attila und Theodorich verfuhr. Ohne besonderen Anstoß las man im Rolandsliede, wie die Mohammedaner den Apollo anbeten; im Heinrich von Veldeke, wie ein junger Held in Latium bei der heidnischen Synagoge begraben wird; oder in anderen Gedichten, wie Josua gegen die Saracenen kämpft. Virgil aber, der Sänger des vierten Weltreiches, wird erstens, wegen mißverstandener Prophezeiungen einer für Rom glücklichen Zeit, zu einem Seher der Heiden, wie Paulus der Apostel der Heiden war; und zweitens zu einem weisen Zauberer, der durch kunstreiche Werke Neapel beglückt und noch weit mehr die kaiserliche Regierung in Rom unterstützt.

Es verdient noch bemerkt zu werden, daß in diesem Gebiete des dichterischen Schaffens, in der Geschichtslegende, Deutschland eine selbstständigere Thätigkeit entwickelt als in irgend einem anderen Fache der Erzählung, die alte einheimische Heldensage natürlich ausgenommen. Freilich gab es auch in französischer Sprache manche poetische Chronik und manches Weltgemälde (imago mundi), das von den Deutschen benutzt wurde; doch nie in so abhängiger Weise, wie dies im 12. Jahrhundert bei der Karls- oder Alexandersage, ja selbst bei der ursprünglich deutschen Thiersage der Fall war. Es ist schon bezeichnend, daß die „Kaiserchronik" sich auf ein deutsches Buch beruft; die Gewißheit aber, daß die tief bewegten Anschauungen der Zeit vor Allem in Deutschland in die historische Dichtung eintraten, ergibt sich zumeist aus dem berühmten Annoliede (Lobgesang auf den heiligen Anno, d. i. auf den uns aus der Jugendgeschichte Heinrich's IV. wohlbekannten Erzbischof von Köln). Dieses Lied ist zum Theil in die Kaiserchronik übergegangen; in der Form, in welcher es als eine selbstständige Dichtung, von geringem Umfang, aber von hoher Kraft und Bedeutung, erscheint, ist es nach Einigen um das Jahr 1183, wo Anno heilig gesprochen wurde, nach Anderen beträchtlich früher verfaßt worden.*) In einer anscheinend freien, fast zufälligen

*) Das Annolied zog in einer Zeit, die sich mit der deutschen Dichtung des Mittelalters sehr wenig befaßte, die Aufmerksamkeit des berühmten Opitz in solchem

Aneinanderreihung knüpft dieses Gedicht das Leben seines heiligen Helden an sehr bestimmte Grundgedanken an, und hauptsächlich aus dieser Ursache hat der feinfühlende und vorurtheilsfreie Herder dasselbe mit den Lobgesängen Pindar's verglichen. Es ist außerdem das letzte Werk, in welchem uns aus einzelnen Stellen der verlorene Ton des alterthümlichen deutschen Heldenliedes voll rauher Kraft, lebendig und anschaulich, entgegenkommt. Köln wird hier zu den Städten der trojanischen Franken gerechnet, und der Dichter meint, die Letzteren hätten der Stadt Xanten in Erinnerung an den Fluß Xanthus bei Troja ihren Namen verliehen. Nach dem oben Gesagten wird es nicht auffallen, daß der Dichter seine erzählende Geschichtsbetrachtung mit einer Erläuterung von Daniel's Traum beginnt und daß er ganz besonderen Nachdruck auf die Schlacht bei Pharsalus und auf den Beistand legt, welchen in derselben Cäsar von seinen deutschen Hülfstruppen erhielt.*)

Die Erzählungen von Karl dem Großen und seinen Paladinen, insbesondere von Roland, fanden allerdings ihre Pflege vorzugsweise in Frankreich. Als jedoch die Begeisterung für die Kreuzzüge auch in Deutschland erwachte, schloß sich dieselbe, nach den inneren Gesetzen der Sage und der Volksvorstellungen, an die großartige Gestalt des fränkischen Kaisers an. War er wirklich Inbegriff alles dessen, was den Ritter wie den Christen schmückt und ehrt, so mußte er nothwendig auch die Ungläubigen im Orient bekämpft haben, oder sein Zug nach Spanien mußte den Kreuzzügen ähnlich gemacht werden; sprach man ja davon, daß Karl auferstehen werde, um ein Kreuzheer zu führen. Sein Lob in einer nach französischer Vorlage abgefaßten deutschen Nachdichtung zu singen, war eine der letzten Leistungen im epischen Gebiete, die ein Geistlicher noch unternehmen konnte. Der Verfasser des Rolandsliedes, Konrad, berichtet uns nämlich selbst, daß er ein Pfaffe (Weltgeistlicher) sei und sein Werk erst aus dem Französischen ins Lateinische und sodann ins Deutsche übertragen habe, und zwar auf den Wunsch eines mächtigen Herzogs und seiner Gemahlin, die eines reichen Königs Tochter sei. Unter diesem Paare sind Heinrich der Löwe und Mathilde zu verstehen; die Abfassung ist wohl kurz nach dem Jahre 1170 anzusetzen. In seinem Gedichte, dessen Ton einfach bis zur Trockenheit ist, bildet die Schlacht bei

Grabe an sich, daß er nach der einzigen noch vorhandenen Handschrift eine Ausgabe herstellte; ein um so glücklicherer Fall, als die Handschrift bald nachher zu Grunde ging.

*) Cäsar war, wie das Lied angibt, der Erste im Alterthum, der mit Ihr statt mit Du angeredet wurde, weil er die verschiedensten Würden in seiner Person vereinigte: er führte nachher, um die Deutschen zu ehren, auch bei ihnen das Ihrzen ein.

Roncesvalles den Hauptgegenstand. Wenn die arabischen Gesandten über die Pracht der Umgebung Karl's in Staunen gerathen, so paßt dies freilich nicht auf das Lager von Paderborn, wo die Gegner Abderrahman's (777) den König aufsuchten; charakteristisch ist aber der Zug, daß die ehrfurchtgebietende Erscheinung desselben in einer Weise geschildert wird, die den Angaben der Bibel über Moses entnommen ist; sein Antlitz glänzte nämlich den Arabern so gewaltig entgegen, daß ihre Augen es nicht ertragen konnten („das Leuchten gab ihnen den Widerschlag wie die Mittagsonne").

Fast gleichzeitig oder um wenig Jahre später als das Rolandslied wurde die vorzüglichste unter denjenigen deutschen Dichtungen abgefaßt, welche das Leben und die Thaten Alexander's des Großen zum Gegenstande haben. Man vermuthet in dem Dichter einen Pfaffen Lamprecht, welchem Rudolph von Ems (im 13. Jahrhundert) ein Alexanderlied zuschreibt. Wäre unser Standpunkt der ästhetische, so würde der Werth dieses Gedichtes, das besonders von Gervinus gepriesen wird, zu einer näheren Würdigung einladen; denn es ist in der Form kräftig und klar, bekundet eine in jener Zeit seltene Fähigkeit zur Charakterzeichnung und ist frei von der inhaltleeren Weitschweifigkeit, die oft an den Epopöen des Mittelalters unangenehm auffällt. Auch hat dasselbe, obwohl es die Lehre von der Vergänglichkeit alles Irdischen und von der Eitelkeit des Ruhmes einprägt, einen heroischen, zum Theil antiken Grundton. Besonders merkwürdig ist eine Anrede Alexander's an die Angehörigen eines armen, fremden Stammes, der in friedlicher Genügsamkeit lebt, indem der Held in sehr entschiedener Weise die Berechtigung des Kraftgefühls und des activen Lebens gegenüber der Beschaulichkeit betont; er erklärt, jenes Kraftgefühl sei ihm von Gott verliehen und er müsse es üben wie der Sturm, wenn er das Meer aufwühlt; es würde schlimm bestellt sein, wenn Jeder in friedlicher Verborgenheit sein Leben verbrächte. Vielleicht ist es gerade dieses Schlichte der Grundanschauung, das die Alexanderdichtung weniger geeignet machte, ins Breite zu wirken, obwohl es für uns den Werth der Dichtung und des Dichters erhöht; die rein romantischen Partieen, wie z. B. der Durchzug des Königs durch einen verzauberten Mädchenwald, fanden gewiß großen Beifall. Uebrigens läßt sich nicht genau angeben, welches Verdienst in der Behandlung des Stoffes dem deutschen Dichter angehört, da die französische Urschrift, als deren Verfasser er den Alberich von Bisenzun (Aubry de Besançon) nennt, nicht bekannt geworden ist.*)

*) Bruchstücke einer französischen Behandlung, die das Werk des „Pfaffen Lamprecht" sein könnte, hat der Dichter Paul Heyse aufgefunden.

Mit den letztgenannten Werken hatten die geistlichen Dichter das Aeußerste dessen erreicht, was sie den Zeitgenossen zu bieten vermochten. Da nun der kunstmäßige Minnegesang aufkam und die Liebe als Hauptmotiv auch in die Erzählung eindrang, mußte ihnen der Faden entgleiten und mußte die dichterische Thätigkeit in die höfischen oder ritterlichen Kreise übergehen. Mußten schon vorher französische Originale an die Stelle der lateinischen treten, so war dies nun in erhöhtem Maaße der Fall. Schon die Bezeichnung der Poesie als höfisch ist dem französischen courtois nachgebildet.*) Von den sogenannten Minneliedern, die man später in umfassenden Sammlungen vereinigte, sind die älteren, etwa aus Kaiser Friedrich's Anfangszeit, noch vom französischen Einfluß unberührt; sie erinnern durchaus an das echte deutsche Volkslied, wie es damals schon im Gange war, hernach zurückgedrängt wurde und im 15. Jahrhundert wieder aufkam; sie knüpfen nämlich gern an ein Naturbild, an die Sommerwonne oder den fliegenden Fallen an und bewegen sich sodann in einem Zwiegespräch der Liebenden. Solche warme und frische Lieder, die mit unseren besten sangbaren Volksballaden Aehnlichkeit haben, besitzen wir von Dietmar von Aist und dem Kürenberger, die wahrscheinlich nach Oestreich gehören; ihnen nahe steht der (ältere) Spervogel. Der kunstreichere Ton, der französischen Mustern entnommen ist, entwickelte sich fast genau um dieselbe Zeit, wo auch die erzählende Dichtung „höfisch" zu werden begann. In der Geschichte der Geistesbildung kommt es nicht leicht vor, daß man einen bedeutenden Abschnitt chronologisch genau bezeichnen kann; doch ist es uns fast verstattet, als die große Epoche des Beginnes der mittelhochdeutschen Kunstpoesie das Jahr 1184 anzusetzen, in welchem jenes Kaiserfest von Mainz stattfand, das auf die Einbildungskraft der Zeitgenossen und namentlich der Dichter so mächtig einwirkte. Den bedeutendsten Einfluß übte Heinrich von Veldeke, der, wie er selbst berichtet, bei diesem Feste gegenwärtig war. Schon bei den nächsten Nachfolgern finden wir ihn mit ehrfurchtsvollem Danke genannt, und sein Verdienst ist in der That ein ungewöhnliches. „Er impfte das erste Reis in deutscher Zunge", sagt Gottfried von Straßburg. Er unterwarf zuerst die Sprach- und Versform einer neuen Gesetzlichkeit; denn wenn man auch in dieser Beziehung den fastgleichzeitigen Dichter einer Pilatuslegende neben ihn stellen will, so hat dieser sich doch nicht, wie Veldeke, auch im Minnelied ausgezeichnet. Zudem hat der Letztere in der Wahl des Stoffes zu seinem Hauptwerke, der Aeneide (Eneit) den glücklichsten Griff gethan. Er arbeitete dieses

---

*) Aus höfisch wurde hübsch; dem Höfischen steht das Tölpische, Dörpische entgegen, das von Dorf abgeleitet ist, wie vilain von villanus, Bauer.

Gedicht nach einem französischen Aeneasroman, welcher dem Benoit de Sainte More zugeschrieben wird und welcher zu Paris in vier Handschriften vorliegt. Der moderne Charakter des virgilischen Epos, welches zwar einen Heldenzug und eine Städtegründung behandelt, aber doch die Liebe in den Mittelpunkt der Begebenheiten stellt, kam den ritterlichen Bearbeitern, dem Franzosen wie seinem deutschen Nachdichter, recht zu statten. Das Gespräch zwischen der Königin Amata und ihrer Tochter Lavinia, in welchem die Mutter das Wesen der Minne in belehrender Weise erörtert, galt noch lange Zeit für einen gültigen Coder dieser zarten Wissenschaft. Wenn Lavinia bedauert, daß sie dem geliebten Aeneas nicht ihr Haarband als Talisman in den Kampf mitgegeben habe; wenn Aeneas sich mit aller Bequemlichkeit wie ein höfischer Ritter des 12. Jahrhunderts ausdrückt: so hat man in solchen Dingen nicht eine Schwäche des Dichters — den wir jedoch keineswegs für einen großen Dichter halten, — sondern die Kraft und Regsamkeit eines Zeitalters zu erkennen, dessen leitende Ideen und dessen Phantasie so mächtig waren, daß jeder aufgenommene Stoff sich darnach umbilden mußte. Von der antiken Gesinnungswürde, die sich, obwohl schon abgeschwächt, bei Virgil kund gibt, von den Aussprüchen reifer Lebenserfahrung, welche die Aeneide schmücken, ist freilich kaum etwas geblieben; dagegen steht bei Veldeke die Auffassung des Stoffes noch entschiedener als bei seinem französischen Vorgänger in Zusammenhang mit den Grundgedanken der Hohenstaufenzeit. Er hebt ausdrücklich hervor, die Hochzeit des Aeneas sei das glänzendste Fest gewesen bis zu jenem, welches Kaiser Friedrich in Mainz abhielt; er knüpft die Schlußbetrachtung an, daß von Aeneas Julius Cäsar abstamme und daß dessen Nachfolger Augustus die Friedenszeit begründete, in welcher Christus erschien, um uns vom Schaden zu befreien, den Adam gebracht; und er verweilt mit großer Vorliebe bei der Erzählung, wie Friedrich I. bei seinem Aufenthalt in Rom die Gruft des jungen Helden Pallas öffnen ließ, der dem Aeneas einst beigestanden hatte, und wie man in dieser Gruft die Lampe noch brennend fand, die bei der Bestattung angezündet worden war.

In der hier besprochenen Uebergangszeit wurde auch die Thiersage noch mehrfach bearbeitet; so namentlich von Heinrich dem Gl i ch e s ä r e (Gleißner), einem Elsässer, der sich nach einem französischen Buch richtete. Von diesem Werk selbst besitzen wir nur einen Theil; vollständig liegt es in einer späteren Ueberarbeitung vor, die fast nur an Sprache und Mundart einiges ändert; wir finden darin wohl eine launige Auffassung des Mönchslebens, jedoch nicht eigentlich Angriffe gegen Kirche und Geistlichkeit.

Weit entschiedener als diese zahmen Dichtungen, ja als die meisten deutschen Gedichte des Jahrhunderts, greift die Lyrik der lateinschreibenden, fahrenden Poeten in das unmittelbare Leben der Zeit ein. Man bezeichnet dieselben wegen ihres Umherziehens häufig als Vaganten oder mit einem nicht völlig enträthselten Ausdruck als G o l i a r d e n. Sie waren geistlichen Standes, mochten sich aber bei ihrer ungebundenen Gemüthsart dem Zwange des streng kanonischen Lebens nicht fügen, sondern zogen ins Weite oder schlossen sich etwa einer bischöflichen Hofhaltung an. Die Form, die sie sich allmählich gebildet hatten, meist lateinische Reimstrophen,*) zeichnet sich durch gefügigen und schlanken Versbau wie durch reichen Wohlklang aus. Im Inhalte bekunden sie, bei manchen Aeußerungen frommen Sinnes, doch im Allgemeinen die keckste Lebenslust, die rücksichtsloseste Unabhängigkeit im Urtheil über kirchliche Verhältnisse; von beißender Schärfe sind besonders die Ausfälle gegen Roms Habsucht und gegen die dort immer geübte Ausbeutung der Frommen. Ihr eigenes stetes Begehren nach Wein und nach Geschenken läßt diese Dichter nicht in hoch sittlicher Beleuchtung erscheinen; doch nimmt es sich mehr natürlich drollig aus, als das raffinirte Heischen der höfischen Sänger. Unter ihnen ist einer, der sich selbst als den Erzdichter oder Archipoeta bezeichnet, auch geschichtlich nicht unmerkwürdig. Dieser geniale, sprudelnd reiche Lyriker befand sich im Dienste des gewaltigen und hochfliegenden Kanzlers Rainald (Reginaldus), späteren Erzbischofs von Köln; vielleicht deutet auch der Name „Archipoeta" auf ein Hofamt. Unter einem so kühnen Vertreter des Monarchismus oder Rationalismus in der Kirche konnte auch der Schützling seine Ansichten frei ausbilden. Rainald suchte denselben anzuhalten, daß er sein außerordentliches Talent zu einer officiellen Lobdichtung, etwa zu einem Pracht-Epos auf Friedrich Barbarossa und seine italienischen Feldzüge verwende; der Archipoeta jedoch weiß sich ebenso aufrichtig und verständig wie Horaz dem Mäcenas gegenüber zu entschuldigen; doch hat er sich, soweit es im lyrischen Rahmen möglich ist, einmal der Verpflichtung erledigt. Zu seinen Meisterstücken gehört eine an den Erzbischof Rainald gerichtete Generalbeichte, worin er offen bekennt, daß er bem Weine, dem Spiele und den Frauen nicht zu entsagen vermöge; Einiges von der Schuld wälzt er auf seine Jugend und auf die Gelegenheit, indem er meint, in einer Stadt wie Pavia — wo man vielleicht den kaiserlich Gesinnten besonders freundlich entgegenkam, — würde selbst Hippolyt keinen Tag lang Hippolyt bleiben. Aus dieser General-

---

*) Am häufigsten besteht eine solche Strophe aus vier gereimten Langzeilen von je 13 Silben; man kann dieselbe in Goethe's Lied: „Mich ergreift, ich weiß nicht wie" wiederfinden, das am Anfang auch im Ton mit einigen jener Vagantenlieder Aehnlichkeit hat.

berichte sind die allbekannten sechs Strophen entnommen, die als Trinklied noch heutzutage beliebt sind; dasselbe beginnt mit den Worten: „Mihi (oder meum) est propositum" und ist von Bürger ins Neudeutsche übertragen. Früher schrieb man diese vortrefflichen Lieder und Gesänge irrthümlich einem geistvollen Engländer aus Heinrich's II. Umgebung zu, dem Walther Map oder Mapes; dann glaubte man den Erzdichter in einem fahrenden Poeten des Namens Nicolaus zu erkennen. Neuerdings jedoch ist die Vermuthung aufgestellt worden, daß er Walther hieß und in Flandern gebürtig war, nämlich in Lille (Insula, l'Isle, wegen der Lage zwischen zwei kleinen Flüssen); er wäre in diesem Falle derselbe kühne und einflußreiche Dichter, der nach seinem späteren Wohnort Walther von Chatillon genannt wird und dessen Hauptwerk, eine lateinische „Alexandreis", noch um die Zeit der Reformation in den Schulen gelesen wurde.

5. Französische Geschichte seit Philipp's I. Regierungsantritt.

Das französische Reich, dessen Geschichte oben bis aus den Regierungsantritt Philipp's I., des vierten Capetingers, geführt worden ist, war unter diesem König ebenso, wie unter seinen nächsten Vorgängern, im Grunde blos auf die Länder Artois, Picardie, Isle de France, Champagne, Orleannais, Maine, Anjou, Touraine, Berry, Nivernois, Bourbonnais und Auvergne beschränkt; denn in den übrigen Theilen des Reiches galt das königliche Ansehen nur äußerst wenig oder gar nichts, und schon unter Philipp's zweitem Nachfolger trat auch in den Grafschaften Maine und Anjou, welche damals an England kamen, das nämliche Verhältniß ein. Das Herzogthum Burgund gehorchte kaum, ja es weigerte nach Philipp's Tode förmlich den Gehorsam; die Normandie war durch Wilhelm den Eroberer mit England verbunden worden; die Bretagne stand in der Abhängigkeit der Normannen, war aber sonst durch Gesetz, Sprache und Sitten ein ganz für sich bestehender Staat; im Süden derselben lag das Gebiet der Herzoge von Aquitanien und der Grafen von Poitou, die sich sehr wenig um den französischen König bekümmerten; südlich von diesen und bis tief in die Provence hinein hatten die Grafen von Toulouse oder, wie sie nach ihrem Sitze gewöhnlich genannt werden, die Grafen von St. Giles (St. Aegidius) die Rouergue und die Mark Gothieu mit ihren Besitzungen vereint und nannten sich Herzoge von Narbonne; Dauphiné und Provence hatten eigene Herren, und von der Saone an bis nach Montpellier galt noch der Schatten des arelatischen Reiches für eine wahre Gestalt. Auch in den übrigen Provinzen gehorchten die Vasallen dem französischen Könige nie länger, als es ihr eigener Vortheil erforderte; wenn er sie angriff, zogen sie sich in ihre Burgen zurück und warteten, bis die Dienstzeit seiner Leute verflossen und seine schwache Kasse erschöpft war.

Das geringe Ansehen des Beherrschers von Frankreich ward durch Philipp's I. Benehmen noch mehr geschwächt. Im Jahre 1071 wollte er Robert den Friesen, einen Bruder des verstorbenen Grafen Balduin VI. von Flandern, der die Wittwe desselben bedrängte und das Land besetzt hatte, für diesen Frevel bestrafen und die Grafschaft Flandern den Kindern des Verstorbenen als den rechtmäßigen Erben erhalten; er ward aber bei Cassel (zwischen Ypern und Saint Omer) geschlagen und verstand sich dazu, den Räuber im Besitze seines Raubes anzuerkennen. Noch weit mehr schadete er seinem Ansehen durch einen Ehestreit, in welchen er sich aus Leichtsinn verwickelte. Er verstieß 1090 seine Gemahlin Bertha, um Bertrade, die Gemahlin des Grafen Fulko IV. von Anjou, die sich von ihm hatte entführen lassen, heirathen zu können, und vermählte sich mit der Letzteren, ohne auf die Kirchengesetze im mindesten Rücksicht zu nehmen. Darüber gerieth er nicht nur mit dem Papst Urban II., sondern auch mit der französischen Geistlichkeit in einen gefährlichen Zwist. Seine zweite Ehe wurde auf einer Versammlung der Bischöfe des Reiches für ungültig erklärt, er selbst aber, weil er sich zur Trennung von Bertrade nicht verstehen wollte, auf der großen Versammlung zu Clermont mit dem Banne belegt (1095). Er trotzte zwar eine Zeit lang der Kirche und ihrem Oberhaupte, sah sich aber doch zuletzt genöthigt, Buße zu thun und das Versprechen zu geben, daß er sich von Bertrade trennen wolle (1104). Nichtsdestoweniger setzte er auch nachher den Umgang mit dieser fort.

Als Philipp 1108 starb, übernahm sein Sohn erster Ehe, Ludwig VI. oder der Dicke, welcher seit acht Jahren bereits Mitregent gewesen war, die Regierung allein. Dieser fand das Reich in dem traurigsten Zustande; denn außerdem, daß das königliche Ansehen gegenüber den Vasallen ganz herabgesunken war, herrschte im nördlichen Frankreich, das an Bildung um mehr als ein Jahrhundert hinter den südlichen Provinzen zurückstand, eine schauderhafte Rohheit der Sitten und ein völliger Mangel an allen moralisch-religiösen Gefühlen. Mord und Raub, Ehebruch, Entführung verheiratheter Frauen, Verachtung des Kirchenbannes, und Grausamkeiten, wie wir sonst nur bei Huronen oder Irokesen zu finden gewohnt sind, waren an der Tagesordnung, ja, es werden uns sogar von einzelnen Großen des Reiches überraschende Züge eines ganz rohen und offen zur Schau getragenen Unglaubens berichtet, die man in solchen Zeiten ohne irgend eine Verbindung mit Aberglauben nicht hätte erwarten sollen. Indessen war diese Entartung für die Hebung der so sehr gesunkenen königlichen Gewalt in hohem Grade förderlich; denn als weder die geistliche noch die weltliche Macht dem Uebel zu steuern vermochte, führte das Uebermaaß der Verwirrung ganz natürlich auf den Gedanken, durch Unterstützung des Königs eine Aeuderung zu bewirken, welche ohne die Erhöhung seines Ansehens nicht bewirkt werden konnte. Zu dieser Vermehrung der königlichen Macht trugen außerdem noch viele andere Umstände bei, am meisten aber die in jene Zeit fallende Errichtung der Stadtgemeinden. Die alten römischen Städterechte hatten sich nur im Lande Languedoc, das jedoch nicht zum französischen Reiche gehörte, erhalten und hier findet sich daher auch die älteste Spur von den drei Ständen, welche bis auf die französische Revolution fortbestanden; überall sonst waren die Städte entweder geistlichen oder weltlichen Herren unterworfen. Der Druck der Gewalt, den diese ausübten, erweckte jedoch in den Bürgern der Städte das Streben nach Freiheit, und der König gewährte ihnen dabei in seinem eigenen Interesse eine kräftige Unterstützung. Weil man nämlich damals ebenso, wie zu allen Zeiten, das Recht selbst nicht zu leugnen wagte, sondern sich nur der Ausübung desselben widersetzte, so konnte der König auch da, wo er sonst keine Rechte hatte, Stadtprivilegien ertheilen, und die Bürger selbst sorgten nachher schon dafür, daß diese Rechte ihnen erhalten würden. Auf solche Weise entstanden im Reiche nach und nach viele Stadtgemeinden, welche zwar gegen ihre Herren noch zu gewissen Leistungen verpflichtet blieben, aber ihre Angelegenheiten durch selbstgewählte Beamte verwalten ließen. Für den König ward dies aus dem doppelten Grunde vortheilhaft, weil die Freiheit der Städte ohne ihn weder errichtet, noch behauptet werden konnte und weil die geistlichen und weltlichen Herren von dieser Zeit an oft seiner Hülfe gegen die Städte bedurften; denn mit der größeren Freiheit wuchs auch der Uebermuth der Bürger, und benachbarte Große gewährten ihnen nicht selten Hülfe, um entweder eine Stadt an sich zu reißen oder auch ihren eigenen Gegnern wehe zu thun. Dies gab dann dem Könige Gelegenheit, zu gleicher Zeit die Abgaben der Städte und die Gerichtsgelder der Aebte und Bischöfe an sich zu bringen.

Diese Verhältnisse, verbunden mit dem wichtigen Umstande, daß die Könige von Frankreich zum Unterschied von den deutschen Königen ihr ererbtes Herzogthum beibehielten, hoben die Macht und das Ansehen der Krone schon unter Ludwig VI. sehr, selbst noch ehe der Abt Suger Rathgeber desselben ward und nachher durch seine Staatsweisheit vortreffliche neue Einrichtungen schuf. Es zeigt sich daher auch zwischen dem Anfange und dem Ende von Ludwig's Regierung ein recht auffallender Contrast. Im Anfange durfte er mit seiner

Krönung und Salbung nicht warten, bis der Erzbischof von Rheims, dem die Verrichtung dieser Ceremonie gebührte, zugegen sein konnte, weil ein Theil der Großen ihn in seiner Macht noch mehr zu beschränken oder wohl auch ganz zu beseitigen hoffte, obgleich er schon zu seines Vaters Lebzeiten von den Ständen als Herrscher anerkannt worden war. Am Ende seiner Regierung dagegen hatte er durch die kluge Art, wie er bald den Vermittler machte, bald als Kämpfer sich in den Streit der kleinen Herren mischte, seine Macht und sein Ansehen so sehr gehoben, daß er auch den mächtigeren Vasallen furchtbar war. Demüthigte er doch sogar den Grafen Theobald von Champagne, Blois und Chartres, der fast eben so viele Einkünfte und Lehensleute, als der König selbst, hatte und auf die Unterstützung seines mütterlichen Oheims, des Königs Heinrich I. von England, rechnen konnte!

In den letzten Jahren Ludwig's VI. erhielt der Abt von St. Denys, Süger, ein Mann, der jedem Geschäft gewachsen war, den Haupteinfluß auf die Regierung und begann die ruhmvolle staatsmännische Thätigkeit, durch welche er nicht nur den Thron gleichsam neu errichtete, sondern auch in manchen anderen Beziehungen sich um sein Vaterland unsterbliche Verdienste erwarb. Süger's Geschichte ist gewissermaaßen die Geschichte der Befestigung der königlichen Gewalt in Frankreich und der Wiedervereinigung der abgelösten Glieder des französischen Reiches; denn ein Mann, wie Süger, konnte noch in ganz anderem Umfange nützen, als Wibald in Deutschland, weil er nicht, wie dieser, bloßer Staatsmann im Kabinet und auf Versammlungen, sondern auch eigentlicher Kameralist und Staatsökonom war. Er hatte seine erste Bildung auf der Schule von Saumur, einer damals sehr berühmten Lehranstalt, erhalten und war dann als Mönch in St. Denys der Vertraute seines Abtes geworden. Dieser hatte ihn gebraucht, um die wichtigsten Angelegenheiten seines Klosters beim Papste auf Kirchenversammlungen und beim Könige zu betreiben, und Süger hatte in seinen Unterhandlungen das Zutrauen Beider gewonnen. Er war nachher als bloßer Mönch Archivar des Klosters, hatte als solcher das Herkommen, welches der Verfassung nach als ein heiliges Vermächtniß der Väter über dem neuen Gesetze stand, stets im Gedächtniß und verlor es auch später nie aus den Augen. Da er in Zeiten lebte, wo die bloßen Künste des Friedens ohne Kriegserfahrung wenig galten, so ließ er sich von seinem Abt als Propst nach Tours versetzen und focht drei Jahre hindurch an der Spitze seiner Reisigen gegen den Grafen Hugo von Puiset. Dieser schreckliche Tyrann, der in seiner Raubgier und Zerstörungssucht auf nichts Rücksicht nahm, mußte zuletzt Süger's Angriffen weichen, obgleich ihm die

Herren in der Normandie, der mächtige Graf Theobald von Champagne und alle anderen gleichgesinnten Nachbarn beistanden; und der König, der den rüstigen Propst dreimal in eigener Person mit seiner ganzen Heeresmacht unterstützt hatte, gewann durch die Vernichtung der Raubhöhlen Hugo's bedeutend an Ansehen. Im Jahre 1123 ward Süger Abt von St. Denys. Er richtete als solcher seine ganze Aufmerksamkeit auf die Finanzen seines Klosters und war namentlich darauf bedacht, die Güter und Zölle den Händen der Juden, die sie gepachtet hatten, zu entziehen. Da er seit seinem Eintritte bei Hofe vom Könige unzertrennlich war, so wurde sein Kloster zugleich ein Mittelpunkt der Geschäfte und des weltlichen Lärmes, und der heilige Bernhard tadelte deshalb den Abt-Minister sehr; Süger vermied aber nachher das äußerlich Anstößige, führte ein stilles, geräuschloses Leben und suchte die Befriedigung seines Ehrgeizes als Abt lieber in der Ausschmückung seiner Kirche. Dadurch erhielt er zugleich Gelegenheit, die Künste in Frankreich zu beleben und den Sinn für verfeinertes Leben zu wecken, obgleich nicht zu verkennen ist, daß er bei der Verherrlichung seiner Kirche mehr auf die Kostbarkeit des Materials, als auf die Schönheit der Form Werth legte. Er verzierte seine Kirche mit einer großen Masse edler Metalle und Steine, unter denen man jedoch gerade den Diamant vermißt, wahrscheinlich weil ihn die Franzosen damals noch nicht zu behandeln verstanden. Uebrigens ist die große Menge der von ihm in St. Denys verwendeten Kostbarkeiten für uns besonders aus dem Grunde merkwürdig, weil sie recht deutlich zeigt, warum die edlen Metalle in Europa mehrere Jahrhunderte lang einen im Verhältniß zu anderen Bedürfnissen sehr hohen Werth behielten. Tausende von Kirchen nämlich verschlangen auf die angegebene Weise große Massen jener Metalle. Doch gewährte dies andererseits auch den Nutzen, daß durch die Seltenheit derselben die zu schnelle Entwickelung des geselligen Verkehrs und des Handels unbemerkt aufgehalten ward.

Als Staatsmann suchte Süger mit einer Klugheit, die ihm in jedem Zeitalter Ehre gemacht haben würde, bald die Städte zu begünstigen, bald sich der kleineren Vasallen gegen die größeren anzunehmen, bald die mächtigen Bischöfe gegen ihre Nachbarn oder umgekehrt diese gegen jene zu schützen. Auch wußte er den Grafen der westlichen Gegenden, welche die Vogtei über die Klöster in Anspruch nahmen, Schranken zu setzen, und selbst die Anmaaßung, die sich die geistliche Gewalt in weltlichen Dingen erlaubte, mit Festigkeit zurückzuweisen oder zurückzuhalten. In letzterer Hinsicht hatte er besonders an dem heiligen Bernhard einen furchtbaren Gegner, weil dieser mit dem Feuereifer und der heiligen Begeisterung eines Mystikers ebenso die Staatsmänner, als die Philosophen der Zeit bekämpfte. Süger ließ sich jedoch nicht stören, und als er unter Ludwig's VI. Nachfolger die ganze Reichsverwaltung in seine Hände bekam, setzte er in Beziehung auf die Geistlichkeit Dinge durch, welche selbst in den folgenden Zeiten von den französischen Königen nur schwer erreicht wurden. „In seiner Hand", sagt ein Annalist, „lag die Verleihung und der Verlust der geistlichen Aemter; denn von seiner Zustimmung hing es ab, ob erwählte Priester geweiht, von seinem Winke, ob Aebte in ihre Stellen eingesetzt werden sollten. Ihm gehorchten und unterwarfen sich ohne Haß und ohne Widerstreben die Bischöfe. Sie erschienen, so oft er sie rief, vor ihm und kehrten mit dem freudigen Gefühle heim, daß sich unter der Geistlichkeit ein Mann gefunden habe, der allein statt Aller die Last der Regierung zu tragen vermöge. Auch der Papst war so sehr von Achtung gegen Süger erfüllt, daß alles, was dieser in Frankreich verordnet hatte, in Rom als gültig angesehen wurde." Süger suchte übrigens später unter dem Scheine einer blos geistlichen Sache, bei der er jedoch die Reichsregierung nie aus den Augen verlor, auch jenen mächtigen Apostel und Propheten seiner Zeit zu gewinnen, um mit dessen Hülfe dem Unfuge der Großen zu steuern, welche, nicht zufrieden mit weltlichen Würden, auch die geistlichen an sich rissen; wenigstens erreichte er seinen Zweck gegen sie zuverlässig nur durch des heiligen Bernhard redliche Unterstützung. In Rücksicht der politischen Lage Frankreichs bewog Süger den König, seinen Sohn und Nachfolger, Ludwig VII., mit Eleonore, der älteren Tochter und Erbin des kurz vorher ohne männliche Nachkommen verstorbenen Herzogs Wilhelm IX. von Guyenne oder Aquitanien, zu vermählen, um dadurch sowohl diese Provinz, als auch die Grafschaften Poitou und Saintonge, welche ebenfalls dem Herzoge gehörten, an die Krone zu bringen. Diese Ehe war unglücklich und hatte einen ganz anderen Erfolg, als man erwartet und beabsichtigt hatte. Ludwig VII. wurde bald auf das tadelnswerthe Benehmen seiner schönen und leichtsinnigen Gemahlin aufmerksam; doch wagte er nicht, so lange Süger lebte, an eine Scheidung zu denken. Er vollzog sie aber nachher doch, und da Eleonore wenige Wochen darauf mit dem englischen Thronerben, Heinrich Plantagenet, eine neue Ehe schloß, so kamen die genannten Provinzen an England. Die Vermählung seines Sohnes mit Eleonore war übrigens die letzte einigermaaßen bedeutende Regentenhandlung Ludwig's VI. Er starb kurze Zeit nachher (1137).

Auch Ludwig VII. hatte schon bei seines Vaters Lebzeiten an der Regierung Theil genommen; es trat daher auch mit seiner Thronbesteigung keine Aenderung ein. Süger's Einfluß nahm vielmehr zu und bald wurden alle Geschäfte von ihm allein geleitet. Zu Ludwig's VII. Zeit zeigte sich in Frankreich ein reger Eifer für Baukunst, Malerei und Schnitzkunst, welche besonders Süger weckte und nährte. Doch war dieser neu erwachte Sinn für die Künste wohl mehr eine natürliche Folge der Umstände, als ein Ergebniß der Bemühungen des weisen Abtes; denn auch die speculativen Wissenschaften, welche Süger keineswegs beschützte, wurden damals von den Franzosen mit neuem Eifer getrieben. Um diese Zeit verbreitete sich nämlich in Frankreich jene neue scholastische Philosophie, welche zwar von Sophisten geschaffen war und durch die Eitelkeit der Gelehrten und der Jugend genährt ward, die aber nichtsdestoweniger im Gange der Dinge selbst gegründet war und den menschlichen Geist auf eine neue Weise im Denken übte. Vergebens suchte der heilige Bernhard aus übel verstandener Frömmigkeit das Forschen über Glauben und Wissen zu hemmen und der Gelehrten Eitelkeit zu verfolgen, welche nach der Beschaffenheit der menschlichen Natur auch damals, wie immer, der Entwickelung des Geistes förderlich war. Die von ihm geübte Verfolgung war doppelt thöricht, weil diese Sophisten-Eitelkeit durch die Richtung der damaligen Bildung und durch den Zustand der Völker Europas begünstigt wurde. Die neuen Weisen zogen den ganzen Umfang des Wissens in ihren Kreis; Abälard, seine Geliebte und seine Schüler führten den Plato und Aristoteles in die Schulen und Kirchen ein; sie hielten das Denken geweckt, und seitdem dieses erwacht war, mußte es ein thörichtes und vergebliches Unternehmen sein, die wilde Knabenzeit der damaligen Generation zur Muttermilch der Kirche und ihrer Kinderzeit zurückführen und den forschenden Verstand durch die Spielereien des Bilderwesens aufhalten zu wollen. Dies fühlte man sogar in Italien; denn die vornehmsten Geistlichen der römischen Kirche begaben sich von da nach Frankreich, um aus der neu eröffneten Quelle der Weisheit zu schöpfen.

Uebrigens liehen Süger und sein König dem heiligen Bernhard zwar den Arm der weltlichen Gewalt, um gegen den Gang des menschlichen Geistes zu kämpfen, der durch keinen anderen Arm, als den göttlichen, aufgehalten wird; dagegen scheuten sie, wenn es wesentliche Rechte des Reiches galt, weder ihn noch seinen Papst. Das zeigte sich 1140 bei der Besetzung des erledigten Erzbisthumes Bourges. Innocenz II. bestätigte übereilt einen Geistlichen als Erzbischof, welchen Ludwig verworfen hatte; dieser verbot darauf die Einsetzung des päpstlichen Candidaten und verpfändete seine Ehre, daß derselbe nie zum Besitze gelangen solle. Der heilige Bernhard donnerte, der Papst schleuderte den Blitz seines Bannes auf den König und belegte das unschuldige Reich mit dem Interdicte; Graf Theobald von Champagne, der wegen eines anderen Streites mit Ludwig gern die Hand dazu bot, suchte dem Spruche des Papstes mit den Waffen Nachdruck zu geben, — Alles umsonst. Erst nachdem das Interdict drei Jahre lang auf dem Lande geruht, auch ein furchtbarer Brand in der Kirche von Vitry, durch welchen über tausend Menschen jammervoll umkamen, den König erschüttert hatte, gelang es dem heiligen Bernhard, die Sache zu vermitteln. Die Bedingungen, unter welchen sich der König mit dem Papste aussöhnte, sind uns nicht näher bekannt; doch wissen wir, daß er sich zur Anerkennung des vorher von ihm verjagten Bischofs verstand.

Gerade als dieser Streit beendigt war, kam die Nachricht von Zenghi's Fortschritten im Orient zu den Bewohnern der westlichen Reiche, und der heilige Bernhard, der sich durch seine Predigten schon damals großen Ruhm erworben und dem Papste zum Besitz von Rom verholfen hatte, übernahm es jetzt, einen neuen allgemeinen Kreuzzug in den Ländern romanischer Zunge zu verkündigen. Seine Kreuzpredigten hatten zwar den beabsichtigten Erfolg, sie brachten ihn selbst aber später fast um seinen ganzen Ruf der Heiligkeit, weil seine Verheißungen und Prophezeiungen ohne Erfüllung blieben. Uebrigens bearbeitete Bernhard die Gemüther zuerst durch Briefe und durch Reden, die er in verschiedenen Gegenden hielt; dann benutzte er den Umstand, daß der König wegen der Greuelthaten, die seine Leute in einer Fehde begangen hatten, besonders aber wegen jenes Brandunglücks, sein Gewissen gedrückt fühlte, um auch ihn zu einem solchen Unternehmen geneigt zu machen; und erst nachdem auf diese Weise Alles gehörig vorbereitet war, suchte er (1146) auf einer großen Versammlung bei Bezelai ebenso, wie vormals Papst Urban bei Clermont, durch den Nachdruck seiner Rede und durch die Feierlichkeit religiöser Ceremonieen den Enthusiasmus der geistlichen und weltlichen Großen zu wecken. Der heilige Mann kannte seine Zeit und das Gemüth seiner Landsleute so vortrefflich, daß er selten seine Absicht verfehlte. So auch jetzt; nicht blos die bedeutendsten Vasallen des französischen Königs, sondern auch die Grafen von Flandern, Montferrat und Turin wurden in Bezelai zur Theilnahme am heiligen Kriege fortgerissen, und Bernhard war, obgleich er eine ganze Masse von Kreuzen hatte mitbringen lassen, zuletzt genöthigt, sein eigenes Gewand zu zerschneiden, um das Verlangen aller derer zu befriedigen, welche von ihm das Kreuz zu empfangen begehrten. Nachdem der Kreuzzug beschlossen war, wurden sogleich die nöthigen Anordnungen für denselben getroffen und vor allem Andern Unterhandlungen mit dem Kaiser Manuel I. von Constantinopel angeknüpft. Da Manuel ein besonderer Freund der Tempelherren war, so bediente sich der französische König dieser, um ein freundliches Verhältniß mit den Griechen herzustellen. Er erreichte seinen Zweck vollständig; denn die Franzosen erfreuten sich nachher im griechischen Reiche einer Aufnahme, wie sie in der ganzen Zeit der Kreuzzüge keinem andern Volke zu Theil ward. Die Regierungsangelegenheiten ordnete Ludwig für die Dauer seiner Abwesenheit so, daß er an die Spitze der bürgerlichen Verwaltung zwei geschäftskundige Geistliche, den Abt Süger und den Erzbischof Samson von Rheims, stellte und ihnen durch eine unter Bernhard's Einfluß gehaltene Versammlung der Reichsstände einen Kriegsmann oder, wie die Geschichtschreiber jener Zeit sich ausdrücken, einen weltlichen Degen beigeben ließ. Der Letztere sollte gleichsam als Stellvertreter des Königs und als militärischer Gewalthaber angesehen werden; die beiden Geistlichen aber sollten die Gerechtigkeitspflege leiten und die Aufsicht über die Finanzen, über die auswärtigen Angelegenheiten und über den Klerus führen. Da der von den Reichsständen gewählte Kriegsmann das angetragene Amt verschmähte, so setzte der König, wir wissen nicht, ob mit oder ohne Zustimmung der Stände, den Grafen Raoul von Vermandois als Reichsverweser ein. Die Ernennung dieses Mannes ist deshalb sehr befremdend, weil derselbe damals excommunicirt war und also die sonderbare Erscheinung eintrat, daß ein von der Kirchengemeinschaft ausgeschlossener Mann neben einem Abt und einem Erzbischof der Regierung vorstand.

Da die unruhigsten Köpfe des Landes mit dem Könige nach Palästina zogen, so war bis zu ihrer Rückkehr ein Kriegsmann zur Leitung des Staates weniger nöthig, und da auch der Erzbischof Samson nur der höheren Geistlichkeit zu Gefallen, also mehr der bloßen Form wegen gewählt war, so führte Süger das Ruder des Staates allein. Er lenkte dasselbe mit bewunderungswürdigem Talent. Aus seiner Correspondenz mit dem Könige und den Gliedern des Reiches ersieht man mit Staunen, welche Tiefe staatskundiger Weisheit und welche Geschicklichkeit der Verwaltungskunst mitten in diesen Zeiten roher Verwirrung sich in einzelnen Köpfen entwickelte. Vor Allem verdient bemerkt zu werden, daß er als Mann des Friedens und des Rechtes auch von denen geachtet wurde, welche den Arm des Königs sonst wenig fürchteten. Selbst der mächtigste Große des Reiches, der Graf Gottfried Plantagenet von Anjou, beugte sich vor ihm. Gottfried war erblicher Großseneschall oder höchster Richter und Generalissimus des Reiches, besaß die Länder Anjou und Maine und hatte als Schwiegersohn des englischen Königs Heinrich I. sogar die Aussicht, Erbe des Thrones von England zu werden; nichtsdestoweniger erkannte er den Abt Süger so vollkommen als seinen Gebieter an, daß sich z. B. in einem seiner Briefe an ihn die Worte finden: „Wisset, daß ich durch Gottes Gnade gesund und der Befehle meines Königs gewärtig bin. Ich bitte daher Euch als einen Mann, dem ich mit ganzer Liebe ergeben bin, daß Ihr mich, sobald es nöthig sein wird, zum Dienste des Königs ruft. Ihr werdet mich zu allem bereit finden, was Ihr verlangt, und ich werde mich noch eifriger zeigen, als wenn der König selbst gegenwärtig wäre."

Süger benutzte die Abwesenheit der Grafen, um die königlichen Rechte auch in den Gegenden geltend zu machen, wo man sie seither mißachtet hatte. Ebenso wußte er aus der Schuldenlast, welche die Reichsstände durch die Rüstungen zum Kreuzzug auf sich geladen hatten, für die Vermehrung der königlichen Güter und Rechte Vortheil zu ziehen. In ähnlicher Weise hatten sich die Städte das Geldbedürfniß der Großen zu Nutzen gemacht, indem sie für ihre Zuschüsse bürgerliche Freiheiten gewannen, in deren Aufrechthaltung sie von der Landesregierung unterstützt wurden. Ferner richtete Süger die Finanzverwaltung und das königliche Hauswesen so ein, daß er nicht blos die beträchtlichen Ausgaben, welche Ludwig auf dem Zuge nach Palästina machte, bestreiten konnte, sondern auch Geld genug übrig behielt, um den Haustruppen des Königs ihren regelmäßigen Sold und besondere Geschenke zu geben, die königlichen Burgen und Festungen in gutem Stande zu erhalten und sogar eine bedeutende Summe zurückzulegen, die dem Könige nachher sehr zu Statten kam. Zu dem letzteren Zwecke verwendete er alle Straf- und Lehnlaufgelder, während er die laufenden Ausgaben durch die anderen Einnahmen deckte. Diese bestanden übrigens aus den Prevots-Geldern, d. h. aus den Summen, welche die Prosoßen oder höchsten Vorgesetzten der Stadtgemeinden für die theils gepachteten, theils blos verwalteten Domainen zu entrichten hatten; ferner aus den Regalien erledigter Bisthümer, von welchen ebenso, wie bei der Uebertragung eines Lehens an den nächsten Erben, eine Abgabe bezahlt werden mußte; aus dem sogenannten Tallagium oder derjenigen Steuer, welche theils von unfreien Personen auf den Domainen, theils für die Bebauung gewisser Güter erhoben wurde, aus der alle drei Jahre erhobenen Münz-, Wein- und Brodsteuer und endlich aus dem Schutzgelde der Juden.

Die von Süger hergestellte Ordnung in den Finanzen konnte nur so lange behauptet werden, als die Ruhestörer durch den Kreuzzug entfernt gehalten wurden. Sobald ein Theil von diesen zurückgekehrt war, reichten die bisherigen Maaßregeln nicht mehr hin und Süger konnte sogar durch die Berufung einer großen Ständeversammlung die Ruhe nicht aufrecht erhalten. Er bat daher den König ohne Unterlaß und mit den eindringlichsten Worten, seine Zurückkunft zu beschleunigen. „Wir wenden uns", heißt es in einem seiner Briefe, „bittend und flehend an deine erhabene Würde, an deine Liebe und deine wohlwollende Gesinnung, und beschwören dich bei dem Bande unserer gegenseitigen Treue, daß du deine Rückkehr nicht länger verschieben und dich vor Gott nicht der Verletzung des Eides schuldig machen mögest, den du bei der Uebernahme der Krone geleistet hast." Um die Verläumbungen, welche seine Neider bei dem Könige gegen ihn vorbrachten, bekümmerte er sich so wenig, daß wir dieselben in seinen Briefen mit keinem Wort erwähnt finden. Dagegen beschwor er den König, in Rücksicht seines ehelichen Zwistes nicht übereilt zu handeln und wegen der beabsichtigten Scheidung keinen Schritt zu thun, ehe er mit ihm darüber geredet habe; denn Süger ahnte einige der Folgen, welche nachher 300 Jahre hindurch aus dieser Scheidung geflossen sind. Ludwig's Ehe mit der leichtsinnigen Eleonore war nämlich von Anfang an ein Unglück, weil Beide ihrer Natur und ihrem Charakter nach durchaus nicht zusammen paßten. Nichtsdestoweniger war der König lange Zeit sterblich in seine Gemahlin verliebt, so daß er sich von ihr aus Liebe nicht minder als aus Eifersucht auf seinem Kreuzzuge begleiten ließ. Er schadete dadurch sich selbst und seinem Unternehmen nicht wenig; denn ein Theil der Großen ahmte sein Beispiel nach, und da ihre Frauen ein großes weibliches Gefolge mitnahmen, so schwand bald alle Ordnung und Zucht im Heere. Er selbst hatte auf dem Zuge, neben der schwierigen Hut seiner Krieger auf gefährlichen Wegen, die noch viel schwierigere Aufgabe, die Keuschheit eines leichtsinnigen Weibes zu hüten, und beschleunigte dadurch die gänzliche Entzweiung mit ihr. Eleonore wurde bald eines Gemahles überdrüssig, der ihr seiner sittlichen Strenge wegen zuwider war und von dem sie selbst sagte, er sei kein König, sondern ein Mönch; sie knüpfte unterwegs Verhältnisse mit Anderen an, die ihrem leichtfertigen, sinnlichen Wesen besser zusagten, steigerte dadurch die Eifersucht des Königs und zerfiel endlich während ihres Aufenthaltes in Antiochia ganz öffentlich mit ihm. Ludwig hielt sie seitdem unter militärisch-polizeilicher Aufsicht und äußerte bald auch Gewissenszweifel über seine Verwandtschaft mit ihr, an welche bis dahin Niemand gedacht hatte. Er war nämlich mit ihr im sechsten Grade verwandt, und so wenig dies nach unseren Begriffen auf sich hätte, so nahm man doch in jenen Zeiten bei ehelichen Verbindungen sogar noch bis zum siebenten Grade Anstoß. Süger's Gewissen war weniger zart und so lange er lebte, gab er die Scheidungsklage nicht zu. Als er aber gestorben war (1152), nahm der heilige Bernhard es über sich, die Bischöfe, welche dieser Sache wegen von Ludwig versammelt wurden, zu erleuchten. Die Scheidung erfolgte alsbald, nachdem die Ehe 16 Jahre gedauert hatte, und der König war ehrlich genug, auch das Erbe seiner Gemahlin herauszugeben; doch bediente er sich vorher seines Eigenthumsrechtes, um alle Festungen in ihren Ländern schleifen zu lassen, weil er als Oberlehensherr zwar das Recht hatte, die Anlage neuer Befestigungen zu untersagen, die Vernichtung der vorhandenen aber später nicht hätte verlangen dürfen.

Drei französische Fürsten bewarben sich sogleich um die geschiedene Gemahlin des Königs: der Graf Theobald von Champagne und die beiden Söhne des nicht lange zuvor gestorbenen Grafen Gottfried Plantagenet von Anjou und Maine. Von diesen Bewerbern suchten Theobald und der eine Sohn Gottfried's ihre Absicht sogar mit Gewalt durchzusetzen, und Eleonore entging kaum ihren Nachstellungen. Sie eilte daher, sich mit dem anderen Sohne Gottfried's, Heinrich Plantagenet, auf den sie ihr Auge geworfen hatte, zu vermählen, und ging schon sechs Wochen nach ihrer Scheidung die Ehe mit demselben ein. Heinrich war als Erbe seines Vaters damals der mächtigste Vasall in Ludwig's Reiche; er besaß nicht allein ein bedeutendes und fast ganz unabhängiges Gebiet, sondern er war auch als erblicher Groß-Seneschall der Oberanführer und erste Richter in Frankreich. Außerdem hatte sein Vater Gottfried durch die Vermählung mit Mathilde, der Wittwe des deutschen Kaisers Heinrich V., deren Vater, König Heinrich I. von England, der jüngste Sohn Wilhelm's des Eroberers und der letzte männliche Sprößling des englisch-normannischen Königshauses war, auch das Recht auf den englischen Thron an seine Familie gebracht. Gottfried und Mathilde, die von den Engländern „the Empress Maud" genannt wird, waren zwar nach dem Tode König Heinrich's I. durch die Usurpation eines Anverwandten, Stephan, von diesem Throne ausgeschlossen worden; ihrem Sohne aber, dem jungen Plantagenet, ward ein Jahr nach seiner Vermählung mit Eleonore die Nachfolge in England feierlich zugesichert. Er hatte zudem von seinem Vater die Normandie geerbt, welche von diesem während des Krieges mit Stephan besetzt worden war. Durch seine Heirath kam er nun auch noch in den Besitz der großen Güter und Fürstenthümer Eleonorens, so daß er seitdem nicht weniger als 13 französische Grafschaften in seiner Hand vereinigte. Dies konnte Ludwig unmöglich ruhig mit ansehen. Er griff sogleich zu den Waffen, als er die Nachricht von der Vermählung seines Hauptvasallen und ersten Kronbeamten mit Eleonoren erhielt, weil nach dem französischen Lehenrechte die Einwilligung dazu von ihm hätte erbeten werden müssen. Er hatte dabei an dem Könige Stephan von England einen geheimen Bundesgenossen, weil dieser erst kurz vorher gezwungen worden war, die englische Krone mit Ausschluß seines eigenen Sohnes dem jungen Heinrich Plantagenet zu verheißen. So lange Stephan lebte, ward der Krieg mit großer Erbitterung geführt; kaum war er aber gestorben und Heinrich König von England geworden, als ein Friede geschlossen wurde, in welchem Heinrich alle seine französischen Besitzungen behielt und sich gegen Ludwig nur zur Leistung des Lehenseides für dieselben verpflichtete. Dieser Friede war von kurzer Dauer, weil Heinrich gleich nachher angebliche Erbansprüche seiner Gemahlin auf die Grafschaft Toulouse geltend zu machen suchte und Ludwig unmöglich zugeben konnte, daß ein schon so mächtiger Vasall durch Gewaltthätigkeiten noch mächtiger werde. Heinrich fand jedoch an dem Grafen Raimund V. von Toulouse, welcher nicht blos Besitzer dieser Grafschaft, sondern auch Herzog von Narbonne und Markgraf von der Provence war, einen Gegner, der ihm gewachsen war, und da zu gleicher Zeit Ludwig durch seine beiden Brüder einen Einfall in die Provinzen Heinrich's machen ließ, so mußte dieser sich bald wieder zum Frieden bequemen und die ganze Sache fallen lassen.

Wenn durch Heinrich's Vermählung mit Eleonore das Ansehen des französischen Königs gesunken war, so hob sich dasselbe wieder in Folge des doppelten Zwistes, in welchen der Papst Alexander III. zugleich mit dem deutschen Kaiser Friedrich Barbarossa und mit Heinrich gerieth; denn Alexander wurde durch sein Verhältniß zu diesen beiden Fürsten genöthigt, den König von Frankreich zu schonen und als Mittelsperson in Ehren zu halten. Der Papst selbst hatte bei seiner Verbindung mit Ludwig den Vortheil, daß Heinrich sich lieber auf jede Weise vor der kirchlichen Gewalt demüthigte, um nur der von Alexander gedrohten Vollstreckung der päpstlichen Bannflüche durch Ludwig vorzubeugen. Ludwig's Nutzen dagegen bestand darin, daß er auf Kosten des deutschen Reiches einige Landschaften an sich ziehen konnte, deren Besitzer bei den ewigen italienischen Kriegen Friedrich Barbarossa's an dem Schutze des Kaisers verzweifelten, oder auch die eigenmächtigen und heftigen Maaßregeln desselben bei der damaligen Kirchenspaltung nicht billigten. Mit Heinrich gerieth übrigens der französische König immer wieder aufs neue in Zwist, obgleich seit dem Jahre 1160 eine von Ludwig's Töchtern mit dem ältesten gleichnamigen Sohne Heinrich's vermählt und eine zweite mit einem anderen Sohne desselben, Richard, verlobt war. Das Verhältniß der beiden Könige zu einander ward besonders dadurch sehr verwickelt, daß Heinrich bald seine Stellung als Ludwig's Vasall und Seneschall benutzte, um französische Städte oder Gegenden in Anspruch zu nehmen, und bald wieder von seiner Abhängigkeit wissen wollte. Lange Zeit bewiesen beide Könige in ihren Händeln mit einander gleiche Festigkeit und Gewandtheit. Doch würde Heinrich, der durch die Vermählung seines britten Sohnes Gottfried mit der einzigen Tochter des Herzogs Conan IV. von der Bretagne auch dieses Land an sein Haus zu bringen wußte, zuletzt obgesiegt haben, wenn er nicht mit seinen Söhnen Richard und Gottfried in Zwist gerathen wäre. Diese schlossen sich an Ludwig an, und Heinrich mußte 1168 auf dem Schlosse Montmirail einen Vertrag mit dem französischen Könige schließen, in welchem er seinen Söhnen die französischen Besitzungen abtrat. Der eine, Heinrich, ward Graf von Anjou und Maine, der andere, Richard, Herzog von Guienne und Graf von Poitou. Bald nachher entstand über die Söhne des englischen und die Töchter des französischen Königs ein neuer ärgerlicher Streit. Heinrich entfernte die Gemahlin seines ältesten Sohnes von diesem, und über sein Betragen gegen die andere Tochter Ludwig's, die seinem zweiten Sohne versprochen war und demselben noch immer vorenthalten wurde, verbreiteten sich Gerüchte, welche der Ehre der Prinzessin und beider Könige sehr nachtheilig waren. Darüber kam es zwischen Vater und Söhnen, zwischen England und Frankreich zu einem blutigen Kriege, an welchem auch der König Wilhelm von Schottland und sein Bruder David als Verbündete Frankreichs Theil nahmen. Vergebens bemühte sich der Papst, den Streit zu schlichten. Beide Parteien wütheten grausam gegen einander, bis Heinrich mit wälischen Bogenschützen und mit Söldnern aus Brabant (Brabançons) gegen Rouen vorrückte, worauf eine persönliche Zusammenkunft beider Könige stattfand und die Söhne Heinrich's sich bemüthigten (1174).

Der Papst hatte sich die Aussöhnung Ludwig's und Heinrich's besonders aus dem Grunde angelegen sein lassen, weil die Lage der Dinge in Palästina eine neue Hülfe aus dem Abendlande zu erfordern schien, an diese Hülfe aber nicht zu denken war, so lange die beiden Könige mit einander im Streite lagen. Nachdem sie Frieden geschlossen hatten, verpflichteten sie sich zu Nonancourt durch einen förmlichen Vertrag zur Rettung der bedrängten Glaubensgenossen im Orient und zeigten durch öffentliche Bekanntmachung dieses Vertrages ihren Unterthanen und Vasallen den gefaßten Beschluß an. Ob Ludwig wirklich die Absicht hatte, zum zweiten Male in den Orient zu ziehen, ist ungewiß. Er hatte zwar einerseits so wenig Sinn für den äußeren Glanz der königlichen Würde, daß der französische Hof damals einen sehr auffallenden Contrast mit der Pracht des Kaiserthums bildete, an welche Friedrich Barbarossa die Deutschen gewöhnt hatte; allein er stand andererseits in Hinsicht auf persönliche Tapferkeit keinem Könige seiner Zeit nach. Zu dem schnellen Entschluß eines Kreuzzuges wurden er und Heinrich von England wohl besonders durch die Nachricht bewogen, daß der griechische Kaiser Manuel I.

im Kriege mit dem Sultan von Ikonium bedeutende Vortheile errungen habe. Bald nachher erlitt jedoch Manuel eine entscheidende Niederlage und beide Könige fanden zu Hause Beschäftigung genug. Der Zug wurde also nun aufgeschoben, und als Ludwig im Jahre 1180 starb, verschwand die Aussicht auf die Ausführung des Vertrages von Nonancourt völlig, weil sein Sohn und Nachfolger, Philipp II., den ihm in seiner zweiten Ehe Constantia von Castilien geboren und den er kurz vor seinem Tode in Rheims überaus feierlich hatte krönen lassen, ganz andere Pläne verfolgte, durch deren Erreichung er sich später den Titel Augustus oder Mehrer des Reiches erworben hat.

6. Englische Geschichte von Wilhelm I. an bis auf den Regierungsantritt Heinrich's II.

Das englische Reich erlitt durch die Unterwerfung unter die Normannen eine völlige Umgestaltung, deren nächste Ursache in der Persönlichkeit Wilhelm's des Eroberers zu suchen ist. Wir beginnen daher die Darstellung der normannischen Herrschaft in England mit der Schilderung, welche ein Geschichtschreiber des 12. Jahrhunderts von diesem Könige gibt und die zwar manche Mängel hat, aber doch zugleich zeigt, wie man noch hundert Jahre später von ihm dachte. „Wilhelm der Eroberer", sagt Heinrich von Huntingdon, „war tapferer, als alle Grafen der Normandie, mächtiger, als alle Könige von England und des Lobes würdiger, als alle seine Vorgänger (?). Er war zugleich verständig und verschmitzt, reich und habgierig, ruhmwürdig und ruhmbegierig, freundlich gegen die Geistlichen und hart, wenn sie ihm Widerstand leisteten. Er warf Fürsten und Grafen in den Kerker, verjagte Bischöfe und Aebte von ihren Gütern, schonte des eigenen Bruders nicht und duldete keine Widersetzlichkeit. Selbst den Mächtigsten raubte er große Schätze von Gold und Silber und Alle zwang er, sich durch Burgen zu schützen. Wer einen Hirsch oder Eber fing, dem ließ er die Augen ausstechen, wie wenn er der Vater der wilden Thiere wäre und um aus dem Neuwald *) ein Jagdrevier und eine Wohnstätte des Wildes zu machen, ließ er die Dörfer und Kirchen niederreißen und die Einwohner verjagen. Da er den Leuten das Ihrige nicht aus Noth, sondern aus allzu großer Habgier wegnahm, so waren Alle im Innersten ihres Herzens von bitterem Groll gegen ihn erfüllt. Er selbst aber lachte ihres Zornes und jeder mußte seinen Winken gehorchen, wenn er vor ihm Gnade haben und seines

---

*) New Forest; diese Waldung in der Nähe von Winchester ist gegenwärtig die älteste und größte in England.

Lebens froh bleiben wollte. Ach, wie sehr ist es zu beklagen, daß ein Mensch, obwohl er Staub und Asche ist, so übermüthig werden kann, daß er des Todes uneingedenk sich allein über Andere erhebt! Wilhelm hatte die Normandie von seinen Voreltern ererbt, Maine durch die Waffen erworben und die Bretagne von sich abhängig gemacht, ganz England aber beherrschte er in so ausgedehntem Sinne, daß es dort keinen Morgen Land gab, von dem er nicht gewußt hätte, wem derselbe gehöre und was er werth sei. Auch Schottland und Wales beugte er unter sein Joch. Frieden und Ordnung aber hielt er mit so fester Hand aufrecht, daß damals ein mit Gold beladenes Mädchen furchtlos das englische Reich durchwandern konnte."

Wilhelm's Regierung war eine auf Waffengewalt gegründete Despotie. Er führte in England ein Lehenssystem ein, wie es in keinem anderen Lande Europas bestand, weil man in dieser Hinsicht nirgends systematisch zu Werke gegangen war, Wilhelm aber mit strenger Folgerichtigkeit und rücksichtsloser Gewaltthätigkeit verfuhr. Er hob und bereicherte seine Normannen auf Kosten der Angelsachsen und unterdrückte, soweit es ihm nöthig schien, die Volksfreiheit der letzteren, weil er großer Barone bedurfte, die ein zahlreiches Gefolge unterhielten und ihm für die Districte, über welche sie geboten, haften mußten. Doch ließ er durchaus kein aristokratisches Regiment aufkommen; im Gegentheil, dieselbe harte militärische Gewalt, mit welcher er die Angelsachsen und das eigentliche Volk unter seinen Willen beugte, lastete auch auf den normannischen Großen seines Reiches. Die Letzteren ergriffen daher später unter seinen schwächeren Nachfolgern begierig jede Gelegenheit, sich von dem ihnen auferlegten Joche zu befreien und da sie dies ohne das Volk nicht zu Stande bringen konnten, so wurden dadurch auf ganz natürliche Weise nach und nach auch Rechte des Volkes wiederhergestellt und gesichert. Diese Bewegungen und Kämpfe geben der Geschichte von England ein eigenthümliches Interesse, welches um so größer ist, je mehr das von Wilhelm eingeführte System und die Art, wie er dasselbe durchsetzte und begründete, mit den übrig gelassenen alten deutschen Formen einer demokratischen Monarchie im Widerspruch stand.

Den Hauptschritt zur Alleinherrschaft that Wilhelm gleich anfangs, indem er alles Privateigenthum der angelsächsischen Königsfamilie und der in der Schlacht bei Hastings gebliebenen Anhänger Harald's als Kron-Domaine einzog. Nachher gaben ihm die öfteren Empörungen Gelegenheit und Vorwand, fast alle Familien des angelsächsischen Adels zu vertilgen, seine Normannen in ihre Stellen und Güter zu bringen und sein strenges Feudalsystem neben den alten Gesetzen und Einrichtungen des Volkes einzuführen. Jene Unruhen rief er zwar nicht absichtlich hervor, aber sie ganz zu verhindern, lag wohl nicht in seinem Grundsatze, da er nicht allein in allen Stücken sehr gewaltthätig verfuhr, sondern auch seine Stelle stets durch Normannen versehen ließ, obgleich er die Heftigkeit und Raubsucht derselben sehr gut kannte. Uebrigens nahm er auch seinen Normannen, sobald sie ihre Güter verließen, dieselben wieder hinweg und ertheilte sie Anderen. Er suchte überhaupt das Ansehen und die Macht des Herrschers auf jede Weise zu befestigen. Darum unterhielt er beträchtliche Schaaren von Söldnern, ordnete den Lehendienst so, daß er jeden Augenblick ein bedeutendes Heer unter die Waffen rufen konnte, zwang die großen Kronvasallen, alle Jahre an den drei hohen Festen an seinem Hofe zu erscheinen und änderte selbst das von ihm eingeführte Lehengesetz in allen den Punkten, die ihm nicht gefielen. Die wichtigste von diesen Aenderungen bestand darin, daß die Aftervasallen, welche im übrigen Europa nur mit ihren Lehensherren in unmittelbarer Verbindung standen, zwar in dem herkömmlichen Verhältnisse zu den letzteren blieben, zugleich aber auch der Krone unmittelbar verpflichtet wurden. Dieser einzige Schritt gab den normannischen Königen eine ganz außerordentliche Macht, eine Macht, welche von den französischen Königen erst nach Jahrhunderten erlangt und von den deutschen Kaisern zwar anfangs besessen, aber nie recht gebraucht worden ist. Während Wilhelm auf diese Weise die Großen des Reiches, welche im ganzen übrigen Europa zu unabhängigen Fürsten wurden, in ihrer Unterthanenpflicht zurückhielt, suchte er die Macht der Krone auch durch Vermehrung der regelmäßigen Abgaben und durch willkürliche Erpressungen zu verstärken. Neben dem Ertrage der Domainen, den er stets an die Meistbietenden verpachtete, verschaffte er sich noch eine Menge anderer Einkünfte. Jedem Lehenbesitzer ward neben seiner Dienstpflicht eine bestimmte Steuer auferlegt, um den Gedanken, daß sein Gut ein Geschenk des Königs sei, zu erhalten. War der Erbe eines Lehens minderjährig, so kam er unter die Vormundschaft des Königs, der dieselbe oft auch an den Meistbietenden abtrat, und da der Vormund bis zur Volljährigkeit des Mündels alle Einkünfte desselben zu beziehen hatte, so war dieses Recht ein Mittel, den unmündigen Vasallen zu berauben. Der König hatte ferner das Maritagium, oder mit andern Worten: die Erbin eines Lehens durfte sich ohne seine Erlaubniß nicht verheirathen und mußte für diese Erlaubniß manchmal bis zu 10,000 Mark bezahlen. Außerdem erlaubte die Erbin zuweilen die Befreiung von einer Verbindung, die der König verordnet hatte, oder auch nur den bloßen Aufschub derselben mit dem größten Theile ihres Vermögens. Bei der Mündigkeits-Erklärung oder beim Wechsel des Lehens mußte man das sogenannte Relievum entrichten. Eine andere Abgabe war das Auxilium. Diese sollte eigentlich nur dann entrichtet werden, wenn der Lehensherr in Gefangenschaft gerathen war, oder wenn sein ältester Sohn den Ritterschlag empfing, oder wenn seine älteste Tochter sich verheirathete; Wilhelm und seine Nachfolger wußten aber hundert anbere Vorwände zu finden, unter denen sie dieselbe erhoben. Auch das Scutagium oder Dienstgeld, welches statt des schuldigen persönlichen Dienstes bezahlt ward, bildete eine reiche Quelle des Einkommens für den König. Zu diesen verschiedenen Abgaben kamen noch die Zölle und Wegegelder, die sehr bedeutenden Beträge der Confiscationen, die Einkünfte aller erledigten Bisthümer, die Judensteuer, die Geschenke, die Geldstrafen, die Gebühren für die nach einer bestimmten Taxe ganz öffentlich gewährten Begnadigungen oder für die Verwendung des Königs beim Gerichte, sowie das Münzgeld, das Tallagium und andere zum Theil ganz willkürlich erhobene Steuern. Man berechnet die jährlichen Einkünfte Wilhelm's gewöhnlich auf mindestens 13 Millionen Gulden oder auf fast 8 Millionen Thaler. Es geht aus dieser Summe zugleich hervor, wie reich England damals gewesen sein muß; besonders wenn man bedenkt, daß das Land hundert Jahre später ungeachtet der größten Anstrengungen nicht im Stande gewesen sein soll, das Lösegeld für den in Deutschland gefangenen König Richard I. aufzubringen.

Bei der Art von Regierung, welche Wilhelm eingerichtet hatte, bei seinem großen Reichthum und bei der bedeutenden Kriegsmacht, über die er verfügen konnte, glaubte er dem eigentlichen Volke ruhig seine alte Art, sich selbst zu richten und zu verwalten, überlassen zu können, da er in allen Fällen, in denen sein Nutzen ins Spiel kam, seinen Willen mit Gewalt durchsetzen konnte. Er ließ also die alte angelsächsische Einrichtung der Geschworenen bestehen, während er zugleich seinen Baronen die Gerichtsbarkeit über ihre eigenen Leute ertheilte. Durch Beides wurde jedoch sein Ansehen und sein Einfluß eher vermehrt, als vermindert. Es fand nämlich sowohl von den Gerichtshöfen der Barone, als von den Gemeinde-Gerichten, in welchen die Eingesessenen Recht sprachen, eine Berufung an das Grafschafts-Gericht Statt und in diesem entschied der im Namen des Königs sprechende Graf oder sein Stellvertreter, der Scherif (Shiregraf), welcher zugleich die für den König so wichtigen Strafgelder erhob und schon aus diesem Grunde die beiden anderen Arten von Gerichten im Zaum hielt. Uebrigens verlieh dieselbe militärische Gewalt, die den mächtigsten Vasallen fühlbar machte, daß sie Unterthanen seien, nicht nur den vorhandenen Formen der Volksverwaltung und Volksgerichtsbarkeit Festigkeit, sondern sie bewirkte auch, daß der Sinn für

Ordnung, Recht und Tugend, auf welchem allein jede freie Verfassung sicher ruhen kann, Wurzel faßte. Es ist deshalb auch sehr zu bedauern, daß wir nicht über alle inneren Verhältnisse des Reiches unter Wilhelm im Klaren sind. Die Beschaffenheit des Bodens und die Vertheilung der liegenden Güter sind uns freilich genau bekannt, da Wilhelm eine sorgfältige Aufzeichnung aller Güter, ihres Werthes, ihrer Besitzer und ihres Ertrages machen ließ, die sich unter dem Namen des Domesdaybool bis auf unsere Zeit erhalten hat. Eine so umfassende und authentische statistische Urkunde aus so alter Zeit hat kein Land aufzuweisen.*) In England gab es damals etwa außer den Baronialgütern 60,215 Ritterlehen (knight-fees); etwa 1400 Güter behielt Wilhelm der Krone selbst vor. Dagegen sind die Standesverhältnisse und die persönlichen Rechte des eigentlichen Volkes, aller gelehrten Untersuchungen ungeachtet, dunkel geblieben. Die drei Gattungen freier Leute, welche im Domesdaybook erwähnt und deutlich von den an den Boden gebundenen Unfreien unterschieden werden, lassen sich nicht mit Bestimmtheit nach ihren Rechten und ihrem Ursprunge nachweisen. Besonders ist es nicht zu ermitteln, in welchem Verhältnisse damals die unter dem Namen Keorle von den Earlen und Thanen unterschiedene freie Klasse des angelsächsischen Volkes stand und ob diese freien Bürger und Bauern (villani) nicht schon vor der normannischen Eroberung leibeigen geworden waren. Das letztere würde für gewiß anzunehmen sein, wenn man aus den unter Wilhelm's Namen überlieferten Gesetzen einen Schluß ziehen dürfte; denn diese sind jetzt allgemein als Gesetze Eduard's des Bekenners anerkannt. Dagegen wird aber der eigentlichen Leibeigenschaft, welche von der schon früher vorkommenden Sklaverei wohl zu unterscheiden ist, erst gegen das Jahr 1180 Erwähnung gethan und man ist daher allgemein der Meinung, daß diese Klasse von Leuten in England erst nach der normannischen Eroberung entstanden sei.

Bewunderung kann man Wilhelm dem Eroberer unmöglich versagen, wenn man gleich keine Achtung oder Liebe für einen Mann hegen kann, welcher, um seine Habgier und Herrschsucht zu befriedigen, jedes Mittel guthieß. Wenn er auch Manches auf der einen Seite zerstörte, so schuf er es dagegen auf der anderen wieder neu, und durch Privatrücksichten ließ er sich nie bewegen, eine alte Einrichtung abzuschaffen, die noch nützlich sein konnte. Freilich riß ihn seine Liebe zur Jagd zu entsetzlichen Grausamkeiten hin. Er bestrafte jede Tödtung

---

*) Auch ist dasselbe 1784 auf Buralch des Oberhauses und auf Befehl des Königs in zwei Foliobänden abgedruckt und später von englischen Gelehrten erläutert worden.

eines Thieres in den königlichen Forsten mit dem Leben, die Tödtung eines Hasen mit der Blendung, verwandelte verschiedene Districte von England in Jagdreviere und verwüstete in Hampshire eine große Strecke Landes, den obengenannten Newforest oder Neuwald, um auf derselben einen bloßen Wald anzulegen. Jedoch hatte dieses unmenschliche Verfahren bei einem Volke, das an Ordnung und Selbstthätigkeit gewohnt blieb, später auch seine guten Folgen. Solche Grausamkeiten mußten, wenn sie von Wilhelm's Nachfolgern nachgeahmt wurden, unter schwächeren Regenten nothwendig eine Zeit herbeiführen, wo der allgemeine und lebendige Sinn der Nation für Recht und Gericht auch in den Regierungsverhältnissen den Sieg über die todte Gewalt erlangte. Dahin wirkte Wilhelm außerdem auch durch seine große Sorgfalt für Polizei und Sicherheit, sowie ganz besonders durch die Kraft, mit welcher er den großen Vasallen ihre Abhängigkeit vom Herrscher fühlbar machte. Daß er der Nation, wie man mitunter behauptet hat, eine Magna Charta oder einen Freiheitsbrief ertheilt habe, ist ein längst berichtigter Irrthum früherer Zeiten. Mit welcher Festigkeit er sich gegen die Geistlichkeit und ihr Oberhaupt in Rom benahm, ist bereits oben gezeigt worden. Besonders widerstand er den Anforderungen Gregor's VII. kräftiger, als irgend ein anderer Fürst seiner Zeit. Zu seinem Rathgeber und Unterhändler bediente er sich des mehrfach erwähnten berühmten Theologen und Rechtsgelehrten Lanfranc, der früher zu Bec in der Normandie gelehrt hatte und den er 1070 als Erzbischof von Canterbury an die Spitze der englischen Geistlichkeit stellte. Wie nützlich ihm Lanfranc durch seine juristischen Spitzfindigkeiten war, mag eine Anekdote zeigen. Lanfranc gab ihm einst den Rath, seinen Halbbruder Odo, welcher zugleich Bischof von Bayeux und Graf von Kent war und gefährlich zu werden drohte, gefangen nehmen und festhalten zu lassen; und als Wilhelm wegen der geistlichen Würde Bedenken dagegen äußerte, sagte ihm Lanfranc: „Nimm ihn nicht als Bischof von Bayeux, sondern als Grafen von Kent gefangen!" Lanfranc leitete auch die Unterhandlungen in Rom, durch welche zuerst der Papst Nikolaus II. zur Aufhebung des gegen Wilhelm geschleuderten Bannfluches gebracht und nachher Alexander II. zur Unterstützung desselben bei der Eroberung von England bewogen wurde.

Wilhelm setzte 1086 nach der Normandie über, um Unruhen zu unterdrücken, für deren Anstifter der König von Frankreich, Philipp I, galt. Der Letztere hatte ihn zudem durch eine spöttische Aeußerung gereizt; da Wilhelm nämlich, bei ungemeiner Körperkraft, auch von ungewöhnlicher Dicke war, so scherzte Philipp über seine bevorstehende Niederkunft, worauf Jener ihm sagen ließ, er werde seine Lichtmeß mit 10,000 Lanzen in Notre Dame zu Paris hallen. Er eroberte Mantes an der Seine und ließ es in Brand stecken; sein durch die Gluth scheu gewordenes Pferd warf ihn ab, worauf er in ein Kloster bei Rouen gebracht wurde. Hier starb er im September 1087 und hinterließ drei Söhne, Robert Courthose, Wilhelm II. genannt Rufus (der Rothe) und Heinrich I. Der älteste von ihnen, Robert, war zwar, wie er auf dem ersten Kreuzzuge bewies, sehr tapfer, er hatte aber einen grenzenlosen Leichtsinn und zeigte sich in seinem ganzen früheren und späteren Leben als einen Mann, der zu nichts weniger geschaffen war, als zur Beherrschung eines Reiches. Einem so feinen und schlauen Staatsmann, wie sein Vater aus Instinct war, konnte dies um so weniger entgehen, da er weltklug genug war, um einzusehen, daß die von ihm eingeführte Regierungsart ganz auf Persönlichkeit beruhe. Er ließ daher seinem Sohne Robert zwar die Normandie, die er ihm schon früher versprochen hatte, sorgte aber im Einverständniß mit seinem Vertrauten, Lanfranc, dafür, daß Robert von der Nachfolge in England ausgeschlossen und sein zweiter Sohn, Wilhelm, der ihm selbst durchaus ähnlich war, als König von England anerkannt werde. Doch wirkte auch der Umstand mit, daß Robert beim Tode seines Vaters abwesend, die beiden jüngeren Brüder aber gegenwärtig waren; der jüngste, Heinrich, wurde indessen vorerst mit einem Vermächtniß von 5000 Pfund Silber und einigen Gütern und Burgen abgefunden.

Unmittelbar nach Wilhelm's I. Tode brachen in England bedeutende Unruhen aus, welche theils durch die von Robert erlittene Beeinträchtigung, theils durch den despotischen Charakter des neuen Königs hervorgerufen wurden. Die Mehrzahl der Großen, unter ihnen auch Odo von Bayeux und ein anderer Halbbruder des verstorbenen Königs, nahmen Partei für Robert, und die Sache hätte für Wilhelm II. sehr bedenklich werden können, wenn nicht Robert durch seinen gewöhnlichen Leichtsinn Alles verdorben hätte. Dadurch war es für Wilhelm nicht schwer, die ganze Bewegung zu unterdrücken. Nachdem dies geschehen war, wollte er seinen Bruder auch in der Normandie aufsuchen; die Vasallen legten sich aber ins Mittel, weil sie von beiden Brüdern Lehen hatten und jedenfalls einem von ihnen hätten aufkündigen müssen. Kaum hatten sie eine Aussöhnung zwischen Robert und Wilhelm zu Stande gebracht, als beide vereint gegen ihren jüngsten Bruder zu Felde zogen, um diesem seine Besitzungen zu entreißen. Nicht lange darauf ließ sich der unruhige Robert von seinem Bruder als Unterhändler bei dem Könige von Schottland, Malcolm Canmore, dem Sohne Duncan's, gebrauchen. Wilhelm II. gründete indeß neue Ansiedelungen im Cumberland und verwandelte dadurch diese Land-

schaft, auf die Schottland Anspruch machte, völlig in eine englische
Provinz; Malcolm fand 1193 mit seinem Sohn Eduard im Kampfe
den Tod und hinterließ sein Reich in Verwirrung. Schon im Jahre
1094 bekriegte Robert den König Wilhelm aufs neue, und diese Fehde
dauerte fast so lange fort, bis der Erstere das Kreuz nahm und sein
Herzogthum auf fünf Jahre an Wilhelm verpfändete. Er erhielt für
die ganze Normandie nicht mehr als 10,000 Mark, was zugleich
zeigt, wie gering damals der Werth großer Landstriche im Verhältniß zum baaren Gelde war. Dies geht auch daraus hervor, daß
um die nämliche Zeit Gottfried von Bouillon seine Stammherr-
schaft für eine höchst unbedeutende Summe verpfändete, und daß im
Jahre 1177 die Grafschaft Marche für 6000 Mark an den englischen
König Heinrich II. verkauft wurde. Zu derselben Zeit, wo man für
ganze Fürstenthümer nur 10,000 Mark gab, zahlte man für ein Streit-
roß 15 Mark. Robert bestritt die Kosten des Zuges, den er für die
Christenheit unternahm, aus seinen eigenen Mitteln, ohne voraus-
sichtlich je im Stande zu sein, dieses Geld wieder zu ersetzen; sein
Bruder Wilhelm dagegen handelte nach ganz anderen Grundsätzen.
Sowie er schon früher schändliche Erpressungen geübt hatte, um große
Schaaren von Soldtruppen halten zu können, so erhob er auch jetzt
die Summe, welche er für die Normandie gegeben hatte, von dem
verpfändeten Lande selbst. Er raubte also den Normannen das, was
Robert sich nur durch Borgen verschafft hatte, ja, er benutzte diese
Gelegenheit sogar, um sich auf eine ganz unerhörte Weise zu bereichern;
denn er nahm selbst die goldenen und silbernen Geräthschaften und
die Edelsteine hinweg, mit denen der fromme Sinn der Vorfahren die
Kirchen geschmückt hatte. Auch ließ er nach Lanfranc's Tode (1189) das
Erzbisthum von Canterbury vier Jahre lang unbesetzt und zog die Gelder desselben ein; erst in einer Krankheit gab er ernsten Vorstellungen
Gehör, indem er den großen Denker Anselm, Lanfranc's Freund, als
dessen Nachfolger berief; doch vertrug er sich mit diesem nicht lange.

Robert kehrte im Jahre 1100 aus Palästina zurück und vermählte
sich unterwegs mit der Tochter eines reichen apulischen Grafen. Er
erhielt dadurch nicht nur die nöthigen Summen, um sein Herzogthum
auszulösen, sondern es eröffnete sich ihm zugleich auch die Aussicht,
das ganze Reich seines Bruders an sich zu bringen, weil Wilhelm um
dieselbe Zeit durch einen unglücklichen Zufall auf der Jagd in New
Forest erschossen wurde (1100); er verscherzte aber auch diesmal Alles
durch seinen Leichtsinn. Zuerst hielt er sich unthätig in Apulien auf,
bis die günstige Zeit verflossen und sein jüngerer Bruder, Heinrich I.,
ihm zuvorgekommen war. Dieser hatte sich nämlich auf die Nachricht
von Wilhelm's Tode sogleich des königlichen Schatzes bemächtigt und

war schon nach drei Tagen als König anerkannt und vom Bischof von London gekrönt worden. Auch jetzt noch hätte Robert die Herrschaft an sich reißen oder seinem Bruder wenigstens lange streitig machen können, wenn er nur einige Festigkeit und Ausdauer besessen hätte; denn er ward, als er endlich in der Normandie anlangte, nicht allein dort mit großem Jubel aufgenommen, sondern auch in England erklärten sich Viele für ihn. Er erhob zwar die Waffen gegen Heinrich und landete in England, hatte aber kaum den Krieg angefangen, als er desselben auch schon überdrüssig war und einen Vergleich einging, in welchem er sein Recht auf die Krone gegen ein Jahrgeld aufgab. Schon zwei Jahre nachher ließ er sich auch dieses abschwatzen, und erst als er seine Anhänger dem Zorne Heinrich's geopfert und seine eigenen Mittel erschöpft hatte, begann er einen neuen Krieg. Er gerieth in Gefangenschaft (1106) und war so endlich zur Ruhe gebracht. Sein Bruder konnte ihm zwar nicht das Leben nehmen, weil das damalige Gewohnheitsrecht in England, zum großen Unterschied von den dort heut zu Tage bestehenden blutgierigen Gesetzen, die Todesstrafe verbot; Robert ward aber bis zu seinem erst 28 Jahre später erfolgten Tode erst zu Falaise, dann in England in Gewahrsam gehalten. Robert's unglückliches Schicksal verfolgte auch seinen Sohn, Wilhelm Clito. Dieser wurde, als er den Nachstellungen seines Oheims glücklich entgangen war, vom französischen König, Ludwig VI., und vom Grafen Fulco V. von Anjou mit offenen Armen aufgenommen; Beide führten Jahre lang Krieg, um ihm wenigstens den Besitz der Normandie zu verschaffen, und Ludwig belehnte ihn, als dies nicht gelang, mit der Grafschaft Flandern, welche damals fast ebenso bedeutend war, als dieses Herzogthum. Wilhelm ward aber, da er unaufhörlich mit inneren und äußeren Feinden zu kämpfen hatte, seines Lebens nie froh, und starb 1128 in der Blüthe seiner Jahre.

Sowie die Thronbesteigung Heinrich's eine Anmaßung gewesen war, so bestand seine ganze Regierung aus einer zusammenhängenden Reihe von Grausamkeiten und Bedrückungen. Er soll zwar gleich anfangs der Nation ein Freiheits-Privilegium ausgestellt haben, in welchem er den willkürlichen Erpressungen seines Vaters, sowie allen Eingriffen in die Rechte der Vasallen entsagte; allein abgesehen davon, daß dies nicht einmal gewiß ist, so hat er jedenfalls sein Versprechen nicht gehalten und namentlich die vielen, zum Theil ganz willkürlichen Abgaben, welche Wilhelm der Eroberer eingeführt hatte, eher vermehrt, als vermindert. Wohl aber gewann er einen Theil der Bevölkerung dadurch, daß er sich bald nach seiner Thronbesteigung mit einer Prinzessin vermählte, die nicht nur persönlich vortreffliche Eigenschaften besaß, sondern auch durch ihre Herkunft den Angelsachsen werth war;

dies war Mathilde, eine Tochter Malcolm's von Schottland, aber durch ihre Mutter Margaretha dem Königshause von Wessex angehörend. Auch steht es außer allem Zweifel, daß Heinrich dem Lande die alte angelsächsische Gerichtsverfassung und die Aufrechterhaltung der Gesetze Eduard's des Bekenners aufs neue zusicherte, obgleich gerade zu seiner Zeit nicht allein die altfranzösische Sprache am Hofe und in allen öffentlichen Verhandlungen herrschend war, sondern auch die eigentlichen Juristen in England aus normannischen Geistlichen bestanden. Doch waren die Einrichtungen der Angelsachsen und Normannen in ihrem inneren Wesen einander so ähnlich, daß sie schon früh zusammen verschmolzen. Uebrigens kam durch jene normannischen Rechtskundigen eine solche Kenntniß des Rechtes und eine so große Aufmerksamkeit auf Formen in die Gerichtshöfe und aus diesen wieder in das Volk, daß man besonders darin den Grund suchen muß, warum späterhin, als die Engländer wirklich einen bestimmten Freiheitsbrief erhielten, sorgfältiger über denselben gewacht wurde, als in anderen Ländern über ähnliche Privilegien. In England ward nämlich jedermann gewöhnt, auf Worte und kleine Bestimmungen, über welche man im übrigen Europa, außer in Rom, leichtsinnig hinwegschlüpfte, ängstlich zu achten und das einmal Errungene sorgfältig zu wahren. Während so die Regierung Heinrich's dem Volke von dieser Seite her nützlich war, verwilderten dagegen die Großen unter dem harten Drucke des kriegerischen Despoten völlig und sanken zu einem Grade der Barbarei herab, wie man ihn nur bei den rohen türkischen Völkern antrifft.

Unter Heinrich I. wurde der Investiturstreit für England durch den Vertrag von Bec beigelegt, und zwar in demselben Jahre, wo in Deutschland Kaiser Heinrich V. seinem Vater nachfolgte. Die Geistlichen sollten künftig zwar dem König Huldigung leisten, jedoch nicht von ihm mit Ring und Stab belehnt werden; wohl aber blieb der Brauch bestehen, daß bei Erledigung von Bisthümern und Pfründen die Krone deren Einkünfte an sich nahm. Der Vertrag von Bec war mit Anselm von Canterbury abgeschlossen worden, der alsbald nach seinem Sitze zurückkehrte, wo er drei Jahre darauf (1109) in hohem Alter starb.

Heinrich hatte neben mehreren unehelichen Söhnen nur zwei rechtmäßige Kinder, einen Sohn und eine Tochter, von welchen die letztere, nach ihrer Mutter Mathilde genannt, in erster Ehe mit dem deutschen Kaiser Heinrich V. vermählt gewesen war, von diesem aber keine Kinder hatte. Da der Sohn schon 1120 auf einer Seefahrt umkam, so suchte Heinrich der Tochter das Reich zu verschaffen. Er hielt zu diesem Zwecke 1126 eine glänzende Versammlung der englischen

Barone und erlangte von denselben die eidlich bekräftigte Einwilligung zur Nachfolge der Mathilde. Als zwei Jahre später Wilhelm Clito die wichtige Grafschaft Flandern vom französischen Könige erhielt, erregte dies bei Heinrich so große Besorgniß, daß er sich unter jeder Bedingung mit dem alten Grafen Fulko V. von Anjou auszusöhnen suchte, der ihn bisher in Verbindung mit Ludwig VI. zu Gunsten Wilhelm Clito's unaufhörlich bekriegt hatte. Das Mittel der Aussöhnung war die Vermählung der Mathilde mit Fulko's Sohne, Gottfried, der sich durch große Schönheit auszeichnete, damals aber kaum erst aus dem Knabenalter getreten und fast zehn Jahre jünger als Mathilde war. Weil Gottfried einen Ginsterzweig (planta gencol) auf dem Helme zu tragen pflegte, so erhielt er von diesem zufälligen Umstande den Beinamen Plantagenet und gab badurch die Veranlassung, daß man die von ihm abstammende neue Königslinie das Haus Plantagenet genannt hat.

Die Vermählung der Mathilde mit Gottfried Plantagenet zog dem König gleich anfangs zwiefaches Ungemach zu. Die Großen des Reiches hielten sich des früher zu Gunsten der Mathilde geleisteten Eides für entbunden, weil sie glaubten, daß man zu der Vermählung ebenso, wie vorher zur Festsetzung der Nachfolge, ihre Einwilligung hätte einholen müssen; und die Ungleichheit des Alters veranlaßte unter dem Ehepaar selbst solche Mißhelligkeiten, daß Mathilde bald nach England zurückkehrte und daß zwei Jahre lang die Verbindung ganz aufgehoben zu sein schien. Doch ward diese nachher feierlich erneuert und Heinrich erhielt auch von einer englischen Reichsversammlung die wiederholte Bekräftigung der über die Nachfolge getroffenen Bestimmung. Als daher Mathilde einen Sohn, den nachherigen König Heinrich II., gebar, schien es keinem Zweifel unterworfen, daß dieser einst seinem Großvater in der Regierung folgen werde. Gleichwohl trübte bald nachher ein zwischen Heinrich I. und seiner Tochter ausbrechender Zwist, sowie der Einfluß der Geistlichkeit, dessen sich ein Anverwandter des königlichen Hauses sehr geschickt zu seinem Vortheil zu bedienen wußte, diese Aussicht und eine von den wenigen menschenfreundlichen Handlungen Heinrich's ward seinem Enkel nachtheiliger, als alle seine Härten und Grausamkeiten. Er nahm sich nämlich zweier Neffen, der Söhne seiner Schwester und des Grafen Stephan von Blois und Chartres, welche die väterlichen Güter ihren älteren Brüdern hatten überlassen müssen, sehr freundlich an und gab dem Einen, Heinrich, der in den geistlichen Stand getreten war, zuerst die reiche Abtei Glastonbury und dann das Bisthum Winchester; den Anderen aber, Stephan, belehnte er nicht blos mit der Grafschaft Mortain in der Normandie, sondern er ver-

schaffte ihm auch die Hand der einzigen Tochter des Grafen Eustach
von Boulogne, welche die reichste Erbin des Landes war. Diese
brachte ihrem Gemahl außer der Grafschaft Boulogne noch viele andere Güter und Herrschaften mit, und da sie eine Nichte der Königin
war, so erhielt Stephan auch einen sehr großen Einfluß am Hofe.
Ebendeshalb hatte Heinrich besonders darauf gedrungen, daß Stephan
sich vor allen Baronen feierlich verpflichtete, Mathilde und ihren
Sohn als die allein rechtmäßigen Erben des Reiches anzuerkennen.
Stephan hatte diesen Eid geleistet und dachte auch wohl schwerlich
daran, ihn je zu brechen, bis sich Heinrich kurz vor seinem Tode
mit Mathilde und Gottfried Plantagenet entzweite. Dadurch ward
Mathilde von aller Verbindung mit den Engländern abgehalten.
Heinrich begab sich sogar selbst in die Normandie, um jeden Einfluß,
den seine Tochter von Anjou her hätte haben können, abzuschneiden,
und Stephan faßte sogleich den Entschluß, diese Verhältnisse zu benutzen, um die Krone an sich zu reißen. Er konnte seinen Zweck um
so leichter erreichen, als Heinrich noch während des Zwistes mit Mathilde in der Normandie starb (1135). Ehe noch Mathilde nach England kommen oder ihr Halbbruder, Robert von Glocester, der
ihre Partei ergriffen hatte, für sie handeln konnte, bemächtigte sich
Stephan der königlichen Schätze, legte schnell feste Burgen an und
warb große Schaaren von Brabanzonen oder Söldnern aus
Flandern, wie auch aus der Bretagne, welche damals den Kriegsdienst als ein Handwerk ansahen und sich bald diesem, bald jenem
Herrn verkauften. Auch kam ihm wohl der Umstand sehr zu Statten,
daß seine hochbejahrte Mutter, Abela, die wegen ihrer Frömmigkeit
bei den Engländern in großem Ansehen stand, damals noch lebte. Die
Zustimmung der Geistlichkeit und die Krönung durch den Erzbischof
von Canterbury verschaffte er sich theils durch den Einfluß seines
Bruders, Heinrich von Winchester, theils aber auch durch einen Betrug. Einer seiner Anhänger nämlich, Hugo Bigod, der Seneschall
des Reiches, betheuerte im Angesicht aller Barone eine offenbare Lüge,
indem er schwor, daß er zugegen gewesen sei, als der verstorbene
König den Großen die zu Gunsten der Mathilde und ihres Sohnes
übernommene Verpflichtung freiwillig erlassen habe.

Schon drei Wochen nach Heinrich's I. Tode war Stephan allgemein als König anerkannt. Obgleich dabei der Einfluß seines Bruders und seiner Mutter mitwirkte, so ist doch der Hauptgrund wohl
in dem Umstande zu suchen, daß der von den drei letzten Königen
geübte Druck einen Freiheitsbrief wünschenswerth machte und daß der
neue König, der sich ohne den fortdauernden guten Willen der Barone, des Volkes und der Geistlichkeit nicht im Besitze des Reiches

behaupten konnte, ein solches Privilegium gleich anfangs versprochen hatte. Er erließ und beschwor dasselbe 1136 in einer feierlichen Reichsversammlung zu Oxford. Da unter der militärischen Tyrannei seiner Vorgänger vorzüglich die Geistlichkeit zu leiden gehabt hatte und Stephan's Bruder, der Bischof Heinrich von Winchester, die Seele des ganzen Unternehmens gegen die Ansprüche der Mathilde gewesen war, so ward in der von Stephan ausgestellten Acte besonders für den Klerus gesorgt; doch wurden auch die anderen Klassen der Staatsbürger nicht übergangen. Stephan versprach, die Einkünfte der erledigten Bisthümer nicht in Anspruch zu nehmen, sondern sie jedes Mal sogleich wieder nach den bestehenden kanonischen Vorschriften besetzen zu lassen; er gelobte ferner, niemals die Waldungen eines Geistlichen oder Laien willkürlich an sich zu reißen, um sie dann, wie Heinrich gethan hatte, nur gegen Lösegeld wieder zurückzugeben; er beschwor die Abschaffung der nicht unbedeutenden Steuer, welche unter dem Namen des Danegeldes von seinen Vorgängern jedes Jahr regelmäßig erhoben worden war; er gelobte endlich noch manches Andere, hielt aber nachher, wie ein Chronikschreiber des folgenden Jahrhunderts hinzufügt, nichts von Allem, was er versprochen hatte. Ueberhaupt waren die nächsten Folgen seines Freiheitsbriefes keineswegs erfreulich, weil sogleich alle englischen Barone und Bischöfe nach dem Beispiele des Königs ihre Burgen befestigten, und ganz besonders Mathildens Halbbruder, Robert von Glocester, der, um seine großen Güter zu retten, dem neuen Könige ebenfalls gehuldigt hatte, sich durch die Errichtung bedeutender Festungswerke zu einem künftigen Kriege vorbereitete. Bis auf diese Zeit hatte man in England von Privatkriegen wenig oder gar nichts gewußt; man hatte nur zu kämpfen, wenn die Briten in Wales oder die Schotten mit den Grenzhütern eine Fehde begannen; seit Stephan's Privilegium aber sah es dort ebenso aus, wie in den andern Ländern Europas. „Die weltlichen und geistlichen Großen", heißt es in einer Chronik, „bauten Burgen, besetzten sie mit teuflischem Volke, unterdrückten Bürger und Bauern und peinigten Jedermann, um Geld zu erpressen: ja, sie brandschatzten Städte und zündeten sie nachher nichtsdestoweniger an. Man konnte einen ganzen Tag lang reisen, ohne eine lebendige Seele zu finden; die Städte waren verlassen, die Felder unbebaut. Nie litt ein Land größeres Elend. Sah man in einer Stadt zwei oder drei Reiter aus der Ferne herankommen, so liefen die Einwohner aus Furcht vor den Räubern sogleich davon. Unter Stephan's Regierung ward dies immer ärger und die Leute erklärten laut, daß Christus und seine Heiligen schliefen." Hier zeigte sich der Unterschied zwischen einer monarchisch-militärischen und einer aristokratisch-militärischen Regierung. Als Stephan dem Unwesen steuern wollte, schlossen die unruhigen Barone eine allgemeine Verbindung gegen ihn und an ihre Spitze trat Robert von Glocester, der bei seiner Huldigung den sonderbaren Vorbehalt gemacht hatte, daß er dem Könige nur so lange zur Treue verpflichtet sei, als derselbe seine Versprechungen halten und seine Würde behaupten werde. Zu gleicher Zeit fiel auch der schottische König, David I., in England ein. So bedenklich auch die Lage des Königs war, so wußte er sich doch zu helfen. Er gewann durch sein äußerst kluges Benehmen die Geistlichkeit und erhielt durch den Einfluß derselben die Oberhand über die Empörer. Dann warf er sich mit seiner ganzen Macht auf die Schotten, erfocht einen vollständigen Sieg über sie und nöthigte sie dadurch zum Frieden (1137). Das entscheidende Treffen mit den Schotten ist unter dem Namen der Standarten-Schlacht in der Geschichte bekannt, weil die Engländer sich in derselben um ein Carroccium oder um einen Fahnenkarren sammelten, welcher ihr heiliges Reichs-Palladium enthielt. Was bei der Gelegenheit von englischen Geschichtschreibern berichtet wird, gibt uns zugleich genaueren Aufschluß über den Ursprung und die Verbreitung dieser im Mittelalter gebräuchlichen heiligen Wagen, die uns besonders aus den Kriegen der Lombarden bekannt sind. „Die Engländer", heißt es nämlich, „errichteten auf der Mitte eines Wagens einen Schiffsmast, den sie die Standarte nannten und an dessen Spitze sie ein silbernes Gefäß mit den Leibern Christi und Petri, sowie zwei heilige Fähnchen befestigten, damit Christus durch die Gegenwart seines Leibes ihr Führer in dem Kriege wäre, den sie für die Vertheidigung der Kirche und des Vaterlandes führten." Jene Schlacht ist übrigens auch dadurch interessant, daß wir bei der Gelegenheit recht deutlich den Unterschied zwischen den ihrer ursprünglichen Sitte treu gebliebenen Bergschotten und den ritterlich bewaffneten Normannen erkennen. Die Ersteren, welche nach einem von Alters her in Anspruch genommenen Rechte das Vordertreffen bildeten, waren nur halb bekleidet und drangen mit bloßen Angriffswaffen auf die gepanzerten und deshalb unverwundbaren Schaaren der Normannen ein.

Die glänzenden Vortheile, welche Stephan über die Schotten errungen hatte, ermuthigten ihn, endlich einmal auch der Geistlichkeit, die er seither aus Politik geschont hatte, die Spitze zu bieten; er verwickelte sich aber dadurch in einen langwierigen und blutigen Bürgerkrieg, der ihn fast um die Krone gebracht hätte. Es war besonders die zunehmende weltliche Macht der Geistlichen und der Mißbrauch, den sie mit ihren Einkünften trieben, wodurch Stephan sich bewogen fand, sein königliches Ansehen gegen sie zu richten; denn auch die Bischöfe hatten angefangen, feste Burgen zu erbauen und von ihnen aus König und Volk zu bedrohen. Stephan hoffte ihnen dies nun leichter wehren zu können, weil die ganze englische Nation schon damals die Vorstellung kriegerischer Geistlichen ebensowenig ertragen konnte, als sie sich später je daran gewöhnt hat. Auch gelang es ihm in der That, den Bischöfen ihre Burgen wegzunehmen. Indessen war damit für ihn selbst nichts gewonnen, da sich von dem Augenblick an, wo er mit den Geistlichen zerfallen war, seine ganze Lage völlig änderte. Während er nämlich seither seine Hauptstütze in der Geistlichkeit gehabt hatte, wandte sich diese jetzt der Mathilde und ihrem Sohne zu; es bildete sich auf diese Weise eine furchtbare Partei, welche öffentlich und im Stillen die Macht und das Ansehen Stephan's untergrub; ja, sein eigener Bruder, der Bischof von Winchester, welcher sich mehr vom Geiste seiner Körperschaft, als von der Liebe zu seinem Bruder leiten ließ, trat an die Spitze seiner Feinde und ward dem Könige um so gefährlicher, als dieser selbst ihm kurz vorher die Ernennung zum päpstlichen Legaten in England und dadurch eine noch größere Bedeutung verschafft hatte.

Mathilde säumte nicht, aus diesen Umständen Nutzen zu ziehen. Sie landete 1139 in Begleitung des Grafen Robert von Glocester an der englischen Küste und begann einen blutigen und verheerenden Krieg mit Stephan. Den Jammer dieses bürgerlichen Krieges, in welchem alle Städte, am eifrigsten London, für den König Partei nahmen, können die Zeitgenossen nicht schrecklich genug schildern. Stephan bekämpfte die erbitterten Gegner mit seinen rohen Brabançonen, und schon nach zwei Jahren war das ganze Land so erschöpft, daß sich beide Theile, um einem allmählichen Untergange zuvorzukommen, entschließen mußten, Alles an einen einzigen Wurf zu setzen. Den Anlaß zur letzten Entscheidung gab die Belagerung der Stadt Lincoln, deren Bewohner, wie alle Bürger, zu den eifrigsten Anhängern Stephan's gehörten und durch Robert von Glocester enge eingeschlossen worden waren. Sie verabredeten mit Stephan, der von London aus herbeiziehen sollte, einen unerwarteten gleichzeitigen Angriff auf das Belagerungsheer, um auf diese Weise Robert und folglich auch Mathilde zu vernichten. Der ganze Plan scheiterte jedoch, weil Stephan durch einen angeschwollenen Fluß mitten im Marsche aufgehalten wurde und Robert dadurch Zeit erhielt, die nöthigen Verstärkungen an sich zu ziehen und dem Könige mit ziemlich gleichen Kräften entgegen zu gehen. Es kam am Trent zu einem entscheidenden Treffen, in welchem beide Theile mit großem Muthe fochten; Stephan selbst erfüllte nicht nur alle Pflichten eines Anführers, sondern bewies sich auch als tapferen Streiter, er ward aber nichtsdestoweniger besiegt und sogar gefangen genommen (1141).

Jetzt wurde Mathilde als Königin anerkannt, und der Streit wäre vielleicht für immer entschieden gewesen, wenn nicht die Standhaftigkeit der Anhänger Stephan's und noch weit mehr der Uebermuth der neuen Herrscherin sehr bald eine andere Wendung der Dinge herbeigeführt hätte. Mathilde verstand sich unter keiner Bedingung, selbst nicht, als man ihr versprach, Stephan zur Auswanderung zu bewegen, zur Freilassung desselben; sie wies sogar die Verwendung Heinrich's von Winchester für den Sohn Stephan's zurück, obgleich dieser einflußreiche Bischof in ihrem eigenen Interesse jede Rücksicht verdient hätte. Sie wollte endlich die Regierung ganz so führen, wie ihr Vater und verlor dadurch alle Popularität. Man verlangte nämlich allgemein die Herstellung der Gesetze Eduard's des Bekenners, weil die normannische Eroberung und die Despotie der drei letzten Regenten den Engländern die sächsischen Gesetze werther gemacht hatte, oder auch weil die Nation sich noch wenig vom Naturzustande entfernt hatte und deshalb die Unordnung unter den letzten angelsächsischen Königen weit weniger drückend fand, als die gewaltthätige Gerechtigkeit, von der sie jetzt beschützt ward. Selbst die Normannen stimmten, sobald sie mit einem ihrer Könige unzufrieden waren, in das allgemeine Geschrei um die Wiederherstellung der sächsischen Gesetze ein. Mathilde nahm aber durchaus keine Rücksicht darauf und brachte durch ihre Unbesonnenheit und Härte die ganze Nation, besonders aber die Bürger der Städte und Heinrich von Winchester gegen sich auf. Jene sahen mit Schrecken die militärische Despotie Heinrich's I. erneut und vermißten immer schmerzlicher ihren seitherigen Schützer; Heinrich von Winchester aber fühlte, daß er seine Staatsklugheit zu weit getrieben habe, als er von seines Bruders Partei zur Gegenpartei übergegangen sei. Die Unzufriedenheit kam zuerst in London zum Ausbruch (Sommer 1142). Die Bürger dieser Stadt, welche schon damals ein großes Gewicht in die Wagschale legten, griffen plötzlich zu den Waffen und suchten die Königin, welche ihren Wohnsitz unter ihnen aufgeschlagen hatte, gefangen zu nehmen; der Anschlag mißglückte zwar, er gab aber das Signal zur allgemeinen Erneuerung des Krieges. Ein glücklicher Zufall stellte gleich nachher das Gleichgewicht der Parteien wieder her; Robert von Glocester nämlich, der einzige Mann, welcher die Sache der Königin auf offenem Felde behaupten konnte, ward von Stephan's Anhängern gefangen genommen und gegen diesen ausgetauscht.

Der Krieg wurde darauf Jahre lang mit neuer Heftigkeit fortgesetzt. Er war weniger drückend für Stephan, welcher als der reichste Mann in England jeden Verlust immer wieder ersetzen konnte, als für Mathilde, deren Gemahl, Gottfried, sich 1144 der Normandie bemächtigte und seine Vasallen wie sein Vermögen nicht aufs Ungewisse hin in England verwenden wollte. Gottfried mochte außerdem wohl fürchten, daß sein Sohn Heinrich, den er auf Bitten Robert's nach England geschickt hatte, über das englische Reich sein Stammland vergessen und dieses einmal als bloße Provinz behandeln könnte; wenigstens ließe sich eine solche Besorgniß aus der ängstlichen Sorgfalt schließen, mit welcher er die Verfassung, die Gesetze und die Gewohnheiten der Grafschaft Anjou auch für die Zukunft sicher zu stellen suchte. Genug, er rief 1150 seinen Sohn und seine Gemahlin aus England zurück und Robert setzte den Krieg allein fort. Auch dieser starb wenige Monate nachher und Stephan hatte nun so lange Ruhe, bis der junge Heinrich nach dem Tode seines Vaters (1151) sich nicht nur in Anjou und in der Normandie, sondern auch in den durch seine Vermählung mit Eleonore von Guyenne und Poitou erworbenen Ländern festgesetzt hatte und dann (1153) in Verbindung mit den Anhängern seiner Mutter einen neuen Angriff auf England machte. Sein Versuch wurde durch die Verhältnisse sehr begünstigt. Stephan war nämlich nicht nur mit seinen eigenen Freunden, sondern aufs Neue auch mit der Geistlichkeit zerfallen, weil er den Erzbischof Theobald von Canterbury, welcher ohne seine Einwilligung einer Kirchenversammlung zu Rheims beiwohnte, aus dem Reiche verbannt hatte. Er war dafür mit dem Interdicte bestraft worden. Dieses verachtete er zwar, er konnte aber dagegen auch seinen Wunsch, seinen Sohn Eustach als Nachfolger anerkannt zu sehen, auf keine Weise erreichen. Die Geistlichkeit, sowie alle weltlichen Großen erklärten ungeachtet seiner Drohungen, daß sie zwar ihm selbst ihre Treue bis ans Ende bewahren wollten, als seinen rechtmäßigen Nachfolger aber nur den Sohn der Mathilde betrachten könnten. Der Letztere landete 1153 in England und da gleich nachher Eustach starb, so schloß Stephan einen Friedensvertrag, in welchem er Heinrich als künftigen Erben des Reiches anerkannte. Auch die weltlichen und geistlichen Großen beschworen in einer feierlichen Versammlung diesen Vertrag, und als Stephan im nächsten Jahre (1154) starb, folgte ihm Heinrich ohne Widerspruch in der Regierung.

7. England unter Heinrich II.

Heinrich II., mit welchem eine neue Dynastie, das Haus Plantagenet, auf den englischen Thron kam, sah sich gleich anfangs zu einigen gewaltsamen Maaßregeln genöthigt. Er schleifte die angelegten Burgen der Großen und jagte die räuberischen Söldner, welche Stephan in Dienst genommen hatte, aus dem Lande. Leider mußte er aber, um seine französischen Besitzungen behaupten zu könuen, nicht nur diese verderblichen Miethstruppen wieder anwerben, sondern er erneuerte auch alle Erpressungen und Gewaltthätigkeiten, über welche man sich unter Heinrich I. beschwert hatte. Mit rücksichtsloser Härte behandelte er die Normandie und zog alle dortigen Lehen ein, welche entweder von seinen Vorgängern verschenkt worden waren oder keinen unmittelbaren Erben hatten; in England aber übte er alle Arten von Bedrückungen und konnte dies bei der damaligen Verfassung des Landes ungehindert thun. Besonders wußte er sich durch die bereits oben angeführten Mißbräuche, welche mit den Abgaben getrieben wurden, das nöthige Geld zu verschaffen. Ihm dienten z. B. die Begnadigungen, die Geldstrafen, das königliche Recht über die unmündigen Vasallen und über die Erbinnen von Lehen als reiche Quellen des Einkommens; das Scutagium wurde von dem kriegsdienstpflichtigen Adel bei jeder Gelegenheit ohne Rücksicht auf Bedürfniß und Recht erhoben; diese Steuer war aber so bedeutend, daß sie einmal blos in England nicht weniger als 124,000 Pfund Silber einbrachte. Uebrigens sind die ewigen Kriege mit Frankreich, in welche Heinrich durch seine Vermählung mit Eleonore und durch die daraus entsprungene Erwerbung von Guyenne und Poitou verwickelt wurde, für die allgemeine Geschichte nur wegen ihrer letzten Ergebnisse wichtig; viel größere Bedeutung hat dagegen Heinrich's Zwist mit Thomas Becket, sowie seine Unterwerfung von Irland und seine Streitigkeiten mit seinen eigenen Söhnen, weil sich um diese drei Punkte die ganze damalige Geschichte von England dreht.

Heinrich's Zwist mit dem Erzbischof Thomas Becket von Canterbury ist für jene Zeiten gewissermaaßen ein Gegenstück zu den Geschichten des deutschen Kaisers Heinrich IV., hängt aber im Grunde ganz enge mit dem von Becket errathenen Plane des Königs zusammen, die Geistlichkeit wieder so, wie früher, von der Krone abhängig zu machen. Will man daher den Streit zwischen dem Könige und dem Oberhaupte der Geistlichkeit in England, ohne Rücksicht auf den Privatcharakter beider Männer, blos in Beziehung auf den Staat betrachten, so muß man bis auf Wilhelm den Eroberer zurückgehen. Vor Wilhelm's eisernem Willen hatte sich Alles, selbst Gregor VII., beugen müssen. Er verfuhr ebenso willkürlich und despotisch gegen Bischöfe und Aebte, als gegen Grafen und Barone; sogar der erste Geistliche des Reiches, sein Bruder Odo von Bayeux, welcher zugleich Legat des römischen Stuhles war, wurde, als er sich ihm mißfällig bewies, ins Gefängniß geworfen und seiner Schätze beraubt. Wilhelm's Gesetze beschränkten nicht nur den Einfluß des römischen Hofes, sondern auch den Reichthum des englischen Klerus; er schied Weltliches und Geistliches sehr genau von einander und schloß den Klerus

auf eine schlaue Weise, gerade indem er ihm die geistliche Juris-
diction ungeschmälert ließ, von den weltlichen Gerichten aus, in denen
er bisher durch gelehrte Bildung und durch Kenntniß des römischen
Rechtssystems den Haupteinfluß gehabt hatte. Sein Sohn Wilhelm II.
trat, wie überall, so auch hier in des Vaters Spuren. Er war ein
Mann, der sich weder um das Sittliche der christlichen Lehre im mindesten bekümmerte, noch auch Hang zum Aberglauben hatte; er fragte
daher auch nach der auf die Meinung gegründeten Kirchenzucht nichts
und setzte sich sogar mit einer Dreistigkeit, die man ohne die ausdrückliche Versicherung eines Zeitgenossen jenem Zeitalter schwerlich zutrauen würde, über alle gewohnten Formen hinweg. Als er nämlich
nach Lanfranc's Tode den Stuhl von Canterbury Jahre lang unbesetzt ließ, um die reichen Einkünfte desselben für sich zu beziehen,
baten ihn die Bischöfe des Landes einst um die Erlaubniß, in den
Kirchen beten lassen zu dürfen, daß Gott ihn bewegen möge, der
Kirche einen Hirten zu geben; er antwortete ihnen aber lächelnd und
mit verstelltem Zorn: „Betet, was ihr wollet; ich werde thun, was
mir gefällt, und kein Gebet wird meinen Willen wankend machen."
Niemand hatte ihn besser gekannt und verstanden, als Lanfranc, der
schlaue Freund seines Vaters, und so lange dieser als Erzbischof von
Canterbury Primas des Reiches war, blieben die geistliche und die
weltliche Macht in gutem Einverständniß. Als dagegen, vier Jahre
nach Lanfranc's Tode, Anselm das Primat erhielt, entstand Zwietracht und Streit. Anselm war von der Hoheit und Würde christlicher Bischöfe eingenommen, eiferte mit Recht, wenn auch vielleicht
zu heftig, gegen den Gebrauch geistlicher Güter zu weltlichen Zwecken
und wagte es, seinem Könige zu widersprechen; er mußte dafür, obgleich er bei seinen Zeitgenossen als Theolog, als Philosoph und
besonders als Rechtsgelehrter für ein Orakel galt, das Land räumen.
Nach Wilhelm's II. Tode ward ihm freilich die Rückkehr gestattet;
die Einigkeit zwischen ihm und dem neuen Könige, Heinrich I., dauerte
aber nur so lange, als der Letztere des Erzbischofs gegen seinen Bruder Robert und gegen dessen Anhänger bedurfte. Sobald Heinrich
auf dem Throne fest saß, begann der Streit aufs neue, und zwar
handelte es sich diesmal um die Investitur, welche bis dahin noch
Niemand den englischen Königen streitig gemacht hatte. Indessen benahm sich Heinrich weniger heftig, als sein Vorgänger. Er schickte
Gesandte nach Rom, und wenn er auch dem Erzbischof, welcher ebendahin gereist war, anfangs die Rückkehr nach England nicht gestattete,
so erlaubte er ihm doch, in dem normannischen Kloster Bec zu verweilen, ja er ließ ihn später sogar nach Canterbury zurückkommen und
verstand sich am Ende zu der bereits erwähnten Uebereinkunft von

Bec (1106), weil er in seinen französischen Angelegenheiten des Papstes bedurfte und sich dadurch gegen diesen zu einer bis dahin unerhörten Nachgiebigkeit genöthigt sah. Er versprach, sich aller der Bedrückungen und Erpressungen zu enthalten, welche sein Vorgänger gegen die Kirche geübt hatte und entsagte auch der Investitur, erhielt aber dagegen das Zugeständniß, daß die Bischöfe für ihre weltlichen Besitzungen dem Könige nach wie vor den Lehenseid leisten mußten. Aus derselben Ursache, die ihn beim Streite über die Investitur zum Nachgeben bewogen hatte, erlaubte er auch, was noch kein König von England zugegeben hatte, daß der Papst durch einen Legaten Kirchenversammlungen im Reiche halten lassen könne, und duldete endlich, daß derselbe die beiden ersten Bischöfe des Landes ihrer Rangstreitigkeiten wegen nach Rom vorlud und über ihren Zwist einen entscheidenden Ausspruch that. Heinrich's I. Nachfolger, Stephan, ging noch weiter. Er ertheilte nicht nur in seinem Privilegium der Geistlichkeit ganz ungewöhnliche Rechte, sondern erbat auch vom Papste Innocenz II. die Würde eines päpstlichen Legaten für seinen Bruder, den Bischof Heinrich von Winchester, hatte aber bald Ursache, diesen Schritt zu bereuen. Der römische Hof benutzte die günstige Wendung; er mischte sich in alle Verhältnisse der englischen Kirche und ihres Klerus, und dieser wußte sich unter Heinrich's Leitung, im Vertrauen auf Hülfe aus Italien und auf Unruhen im Inneren, ganz und gar der Gewalt des Königs zu entziehen. Nun trat an die Stelle des königlichen Einflusses auf die Wahlen der päpstliche, Sendungen von Legaten wurden gewöhnlich, der Cölibat durchgesetzt, die Appellation in allen nur einigermaaßen bedeutenden Processen nach Rom gezogen, kurz, alles Geistliche ungefähr in dasselbe Verhältniß gebracht, in welchem es bei den übrigen europäischen Völkern stand.

Dieses Verhältniß konnte und wollte Heinrich II., welcher Alles auf die Zeiten seines Großvaters zurückzubringen strebte, nicht bestehen lassen. Er stellte sich zwar in dem damaligen Streit um die päpstliche Würde auf die Seite Alexander's III. gegen Victor und ließ es an äußeren Ehrenbezeigungen für jenen nicht fehlen;*) er wollte jedoch in den geistlichen Angelegenheiten die unumschränkte Gewalt des Herrschers wiederherstellen und glaubte darin nicht besser zum Ziele zu kommen, als wenn er seinen ihm ganz ergebenen Kanzler, Thomas Becket, zum Primas von England machte (1162). Dieser war der Sohn eines angesehenen Londoner Bürgers; als Kriegsmann

---

*) Nachdem die Synode von Toulouse Alexander anerkannt hatte, sah man bei einer Festlichkeit in Chateauroux denselben zu Roß einherziehen, während die Könige von Frankreich und England, Ludwig VII. und Heinrich II., nebenan zu Fuße gingen und die Zügel hielten.

hatte er Muth und Einsicht gezeigt, als Kanzler war er entschiedener Monarchist und glich in stattlicher Repräsentation und weltlicher Pracht seinem Zeitgenossen Rainald von Köln. Wenn Rainald einen Poeten von sehr ungebundenem Wesen begünstigte, so lebte Thomas eine Zeit lang in demselben Kreise, wie der gleichgesinnte Walther Map; ja da er einst in Paris als englischer Abgesandter und fürstlicher Brautwerber einzog, schritten vor seinem Wagen einige hundert Knaben einher, die gruppenweise vertheilt fröhliche Lieder in der heimischen Sprache sangen. Die Ernennung Becket's zum Erzbischof von Canterbury fand zuerst bei den Geistlichen lebhaften Widerspruch, weil derselbe seither alle Maaßregeln zur Beschränkung ihrer Macht angegeben hatte; sie täuschten sich aber in diesem Manne ebenso sehr, als der König selbst, und nur die alte Mutter des Letzteren hatte, wie man aus dem Briefwechsel Becket's sieht, ihn schon früher durchschaut. Sobald Becket Erzbischof von Canterbury geworden war, hatte er die Wahl zwischen einer schimpflichen Unterwerfung oder einem ehrenvollen Kampfe auf Leben und Tod; er wählte, seinem Charakter und dem seiner Zeit angemessen, das letztere. Unmittelbar nach seiner Ernennung zum Erzbischof legte er die Kanzlerwürde nieder, entsagte als Haupt des englischen Klerus sogleich allen Weltlichkeiten und nahm in Kleidung, Essen und Lebensweise ganz den Charakter eines bloßen Mönchs an, nachdem er vorher in Glanz und Ueppigkeit geschwelgt hatte. Erst bei dieser auffallenden Aenderung seines äußeren Wandels fing Heinrich an zu ahnen, was Becket im Sinne habe.*) In offenbaren Zwist gerieth er mit ihm, als er (1163) verlangte, daß das Unwesen des geistlichen Gerichtes aufhöre. Nach der in der letzten Zeit herrschend gewordenen Ansicht nämlich konnte ein Geistlicher nur von seinem Bischofe gerichtet werden, und erst wenn dieser ihm zur Strafe die geistliche Weihe genommen hatte, stand er, und zwar blos für künftige Vergehen, unter der weltlichen Gerichtsbarkeit. Diese Einrichtung, welche jedem Geistlichen, so lange er zum Klerus gehörte, Straflosigkeit zusicherte, wollte Heinrich abschaffen und dagegen das Gesetz aufstellen, daß ein Verbrecher aus der Geistlichkeit zwar vom Bischof, nachdem dieser ihn schuldig gefunden, seiner Würde beraubt, unmittelbar darauf aber dem weltlichen Gerichte zur Bestrafung überliefert werden solle. Zugleich verlangte er, daß der Klerus das Versprechen gebe, sich den unter seinem Großvater bestandenen Gesetzen zu unterwerfen. Seinen Forderungen widersetzten sich die Bischöfe,

---

*) Die Ansicht, daß der Kampf Thomas Becket's gegen den König wesentlich auf dem Gegensatze der angelsächsischen und der normannischen Nationalität beruht habe, erweist sich nicht als haltbar.

Beckel an ihrer Spitze, aufs hartnäckigste. Der König war aber wild und furchtbar von Charakter, die weltlichen Großen und selbst das Volk waren in dieser Sache für ihn, er bediente sich daher der Barone, um gesetzlich feststellen zu lassen, was er mit eisernem Willen durchsetzen wollte. In England ward alles, was in geistlichen Dingen irgend Staatssache war, nicht auf sogenannten Kirchenversammlungen, sondern auf den Versammlungen der Reichsbarone festgesetzt, wobei die Bischöfe nicht als Geistliche, sondern als Barone des Reichs mit den anderen stimmten. Sie wurden daher (1164) in Clarendon, einem königlichen Gute bei Sarum (Salisbury), überstimmt, als der König die Bestimmungen und Grundsätze, welche früher in geistlichen Dingen als Gewohnheitsrecht galten, in einer systematischen Aufstellung zusammenfassen ließ und zum Gesetz erheben wollte. Selbst Thomas Beckel wagte nicht zu widersprechen, er unterschrieb wie die anderen die aufgestellten Verfügungen. Es ward daher dieser Reichstag zu Clarendon entscheidend für die Unterordnung der geistlichen Gewalt unter die Gewalt des Königs und des Volkes. Die Hauptpunkte der für die Geschichte des Mittelalters so sehr wichtigen 16 Constitutionen oder Artikel von Clarendon waren folgende: Die Geistlichkeit ist ganz und gar der königlichen Gerichtsbarkeit unterworfen und die höchste Appellation geht an den König; den Bischöfen ist es verboten, ohne Erlaubniß des Königs ins Ausland zu reisen; ohne seine Zustimmung darf fortan kein königlicher Vasall oder Diener mit dem Kirchenbann belegt werden und kein Excommunicirter braucht für seine künftigen Meinungen Sicherheit zu geben, sondern er ist blos zum Behuf der Lösung vom Banne den geistlichen Gerichte unterworfen; wenn es bei einem Besitzthume streitig ist, ob dasselbe ein weltliches Lehen oder ein Kirchengut sei, so soll darüber durch zwölf Geschworene entschieden werden; die Güter der Bischöfe werden für königliche Lehen erklärt und den weltlichen Baronieen gleichgestellt; dagegen sollen aber auch die Bischöfe, wenn sich die Pairskammer in einen Kriminalgerichtshof umwandelt, nicht, wie jetzt, aus derselben ganz wegbleiben, sondern nur vor der Erlassung des Strafurtheils sich entfernen; die erledigten Bisthümer und Abteien fallen bis zu ihrer Wiederbesetzung dem Könige anheim und dieser bezieht dann einstweilen alle Einkünfte derselben; die Wahlen für beide werden von vornehmen Geistlichen, die der König ernennt, in der Kapelle desselben und mit seiner Zustimmung gehalten, und der Gewählte muß ihm den Lehenseid leisten; endlich darf die Kirche dem Könige kein ihm heimgefallenes Vermögen vorenthalten.

Kaum schien durch die Annahme der Clarenboner Constitutionen der Streit geschlichtet zu sein, als Beckel von neuem den Fehdehandschnß hinwarf. Er beschuldigte sich selbst wegen seiner Nachgiebigkeit laut des Verraths an der Kirche, legte das Büßergewand an und ließ durch den Papst nicht nur sich selbst von seinem Eid entbinden, sondern auch alle der Krone gemachten Zugeständnisse für ungültig erklären. Weit würdiger benahm sich damals der König; denn er legte zwar auf Becket's Güter Beschlag, hob aber diesen sogleich wieder auf, als der Erzbischof auf kurze Zeit anderen Sinnes wurde und gab nachher sogar zu, daß derselbe ungekränkt das Reich verlassen dürfe. Heinrich hatte nämlich, sobald Becket zu seiner früheren Widersetzlichkeit zurückgekehrt war, eine Reichsversammlung nach Northampton berufen und in derselben, durch seinen klugen Oberrichter geleitet, den eigentlichen Streitpunkt gar nicht zur Sprache gebracht, sondern so viele andere Forderungen an den Erzbischof gestellt, daß die Bischöfe diesen baten, durch Niederlegung seines Amtes den der Kirche drohenden Sturm zu beschwören und den Klerus nicht mit den weltlichen Herren, die sich an den König angeschlossen hatten, in einen schwierigen und gefährlichen Kampf zu verwickeln. Thomas hatte dies jedoch nicht nach seinem Sinne gefunden und da er andererseits auch nicht wagte, es mit dem Könige aufzunehmen, so floh er nach Frankreich (1165). Hier nahm sich sowohl der König Ludwig VII., als auch der Papst Alexander III., welcher gerade zu Sens an der Yonne seinen Hof hielt, des englischen Erzbischofs sehr lebhaft an; Heinrich kehrte sich aber weder an den Einen, noch an den Anderen. Er nöthigte vielmehr die englischen Bischöfe, sich von Becket ganz loszusagen und sogar seine Verurtheilung zu unterschreiben. Gegen die vom Papste gedrohten Maaßregeln des Bannes und Interdicts aber sicherte er sich durch die strengsten Verordnungen und Gebote. Jede Correspondenz mit dem Papste oder mit Becket wurde bei Strafe des Hochverraths untersagt, jeder Versuch, eine päpstliche Bannbulle zu verkünden, mit der Verbannung des Thäters und seiner ganzen Verwandtschaft bedroht und alle Geistlichen, welche im Ausland verweilten, bei Verlust ihrer Güter und Gefälle aufgefordert, in der kürzesten Zeit nach England zurückzukehren. Becket wandte sich an die alte Mutter des Königs, die Kaiserin Mathilde; diese war jedoch bei aller ihrer Achtung vor der Geistlichkeit zu erfersüchtig auf die Souverainetäts-Rechte, als daß sie für ihn einen Schritt hätte thun mögen. Auch der französische König und der Papst konnten ihm nicht helfen; denn die Bemühungen des Ersteren waren sehr zweideutig und der Andere gerieth der Festigkeit Heinrich's gegenüber in Schwanken; ja es läßt sich nicht verkennen, daß ihn der übergroße Eifer des Erzbischofs in Verlegenheit setzte. Nichtsdestoweniger zeigte sich Becket selbst, so oft Heinrich die Hand zu bieten schien, stolzer und hartnäckiger, und alle Versuche zur Aussöhnung mußten daher scheitern. Ganz Europa nahm an dem Streite des Königs mit seinem Erzbischof lebhaften Antheil; die bedeutendsten Gelehrten und Geschäftsmänner machten Reisen und führten Correspondenzen, um die Sache zu vermitteln, die künstlichsten Auswege wurden versucht und dreimal gelang es den Freunden des Friedens wirklich, Heinrich zur Nachgiebigkeit und zum Versprechen der Vergessenheit alles Geschehenen zu bewegen; jedes Mal vereitelte aber der Trotz des eigensinnigen Bischofs den Abschluß des Aussöhnungsvertrages. Wenn man übrigens die Briefe, welche damals in dieser Angelegenheit gewechselt wurden, aufmerksam liest, so nimmt man in ihnen ebenso, wie in denen des Abtes Säger und in der Correspondenz des Kaisers Friedrich und seines Kanzlers mit Staunen wahr, welche große Gewandtheit und Staatsklugheit, welchen Reichthum an Auskunftsmitteln und welche genauen Kenntnisse der wesentlichen Rechtspunkte einzelne Männer jener dunkeln Zeit besaßen. Leider war es dessen ungeachtet möglich, daß selbst bei einer Nation, die wie die englische streng auf ihre Verfassung hielt, ein entschlossener Regent Tyrannei und barbarische Grausamkeiten ungestraft ausüben durfte. Heinrich quälte nämlich, um dem Erzbischof recht wehe zu thun, dessen Verwandte auf eine wahrhaft teuflische Art. Er jagte sie alle, Männer und Weiber, ja selbst die Säuglinge nicht ausgenommen, aus dem Lande.

Bei dem starren Trotze Becket's und dem despotischen Charakter Heinrich's würde es wohl schwerlich je zu einer Aussöhnung zwischen Beiden gekommen sein, hätte nicht der Letztere theils des Papstes bei seinen Plane, Irland zu erobern, bedurft, theils, wie wir unten sehen werden, seine eigenen Söhne und ihre Mutter Eleonore fürchten müssen. Diese Umstände bewogen ihn endlich zur Beilegung des Zwistes und Becket kehrte 1170 wieder in sein Bisthum zurück. Indessen konnte nach der ganzen Lage der Dinge und nach dem Charakter beider Männer die Aussöhnung nicht von Dauer sein; ja während dieselbe, zum Theil in Folge der gemäßigten Haltung des Papstes, zu Stande kam, ließ Heinrich seinen gleichnamigen ältesten Sohn auf einer Reichsversammlung in London durch den Erzbischof von York zum König krönen, obwohl dieses Ehrenamt dem Erzbischof von Canterbury zustand. Auch hatte Becket sein Amt kaum wieder angetreten, als er mehrere angesehene Diener des Königs mit dem Banne belegte, weil sie dem Willen ihres Herrn Folge geleistet hatten. Dies konnte Heinrich unmöglich ruhig geschehen lassen. Die Sache nahm aber diesmal durch die frevelhafte Unbesonnenheit einiger Diener Heinrich's eine ganz andere Wendung, als dieser erwartet hatte. Der König hatte nämlich, während er sich auf einem Schlosse bei Bayeux aufhielt, in heftiger Aufwallung sich beklagt, daß unter den Feiglingen, die er ernährte, keiner seine Schmach an dem Pfaffen rächen wolle. Vier Ritter, welche zugegen waren, glaubten dies als einen Aufruf an ihre Lehenstreue auffassen zu müssen; sie eilten nach Canterbury, drangen in die Wohnung des Erzbischofs ein und suchten ihn durch Schrecken dahin zu bringen, daß er jenen Bannfluch zurücknehme. Als dieses nicht gelang, rächten sie ihren König auf eine entsetzliche Weise an dem alten eigensinnigen Geistlichen. Sie drangen, mit Schwertern und Streitärten bewaffnet, in die Kirche ein, in welche man ihn unterdeß gebracht hatte, und ermordeten ihn nicht ohne Gegenwehr auf furchtbare Weise, indem ihm der Schädel zerhauen wurde und das Hirn auf den Marmorboden spritzte (1170). Es ist sonderbar und für die Tendenz der Geistlichkeit wenig ehrenhaft, daß diese die moralischen Folgen eines solchen Mordes wenig beachtete, während sie dagegen die politische Seite desselben, wie wir sehen werden, fest im Auge behielt und zu ihrem Vortheil ausbeutete. Die Mörder erlitten nämlich keine andere Strafe, als daß sie eine Pilgerfahrt nach Jerusalem machen mußten; diejenigen, welche dort starben, sollen sogar ein ehrenvolles Begräbniß gefunden haben; soviel ist sicher, daß einer der vier Barone, Hugh de Mortville, noch nach dreißig Jahren ruhig in England lebte. Dem König Heinrich schadete der Dienstleifer dieser Vasallen mehr, als alle Geistlichen und sogar der Papst selbst ihm hätten schaden können; denn sie stellten durch ihre grausenhafte That den König als einen Schänder des Gotteshauses bloß und machten dagegen den Erzbischof zu einem Märtyrer und Heiligen. Der Mord ward dem Könige schuld gegeben und alle Trauer, die er bezeugte, alle seine Gesandtschaften nach Rom, alle Versuche, sich vom Verdachte der Theilnahme an demselben zu reinigen, waren vergeblich. Nur mit Mühe wandte er den Bannfluch von sich ab und er ward erst dann von aller Schuld freigesprochen, als er einen Vertrag unterschrieben hatte, der für den Papst und den Klerus ebenso rühmlich und vortheilhaft, als für den König bemüthigend war (1172). Heinrich mußte in der Kirche zu Caën vor allem Volke sowohl diesen Vertrag, als seine Unschuld beschwören; der Getödtete ward vom Papste für einen Heiligen erklärt, Tausende pilgerten schon in den nächsten Jahren nach seinem Grabe und Heinrich sah sich 1174 durch die Rücksicht auf sein eigenes Interesse genöthigt, selbst eine Wallfahrt dahin zu machen; er ließ sich damals auf dem Grabe des Heiligen mit Ruthen geißeln, verbrachte die Nacht unter Gebeten in der Kirche und ließ sich gegen hohe Gaben ein Fläschchen mit dem Blute des Gemordeten einhändigen, worauf man in London den schuldbefreiten König mit Jubel begrüßte. Die mit dem Papste geschlossene Uebereinkunft gab allerdings der Kirche ihre Unabhängigkeit wieder; doch hatten Heinrich's Rechtsfreunde dabei die Schlauheit gehabt, durch den letzten, gleichsam zufällig angehängten Artikel die königlichen Gerechtsame über die Geistlichkeit zu verwahren. Die nächste Folge war die Einmischung des römischen Hofes in alle Angelegenheiten des englischen Reiches, sowie die häufige Sendung von päpstlichen Legaten, die nun auch in England ihre Erpressungen bis zu dem Grade übten, daß der Chronikschreiber Gervasius von einem derselben nicht ohne Witz sagt: er habe den geistlichen Auftrag „auszurotten und einzupflanzen" vollständig erfüllt; denn er habe alles Geld aus fremden Beuteln ausgerottet und in seine Kisten eingepflanzt.

Noch ehe die Verhandlungen mit dem Papste zum Ziele gebracht waren, vergrößerte Heinrich das englische Reich durch die Unterwerfung von Irland. Die Geschichte dieser Insel beginnt bekanntlich mit einer schönen poetischen Vorzeit, welche in einen undurchdringlichen Schleier gehüllt ist; denn von Irland aus verbreitete sich die alte gaelische oder schottische Cultur, eine Bildung ohne Luxus, die mit einem Wohlstand ohne Reichthum verbunden war, nebst den Gesängen froher Unschuld und heroischer Begeisterung nach den Hebriden und nach Schottland, wo später alles Frühere ebenso in dem Namen Ossian, wie die Cultur der älteren Inselgriechen in dem Namen Homer, zugleich erhalten und verloren ward. Als die Normannen ihre Raubzüge begannen, gingen die letzten Reste dieser ältesten Bildung unter. Schon im fünften Jahrhundert entstand durch die Einführung des Christenthums in Irland eine neue Art von Cultur, welche in Klöstern ihren Wohnsitz aufschlug und jene gelehrten und unermüdlichen Glaubensboten hervorrief, die in Deutschland und Frankreich ein milderes und gesitteteres Leben schufen. Auch diese Bildung ging durch die Verheerungen der Normannen bis auf die bloße äußere Form des Christenthums wieder unter, die Verbindung mit der übrigen Welt ward abgeschnitten und Irland sank seitdem herab. Von der Gemeinschaft mit Rom abgetrennt, durch innere Kriege zerrissen und zuletzt unter vier oder fünf Häuptlinge oder, wie man sie nannte, Könige, getheilt, bot Irland einem unternehmenden Nachbarn eine leichte Eroberung dar. Dieser Zustand der Insel, sowie der sehr lebhafte Sklavenhandel, welcher von England nach Irland getrieben ward und nur durch Eroberung unterdrückt werden konnte, war es wohl, was Heinrich II. zuerst auf den Gedanken einer Eroberung des Landes brachte. Er ließ sich 1154 vom Papste Hadrian IV., einem gebornen Engländer, die Erlaubniß dazu geben. In der damals von Hadrian erlassenen Schenkungsurkunde ward ihm die Befugniß gewährt, Irland mit Waffengewalt der großen Christengemeinde der Lateiner wieder einzuverleiben, und er selbst glaubte durch die päpstliche Bulle ein größeres Recht zur Eroberung der Insel erhalten zu haben, als ihm die Waffen allein geben könnten. 17 Jahre lang machte er, dem Rathe seiner Mutter getreu, von diesem Rechte keinen Gebrauch, bis sich ihm endlich 1171 eine sehr günstige Gelegenheit dazu darbot, die er um so lieber benutzte, als sie ihm das Ansehen eines Mehrers der kirchlichen Macht verlieh; denn das römische Kirchenwesen war in Irland noch nicht durchgängig eingeführt. Einige englische Herren hatten den aus seinem Fürstenthum vertriebenen Häuptling von Leinster, Diarmail, nicht nur zurückgeführt und wieder eingesetzt, sondern ihm auch noch dazu einen Nachbarstaat unterworfen. Einer von ihnen, Strongbow, war nachher der Schwiegersohn und Erbe Diarmail's geworden (1170) und hatte sein Reich gleich nachher noch weiter ausgebreitet. König Heinrich war zu sehr von den seiner Zeit angemessenen Grundsätzen der Staatsklugheit erfüllt, als daß er die unabhängige Herrschaft eines seiner Vasallen außerhalb des Reiches hätte zugeben können. Er verbot daher durch eine Verordnung allen seinen Baronen und Grafen, nach Irland überzusetzen, und befahl denen, die sich bereits dort befanden, bei Strafe des Verlustes ihrer Lehen die Rückkehr. Diese Maaßregel verfehlte ihre Wirkung um so weniger, da der Graf Strongbow weder den nöthigen Unternehmungsgeist, noch auch einen auf Selbstständigkeit des Charakters gegründeten Muth besaß, und daher den ruhigen Besitz des von seinen Freunden eroberten Landes unter Heinrich's Hoheit einer unsicheren Unabhängigkeit vorzog. Er fügte sich dem Befehle des englischen Königs und nahm sein irländisches Reich von ihm zu Lehen; Heinrich selbst aber benutzte die Lage der Dinge, um die ganze Insel zu unterjochen. Er rüstete eine bedeutende, mit normannischen Truppen bemannte Flotte, setzte an der Spitze aller Vasallen der Westküste nach Irland über und machte ohne große Mühe die Insel zu einer Provinz seines Reiches (1171). Nachdem er sich von den Fürsten des Landes in einer hölzernen Halle zu Dublin hatte huldigen lassen, ordnete er auf einer allgemeinen Versammlung alle Verhältnisse und befreite besonders die irländische Geistlichkeit von der ihr bis dahin obliegenden lästigen Verbindlichkeit, die Fürsten und Herren der Insel auf ihren Reisen zu bewirthen. Dafür wirkte nachher die Geistlichkeit vorzugsweise zur Begründung der englischen Herrschaft mit. Doch ward die Insel hauptsächlich dadurch in eine englische Colonie umgewandelt, daß sie rüstigen englischen Abenteurern eine Gelegenheit darbot, sich auf Unkosten der einheimischen gaelischen Bevölkerung mit Gütern zu versorgen. Freilich nahmen diese Ansiedler großentheils die Sitten und Gesinnungen der Eingeborenen an; Ulster blieb fast ganz unabhängig und fester Bestand gewann die englische Herrschaft eigentlich nur in den Städten und Landschaften des Westens.

Nachdem Irland sich gefügt hatte, fand Heinrich dort wenig Beschäftigung für seine unermüdlich regsame Natur, welche ihn nicht rasten und ruhen ließ, sondern von einem Ende des Reiches zum anderen, von einer Anstrengung zur anderen trieb, so daß er fast alle Pferde todt ritt und manchmal nach der Rückkehr von einer Jagd seine Hofleute, mit denen er sich dann noch Stunden lang stehend unterhielt, zur Verzweiflung brachte. Dagegen machten seine Gemahlin und seine Söhne ihm um so mehr zu schaffen; denn sie erregten ihm 15 Jahre lang Unruhen und Sorgen, wiewohl es schwer zu sagen ist, ob die Ursache davon mehr in dem Leichtsinn, der Veränderlichkeit und der Leidenschaft seiner Gemahlin, oder in dem Könige selbst lag. Heinrich vernachlässigte nämlich seine Gemahlin Eleonore, deren Charakter uns schon aus der französischen Geschichte bekannt ist, nicht nur ganz und gar, sondern er ging auch von einer Liebschaft zur andern über und unterhielt eine Geliebte nach der anderen auf seinen Jagdschlössern. Unter den von ihm begünstigten Frauen ist vorzugsweise Rosamunde Clifford in Liedern und Sagen verherrlicht worden; sie gebar ihm zwei Söhne, Wilhelm Langbegen und Gottfried, der ihm stets treu zur Seite stand. Er entfremdete sich durch sein Treiben und Verfahren zugleich seine Gemahlin und die vier Söhne, die er von ihr hatte. Den ältesten dieser Söhne, Heinrich, hatte er sehr verzogen und vor der Zeit zum Könige krönen lassen; er hatte sich über den Stolz des Jünglings, als dieser im vollen Glanze des königlichen Ansehens seinen ersten Hof hielt, thöricht gefreut, ihn dann aber auf einmal mit eifersüchtigen Augen betrachtet und auf jede Weise beschränkt. Ganz ebenso verfuhr er mit seinen drei anderen Söhnen, dem nachherigen König Richard Löwenherz, Grafen von Poitou, dem mit der Erbtochter des Herzogs der Bretagne, Constanze, vermählten und hierdurch zur Herrschaft über dieses Land erhobenen Gottfried und dem später unter dem Namen Johann ohne Land bekannt gewordenen Nachfolger von Richard Löwenherz. Er hegte sie zuerst mit übertriebener Liebe, ließ ihren wilden Leidenschaften den Zügel schießen und verdarb besonders Richard's edle und vortreffliche Natur durch die rohe Gesellschaft, in welcher er ihn aufwachsen ließ; dann gab er ihnen unabhängige Besitzungen in Gegenden des Reiches, wo selbst der Gesang der Dichter nur Mord, Blut und Brand athmete, und z. B. einer der berühmtesten von diesen, Bertrand von Born, durch seine furchtbaren Sirventes oder Spottgedichte die Prinzen gegen ihren Vater, sowie ein Land gegen das andere aufreizte und, wenn ihm das gelungen war, jubelnd und jauchzend zum Kampfe wie zu einer Hochzeit eile. Nachdem Heinrich seine Söhne zu früh zu Herren gemacht und zugleich den Einflüssen der wildesten Rohheit bloßgestellt hatte, wollte er sie auf einmal wieder als Kinder behandeln, ihnen ihre Bräute oder Weiber abnehmen, die ihnen eingeräumten Grafschaften an andere Vasallen verleihen oder den Rechten ihrer Freunde zu nahe treten. Natürlich griffen sie zu den Waffen. Ein großer Theil der Barone des Landes war mit den Prinzen befreundet und unterstützte sie gegen ihren Vater; ein anderer hätte auch die Partei Lucifer's ergriffen, wenn dieser sie nur in den Krieg geführt hätte. Auch die Könige von Frankreich und Schottland verbanden sich mit den Rebellen, weil sie darin eine vortreffliche Gelegenheit erkannten, ihre Reiche auf Kosten der Engländer zu erweitern. Mehr Freude erlebte Heinrich an seinen Töchtern, deren eine, Eleonore, mit dem König Alfons IX. von Castilien, die andere, Johanna, mit Wilhelm II., dem letzten normannischen König von Apulien und Sicilien, vermählt wurde. Nur das Schicksal der ältesten, Mathilde, machte ihm später Sorge, da ihr Gemahl, Heinrich der Löwe, seiner deutschen Herzogthümer beraubt wurde; beide begaben sich auf englisches Gebiet und der König suchte durch Verwendung bei Kaiser Friedrich ihre Verbannungszeit abzukürzen.

Im Gedränge zwischen seinen Söhnen Heinrich, Richard und Gottfried, seinen meisten Vasallen und seinen beiden Nachbarn suchte Heinrich sich wieder durch Soldtruppen zu helfen. Er nahm zwischen 10- und 20,000 Mann der ebenso tapferen, als grausamen und raubsüchtigen Brabançonen in seine Dienste. Der Sold derselben erschöpfte zwar seine Finanzen, dagegen konnte aber auch solchen Leuten unter der Anführung eines Mannes, der mit Blitzesschnelle von einem Ende seines großen Reiches bis zum anderen flog, schwerlich irgend ein Lehensherr jener Zeit widerstehen. Wirklich führte Heinrich auch in Verbindung mit seinem natürlichen Sohne, Wilhelm Langdegen, den Krieg sehr glücklich. Der König von Schottland, Wilhelm, ward in einem großen Treffen besiegt und gefangen genommen. Die Franzosen schlossen, nachdem sie meistens den Kürzeren gezogen hatten, 1174 Frieden. Die empörten Vasallen sahen sich bald zur Unterwerfung genöthigt und auch Heinrich's Söhne verglichen sich endlich mit ihm, da er nach seinem Grundsatze, die Schwächeren unter seinen Feinden durch Grausamkeiten in Schrecken zu setzen, die Mächtigen und Furchtbaren aber durch Nachgiebigkeit zu gewinnen, ihnen die besten Bedingungen anbot. Sie erhielten nicht nur Verzeihung, sondern es wurden auch jedem von ihnen zwei Festen und ein bestimmtes Einkommen angewiesen. Seiner Gemahlin allein wollte Heinrich nicht verzeihen, er ließ sie vielmehr Jahre lang in strenger und harter Haft halten. Niemand kam jedoch im Kriege mit ihm übler hinweg, als der König von Schottland. Dieser erlitt als Gefangener die ärgsten Mißhandlungen, ward von dem Friedensvertrage zwischen Heinrich und seinen Söhnen ausgeschlossen und dadurch aller Vortheile der Verbindung mit ihnen beraubt, und konnte zuletzt seine Freiheit nur durch die härtesten Bedingungen erkaufen; denn er mußte dem englischen Könige den Vasalleneid schwören und als Bürgschaft für seine Treue in fünf schottische Festungen englische Besatzung aufnehmen (1175). Freilich währte der erzwungene Friede mit ihm nur so lange, als die Noth, auf die er gegründet worden war; er dauerte aber immer noch länger, als das gute Einverständniß Heinrich's mit seinen Söhnen. Diese lebten auch nachher stets sowohl unter sich, als mit dem Vater in Fehde und Heinrich sah sich durch die schwankende Treue derselben, sowie der mit ihnen verbundenen Vasallen genöthigt, seine zahlreiche Dienstmannschaft noch lange Zeit zu unterhalten.

Zwei Schritte, welche Heinrich während seines gleichzeitigen Krieges mit inneren und äußeren Feinden gethan hatte, kann man, weil sie seinem Charakter nicht entsprechen, wohl nur aus seiner damaligen Lage erklären. Der erste dieser Schritte war seine oben erwähnte Pilgerfahrt zu Thomas Becket's Grabe, bei der er sich der oben beschriebenen schimpflichen Buße unterwarf; er hatte dabei die Absicht, den Papst, die Geistlichkeit und die große Menge zu gewinnen. Der zweite war die merkwürdige Verordnung, durch welche er das Strandrecht, das an vielen Küsten der Nordsee bis auf unsere Tage fortbestanden hat, sowohl in seinen englischen, als in seinen französischen Besitzungen völlig aufhob. Vermuthlich wollte er damit seinen guten Freunden, den Niederländern und Niederdeutschen, aus deren Jugend er seine Miethstruppen warb, einen Dienst erweisen, da diese Völkerschaften in jenen Zeiten fast allein eine bedeutende Schifffahrt in den Meeren betrieben, welche die Küsten des englischen Reiches bespülen. Uebrigens dienten ihm jene furchtbaren Soldtruppen nicht blos, um seine Söhne im Zaume zu halten, sondern sie gewährten ihm auch den Vortheil, daß er in einer Ausdehnung Herr in seinem Lande ward, wie kein anderer König oder Kaiser jener Zeit. Er war z. B. durch ihre Hülfe so mächtig, daß er im Jahre 1176 seinen Baronen und Grafen in England und in der Normandie alle Festen wegnehmen und diese durch seine eigenen Soldaten besetzen lassen konnte. Mit seinen Söhnen lebte er bis zu seinem Tode in Zwist; doch starb der älteste glücklicher Weise schon im Jahre 1183, ohne Kinder zu hinterlassen; er hatte in seiner letzten Krankheit des Vaters Verzeihung erfleht und dieser ihm seinen Ring als Liebeszeichen übersandt. Der dritte Sohn, Gottfried, starb drei Jahre später und erst nach seinem Tode gebar seine Gemahlin Constanze einen Sohn, Arthur; Heinrich befriedigte sie dadurch, daß er dem Knaben die Grafschaft Bretagne zuerkannte, welche sie ihrem Gemahle zugebracht hatte. Da nun der jüngste von Heinrich's rechtmäßigen Söhnen, Johann ohne Land, beim Tode des ältesten erst 17 Jahre alt war, so hatte der Vater seitdem mehr Ruhe in seiner Familie zu hoffen. Doch setzte Richard die Zänkereien mit ihm fort und ward für sich allein ein gefährlicherer Feind, als alle drei Söhne vorher gewesen waren; Johann folgte nachher dem Beispiele desselben und beide Prinzen erhielten an dem neuen Könige von Frankreich, Philipp August, bald einen kräftigen Verbündeten.

Ungeachtet aller der Verwirrungen und Kriege, welche bis zu Heinrich's Tode kein Ende nahmen und ungeachtet seiner unvertilgbaren Neigung zu Gewaltthätigkeiten und Ungerechtigkeiten erwarb er sich doch um die bürgerliche Ordnung und um das Gerichtswesen bedeutende Verdienste. Er theilte namentlich das ganze Königreich in sechs Gerichtsbezirke und ließ dieselben zu bestimmten Zeiten von königlichen Richtern bereisen. Da nun gerade damals königliche Besatzung in alle Burgen der Barone gelegt wurde, so erlitt die Patrimonialgerichtsbarkeit derselben durch diese Einrichtung den Todesstoß. Zu Heinrich's Zeit wurden ferner, unter der Leitung des gelehrten Oberrichters von England, Ralph Glanville, die herkömmlichen Rechte schriftlich abgefaßt und so zum Gebrauche der Gerichtsbeamten eine Gesetzsammlung gemacht, welche dadurch, daß Glanville ihr seinen Namen vorsetzen mußte, einen officiellen Charakter erhielt. Ein anderer Rechtsgelehrter, dessen sich Heinrich in seinen Geschäften stets bediente, der Bischof Richard von Ely, verfaßte eine Schrift über den court of exchequer*) oder das Schatzkammergericht, die sich erhalten hat und über das Gerichtswesen jener Zeit vieles Licht verbreitet. Heinrich erließ endlich sehr weise Verordnungen über den Heerdienst und traf besonders die kräftigsten Maaßregeln, um die Volksbewaffnung für alle Zeiten aufrecht zu erhalten. Er verlieh dadurch den kleinen unabhängigen Gutsbesitzern, deren es schon damals in England eine größere Zahl gab, als in irgend einem anderen Lande Europas, eine Kraft und Bedeutung, die sie nirgends sonst hatten. Durch diese verschiedenen Verfügungen, welche die Ordnung im Reiche sicherten und den Bürgern kräftigen Schutz gewährten, erwarb sich Heinrich auch um die Betriebsamkeit, welche schon damals das englische Volk auszeichnete, große Verdienste.

*) Exchequer (échiquier, Schachbrett) wurde der Saal von einer schachbrettartigen Täfelung oder Tischbedeckung genannt.

IV. Der zweite und dritte Kreuzzug und die damit zusammenhängenden Begebenheiten in Deutschland, Italien, England und Frankreich.

1. Der zweite Kreuzzug und der Orient bis zum Beginne des dritten Kreuzzuges.

Es war nach dem Untergange von Edessa dem heiligen Bernhard gelungen, die Deutschen und Franzosen so sehr zum Kampfe für den Glauben zu begeistern, daß beide Völker den Beschluß faßten, unter der Führung ihrer Könige Konrad's III. und Ludwig's VII. einen Nationalkrieg gegen die Mohammedaner zu unternehmen. Jeder von Beiden rüstete ein zahlreiches und gut bewaffnetes Heer, und zu Ende April 1147 traten die Deutschen von Regensburg, zwei Monate später die Franzosen von Metz aus den Zug an, letztere nachdem sich ihr König zu Saint Denis die Oriflamme hatte überreichen lassen.*) Konrad war von seinem Neffen, dem nachherigen Kaiser Friedrich Barbarossa, von seinem Halbbruder, dem Bischof Otto von Freisingen, von dem Herzog Welf VI., Heinrich Jasomirgott und vielen anderen deutschen Fürsten begleitet und zog über Ungarn in das griechische Reich. Hier herrschte seit dem Jahre 1143 Manuel I., der mit Irene, einer Schwester von Konrad's Gemahlin, vermählt war und, obgleich die Frömmigkeit und Sittsamkeit eines deutschen Weibes seine sinnliche Natur nicht zu fesseln vermochte, sie doch in Ansehen und Ehre hielt. Außer diesem Bande der Verwandtschaft waren Konrad und Manuel auch durch ihr gemeinschaftliches Interesse in Bezug auf Roger II. von Sicilien verbunden und hatten deshalb schon früher lebhafte Unterhandlungen mit einander geführt. Die Deutschen hätten daher wohl eine gute Aufnahme bei den Griechen erwarten sollen, zumal da Manuel selbst die Abendländer um ihren Beistand gegen die Ungläubigen gebeten und überdies seinem Reiche eine so kriegerische Stellung gegeben hatte, daß er sich wohl stark genug fühlen mußte, nöthigenfalls Gewalt mit Gewalt zu vertreiben. Es fand aber gerade das Gegentheil Statt. Freilich war das deutsche Heer auch durch Zahl und Beschaffenheit furchtbar; denn es soll ohne die Leichtbewaffneten und ohne das Fußvolk 70,000 Schwergerüstete zu Pferd gezählt haben; es mußte daher

---

*) Die Oriflamme (flammula aurea), angeblich das Leichentuch des heiligen Dionys, bestand aus rothem Taffet, war mit fünf Zacken versehen und an einer goldenen Lanze befestigt. Ursprünglich Kriegsfahne der Grafen von Vexin und Pontoise, welche die Schirmvogtei von Saint Denis übten, galt sie später, da Vexin an die Krone kam, als Kriegsfahne von Frankreich.

auch bei der bekannten Raubsucht der ritterlichen Schaaren des Westens den Griechen große Besorgniß einflößten, welche Konrad vergebens durch strenge Mannszucht zu heben suchte. Schon in Philippopel kam es zu blutigen Händeln und bei Adrianopel setzte Konrad's Neffe, Friedrich Barbarossa, die Rücksichten, die man einer fremden Regierung unter allen Umständen schuldig ist, ganz aus den Augen und betrug sich, wie wenn er in Feindes Land wäre. Auf die Nachricht nämlich, daß einige griechische Soldaten aus Habgier einen kranken Deutschen getödtet hätten, kehrte er nach Adrianopel zurück, brannte das Kloster, in welchem der Kranke Aufnahme gefunden hatte, nieder und begann einen förmlichen Krieg mit den griechischen Truppen. Seit dieser Zeit ward es fast unmöglich, das Zutrauen wieder herzustellen. Alle Gesandtschaften, Briefe und Freundschaftsversicherungen brachten keinen festen Frieden zu Stande und eine von Manuel gewünschte Zusammenkunft mit dem deutschen Könige konnte nicht Statt finden, weil der Letztere verlangte, der griechische Kaiser solle ihm vor seine Hauptstadt entgegenkommen, eine Höflichkeit, die das griechische Hof-Ceremoniel auf keine Weise zuließ. Unter blutigen Händeln drang Konrad bis vor die Mauern von Constantinopel, schlug seine Quartiere auf einige Tage in dem jetzigen Pera und Galata auf und setzte dann als Feind des griechischen Kaisers nach Asien über; ohne gutes Einvernehmen mit dem Letzteren konnte aber der Zug kaum gelingen.

Kaum stand das Heer auf asiatischem Boden, als Konrad sich mit seinem Halbbruder Bischof Otto von Freisingen, dem berühmten Geschichtschreiber, über den Weg nach Palästina entzweite. Er selbst bestand auf dem von den ersten Kreuzfahrern eingeschlagenen kürzesten Weg, welcher durch das Reich von Iconium nach Antiochia führte; Otto dagegen verlangte, daß man der Meeresküste entlang über Ephesus ziehe, weil dieser Weg ungeachtet seiner größeren Länge den Vorzug habe, daß man auf ihm weniger wegen des Lebensunterhaltes in Verlegenheit kommen werde. Konrad gab nicht nach und Otto trennte sich daher mit vielen deutschen Fürsten von ihm. Beide Theile gingen, ohne es zu ahnen, ihrem Verderben entgegen. Otto und sein Heer wurden von den argwöhnischen, habgierigen und treulosen Griechen in keine ihrer Städte auf der asiatischen Küste eingelassen, nur schlecht und gegen schweres Geld mit Lebensmitteln versehen, absichtlich in die Irre geführt und so durch die Tücke der Griechen aufgerieben; nur ein unbedeutender Theil erreichte die Grenze von Syrien. Noch schändlicher war das Verfahren der Griechen gegen Konrad und sein Heer. Im geheimen Einverständnisse mit den Türken von Iconium, deren Sultan kurz vorher einen 12jährigen Frieden mit Manuel geschlossen hatte, führten sie den deutschen König in die öden Gegenden

Phrygiens und verließen ihn dann an einer Stelle, wo der Mangel an Lebensmitteln, die gänzliche Unkenntniß des Landes und zahllose Schaaren der leichten türkischen Reiter, die den schwer bewaffneten europäischen Rittern in jeder Hinsicht überlegen waren, die Deutschen zur Verzweiflung brachten. Konrad mußte sich bald zur Rückkehr entschließen, seine Truppen hatten aber dabei unsägliche Leiden und Schwierigkeiten zu bestehen und kamen größtentheils auf die kläglichste Weise ums Leben. Er selbst zeigte in dieser schrecklichen Lage einen Muth und eine Ausdauer, welche von Freunden und Feinden auf gleiche Weise gepriesen werden. Mit den Ueberbleibseln seines Heeres, das bis auf den zehnten Theil zusammengeschmolzen war, rettete er sich endlich nach Nicäa; allein sogar hier noch wurden die Teutschen von den Griechen schändlich mißhandelt; denn sie mußten, um nur ihr Leben zu fristen, den letzten Rest ihrer Habe und zum Theil sogar ihre Waffen verkaufen.

Kurze Zeit vorher war Ludwig VII. mit dem französischen Heere bei Constantinopel angelangt und von Manuel weit freundlicher aufgenommen worden, weil, wie die griechischen Geschichtschreiber sagen, mit ihm im Ganzen besser auszukommen war, als mit dem riesenstarken Konrad und seinem trotzigen Neffen, welche die Welt in ihrem Arme zu tragen glaubten. Gleichwohl hatten auch die Franzosen durch die niedrige Gewinnsucht und den erbärmlichen Stolz der Griechen zu leiden. Für die kleinlichen, immer mit Eitelkeiten beschäftigten Seelen der letzteren war nichts erfreulicher, als daß man bei der Zusammenkunft Ludwig's mit ihrem Kaiser für jenen einen niedrigeren Sessel hingestellt hatte. Uebrigens waren sie ebenso bei den Franzosen, wie vorher bei den Deutschen, über den Aufzug von gerüsteten Weibern erstaunt, welche gleich den Männern ohne Quersattel auf dem Pferde saßen. Unter diesen Frauen erregte eine besonderes Aufsehen, und diese mag wohl keine Andere, als die Königin Eleonore gewesen sein. Sie prunkte in goldgesticktem Gewande und ward wegen ihres männlichen Charakters von den Griechen eine zweite Amazonenkönigin Penthesilea genannt. Als der größere Theil des französischen Heeres auf die asiatische Küste übergesetzt war, brachte der Kaiser Manuel die Huldigung, die er schon bei seinem Hülfegesuch an die abendländischen Fürsten gefordert hatte, wieder zur Sprache. Obgleich man anfangs daran Anstoß nahm, so verstand man sich doch nach reiflicher Ueberlegung dazu, weil der Zug durch die unbekannten Länder von Kleinasien ohne die Verbindung mit den Griechen unmöglich gemacht werden konnte. Die Barone Ludwig's leisteten also dem griechischen Kaiser den Eid der Treue, wogegen dieser feierlich versprach, dem französischen Heere kundige Wegweiser zu geben und für den Bedarf an Lebensmitteln möglichst Sorge zu tragen. In Nicäa traf Ludwig mit Konrad zusammen und beschloß auf seinen Rath, keinen der Wege zu wählen, auf welchen die deutschen Heere aufgerieben worden waren, sondern zwischen Beiden hinburch, aber doch immer in der Nähe der Küste zu ziehen. Konrad schloß sich mit den Resten seines Heeres an die Franzosen an; es entstanden aber bald Mißhelligkeiten zwischen beiden Völkern und der deutsche König konnte den Gedanken nicht ertragen, daß er an der Spitze eines Heeres stehe, das seiner nicht mehr würdig war. Da er nun zu gleicher Zeit von Manuel die freundlichsten Schreiben erhielt, so trennte er sich in Ephesus wieder von den Franzosen und kehrte nach Constantinopel zurück, um dort den Winter zuzubringen. Seinen Deutschen überließ er es, sich auf jede beliebige Weise nach Palästina zu begeben, wo er im nächsten Jahre wieder ihre Führung übernehmen wolle, nachdem auch die niederbeutschen Schaaren, welche dem Kreuzheere hatten folgen wollen, angelangt sein würden. In Constantinopel söhnte sich sein Schwager Manuel völlig mit ihm aus und sparte weder Geld noch Ehrenbezeugungen, um sich seiner Freundschaft zu versichern.

Die Franzosen zogen von Ephesus über Laodicea und sahen in der Umgebung dieser Stadt noch unzählbare Leichen der Deutschen. Sie fanden auf ihrem Wege zwar Lebensmittel und Futter in reichlicher Menge, geriethen aber ebenso, wie vorher die Deutschen, durch die Treulosigkeit der Griechen und durch die Nachstellungen der leichten türkischen Reiter in große Gefahr. Besonders erlitten sie in der Gegend des Mäander-Flusses, dessen Krümmungen wiederholte Uebergänge nöthig machten, bedeutenden Verlust. Kaum hatten sie diese Schwierigkeiten überstanden, als sie unter harten Entbehrungen und anstrengenden Märschen in das vom Lylus durchströmte schluchtenreiche Gebirge kamen, in welchem sie jede Höhe vor sich und zugleich jede kaum erst verlassene Höhe hinter sich von den Türken besetzt sahen. Hier lieferte die Unbesonnenheit des Grafen Gottfried von Raucou, der die Vorhut führte, fast das ganze Heer in die Hände der Feinde. Statt nämlich verabredeter Maaßen zu warten, bis die Anderen nachgekommen wären, rückte er weiter vor und machte es dadurch den Türken möglich, sich in der Mitte der Franzosen auf einer schwer zu ersteigenden Höhe aufzustellen. Alles wäre rettungslos verloren gewesen, wenn nicht die überlegene Tapferkeit und das Beispiel des Königs den Hauptzug gerettet hätte; doch war der Verlust, den die Franzosen erlitten, sehr bedeutend. Auch auf dem weiteren Marsche erlagen Tausende dem Mangel und dem Schwerte der Feinde. Nachdem endlich die geringen Reste des erschöpften Heeres über wilde Gebirge nach der pamphylischen Seestadt Attalia gelangt waren, geriethen sie in noch größere Noth. Man fand keine Schiffe, die Griechen versprachen und hielten nicht Wort, die Lebensmittel mußten, so schlecht sie waren, mit Gold aufgewogen werden, es entstand Hungersnoth, ansteckende Krankheiten brachen aus und die den Pfeilen der Türken Entronnenen starben schaarenweise eines kläglichen Todes. Ludwig selbst verließ endlich mit seinen vornehmsten Baronen die Stadt des Jammers und segelte nach Antiochia. Nach einem Vertrage, den er mit dem griechischen Statthalter von Attalia geschlossen hatte, sollte dieser gegen eine im Voraus bezahlte Summe Geldes die zurückgebliebenen Kreuzfahrer nach Tarsus geleiten und von da zu Schiffe nach Antiochia weiter befördern; der treulose Grieche hielt aber sein Versprechen nicht und Ludwig war schon längst in Palästina angekommen, als sein Heer noch immer in Attalia mit Hunger und Elend kämpfte und endlich ohne griechisches Geleite und unter entsetzlichem Ungemach sich nach Antiochia durchschlug. Fast um dieselbe Zeit (Frühling 1148) traf auch Konrad zu Schiffe in Palästina ein, wo sich die Reste der deutschen Schaaren und sein Bruder, Otto von Freisingen, um ihn sammelten.

Während auf diese Weise die Heere der abendländischen Christen zu ihrem eigenen Verderben ohne Plan und Einheit handelten und ihre griechischen Brüder gegen sie mit den Ungläubigen in Verbindung traten, hatte Nureddin seine Regierung auf Gerechtigkeit und Religion gegründet und sich zum Herrn aller der Länder gemacht, welche einst den Hamadaniden gehört hatten. Nur Damaskus, die alte Hauptstadt von Syrien, welche damals einen Nachkommen des Atabegen Togtekin oder vielmehr dessen Minister Anar zum Gebieter hatte, war ihm noch nicht unterworfen; doch fürchtete Anar den mächtigen Beherrscher von Aleppo und seinen Bruder mehr, als die Christen, und Nureddin konnte sicher erwarten, daß ihm auch jene Stadt früher oder später heimfallen werde. Das zwischen Nureddin und Anar bestehende Verhältniß erweckte in den beiden abendländischen Königen, um welche sich wieder ein bedeutendes Heer von Deutschen und Franzosen gesammelt hatte, die Hoffnung, Damaskus zu erobern und dadurch die Verbindung von Palästina mit den Christen in Armenien und Edessa wieder herzustellen. Sie faßten in Gemeinschaft mit den Großen des Reiches Jerusalem den Beschluß, diese Unternehmung zu machen, und im Juli 1148 zogen sie, von dem 19jährigen Sohne der noch immer mit der Regierung betrauten Königin Melisende, Balduin III., und den Truppen seiner Reichsbarone begleitet, gegen Damaskus. Sie fanden jedoch den Reichsverweser Anar wohl gerüstet, und vergebens bewährte Konrad, welcher, wie erzählt wird, bei dieser Belagerung einst einem Türken mit einem einzigen Hiebe den Kopf sammt der linken Schulter und dem linken Arme abschlug, seinen Löwenmuth. Damals trug man den Christen das heilige Kreuz vor, um sie zum Kampfe anzufeuern; die Moslemen begeisterten sich in derselben Weise für ein Exemplar des Korans, das angeblich Othman, der dritte Khalif, eigenhändig geschrieben hatte. Es kam jedoch bei der Eroberung einer so bedeutenden Festung weniger auf die Riesenstärke und persönliche Tapferkeit der Führer und auf den guten Willen der Truppen, als auf Kenntniß der Gegend und auf geschickte Benutzung der Mittel und Umstände an; der Ausgang des ganzen Unternehmens hing deshalb hauptsächlich von der Mitwirkung der vielen Nachkommen der abendländischen Eroberer von Palästina und Syrien oder, wie man sie nannte, der Pullanen ab. Gerade diese bewiesen sich aber als Verräther. Durch geheime Versprechungen der Feinde bewogen, gaben sie ihren abendländischen Glaubensbrüdern verderblichen Rath und vereitelten so nicht nur alle Hoffnungen, welche die ersten glücklichen Angriffe derselben erregt hatten, sondern nöthigten sie dadurch zuletzt auch zu einem schmählichen Abzuge. Noch schmählicher endete der Angriff auf die aegyptische Grenzfestung Askalon, den die beiden Könige gleich nachher machten, um den erlittenen Schimpf zu tilgen. Sie fanden vor dieser Stadt die versprochenen Hülfstruppen der Pullanen nicht und mußten, nachdem sie acht Tage vergebens gewartet hatten, unverrichteter Dinge wieder abziehen. Auf diese Weise erlitten die heldenmüthigsten Kämpfer der damaligen Welt durch den Verrath ihrer Glaubensbrüder kurz nach einander zweimal die Demüthigung, daß sie mit Verlust und Schimpf die einzigen Unternehmungen, welche sie zum Besten ihrer Glaubensgenossen machten, wieder aufgeben mußten. Uebrigens mag auch das gegenseitige Verhältniß der beiden Könige, welche ungeachtet des erlittenen Ungemachs ihren Stolz nicht aufgaben, zum unglücklichen Ausgange ihres Kreuzzuges beigetragen haben. Die Deutschen und ihr König schifften sich im Herbste 1148 nach ihrer Heimath ein. Auch die meisten Franzosen verließen damals Palästina; Ludwig selbst aberkehrte, nachdem er den Winter in Jerusalem zugebracht hatte, im Frühling 1149 nach Frankreich zurück; auf der See war er in Gefahr, in die Gefangenschaft der Griechen zu gerathen, wurde aber von Normannen befreit und hernach in Calabrien von König Roger glänzend empfangen. Wegen des mißlungenen Zuges, welchen alle Chroniken der Zeit als eine Züchtigung Gottes darstellen, ward der heilige Bernhard von allen Seiten her mit Vorwürfen überhäuft, weil er denselben angeregt und einen glücklichen Erfolg vorausgesagt hatte; er rechtfertigte sich in seinen Predigten und Privatbriefen, sowie in einem besonderen Rundschreiben damit, daß er die Schuld auf die Sünden der Kreuzfahrer wälzte und den Gefallenen die Seligkeit der Märtyrer verkündete. Uebrigens hatte dieser Kreuzzug eine Verbindung zwischen dem griechischen und dem deutschen Kaiser zur Folge; sie sahen sich auf Konrad's Heimreise in Thessalonich und schlossen ein Bündniß gegen Roger II. von Sicilien, welcher damals mit Manuel in offenem Kriege war und von Konrad als Usurpator und Reichsfeind angesehen ward.

In Palästina erlitten die Christen in der nächsten Zeit eine Widerwärtigkeit nach der andern. Zuerst schlug und tödtete Nureddin den Fürsten Raimund von Antiochia in einem Treffen und verwüstete dessen Land; dann nahm er Joscelin II. von Edessa gefangen und besetzte seine Burgen. Endlich zerfiel auch der junge König, Balduin III., mit seiner Mutter Melisende und das kleine Haus Jerusalem ward durch innere Zwietracht zerrissen, welche bald in förmlichen Krieg überging. Zum Glück fanden eines Theils die Venetianer ihren Nutzen dabei, sich der Küste anzunehmen, und anderes Theils besaß Balduin alle die Eigenschaften, welche in jenen ritterlichen Zeiten und in jenen östlichen, stets vom Feinde bedrohten Gegenden einen König auszeichnen konnten. Sein kriegerischer Charakter zeigte sich in vollem Lichte, als er 1153 durch einen kühnen Zug gegen die damals unter aegyptischer Herrschaft stehende Festung Askalon sein eigenes Ansehen und den Muth seiner Ritterschaft wieder emporhob. Dieser Zug gehört zu den glänzendsten Thaten der abendländischen Ritter im Osten, weil eine Festung, welche schon zu Gottfried's von Bouillon Zeit der vereinigten Macht der europäischen Christen getrotzt hatte, diesmal der Ritterschaft des kleinen Reiches Jerusalem nach siebenmonatlichem Kampfe erlag.*) Doch kamen den Belagerern die beiden Umstände sehr zu Statten, daß die Aegypter nur schlechte Maaßregeln zum Entsatze der Stadt ergriffen hatten und daß Nureddin mit einer anderen Unternehmung beschäftigt war, durch welche seine Macht von den christlichen Grenzen abgezogen wurde. Im nächsten Jahre (1154) eroberte dieser gefährlichste Feind der Christen die wichtige Stadt Damaskus, nahm in ihr seinen Wohnsitz und wurde dadurch für das Reich Jerusalem erst recht furchtbar; zum Glück konnte er aber den in seinen Diensten stehenden kriegerischen Kurden nicht ganz trauen, und ein völlig ungerechtfertigter Raubzug gegen die Insel Cypern, durch welchen der damalige Fürst von Antiochia, Rainald, den Kaiser Manuel schwer gereizt hatte, veranlaßte einen Kriegszug des Letzteren nach Syrien. Doch half Manuel's Erscheinung dem Reiche Jerusalem nichts; denn obgleich der Kaiser in Verbindung mit Balduin gegen

---

*) Da diese Eroberung am Todestage des heiligen Bernhard (20. August 1153) erfolgte, so wurde der große Erfolg als eine Rechtfertigung für ihn gedeutet.

Nurebbin ziehen wollte, so gab er doch, nachdem er den Fürsten von Antiochia gebemüthigt, diesen Gedanken sogleich wieder auf, weil die Verhältnisse im europäischen Theile seines Reiches seine schleunige Rückkehr erheischten. Balduin setzte nachher den Krieg mit Nurebbin allein fort; er stritt mit abwechselndem Glücke, machte seinem Gegner jeden Fußbreit Landes streitig und nahm den Ruhm eines trefflichen Königs und Ritters mit in das Grab (1162). Nicht nur seine Vasallen und Unterthanen bezeugten dies durch die allgemeine Trauer bei seinem Tode, sondern selbst Nurebbin erkannte seine Tüchtigkeit laut und öffentlich an; denn dieser soll die Aufforderung seiner Freunde, die Bestürzung der Christen über Balduin's Tod zu einem Einfall in Palästina zu benutzen, mit den Worten zurückgewiesen haben: man müsse dem gerechten Schmerze der Christen Theilnahme und Rücksicht gewähren, weil sie einen König verloren hätten, der unter den Zeitgenossen seines Gleichen nicht habe.

Balduin war kaum 33 Jahre alt geworden und starb kinderlos; sein Bruder und Nachfolger, Amalrich I. (1162—1173) trat in seine Spuren und war anfangs noch glücklicher; er bereitete aber durch seine Kriegszüge gegen Aegypten den Fall des Reiches Jerusalem vor, indem seine Unternehmung später, wenigstens mittelbar, den Sturz der Fatimiden und mit diesem die Erhebung eines neuen Herrschers herbeiführte, der die christliche Macht in Palästina brach. In Aegypten war nach dem Tode des Veziers Afdal die Würde des Khalifen immer mehr ein bloßer Schatten und die Vezierswürde ein Zankapfel ehrgeiziger Großen und Günstlinge geworden, welche in schnellem Wechsel einander folgten und sich im Grunde nur durch größere oder geringere Grausamkeit und Habgier unterschieden. Unter dem letzten Fatimiden, Adheb Lebin Allah, ward der Vezier Schawer, nachdem er sich kaum mit blutiger Gewalt zum Gebieter des Reiches aufgeworfen hatte, durch einen Anderen, Dargham, gestürzt (1162), und dies führte nicht blos in Aegypten, sondern bis zum Euphrat hin eine gänzliche Veränderung der Dinge herbei. Schawer suchte und fand nämlich bei Nurebbin Hülfe und ward durch kurdische Miethsvölker desselben zurückgeführt, an deren Spitze die zwei tapfersten Kurden standen, welche die Geschichte kennt, Schirkuh und sein Neffe Saladin (Salahedbin Jussuf Ibn Ejub). Dargham hatte sich gegen diesen Angriff durch die Verbindung mit Amalrich, dem er sogar einen sehr bedeutenden Tribut versprach, zu schützen gesucht; noch ehe aber die christliche Hülfe in Aegypten anlangen konnte, war er von seinen eigenen Leuten erschlagen worden und Schawer wieder in den Besitz des Vezierats gelangt. Dieser zerfiel bald nachher mit seinen Bundesgenossen, den Kurden, da er die früher eingegangene Verpflichtung, ihrem Gebieter den dritten Theil aller Landeseinkünfte abzutreten, unmöglich halten konnte. Er wandte sich an Amalrich und erhielt unter denselben Bedingungen, wie sein Vorgänger, die gewünschte Hülfe. Amalrich erschien mit einem Heere und schloß die Kurden enge ein, gewährte ihnen aber nachher einen ehrenvollen Abzug und wandte sich nach seinem Königreich um so eiliger, als Nureddin inzwischen nahe bei Aleppo eine Anzahl der vornehmsten christlichen Fürsten besiegt und gefangen genommen hatte (1164). Die wiederhergestellte Verbindung der Aegypter mit den Christen war den syrischen Mohammedanern sehr bedenklich, da die Ersteren ihnen schon längst als Schiiten oder Ketzer verhaßt waren und der König Amalrich sich offenbar nicht mit der Rolle eines helfenden Bundesgenossen begnügen wollte. Sie bewogen daher den Khalifen von Bagdad, eine Art von Kreuzzug gegen Aegypten zu verkündigen, und ein großes mohammedanisches Heer brach unter Schirkuh's und Saladin's Führung in das Reich der Fatimiden ein (1167). Ganz Aegypten gerieth in Schrecken, und Amalrich, der diesmal mit der gesammten Macht seines Reiches zu Hülfe eilte, erschien gewissermaaßen als Erretter des Landes; er ließ sich aber seine Unterstützung durch sehr drückende Verpflichtungen bezahlen. Der Khalif mußte sich sogar der unerhörten Bedingung unterwerfen, daß er selbst den geschlossenen Vertrag in die Hand der christlichen Gesandten beschwor. Die Beschreibungen, welche die christlichen Geschichtschreiber bei dieser Gelegenheit von der Audienz der letzteren und von dem Inneren des Khalifen-Palastes zu Kairo geben, zeigen uns dasselbe Uebermaaß von Pracht und Feierlichkeit, das zu allen Zeiten ein wesentlicher Charakterzug orientalischer Höfe war und selbst beim nahe bevorstehenden Untergange derselben stets mit Aengstlichkeit aufrecht erhalten wird. Amalrich befreite das aegyptische Reich bald von seinen Feinden, die sich schon im sicheren Besitze desselben geglaubt hatten. Vor seiner Heimkehr suchte er wieder aus den geleisteten Diensten Vortheil für sich selbst zu ziehen, überschritt aber dabei jede Rücksicht der Klugheit; denn er ließ sich in dem Vertrage mit Schawer nicht nur einen jährlichen Tribut von 100,000 Goldstücken zusagen, sondern auch das Recht ertheilen, in Kairo eine Besatzung zu halten und eine eigene Obrigkeit für die dortigen Christen zu ernennen. Bald nachher gerieth er im Gefühle seiner Wichtigkeit sogar auf den Gedanken, sich des geschwächten aegyptischen Reiches zu bemächtigen; er brach 1168 erobernd in dasselbe ein und würde es vielleicht unterworfen haben, wenn nicht die Raubgier und Grausamkeit seiner Soldaten den Vezier zur Verzweiflung gebracht hätte. Dieser entschloß sich nämlich in seiner Noth, bei seinen seitherigen Feinden Hülfe zu suchen, und Nureddin, an den er sich wandte, schickte eiligst ein tüchtiges Heer unter der Anführung derselben Männer, welche Schawer kaum erst mit Hülfe Amalrich's zweimal vertrieben hatte. Der vereinigten Macht Nureddin's und der Aegypter war Amalrich nicht gewachsen; er mußte vielmehr gleich nach der Ankunft Schirkuh's und Saladin's in sein Reich zurückkehren.

Auf diese Weise gerieth Aegypten, welches schon seit langer Zeit stets eine Beute des Mächtigsten gewesen war, aus der Abhängigkeit Amalrich's in die Gewalt Schirkuh's und seines Neffen (1168). Der Sturz des Veziers, welcher die beiden Kurden früher so schwer beleidigt hatte, war die nächste natürliche Folge dieser Veränderung. Schawer ward unter dem Vorwande verrätherischer Entwürfe auf Befehl Saladin's hingerichtet. An seine Stelle trat zuerst Schirkuh und, als derselbe bald nachher starb (1169), Saladin. Dieser regierte in Aegypten eine Zeit lang im Namen des ohnmächtigen Khalifen, vernichtete dann aber auch noch den letzten Schatten der fatimibischen Herrschaft, und gründete als unumschränkter Gebieter von Aegypten eine neue Dynastie, die man nach dem Namen seines Vaters, Ejub, die Dynastie der Ejubiden nennt. Zu diesem Schritte ward er keineswegs durch politische Gründe bewogen; denn bei seinem unbestimmten Verhältnisse zu Nureddin, den er noch immer seinen Herrn und Gebieter nannte, würde er aus Rücksicht auf die bloße Staatsklugheit sogar besser gethan haben, seine Macht unter dem Namen eines Schattenfürsten zu verstecken. Er ließ sich dabei vielmehr von einer gewissen religiösen Aengstlichkeit leiten; denn als eifriger Sunnite, der sein ganzes Leben hindurch auf strenge Befolgung der vorgeschriebenen religiösen Verpflichtungen bedacht war, machte er sich ein Gewissen daraus, die schiitische Ketzerei in Aegypten länger zu dulden. Aus Schonung für den Fatimiden Abheb, der bei Schirkuh's Tode bereits krank war, ließ er zwar anfangs den abbasidischen Khalifen nicht öffentlich ausrufen, sondern Abheb's Namen nur im Stillen aus der Chotba ausstreichen. Sobald aber dieser letzte Fatimide gestorben war (1171), rottete er die schiitischen Lehr- und Betformen des Islam in Aegypten aus und setzte die sunnitischen an ihre Stelle. Auch nahm er sofort das Ansehen eines abbasidischen Beamten an. Seine Stellung gegen Nureddin, welche seit seiner Ernennung zum aegyptischen Vezier ganz unnatürlich geworden war, mußte dies von dem Augenblicke an, wo er der satimibischen Herrschaft in Aegypten ein Ende machte, noch weit mehr werden, und ein offener Krieg zwischen beiden Herrschern war voraussichtlich nicht zu vermeiden. Zwar schien es ein Beweis von Vertrauen, daß Nureddin dem alten Ejub gestattete, in Kairo bei seinem Sohn als dessen Schatzmeister zu wohnen; doch dachten sie schon beiderseits an feindselige Rüstungen, als Nureddin's Tod (1174)

Salabin von der Verlegenheit befreite, seinen Herrn und Wohlthäter mit Krieg zu überziehen. Den Griechen in Paläſtina ward der veränderte Zuſtand der Dinge in Aegypten von Anfang an ſo bedenklich, daß Amalrich ſelbſt im Jahre 1171 nach Conſtantinopel gereiſt war, um den tapferen Kaiſer Manuel zu gemeinſchaftlichen Maaßregeln gegen die jetzt, wie es ſchien, vereinigt wirkende Macht der Mohammedaner in Aegypten und Syrien zu bewegen; er verfehlte aber ſeinen Zweck und Salabin wurde gleich nach Nureddin's Tode noch weit furchtbarer, als vorher. Die meiſten Generale Nureddin's waren nämlich mit dem Obervormund, welchen dieſer ſeinem noch minderjährigen Sohne geſetzt hatte, unzufrieden und boten dem neuen Regenten von Aegypten die Leitung der Herrſchaft an. Salabin erſchien ſogleich, beſetzte Damaskus und andere ſyriſche Städte und drohte zum Verderben des chriſtlichen Staates in Paläſtina das ganze Reich Nureddin's mit Aegypten zu vereinigen.

Noch vor Nureddin war der König Amalrich geſtorben und ſein erſt 13 Jahre alter Sohn, Balduin IV., ihm in der Regierung gefolgt. Dieſer fand zwar einen Theil der mohammedaniſchen Fürſten in Syrien, ſowie Nureddin's Neffen, der in Moſul herrſchte, ſehr geneigt, ſich mit ihm gegen Salabin zu verbinden; das Glück hatte ſich aber der neu aufgehenden Sonne zugewendet und die Chriſten ſelbſt erleichterten durch ihre Zwietracht Salabin's Unternehmungen. Ein Theil der Großen des Reiches Jeruſalem, unter ihnen ſogar einer der höchſten Kronbeamten, der Connetable Humfried von Toron, ſtand mit Salabin in geheimem Einverſtändniß; der König ſelbſt ward von der Krankheit des Ausſatzes, welche ihn nie mehr verließ, ergriffen und dieſe ſteigerte ſich ſo ſehr, daß ſie ihn ſchon nach wenigen Jahren der Regierung unfähig machte; die Reichsbarone riefen daher einige tapfere Fürſten des Abendlandes nach Paläſtina, ſie vermehrten aber dadurch nur die Verwirrung im Reiche und bereiteten ſich ſelbſt neue Verlegenheiten. Unterdeſſen befeſtigte und erweiterte Salabin ſeine Macht immer mehr. Anſtatt im Namen von Nureddin's Sohn aufzutreten, erklärte er ſich gleich nach dem glücklichen Erfolge ſeines erſten ſyriſchen Zuges für unabhängig, ließ im Gebete ſich ſelbſt neben dem Khalifen von Bagdad nennen und nahm den Titel Sultan an. Er theilte ſeine Zeit zwiſchen ſtrengen Religionsübungen und kriegeriſchen Beſchäftigungen, entfaltete einen ächt ritterlichen Charakter und machte ſich durch Großmuth und Freigebigkeit Chriſten und Mohammedaner gewogen; ſein Ruf und mit dieſem ſein Anſehen wuchſen daher von Tag zu Tag. Er ſcheiterte freilich bei ſeinen Angriffen auf Aleppo und hielt ſich ſeitdem eine Zeit lang ruhig; ein vereitelter Mordanſchlag aber, den die Aſſuſſinen auf ihn machten, bewog ihn, in das Gebiet des Alten vom Berge einzubringen, und der glückliche Ausgang dieses Rachezuges gab ihm das verlorene Selbstvertrauen wieder. Nach Aegypten zurückgekehrt, befestigte er die Hauptstädte des Landes aufs neue und machte dann zu derselben Zeit, als die unter einander zwieträchtigen Großen von Palästina sich der Mehrzahl nach gegen Nureddin's Sohn gewandt hatten, an der Spitze seiner entschlossensten Schaaren einen Angriff auf Askalon, die Vormauer der Christen an seinen Grenzen (1177). Die Gefahr war dringend und Balduin brach daher ungeachtet seiner furchtbaren Krankheit und der geringen Zahl von Streitern, die er zur Verfügung hatte, sogleich gegen den Feind des Glaubens auf. Er hielt sich anfangs innerhalb der Festung und schien nur zur Vertheidigung derselben entschlossen zu sein; die entsetzlichen Verheerungen aber, welche Saladin's Schaaren in der Umgegend anrichteten, trieben ihn bald zu dem verzweifelten Entschluß, einen offenen Kampf mit der weit überlegenen Macht seines Feindes zu wagen. Er rückte mit seinen Truppen aus der Stadt und erfocht bei Ramla unweit Askalon einen vollständigen Sieg; das ganze Heer der Feinde wurde bis auf einige hundert Mann getödtet oder gefangen genommen und Saladin selbst entging kaum der Gefangenschaft. Nichtsdestoweniger waren die Folgen der Schlacht nur für diesen vortheilhaft. Balduin konnte seinen Sieg nicht benutzen, weil die Hauptmacht seines Reiches auf der entgegengesetzten Seite desselben beschäftigt war; für Saladin dagegen ward die Niederlage bei Askalon ebenso, wie früher die gescheiterten Angriffe auf Aleppo, nur ein Sporn, durch neue Thaten seinen Glaubensgenossen zu beweisen, daß er der von Gott auserkorene Vertheidiger ihrer Lehre sei, für den er selbst sich hielt und als welchen ihn die mohammedanischen Gottesgelehrten und Dichter schon damals priesen. Bei dem traurigen Zustande des christlichen Reiches hätte er sich desselben sogar schon in den nächsten Jahren bemächtigt, wenn er nicht mit anderen Dingen beschäftigt gewesen wäre. Er wandte sich nämlich nach der unglücklichen Schlacht bei Ramla gegen seine eigenen Glaubensgenossen, unterwarf das glückliche Arabien und bekriegte dann die Nachfolger Nureddin's in Aleppo und Mossul, von welchen einer mit den Christen ein Bündniß geschlossen hatte und ihm dadurch einen erwünschten Vorwand gab, ihn im Namen des Jslam selbst anzugreifen. Saladin machte sich 1183 zum Oberherrn von Aleppo, und wenn auch sein Versuch gegen Mossul nicht in gleichem Grade gelang, so war derselbe deshalb doch nicht weniger rühmlich für ihn, weil sich alle anderen Städte am Euphrat und Tigris ihm unterwarfen und die ganze mohammedanische Welt jener Länder sich um ihn als den Mittelpunkt ihres Glaubens sammelte.

In eben dem Grabe, als die Mohammedaner einiger wurden und Saladin seinen Ruhm und seine Herrschaft ausbreitete, sank das kleine Königreich Jerusalem durch zunehmende Zwietracht völlig in Ohnmacht, obwohl die Christen fortwährend kühne Abenteuerzüge unternahmen, ja einmal unter dem verwegenen Grafen Rainald von Chatillon, dem Fürsten von Antiochien, vom rothen Meere aus an der Küste von Arabien landeten und das Gebiet von Mekka verwüsteten. Die schreckliche Krankheit des Königs Balduin hatte so sehr um sich gegriffen, daß ihm Augen, Hände und Füße bereits den Dienst versagten und er, selbst der bestehenden Verfassung nach, die Regierung nicht länger zu leiten vermochte. Seine ältere Schwester, Sibylle, hatte von ihrem verstorbenen Gemahl, dem früher von den Großen des Reiches nach Palästina eingeladenen Markgrafen Wilhelm von Montferrat, einen minderjährigen Sohn, Balduin V., und da dieser der nächste männliche Verwandte des Königs war, so gebührte ihr beim Rücktritte ihres Bruders die vormundschaftliche Regierung. Das Schicksal des Reiches beruhte also darauf, wen sie zum zweiten Gemahl erhalte. Man hatte dies allgemein gefühlt und sich deshalb nach einem mächtigen Herrn im Occident umgesehen, der dem Reiche Schutz und Hülfe gewähren könne; ja, die Barone hatten sogar bereits dem Herzoge von Burgund die Hand der Sibylle antragen lassen, als der König seine Schwester plötzlich mit dem Ritter Guido oder Veit von Lusignan vermählte (1180). Dieser besaß zwar alle Eigenschaften eines wackeren Ritters seiner Zeit, aber keine einzige, die ihn zu einem Regenten tüchtig machte; denn er hatte weder Einsicht und Erfahrung, noch auch Ansehen und Reichthum. Während also der Verhältnisse des Reiches einen König erforderten, dem alle Vasallen willig gehorchten, kam in ihm ein Mann an die Spitze des Reiches, welcher keinem einzigen Menschen Vertrauen einflößte. Wie hätte unter einem solchen Regenten der zerfallende Staat der Christen dem drohenden Angriffe eines Saladin widerstehen können! Man fühlte dies, schon als Saladin seinen Zug gegen Mossul und Aleppo unternahm, und es wurde daher auf einem Reichstage von der Geistlichkeit, dem Adel und den Abgeordneten der Bürgerschaft beschlossen, eine allgemeine Vermögenssteuer zu erheben, um der brohenden Gefahr so gut als möglich im Voraus zu begegnen. Von allem baaren und unbeweglichen Vermögen, die Güter der Kirchen und Klöster nicht ausgenommen, sollte je Eins vom Hundert entrichtet werden, und die Besitzer von Dörfern und Flecken sollten außerdem noch von jedem Herde eine bestimmte Summe bezahlen, die sie dann von ihren Bauern nach einer entsprechenden Vertheilung wieder erheben könnten. Auch die Armen mußten zu dieser allgemeinen Steuer verhältnißmäßig beitragen. Zur Erhebung derselben wurden in jeder Stadt vier Bürger gewählt, welche den Beitrag der Einzelnen gewissenhaft bestimmen, von jedem, der sich durch ihre Anordnung beeinträchtigt glaubte, eine eidlich zu bekräftigende Selbstschätzung abfordern und sich selbst durch einen Schwur zur strengsten Verschwiegenheit verpflichten sollten. Das auf solche Weise erhobene Geld wurde einigen Männern, welche von den Ständen erwählt waren, zur Bewachung übergeben und durfte durchaus nur zur Vertheidigung des Reiches verwendet werden.

Obgleich man „in Palästina, wie diese Steuerverfügung zeigt, die Größe der Gefahr einigermaaßen zu würdigen begann, so war doch bei der herrschenden Zwietracht und Verwirrung an keine Rettung zu denken. Das Ruder der Verwaltung ging kurz nachher aus einer kraftlosen und unsicheren Hand in die andere über. Anfangs hatte Guido, zum größten Verdruß der meisten Reichsvasallen, den bedeutendsten Antheil an der Regierung; bald nachher aber weigerte man sich allgemein, unter seinen Fahnen zu dienen, und der König selbst ward ihm abgeneigt. Dieser machte ihn jetzt ebenso zum Gegenstande seiner Verfolgungen, wie er ihn vorher thöricht begünstigt hatte, und übertrug dem Grafen Raimund von Tripolis, einem Feinde Guido's, die Reichsverwaltung, nachdem er seinen erst fünf Jahre alten Neffen, Balduin V., zum Könige hatte krönen lassen. Bald nachher (1184) starb Balduin IV. und schon zwei Jahre später auch sein Neffe. Raimund hatte gleich nach des Ersteren Tode mit Saladin einen Waffenstillstand auf vier Jahre geschlossen und hielt als Reichsverweser die Ruhe einige Jahre aufrecht; kaum war aber Balduin V. gestorben, als die Zwietracht um so heftiger wieder ausbrach. Sibylle mußte nämlich ihrem Gemahle die Krone zu verschaffen und stürzte dadurch das Reich in den Abgrund des Verderbens. Die Großen trennten sich in zwei feindselige Parteien, selbst die Großmeister der beiden Ritterorden waren und blieben in ihren Meinungen und Neigungen getheilt, und Raimund ließ durch seine Anhänger den Gemahl der Schwester der Sibylle, Humfried von Toron, zum Könige ausrufen, weil derselbe noch untüchtiger als Guido war und sich daher vortrefflich zu einem bloßen Werkzeuge eignete. Um das Unglück voll zu machen, erlaubte sich gerade damals ein Reichsvasall einen gewaltsamen Bruch des mit Saladin geschlossenen Waffenstillstandes und beschleunigte dadurch den Angriff des mächtigen Sultans auf das gewissermaaßen wehrlose Reich. Dies war derselbe Fürst Rainald von Antiochia, welcher in Arabien eingefallen war und welcher schon früher den Kaiser Manuel auf frevelhafte Weise beleidigt und sich dadurch eine arge Demüthigung zugezogen hatte. Er überfiel eine mohammedanische Karawane, die nach Mekka wallfahrtete, warf die Pilger in Ketten und bemächtigte sich ihrer Habe.*) Ohne Zaudern schloß jetzt Saladin mit dem Fürsten von Mossul Frieden und brach mit seiner ganzen Macht gegen das Reich Jerusalem auf (1187). Die gemeinschaftliche Gefahr bewog zwar, noch ehe er erschienen war, Raimund und den König Guido zur Aussöhnung; das zwischen ihnen bestehende Mißtrauen wurde aber dadurch nicht aufgehoben, und da überdies schon seit mehreren Jahren auf Raimund der Verdacht ruhte, daß er mit dem Sultan in geheimem Bunde stehe, so war an kräftige und weise Maaßregeln von Seiten der Christen nicht zu denken. Sie faßten, als Saladin mit seinem Heere am See Tiberias (Genezareth) angekommen war, den Entschluß, ihm ein entscheidendes Treffen zu liefern, obgleich Raimund Alles aufbot, sie durch Gründe zu überzeugen, daß man dem furchtbaren Sultan gegenüber nicht Alles an einen Wurf setzen, sondern sich vertheidigungsweise verhalten müsse. Die Meinung der Unbesonnenen siegte, und es ward am 5. Juli 1187 bei Hittin am See eine Schlacht geliefert, durch welche Saladin nicht nur den früher von den Christen bei Askalon erfochtenen Sieg verdunkelte, sondern auch die ganze christliche Macht in Palästina vernichtete. Seine Gegner erlitten eine vollständige Niederlage; ihre tapfersten Streiter, sowie fast alle Großen des Reiches wurden entweder niedergehauen oder gefangen genommen. Auch der König fiel in die Hände der Feinde und von allen Reichsbaronen retteten sich nur drei durch die Flucht. Saladin, der bei diesem glänzenden Siege ebenso, wie zehn Jahre früher, als er in der Schlacht bei Askalon kaum dem allgemeinen Verderben entgangen war, der Gnade Gottes sein Glück zuschrieb, empfing und behandelte die Gefangenen auf edle und achtungsvolle Weise; nur den Fürsten Rainald, welchem er beim Bruche des Waffenstillstandes den Tod geschworen hatte, hieb er mit eigener Hand nieder und alle gefangenen Tempelherren und Hospitaliter wurden entweder auf seinen Befehl getödtet, oder einzelne fanatische Mohammedaner kauften sie für das gewöhnliche Lösegeld, um sich durch ihre Erwürgung ein Verdienst vor dem Gotte des Islam zu erwerben.

Schon am 9. Juli zog Saladin's Heer in Ptolemais ein, und vier Wochen nach der Schlacht bei Hittin war die ganze Küste des Reiches Jerusalem von Tripolis bis Askalon, mit alleiniger Ausnahme der Stadt Tyrus, sowie ein großer Theil des inneren Landes in den Händen der Ungläubigen. Auch Tyrus würde gefallen sein, wenn

---

*) Nach einigen Berichten überfiel er auch einen Zug, welcher eine Geldsendung von Aegypten nach Damaskus durch christliches Gebiet geleitet und bei welchem Saladin's Mutter anwesend war.

nicht, wie vom Himmel gesendet, ein Retter erschienen wäre, der wenigstens diese Stadt den Christen erhielt und die aus dem Abendlande herbeieilenden Pilger um sich vereinigte. Dieser Retter war Konrad von Montferrat, der Bruder von Sibyllens erstem Gemahl. Er hatte schon in Constantinopel als einer der eifrigsten Genossen des Kaisers Manuel den Preis der Tapferkeit errungen und nachher einen der Nachfolger desselben, Isaak II. Angelus, durch seinen Arm auf den Thron erhalten, war aber von Isaak mit einem leeren Titel und mit der Ehre, eine kaiserliche Prinzessin zur Gemahlin zu erhalten, belohnt worden; er hatte deshalb, da er seine Verdienste höher anschlug, die Noth der Christen in Palästina und sein Gelübde eines Kreuzzuges zum Vorwande genommen, um sich dem Dienste des Kaisers zu entziehen, und erschien noch zur rechten Zeit in Tyrus, um dasselbe durch seine Tapferkeit zu retten. Nachdem Saladin Tyrus vorerst aufgegeben und die Uebergabe von Askalon gegen das Versprechen, den König Guido im nächsten Frühjahr aus der Gefangenschaft zu entlassen, erlangt hatte, begann er in der Mitte des Septembers die Belagerung von Jerusalem. Schon zwei Wochen nachher war diese Stadt dahin gebracht, daß eine Capitulation eingeleitet wurde, welche am 3. October 1187 die Uebergabe zur Folge hatte. Nach dem mit Saladin geschlossenen Vertrage sollten alle Einwohner kriegsgefangene Sklaven sein, doch sollte jeder Mann gegen ein Lösegeld von zehn Goldstücken, sowie jede Frau für fünf, außerdem noch 7000 Arme für eine runde Summe von 30,000 Silberstücken innerhalb der ersten 40 Tage aus Jerusalem und Palästina auswandern dürfen. Saladin zog an einem Freitag und noch dazu am Jahrestage der wunderbaren Reise, welche Mohammed von Jerusalem aus durch die Himmel gemacht hatte, in die Stadt ein. Er entweihte sein Glück durch keine jener Grausamkeiten, welche sonst im Orient mit der Einnahme eroberter Städte verbunden zu sein pflegen. Er verfuhr im Gegentheil sehr milde, ließ die Losgekauften unter einer schützenden Bedeckung und mit aller möglichen Fürsorge nach der Küste geleiten, bewies sich mitleidig und freigebig gegen sie, und schenkte zuletzt auch denen, die sich nicht hatten lösen können, die Freiheit, erlaubte aber nur den syrischen und armenischen Christen, in der Stadt wohnen zu bleiben. Die Kreuze wurden umgestürzt, die Glocken zerschlagen, die Kirchen mit wohlriechenden Wassern gereinigt und zu Moscheen umgeschaffen.

Während Saladin sein aegyptisch-syrisches Reich gründete und die christliche Macht im Orient allmählich vernichtete, hatten die Päpste im Abendlande Alles aufgeboten, um den bedrängten Glaubensgenossen Hülfe zu verschaffen. Ihre Bemühungen waren aber vergeblich gewesen. Ludwig VII. von Frankreich und Heinrich II. von England hatten den versprochenen Kreuzzug nicht unternehmen können, und auch der Nachfolger des Ersteren, Philipp August, ward durch seinen Krieg mit dem Letzteren daran gehindert. Erst als Jerusalem zum zweiten Mal in die Hände der Ungläubigen gefallen war, kam eine Aussöhnung zwischen beiden Reichen zu Stande und die Könige derselben gelobten gemeinschaftlich einen Kreuzzug. Auch der deutsche Kaiser, Friedrich Barbarossa, that erst dann das nämliche Gelübde. Noch ehe diese drei Fürsten ihre Rüstungen gemacht hatten, gelang es den Bemühungen des Papstes, zum Schutze der Stadt Tyrus, welche Saladin auf's neue angriff, und zum Versuch einer Wiedereroberung Palästinas eine sehr große Zahl von Herren und Rittern aus verschiedenen Ländern zusammenzubringen. Diese abendländischen Streiter setzten Konrad von Montferrat in den Stand, Tyrus zu behaupten und sammelten sich um den König Guido, welcher sich seitdem auf offenem Felde mit den Ungläubigen messen und im Jahre 1189 die Belagerung der Festung Ptolemais oder Acre beginnen konnte. Um dieselbe Zeit veranstalteten endlich die drei Hauptnationen Europas unter ihren Königen, Friedrich Barbarossa, Philipp August und Heinrich's II. Nachfolger, Richard Löwenherz, den glänzendsten Kreuzzug, welcher bis dahin unternommen worden war.

2. Friedrich Barbarossa's letzte Jahre und sein Kreuzzug.

Friedrich Barbarossa hatte durch einen verständigen Frieden mit den Lombarden und durch die Vernichtung der Macht Heinrich's des Löwen sein kaiserliches Ansehen kaum wieder hergestellt und befestigt, als er mit dem Oberhaupte der Kirche und mit einem Theile des deutschen Klerus in Zwist gerieth. Papst war seit Alexander's III. Tode (1181) Lucius III., welcher bald nach seiner Erwählung von den unruhigen Römern aus Rom verjagt worden war und seinen Sitz zuerst in Velletri und dann in Verona aufgeschlagen hatte. Zwischen ihm und dem Kaiser brach schon im Jahre 1183 ein Streit aus, weil bei einer zwiespältigen Bischofswahl in Trier Beide gegen einander Partei nahmen. Auch weigerte sich Lucius, die während des Streites zwischen Friedrich und Alexander abgesetzten Bischöfe wieder einzusetzen. Der Kaiser dagegen und sein Sohn, König Heinrich VI., kränkten den Papst in der Person seines Freundes, des Erzbischofs Philipp von Köln. Dieser, welcher früher dem Kaiser sehr ergeben gewesen war, hatte nicht nur dem König Heinrich VI. den Gehorsam versagt, als er ihm wegen eines an augsburgischen Kaufleuten begangenen Raubes Rede stehen sollte, sondern er war auch verdächtig, mit dem vertriebenen Herzog Heinrich dem Löwen und bessen Schwiegervater, dem Könige von England, in geheimem Einverständnisse zu stehen; er ward von König Heinrich auf schlaue Weise gedemüthigt und mit einer Geldbuße bestraft. Der Papst selbst wurde besonders dadurch gegen den Kaiser erbittert, daß sich dieser gleich nach dem glänzenden Krontage in Mainz nach Italien begab, um seinem Sohne durch die Vermählung mit Constantia den Besitz des neapolitanischen Reiches zu verschaffen und zugleich die Mathildischen Güter, die er als Reichsgut und als einen Theil von des alten Welf Erbschaft besetzt hatte, sich und seiner Familie zu erhalten. Als daher Friedrich in die Lombardei gekommen war, weigerte sich Lucius nicht nur standhaft, dessen Sohn zum König von Italien zu krönen, sondern er bedrohte auch den Kaiser wegen seines Verfahrens bei dem Trierischen Streite und wegen der Mathildischen Güter mit dem Banne. Er durfte jedoch nicht wagen, seine Drohung auszuführen, weil die Veroneser ihm bedeuteten, daß sie ihn in ihren Mauern nicht dulden würden, wenn er einen geistlichen Proceß gegen Friedrich vornehmen werde. Lucius starb 1185; die Zwietracht zwischen Kaiser und Papst hörte aber mit seinem Tode nicht auf, da sein Nachfolger, Urban III., bis dahin Erzbischof von Mailand, ganz in seine Fußtapfen trat. Indessen konnte Urban ebenso wenig als Lucius die Verbindung Heinrich's mit Constantia und seine Anerkennung als König von Italien verhindern, weil Friedrich die Mailänder durch verschiedene Vortheile fest an sich knüpfte. Die Vermählung ward im Januar 1186 mit dem größten Glanze in Mailand gefeiert, was die Bürger dieser Stadt sich als besondere Gunstbezeigung ausgebeten hatten; dorthin ließ der Neffe der Braut, König Wilhelm II., die glänzende Mitgift derselben auf 150 Saumthieren bringen. Friedrich ließ bei dieser Gelegenheit seinen Sohn durch den Patriarchen von Aquileja zum italienischen König krönen. Der neue König von Italien zog sogar in die Gegend von Rom, um in Verbindung mit den rebellischen Römern den Papst und seine Anhänger zu berauben. Schon damals zeigte er den wilden und rücksichtslosen Charakter, der ihn nachher zum Schrecken und Abscheu seiner Zeitgenossen machte; er ließ z. B. einst einen Bischof, welcher darauf pochte, daß er als Geistlicher nur vom Papste abhängig sei, prügeln und mit Füßen treten. Friedrich that daher wohl, daß er den heftigen jungen Mann bald nach Deutschland zurückschickte und einstweilen allein in Italien blieb.

In Deutschland hatten unterdessen dreizehn Bischöfe, von welchen Konrad von Mainz, Volkmar von Trier, Philipp von Köln und Berthold von Metz die vornehmsten waren, eine förmliche Verschwörung gemacht. Heinrich sollte ihr Beginnen vereiteln, besaß aber dazu nicht Ansehen und Erfahrung genug und Friedrich mußte daher selbst über die Alpen zurückeilen. Er unterdrückte in kurzer Zeit die ganze

Bewegung. Ein Theil der Bischöfe wurde verjagt, alle anderen außer Philipp unterwarfen sich dem Kaiser und Konrad von Mainz ließ sich sogar gebrauchen, ein Schreiben der deutschen Geistlichkeit an den Papst abzufassen, welches allen bisherigen Schritten der Verschworenen geradezu widersprach und dem Papste jede Hoffnung auf Hülfe in Deutschland raubte. Selbst von der Verbindung mit Philipp ward Urban dadurch abgeschnitten, daß Friedrich alle Pässe, die aus Deutschland nach Italien führten, besetzen ließ. Während sich Urban auf diese Weise von den deutschen Bischöfen verlassen sah, versperrten ihm die Römer ihre Stadt, und als er seinem Zorne gegen den Kaiser durch einen Bannspruch Luft machen wollte, duldeten ihn auch die Veroneser nicht länger bei sich; er konnte daher nichts weiter gegen Friedrich unternehmen und starb als ohnmächtiger Gegner im Herbste 1187, nachdem er noch die Nachricht von der Einnahme Jerusalems durch Saladin vernommen hatte. Nach seinem Tode hoffte Friedrich, den Erzbischof Philipp leicht unterdrücken zu können. Er rüstete einen Kriegszug gegen ihn und gegen die Kölner Bürger, die sich ihres Bischofs mit Eifer annahmen, sowie gegen seine Verbündeten, wozu auch der König von England und der Bischof von Utrecht gehörten; er fand aber unerwartete Schwierigkeiten, weil die lothringische Ritterschaft, auf die er dabei gerechnet hatte, ihm ihre Hülfe verweigerte. Diese glaubte sich zu einem solchen Kriege rechtlich nicht verpflichtet und kümmerte sich weder um Friedrich's Zorn, noch um seine laute Klage, daß er noch in seinen alten Tagen das kaiserliche Ansehen verachtet sehen müsse. Doch fügten sich Philipp und die Kölner, als die Nachricht von der Eroberung Jerusalems ganz Europa in Bestürzung setzte, und nicht nur die Könige von Frankreich und England, sondern zuletzt sogar der Kaiser von Deutschland trotz seines hohen Alters einen Kreuzzug gelobten. Philipp ward, nachdem er Abbitte gethan hatte, zu Gnaden angenommen, und die Kölner zahlten eine Geldbuße.

Friedrich's Entschluß, im 67. Lebensjahre einen Kreuzzug zu unternehmen, ging nicht aus ruhiger Ueberlegung, sondern aus einer plötzlichen Bewegung der Seele hervor. Ein solcher Zug lag durchaus nicht in seinem Lebensplane und er dachte sogar zu der Zeit, als die Könige von England und Frankreich ihre Rüstungen schon beendigt hatten und mit ihm über ihren Marsch durch Deutschland Unterhandlungen pflogen, noch nicht an ein Unternehmen dieser Art. Im Frühjahr 1188 faßte er den Entschluß, nicht, wie man ihm rieth, nur seine Söhne auszusenden, sondern selbst das Kreuz zu nehmen, was unter Mitwirkung des Kardinals von Albano am Sonntag Lätare zu Mainz geschah. Dieser Entschluß war die reine Wirkung des in einer edlen Heldenseele angefachten Feuers der Begeisterung, die Folge des plötzlichen Ausbruches eines heiligen Unwillens. Er führte ihn nachher mit der besonnenen Klugheit eines reifen Alters und mit der reichen Erfahrung eines wechselvollen kriegerischen Lebens aus, so daß sein Kreuzzug die größte Unternehmung war, welche im ganzen Mittelalter von der deutschen Nation als solcher gemacht worden ist, und daß er selbst sich dabei als den ausgezeichnetsten Feldherrn der ganzen Zeit von Karl dem Großen an bis auf ihn bewiesen hat. Dies geht nicht allein aus der Anordnung und Leitung des Zuges hervor, sondern besonders auch aus dem Umstande, daß mit Friedrich's Tode das bis dahin durchaus rühmliche und für die Feinde wahrhaft furchtbare Beginnen in ein Nichts zerrann. Schon der Schrecken, welchen die Nachricht von Friedrich's Entschluß über Saladin und dessen Umgebung verbreitete, zeigt uns die große Achtung, die des Kaisers Talente und Muth allen Völkern, den gläubigen wie den ungläubigen, eingeflößt hatten; denn die Mohammedaner hielten nach den Berichten ihrer eigenen Geschichtschreiber schon auf die bloße Nachricht von Friedrich's Vorhaben ganz Syrien für verloren, und Saladin selbst erklärte den Kreuzzug des deutschen Kaisers für das Schlimmste, was ihm hätte begegnen können. Uebrigens schickte Friedrich vor seinem Aufbruch eine Gesandtschaft an den Beherrscher von Aegypten und Palästina, um ihm den Vertrag aufzukünbigen, den er als Oberherr der nach dem Orient handelnden Seestaaten Italiens nicht lange vorher mit ihm geschlossen hatte. Auch an den Sultan von Ikonium, Kilibsch Arslan II., mit welchem er schon früher in freundschaftlichen Verhältnissen gestanden hatte, sandte er Abgeordnete wegen des Durchzuges durch Kleinasien, und der Sultan gab nicht nur die besten Versprechungen, sondern er schickte auch eine Ehrengesandtschaft an den Kaiser, welche durch ihren Glanz und ihr zahlreiches Gefolge in ganz Europa Aufsehen erregte. Endlich trat Friedrich auch mit den Beherrschern des ungarischen und griechischen Reiches in Unterhandlung.

Friedrich kannte von dem Kreuzzuge her, den er einst mit seinem Oheim, Konrad III., gemacht hatte, alle Schwierigkeiten des Unternehmens und hielt es bei seinem hohen Alter für wahrscheinlich, daß er sein Grab im heiligen Lande finden werde; er traf also auch alle seine Maaßregeln darnach und verschob seine Abreise bis zum Mai des nächsten Jahres, um Alles aufs Beste vorzubereiten und die deutschen Angelegenheiten seinem Sohne König Heinrich in gutem Zustande zu hinterlassen. Zuerst stellte er sehr weise Bedingungen auf, unter denen man allein an seinem Zuge Theil nehmen könne; damit sich nämlich keine raubsüchtigen, fanatischen Horden bilden könnten, die sich einzig auf rohen Fanatismus verließen, sollte Niemand sich stellen, der nicht den Besitz von drei Mark Silber nachweisen könnte. Ferner nöthigte er Heinrich den Löwen, welcher gleich nach seiner Rückkehr aus der Verbannung mit seinem Nachfolger in der sächsischen Herzogswürde Streit angefangen hatte, der Religion und der Ruhe des Reiches ein Opfer zu bringen, das man dem strengen Rechte nach von ihm nicht hätte verlangen können. Er ließ ihm die Wahl, entweder als des Kaisers Vasall mit nach Palästina zu ziehen, oder mit Beibehaltung der väterlichen Erbschaft in Deutschland zu bleiben, aber seinem herzoglichen Besitzstande im früheren Umfange ausdrücklich zu entsagen; oder drittens, noch einmal auf drei Jahre das Reich zu verlassen. Heinrich wählte das letztere und begab sich wieder nach England. Nachdem durch Heinrich's Entfernung die größte Gefahr für die Ruhe des Reiches beseitigt war, zog Friedrich an die Weser, um die dort errichteten Raubschlösser zu zerstören. Dann schlichtete er die Streitigkeiten, welche zwischen einzelnen Reichsfürsten bestanden. Im Mai des Jahres 1189 brach er endlich, begleitet von seinem zweiten Sohne, Herzog Friedrich von Schwaben, von Regensburg aus nach dem gelobten Lande auf und zog die Donau hinab nach Ungarn. Sein Heer, aus welchem er gleich anfangs alles Gesindel, das sich zudringen wollte, fortgejagt hatte, bestand aus mehr als 30,000 Mann, und unter diesen befanden sich nicht weniger als 15,000 Ritter.

Von dem ungarischen König, Bela III., wurde Friedrich und sein Heer in Gran freundlich aufgenommen; ja das Heer wurde von vielen Ungarn verstärkt und Herzog Friedrich mit König Bela's Tochter verlobt, die er später nicht wiedersah. Ganz entgegengesetzt aber war der Empfang im griechischen Reiche. Dort herrschte Isaak II. Angelus, ein feiger und ängstlicher Mann, der weder dem Verdienste, noch der Geburt, sondern nur dem Zufall seinen Thron verdankte und wie alle solche Leute sich über sich selbst und seine Lage täuschte. Besonders machte ihn die Verbindung Friedrich's mit den Neapolitanern und Sicilianern, den alten Feinden der Griechen, besorgt. Nach der Art schwacher Menschen widersetzte er sich dem Durchmarsch der Deutschen nicht geradezu, sondern suchte ihnen durch Ränke und heimtückische Maaßregeln zu schaden; er ließ die Gesandten Friedrich's verhaften, die Städte schließen, die Märkte sperren, Verhaue anlegen und den Deutschen in Engpässen auflauern, that dann wieder freundlich, schrieb zweideutige Briefe und versteckte seine Arglist hinter leere Ceremonieen. Friedrich lachte der kleinen Anstalten gegen seine bedeutende Heeresmacht und setzte den Tücken der Griechen Kraft und Festigkeit entgegen, während er zugleich auf dem ganzen Zuge die strengste Kriegszucht einhielt und die Raubgier seiner ritterlichen Schaaren zügelte. Endlich nöthigte ihn die offenbare Verrätherei Isaak's zu Thätlichkeiten.

Er nahm Adrianopel mit Sturm ein, besetzte den ganzen Strich bis nach Macedonien hin, ließ sein Heer in demselben wie im eigenen Lande die Winterquartiere aufschlagen und schrieb endlich dem griechischen Kaiser förmlich vor, wie viel Schiffe er ihm zur Ueberfahrt des deutschen Heeres liefern und an welcher Stelle er es nach Asien hinüber bringen lassen solle. Im März 1190 setzten seine Truppen auf griechischen Schiffen über; er zog dabei den Uebergang über die Straße der Dardanellen (Hellespont) dem über die Meerenge von Constantinopel vor.

Friedrich hatte eine freundliche Aufnahme von Seiten der selbschultischen Türken von Jkonium erwartet, er fand aber schon am Mäander dieselben feindseligen Anstalten, welche die früheren Kreuzheere gefunden hatten. Doch täuschten sich die Türken, wenn sie denselben Erfolg davon hofften; denn der Kaiser war auf ihren Angriff gefaßt und rückte mit solcher Einsicht und Klugheit weiter, daß auch an den gefährlichsten Stellen der Verlust seiner Truppen unbedeutend blieb. Das Beste that dabei die Kriegserfahrung, die sich Friedrich während eines langen Lebens auf dem seiner Nation ungünstigen Boden von Italien erworben hatte, sowie die Tapferkeit der von ihm mit Sorgfalt ausgelesenen Streiter und besonders seine weise Anordnung des Zuges, da er alles Fußvolk nebst den Kranken und dem Gepäcke in die Mitte nahm und die Reiterei zu beiden Seiten her ziehen ließ. Freilich behaupten die abendländischen Geschichtschreiber dieses Zuges, von welchen die meisten demselben persönlich beiwohnten, in vollem Ernste und mit der größten Bestimmtheit, daß auch der heilige Georg an der Spitze himmlischer Streiter den Deutschen mit irdischen Waffen beigestanden habe. Wird doch auch, dem Geiste jenes Zeitalters gemäß, bei der Eroberung Jerusalems durch Gottfried von Bouillon und bei anderen Unternehmungen der Kreuzfahrer der Erscheinung von mithelfenden Engeln und Heiligen gedacht! Ohne irgend einen bedeutenden Verlust, außer dem von Streitrossen, erlitten zu haben, zog auf diese Weise zum ersten Male seit dem Beginn der Kreuzzüge ein ansehnliches abendländisches Heer durch das Innere von Kleinasien. Man wird die ganze Größe des Mannes, welcher dasselbe führte, erkennen, wenn man bedenkt, daß er dabei auf ungebahnten Gegenden durch fremde, zum Theil ganz öde Striche zog, daß sein Heer von Hunderttausenden leicht berittener, mit der Gegend genau bekannter Türken umschwärmt war, daß es oft durch Hitze, Hunger und Durst unsäglich zu leiden hatte und daß zu jener Zeit an eine militärische Ordnung und Verwaltung, wie wir sie kennen, nicht zu denken war. Auch in der größten Noth behauptete Friedrich die Festigkeit, die aus echtem Muth, aus angeborner

Kraft und aus sicherer Einsicht entspringt. Als sein Heer einst mitten im Lande der Seldschukken alle Vorräthe aufgezehrt hatte und dem Hungertode unrettbar preisgegeben zu sein schien, bot ihm eine feindliche Horde gegen ein Lösegeld von einem Goldstück für jeden Mann freien Abzug und hinreichende Lebensmittel an; er wies sie aber mit den Worten zurück, daß es seine Art nicht sei, sich durch Gold den Weg zu bahnen. Bald wurde es klar, daß zwar nicht der alte Kilidsch Arslan selbst, wohl aber diejenigen, die in seinem Namen zu Ikonium regierten, feindseligen Sinnes und mit den Reiterschwärmen im Einverständniß waren. Bei Philomelium kam es zu einer Schlacht, die der Kaiser persönlich anordnete und, nachdem er eine kurze Ansprache *) an die Truppen gehalten, jugendlich voransprengend eröffnete. Die Türken wurden besiegt und nach zehn weiteren Tagen voll Kampf und Mühen erschien Friedrich in der Mitte des Mai vor der volkreichen Hauptstadt der Seldschukken, Ikonium. Sie war nur für den ersten Anlauf befestigt und wurde daher leicht eingenommen. Der Sultan zog sich aber in die feste Burg zurück, welche in der Mitte der Stadt lag, und hoffte wahrscheinlich, die Deutschen bei der Plünderung der Stadt überfallen oder durch die Belagerung der Citadelle aufhalten zu können. Friedrich vereitelte Beides. Er ließ blos seinen Sohn in die Stadt ziehen, während er selbst mit dem Hauptheere in der Nähe ein Lager aufschlug, und setzte dann, mit der Beute von Ikonium bereichert, seinen Marsch unverzüglich weiter fort. Der Sultan mußte sich vor dem Abzuge der Deutschen sogar dazu verstehen, ihnen Geiseln mitzugeben. Auch in dem Gebiete des christlichen Königs von Armenien, der die Pässe von Cilicien inne hatte und sich anfangs sehr zweideutig benahm, überwanden Friedrich und sein Heer alle Schwierigkeiten. Die strenge Kriegszucht, mit welcher der Kaiser seine zahlreichen Schaaren von jeder Gewaltthätigkeit abhielt, und die Frömmigkeit der guten Deutschen, die ihnen den Charakter eines für den Glauben streitenden Heeres bewahrte, rührte und gewann die Armenier, und während diese nach ihrem schlauen Wesen mit Saladin in Verbindung blieben, nahmen sie sich nichtsdestoweniger der deutschen Kreuzfahrer an und geleiteten sie ungefährdet durch die Gebirge von Cilicien.

In diesem Lande erlitten die Deutschen den härtesten Schlag, der sie treffen konnte. Der Kaiser ertrank im Flusse Kalykadnus oder Seleph, als er entweder, wie einst Alexander der Große in dem näm-

---

*) Er rief zum Schlusse: „Christus vincit, Christus regnat, Christus triumphat" (Christus siegt, herrscht, triumphirt), welche Worte auf dem Schwerte Karl's des Großen stehen, das zu den Reichskleinodien gehört.

lichen Lande in dem Flusse Cydnus, (s. Th. II. S. 150), unvorsichtiger Weise ein Bad nahm oder den reißenden Strom durchreiten wollte (10. Juni 1190). Mit seinem Tode verschwand das ganze bisherige Glück wie durch einen Zauberschlag und es zeigte sich aufs klarste, daß die deutschen Kreuzfahrer bis dahin nur durch die Talente ihres Führers vor dem Schicksale ihrer Vorgänger bewahrt geblieben waren. Friedrich's Leiche wurde auf dem Weiterzuge in der Peterskirche zu Antiochia beigesetzt; von seinem schönen Heere kehrten Manche sogleich in die Heimath zurück; die Anderen zogen zwar unter der Führung seines zweiten Sohnes, des Herzogs Friedrich von Schwaben, nach Paläftina, allein Viele von ihnen kamen schon auf dem langsamen Marsche dahin um, die größere Zahl der Uebriggebliebenen fraß in Antiochia die Pest und die letzten dürftigen Reste erreichten erschöpft und ermattet das vor Akkon (Ptolemais) liegende christliche Belagerungsheer. Hier starb ihr Führer schon im ersten Monat des nächsten Jahres. „Wäre Friedrich's treffliches und tapferes Heer", sagt einer der Chronikschreiber jener Zeit, „zu seinem Ziele geführt und mit den englischen und französischen Kreuzfahrern in Eins vereinigt worden: welches Volk, welches Land, welcher auch noch so tüchtige König, ja welche Tapferkeit aller orientalischen Könige zusammen hätte der Kraft Italiens, dem Feuer Frankreichs, der Kriegskunst und, was mehr als alles dies ist, dem kühnen Muthe Deutschlands und seinem unbesiegten königlichen Oberhaupte Widerstand leisten können? Aber Gottes Wille, nicht der Menschen Kraft oder Rath regiert die Welt." Das einzige Denkmal des ruhmvollen Zuges war der von des Kaisers edelstem Sohne gestiftete deutsche Ritterorden. Der Herzog Friedrich hatte mit Betrübniß gesehen, daß seine deutschen Landsleute in Syrien und Paläftina von den Krankenhäusern und der Unterstützung der Johanniter und Tempelherren ausgeschlossen waren und daß diese Ritter, so reichlich sie auch in Deutschland und von den Deutschen mit Gütern ausgestattet worden waren, selbst ihren deutschen Ordensbrüdern unfreundlich begegneten. Er hatte deshalb vor Akkon, unterstützt von Kaufleuten aus Bremen und Lübeck, den Orden der deutschen Ritter oder Herren gestiftet, der Maria zur Schutzpatronin nahm (daher sie auch Marianer heißen); in der Tracht waren sie am weißen Mantel mit schwarzem, achtspitzigem Kreuze kenntlich. Dieser Orden bestand anfangs aus Rittern und barmherzigen Brüdern; dann kamen Priester und später nichtadelige sogenannte Halbbrüder dazu. Er hatte anfangs neben jenen beiden anderen Vereinen nur ein geringes Ansehen, erlangte jedoch später durch seine Verdienste um die Verbreitung der christlichen und deutschen Cultur im Nordosten von Europa um so größeren Ruhm.

3. Der Kreuzzug der Könige Philipp August von Frankreich und Richard Löwenherz von England.

Von den drei abendländischen Königen, welche den dritten Kreuzzug unternahmen, hatte zwar Friedrich Barbarossa ungeachtet seines späten Entschlusses den Zug zuerst angetreten; die Könige Heinrich II. von England und Philipp August von Frankreich hatten aber schon viel früher das Gelübde des Kreuzzuges abgelegt und zur Erfüllung desselben Anstalt gemacht. Schon vor der Eroberung Jerusalems durch Salabin hatte der Papst Lucius III. drei Abgeordnete aus Palästina, welche bei ihm erschienen waren, an jene beiden Könige mit der bringenden Ermahnung geschickt, ihr längst gegebenes Versprechen zu erfüllen. Allein Beide waren gerade damals am wenigsten geneigt dazu. Heinrich war mit seinem Sohne Richard aufs neue in Zwist gerathen und ließ den Bevollmächtigten des Papstes durch seine versammelten Stände erklären, daß es für das Wohl des Reiches besser sei, wenn er die Zügel der Regierung nicht aus den Händen gebe und sein Volk gegen die feindlichen Nachbarn vertheidige, als wenn er für das Heil des Orients kämpfe. Philipp August wollte und konnte an einen so fernen Zug ebenso wenig denken. Er hatte den Plan entworfen, sich der englischen Besitzungen in Frankreich zu bemächtigen und war seit seinem Regierungsantritte mit den Rüstungen für dieses Unternehmen beschäftigt. Das nöthige Geld dazu hatte er sich durch eine in gesetzlicher Form vorgenommene Ausplünderung der Juden seines Landes verschafft. Dieses unglückliche Volk war in jenen Zeiten zu einem steten Wechsel seiner äußeren Geschicke verdammt; bald lebte es in einem durch Geldgeschäfte und Wucher erworbenen Ueberfluß, bald ward es wieder aus Religionshaß und Habgier aufs grausamste verfolgt, seiner Reichthümer beraubt und selbst mit dem Verluste des Lebens bedroht. Philipp August's Vater, Ludwig VII., hatte die Juden zuerst mit Rechten und Privilegien begabt, dann aus seinem Reiche vertrieben, zuletzt wieder aufgenommen und aufs neue in hohem Grade begünstigt. Philipp August verbannte sie wieder aus Frankreich, weil er ihres Geldes bedurfte. Er ließ sie ohne Gnade über die Grenze treiben, zog ihre unbeweglichen Güter ein und erklärte alle ihre Ausstände bei Christen unter der Bedingung für getilgt, daß der fünfte Theil derselben an ihn entrichtet werde. Mit dem auf diese Weise erlangten Gelbe warb und rüstete er dann die Heere, an deren Spitze er sich mit dem englischen Könige herumschlug. Er und Heinrich würden ungeachtet ihres Kreuzgelübdes diese Kriege nicht so bald geendigt haben, wenn nicht beide Könige von dem herrschenden Geiste ihrer Völker abhängig gewesen wären. Die Nachricht vom Falle Jerusalems, welche durch päpstliche und genuesische Briefe, sowie durch die Klagen der aus Palästina verjagten Christen überall in einer übertriebenen Form verbreitet wurde, sachte den kriegerischen Glaubenseifer der Engländer und Franzosen wieder an und die Könige sahen sich gezwungen, der allgemeinen Stimmung wenigstens durch neue Versprechungen nachzugeben. Sie kamen daher bei Gisors an der Grenze der Normandie, wo unter einer alten Rüster die normannischen Herzoge und die Könige von Frankreich von jeher ihre Zusammenkünfte zu halten pflegten, zu einer Unterredung zusammen und übernahmen, nachdem sie Frieden geschlossen, gemeinschaftlich die Verpflichtung, in den Orient zu ziehen (Januar 1188). Ob es ihnen wirklich ernst damit war oder ob sie blos, wie sie gleich nachher thaten, unter dem Vorwande des Kreuzzuges Steuern erheben wollten, ist schwer zu entscheiden; denn sie knüpften zwar sogleich mit den Deutschen, Griechen und Ungarn Unterhandlungen über den Durchmarsch an, begannen aber auch ihre gegenseitigen Befehdungen wieder und verwüsteten Einer des Anderen Land mit solcher Wuth, daß Philipp damals selbst die heilige Rüster von Gisors umhauen ließ. Endlich verweigerten die französischen Großen, welche das Kreuz genommen hatten, ihrem Könige den ferneren Dienst gegen alle Christen, und Heinrich sah sich durch die Streitigkeiten mit seiner eigenen Familie außer Stand gesetzt, seinen Nachbarn zu schaden. Beide schlossen also nothgedrungen Frieden mit einander. Kaum war dies geschehen, als Heinrich starb (Juli 1189).

Wäre der Letztere länger am Leben geblieben, so würde der von ihm und dem französischen Könige gelobte Kreuzzug vielleicht nie zu Stande gekommen sein. Allein sein Sohn und Nachfolger, Richard I. Löwenherz, fühlte sich durch seine ganze Natur gerade zu einer solchen Unternehmung hingezogen. Richard war in der Heimath seiner Mutter, also in demjenigen Theile von Frankreich aufgewachsen, in welchem damals die ritterliche Poesie der Troubadours blühte. Er selbst gehörte zu dieser Sängerzunft und vereinigte in seinem Charakter die den Dichtern jener Zeiten und Gegenden eigenthümliche Mischung entgegengesetzter Eigenschaften. Er besaß ein lebendiges religiöses Gefühl, einen wahren Durst nach Thaten und einen unerschütterlichen Heldenmuth, der ihm den Beinamen des Löwenherzigen erworben hat; aber neben diesen edleren Triebfedern walteten auch Rohheit, Grausamkeit, Habsucht, Jähzorn und Wollust in seiner Seele, so daß in ihm sowohl die gute, als die schlechte Seite des Mittelalters personificirt erscheint, weil er bald des Höchsten und Schönsten, bald des Niedrigsten und Gemeinsten fähig war. Was konnte einen solchen Mann mehr reizen, als die Abenteuer eines ritterlichen Kriegszuges nach dem Orient? Er hatte schon einige Jahre vor seines Vaters Tode das

Kreuzzug von Philipp August und Richard Löwenherz.

Kreuz genommen und war kaum König geworden, als er mit Philipp August eine Zusammenkunft hielt und nicht nur, wie sein Vater gethan hatte, einen gemeinschaftlichen Kreuzzug verabredete, sondern auch zugleich einen förmlichen Vertrag über die Zeit und Einrichtung desselben schloß; auch er hatte gleich nach seiner Thronbesteigung eine Judenverfolgung zugelassen, bei welcher manche der Unglücklichen sich tödteten oder mit ihren Schätzen verbrannten, um den Martern zu entgehen. Es war festgesetzt worden, daß die französischen Kreuzfahrer ein rothes, die englischen ein weißes und die flandrischen ein grünes Kreuz tragen sollten. Man kam überein, im Anfange des nächsten Sommers (1190) aufzubrechen und über Messina, wo die Heere beider Könige sich vereinigen sollten, nach Palästina zu segeln. Der Seeweg ward absichtlich gewählt, weil Richard durch die Unterstützung Heinrich's des Löwen und durch die Aufnahme des verjagten Bischofs von Trier den Kaiser Friedrich Barbarossa und dessen Reichsverweser Heinrich VI. beleidigt hatte und deshalb den Marsch durch Deutschland bedenklich finden mußte.

Am 16. September 1190 kam Philipp August und acht Tage später Richard Löwenherz in Messina an. Hier waren sie kaum einige Tage zusammen, als der Stolz des Letzteren die Eintracht beider Könige, welche schon vorher nicht fest gewesen war, völlig zerstörte. Indessen wirkten dabei auch die Verhältnisse des Reiches Sicilien mit. Nach dem Tode des letzten normannischen Königs von Sicilien, Wilhelm II. (1189) war die Herrschaft dieses Reiches auf Constantia und ihren Gemahl, König Heinrich IV., übergegangen; die Stände wollten aber von einem fremden Gebieter nichts wissen, und huldigten damals dem Fürsten oder Grafen Tankred von Lecce, dem einzigen noch übrigen männlichen Sprößling ihrer königlichen Familie. Tankred war der Sohn eines natürlichen Sohnes von Roger II., welcher ebenfalls Roger hieß, also ein Neffe der Constantia und Wilhelm II. hatte ihm, weil er der einzige männliche Sprößling der normannischen Familie war, die Grafschaft Lecce gegeben. Da er sich bei der Ankunft Richard's und Philipp August's in seiner Herrschaft noch nicht festgesetzt hatte, so mußte ihn die Erscheinung dieser Könige und die Wahrscheinlichkeit, daß sie in Sicilien überwintern würden, mit großer Besorgniß erfüllen; denn Philipp August stand mit dem deutschen Kaiser und seinem Sohne in freundschaftlichem Verhältnisse, und Richard war ein Bruder von Wilhelm's II. Wittwe, Johanna, welche Tankred ihres Wittwengutes beraubt hatte und in einer Art von Gefangenschaft hielt. Indessen zeigte sich Philipp freundlich und sogar schmeichelnd gegen Tankred und wurde daher von ihm in die Stadt Messina selbst aufgenommen. Der englische König dagegen verlangte sogleich in drohendem und trotzigem Tone die Freilassung seiner Schwester; Tankred gewährte ihm zwar seine Forderung, ließ aber sein Heer nicht in die Stadt ein, sondern nöthigte ihn, vor den Mauern ein Lager aufzuschlagen. Richard begnügte sich nicht mit der Befreiung seiner Schwester, er forderte auch als Witthum für dieselbe eine ansehnliche Grafschaft, sowie einen goldenen Thronsessel, einen großen goldenen Tisch und andere Kostbarkeiten, deren Erwähnung uns aufs deutlichste zeigt, wie glänzend die normannisch-sicilianische Hofhaltung gewesen sein muß. So heftig übrigens dieser Zwist zwischen Tankred und Richard auch war, so wäre er doch wahrscheinlich nicht in offene Feindschaft übergegangen, wenn nicht Richard und seine Ritter das sicilianische Volk beleidigt hätten. Die Bevölkerung der damals reichen und blühenden Insel Sicilien bestand theils aus Leuten von gemischt griechischer und maurischer Abstammung, theils aus Italienern und Normannen; die Ersteren zeigten sich gegen beide Könige demüthig, die Letzteren aber, welche ebensowohl als die Kreuzfahrer ritterliche Waffen hatten, ließen sich nichts gefallen. Diese geriethen mit den englischen Rittern und ihrem trotzigen Könige in heftige Streitigkeiten, welche bald in einen förmlichen Krieg ausarteten. Nachdem bereits mehrere Gefechte Statt gefunden hatten, kam Richard auf den tollkühnen Gedanken, die Stadt Messina zu stürmen, obgleich dieselbe damals 50,000 Einwohner zählte und die Franzosen Miene machten, einen Ort, in welchem sie Gastfreundschaft gefunden hatten, gegen die rohe Wuth des englischen Königs zu schützen. Richard's Kühnheit hatte jedoch Erfolg, weil die Franzosen auf Befehl ihres ruhigeren und kälteren Königs neutral blieben; die Stadt ward von den Engländern genommen und unter einem schrecklichen Gemetzel geplündert. Jetzt gerieth Richard mit dem Könige von Frankreich selbst in Zwist. Er ließ nämlich auf den Mauern von Messina seine Paniere aufpflanzen und Philipp hielt es als Lehensherr Richard's für eine Beleidigung, daß die Fahnen seines Vasallen auf den Zinnen einer Stadt wehten, in welcher er sein Quartier genommen hatte. Richard verstand sich zwar auf die Vorstellungen seiner Barone dazu, den französischen Fahnen überall einen Platz neben den seinigen zu gewähren und die Hälfte der besetzten Mauern den Franzosen einzuräumen; allein die Zwietracht zwischen beiden Königen dauerte nichtsdestoweniger fort, bis endlich nach langwierigen Streitigkeiten ein Vertrag zu Stande kam, in welchem sowohl ihre Lehensverhältnisse, als auch ihre Abfahrt von Sicilien genau bestimmt wurden. Richard hatte früher mit Alice, der Schwester des Königs von Frankreich, ein Verlöbniß abgeschlossen; nun ließ er sich gegen Auszahlung einer Geldsumme von diesem Versprechen entbinden und vermählte sich mit der Prinzessin Berengaria von Navarra, welche ihm seine hochbetagte Mutter Eleonore selbst in Sicilien zuführte. Auch mit Tankred schloß Richard einen Vergleich, welchen Philipp durch allerlei Hinterlist lange zu verhindern gewußt hatte. Tankred kaufte das Witthum der Königin Johanna mit einer bestimmten Summe ab und verlobte eine seiner Töchter mit dem Neffen derselben, dem Herzog Arthur von Bretagne.

Ende März (1191) ging Philipp August und nicht lange nachher auch Richard unter Segel. Der Erstere landete nach einer glücklichen Fahrt schon am 13. April an der Küste von Palästina; Richard's Flotte dagegen wurde zwischen Kreta und Cypern durch einen Sturm zerstreut, und da der damalige Beherrscher von Cypern sich gegen die Schiffbrüchigen, unter welchen sich Richard's Mutter, Braut und Schwester befanden, hart benahm, so beschloß der englische König Rache dafür zu nehmen. Beherrscher der Insel war der griechische Prinz Isaak, welcher sich derselben gewaltsam bemächtigt hatte und ihre Bewohner mit der Grausamkeit des wildesten Tyrannen behandelte. Von seinen Unterthanen tödtlich gehaßt, konnte er mit seinen Miethstruppen allein sich gegen eine unüberwindliche Ritterschaft, die einen Helden wie Richard an ihrer Spitze hatte, unmöglich halten; er gerieth in Gefangenschaft und seine Insel ward von den Engländern in Besitz genommen. In Palästina, wohin Richard Anfang Junis fuhr, war seit der Freilassung des Königs Veit (Guido) nichts Bedeutendes vorgefallen. Konrad von Montferrat hatte die Stadt Tyrus, von deren Bewohnern er förmlich als Herrscher anerkannt worden war, gegen Saladin glücklich vertheidigt und sich nachher an den König Veit angeschlossen, welcher die Stadt Akkon (Ptolemais) belagerte und durch die Ankunft vieler europäischen Kreuzfahrer sein Heer bis auf 30,000 Mann zu Fuß und 2000 Reiter hatte anwachsen sehen. Dagegen hatte auch Saladin auf die Nachricht, daß das erste Heer der Abendländer unter Friedrich Barbarossa durch Kleinasien heranziehe, große Schaaren seiner Glaubensgenossen von nah und fern um sich vereinigt. Auf diese Weise hatte um Akkon ein Kampf der Ehre und des Glaubens begonnen, der von beiden Seiten her mit gleicher Begeisterung geführt wurde. Es waren fast täglich Gefechte vorgefallen, und man zählt außerdem neun eigentliche Schlachten, welche bis zur Erscheinung des Herzogs Friedrich von Schwaben um den Besitz der festen Stadt geliefert wurden. Die Reste des deutschen Heeres, welche Friedrich herbeiführte, verliehen, so gering sie auch waren, den Christen neue Stärke und die Belagerung schritt seit seiner Ankunft rascher voran; auch Herzog Leopold von Oestreich erschien mit einer beträchtlichen Schaar; Friedrich erlag jedoch bald der Wirkung des Klimas, seine Schaaren zerstreuten sich, und kurz vor der Landung

Philipp August's brach noch dazu zwischen Veit und Konrad von Montferrat eine offene Feindschaft aus. Veit verlor nämlich seine Gemahlin und Niemand wollte ihn jetzt mehr als König anerkennen; Konrad aber nahm die Krone für sich in Anspruch und suchte sich dadurch ein Recht zu verschaffen, daß er die mit Humfried verheirathete Schwägerin Veit's, Elisabeth, zur Scheidung bewog und sich antrauen ließ. Der Streit zwischen beiden Fürsten war noch unentschieden, als Philipp August mit seinem Heere vor Akkon ankam.

Der französische König nahm sogleich für Konrad Partei, weil dieser sein Bundesgenosse und Vasall war, während Veit's Familiengüter in Poitou lagen und daher zunächst unter der Lehensherrschaft Richard's standen. Veit verließ hierauf das christliche Heer und begab sich nach Cypern, um bei Richard Hülfe zu suchen. Dieser war als Lehensherr zu seinem Schutze verpflichtet und ergriff gern die Gelegenheit, mit einem Scheine des Rechts gegen Philipp August auftreten zu können. Er verlangte, als er bei Akkon angekommen war, daß Konrad sich dem Ausspruche des Heeres unterwerfen solle. Dieser wollte jedoch von keinem Gerichte hören, da er seine Sache für ausgemacht und abgethan nahm, und kehrte, Richard's Heftigkeit fürchtend, nach Tyrus zurück. Hier ward er ein Jahr später von zwei Assassinen ermordet, welche, um ihre That ausführen zu können, zum Christenthume übergetreten waren, sich mit erheuchelter Frömmigkeit ihm genähert hatten und bei der Heimkehr von einem Gastmahl, während er eine Bittschrift las, ihn erdolchten (1192). Was den Alten vom Berge zum Morde Konrad's bewogen haben mochte, ist unbekannt; Richard's Feinde erklärten, wiewohl höchst wahrscheinlich mit Unrecht, diesen für den Anstifter der That. Uebrigens verschaffte nachher Richard die erledigte Königswürde dem Grafen Heinrich II. von Champagne, welcher Konrad's Wittwe heirathete, und entschädigte den König Veit von Lusignan mit der Insel Cypern. Zwischen Philipp August und Richard brach von dem Augenblicke an, als Beide vor Akkon wieder zusammengetroffen waren, ganz öffentlich die alte Eifersucht und Zwietracht aus; doch war der Erstere jetzt im Nachtheil, weil Richard ihn an allen kriegerischen und ritterlichen Eigenschaften übertraf, und gleich nach seiner Ankunft eine Wendung hervorbrachte, die auf Philipp August's Ruhm einen starken Schatten warf. Richard besaß weit mehr Stärke, Kühnheit und Kampfübung als Philipp und verstand es, seine wilde Tapferkeit auch dem Belagerungsheere einzuhauchen, so daß schon sechs Wochen nach seiner Ankunft eine Belagerung, welche bereits zwei volle Jahre gedauert hatte und durch Philipp drei ganze Monate hindurch um keinen Schritt weiter gebracht worden war, ihr Ende erreichte. Am 12. Juli 1191 ergaben sich die Vertheidiger der Stadt mit Capitulation. Sie erhielten freien Abzug, mußten aber alle Schätze und Lebensmittel, sowie ihre Waffenmagazine und die im Hafen liegenden Schiffe zurücklassen und außerdem eine Anzahl Geiseln dafür stellen, daß Saladin eine Summe Geldes zahlen, gegen 2000 gefangene Christen freilassen und das heilige Kreuz, welches in der Schlacht bei Hittin in seine Hände gefallen war, zurückgeben wolle. In den Besitz der Stadt und in die gemachte Beute theilten sich Philipp August und Richard. Der Letztere bewies sich damals gegen die abziehende mohammedanische Besatzung und gegen ihren Herrscher weit freundlicher, als gegen seine eigenen Glaubensgenossen. Besonders wurden die Deutschen und ihre ersten Fürsten von ihm auf empörende Weise behandelt, so daß sie ihn von diesem Augenblicke an als den Feind ihrer Nation ansahen, dem sie gelegentlich Gleiches mit Gleichem zu vergelten hofften. Er versagte ihnen nämlich nicht allein allen Antheil an der Beute, sondern erlaubte sich auch gegen den Herzog Leopold VI. von Oestreich eine unerhörte Beschimpfung. Der Herzog hatte, wie erzählt wird, von einem Hause Besitz genommen und seine Fahne auf demselben aufpflanzen lassen; kaum erfuhr dies Richard, als er Leopold's Leute heraustreiben und seine Fahne nicht nur herabreißen, sondern sogar in den Koth werfen ließ. Leopold war zu schwach, um Rache nehmen zu können; er verließ die Stadt und kehrte im Beginn des nächsten Jahres nach Europa zurück. So wird der Hergang vielfach erzählt; die genauere Forschung belehrt uns freilich, daß der Frevel, wenn er überhaupt stattfand, bei einer späteren Veranlassung, muthmaßlich zu Askalon, begangen wurde, wo Richard und Leopold einen heftigen Wortwechsel hatten. Aber fast alle Deutschen und Italiener zogen bald aus Palästina ab, weil sie sich bei einem Heere, welches ganz unter dem Einflusse des englischen Königs stand, gekränkt und beeinträchtigt sahen.

Während Richard seine Mitstreiter auf rohe Weise beleidigte, trat er mit Saladin in freundlichen Verkehr. Beide Männer waren sich an Rohheit und Tapferkeit, an Großmuth und Raubgier, an Grausamkeit und augenblicklicher edlerer Aufwallung ziemlich gleich, und hatten in den häufigen Gefechten Gelegenheit, Einer des Anderen Gewandtheit und Körperstärke kennen zu lernen; beide kamen sich daher, gleich als Richard bei Akkon angelangt war, ritterlich entgegen. Sie wechselten Botschaften, machten sich Geschenke und traten in ein ganz eigenthümliches Verhältniß zu einander, welches bei Philipp August nicht nur die alte Eifersucht neu belebte, sondern natürlicher Weise auch Verdacht erweckte. Der Letztere wurde dadurch in seinem schon früher gefaßten Entschlusse bestärkt, unter einem schicklichen Vorwandte nach Europa zurückzukehren. Er sah ein, daß der Glanz, welchen das Ansehen seines Reiches und die Vasallenschaft des Königs von England ihm verliehen, nur dazu dienten, diesen seinen Nebenbuhler bei Gläubigen und Ungläubigen höher zu heben, weil sowohl die Türken und Kurden, als die christlichen Streiter sich durch die ritterlichen und poetischen Eigenschaften Richard's angezogen fühlten, den königlichen und staatsklugen Geist Philipp's aber natürlich nicht beurtheilen und schätzen konnten. Philipp hatte übrigens auch noch einen besonderen politischen Grund, schleunigst nach Europa zurückzukehren; vor Ptolemais war nämlich der Graf Philipp von Flandern gestorben, und da dieser keine Kinder hinterließ, so bot sich für den französischen König eine gute Gelegenheit dar, die Grafschaft desselben an sich zu reißen. Er nahm eine Krankheit zum Vorwande seiner Heimkehr und schiffte sich am letzten Juli ein, nachdem er dem Herzog Hugo von Burgund den Oberbefehl über den zurückgelassenen Theil seines Heeres ertheilt und dem König Richard das eidliche Versprechen gegeben hatte, daß er während der Abwesenheit desselben die englischen Besitzungen auf keine Weise beeinträchtigen wolle. Gleich nach seiner Ankunft in Frankreich begann er mit seinem eigenen Schwiegervater, Balduin von Hennegau, welcher als nächster Erbe des verstorbenen Grafen von Flandern dessen Hinterlassenschaft in Anspruch nahm, einen Krieg, und erlangte wenigstens so viel, daß ihm die Grafschaft Artois abgetreten ward, welche seitdem eine für die jüngeren Prinzen des königlichen Hauses bestimmte Besitzung geblieben ist.

Gleich nach Philipp's Abreise forderte Richard von Saladin die Erfüllung der bei der Capitulation von Akon eingegangenen Bedingungen, bestimmte ihm mehrere Termine, und ließ ihm endlich sagen, daß er nach dem Verlauf des äußersten Termines alle als Geiseln oder Gefangene in seiner Gewalt befindlichen Moslemen niederhauen lassen werde. Saladin, welcher wahrscheinlich eine solche Barbarei nicht für möglich hielt, achtete dieser Drohung nicht; Richard aber führte sie wirklich aus, und ließ mit wahrhaft kannibalischer Wuth mehr als '2000 Mohammedaner auf einer Ebene vor der Stadt niedersäbeln: eine Gräuelthat, die von allen christlichen Schriftstellern jener Zeit bis auf einen einzigen nicht im geringsten mißbilligt, ja, von manchen sogar gepriesen wird. Sie ward von Saladin, der mit Richard ebenso in Grausamkeit, wie zu anderen Zeiten in Großmuth wetteiferte, zwar gleichwohl nicht mit der Tödtung von Wehrlosen vergolten, wenn auch zur Erregung von Haß und Rache benutzt; dies unterbrach jedoch nur für kurze Zeit die freundlichen Berührungen beider Krieger, welche im Kampfe, wie im Verkehr des Lebens ganz für einander geschaffen zu sein schienen. Den Krieg begann Richard erst sechs Wochen nach der Eroberung von Akkon wieder. Er ging nicht auf Jerusalem, als das Hauptziel seines Kreuzzuges los, sondern dachte erst dann an eine Unternehmung gegen diese Stadt, als der Eifer der Ritter erkaltet und viele Streiter heimgekehrt waren. Unter steten Gefechten drang er der Küste entlang bis Askalon vor, mußte aber jeden Fußbreit Landes mit Blut erkaufen, weil Saladin nur Schritt für Schritt zurückwich. Der Sultan schleifte alle Städte, die er verließ, um es den Christen unmöglich zu machen, dieselben in Waffenplätze zu verwandeln, wie es früher mit Tyrus und Akkon geschehen war. Die Zeit vom Herbste bis zum Frühling des nächsten Jahres (1192) brachte Richard vorzüglich damit zu, daß er zuerst die Festungswerke von Joppe (Jaffa) und später die von Askalon wieder herstellen ließ. Die dadurch entstandene Zögerung wirkte freilich nachtheilig auf diejenigen, welche weder an einen Plan dachten, noch Kriegskenntniß besaßen, sondern blos von ihrem Enthusiasmus getrieben wurden. Dagegen fühlte aber auch Saladin, welch ein furchtbarer Feind ein Mann wie Richard an der Spitze der ritterlichen Streiter des Abendlandes sei; und es mag nicht ungegründet sein, daß Richard's bloßer Name, der sich unter den Ungläubigen noch lange Zeit nachher als Schreckenswort im Volksgebrauche erhalten hat, auf Saladin's Krieger oft entmuthigend wirkte. Mehr als einmal bebten die türkischen Reiter bei seinem Anblick und wandten sich unter dem Geschrei: „König Richard kommt!" zu schleuniger Flucht. Richard kämpfte aber auch in den Gefechten mit einer tollkühnen Tapferkeit, bei der seine Erhaltung nur dann begreiflich ist, wenn man bedenkt, daß ihn die außerordentliche Gewandtheit und Stärke seines Körpers in den Stand setzte, eine schwere, den Waffen fast undurchdringliche Rüstung zu tragen. Der Sultan glaubte endlich einen solchen Mann auf jede Weise vom Kriegsschauplatz entfernen zu müssen und gab deshalb seinem Bruder, A b e l (al Melek al Abil), Vollmacht zu Unterhandlungen mit ihm. Zwischen Abel und Richard entspann sich bei der Gelegenheit ein freundliches Verhältniß und ein lebhafter Verkehr, die Verhandlungen selbst aber kamen zu keinem Ziele. Einer von Beiden verfiel dabei auf den sonderbaren Gedanken, alle Streitigkeiten durch eine Vermählung Abel's mit Richard's Schwester, der verwittweten Normannenkönigin Johanna, welche dieser aus Sicilien mit nach Palästina gebracht hatte, auszugleichen. Abel und Johanna sollten für Beherrscher von Palästina erklärt werden und von Richard die eroberten Städte, sowie von Saladin den Rest des Landes mit der Hauptstadt Jerusalem erhalten. Nur Saladin sah das Ungereimte und Unthunliche dieses Vorschlages ein und nahm ihn ebendeßhalb zum großen Erstaunen seiner vertrauten Diener und Rathgeber an. Er urtheilte ganz richtig, daß die Sache, wenn man sie ihren Gang gehen lasse, nicht blos an der Schwester Richard's, welche noch gar nicht gefragt worden war, sondern ganz besonders an dem Punkte der Religion und an dem Widerspruch der Geistlichkeit scheitern werde. Auch war in der That der sonderbare Plan unter den Christen kaum bekannt geworden, als die Entrüstung darüber sich so allgemein und so laut äußerte, daß Richard zu dem erdichteten Vorwand seine Zuflucht nehmen mußte, er habe vorausgesetzt, daß Abel Christ werden würde. Er zeigte übrigens gleich darauf eine ähnliche Unwissenheit und Sorglosigkeit in Betreff der zarteren gesellschaftlichen und religiösen Verhältnisse seiner Zeit, als er einem Anverwandten Saladin's den Ritterschlag ertheilte, und also einen Mohammedaner in eine christliche Verbindung aufnahm, die in der Beschützung des Glaubens und in der den Orientalen und ihren Harems ewig fremd gebliebenen Galanterie ihren Mittelpunkt und ihr Hauptelement fand.

Während Richard, soweit es der Krieg zuließ, mit den Ungläubigen in freundlichem Verkehr stand, hatte er mit den Franzosen und ihrem Anführer, dem Herzog von Burgund, unaufhörlichen Streit. Lange duldete er ihre Widersetzlichkeit, weil er immer noch hoffte, den gegen die Stadt Jerusalem beabsichtigten Hauptschlag thun zu können. Er ließ sich sogar durch die Nachricht, daß sein Bruder Johann in England und in den französischen Provinzen aufrührerische Bewegungen mache, nicht von seinem Vorsatze abbringen und zur Rückkehr nach Europa bestimmen. Selbst als ihn der Herzog von Burgund und dessen Gefährten mit beißenden Sirventes verfolgten, rächte er sich blos als Dichter durch ebenso bittere Verse. Endlich näherte er sich (Juni 1192) der heiligen Stadt bis auf eine Entfernung von wenigen Meilen; allein in demselben Augenblick, wo er den Gipfel des Ruhms erreicht zu haben glaubte, mußte er mit thränenden Augen seinen Rückzug nehmen, weil die Franzosen die Eroberung von Jerusalem für unmöglich erklärten und den Zusammentritt eines Kriegsrathes veranlaßten, in welchem durch künstlich gewählte Schiedsrichter der Beschluß gefaßt wurde, daß unter den vorhandenen Umständen der Angriff auf die Stadt unterlassen werden müsse. In dieser peinlichen Lage suchte Richard wenigstens seine Ehre zu retten. Er beschloß, die schutzlosen Christen und die heiligen Orte von Palästina nicht dadurch, daß er sie mitten im Kriege verlasse, der Willkür der Ungläubigen preiszugeben, ließ die Befestigungswerke von Askalon wieder herstellen, ja legte dabei selbst Hand an, und begann neue Unterhandlungen, um von Saladin einen Frieden oder doch einen Waffen-

Stillstand zu erhalten. Während er darauf hinarbeitete, setzte er jedoch den Kampf fort und rückte noch einmal bis ganz in die Nähe von Jerusalem vor, freilich wiederum vergeblich.*) Bald nachher vollbrachte er die berühmteste jener tollkühnen Thaten, die ihm den Beinamen des Löwenherzigen verschafft haben. Er ward nämlich, als er mit nur höchstens 1000 Mann und elf Pferden bei Joppe lag, plötzlich von einem mehr als zehnfach überlegenen feindlichen Heere angegriffen, in welchem sich allein 7000 Mann regelmäßiger Cavallerie befanden. Seine kleine Schaar stellte sich in einer geschlossenen Linie auf und leistete dem mehrmaligen Anbrang der Feinde Widerstand. Er selbst aber konnte sich nicht auf eine ruhige Abwehr beschränken, sondern brang mit den wenigen berittenen Gefährten auf die Feinde ein, durchbrach eine Linie derselben nach der anderen, scheuchte Alles um sich her zurück, rettete einen seiner Begleiter, der vom Pferde stürzte und umzingelt ward, befreite einen anderen, der bereits gefangen war, hieb mit seinem Schwerte Alles nieder, und entkam auf eine fast unglaubliche Weise mitten aus dem Heere der Feinde, die ihn zu Tausenden umgaben und doch nicht weiter anzugreifen wagten.

Bald nach diesem Treffen brachte Richard einen Waffenstillstand auf drei Jahre zu Stande, in welchen auch seine Glaubensgenossen in Syrien und Palästina eingeschlossen wurden (1. September 1192). Die Christen blieben im Besitze von Antiochia, Tripolis, Akkon, Joppe und von allen anderen Küstenstädten; Askalon aber ward unter Mitwirkung beider Theile geschleift, und der Zugang zum heiligen Grab allen Christen geöffnet; doch ließ Richard den Franzosen zum Verdruß die Clausel hinzufügen, daß jeder Pilger einen Paß von ihm oder von Heinrich, dem Titularkönige des Reiches Jerusalem, haben müsse. Ferner sollen die nächsten drei Jahre und drei Monate hindurch alle gegenseitigen Angriffe unterbleiben. Alsbald zogen ganze Schaaren von Kriegern als Pilger zum heiligen Grab; Richard selbst aber schiffte sich zu Anfang Octobers nach Europa ein. Er hatte offenbar die Absicht, noch einmal nach Palästina zurückzukehren, und der schon fünf Monate später (1193) zu Damaskus erfolgte Tod Saladin's schien für einen neuen Kreuzzug gute Aussichten zu eröffnen; allein Richard und Philipp August wurden durch die Lage der Dinge in Europa gehindert, sich von neuem in den Orient zu begeben. Aus dem dritten Kreuzzuge blieb neben der Heldengestalt Richard's,

---

*) Nach Joinville's Bericht soll ihm damals (Ende Juli 1192) von einer Höhe aus ein Kriegsmann die Thürme von Jerusalem gezeigt haben; Richard aber verhüllte sein Antlitz und erwiderte: „wer die heilige Stadt nicht befreien kann, soll sie auch nicht anschauen."

dessen sittliche Mängel man übersah, vor Allen Saladin im Abendlande nicht minder als bei den Moslemen in Ehren. Die Letzteren priesen vorzugsweise seine strenge Rechtgläubigkeit, seine Demuth vor Gott und sein Festhalten am gegebenen Wort; die Christen waren von seinem ritterlichen Wesen und seinen großmüthigen Handlungen, besonders aber von der wahrhaft fürstlichen Freigebigkeit eingenommen, die er gegen Andere übte, während er selbst eine schlichte Lebensweise beibehielt; nach seinem Tode fand man bei ihm nur ein Goldstück und einige Silbermünzen vor, so daß die Kosten für seine Bestattung mühsam zusammengebracht wurden. Walther von der Vogelweide, der die Tugend der „Milde" sehr hoch schätzt, preist in einem Liede die beiden Gegner, Saladin und Richard von England, als Meister derselben an;*) Dante aber versetzt den Ersteren in jenen Vorhof der Unterwelt, wo er neben den großen Denkern und Dichtern des Alterthums und neben Julius Cäsar mit seinem Anhang als der einzige Nichtchrist erscheint. Aus Deutschland zogen zwar 1197 sehr beträchtliche Schaaren von Kreuzfahrern nach Palästina, die Ungunst des Schicksals aber gestattete ihnen nicht, etwas Bedeutendes auszuführen. Der Papst hörte indessen nicht auf, die Kreuzzüge als eine heilige Christenpflicht verkünden zu lassen, und der Geist, von dem sie ausgingen, breitete sich in Europa immer mehr aus; Palästina wäre daher wahrscheinlich im Anfange des folgenden Jahrhunderts wieder erobert worden, wenn nicht gerade damals für den Thatendurst der Abenteurer und für den frommen Waffeneifer der Andächtigen in zwei anderen Ländern ein neues Feld eröffnet worden wäre. Im südlichen Frankreich nämlich drohte der päpstlichen Kirche von den unter dem Namen der Albingenser berühmt gewordenen Ketzern Gefahr, und im byzantinischen Reiche ward an die Stelle des griechischen Herrschers ein dem Abendlande und seiner Kirche angehöriger Kaiser gesetzt; in beiden Ländern war also der Stoff und Anlaß zum Kampfe für den Kirchenglauben gegeben, und bei der Unterdrückung der Albigenser mitzuwirken oder die im griechischen Reiche eingeführte lateinische Rechtgläubigkeit mit den Waffen zu schützen, galt für ein ebenso verdienstliches Werk, als ein Kreuzzug nach Palästina. Nach jenen beiden Gegenden wandte sich daher in der nächsten Zeit der von der Kirche angeregte Eifer der ritterlichen Streiter Europas, und der Gang der Dinge selbst nöthigt uns, den Blick zunächst nach den Hauptstaaten des Westens und nach dem griechischen Reiche zu wenden.

---

*) Wie Lessing dem Saladin die Worte in den Mund legt, „das Gold falle ihm nur durch die Finger", so schreibt ihm Walther den Ausspruch zu: „die Hände der Fürsten müßten durchlöchert sein."

4. Deutschland und Italien von Friedrich Barbarossa's Tod bis zur Ermordung Philipp's von Schwaben.

Die Regierung von Friedrich Barbarossa's Sohn, Heinrich VI., begann mit der Bekämpfung des alten Feindes der Hohenstaufen, Heinrich's des Löwen. Dieser hatte gleich nach Friedrich's Abreise ins gelobte Land sein gegebenes Wort gebrochen und war im Herbste des Jahres 1189 nach Deutschland zurückgekehrt, um die Abwesenheit des alten Kaisers und so vieler Reichsvasallen zur Wiedererlangung der verlorenen Macht zu benutzen. Sein erstes Auftreten war überaus glücklich und glorreich. Der Erzbischof Hartwig von Bremen, einer der angesehensten Großen von Norddeutschland, sowie viele andere Fürsten in Holstein, Mecklenburg und Sachsen verbanden sich mit ihm, und ehe noch der junge Kaiser seine Truppen zusammenziehen konnte, hatte Heinrich sich bereits Lübeck, Lauenburg und andere Städte unterworfen, seine Residenz Braunschweig neu befestigt und Barderwid in der Nähe von Lüneburg, damals die bedeutendste Handelsstadt im nördlichen Deutschland, dem Erdboden gleich gemacht.*)
Als der Kaiser Heinrich mit der Reichsmacht vor Braunschweig erschien, war die Winterszeit schon eingebrochen, und die heftige Kälte nöthigte ihn bald, sein Heer wieder aufzulösen. Es hatte also das Ansehen, als wenn er den kühnen und verschlagenen Herzog nur nach einem langwierigen Kampfe werde bezwingen können. Dazu hatte er aber keine Zeit, weil der kurz vorher erfolgte Tod des Königs Wilhelm II. von Neapel und Sicilien seine Anwesenheit in Italien nöthig machte. Er suchte deshalb die deutschen Angelegenheiten so schnell als möglich auf friedlichem Wege zu ordnen und fand Heinrich den Löwen geneigt dazu, weil derselbe sich plötzlich von einem Theile seiner Verbündeten verlassen sah. Philipp von Köln, mit welchem sich der Kaiser kurz vorher wieder ausgesöhnt hatte, übernahm in Gemeinschaft mit dem Erzbischof Konrad von Mainz die Vermittelung und brachte den Friedensvertrag von Fulda zu Stande, in Folge dessen der Herzog wieder zu Gnaden angenommen wurde und die Hälfte von Lübeck erhielt, sich aber dagegen verpflichtete, die Mauern von Braunschweig an vier Stellen niederzureißen, Lauenburg zu schleifen und seine zwei ältesten Söhne Heinrich und Lothar (der dritte, Otto, war von König Richard mit Poitou belehnt worden) als Geiseln zu stellen. Wahrscheinlich hatte der Kaiser diese Zugeständnisse, welche seine Ehre zu fordern schien, durch einige geheime Versprechungen erlangt; er selbst dachte jedoch nicht daran, sein Wort zu halten, und

---
*) Ueber dem Portal der Hauptkirche wurde die Inschrift: „Vestigia Leonis" (Spur des Löwen) angebracht.

auch Heinrich band sich nicht an den Vertrag, so daß die Feindschaft schon nach kurzer Zeit wieder ausbrach.

Unmittelbar nach dem Abschluß des Friedens eilte der Kaiser nach Italien, um von der Verlegenheit Vortheil zu ziehen, in welche der Usurpator des neapolitanischen Reiches, Tankred, damals durch die Ankunft des englischen und französischen Kreuzheeres gekommen war (gegen Ende 1190); er ward aber unterwegs durch die Angelegenheiten der lombardischen Städte und durch den Papst Cölestin III. so lange aufgehalten, bis sein Freund, Philipp August von Frankreich, Messina wieder verlassen hatte. Cölestin, der eben erst (Frühjahr 1191) zum päpstlichen Stuhl erhoben worden war, wollte auf keine Weise zugeben, daß die deutsche Kaiserwürde durch den Besitz des Königreichs Neapel und Sicilien noch mehr Gewicht und Ansehen erhalte und ließ sich selbst die Weihe nicht ertheilen, damit Heinrich die Krönung nicht von ihm verlangen könne. Der Kaiser beschloß, ihn durch das römische Volk zu zwingen, und um dieses zu gewinnen, gab er seine und seines Vaters treueste Verbündeten, die Bewohner von Tusculum, der Rache ihrer Feinde preis. Es bestand nämlich seit dem glänzenden Siege Christian's von Mainz über die feigen Schaaren, die sich damals Römer im alten Sinne des Wortes wähnten, zwischen Tusculum und Rom steter Streit; das erstere war aber unüberwindlich, weil es durch eine kaiserliche Besatzung geschützt ward. Die Römer, in deren Gewalt der Papst war, versprachen dem Kaiser Heinrich, diesen zur Krönung zu zwingen, wenn er seine Truppen aus Tusculum zurückziehen wolle. Heinrich ging auf ihren Vorschlag ein und opferte eine Stadt, die ohne seinen Verrath von dem elenden römischen Pöbel nie hätte besiegt werden können, der Rachgier ihrer erbittertsten Feinde. Diese fielen mit der Wuth wilder Barbaren über das wehrlose Tusculum her, verstümmelten und tödteten die Einwohner und brannten die Stadt nieder. Der geringe Ueberrest der Tusculaner erbaute sich Laubhütten und aus diesen entstand nach und nach eine neue Stadt, welche von den Zweigen (frasche), aus denen die ersten Wohnungen errichtet waren, den Namen Frascati erhielt. Die Römer nöthigten den Papst, sich weihen zu lassen, und Heinrich ward dann von demselben zum Kaiser gekrönt (April 1191). Der Letztere brach von Rom sogleich nach Unteritalien auf, unterwarf sich eine Stadt nach der anderen und hatte bereits die Belagerung von Neapel begonnen, als seine Truppen, wie so manche deutsche Heere der frühern Zeit, der Wirkung des Klimas erlagen. Tausende wurden in kurzer Zeit durch ansteckende Krankheiten hingerafft, und zu gleicher Zeit kam auch eine Verrätherei des jungen Heinrich von Braunschweig, welcher mit nach Italien gezogen war, an den Tag. Der Kaiser mußte sich daher nicht nur zur Aufhebung der Belagerung, sondern auch zur' Rückkehr nach Deutschland entschließen (September 1191). Er brachte nur wenige von denen, die ihn nach Italien begleitet hatten, in die Heimath zurück. Seine Gemahlin Constantia, die sich nach Salerno begeben hatte und von dort aus ihre Rechte auf das neapolitanische Reich wahrzunehmen suchte, fiel in die Hände der Feinde. Die Salernitaner waren nämlich als alte Republikaner der Sache Heinrich's abgeneigt, und lieferten die Königin entweder selbst aus oder sie ließen es doch geschehen, daß Tankred's Admiral sie in ihrer Stadt gefangen nahm. Tankred behandelte Constantia mit Achtung und schickte sie auf Ermahnung des Papstes schon im nächsten Jahre ihrem Gemahl zurück.

In Deutschland fand der Kaiser seinen alten Feind Heinrich den Löwen, dessen Sohn sich durch die Flucht der Strafe des Verraths entzogen hatte, in einen Krieg mit seinen Nachbarn verwickelt. Er unterstützte nicht allein diese, sondern er suchte auch durch eine Verbindung mit Philipp August von Frankreich der welfischen Partei zu schaden. Zu diesem Zwecke beredete er den rheinischen Pfalzgrafen Konrad, einen Bruder Friedrich Barbarossa's, dem französischen Könige seine einzige Tochter zu verloben, welche als wahrscheinliche Erbin der Pfalzgrafschaft und als künftige Besitzerin der großen Allodien ihres Vaters eine reichere Mitgift hatte, als irgend eine andere Prinzessin in Europa. Sie selbst wollte aber von dieser Heirath nichts wissen, weil sie ihr Auge auf Heinrich's des Löwen Sohn, Heinrich, geworfen hatte, dem sie früher einmal zugedacht gewesen war. Sie setzte sich unter dem Beistand ihrer Mutter mit ihm in Verkehr und vermählte sich insgeheim mit ihm. Dadurch wurde zwar des Kaisers Plan vereitelt, die Heirath brachte ihm dagegen von einer anderen Seite her wesentliche Vortheile. Er selbst sah darin ein Mittel, sich von einem Feinde zu befreien, der ihm bei seinen Unternehmungen gegen Tankred von Sicilien sehr lästig und gefährlich war, und die welfische Familie, welche jetzt die Pfalzgrafschaft zu erwerben suchte, fühlte sich sowohl durch ihr eigenes Interesse, als durch die neue Verwandtschaft zur Aussöhnung mit ihm bewogen. Im Frühling 1194 vereinigte man sich daher zu Tilleda am Kyffhäuserberg in der sogenannten güldenen Au über einen förmlichen Vertrag, durch welchen beide Theile sich mit einander versöhnten und der junge Heinrich von Braunschweig gegen die versprochene Belehnung mit der Pfalzgrafschaft seine Theilnahme an des Kaisers italienischen Zügen zusagte. Aus den zwischen den Welfen und Hohenstaufen obschwebenden Verhandlungen erklärt es sich auch, daß den ersteren bei dem Verfahren des Kaisers gegen Richard Löwenherz in der letzten Zeit seiner Haft die Hände gebunden waren und daß sie bei der Gelegenheit nicht die

Sprache führten, die ihnen als dankbaren Anverwandten des Königs Richard gebührt hätte.

Richard war im October 1192 von Palästina nach Dalmatien abgesegelt, weil er bei seinem feindseligen Verhältniß zu Philipp August sich nicht getraute, durch Frankreich zu reisen. Er wollte auf demselben Wege, welchen kurz vorher sein Neffe, der Sohn Heinrich's des Löwen, von Neapel aus eingeschlagen hatte, d. h. durch Dalmatien, Illyrien, Ungarn und Böhmen nach Braunschweig gehen, um dann seine Reise durch Niederdeutschland nach England fortzusetzen. Auch auf diesem Wege, den er als Pilger verkleidet machen wollte, hätte er die größte Vorsicht anwenden müssen; denn er hatte nicht nur in Palästina die ganze deutsche Nation beleidigt, sondern man bedurfte damals auch nach dem herrschenden Gebrauch und Recht, wenn man nicht als vogelfrei angesehen werden wollte, überall eines Geleites oder, wie wir sagen würden, eines Passes, so daß selbst Leute, wie der Erzbischof Philipp von Köln, einen solchen nöthig hatten, um aus Rom nach Deutschland zurückkehren zu können. Richard hatte aber von Niemand ein Geleite. Sein Neffe war auf jenem Wege glücklich nach Hause gekommen, weil er der angenommenen Verkleidung getreu geblieben war; Richard dagegen stürzte sich durch seine gewöhnliche Unbesonnenheit ins Verderben, weil er durch sein Benehmen und sein zahlreiches Gefolge die Aufmerksamkeit, sowie durch seinen oft ganz unnöthigen Aufwand die Habsucht reizte. Seine ganze Reise war eine zusammenhängende Reihe von Unvorsichtigkeiten. Er hatte so viele Leute bei sich, daß zwischen Aquileja und Freisingen nicht weniger als 14 Ritter seines Gefolges gefangen genommen wurden, und doch würde weder damals noch zu irgend einer Zeit ein Fürst einen solchen Troß fremder Gendarmen ohne vorhergängige Erlaubniß durch sein Land haben ziehen lassen. Schon in Dalmatien verrieth sich Richard zweimal. Er wurde dadurch genöthigt, sich nach Aquileja zu wenden, von wo er dann durch die Grafschaft Görz, durch Kärnthen und durch das Salzburgische gehen wollte. Der Graf Meinhard von Görz stellte ihm bereits nach, und Richard entkam nur mit genauer Noth. Gleich nachher ging es ihm im Salzburgischen ebenso. Von da nahm er, um nach Böhmen zu gelangen, einen sonderbaren Umweg, der ihn bis in das Dorf Erdburg in der Nähe von Wien, der Residenz des von ihm so schwer beleidigten Herzogs Leopold von Oestreich, führte. Hier verrieth er sich durch einen kostbaren Ring, an welchem ihn einer von Leopold's Begleitern auf dem Kreuzzuge erkannte. Der Herzog eilte auf die erhaltene Anzeige selbst hinaus, um ihn aufzuheben und ließ ihn dann in dem Schlosse Dürrenstein an der Donau einkerkern (December 1192). Sobald die Verhaftung Richard's bekannt geworden war, erhob sich die allgemeine Stimme so sehr zu seinen Gunsten, daß der Papst den Herzog von Oestreich deshalb sogar in den Bann that. Man sah nämlich in dem Gefangenen nur einen Pilger und Verfechter des Glaubens, faßte den Charakter jenes Zeitalters gemäß blos die religiöse und moralische Seite der Sache ins Auge und ließ die politischen Gründe, welche in unseren Zeiten immer als die entscheidenden betrachtet werden, ganz unbeachtet. Heinrich VI. jedoch hörte auf die öffentliche Stimme nicht im mindesten. Er ließ sich den Gefangenen ausliefern und behandelte ihn eine Zeit lang sehr hart, nicht nur weil er in Richard einen Reichsfeind und wegen der Verbindung desselben mit Heinrich dem Löwen und mit Tankred von Sicilien auch einen persönlichen Gegner erkannte, sondern besonders weil er dadurch ihn und seine Unterthanen zur Bezahlung eines bedeutenden Lösegeldes zu bewegen hoffte. Richard wurde nach der Burg Trifels (zwischen Landau und Annweiler in der bairischen Rheinpfalz) gebracht und daselbst in einen festen Kerker eingeschlossen. Die Engländer bewiesen ihrem gefangenen Könige außerordentliche Theilnahme, und diese Liebe der Seinen hat in Verbindung mit seinem heitern Sinne und der herrschenden Meinung über Heinrich's Verfahren Anlaß zu romantischen Ausschmückungen gegeben, welche den Sagenkreis der ritterlichen Dichtkunst des Mittelalters erweiterten. Die berühmteste dieser poetischen Erzählungen ist die von der Treue seines Freundes, des Sängers Blondel, welcher nach langem Suchen und Irren den Kerker Richard's gefunden, sich verkleidet Eingang zu ihm verschafft und seine Befreiung bewirkt habe.*) Die Engländer schickten eine Deputation nach Deutschland, die Königin Mutter bestürmte den Papst Cölestin mit der Bitte um Verwendung, sie führte einen lebhaften Briefwechsel mit demselben und Cölestin that alles, was er konnte, für Richard; Heinrich ließ sich aber in seinen Absichten nicht stören. Endlich ward der Gefangene selbst seiner Haft müde und verstand sich, nachdem er zu Hagenau vor dem Kaiser und einer Fürstenversammlung in würdiger Weise seine Vertheidigung geführt hatte, zu der für jene Zeit unermeßlichen Summe von 150,000 Mark, die er als Lösegeld baar zu zahlen versprach und von welcher Heinrich 20,000 Mark an den Herzog Leopold abgeben sollte; Einige berichten, es sei ihm ein Nachlaß von 50,000 Mark gegen Erfüllung einer geheimen Bedingung bewilligt worden. Das Lösegeld mußten nach den Gesetzen der Lehensverfassung der Adel und die Geistlichkeit von England aufbringen und diese zahlten es mit einer Bereitwilligkeit, welche die Bewunderung der Deutschen

---

*) Die älteste Quelle für diese Sage ist eine Chronik von Rheims aus dem 13. Jahrhundert.

erregte. Es wurden die stärksten Auflagen auf alle Klassen des Volkes gemacht, die Gefäße der Kirche angegriffen, und selbst das edle Metall an den Gräbern der Heiligen nicht verschont. Nachdem die Sache als Handelsangelegenheit berichtigt war, wurden Richard und Heinrich gute Freunde; Letzterer beschenkte den Ersten mit dem Reiche Arelate und dieser nahm dagegen ohne Bedenken England vom Kaiser zu Lehen, wahrscheinlich weil er wohl wußte, daß Heinrich sein Recht an England ebenso wenig gellend machen können, als ihm selbst die Schenkung eines Reiches nütze, von welchem der deutsche Kaiser nur den bloßen Titel besaß. Beide legten auch, wie es scheint, nicht mehr Werth auf diese Ceremonieen, als dieselben in Wirklichkeit hatten. Zu Ende des Jahres 1190 empfing Heinrich den Theil des Lösegeldes, welcher nach dem Vertrage voraus entrichtet werden mußte; dessen ungeachtet gab er aber den König nicht frei. Gewiß ist, daß Philipp August von Frankreich und Richard's Bruder, Johann, der nach der englischen Krone strebte, dem Kaiser eine größere Summe boten, wenn er Richard noch länger festhalte. Dagegen erhob aber der Anhang des welfischen Hauses in Deutschland seine Stimme und die Reichsfürsten, welche den Vertrag mit beschwooren hatten, begannen dem Kaiser Vorwürfe zu machen. Heinrich mußte daher endlich wohl seinen Gefangenen freilassen (Februar 1194).

Die von den Engländern erpreßten Summen dienten dem Kaiser dazu, die Kosten eines neuen Zuges nach Italien zu bestreiten, an welchem die Deutschen als Nation keinen Antheil nehmen wollten. Die Umstände waren für diese Unternehmung günstig: Heinrich der Löwe war alt geworden und hatte sich zur Ruhe nach Braunschweig zurückgezogen, wo er ein Jahr später (1195) starb; sein Sohn, der jüngere Heinrich, bedurfte der Freundschaft des Kaisers; durch ein besonderes Glück endlich starb im Februar 1194 Tankred von Sicilien, der einzige Mann, der sich mit Erfolg hätte widersetzen können, und hinterließ als Erben seines Reiches einen unmündigen Sohn. Nur Eins fehlte dem Kaiser, um Neapel und Sicilien schnell und mit leichter Mühe unterwerfen zu können: eine Seemacht. Diese verschaffte er sich auf eine ebenso rücksichtslose Weise, als er sich das nöthige Geld verschafft hatte; er gewann durch Betrug die Genuesen und Pisaner, welche damals zu den mächtigsten Seestaaten der Welt gehörten. Er ertheilte ihnen außerordentliche Rechte und Vortheile und machte besonders den Genuesen so ungeheure Versprechungen, daß sie daraus hätten erkennen müssen, wie wenig er daran denke, das Geringste davon zu erfüllen. Er hatte den Pisanern schon im vorhergehenden Jahre ein großes Gebiet in Mittelitalien eingeräumt, abgabenfreien Handel im ganzen Reiche gestattet, den dritten Theil vom Schatze Tankred's verheißen und noch andere übertriebene Versprechungen gemacht. Den Genuesen soll er sogar erklärt haben, daß er den Zug gegen Sicilien nur seiner Ehre wegen mache und nach der Beendigung desselben die ganze Insel ihnen zu überlassen bereit sei. Die durch Habsucht bethörten Handelsleute sahen nicht, daß es blos bei ihm stehe, ob er sein Versprechen halten wolle, und daß er wegen der ewigen Eifersucht beider Seestaaten leicht den einen vermittelst des anderen um alle eingeräumten Rechte bringen könne. Sie unterstützten ihn daher, als er 1194 Neapel und Sicilien angriff, mit ihrer ganzen Seemacht. Da er außerdem nicht nur das Recht seiner Gemahlin für sich hatte, sondern auch ein bedeutendes Landheer mitbrachte, das von trefflichen Feldherren, wie von dem Marschall Heinrich von Kalindin angeführt war, so bemächtigte er sich schon in wenigen Monaten des normannischen Reiches und ließ sich in der Hauptkirche zu Palermo krönen. Er entehrte sein Glück durch wahrhaft empörende Willkür und Barbarei. Den jungen Sohn Tankred's ließ er blenden und sammt Mutter und Schwestern nach Deutschland schleppen, wo der Unglückliche zu Hohenems in Vorarlberg in steter Haft blieb. Viele geistliche und weltliche Große des Reiches wurden, wegen einer wirklichen oder angeblichen Verschwörung, verhaftet und mit furchtbarer Grausamkeit bestraft. Den verdienten Admiral Margaritone, welcher einst Constantia in Salerno gefangen genommen hatte, ließ Heinrich blenden; Andere wurden gespießt, verbrannt, geschunden oder lebendig in die Erde vergraben. Selbst die Gräber Tankred's und seines Vaters ließ der Wütherich erbrechen, um den Leichen Beider die mitgegebenen Kronen zu entreißen. Einer der italienischen Geschichtschreiber jener Zeit, die wohl Einzelnes mit Uebertreibung dargestellt haben, nennt Heinrich wegen seiner Grausamkeiten einen zweiten Nero; ein mohammedanischer Herrscher in Afrika dagegen ließ ihm aus Achtung für das, was man in seinem Lande Festigkeit nannte, Geschenke überreichen. Die große Beute, welche Heinrich und seine deutschen Gefährten damals machten, verräth einen erstaunlichen Reichthum und Luxus der Sicilianer jener Zeit und eine Blüthe der Industrie und des Handels, die auf eine ganz außerordentliche Bevölkerung der Insel zurückschließen läßt. Diese Schätze, mit welchen Heinrich die Reichskammer zu Trifels anfüllen ließ, bilden einen recht auffallenden Contrast mit der deutschen Armuth. Auch erhielt das hohenstaufische Haus unter seinem Sohne durch den Besitz des neapolitanischen Reiches allein mehr Macht und Glanz, als durch seine übrigen weit ausgedehnten Reiche und Provinzen. Als Heinrich nach Deutschland zurückkehrte, ließ er seine Gemahlin mit ihrem erst wenige Monate vorher geborenen Sohne, dem nachherigen Kaiser

Friedrich II., im Reiche ihrer Väter zurück;*) die Verwaltung desselben
aber übergab er, als wenn er den Sicilianern die deutsche Herrschaft
recht absichtlich verhaßt machen wollte, dem Bischof von Hildesheim,
der den Charakter eines gemischten und, wie alle Bewohner von Süd-
europa, beweglichen und reizbaren Volkes durchaus nicht begriff
und nicht begreifen konnte. In Oberitalien setzte er seinen Bruder
Philipp, dem er bald nachher auch das Herzogthum Schwaben
ertheilte, als Reichsverweser über Tuscien, und vermählte ihn mit
Irene, der Wittwe von Tankred's ältestem Sohne Roger, einer Tochter des griechischen Kaisers Isaak Angelus. Den Genuesen lohnte er,
wie schon bemerkt, die geleistete Hülfe auf seine Weise. Er erklärte
ihnen die Erfüllung seines Versprechens geradezu für unmöglich und
benutzte ihren Streit mit den Pisanern, um ihnen auch diejenigen Privilegien zu nehmen, deren sie bisher in Sicilien genossen hatten.

In Deutschland gewann er durch die mitgebrachten Schätze die
Gemüther der geldarmen Großen und arbeitete an einem Plane, dessen
Durchführung den Gang der deutschen Reichsgeschichte wesentlich ver-
ändert haben würde. Er forderte nämlich die Reichsstände auf, die
Königswürde für eine erbliche zu erklären, wie sie es in Frankreich
und anderen Ländern sei; dagegen wolle er die Erblichkeit ihrer Lehen
auch auf die weibliche Linie ausdehnen und sein apulisch-sicilisches
Reich mit dem deutschen vereinigen. Für diesen Plan, der 1196 einem
Reichstage in Würzburg vorgelegt wurde, waren mehr als 50 Fürsten
gewonnen; er scheiterte jedoch an dem Widerstande, der von den
Niederlanden wie von Sachsen ausging und von Rom aus unterstützt
wurde. Heinrich mußte das Vorhaben, das von seinem hohen Ge-
dankenfluge und Unternehmungsgeiste zeugt, aufgeben; dagegen ließ
er auf einer Versammlung in Frankfurt seinen Sohn noch vor em-
pfangener Taufe zu seinem Nachfolger erwählen und betrog dann
viele Tausende durch einen Meisterstreich seiner schlauen, selbstsüchtigen Politik. In allen Theilen des Reiches nämlich war die regste
Theilnahme an dem Schicksale von Palästina erwacht und Bürger,
Ritter und Fürsten rüsteten sich wetteifernd zu einem neuen Kreuzzuge. Diesen Enthusiasmus beschloß Heinrich zur Dämpfung eines
Aufstandes zu benutzen, welcher bald nach seiner Abreise aus Italien
in Apulien ausgebrochen war. Er stellte sich, als wenn er an jenem
Zuge Theil nehmen wolle und bewog die Kreuzfahrer, nach Apulien
zu reisen, wo sich alle vereinigen und von ihm die nöthigen Schiffe

---

*) Der Kaisersohn wurde am zweiten Weihnachtstage 1194 zu Jesi in der Mark
Ancona geboren und Constantin genannt; den Namen Friedrich erhielt er erst
in der Taufe, die — was damals nicht sehr auffallend war — erst einige Jahre
nach der Geburt stattfand.

zur Ueberfahrt nach Paläſtina erhalten ſollten. Hier dienten ſie ihm, um durch den Schrecken ihrer Waffen den Aufſtand zu unterdrücken, und wurden dann nach dem Orient entlaſſen, auf den er allerdings auch in politiſcher Hinſicht ſeine Blicke wandte. Hätte er länger gelebt, ſo würde er wohl die geſammte Macht ſeiner abendländiſchen Reiche gegen Oſten verwendet haben. Er ſelbſt blieb in ſeinem neapolitaniſchen Reiche und behandelte daſſelbe auch diesmal wie ein erobertes Land. Mit unerhörter Grauſamkeit beſtrafte er die politiſchen Vergehungen der Großen; er ließ z. B. in Capua den Grafen Richard von Acerra, einen Schwager Tankred's, am Schweife eines Pferdes durch die Straßen ſchleifen und dann an den Füßen aufhängen, damit er eines langſamen Todes ſterbe. Dieſes barbariſche Verfahren zog ihm jedoch nicht blos den Haß und Abſcheu ſeiner Unterthanen zu, ſondern es entzweite ihn auch mit ſeiner Gemahlin. Das Verhältniß zu derſelben ging ſogar, wenn man den Angaben einiger Geſchichtſchreiber Glauben ſchenken darf, in förmliche Feindſchaft über. Unter dieſen Umſtänden mußte die Behauptung und Regierung des Reiches Neapel immer ſchwieriger werden, zumal da ſich daſſelbe ſchon längere Zeit in einem Zuſtande befand, der auch dem beſten Herrſcher die Erhaltung der Ordnung und Ruhe faſt unmöglich gemacht haben würde. Die beiden Vorgänger Tankred's waren das Spiel unaufhörlicher Bewegungen an ihrem eigenen Hofe geweſen, und beſonders hatte die lange Regierung Wilhelm's II. faſt alle Ordnung aufgelöſt. Tankred ſelbſt war zwar mit den nöthigen Talenten begabt geweſen, er hatte aber das Scepter zu kurze Zeit geführt, um den unter ſeinen Vorgängern entſtandenen Verwirrungen abhelfen zu können. In Sicilien, deſſen Bevölkerung aus den verſchiedenartigſten und unruhigſten Nationen zuſammengeſetzt war, herrſchte die größte Zwietracht, und die Apulier waren, wie einer der vorzüglicheren Chronikſchreiber des Mittelalters ſich ausdrückt, das unzuverläſſigſte Volk, welches weder zum Kriege Muth und Kraft genug beſaß, noch im Frieden ruhig bleiben konnte und doch unaufhörlich nach zügelloſer Freiheit ſtrebte. Bei einem ſolchen Zuſtande konnten und wollten die Deutſchen, welchen Heinrich in dieſem fremden Lande alle Gewalt übergeben hatte, natürlich nicht anders als mit dem Schwerte und der Geiſel in der Hand regieren. Brutalität und Grauſamkeit auf der einen, Haß und Erbitterung auf der andern Seite nahmen von Tag zu Tage zu. Sie hatten ſchon den höchſten Grad erreicht, als Heinrich VI. in Folge eines kalten Trunkes zu Meſſina erkrankte und in einem Alter von 32 Jahren zu Palermo, wohin er ſich hatte bringen laſſen, verſchied (September 1197). Er war in der letzten Zeit mit weitgehenden Entwürfen beſchäftigt; er wußte ſeine Lehenshoheit über Cypern und Antiochien geltend zu machen und trat mit dem Kaiser Isaak Angelus, den sein Bruder abgesetzt und geblendet hatte, in Unterhandlungen, die darauf ausgingen, diesem die Krone wieder zu verschaffen, welche dann später auf Isaak's Tochter Irene und ihren Gemahl Philipp von Schwaben, Heinrich's Bruder, übergehen sollte. Da bei des Kaisers Tode sein Sohn noch nicht drei Jahre alt war, so erhielt Constantia als natürliche Vormünderin desselben die Regierung ihres angestammten Reiches. Sie glaubte ihren Landsleuten mehr trauen zu können, als den Deutschen, und wünschte die höchst bedenkliche Gährung im Reiche zu stillen. Sie gebot daher vor allen Dingen den Schaaren deutscher Beamten und Kriegsleute, Neapel und Sicilien zu verlassen. Diese kehrten, mit Beute und Lastern beladen, nach Deutschland zurück, wo sie durch die in einem reichen und blühenden Lande angenommenen Sitten den Charakter ganzer Stände und Gegenden verpesteten. Sie waren es auch, welche das ohne allen Zweifel grundlose Gerücht verbreiteten, daß Heinrich durch seine Gemahlin vergiftet worden sei. Diese Leute hatten dieselben militärischen Gesinnungen, wie die Heere Philipp's II. von Macedonien und seines Sohnes Alexander, die Legionstruppen Cäsar's, die Prätorianer der Kaiserzeit, die Soldaten Wallenstein's und die Bonapartisten unserer Tage, und theilten ebenso, wie die letzteren, ihren Geist einem großen Theile der Nation mit. Es darf uns daher nicht befremden, wenn wir in den deutschen Schriften jener Zeit derselben Erscheinung begegnen, wie in der französischen unserer Tage. Otto von Sct. Blasien, also derjenige unter den damaligen deutschen Geschichtschreibern, dem man vor Anderen folgen muß, beurtheilt nämlich den Kaiser Heinrich nicht von der moralischen, sondern von der politischen Seite her. Er sieht in ihm blos den Deutschen, der die Nationalehre förderte und hob. „Auf ewige Zeiten", sagt er unter Andern, „werden alle Völker Deutschlands den frühen Tod dieses Kaisers beklagen; denn Heinrich hat sie nicht nur mit den Schätzen anderer Länder bereichert und durch seine kriegerische Kraft allen umwohnenden Nationen furchtbar gemacht, sondern er würde sie auch für immer zum ersten Volke der Welt erhoben und den alten Glanz des Reiches wiederhergestellt haben, wenn ihn der Tod nicht allzu früh dahingerafft hätte."

Heinrich's VI. Tod brachte in Italien und Deutschland die bedeutendsten Veränderungen hervor. Kaum drei Monate nachher starb auch der Papst Cölestin III., und einer der größten Männer, welche je die Geschicke der Kirche geleitet haben, Innocenz III., bestieg im kräftigsten Lebensalter den päpstlichen Stuhl. Dieser vernichtete, wie später ausführlich gezeigt werden wird, sogleich die kaiserliche

Oberhoheit in Rom, brachte einen furchtbaren Bund der Städte Tusciens zu Stande und veranlaßte Constantia, nicht nur den Rechten, welche frühere Päpste der Krone von Sicilien zugestanden hatten, zu entsagen, sondern auch dem römischen Stuhle die vollständige Oberlehensherrschaft über ihr Reich sammt einem Jahreszins und die Vormundschaft über ihren jungen Sohn zuzugestehen; sie starb gleich darauf (November 1198). Auch die Italiener benutzten die Lage der Dinge und schüttelten gleich nach des Kaisers Tode das deutsche Joch ab. Heinrich's Bruder, Philipp von Schwaben, welcher den jungen Friedrich zur Krönung nach Deutschland hatte abholen sollen, und schon bis Tuscien gekommen war, konnte nicht wagen, seine Reise weiter fortzusetzen. Der junge Prinz blieb also bei seiner Mutter in Sicilien und verlor die Rechte, welche die deutsche Nation ihm früher zuerkannt hatte; denn es erhoben sich sogleich die Erzbischöfe von Trier und Köln, geschworene Feinde des hohenstaufischen Hauses, gegen ihn, und sein Oheim Philipp besaß, so redlich er es auch meinte, nicht Macht und Ansehen genug, um die Ansprüche des Kindes durchzusetzen. Der Letztere war noch nicht nach Deutschland zurückgekehrt, um sich durch die Freunde seines Hauses zum Reichsverweser ernennen zu lassen, als die Gegner schon die Erwählung eines neuen Königs betrieben. Sie ersahen sich dazu den Herzog Berthold V. von Zähringen. Dieser fand jedoch die angetragene Würde gleich anfangs zu kostspielig und trat deshalb, als Philipp ihm 11,000 Mark aus dem Schatz in Trifels versprach, gern zurück.*) Nun wählten die Welfen den zweiten Sohn Heinrich's des Löwen, Otto IV., dessen Bruder, Pfalzgraf Heinrich, damals noch nicht von dem Kreuzzuge zurückgekehrt war, zum deutschen König. Otto war früher von seinem Oheim, Richard Löwenherz, mit der Grafschaft York und, als ihn die Engländer im Besitze derselben nicht duldeten, mit Poitou belehnt worden, und Richard hatte Geld nach Deutschland geschickt, um seine Erwählung zu befördern. Durch dieses Vorhaben ward Philipp genöthigt, sein bisheriges System, nach welchem er nur Stellvertreter seines Neffen hatte sein wollen, aufzugeben und der Aufforderung seiner Freunde gemäß die Krone auf sein eigenes Haupt setzen zu lassen; denn der Streit um die Kaiserwürde war durch Otto's Wahl eine Sache zweier Familien geworden, er konnte voraussichtlich nur mit den Waffen entschieden werden und dazu war es durchaus nöthig, daß ein König an der Spitze des hohen-

---

*) Auf diese Wahlkämpfe bezieht sich das berühmte Lied Walther's von der Vogelweide, worin er darauf bringt, daß die andern Fürsten zurücktreten und daß Philipp die deutsche Krone oder, wie er sich ausdrückt, den Waisen aufsetze (der Waise ist ein Edelstein in der Krone, von dem man annahm, daß er der einzige seiner Art sei).

staufischen Heeres stehe. Philipp nahm also den ihm von seiner Partei angetragenen Königstitel an. Er ließ sich (September 1198) in der Stadt Mainz, deren Erzbischof noch auf dem Kreuzzuge abwesend war, durch einen italienischen Erzbischof krönen, nachdem ein päpstlicher Legat ihn von dem Banne gelöst hatte, mit welchem er früher wegen einer in Italien verübten Gewalttat oder wegen eigenmächtiger Besitznahme der mathildischen Güter belegt worden war. Otto war bereits im Juli zu Aachen durch den Erzbischof von Köln, also am rechten Orte und vom rechten Manne, gekrönt worden und hatte noch den Vortheil, daß Innocenz seine Zustimmung dazu gab und das Verfahren seines Legaten mißbilligte. Otto behauptete sich in Westphalen und am Niederrhein, für Philipp aber erklärte sich der südliche und östliche Theil von Deutschland; auf Seiten des Letzteren stand eine größere Zahl von Reichsfürsten und durch den Besitz der Schätze von Trifels konnte er den Krieg leichter führen als Otto.

Deutschland litt in dem Kampfe beider Theile entsetzlich. Gleich anfangs wurden Bonn und andere Städte des Bisthums Köln, sowie die ganze Gegend an der Mosel verwüstet; zu gleicher Zeit wüthete ein verderblicher Krieg in der Wetterau und an der Bergstraße. Bald stieg die Verwirrung eines Landes ohne Richter und Recht aufs höchste, und zum Unglück raffte der Tod auch den Bischof Konrad von Mainz, der nach seiner Rückkehr aus Palästina eine Aussöhnung zu Stande zu bringen suchte, mitten in seinen Bemühungen hin (1200). Sein Tod vermehrte sogar noch den Zwiespalt; denn beide Theile wählten einen Geistlichen ihrer Partei für das erledigte Bisthum. Nach einem mehrjährigen Kampfe neigte sich endlich das Uebergewicht entschieden auf Philipp's Seite und auch der Papst leitete Unterhandlungen mit demselben ein, da es ihm nicht sowohl darum zu thun war, dem Welfen Otto zum Kaiserthum zu verhelfen, als vielmehr die Deutschen ganz aus Italien zu entfernen und sein Ansehen in deutschen Kirchenangelegenheiten, ungeachtet des Wormser Concordats, immer weiter auszudehnen. Philipp verstand sich dazu, den von seiner Partei gewählten Erzbischof von Mainz aufzugeben, er versprach einem Neffen des Papstes eine seiner Töchter zur Gemahlin, und nun trat Innocenz zum Erstaunen Otto's, der sich um diese Zeit von seinem Oheim, dem englischen König Johann, neue Hülfsquellen verschafft hatte, auf einmal als Vermittler und Schiedsrichter auf (1207). Er schickte zwei Kardinäle als Bevollmächtigte nach Deutschland, um Otto zur Niederlegung der Krone zu bewegen; dieser wies aber jeden Vorschlag der Art mit Unwillen zurück. Jetzt warf Innocenz die Maske ab, erklärte sich bestimmt für Philipp und ließ ihn öffentlich vom Banne lösen. Dadurch erhielt der Streit eine entschiedene Wendung, und die Hohenstaufen würden gewiß obgesiegt haben, wenn nicht im nächsten Jahre (1208) der Pfalzgraf **Otto von Wittelsbach**, der Neffe des von Friedrich Barbarossa mit Baiern belehnten Wittelsbachers, den König Philipp zu Bamberg ermordet und dadurch dem Gegner desselben zur unbestrittenen Herrschaft im Reiche verholfen hätte. Philipp fiel einer bloßen Privatrache zum Opfer. Er hatte dem Pfalzgrafen Otto von Wittelsbach früher eine seiner Töchter zur Ehe versprochen, dann aber sein Wort wieder zurückgenommen. Was nachher zwischen beiden Männern vorfiel und die eigentliche Veranlassung zu der entsetzlichen That ward, ist in Dunkel verhüllt. Nach der gewöhnlichen, jedoch nicht im geringsten wahrscheinlichen Erzählung, die von dem Abt Arnold von Lübeck herrührt, soll Philipp, als der Pfalzgraf sich um eine andere Prinzessin bewerben wollte, ihm an den Vater derselben einen Brief mitgegeben haben, in welchem er vor dem Ueberbringer als einem Manne von wildem Sinne warnte; der Pfalzgraf aber soll aus Argwohn den Brief erbrochen haben und durch dessen Inhalt zur Ermordung Philipp's bewogen worden sein. Ueber sein Verbrechen ward nach uralter Weise Gericht gehalten, nachdem die 10jährige Tochter des Ermordeten, Beatrix, auf einer Fürstenversammlung in Frankfurt vor Otto's Thron erschienen war, um Recht zu begehren; er selbst ward in die Reichsacht erklärt, seine Güter eingezogen und sein Stammschloß zerstört. Von seinem Gewissen und der Acht verfolgt, irrte er unstät und flüchtig umher, bis er endlich in der Nähe von Regensburg vom Reichsmarschall aufgefangen und umgebracht wurde. Doch bewirkten seine nächsten Anverwandten neun Jahre später, daß seine Leiche ein ehrliches Begräbniß erhielt. Uebrigens hatten wahrscheinlich außer Otto von Wittelsbach, dessen Familie eine der angesehensten in Deutschland war, auch noch einige andere Fürsten an dem Morde Philipp's Antheil gehabt, obwohl man dies zur Ehre der Nation zu verbergen gesucht hat. Nur zwei von ihnen, der Bischof von Bamberg und sein Bruder, der Markgraf Heinrich von Andechs, werden uns genannt; diese wurden, der Eine mit der Absetzung, der Andere mit der Aechtung bestraft.

Otto IV. ward gleich nach der Ermordung Philipp's von der Gegenpartei und vom Papste als König der Deutschen anerkannt, und befestigte sich durch die Vermählung mit Philipp's Tochter im Besitze seiner Herrschaft. Wie nöthig es war, daß die Zwietracht und Verwirrung ein Ende nahmen, kann man aus dem schließen, was ein Zeitgenosse, Otto von St. Blasien, von Philipp's Soldaten berichtet. Diese kehrten nach der Ermordung des Kaisers sengend und brennend in ihre Heimath zurück; hier hausten sie wie wilde Räuber, sie plünderten die Städte aus und steckten sie dann in Brand, beraubten

Dörfer und Klöster und machten das Land so unsicher, daß Niemand ohne Waffen und ohne starkes Geleite reisen konnte.

5. England und Frankreich am Ende des 12. und zu Anfang des 13. Jahrhunderts.

Als Richard Löwenherz bei seiner Abreise nach Palästina die Verwaltung des Reiches bestellte, ertheilte er von seinen Verwandten nur seiner hochbejahrten Mutter Eleonore gesetzlichen Einfluß auf dieselbe, obgleich er sie nicht zur Reichsverweserin ernannte. Er hatte noch einen rechtmäßigen Bruder, Johann, der in der Geschichte den Beinamen Lackland, d. i. ohne Land, führt, einen Namen, den ihm schon sein Vater beigelegt haben soll. Außerdem lebten noch ein minderjähriger Sohn seines Bruders Gottfried, Arthur von Bretagne, und zwei uneheliche Söhne seines Vaters, von welchen der Eine, Wilhelm Langdegen, die Grafschaft Salisbury besaß, der Andere, Gottfried, in den geistlichen Stand getreten war. Seinem Bruder, Johann ohne Land, hatte Richard zwar gleich nach des Vaters Tode von freien Stücken mit einer Anzahl Güter und Grafschaften beschenkt; er fand es aber nicht rathsam, ihn während seiner Abwesenheit an der Reichsverwaltung Theil nehmen zu lassen, sondern verpflichtete ihn vielmehr durch einen Eidschwur, drei Jahre lang England zu meiden und sich in den englisch-französischen Grafschaften aufzuhalten. Die ganze Leitung des Staates legte er in die Hände zweier Geistlichen, des Bischofs von Ely, Wilhelm Longchamp, der sein Liebling war, und des Bischofs Hugo von Durham. Der Erstere, ein herrschsüchtiger, zur Gewaltthätigkeit geneigter Mann, verdrängte gleich nach Richard's Abreise seinen Collegen und regierte dann mit solcher Willkür, daß bald große Unzufriedenheit im Lande herrschte. Dies war für Johann, welchem Richard zuletzt noch die Rückkehr nach England gestattet hatte, eine willkommene Gelegenheit, sich in die Reichsgeschäfte zu mischen. Er konnte es um so leichter thun, als seine Mutter damals ungeachtet ihres hohen Alters eine weite und beschwerliche Reise unternommen hatte, um Richard's Braut Berengaria aus Navarra abzuholen und nach Sicilien zu führen. Longchamp wollte nämlich dem Halbbruder des Königs, Gottfried, den dieser seines unruhigen Gemüths wegen auf mehrere Jahre aus England verwiesen hatte, die Rückkehr nicht gestatten, als derselbe zum Erzbischof von York erwählt worden war, trotzte dem Verlangen des Papstes und der Geistlichkeit und ließ Gottfried, sobald er gelandet war, verhaften. Dies brachte die allgemein herrschende Unzufriedenheit zum Ausbruch, Klerus und Adel erhoben sich gegen ihn und Johann stellte sich an die Spitze der Empörung. Es gelang diesem, den verhaßten Reichsverweser aus dem Lande zu treiben und sich selbst in dessen Stelle zu drängen.

Diese Veränderung war wenigstens dem Anscheine nach mit der Zustimmung des Königs geschehen, weil Richard, als er in Messina seines Lieblings Gewaltthaten erfuhr, den Erzbischof von Rouen mit einer Untersuchung gegen ihn beauftragt hatte. Bald nachher zeigten jedoch Johann's Schritte, daß er seines Bruders Ansehen im Reiche nur zu untergraben strebe. Zuerst trat er mit Philipp August von Frankreich in Verbindung, bewarb sich um die Schwester desselben und würde sogar bereits damals der Aufforderung Philipp's, sich mit Ausschluß seines Bruders die englischen Provinzen in Frankreich als Lehen übertragen zu lassen, auch Folge geleistet haben, wenn ihn nicht seine Mutter Eleonore daran gehindert hätte. Als er auf diesem Wege seinen Zweck nicht hatte erreichen können, verband er sich mit Longchamp und wollte einen allgemein gehaßten Mann, aus dessen Vertreibung er sich früher ein Verdienst gemacht hatte, in das Reich zurückführen, weil er von dessen Mithülfe Alles erwartete. Seine Freunde machten ihn auf die Gefahr eines solchen Schrittes aufmerksam; aber erst als sie ihren Vorstellungen durch das Anerbieten eines bedeutenden Geldgeschenkes Nachdruck gaben, folgte er ihrem Rathe. Endlich schloß er, während Richard in Deutschland gefangen saß, mit dem ärgsten Feinde desselben, dem Könige von Frankreich, ein förmliches Bündniß gegen ihn, ließ sich von Philipp August mit den englischen Ländern diesseits des Kanals belehnen und suchte die dortigen Vasallen, welche seinem Bruder die Treue bewahren wollten, mit Gewalt zur Huldigung zu zwingen. Zugleich machte er in Gemeinschaft mit Philipp dem deutschen Kaiser das Anerbieten, eine bedeutende Summe zu zahlen, wenn derselbe den König Richard noch länger gefangen hielte; dieser entging jedoch, wie oben erzählt ward, durch sein glückliches Geschick der Treulosigkeit seines Bruders und der Habgier des Kaisers. Er ließ nach seiner Rückkehr (1194) Johann vor ein Gericht seiner Pairs stellen und seiner Lehen, sowie der Nachfolge im Reich verlustig erklären. Dieser verließ darauf schändlicher Weise seine seitherigen Verbündeten, veranlaßte sogar selbst die Ermordung der Franzosen, die ihm auf Philipp's Geheiß gefolgt waren und erhielt zum Preise seines niedrigen Verraths von seinem Bruder die verlorenen Güter und Rechte zurück; denn er war in jedem Betracht zu unbedeutend, um seinem Bruder gefährlich zu sein, und zu elend, um ihm gehässig bleiben zu können.

Mit Frankreich begann Richard gleich nach seiner Rückkehr einen mehrjährigen Krieg, der jedoch keine anderen Folgen hatte, als Mord und Verwüstung. Er war für die Bewohner von Frankreich um so schrecklicher, da zu gleicher Zeit wegen eines Streites über die Länder der Gräfin Ermengarde von Narbonne auch der Süden des Reiches verheert wurde. Diese merkwürdige Frau hatte 50 Jahre lang mit großer Einsicht regiert, in eigener Person den Vorsitz bei den Gerichten geführt und sogar an der Spitze ihrer Vasallen in Schlachten mitgekämpft, besonders aber dadurch großen Ruhm erworben, daß ihr glänzender Hof ein Vereinigungspunkt der Troubadours und ein Hauptsitz der poetischen Liebesgerichte war. Sie zog sich 1192 nach Aragonien zurück, wo sie zwei Jahre später starb. Ihre Länder hatte sie durch Schenkung an Peter von Lara abgetreten. Diesem ward jedoch die Besitznahme derselben durch die Grafen von Foix und Carcassonne und deren Lehensherrn, den Grafen von Toulouse, streitig gemacht. Er suchte und fand Hülfe beim König Alphons II. von Aragonien und führte nun mit seinen Gegnern einen mehrjährigen Krieg, in welchem die Länder der Ermengarde schrecklich verwüstet wurden. Während auf diese Weise der Süden des Reiches unsäglich litt, dauerte der verheerende Kampf zwischen Richard und Philipp August im Norden fort und ward nur von Zeit zu Zeit, wenn die Geduld der Vasallen erschöpft war, durch kurzen Waffenstillstand unterbrochen. Beide Könige benutzten die Waffenruhe jedes Mal, um durch erlaubte und unerlaubte Mittel ihre zerrütteten Finanzen wieder herzustellen. Richard verordnete z. B. im Jahre 1194 eine Abgabe für jedes Turnier und übte 1196 so arge Erpressungen, daß darüber ein Aufstand in London ausbrach; Philipp bedrückte auf gleiche Weise seine Unterthanen mit Steuern und Lasten, gestattete zum großen Aergerniß derselben den von ihm früher vertriebenen Juden gegen eine ungeheure Summe die Rückkehr und nahm überhaupt, wenn er in Geldnoth war, auf nichts Rücksicht. Eine Waffenruhe auf längere Zeit ward erst dann geschlossen, als die beiden von Innocenz III. mit der Predigt des Kreuzes beauftragten Geistlichen, Fulko von Neuilly und Peter von Capua, sich der Sache annahmen, um einen neuen großen Zug nach Palästina zu Stande bringen zu können. In Folge der Bemühungen dieser beiden Männer ward im Januar 1199, drei Monate vor Richard's Tode, ein Frieden auf fünf Jahre geschlossen. Richard starb, wie er gelebt hatte. Er zeigte in seinen letzten Tagen dieselbe Abwechselung von Großmuth, wilder Begeisterung, hohem Sinn, Rohheit und Barbarei, welche sein ganzes früheres Leben ausgezeichnet hatte und fand, als er aus Habgier einen Vasallen, Widomar von Limoges, befehdete, seinen Tod durch einen Pfeilschuß von der Hand eines Mannes, dessen Vater und Brüder er erschlagen hatte. Dieser brachte ihm in dem Augenblicke, als er mit dem Degen in der Faust Chaluz, eine Burg Widomar's, erstürmen wollte, eine tödtliche Wunde bei. Richard ließ sterbend die ganze Besatzung der Burg niedermetzeln; nur seinem Mörder schenkte er in einer Anwandlung von Großmuth das Leben und die Freiheit, was freilich die Brabanzonen in Richard's Gefolge nicht berücksichtigten; nach des Königs Tode wurde der unglückliche Schütze von ihnen geschunden und aufgehängt. Beklagt ward Richard von seinen tapferen, aber auch wilden und grausamen Söldnern, die in ihm einen sorgsamen Vater und ein glänzendes Vorbild verloren; noch mehr aber trauerte um ihn die Zunft der ritterlichen Sänger, deren Mitglied er war, und die Klagelieder, in denen sie seinen Tod beweinten, gehören zu den besten Erzeugnissen der provençalischen Dichtkunst.

Durch Richard's Tod sank die Schale der Engländer gegen das französische Gewicht und gegen Philipp's Schlauheit mächtig herab; denn da Richard keine Kinder hinterließ, so folgte ihm sein Bruder, Johann ohne Land, der weder Einsicht und Tapferkeit, noch Grundsätze und Tugend hatte. Johann war noch dazu den Engländern schon längst verhaßt und seine ersten Regierungshandlungen waren durchaus nicht geeignet, diesen Eindruck zu verlöschen. Gegen seine Nachfolge erhob sich sogleich sein Neffe, der Graf Arthur von Bretagne, nebst den Vasallen von Anjou, Maine und Touraine, weil nach dem in diesen Ländern herrschenden Herkommen der jüngere Bruder dem Sohne des älteren nachstand. Auch Philipp August erkannte Arthur als rechtmäßigen Erben der englischen Lehen in seinem Reiche an, und es brach darüber ein neuer Krieg zwischen England und Frankreich aus. Indessen kam der französische König bald nachher durch einen Zwist mit dem Papste ins Gedränge, und Johann wünschte seinen Schwestersohn, den deutschen König Otto IV., um seinen Antheil an der Erbschaft Richard's zu bringen; Beide hatten also ein Interesse, den Krieg beendigt zu sehen, und so ward schon ein Jahr nach dem Beginne desselben (1200) ein Frieden geschlossen, in welchem Johann als Besitzer der englischen Lehen in Frankreich anerkannt wurde und sich dagegen verpflichtete, seinem Neffen Otto gegen Philipp August's Freund und Verbündeten, den Hohenstaufen Philipp, keine Hülfe zu leisten. Arthur wurde durch diesen Vertrag zwar auf die Bretagne beschränkt und mußte seinem Oheim als Vasallen huldigen, der französische König entzog ihn aber durch eine bestimmte Clausel der Willkür Johann's und nahm ihn unter seinen besonderen Schutz. Zugleich wurde beschlossen, daß der Sohn Philipp's, Ludwig, mit Johann's Nichte Blanca von Castilien (die später als Königin von Frankreich sehr berühmt wurde), vermählt werden sollte. Gleich nach dem Frieden wollte sich Johann an den Vasallen in Poitou rächen, welche während des Krieges abgefallen waren, und nahm seine Zuflucht zu einem gerichtlichen Verfahren, welches der Welt zugleich seinen bösen Willen und seine Ohnmacht offenbarte, weil er unter dem Schein und der Form des Rechtes die höchste Ungerechtigkeit verbarg. Er machte nämlich, wie berichtet wird, jenen Großen aus dem Beistand, den sie einst ihm selbst gegen seinen Vater geleistet hatten, den Vorwurf der Verrätherei, lud sie deshalb vor sein königliches Gericht und rief, da vor diesem Gericht der Beweis durch Zweikampf als ein rechtmäßiger galt, eine Anzahl rüstiger Kämpfer zusammen, gegen welche die Angeklagten voraussichtlich nicht bestehen konnten. Die Letzteren weigerten sich jedoch zu erscheinen, indem sie behaupteten, daß nur sein Vater sie wegen jenes Vorwurfes hätte zur Rechenschaft ziehen können, und da sie fest zusammenhielten, so mußte Johann die Sache fallen lassen. Gleich nachher verletzte er in einem Anfall von Leidenschaft die Pflicht des Lehensherrn, welche man als eine Art von väterlicher Verbindlichkeit ansah, auf unerhörte Weise. Er entführte nämlich die Braut eines seiner vornehmsten Vasallen in Frankreich, des Grafen Hugo de la Marche, und ließ sich dieselbe als Gemahlin antrauen. Wie auf ein gegebenes Zeichen erhob sich sogleich ein großer Theil der Vasallen in Frankreich gegen ihn; König Philipp August nahm sich als Oberlehensherr ihrer an, und auch Arthur von Bretagne trat zu den Empörten über. Johann zog gegen seine verbündeten Feinde zu Felde und war jetzt zum ersten und einzigen Mal in seinem Leben besonders glücklich; aber sein Glück brachte ihm selbst Verderben, weil er es auf eine unerhört frevelhafte Weise mißbrauchte. Er schlug nämlich seine Gegner beim Schlosse Mirabel gänzlich, nahm die Vornehmsten derselben sammt seinem Neffen Arthur gefangen (1202) und entledigte sich bald darauf des Letzteren zu Rouen durch Mord. Die Art und Weise, wie Arthur, der übrigens seinen Oheim durch eine trotzige Antwort beleidigt haben soll, ums Leben gebracht wurde, ist nicht zuverlässig bekannt; nach dem gehässigsten Berichte tödtete ihn Johann mit eigener Hand, nach einer anderen Angabe bediente er sich zur Ermordung desselben seines Waffenträgers, den er dann zur Belohnung mit der Erbin der Baronie Mulgreffe vermählte. Die schändliche That verschaffte dem französischen Könige völlig das Uebergewicht. Philipp August lud als Oberlehensherr den englischen König vor seinen Richterstuhl und verurtheilte ihn entweder, als er nicht erschien, zum Verluste seiner Lehen, oder benutzte den Umstand, daß Alles von Johann abfiel und selbst die englischen Vasallen ihm die Heeresfolge über das Meer verweigerten, um den Proceß gegen ihn mit der Execution anzufangen. Genug, er besetzte in Zeit von zwei Jahren alles Land, welches Johann im Süden und Westen von Frankreich besaß, und entriß ihm endlich auch noch die Normandie. Johann sah von England aus den Fortschritten seines Feindes ruhig zu, quälte und bedrückte seine Unterthanen durch schreckliche Willkürlichkeiten und lebte in schwelgerischer Sorglosigkeit. Endlich schien er eine Anstrengung machen zu wollen; er war aber kaum auf französischem Boden gelandet und hatte eine Stadt in Brand gesteckt, als er wieder nach England zurückkehrte und sich zu einem Frieden auf zwei Jahre verstand, nach welchem er von allen seinen großen Besitzungen diesseit des Kanals nur das Erbe seiner Mutter behielt (1206).

Fast um dieselbe Zeit, als Johann durch sein elendes Benehmen im Kriege mit Philipp August die Achtung seiner Unterthanen ganz einbüßte, gerieth er mit dem Papst Innocenz III. in einen Zwiespalt, der ihm selbst bis zum Ende seines Lebens eine Reihe von Unglücksfällen zuzog, der englischen Nation aber die Grundfesten einer Verfassung verschaffte, die sich später im Fortgange der Zeiten immer mehr ausbildete. Im Jahre 1205 brach nämlich über die Wahl eines neuen Erzbischofs von Canterbury ein heftiger Streit aus. Die Augustiner-Mönche, welche das Kapitel von Canterbury bildeten, nahmen ohne Zuziehung der Suffragan-Bischöfe eine Wahl vor, geriethen aber dabei sowohl unter einander selbst, als auch mit dem Könige in Zwist. Ein Theil von ihnen wählte den zweiten Vorsteher ihres Klosters, die Andern dagegen den vom König empfohlenen Bischof von Norwich. Man überließ mit Zustimmung Johann's dem Papste die Entscheidung und sandte vierzehn Mönche an ihn, welchen der König vorher das eidliche Versprechen abnahm, daß sie auf der Anerkennung des Bischofs von Norwich bestehen wollten. Innocenz wußte jedoch die Glieder der Deputation umzustimmen. Sie gestanden ihm ohne Rücksicht auf das Wahlrecht ihrer Mitglieder zu, daß er einen in Rom lebenden Engländer, Stephan Langton, eigenmächtig zum Erzbischof von Canterbury ernenne (1207). Der König ergrimmte heftig, als er diese Nachricht erhielt, und ließ nach seiner tyrannischen Art den Unschuldigen mit dem Schuldigen leiden. Er verwarf die in Rom geschehene Wahl, verbot jenen vierzehn Mönchen die Rückkehr ins Reich, verjagte ihre Brüder auf die roheste Weise aus dem Kloster, zog die Einkünfte des Bisthums ein und ließ die Güter desselben durch Laien verwalten. Innocenz bemühte sich lange vergebens, ihn auf andere Gedanken zu bringen, und belegte, als Johann immer heftiger wurde, das Königreich England mit dem Interdict (März 1208). Dieser Schritt des Papstes würde indessen schwerlich bedeutende Folgen gehabt haben, wenn nicht Johann durch seine Tyrannei dem ganzen Klerus das Bedürfniß des päpstlichen Schutzes gegen die weltliche Macht recht fühlbar gemacht hätte. Das Interdict wurde daher von der Geistlichkeit mit aller Strenge beobachtet und zwei Jahre lang fand in England kein Gottesdienst, kein Glockenläuten, keine Communion, überhaupt keine kirchliche Handlung Statt,*) so sehr auch Johann die Geistlichen wegen ihres Starrsinnes mißhandelte. Er verjagte die Bischöfe von ihren Sitzen, warf viele von ihnen in den Kerker, zog die Güter des Klerus ein und schenkte, als einst ein an einem Priester begangener Raubmord vor ihm zur Klage gebracht wurde, dem Verbrecher die Freiheit mit der öffentlichen Erklärung, daß, wer einen Geistlichen tödte, ihn von einem Feind befreie.

Da Johann vom Papste noch Aergeres, nämlich den Bannfluch und die Entbindung seiner Unterthanen vom Eide der Treue, zu fürchten hatte, so suchte er sich die nöthigen Mittel zum Widerstande gegen ihn zu verschaffen. Er umgab sich mit gemietheten Rittervolke, nahm seinen Vasallen, um ihrer Treue versichert zu sein, die Kinder als Geiseln weg, übte die ärgsten Erpressungen, besonders maaßlose gegen die Juden, und steigerte seine Tyrannei bis zu dem Grade, daß er Alle, die sich ihm widersetzten, ohne Rücksicht auf Gesetz und Recht verfolgte und bestrafte. Dabei trieb er den Mißbrauch der schon vorher unerträglichen Jagd- und Forstgesetze aufs äußerste; er ließ die Einhegungen der königlichen Wälder niederreißen und das Wild über das Land streifen, untersagte das Halten von Jagdhunden und verbot endlich in ganz England das Vögelfangen. Im Jahre 1209 fing er einen Krieg mit dem König von Schottland, seinem Vasallen, an, um eine große Summe Geldes von ihm zu erpressen und vertheilte dieselbe dann unter seine Raubhelden. Diesen wies er zuletzt England selbst gewissermaaßen als Beute an. Seine Despotie vernichtete sogar die Wissenschaften, welche damals in Oxford blühten; denn als er einst einige Mitglieder der dortigen Lehranstalt durch einen Machtspruch aufknüpfen ließ, wanderten alle Lehrer und Schüler, 3000 an der Zahl, aus der Stadt und zerstreuten sich nach anderen Orten. Durch solche Tyranneien arbeitete Johann seinem Hauptfeinde, dem Papst, in die Hände. Dieser übereilte sich nicht, sondern wartete Jahre lang ganz ruhig die Wirkung seines Spruches und der königlichen Frevel ab. Er sah aber bald, daß sogar ein Theil der Leute, auf welche er gerechnet hatte, der Macht huldigte, und daß Geistliche und Gelehrte auch damals um Geld und Lohn bereitwillig waren, der Welt die sogenannten höheren Grundsätze zu predigen und durch dieselben jede, selbst die schlechteste That zu rechtfertigen. Nach diesen Männern war des Königs Grausamkeit Consequenz, seine Verletzung

---

*) Nur die Taufe der Kinder wurde vollzogen und die Sterbesacramente gereicht, die Leichen aber außerhalb der Kirchhöfe eingescharrt.

des Rechtes aber Erhabenheit des Geistes, die sich des großen Zweckes wegen über kleinliche Bedenklichkeiten furchtsamer Seelen hinwegsetze; einer von ihnen, ein angesehener Geistlicher, kleidete diese Ansicht in die Worte ein: das Königthum sei ein Werkzeug der zürnenden Gottheit, der Fürst müsse seine Unterthanen mit eiserner Ruthe regieren, die Vasallen und Großen durch Fesseln knechten und Alle wie ein irdenes Gefäß zerbrechen. Die Despotie des englischen Königs, über welchen der Papst schon im Jahre 1209 den Bannfluch ausgesprochen hatte, war also nicht ohne Stützen; auch standen ihm einige gewandte und erfahrene Männer zur Seite, und wenn er nachher tief herabstürzte, so war dies ebenso wenig die Wirkung der päpstlichen Macht und des herrschenden Aberglaubens, als seiner eigenen Härte und Grausamkeit, sondern nur die Folge seiner Erbärmlichkeit. Das beweisen unter Andern die glücklichen Züge, welche er 1210 und 1211 nach Irland und nach Wales unternahm. In beiden Ländern ward jeder Widerstand gebrochen und der Wille des Siegers zum Gesetz gemacht. Uebrigens bereicherte sich Johann in Irland durch die Einführung der englischen Münze und den Zug gegen Wales unternahm er zum Theil, um allen Rittern, welche nicht im Heer erschienen, eine bedeutende Geldstrafe auferlegen zu können.

Die von Johann verfolgten Bischöfe waren nach Frankreich entwichen, wo sie von Philipp August mit offenen Armen aufgenommen wurden. Die sämmtlichen englischen Vasallen, über die militärische Tyrannei ihres Königs erbittert, traten ebenfalls mit dem französischen Könige in Verbindung, und der Papst entschloß sich endlich nach langem Zaudern zu dem äußersten Schritte. Er erklärte 1212, unter Wiederholung des Bannfluches, Johann für abgesetzt und schenkte dem Könige Philipp August das Reich, dessen sich jener durch sein unchristliches Betragen unwürdig gemacht habe. Diese Schenkung war natürlich nur Form, weil Alles darauf ankam, ob Philipp sie durch seine Waffen geltend machen könne. Auch hatte der Papst selbst gewiß nicht die Absicht, England in die Gewalt des französischen Königs zu geben; die Schenkung diente ihm vielmehr blos als ein Mittel, den König Johann seinem Willen zu unterwerfen. Er hatte in vorhergehenden Jahre den schlauen Subdiaconus Pandulf nach England geschickt, angeblich um eine Aussöhnung einzuleiten, in Wirklichkeit aber um Johann auszukundschaften zu lassen, und entwarf nach dem von Pandulf gemachten Berichte seinen Plan, welcher ganz auf den Zustand der Dinge in England und auf die Persönlichkeit Johann's berechnet war. Philipp August entbot seine gesammte Kriegsmacht nach der Normandie, Johann dagegen rief die ganze Volksmasse seines Reiches auf, befahl ihr, sich an der Küste zu vereinigen, und nahm alle Schiffe des Landes in Beschlag. Beide Könige bedrohten jeden, welcher ausbleiben würde, mit der härtesten Strafe, die das Mittelalter kannte, nämlich mit der Herabsetzung in die Klasse der sogenannten Wildfänge. Jetzt schickte Innocenz seinen Unterhändler Pandulf nebst einem Tempelherrn noch einmal nach England, um seinem schlauen Plane gemäß Johann durch Schrecken unter seinen Willen zu beugen. Vor den französischen Rüstungen brauchte dem Könige nicht bange zu sein; denn England konnte in jener Zeit eine größere Macht aufstellen, als irgend ein anderer europäischer Staat von gleichem Flächenraum, und Johann hatte nicht nur mit dem Grafen Wilhelm von Holland ein Schutzbündniß geschlossen, sondern auch der deutsche Pfalzgraf Heinrich, Otto's IV. Bruder, und der Seneschall Otto's befanden sich damals mit ihren Leuten in England. Pandulf zeigte aber dem elenden und feigen Könige Briefe von denjenigen Großen seines Reiches vor, auf welche er sich am meisten verlassen zu können geglaubt hatte, und deutete ihm den Papst als den einzigen Schützer gegen seine eigenen Vasallen an. Dies wirkte. Johann ließ sich schrecken. Es war ihm weniger zuwider, als Lehensmann des römischen Stuhles seine Tyrannei fortsetzen zu können, als sich von seinem eigenen Volke zur Beobachtung einer lästigen Verfassung zwingen zu lassen. Nur auf diese Weise ist es zu erklären, daß ein König, der weder von seinen Leuten verlassen, noch auch bereits ernstlich vom Feinde bedroht war, sich unter den härtesten Bedingungen den Geboten des Papstes unterwarf (1213). Er mußte nicht etwa blos Stephan Langton als Erzbischof von Canterbury anerkennen, die vertriebenen Geistlichen wieder einsetzen und sich zu einer bedeutenden Entschädigungssumme für die an ihren Gütern verübten Plünderungen verstehen, sondern sogar sein freies Reich unter bemüthigenden Ceremonieen vom Papste zu Lehen nehmen, indem er die Krone dem Legaten Pandulf öffentlich überreichte, sie dann aus dessen Hand zurücknahm und sich dabei zu einer jährlichen Abgabe von 1000 Mark Sterling an den Papst verpflichtete. Natürlich erhielt nun Philipp August von Innocenz die Weisung, den Kampf einzustellen; er wollte aber seine Rüstungen nicht vergebens gemacht haben, und fand, wie mir unten sehen werden, die Umstände zu günstig, als daß er hätte gehorchen sollen. Die Antwort, welche er dem päpstlichen Legaten gab, setztzugleich die damals herrschenden Grundsätze des Staatsrechts und das Verhältniß der Könige jener Zeit zu ihrer Ritterschaft in ein recht helles Licht. Philipp erklärte: er erkenne die päpstliche Oberlehensherrlichkeit über England nicht an, weil Johann gar kein Recht gehabt habe, sich derselben zu unterwerfen; denn kein König könne sein Reich ohne Zustimmung der Großen, welche dasselbe zu schützen verpflichtet seien, in ein Lehen umwandeln, und wenn der Papst ein solches Unrecht genehmigen und schützen wolle, so gebe er dadurch allen Königen ein unheilvolles Beispiel.

Einen ganz anderen Ausgang, als dieser Streit zwischen Johann und Innocenz, nahm ein ebenso heftiger Zwist, welchen Philipp August früher unter fast völlig gleichen Umständen mit dem nämlichen Papste gehabt hatte; und die Vergleichung des Verhaltens zweier gleichzeitiger Könige gegen einen und benselben Papst ist um so interessanter und lehrreicher, da es in der Geschichte nur wenige Fälle gibt, an denen sich so klar und deutlich erkennen läßt, wieviel in dem Gange menschlicher Dinge auf den Charakter der Hauptpersonen ankommt, selbst wenn es sich nicht um bloße äußere Gewalt, sondern um Recht und Gewissen handelt. Philipp August gerieth nämlich über eheliche Angelegenheiten mit Innocenz in einen ebenso bitteren Streit, als Johann über eine Bischofswahl. Beide Könige mußten in diesem Streite den Vorurtheilen der Zeit nachgeben oder vielmehr sie mußten sich gefallen lassen, daß sie von Rom zur Anerkennung der Grundsätze des natürlichen Rechts, die sie mit Füßen getreten hatten, gezwungen wurden; allein Beide gelangten in ihrem Kampfe zu einem ganz entgegengesetzten Ziele: Johann verlor Ehre und Ansehen und ward ein Sklave des römischen Bischofs; Philipp dagegen mußte nicht blos seine Würde und seine weltlichen Rechte gegen jede Beeinträchtigung zu schützen, sondern er vermehrte sie sogar noch durch geschickte Benutzung des päpstlichen Ansehens.

Philipp beschloß nach dem Tode seiner ersten Gemahlin Elisabeth von Hennegau, hauptsächlich um des Geldes willen, eine zweite Ehe einzugehen und wie sein Ahne Heinrich I. und der deutsche Kaiser Heinrich IV. deshalb eine russische Prinzessin erwählt hatten, so wandte er sich nach dem Reiche Dänemark, dessen Beherrscher wegen seines Verhältnisses zu den reichen Handelsstaaten der Ostsee viel baares Geld besaß, ohne desselben gerade zu bedürfen. Er warb um Ingeborg, die Schwester des dänischen Königs Knut VI. und erhielt sie. Die Trauung ward im August 1193 vollzogen; schon am nächsten Tage aber, als die neue Königin gekrönt werden sollte, verstieß sie der König unter dem Vorwand einer unüberwindlichen Abneigung gegen sie, behielt jedoch das von ihr mitgebrachte Geld. Er hatte bamals den Plan gefaßt, die Erbtochter des deutschen Pfalzgrafen Konrad, Agnes, zu heirathen, und dieser politische Grund mochte ihn bei jenem auffallenden Schritte wohl ebenso sehr leiten, als das Gefühl, eine ganz ungebildete und nicht einmal seiner Sprache mächtige Frau ihres Geldes wegen zur Gemahlin genommen zu haben. Er versammelte die Bischöfe seines Reiches, um sich durch dieselben scheiden zu laſſen, und ſo armſelig erfunden auch der Nachweis einer verbotenen Verwandtſchaft war, auf welchen hin er die Auflöſung einer kaum erſt geſchloſſenen Ehe verlangte, ſo ſehr auch die arme Ingeborg mit Thränen und ſtummen Bitten die Geiſtlichen beſchwor, die Heiligkeit eines Sacraments gegen Philipp zu vertheidigen, ſo hatten dieſe doch zu große Furcht vor ihrem König, als daß ſie gewagt hätten, ſeine Forderung zurückzuweiſen. Selbſt als der Papſt Cöleſtin III., welchen Knut um Hülfe anging, die Sache noch einmal einer großen franzöſiſchen Synode vorlegte, waren Philipp's Biſchöfe, wie ſich ein gleichzeitiger Schriftſteller ausdrückt, ſtumme Hunde, die nicht zu bellen wagten, weil ſie für ihre Haut fürchteten. Der König ſperrte ſogar Ingeborg, weil ſie nicht nach Dänemark zurückkehren wollte, in ein Kloſter ein, wo ſie ſehr hart gehalten wurde. Auch als der kräftige und furchtloſe Innocenz III. Papſt geworden war und ſich mit Nachdruck für die unglückliche Königin verwandte, nahm Philipp weder auf deſſen Vorſtellungen, noch auf die von ihm aufgeregten Geiſtlichen Rückſicht. Er ſchloß ſogar, da die Tochter des Pfalzgrafen ſich mittlerweile mit dem Sohne Heinrich's des Löwen vermählt hatte, eine andere Ehe, die ihn enge mit dem deutſchen Kaiſer Heinrich VI. verband; er heirathete nämlich 1196 Maria Agnes, die Tochter des Herzogs Berthold von Meran, der als Beſitzer früherer welfiſcher Güter ein eifriger Anhänger der Hohenſtaufen war. Innocenz zögerte ſehr lange, bis er ſich zu entſchiedenen Maaßregeln entſchloß; endlich aber mußte er, von allen Seiten gedrängt, den äußerſten Schritt thun und Frankreich mit dem Interdict belegen (1199). Philipp war jedoch ein anderer Mann, als Johann von England, und obgleich er im Kampfe mit der kirchlichen Gewalt dieſelben Mittel ergriff, wie dieſer, ſo wußte er doch die Sache ganz anders hinauszuführen. Er verjagte alle Geiſtlichen, die ſich unterfingen das päpſtliche Edict anzuerkennen, von ihren Sitzen und bemächtigte ſich ihrer Güter; er benutzte ſogar ſeinen Streit mit der Kirche als eine erwünſchte Gelegenheit, auch gegen ſeine weltlichen Unterthanen Erpreſſungen zu üben; er entriß nämlich den Baronen, die ſich ungehorſam zeigten, einen Theil ihrer Beſitzungen und trieb von den Bürgern der Städte unerhörte Steuern ein. Selbſt als der Papſt endlich unter gewiſſen Bedingungen die Scheidung bewilligen wollte und deshalb durch einen Legaten bereits ein Concilium hatte zuſammenrufen laſſen, fand Philipp nicht rathſam, ſich von ſeinen Unterthanen Geſetze vorſchreiben zu laſſen (1201). Er verließ ganz plötzlich die Kirchenverſammlung, nahm die ebenfalls anweſende Ingeborg hinter ſich aufs Pferd, kehrte mit ihr nach Paris zurück, und behielt ſie ſeit der Zeit bei ſich, ohne ſie jedoch freundlicher zu behandeln. Er entließ damals ſeine zweite Gemahlin keineswegs,

sondern lebte bis an ihren Tod ganz öffentlich in einer förmlichen
Doppelehe. Mit dem Papste blieb er zwar, so lange Maria Agnes
lebte, gespannt; doch war, da er Ingeborg's Recht anerkannte, das
Interdict, unter welchem das Volk sich gedrückt fühlen mußte, beseitigt
worden. Innocenz erklärte sogar nach dem Tode der Maria Agnes
(1201) die beiden Kinder derselben für rechtmäßig. Zwölf Jahre
später nahm Philipp endlich die unglückliche Ingeborg wieder ganz
zu sich und behandelte sie als seine Gemahlin; er that dies jedoch nicht
etwa durch die Warnungen des Papstes bewogen oder aus Pflicht-
gefühl und Rührung, sondern weil er als kluger Regent der Stimme
seines Volkes Gehör gab.

Später suchte Philipp, wie bereits dargelegt worden ist, aus dem
päpstlichen Ansehen, um welches er selbst in seiner Angelegenheit sich
wenig kümmerte, gegen Johann von England Vortheil zu ziehen.
Dieser arbeitete nach seiner schmählichen Aussöhnung mit Innocenz
dem gewandten und kräftigen Könige von Frankreich dadurch in die
Hände, daß er neuen Schimpf und neue Schande auf sich lud. Der
Papst hatte Johann's Huldigung mit dem Versprechen belohnt, ihn
gegen seine geistlichen und weltlichen Großen, die sich bereits zur Erhaltung ihrer alten Privilegien verbündet hatten, zu beschützen und
erließ ihm einen großen Theil der den geplünderten Geistlichen zuer-
kannten Entschädigungssumme. Dies hatte ganz natürlich die Folge,
daß von jetzt an die höhere Geistlichkeit an der Spitze der Unzufriedenen stand; besonders ward der Erzbischof Langton von Canterbury,
welchen Johann in den Tod haßte und sogar durch den Papst von
der Kirchengemeinschaft hatte ausschließen lassen wollen, die Seele
aller Bewegungen gegen den König; das Volk schätzte ihn als Vertreter der guten alten angelsächsischen Satzungen und Rechtsgewohn-
heiten. Innocenz hatte seine Beschützung des Königs gegen die Nation
und gegen den Erzbischof mit bestimmten Worten ausgesprochen und
namentlich in Betreff des Letzteren aufs nachdrücklichste verordnet,
daß die Geistlichen bei jedem Anlaß zur Beschwerde gegen den König
sich von keinem Menschen zu irgend einem Schritte bewegen lassen,
sondern nach Rom wenden sollten. Johann war daher in der nächsten
Zeit gegen den Unwillen seiner Großen gesichert und es mußten erst
noch andere Umstände eintreten, ehe die im Stillen bestehende Verbindung derselben sich öffentlich zeigen konnte. Diese Umstände wurden durch Johann's Verhältniß zu Philipp August herbeigeführt.
Zwischen Otto IV., dem Gegner des mit Philipp August verbündeten
hohenstaufischen Kaisers, und dem englischen Könige ward ein Bund
gegen Frankreich geschlossen, dem auch die Grafen von Flandern und
Boulogne, der Herzog von Brabant und andere niederländische Fürsten

beitraten, und die Verbündeten drangen von zwei Seiten her in Frankreich ein. Der elende englische König, der die ganze Sache mit großem Lärm betrieben hatte, war nach Poitou und Guyenne, seinen einzigen treugebliebenen Provinzen in Frankreich, gegangen und rückte von dorther vor, er ward aber gleich anfangs auf eine schmähliche Weise zurückgejagt. Dagegen zog Otto mit der ganzen Macht von Norddeutschland, an welche sich englische Hülfstruppen und die niederländischen Verbündeten angeschlossen hatten, von Nordwesten her ins Land und traf bei Bouvines zwischen Tournay und Lille auf Philipp August. Hier kam es am 27. Juli 1214 zu einer blutigen Schlacht, in welcher die verbündeten Truppen durch ihre Stellung im Nachtheile waren und überdies die Deutschen den günstigen Augenblick zum Angriff versäumten, weil sie nach einem sonderbaren Begriff von Ehre den französischen König selbst niederwerfen wollten. Die Letzteren, welche im Mitteltreffen standen und nach der Sitte jener Zeit ihren Reichsadler oben auf einer Stange, welche die Fahne mit dem Bild eines Drachen trug, auf einem Karren aufgepflanzt hatten, stürmten nämlich auf Philipp und seine Schaaren erst dann ein, als die wackersten Milizen desselben, die gerüsteten Bürgerschaften mit der Oriflamme, ihm zu Hülfe gekommen waren. Diese wurden zwar aus einander getrieben und der König selbst mit einem eisernen Haken vom Pferde gerissen; nichtsdestoweniger mußten aber die Deutschen vor den sich aufs neue sammelnden Schaaren der Feinde zurückweichen. Sie setzten, als ihre Verbündeten auf den beiden Flügeln bereits völlig geschlagen waren, den Kampf unter der Leitung ihres tapferen Kaisers Otto noch lange fort und blieben nebst den tapferen Brabantern allein auf dem Schlachtfelde, von dem sie sich endlich ehrenvoll zurückzogen. Die Auflösung und Heimkehr des verbündeten Heeres, eine große Zahl von Gefangenen, reichliche Beute und der Ruhm, eine weit überlegene Macht besiegt zu haben, war der Gewinn, den die Schlacht den Franzosen brachte. Unter den Gefangenen befanden sich auch zwei angesehene Fürsten, die Grafen von Boulogne und Flandern; der Erstere starb in der Gefangenschaft, der Letztere erhielt seine Freiheit erst nach elf Jahren unter harten Bedingungen. Der Oberfeldherr der Franzosen bei Bouvines war Meister Guarin, der später Bischof von Senlis wurde; bei Senlis erhob sich auch bald die Sieges-Abtei (Abbaye de la Victoire) zur Erinnerung an die Schlacht. Bei Bouvines hatten der französische Adel wie die Bürgerschaften für das Königthum gekämpft und dasselbe hatte sich weit entschiedener als in anderen Staaten als ein volksthümliches bewährt.

Der glänzende Sieg, welcher bald nachher einen unter päpstlicher Vermittelung geschlossenen Waffenstillstand zwischen England und

Frankreich zur Folge hatte, befreite Philipp August zunächst von seinen
auswärtigen Feinden. Er diente ihm aber auch zur Bereicherung
seiner Staatskasse; denn die gefangenen Grafen und Ritter wurden
so lange festgehalten, bis sie, jeder nach seinem Vermögen, das größt-
mögliche Lösegeld entrichtet hatten. Für Johann von England dagegen
war die Schlacht nicht nur in ihren unmittelbaren Folgen, sondern
auch durch die Rückwirkung auf seine geheimen Feinde in England
verderblich. Der Erzbischof Langton legte gleich nachher den versammelten Baronen und Bischöfen einen alten Freiheitsbrief vor, erinnerte sie an die Rechte, welche Eduard der Bekenner der Nation
ertheilt und Heinrich I. bestätigt habe und bewog sie zu dem gemeinschaftlichen Eidschwur, daß sie, wenn Johann diese Rechte nicht wieder-
herstelle, einen förmlichen Krieg mit ihm anfangen wollten. Bald
standen sie gegen ihren König in Waffen und der Bürgerkrieg begann;
er ward zuweilen durch einen Waffenstillstand unterbrochen, weil
Johann Zeit zu gewinnen und die Sache so lange hinauszuziehen suchte,
bis ihm der Papst geholfen habe. Dieser beauftragte jedoch seinen
Legaten, einen gütlichen Vergleich zu Stande zu bringen; zu gleicher
Zeit ergriffen die Bürger von London die Partei der Barone und
der König ward von fast allen seinen Dienstleuten verlassen. Johann
war also seinen Feinden gegenüber bald völlig machtlos und mußte
sich am 15. Juni 1215 dazu verstehen, auf der Wiese Runnymede in
der Nähe von Windsor die unter dem Namen der Magna Charta
berühmte Freiheitsurkunde zu unterzeichnen, oder vielmehr er entschloß
sich in seiner Noth, die Empörten durch ein schriftliches Versprechen
zu beschwichtigen und hoffte dann thun zu können, was ihm gefalle.

Die Magna Charta war keine Verfassungsurkunde; sie ist aber
im Fortgange der Zeit durch sehr geschickte und verständige Anwendung
die Grundlage einer wahrhaft freien Verfassung geworden. Auch
ward in derselben nur für diejenigen Klassen der Nation, welche in
jenen Zeiten allein auf Recht Anspruch hatten, das Verhältniß zu
der Regierung und zur Person des Königs festgestellt. Die Guts-
unterthanen erhielten durch die Magna Charta kein einziges Recht, wie
sie denn auch vorher kein einziges besessen hatten. Ihre Zahl hatte
sich aber bereits in England sehr vermindert und nahm immer noch
mehr ab, während die Zahl der Bürger der Städte, sowie der kleineren Vasallen und der wenig reichen Freibauern sehr zunahm. Diese
freien Bürger und Bauern wurden nebst den Baronen und Bischöfen
unter der Gesammtheit aller freien Leute des Reiches einbegriffen,
für welche nach dem ersten Artikel der Magna Charta die darin enthaltenen Privilegien bestimmt waren. Allen ward der alte Besitz- und
Rechtsstand und der alte Gerichtsgang verbürgt. Auch der Fürst von

Wales und der König von Schottland erhielten, weil sie mit den Baronen verbündet waren, ihren Antheil an den verliehenen Rechten und Freiheiten und wurden, wie jene, auf den Zustand vor Heinrich II. zurückgebracht. Der Inhalt der Magna Charta läßt sich der Hauptsache nach in folgende Worte zusammenfassen: der König verspricht für sich und seine Nachfolger, daß er allen Eingriffen in das bestehende Recht, welche sich die normannischen Könige vor ihm und besonders er selbst erlaubt hatten, entsagen, und das in den angelsächsischen und normannischen Gewohnheiten begründete System der Regierung und Rechtspflege aufs neue in Kraft und Wirksamkeit setzen will. Fragt man nach den einzelnen Artikeln der Magna Charta, so bestanden die wichtigsten derselben darin, daß die Steuern genau bestimmt, der früher damit getriebene Unfug beseitigt, für jede außerordentliche Erhebung die Zustimmung eines Parlaments, d. h. eines aus der höheren Geistlichkeit, den Baronen und den Freeholders oder Freibauern zusammengesetzten Körpers, verordnet, die Freiheit des Handels und Wandels ausgesprochen, willkürliche Verhaftung und Güterinziehung verboten und das Gerichtswesen auf der alten Grundlage neu und fest gegründet wurde. Der Geistlichkeit wurde die freie Wahl der Bischöfe bestätigt. Die drückende Forstgerichtsbarkeit wurde gemindert, die Stadtgemeinden und Kaufmannschaften erhielten festes Maaß und Gewicht so wie Schutz gegen willkürliche Abgaben und Zölle. Dem Plan des treulosen Königs, der augenblicklichen Gefahr durch ein beschriebenes Pergament abzuhelfen und sich später um dasselbe nicht weiter zu bekümmern, begegneten die Engländer durch drei Mittel, welche allerdings der Verfassung ihren Bestand sichern mußten, von denen aber das dritte so beschaffen war, daß es, öfters angewendet, Anarchie an die Stelle des Despotismus bringen mußte. Auch trat dies in der Folge jedes Mal ein, wenn man von demselben Gebrauch machte. Die beiden ersten Mittel waren die Entfernung aller ausländischen Diener und Beamten des Königs und die Entlassung der fremden Soldtruppen, deren sich Johann zur Erzwingung des Gehorsams bedient hatte. Das dritte Mittel bestand darin, daß die Barone aus ihrer Mitte einen Ausschuß von 25 Männern ernannten, welcher eine förmliche Aufsicht über den König und seine Beamten führen, ihn bei jeder Verletzung der Magna Charta verwarnen und, wenn der Beschwerde nicht innerhalb 40 Tagen abgeholfen werde, berechtigt sein solle, die Nation zu einem bewaffneten Aufstand gegen ihn aufzurufen. Diese Verfügung schien eine Oligarchie in England zu begründen und würde unter anderen Verhältnissen die Macht des höheren Adels ungemein vermehrt haben; unter den damaligen Umständen aber ward sie die Ursache großer Freiheiten des Landvolkes.

So feierlich Johann die ihm abgedrungene Urkunde des Landes beschwor, so wenig dachte er daran, die übernommenen Verpflichtungen zu halten. Namentlich erfüllte er denjenigen Punkt nicht, der bei seinen geheimen Absichten der wichtigste für ihn war: er behielt die fremden Truppen in seinem Dienst, weil er nicht willens war, die Waffen aus der Hand zu werfen und sich ganz in die Gewalt seiner Großen zu geben. Ein neuer Bürgerkrieg war also unvermeidlich. Nach dem Rathe seiner Söldner und der in seinen Diensten befindlichen Krieger aus den französischen Provinzen rüstete Johann gegen seine Unterthanen zugleich geistliche und weltliche Waffen. Er befestigte seine Burgen, versah sie mit Lebensmitteln, ließ Maschinen und Waffen bereiten, berief neue Söldner aus den Niederlanden und aus Frankreich zu sich und bestürmte vor Allem den Papst mit dringenden Bitten, ihm als seinem Lehensmann Hülfe und Beistand zu leisten. Innocenz nahm sich seiner an und erließ eine Bulle, durch welche er als Oberlehensherr von England die Magna Charta aufhob und die Vertheidiger derselben mit dem Bannfluch bedrohte.*) Die Barone scheinen nicht so thätig gewesen zu sein, als Johann und seine Miethlinge. Sie hielten fleißig Turniere, während der König an die Südküste zog, um die Ankunft der neu geworbenen Söldner zu erwarten. Als dieselben angekommen waren, begann er den Krieg gegen die Großen des Reiches von neuem und verwüstete ihre Besitzungen mit Feuer und Schwert. Der Papst gewährte ihm nachdrückliche Hülfe; er sprach über den Haupturheber der Empörung, den Erzbischof Langton, der sich um diese Zeit persönlich nach Rom begab, die Suspension vom Amt aus und belegte die Barone, wenn gleich nicht namentlich, mit dem Banne. Die Macht, welche Johann um sich vereinigt hatte oder doch, wie einst Wilhelm der Eroberer, in jenen Zeiten des abenteuernden Ritterthums leicht vereinigen konnte, muß sehr furchtbar gewesen sein; denn die unzufriedenen Engländer verloren das Vertrauen in ihre eigene Kraft und stürzten sich, um dem drohenden Uebel zu entgehen, in eine ebenso große neue Gefahr. Sie wandten sich nämlich von einem Tyrannen an den anderen, von ihrem Könige Johann an den französischen König Philipp August, der nach Recht, Gesetz und Herkommen ebenso wenig fragte, als Johann. Freilich boten sie die Krone, deren sich ihr König durch die Verletzung seines Eides verlustig gemacht hatte, nicht dem französischen König selbst, sondern seinem Sohne, Ludwig VIII., an, welcher, wie oben

---

*) Innocenz III. nennt die Magna Charta einen nichtswürdigen, schmählichen, unerlaubten, unbilligen Vertrag und verbietet auf alle Zeiten dem König wie den Baronen bei Strafe des Bannes, dieser Urkunde Gültigkeit beizulegen.

30 *

angegeben worden, mit einer Nichte König Johann's, der Prinzessin Blanca von Castilien, vermählt war. Sie rechneten schon im Voraus darauf, daß Ludwig sein Hauptaugenmerk auf die ihrem seitherigen Beherrscher noch übriggebliebenen Provinzen in Frankreich richten werde und daß Johann, sobald ihm die Ritterschaft von Guyenne und Poitou nicht mehr zuströmen könne, ganz in ihrer Hand sei. Sie hatten, wie später ihre Nachkommen im Kampfe gegen die Stuart's, ganz richtig gerechnet. Auch jetzt, wo durch die Verbindung der Engländer mit Philipp August Johann in eine äußerst bedenkliche Lage kam, bewies sich Innocenz als nützlichen Bundesgenossen. Er schickte einen Legaten an den König von Frankreich und ließ ihm die Einmischung in die inneren Angelegenheiten Englands ausdrücklich verbieten. Philipp, welcher damals des Papstes bedurfte, half sich damit, daß er List gegen List setzte. Er ließ sich nämlich in Gegenwart des päpstlichen Gesandten von seinem Sohne in dieser Sache den Gehorsam aufkündigen. Im Mai 1216 landete Ludwig bei Sandwich auf der Insel Thanet und im Juni ward er zu London als König von England anerkannt. Der Krieg wurde von beiden Seiten mit der größten Anstrengung geführt und England zugleich durch seine Zwietracht und durch fremden Eigennutz seinem Untergange nahe gebracht. Johann behandelte sein Reich wie ein erobertes Land, seine Miethvölker verübten die empörendsten Greuel und der päpstliche Legat in England belegte die zu Ludwig's Partei übergetretenen Geistlichen mit schwerer Strafe, um unter dem Vorwande der Gerechtigkeit seinen und des Papstes Säckel zu füllen. Ueber ein Jahr hatte der verheerende Krieg schon gedauert und es war kein Ende der Uebel abzusehen, als Johann zur großen Freude aller Engländer bei Newark am Trent starb (October 1216), drei Monate nach dem Tode seines Beschützers Innocenz.

Die Jugend seines Sohnes und Nachfolgers, Heinrich III., der bei des Vaters Tode ein Alter von nur neun Jahren hatte, war ein Glück für England. Der junge König konnte nämlich, wenn er unter eine verständige Leitung kam, den empörten Großen bei weitem besser dienen, als der französische Prinz, der nach seines Vaters Tode durch den vereinten Besitz von England und Frankreich ihnen ohne allen Zweifel überlegen werden mußte. Außerdem waren sie schon vorher mit dem Letzteren und seinen Truppen in Zwist gerathen, während dagegen die vormundschaftliche Regierung in die Hände eines Mannes kam, der sich trefflich in die Umstände zu fügen verstand. Dieser Mann war der Graf Wilhelm von Pembroke. Er hatte als Marschall oder Oberanführer Johann's den jungen König schnell krönen und sich selbst zum vormundschaftlichen Regenten oder, wie der bei den Engländern gebräuchliche Ausdruck war, zum Protector des Reichs erneuern laſſen und trat alsbald mit den feindlichen Baronen in Unterhandlung. Ludwig ſah ſich in Folge davon von dem größten Theile derer, die ihn gerufen hatten, verlaſſen, ſo daß er vom Raube und vom eigenen Gelde leben mußte. Er ſchloß, um Verſtärkungen aus Frankreich zu holen, einen kurzen Waffenſtillſtand; nachher aber erlitten ſeine Anhänger bei Lincoln eine Niederlage, und eine franzöſiſche Flotte, die in die Themſe einfahren wollte, wurde überwunden, die Mannſchaft gefangen genommen und der Admiral enthauptet, Pembroke war zu verſtändig, um die verzweifelte Lage des Prinzen anders als zu ſeiner Entfernung zu benutzen. Er baute dem Feinde goldene Brücken und ſchloß (September 1217) einen Vertrag, in welchem beide Theile ſich zur Freilaſſung der Gefangenen verpflichteten, Ludwig gegen die Erſtattung der Kriegskoſten allen Anſprüchen auf England entſagte und Pembroke den Anhängern desſelben nicht nur eine Amneſtie gewährte, ſondern ihre Rechte und Freiheiten ſoweit, als er ſich ſchon früher mit ihnen verſtändigt hatte, wiederherzuſtellen verſprach. Dadurch, daß Pembroke den Gegnern des vorigen Königs das Weſentliche ihrer Forderung zugeſtand, entzog er ſeinem Mündel auch der Abhängigkeit vom römiſchen Stuhle; denn das Lehensverhältniß zum Papſte zerfiel in ſich ſelbſt, weil es mit dem großen Privilegium der Nation unverträglich war und weil die Engländer das, was von Johann gethan oder vielmehr geſtaltet worden war, ebenſo wenig anerkannt hatten, als der Papſt ihre Magna Charta. Zum Unglück für den jungen König, deſſen ganzes künftiges Schickſal dadurch beſtimmt wurde, ſtarb der Protector ſchon kurze Zeit nachher, als die Ruhe, das Recht und die alte Gerichtsverfaſſung wieder hergeſtellt worden waren (1219). Doch war die Stimmung der Nation ſehr hoffnungsreich, als im folgenden Jahre der junge König nochmals in Weſtminſter gekrönt wurde; damals begann man die frühere Kirche abzutragen und Heinrich ſelbſt legte den Grundſtein zu der neuen weltberühmten Abtei (1220).

Während Johann durch ſein elendes Treiben ſich ſelbſt um ſeine königliche Ehre und Macht gebracht und, ohne es zu wiſſen oder zu wollen, die Freiheit der engliſchen Nation neu begründet hatte, befeſtigte Philipp Auguſt, welcher ihn um ſieben Jahre überlebte, durch ſeine ſchlaue Staatsweisheit das Anſehen und die Kraft ſeines Thrones und verdiente ſich den Beinamen Auguſtus, den er zwar nur einem ſchmeichelnden Hofgeſchichtſchreiber verdankte, der ihm aber, in ſofern darunter blos ein Mehrer des Reiches verſtanden wird, nicht mit Unrecht geblieben iſt. Er hatte ſich tückiſch dem mit Richard Löwenherz unternommenen Kreuzzug entzogen, um mit Verletzung des geleiſteten Eides ſeinem Feinde daheim zu ſchaden und die Grafſchaft

Artois an sich zu reißen. Später (1223) erwarb er durch die Vermählung seines jüngeren Sohnes mit der Erbin von Boulogne auch diese Grafschaft für eine Nebenlinie seines Hauses. Er hatte die unglückliche dänische Prinzessin um des Geldes willen geheirathet und dann sogleich verstoßen, ohne die Mitgift zurückzugeben. Er hatte die Erbärmlichkeit des Königs Johann benutzt, um unter dem Scheine der Gerechtigkeit alle englischen Provinzen außer Poitou und Guyenne an sich zu reißen, und nachher vermittelst seines Sohnes Ludwig die Hand sogar nach England selbst ausgestreckt. Er hatte endlich aus dem unerwartet glänzenden Siege bei Bouvines den besten Vortheil zu ziehen gewußt. Seine letzten Jahre waren durch rühmliche Sorge für den Kern seines Volkes ausgezeichnet. Er erkannte, daß die Uebermacht des Feudaladels und die fast völlig unabhängige Stellung unzähliger Dynasten, welche oft ebenso viele Tyrannen waren, nur durch einen wohlgeordneten Mittelstand vernichtet werden könne. Er ward daher der Schützer und Wohlthäter dieser Klasse, sicherte die Städte durch Mauern und Wälle gegen die Angriffe der Ritterschaft und baute Straßen, damit Handel und Gewerbe aufblüheten und zwar ließ er diese Arbeiten nicht durch Frohnden und Erpressungen, sondern mit dem Gelde seiner Ersparnisse ausführen. Schon vorher hatte er in den eroberten englischen Provinzen sich sehr gerecht und uneigennützig bewiesen, obgleich er sonst Recht und Herkommen nur dann achtete und ehrte, wenn es ihm Vortheil brachte. In der Normandie trat er sogar als eifriger Beschützer der Privilegien auf, welche von Johann bedroht worden waren, weil er auf diese Weise die Bewohner eines Landes an sich fesselte, das er mit den Waffen allein schwerlich würde behauptet haben. Er schaffte ferner die erblich gewordene, durch ihre Macht gefährliche Würde eines Großseneschalls ganz ab. Seine große, auf seinem Egoismus beruhende Staatsklugheit bewies er endlich besonders auch in dem, was er für die Universität Paris that. Er befolgte nämlich in Rücksicht der Wissenschaften die modernen Grundsätze der Erwerbsklugheit, welche zwar derjenigen Erkenntniß, die den Menschen eigentlich ehrt, Verderben bringt, dagegen aber für die äußeren Interessen des Staates um so vortheilhafter ist. Er bot Alles auf, um jene Lehranstalt zu einer der besuchtesten zu machen, verlieh ihr zu diesem Zwecke große Privilegien und reizte nicht nur diejenigen Lehrer, welche keinen inneren Sporn kannten, durch äußere Mittel an, sondern that auch dem Unfuge der ausländischen Studenten Vorschub. Als einst die deutschen Studenten in Paris des Weines wegen mit dem Volke in Streit geriethen und der Stadtprofoß gegen sie einschritt, bestrafte er diesen nebst allen bei der Sache betheiligten Bürgern aufs härteste, und verbot, jemals wieder einen Angehörigen der Universität vor die städtischen Gerichte zu ziehen, damit ja die Studenten nicht auswanderten. An die eigentliche Wissenschaft dachte Philipp bei den der Universität Paris gewährten Vergünstigungen gewiß nicht; es galt ihm vielmehr blos um die Frequenz dieser Schule, welche denn auch zu seiner Zeit ins Unglaubliche stieg. Seine Bemühungen hatten den Erfolg, daß in Paris damals die Gelehrten aller Nationen zusammenströmten, und daß diese Universität ebenso der Mittelpunkt der theologisch-philosophischen Bestrebungen blieb, wie Bologna der Hauptsitz der Rechtsgelehrsamkeit und späterhin auch der grammatischen Studien war. Besonders erhielt Paris dadurch eine Bedeutung für die wissenschaftliche Cultur der mittleren Zeit, daß man in dieser Stadt zuerst das Bedürfniß fühlte, die Araber, welche bis dahin die Lehrer der Welt gewesen waren, zu verlassen und zu dem griechischen und römischen Alterthum als der eigentlichen Quelle aller Wissenschaft zurückzukehren.

V. Die letzten Kreuzzüge und die mit ihnen zusammenhängenden Begebenheiten.

1. Papst Innocenz III.

Am Ende des 12. Jahrhunderts hatte Kaiser Heinrich VI., wie man nicht ganz mit Unrecht behauptete, die Universalmonarchie Karl's des Großen oder der Ottone wieder herstellen wollen; im Anfang des 13. suchte Papst Innocenz III. das hierarchische System Gregor's VII. oder, mit Dante's Worten, die strenge Theokratie derer, welche Petri Weinstock zum Schlehstrauch machen wollten, zu erneuen und hie und da noch weiter auszudehnen. Die Umstände waren dem Papste sehr viel günstiger, als sie dem Kaiser gewesen waren, sowie jener selbst seinem Unternehmen weit mehr gewachsen war, als dieser dem seinigen. Wollten wir die ungeheure Thätigkeit des Papstes Innocenz ihrem ganzen Umfange nach schildern, so müßten wir tief in die Geschichte der Philosophie jener Zeit, ja in die Geschichte des katholischen Dogma's selbst, des Kirchenrechts und der Kirchenverwaltung eingehen. Dies würde uns jedoch auf ein Gebiet führen, welches außer dem Bereiche der Weltgeschichte liegt. Dagegen gehören der Einfluß des Papstes Innocenz III. auf die damals in Italien eingetretenen Veränderungen, sein Antheil an dem nach Heinrich's VI. Tod ausgebrochenen Streit über die deutsche Kaiserwürde und sein Verhältniß zum vierten Kreuzzug nicht allein der politischen Geschichte an, sondern sie bilden sogar wegen ihrer mächtigen Wirkungen Hauptpunkte derselben.

Das Verhältniß des Papstes Innocenz zu der deutschen Kaiserwürde unter Philipp, Otto IV. und Friedrich II. ist theils schon oben berührt worden, theils wird es später in der Geschichte des zuletzt genannten Kaisers dargestellt werden. Hier behandeln wir daher nur die beiden anderen Hauptpunkte der politischen Thätigkeit dieses Papstes. Italien war in den letzten Zeiten nicht allein wieder das Hauptland der civilisirten Welt geworden, sondern es sollte auch nach den beiden entgegengesetzten Systemen, welche das Mittelalter über weltliche und geistliche Herrschaft aufgestellt hatte, der Mittelpunkt der Weltregierung sein und bleiben. Das eine dieser Systeme oder das der Ghibellinen war seit Karl dem Großen entstanden, durch die Ottone ausgebildet und von den Hohenstaufen mit Gewalt geltend gemacht worden, und wird von Dante in seinem Werke über die Monarchie philosophisch und in seinem ganzen unsterblichen Gedicht poetisch vertheidigt; das andere oder das guelfische System ward von Gregor VII. aufgestellt und von allen seinen Nachfolgern behauptet. Nach dem Letzteren sollte Rom der Sitz der Theokratie, der Papst Hierarch, die Italiener Werkzeuge der Hierarchie, das Weltliche dienend, das Geistliche herrschend sein. Nach dem Ersteren dagegen sollen die Herrschaft und das Schwert dem weltlichen Arme verbleiben, Rom der Sitz beider Gewalten, Italien und Deutschland Eins sein, die nüchterne Mäßigkeit des Nordens die Lust und Leidenschaft des Südens bändigen, das Schwert dem Mißbrauche des Krummstabes zu weltlichen Zwecken wehren und dieser wieder jenes in der Scheibe halten. Landeshoheit, hieß es, sei dem Kaiser, göttliches Ansehen in geistlichen Dingen dem Papste durch ewige Bestimmung der Gottheit angewiesen. Wie schwer im Leben auseinander gehalten wird, was der Verstand scharf und trefflich getrennt hat, kann jeder Mensch an sich selbst erfahren; wir brauchen daher auch nicht zu untersuchen, in wie weit Innocenz das eine jener beiden Systeme in voller Reinheit und Strenge befolgte, sondern wir müssen nur erforschen, was er während seiner Regierung unternahm, und mit welchen Gründen er jeden ein zel nen Schritt rechtfertigte.

Innocenz III., früher Graf Lothar von Segni, gehörte einem in Segni und Anagni begüterten Geschlecht an, hatte als ganz junger Mann seine Studien in Paris und Bologna gemacht, erhielt seiner vornehmen Geburt wegen schon im 29. Lebensjahre den Kardinalshut, und folgte 1198 als 37jähriger Mann[*)] dem Papste Cölestin III.,

---

[*)] „Herr Gott, der Papst ist allzujung", läßt Walther von der Vogelweide den Klosner klagen, in welchem er die ältere, fromm beschauliche, nach dem weltlichen Schwert nicht begehrende geistliche Richtung personificirt.

der erst in einem Alter von 85 Jahren den römischen Stuhl bestiegen hatte. Er hatte sich die juristische Bildung seiner Zeit in gleichem Maaße angeeignet, wie die theologische; großen Eindruck machte bei den Zeitgenossen seine Schrift über die Verachtung der Welt (de contemptu mundi), in welcher er eine strenge, trübe Weltanschauung in kraftvollen Zügen vorträgt und die noch heutzutage Lobredner findet. Er fand Italien gedrückt und einen Retter und Schützer gegen die Brutalität der Deutschen erwartend, Neapel und Sicilien verwaist und die römisch-christliche Welt mit dem Gedanken an einen neuen Kreuzzug beschäftigt; was konnte für einen raschen jungen Mann aus ritterlicher Familie anlockender sein, als solche Umstände? Schon am Tage nach seiner Erhebung auf den päpstlichen Stuhl that er den ersten entschiedenen Schritt zur Erneuerung des hierarchischen Systems, welches Gregor VII. aufgestellt hatte. Er zwang den Stadtpräfecten von Rom, der bis dahin vom Kaiser die Belehnung erhalten hatte und, wenn auch ohne große Macht, die deutsche Herrschaft in Rom repräsentirte, dem päpstlichen Stuhle den Eid der Treue zu schwören. Nachdem er auf diese Weise die kaiserliche Oberhoheit in Rom vernichtet hatte, wandte er sich in gleicher Absicht nach den einzelnen Städten des Kirchenstaates, über welche ein vom Papst unabhängiger Senator gesetzt war; er nahm auch diesen in seine Pflicht und nöthigte die Vasallen und Unterthanen, die demselben geleistete Huldigung aufzukündigen. Dann suchte er die Mathildischen Güter, welche unter deutscher Verwaltung standen, an sich zu ziehen und vertrieb zwei deutsche Herren, Konrad von Urslingen, der in Spoleto, und Marquard von Annweiler, der in Ancona und den Marken waltete. Letzterer freilich leistete kräftigen Widerstand und wich erst, als ihm eine bedeutendere Aufgabe in Sicilien zuzufallen schien. Innocenz aber war der Gründer eines selbstständigen päpstlichen Staates geworden. Um ferner die Wiederherstellung des kaiserlichen Ansehens in Mittelitalien unmöglich zu machen, bewog er die tuscischen Städte zur Bildung einer Föderation, wie sie in der Lombardei schon längst bestand; Pisa allein blieb dem Kaiser, der es groß gemacht hatte, treu. Die schlauen Tuscier richteten indessen ihren Bund, den man nachher vorzugsweise den guelfischen genannt hat, keineswegs nach den Wünschen des Papstes ein, so daß dieser seine Bestätigung desselben auf jede Weise durch Clauseln beschränkte und den Städten seines Gebiets den Beitritt ausdrücklich verbot.

In Sicilien hatte Innocenz schon vorher die Minderjährigkeit des Königs Friedrich II. benutzt, um von der Mutter und Vormünderin desselben die Verzichtleistung auf Vorrechte zu erpressen, welche den Königen des normannischen Stammes von früheren Päpsten zugestanden worden waren und der weltlichen Regierung einen bedeutenden Einfluß auf die kirchlichen Angelegenheiten ihres Landes gewährten. Constantia war nämlich durch den eigenthümlichen Zustand eines Reiches, in welchem die Barbarei ihres Gemahles und der Uebermuth seiner deutschen Kriegsleute und Beamten die ohnehin zum Aufruhr geneigten Bewohner aufs höchste erbittert hatten, in eine solche Lage gebracht worden, daß sie für sich und ihren Sohn des päpstlichen Schutzes bedurfte. Sie hatte sich daher nach Rom gewandt, Innocenz hatte ihr aber die seit Robert Guiscard's und Roger's I. Zeit gebräuchliche päpstliche Belehnung nur unter der Bedingung gewährt, daß sie jenen Vorrechten entsage und das Reich zu einer jährlichen Lehensabgabe von 1000 Goldstücken verpflichtet erkläre. Gleich nachher (1198) starb sie mit Hinterlassung eines Testaments, in welchem sie eine vormundschaftliche Regierung einsetzte und den Papst an die Spitze derselben stellte. Innocenz übernahm die ihm übertragene Gewalt, zeigte sich aber in einem zweideutigen Lichte gegen seinen Mündel. Er schickte einen Legaten nach Sicilien, ließ den Staat ganz und gar nach seinen Vorschriften leiten und gab seinem Mündel in der Person des Grafen Walter von Brienne einen gefährlichen Nebenbuhler. Walter war mit einer Tochter des Königs Tankred vermählt und diese hatte gerechte Ansprüche an das Fürstenthum Tarent und an die Grafschaft Lecce, weil ihre Mutter Sibylle sich dem Kaiser Heinrich VI. nur unter der Bedingung ergeben hatte, daß er ihre Kinder mit jenen Ländern belehne. Heinrich hatte jedoch nicht Wort gehalten und nicht nur Sibylle mit ihren Kindern nach Deutschland abführen lassen, sondern auch ihren Sohn grausam mißhandelt. Der Letztere starb in der Gefangenschaft, den Anderen aber verschaffte Innocenz durch seine Verwendung bei Philipp von Schwaben die Freiheit und dem Grafen Walter ertheilte er die Belehnung mit Lecce und Tarent. Man würde alles dies als bloße Sache der Gerechtigkeit ansehen müssen, wenn nicht Walter, was dem Papste nicht unbekannt sein konnte, ohne allen Zweifel noch weitere Absichten gehabt hätte. Offenbar wollte Innocenz dadurch, daß er Walter herbeizog, das normannische Reich in seinem Inneren schwächen, um es auf diese Weise auch in Zukunft von sich abhängig zu erhalten. Die schlauen Sicilianer merkten jedoch seine Absicht und verbanden sich mit dem Herzog Marquard von Ancona, der bereits unter Heinrich VI. eine Rolle in Sicilien gespielt hatte und beim Tode der Constantia dahin zurückgekehrt war; er galt bei den Anhängern der Hohenstaufen in Italien und Deutschland als der von Heinrich rechtmäßig eingesetzte Reichsverweser von Apulien und Sicilien. Da Marquard noch von früher her großen Anhang im Reiche hatte und ein sehr gewandter Mann war, so hätte er dem Papste sehr gefährlich werden können, wenn ihn nicht das Schicksal hinweggerafft hätte; er hatte bereits den größten Theil von Sicilien unterworfen, als er 1202 starb. Seine Brüder setzten zwar den Kampf fort und einer von ihnen, Diepold, nahm sogar Walter von Brienne, welcher gleich nachher an einer Wunde starb, gefangen; der Papst war aber klug genug, nicht Alles aufs Spiel zu setzen. Er schloß 1206 mit Diepold einen Vertrag, gewährte ihm einen Antheil an den Reichsgeschäften und behauptete dadurch seinen Einfluß in Sicilien, selbst als die für seine stellvertretende Regierung bestimmte Zeit verflossen war.

Unterdessen hatte Innocenz auch einen neuen Kreuzzug, für welchen damals die Aussichten sehr günstig waren, zu veranstalten gesucht. Saladin's Söhne, die sich in sein großes Reich getheilt hatten, geriethen gleich nach seinem Tode unter einander in Zwietracht und wären nicht die christlichen Fürsten und Orden, welche in Palästina noch festen Fuß hatten, ebenso uneinig gewesen, als die Mohammedaner, so hätte man schwerlich eine passendere Zeit zu einem neuen Kreuzzuge finden können, als das Jahr 1197, wo das von Heinrich VI. erst zu seinen Zwecken in Unteritalien verwandte deutsche Kreuzheer an der syrischen Küste landete. Dieses bedeutende Heer, dessen Führung der Kanzler des Kaisers, Konrad von Würzburg, hatte, war anfangs sehr glücklich; bald vereitelte aber die Treulosigkeit und Eifersucht der syrischen Barone, die Habgier der Deutschen und besonders der Tod des Kaisers Heinrich den ganzen Erfolg des Unternehmens. Die Reichsfürsten eilten nach Hause, um beim Streite der beiden Gegenkaiser Philipp und Otto ihre Rechte und Besitzungen zu vertheidigen; der Titularkönig von Jerusalem, Heinrich von Champagne, starb um diese Zeit durch einen Sturz von der Brüstung des Palastes. Sein rasch gewählter Nachfolger Amalrich II., der von seinem Bruder Guido von Lusignan bereits die Herrschaft über Cypern geerbt hatte, schloß mit den Ungläubigen einen neuen Waffenstillstand auf drei Jahre (1197). Die Lage der Dinge in Palästina blieb, wie sie gewesen war und es schien nur ein neuer Peter von Amiens nöthig zu sein, um Jerusalem zum zweiten Male den Ungläubigen zu entreißen. Diese günstigen Umstände wollte Innocenz nicht unbenutzt lassen. Er unterstützte gleich im ersten Jahre seiner Regierung die Kreuzprediger, welche bereits aufgetreten waren, mit seinem ganzen Ansehen und Einfluß, sandte Schreiben und Legaten an die Könige, Fürsten und Bischöfe seiner Kirche und traf Maaßregeln, um das zu einem neuen allgemeinen Kreuzzug nöthige Geld herbeizuschaffen. Die Rolle eines neuen Apostels und Herolds vom heiligen Kriege hatte bereits seit dem Jahre 1195 der Prediger Fulko von Neuilly übernommen, der sich schon längst ebenso sehr durch seine Kanzelberedsamkeit und seinen Eifer gegen Wucher und Unzucht, als durch den Ruf der Heiligkeit und durch seine Wunderthaten berühmt gemacht und besonders durch eine Scene mit Richard Löwenherz großes Aufsehen erregt hatte. Er hatte diesen nämlich einst ermahnt, seine Kreuzfahrt nicht eher zu beginnen, als bis er seine drei Töchter, die Hoffart, die Habgier und die Wollust, versorgt habe; Richard war ihm aber die Antwort nicht schuldig geblieben, sondern hatte lachend zu seiner Umgebung gesagt: „Wohlan denn, ich will die Ermahnung befolgen und meine Töchter verheirathen! Die Hoffart gebe ich den übermüthigen Tempelherren, die Habgier den Cistercienser-Mönchen und die Wollust den Bischöfen." Fulko predigte mit einem wahren Feuereifer das Kreuz und ihm schlossen sich zum gleichen Zwecke die berühmtesten Zöglinge der Pariser Universität an, welche später fast insgesammt theils als Gelehrte, theils als Staatsmänner die erste Rolle in Europa spielten, die nachherigen Kardinäle Stephan Langton und Robert Courçon, beide Studiengenossen und Freunde des Papstes Innocenz, Walter von London, Johann von Nivelle, Peter von Roucy, Eustachius von Flay und mehrere Andere. Innocenz war kaum Papst geworden, als er sich der Bestrebungen seiner Freunde aufs nachdrücklichste annahm. Er erklärte ein Zehntel seiner Einkünfte für den Kreuzzug geben zu wollen, legte dem ganzen Klerus der abendländischen Kirche eine Einkommensteuer von britthalb Procent auf und als man argwöhnte, er wolle diese Gelder an sich ziehen und im Interesse des päpstlichen Stuhles verwenden, erließ er die Verfügung, daß die Bischöfe selbst mit Zuziehung eines Tempelherrn und Johanniters das eingenommene Geld an die Kreuzfahrer ihres Sprengels zur Bestreitung ihrer Bedürfnisse vertheilen sollten. Endlich schickte er auch seine Legaten aus, um das Kreuz zu predigen. Diese waren jedoch in ihrem Geschäfte nicht eben sehr glücklich. Besonders machte der nach Frankreich gesandte Kardinal Peter von Capua kein Glück, weil er zugleich in Betreff der ehelichen Angelegenheiten Philipp August's einen Auftrag hatte, der sich mit dem Zwecke, einen großen französischen Kreuzzug zu Stande zu bringen, nicht wohl vereinigen ließ. Peter sollte den König von Maria Agnes trennen und zur Wiederannahme der Ingeborg bewegen; das konnte bei Philipp's Charakter auf friedlichem Wege nicht geschehen, beim Zwiste zwischen Papst und König aber war an einen von Rechtswegen zu unternehmenden Kreuzzug nicht zu denken. Die diplomatischen Feinheiten, welche beim päpstlichen Kabinet nicht, wie sonst im Mittelalter überall, dem Schwerte weichen mußten, brachten auch diesmal zwei einander widerstreitende Dinge zu Stande. Der Papst ließ durch seinen Legaten die Sache der Ingeborg in seinem

Sinne betreiben und übertrug dagegen die andere Angelegenheit dem Prediger Fullo. Mit der Vollmacht des Papstes versehen, begab sich Fullo zuerst in die Provence, um auf einer Kapitelversammlung des einflußreichen Cistercienser-Ordens für seinen Zweck zu wirken. Dann kehrte er in das eigentliche Frankreich zurück und suchte auf einem glänzenden Turnier in der Champagne die Gemüther der mächtigsten Großen zu erregen (1199). Seine begeisterten Reden hatten eine solche Wirkung, daß alle dort versammelten Fürsten und Herren theils sogleich, theils einige Zeit nachher das Kreuz nahmen. Unter diesen waren der Graf Thibaut (Theobald) von Champagne, Bruder des verstorbenen Titularkönigs von Jerusalem, der Graf Ludwig von Blois und Chartres, die Grafen Simon von Montfort und Rainald von Montmirail, der Markgraf Bonifacius von Montferrat, ein Bruder des berühmten Konrad, der Bischof von Troyes, der Marschall der Champagne, Gottfried von Villehardouin, der uns eine Beschreibung des Zuges in französischer Sprache hinterlassen hat, und andere Großen. Nachher traten auch der Graf Balduin von Flandern und Hennegau, vermählt mit Maria, einer Schwester Heinrich's und Thibaut's von Champagne, sowie der Graf Hugo von St. Paul mit ihren Vasallen dem Heere der Kreuzfahrer bei und verliehen demselben eine sehr wichtige Verstärkung. Die verbündeten Fürsten und Ritter beschlossen, zur See nach Palästina zu gehen, da die Erfahrungen der früheren Kreuzzüge von einem Zuge zu Land abschreckten. Doch fehlte es an den nöthigen Schiffen. Es ward ein ganzes Jahr mit Berathungen zugebracht, wie man die Ueberfahrt machen sollte. Endlich kam man überein, eine Deputation von sechs Rittern abzuschicken, welche mit den italienischen Seestaaten einen Vertrag wegen des Transports des Kreuzheeres schließen sollte. Die verständigsten Männer der Kreuzfahrer, darunter der Geschichtschreiber Villehardouin,*) wurden zu dieser Gesandtschaft ausersehen. Sie wandten sich nach Venedig, weil Genua und Pisa in einen blutigen Krieg mit einander verwickelt waren, und dieser Umstand gab dem Unternehmen eine ganz unerwartete Wendung.

2. Frühere Geschichte von Venedig.

Als im Anfang des 5. Jahrhunderts die Gothen unter Alarich und um die Mitte desselben die Hunnen unter Attila das obere Italien verheerten, suchten viele Einwohner auf den kleinen Inseln Zuflucht, welche an der Mündung der Brenta die Lagunen-Küste des Meeres

---

*) Eigentlich Geschichtserzähler; er hat seine Denkwürdigkeiten nicht selbst niedergeschrieben, sondern dictirt.

bilden und nur durch schmale Kanäle von einander getrennt sind. Sie lebten dort anfangs als arme Fischer unter einer demokratischen Verfassung und auf einer jeden Insel bestand eine besondere Republik. Als jedoch der Handel sie bereicherte und Oberitalien von den Longobarden besetzt ward, fühlten sie das Bedürfniß der Vereinigung und des gegenseitigen Schutzes; sie wählten sich daher am Ende des 7. Jahrhunderts ein gemeinschaftliches Oberhaupt, welches unter dem Titel Dux oder Doge, d. i. Herzog, die allgemeine Volksversammlung hielt, die Lenker und Richter der einzelnen Republiken ernannte, die vom Volk erwählten Geistlichen einsetzte und als höchster Richter Appellation ertheilte (697). Sein Sitz wurde um 810 auf die bis dahin unangebaute Insel Rialto verlegt. Zur Zeit Karl's des Großen, wo der werdende Staat bald den Lateinern, bald den Griechen schmeicheln mußte, wanderten edle Geschlechter aus den benachbarten Gegenden ein und nun entstanden die ersten Elemente einer Aristokratie; denn es wurde durch einen Volksbeschluß festgesetzt, daß anstatt der Volksgemeinde zwei jährlich neu gewählte sogenannte Tribunen die bürgerliche und peinliche Gerichtsbarkeit handhaben sollten. Doch blieb der Doge der einzige Oberrichter.

Um diese Zeit ward auch der Handel und Reichthum der Venetianer zuerst bedeutend; denn ihr Gewissen war das weiteste, so daß sie sogar die Haupt-Sklavenhändler im mittelländischen Meere wurden. Sie trieben den Zwischenhandel zwischen den Mohammedanern in Afrika, Spanien und Sicilien einerseits und den griechischen, slavischen, deutschen und lombardischen Anwohnern des adriatischen Meeres andererseits. Bald unterwarfen sie sich auch die Seeküste von Istrien und machten in Dalmatien Eroberungen. Solche Unternehmungen wurden von kriegerischen Dogen gern veranstaltet und dienten ihnen als ein Mittel, den Wettstreit der mächtigeren Familien, welche ebenso, wie der Adel anderer italienischer Städte, beständig unter einander in Streit lagen, auf den Kampf mit auswärtigen Feinden zu richten. Besonders war die dalmatische Stadt Zara ein stetes Ziel ihres Strebens. Schon am Ende des 11. Jahrhunderts war der Reichthum und die Seemacht der Venetianer so bedeutend, daß man es vorzüglich ihrer Hülfe zuschreiben muß, wenn die griechischen Kaiser, zu denen sie sich aus guten Gründen gern hielten, den Angriff Robert Guiscard's auf ihre Staaten vereitelten. Ein Zeitgenosse sagt bei dieser Gelegenheit von ihnen in poetischen Worten: „Reich an Schätzen und reich an Zahl wohnen die Venetianer im Wasser des Meeres selbst, so daß man bei ihnen nur auf Kähnen von einem Hause zum andern gelangen kann, und kein Volk ist tüchtiger zum Seekampfe, keines geschickter in der Leitung der Schiffe. An sie wandte sich daher Alexius, als ihn das tapfere, des Krieges zur See wohl kundige Volk der Normannen angriff." Zum Dank für die geleistete Hülfe ertheilte Alexius den Venetianern nicht blos ausgedehnte Handelsprivilegien in seinem Reiche, sondern er gestand ihnen auch den Besitz von Dalmatien und Kroatien unter griechischer Hoheit zu. Der damalige König von Ungarn, Koloman, erkannte, obgleich er eben erst Dalmatien unterworfen hatte, die Erweiterung ihrer Macht wenigstens diplomatisch an, indem er in einem besonderen Vertrage zugab, daß der Doge von Venedig den Titel eines Herzogs von Dalmatien und Kroatien führe. Kurz darauf (1112) finden wir die Venetianer nicht nur im Besitze von Zara, sondern sie drangen auch im Kampfe mit den Ungarn bis nach Belgrad vor. Während sie in diesen Gegenden heftige Kriege führten, benutzten sie den im Abendland erwachten Eifer für die Kreuzzüge zu ihren eigennützigen Absichten. Sie bereicherten sich durch den Transport der Kreuzfahrer und durch den neu belebten Handel mit dem Orient und erwarben Vorrechte, Zölle, Häfen und Stadtquartiere an den syrischen Küsten. Auch im griechischen Reiche mußte ihnen Kalojohannes die von seinem Vater Alexius eingeräumten Rechte wider Willen bestätigen und sogar erweitern, und Manuel I. ertheilte ihnen, als er von den Normannen unter Roger II. bedrängt war, unbeschränkte Zoll- und Handelsfreiheiten. Nachher gab Friedrich Barbarossa's Streit mit den Lombarden den schlauen Kaufleuten Gelegenheiten, ihren Einfluß bedeutend zu vermehren, weil sie zuerst die Städte gegen den Kaiser aufreizten, dann die Rolle der Vermittler übernahmen und endlich ihre Stadt zum Congreß-Orte machen ließen.

Kurz vorher (1171) waren sie mit dem griechischen Kaiser in einen heftigen Streit gerathen und der daraus entstandene Krieg ist besonders deshalb merkwürdig, weil er die erste bedeutende Verfassungsveränderung in Venedig herbeiführte. Vitali Michieli II., in der Reihenfolge der Dogen der achtunddreißigste, rüstete nämlich vermittelst einer außerordentlichen Steuer eine Flotte von 120 Schiffen aus und fuhr mit derselben nach dem Archipelagus. Hier ließ er sich durch angebotene Unterhandlungen von den Griechen täuschen, verlor darüber Zeit und Gelegenheit, büßte dann durch die auf der Flotte ausbrechende Pest seine meisten Streiter und Schiffe ein und mußte unverrichteter Sache nach Venedig zurückkehren, wohin er unglücklicher Weise auch die Pest einschleppte. Das Volk glaubte in seiner Verzweiflung, Michieli habe sich der ihm anvertrauten Gewalt zum Verderben des Staates bedient; es empörte sich, ermordete ihn und beschloß, nicht nur die Macht der Dogen durch ein ihnen zur Seite gesetztes Collegium zu beschränken, sondern auch eine gänzliche Veränderung der Verfassung vorzunehmen (1172). In sechs Monaten war diese neue Staatseinrichtung entworfen, angenommen und eingeführt. Die eigentliche Beschaffenheit derselben liegt im Dunkeln, wie denn überhaupt die Verwaltung und Verfassung des venetianischen Staats mit ihren Collegien, Gerichten, Aemtern und Wahlen zu allen Zeiten ein so künstlich und labyrinthartig zusammengesetztes Ganzes bildet, daß man darüber in der Kürze und ohne Bezugnahme auf gelehrte Untersuchung nicht reden kann. Die Hauptsache der nach Vitali Michieli's Tod eingeführten Veränderung bestand darin, daß man durch die Einsetzung einiger Behörden, welche die Gewalt des Dogen bewachen und beschränken sollten, den Grund zur aristokratischen und oligarchischen Verfassung der späteren Zeiten legte. Es ward ein aus 480 Mitgliedern bestehender, jährlich neu erwählter großer Rath eingeführt, welcher gewissermaaßen als Repräsentant der Volksversammlung die Beschlüsse des Dogen zu genehmigen oder zu verwerfen hatte, und außerdem band man dem Dogen durch einen ihm zur Seite gesetzten kleinen Rath oder durch die sogenannte Signorie die Hände. Ob auch die furchtbare Macht der Vierziger oder der sogenannten Quarantie, welche die höhere Instanz für bürgerliche Rechtsstreitigkeiten und das eigentliche peinliche Gericht für alle Hauptverbrechen war und bald einen Haupteinfluß auf die Regierung erhielt, damals schon eingeführt wurde, ist ungewiß. Die Wahl des Dogen, die bisher durch das Volk geschehen war, ward seit jener Zeit von dem großen Rath vorgenommen. Aus den 1172 eingeführten Einrichtungen entwickelte sich nachher die Herrschaft einer strengen Aristokratie, sowie aus dieser wieder eine furchtbare Oligarchie. Doch zeigen die Verhandlungen mit den Abgeordneten der französischen Kreuzfahrer, daß schlaue Dogen noch eine Zeit lang in diesen Einrichtungen selbst ein Mittel fanden, ihre Absichten durchzusetzen. Auch wagte man die Demokratie damals noch nicht ganz abzuschaffen; denn bei wichtigen Angelegenheiten mußte noch immer die ganze Volksgemeinde ihre Zustimmung geben, und diese behauptete auch bei der Wahl des Dogen eine Art von Bestätigungsrecht durch Acclamation, so daß der neue Doge dem Volke mit den Worten: „Dies ist euer Doge, wenn es euch so gefällt!" vorgestellt werden mußte.

Uebrigens söhnten sich die Venetianer kurz vor der Ankunft der Kreuzfahrer mit dem griechischen Reiche völlig aus. Schon der Kaiser Manuel I. hatte Ursache gehabt, sein Verfahren gegen Venedig zu bereuen; der dritte von den Kaisern, welche ihm kurz nach einander folgten, Isaak Angelus, schloß sogar die engste Verbindung mit der Republik und bestätigte ihr alle früher ertheilten Privilegien, und der vierte dieser Kaiser, Alexius III., gewährte den Venetianern noch größere Rechte und gänzliche Freiheit von Abgaben in seinem Reiche.

3. Uebersicht der byzantinischen Geschichte zur Zeit der ersten Kreuzzüge.

Alexius I., mit welchem eine neue Dynastie, die Familie der Komnenen, den Thron des sinkenden griechischen Reiches bestiegen hatte, war die ganze Zeit seiner Regierung hindurch (1081—1117) mit inneren Empörungen und auswärtigen Kriegen beschäftigt. Der Westen des Reiches ward von dem Normannen-Herzog Robert Guiscard und von dessen Sohne Boemund, sowie 20 Jahre später noch einmal von dem Letzteren bedroht. Im Norden mißhandelten die wilden Petschenären die Provinzen häufig durch verheerende Einfälle, bis Alexius ihnen mit Hülfe der nicht minder wilden Kumanen furchtbare Verluste beibrachte (1191). Im Osten gingen beträchtliche Striche Landes an die Seldschukken von Nicäa und Ikonium verloren. In eine ganz neue Lage kam das Land durch die Kreuzzüge der Abendländer, welche unter Alexius ihren Anfang nahmen. Diese entfernten einerseits die von Osten her drohende Gefahr auf längere Zeit und hoben das Ansehen des Reiches wieder empor. Andererseits waren sie aber den Griechen auch im hohen Grade nachtheilig. Sie vermehrten nicht blos die fremden Miethsvölker im Reiche, sondern ganz besonders auch die Zahl der in der Hauptstadt ansässigen Ausländer, und der Staat litt dadurch ebenso sehr, wie das Anwachsen des Pöbels in unsern Hauptstädten bedenklich wird. In Constantinopel waren schon früher ganze Straßen von Venetianern, Pisanern und Genuesen bewohnt, welche ihre eigenen Gerichte hatten; Türken und Araber bildeten daselbst gewissermaaßen einen besonderen Handelsstaat; und nun ließen sich auch noch sehr viele Kreuzfahrer, statt nach Palästina weiter zu ziehen oder auf der Rückreise in ihr Vaterland heimzukehren, daselbst nieder. Durch diese zunehmende Mischung der Bevölkerung ging der Nationalcharakter immer mehr zu Grunde, die Regierung ward immer schwieriger und die Rolle des Oberbefehlshabers der Truppen erhielt eine steigende Wichtigkeit. Barbarische Hülfsvölker hatten dem Kaiser Alexius den Weg zum Throne gebahnt; durch Barbaren behauptete denselben sein Sohn und Nachfolger Johannes oder Kalojohannes, dessen bester und zuverlässigster Diener der türkische Befehlshaber seiner Truppen war. Als nachher Johannes' jüngerer Sohn, Manuel I., sich mit Verdrängung seines Bruders der Krone bemächtigte (1143), bediente er sich desselben türkischen Feldherrn, um vom Kaiserthum Besitz nehmen zu lassen. Weder unter Kalojohannes noch unter Manuel, welche selbst große Generale waren, fühlte man das Gefährliche dieses Verhältnisses; nichtsdestoweniger ward aber unter ihrer Regierung vorbereitet, was gleich nach Manuel's Tode eintrat, daß nämlich die Officiere, der gemischte Pöbel der Hauptstadt und die Armee, welche dem, der sie bezahlte, folgte, die eigenthümlichen Herren des Reiches waren. Uebrigens schützte Kalojohannes, dessen kriegerische Thätigkeit wir bereits in seinem syrischen Feldzuge kennen gelernt haben, das Reich nach allen Seiten hin mit kräftiger Hand und übte im Inneren eine bei byzantinischen Kaisern seltene Milde. Seine gelehrte Schwester Anna Komnena, welche eine Lebens- und Regierungsgeschichte ihres Vaters Alexius geschrieben hat, zettelte gefährliche Umtriebe gegen ihn an; als dieselben entdeckt wurden, ließ er ihr gleichwohl nicht nur das Leben, sondern auch ihr Vermögen. Der Beiname des Schönen (Kalos) scheint ihm ironisch beigelegt worden zu sein, wenn er sich nicht auf seinen edlen Charakter bezieht; denn sein Aeußeres war unansehnlich.

Manuel I., welcher von 1143 bis 1180 regierte, zog gleich anfangs eine große Zahl abendländischer Ritter an sich, deren Tapferkeit er ehrte und nachahmte und unter denen er selbst für den tapfersten, gewandtesten und glänzendsten Ritter der Christenheit galt. Der berühmteste von diesen fremden Kriegsgenossen Manuel's war Konrad von Montferrat, welcher sich in Constantinopel zu jener Heldenkraft heranbildete, die er nachher im Kampfe mit Saladin bewährte. Manuel's Regierung war fast nur eine einzige Reihe von Kriegen, zu welchen ihn die Lage seines Reiches nöthigte und die ihn bald in Europa, bald in Asien beschäftigten. Für seine häufigen Feldzüge in Kleinasien legte er, um nicht gleich den Kreuzfahrern durch die Schwierigkeiten der Wege aufgehalten zu werden, nach der Weise der alten Römer eine förmliche Kriegsstraße an, welche mit den größeren Werken älterer Zeiten verglichen wird und Sicherheit mit Bequemlichkeit vereinigte. Er hatte gleich anfangs einen weit aussehenden Kriegsplan gegen die Seldschukken entworfen und auch bereits mit Glück auszuführen begonnen, als Konrad's III. und Ludwig's VII. Kreuzzug ihn nöthigte, seine ganze Macht in das Innere des Reiches zu ziehen. Seine Unterthanen geriethen damals über die nochmalige Erscheinung der rohen Schaaren aus dem Abendlande in einen solchen Schrecken, daß sie sogar ihre heiligen Schätze aus den Kirchen entfernten, um die habsüchtigen Kreuzfahrer nicht zu Gewaltthätigkeiten zu reizen. Manuel's erste Gemahlin, Bertha von Sulzbach, bei den Griechen Irene genannt, war eine Schwägerin Konrad's III.; doch achtete er die Schwägerschaft nur, wo ein freundliches Verhalten ihm Nutzen bringen konnte. Er selbst verband sich zuletzt sogar mit den Seldschukken gegen die eigenen Glaubensgenossen. Dies war freilich weder staatsklug noch rechtlich, doch wird es einigermaßen durch die Umstände entschuldigt. Sobald die gefährliche Zeit vorübergegangen und die beiden abendländischen Könige nach Hause zurückgekehrt waren, rüstete der Kaiser zuerst einen Kriegszug gegen die sicilianischen Normannen, welche das mittelländische Meer und einen Theil der afrikanischen Küste beherrschten und nicht nur griechische Städte geplündert, sondern auch die Insel Korfu erobert hatten. Er entriß ihnen diese Insel nach einer langen Belagerung wieder und wollte dann Sicilien selbst angreifen, als zuerst zufällige Umstände die Abfahrt hinderten und nachher die Verhältnisse zu den Serviern und Ungarn ihn bewogen, sich mit seiner Macht gegen die Donau zu wenden.

Die Ungarn, Servier und alle an der unteren Donau bis tief nach Rußland hinein wohnenden Völker standen im 12. Jahrhundert mit einander in einer gewissen Verbindung, welche unsere Aufmerksamkeit auf sich ziehen würde, wenn die Ereignisse unter rohen Horden für die gebildeten Bürger von ordentlich eingerichteten Staaten wichtig und interessant wären. Schon zur Zeit Heinrich's V. sehen wir, daß Russen, Polen, Ungarn und Griechen mit einander in regem Verkehr stehen und die flüchtigen oder vertriebenen Prinzen des einen Volkes bei den übrigen Schutz suchen. Stephan II., der Nachfolger des ungarischen Königs Koloman, verschaffte sogar seinem Halbbruder Boris, dem Sohne einer russischen Prinzessin, einerseits von den Russen ein Fürstenthum, und wollte ihn andererseits in Ungarn zu seinem Erben einsetzen. Das letztere verwickelte ihn in einen Krieg mit dem byzantinischen Kaiser Kalojohannes. Die Großen des Reiches wollten nämlich die Nachfolge des Boris nicht zugeben und setzten Stephan's Vetter, Almus, bei dieser hatte blenden und einkerkern lassen, in Freiheit; Almus floh (1127) zu Kalojohannes und ward von ihm mit den Waffen unterstützt. Als er bald nachher starb, mußte Stephan den Sohn des Almus, Bela II., als seinen Nachfolger anerkennen. Dieser war mit der Tochter eines servischen Fürsten vermählt, welche die Regierung ganz in Händen hatte, und nachher ihren Sohn, Geisa II., zur Theilnahme an einem Kriege bewog, der zwischen den Serviern und Byzantinern ausbrach. Die Servier waren schon längere Zeit dem griechischen Kaiser tributpflichtig; ihr damaliger Groß-Schupan oder Oberfürst verweigerte aber, im Vertrauen auf die Verwandtschaft mit dem ungarischen König, die fernere Zahlung des Tributs, und empörte sich mit Hülfe Geisa's zu derselben Zeit, als Manuel seine Unternehmung gegen Sicilien beginnen wollte. Er ward nach kurzem Kampfe besiegt und mußte unter noch härteren Bedingungen, als vorher, die griechische Oberherrschaft wieder anerkennen; Manuel drang hierauf auch in Ungarn ein und bestrafte Geisa, indem er ihn zur Abtretung von Bosnien zwang, über welches der ungarische König seit 20 Jahren die Oberherrschaft gehabt hatte.

Uebrigens machten in allen diesen Kriegen die an der Donau wohnenden kumanischen Horden, welche noch im rohesten Nomaden-Zustande lebten, die Hauptstärke der ungarischen Heere aus; das Mischlingsvolk der Walachen aber, das seit 1085 in die von den Petschenären verlassene Bulgarei gezogen war, bildete den Kern der griechischen Truppen an der Nordgrenze des Reiches.

Während Manuel den rohen Barbaren an der Donau Gesetze vorschrieb, die sie jedoch schon im nächsten Augenblicke wieder vergaßen, waren seine civilisirten Unterthanen den Angriffen der sicilianischen Normannen ausgesetzt, welche die Küsten des griechischen Reiches verheerten und Tausende von Künstlern und Fabrikanten mit sich fortschleppten. Als daher der ungarische Krieg geendet war (1153), richtete der Kaiser seine Macht vorzugsweise nach Westen hin. Sein tapferer General, Michael Palaäologus, erschien nach langer Zeit zum ersten Male wieder mit einem griechischen Heere auf italienischem Boden und nahm den Normannen eine Stadt nach der anderen weg. Kaum war jedoch Michael gestorben, als sich die im byzantinischen Reiche gewöhnliche Erscheinung wiederholte. Ein Mann, der keinen anderen Vorzug besaß, als daß er mit dem Kaiser verwandt war, erhielt den Oberbefehl und büßte nicht nur die gemachten Eroberungen, sondern auch Heer und Flotte ein. Auch die Venetianer, welchen Manuel ihre Gerichtsbarkeit in Constantinopel genommen hatte und denen er wegen seiner Verbindung mit Friedrich Barbarossa noch mehr verhaßt geworden war, unterstützten den normannischen König Wilhelm I. gegen die Griechen. Eine neue Flotte, welche Manuel ausrüstete, wurde von den Sicilianern aufgefangen, und er hatte es nur der unglücklichen Lage, in der sich Wilhelm I. bei dem ewigen Streite mit seinen unruhigen Baronen befand, zu verdanken, daß dieser sich zu einem unter billigen Bedingungen geschlossenen Friedensvertrage verstand (1158). Kaum war der Krieg mit Sicilien beendigt, als eine neue Fehde mit den Ungarn und Serben begann. Die Letzteren wurden auch diesmal durch Verheerungen genöthigt, die Oberherrschaft des griechischen Kaisers anzuerkennen; sie mußten sich sogar gefallen lassen, einen Groß-Schupan von ihm anzunehmen, und zwar so, daß sie zwei Candidaten vorschlugen, aus welchen der Kaiser einen ernannte. Auch die Ungarn wurden zum Frieden gezwungen, und nach Geisa's Tode (1161) erhob Manuel den jüngeren Bruder desselben, Ladislaus II., der sich an ihn wandte, mit Verdrängung des älteren auf den Thron. Als jener schon nach wenigen Monaten starb und Geisa's Sohn, Stephan III., König ward, nahm sich der Kaiser eines jüngeren Prinzen, Bela III., an, welcher nach Constantinopel geflohen war und in so hohem Grade Manuel's Gunst gewann, daß ihn derselbe sogar mit seiner Tochter vermählen und zu seinem Nachfolger ernennen wollte. Manuel verschaffte ihm mit seinen Waffen den Besitz von Dalmatien. Nach Stephan's Tode (1172) ward Bela König von Ungarn und das griechische Reich hatte, so lange Manuel und sein Sohn lebten, an ihm einen treuen Freund. Unterdessen hatten die griechischen Heere in Asien mit den Seldschukken glücklich gekämpft; auffallender Weise erlitten sie aber, als Manuel selbst, nach der Herstellung des Friedens an der Donau, mit seiner ganzen Macht gegen Ikonium aufbrach, eine schmähliche Niederlage, welche einen nachtheiligen Frieden zur Folge hatte (1174). Noch schmählicher, als diese Niederlage, war die Betrügerei, mit welcher Manuel durch elende Prahlerei seine Unterthanen darüber zu täuschen suchte, am allerschmählichsten aber die Wortbrüchigkeit, mit der er sich gleich nach dem Friedensschlusse weigerte, die eingegangenen Bedingungen zu erfüllen.

Weit unglücklicher, als in seinem öffentlichen Leben, war Manuel in seinen persönlichen Verhältnissen und in den Anstalten, die er zur Sicherheit seiner Familie traf. Er schadete sich bei seinen Unterthanen durch die Menge der Abendländer, welche er um sich versammelte, durch die Anstellung derselben am Hofe und im Heere, durch seine Vermählung mit zwei Frauen aus lateinischem Blute, mit der sittsamen und frommen Irene und nach ihrem Tode mit der ebenso leichtsinnigen als schönen Maria, einer Tochter des südfranzösischen Fürsten Raimund von Antiochia, sowie endlich durch die eine Zeit lang von ihm gehegte und offen ausgesprochene Absicht, einem ungarischen Prinzen seine Tochter erster Ehe zu geben und ihm die Nachfolge auf den Kaiserthron zu verschaffen. Alles dies ward seinem Sohne und Nachfolger, Alexius II., doppelt verderblich, weil derselbe bei des Vaters Tode noch ein Kind war und weil ein Bösewicht aus kaiserlichem Stamme schon längst auf eine Gelegenheit lauerte, seine letzten Jahre auf dem Throne zu durchschwelgen. Dieser Mann war Andronikus, ein Brudersohn von Manuel's Vater und einer der frechsten, leichtsinnigsten und verdorbensten Menschen, welche je gelebt haben. Der englische Geschichtschreiber Gibbon und Andere, die sich in der Darstellung solcher Charaktere gefallen, haben sein Wesen ebenso aufgefaßt und dargestellt, wie Plutarch nach seiner Manier den Athener Alcibiades. Der Charakter des Letzteren ist durch Plutarch's Behandlung ein Vorbild der genialen Wüstlinge geworden und hat bis auf unsere Zeiten, in welchen Menschen solcher Art oder die sogenannten Roués unter den Engländern und Franzosen eine verderbliche Rolle gespielt haben und noch spielen, sehr nachtheilig eingewirkt; denn die Welt wird durch das Interessante einer Erscheinung und durch das Spiel der Gegensätze nur zu sehr angezogen und gewöhnt sich daher gar leicht, schlechte Grundsätze und Künste nicht nach ihrem Eindruck auf das sittliche Gefühl, sondern nach ihrem Erfolge oder nach der Form, unter der sie auftreten, zu beurtheilen. Andronikus war einer von jenen Wüstlingen, welche durch das Romantische ihrer Schicksale und durch ihre gänzliche Grundsatzlosigkeit im Handeln für Dichter wie Lord Byron und für Romanschreiber wie die George Sand Heroen abgeben, und für die geistreiche, von Kunst und Genie überfließende Welt ein spannendes Interesse darbieten. Er war Prinz und Glücksritter, tapfer und niederträchtig, schlau und treulos; er spielte in seinem Leben fast alle Rollen, erwarb sich die Gunst und leidenschaftliche Anhänglichkeit königlicher Frauen und war ebenso Meister im Schwelgen als im Entbehren und in der Abhärtung; er erfuhr alle Abwechselungen des menschlichen Lebens und lernte alle Verhältnisse desselben von dem Loose des niedrigsten Verbrechers und ärmsten Bettlers an bis zu dem Geschicke des mächtigsten Herrschers auf dem glänzendsten Throne aus eigener Erfahrung kennen. Er genoß am Hofe seines Vetters Manuel einer großen Auszeichnung, weil der Kaiser ebenfalls gern in wüsten Genüssen schwelgte und weil Andronikus im ritterlichen Kampfe dieselbe Riesenstärke, Uebung und Gewandtheit zeigte, wie Manuel. Dieser schickte ihn 1153 an der Spitze eines Heeres nach Cilicien, um die Fortschritte der Armenier aufzuhalten; Andronikus überließ sich aber dort seinen Lüsten und vergaß die Pflichten eines Generals durchaus, wenn er auch von Zeit zu Zeit seine Körperstärke und Tollkühnheit als gemeiner Reiter zur Schau trug. Der Kaiser mußte ihn daher abrufen, empfing ihn aber bei seiner Rückkehr mit allem Scheine der Freundschaft und gab ihm nachher sogar ein wichtiges Commando an der ungarischen Grenze. Andronikus benutzte dasselbe zu verrätherischen Unterhandlungen mit dem König Geisa, dem er einen Strich Landes unter der Bedingung versprach, daß derselbe ihm den Kaiserthron von Constantinopel erobern helfe. Manuel erhielt durch aufgefangene Briefe Kenntniß von der Sache und ließ Andronikus verhaften, verzieh ihm aber sogleich wieder und nahm ihn aufs neue in seine Umgebung auf. Auch jetzt ruhte Andronikus nicht. Er machte einen förmlichen Anschlag auf des Kaisers Leben, der jedoch gleichfalls vereitelt ward. Nun erst wurde er ernstlich bestraft. Manuel ließ ihn in dem Gefängnisse des kaiserlichen Palastes einkerkern. Hier saß er zehn Jahre gefangen, bis es ihm endlich gelang, zu entrinnen. Er wurde aber auf der Flucht erkannt und nach Constantinopel zurückgebracht. Ein zweiter Versuch glückte besser und führte den Abenteurer in das Land der Russen, welche damals unter getheilter Herrschaft lebten. Er gewann den einen ihrer Herrscher, Jaroslav von

Galizien, schloß mit demselben ein enges Bündniß der Freundschaft und des gemeinsamen wüsten Lebens und erhielt von ihm einen Landstrich zu seinem Unterhalte angewiesen. Manuel fürchtete, sein boshafter Vetter möchte ihm die Russen ins Land locken, und wünschte sich zugleich seines Einflusses auf Jaroslav zu bedienen, um dieses Volk zu einem Einfall in Ungarn zu bewegen. Er söhnte sich daher wieder mit ihm aus und gab dem treulosen Menschen nach seiner Rückkehr aufs neue die Stelle eines Oberbefehlshabers in Cilicien. Andronikus überließ sich, wie das erste Mal, seinen Ausschweifungen, wurde bald durch seine schamlosen Lüste weithin berüchtigt und ging endlich mit der Kriegskasse davon. Er begab sich nach Palästina, übte hier neue Laster, floh dann zu den Türken und legte ein Raubnest in den armenischen Bergen an. Hier trieb er mit seinen eigenen Glaubensgenossen, die er den Ungläubigen als Sklaven verkaufte, förmlichen Handel und ward dafür von seiner ganzen Kirche und ihrem Patriarchen verflucht. Aus dieser Verworfenheit sehen wir ihn auf einmal als reumüthigen Sünder hervorgehen. Er steht um Gnade, legt sich öffentlich Ketten an, thut im Angesichte des ganzen Volkes eine heuchlerische bemüthigende Buße, schwört schriftlich und mündlich dem Kaiser und seiner Familie ewige Treue, wird darauf von dem kirchlichen Banne gelöst und tritt in alle seine früheren Rechte ein. Der Kaiser verwies ihn zwar nach Oenoe, einer angenehm gelegenen Stadt an der Nordküste von Kleinasien; dies war aber weniger eine Verbannung, als ein Mittel, den Schauplatz seiner Laster von der Hauptstadt hinweg zu verlegen. Wie unvorsichtig Manuel dabei handelte, wie sehr er verblendet war, wenn er von der Dankbarkeit eines in Sünden alt gewordenen Bösewichts etwas für seinen Sohn hoffte oder auf den Eid desselben irgend einen Werth legte, zeigte sich gleich nach seinem Tode (1180).

Die Regierung kam dem Namen nach an Manuel's 13jährigen Sohn, Alexius II., der Wirklichkeit nach aber führte sie dessen Mutter, die schöne und schwache Prinzessin von Antiochia, in Verbindung mit dem Protosebastos oder Staatsminister Alexius, der ihr mehr als Freund war. Der junge Kaiser ward schlecht erzogen, die verhaßten Lateiner maaßten sich alle Gewalt an, in allen Zweigen der Verwaltung riß Unordnung und Verwirrung ein und das Bedürfniß eines Mannes, der mit kräftiger Hand das Ruder des ohnehin kränkelnden und alternden Staates führe, ward von Tag zu Tage fühlbarer. Andronikus säumte nicht, aus dieser traurigen Lage des Reiches Vortheil für sich zu ziehen. Er sammelte eine Anzahl Soldaten, öffnete allen Unzufriedenen eine Zuflucht bei sich und brach dann gegen Constantinopel auf, wo des Kaisers Schwester und ihr lateinischer Gemahl, der Sohn eines Fürsten von Capua, eine Verschwörung gegen den Liebling ihrer Stiefmutter angezettelt und in der Hauptstadt selbst einen förmlichen Krieg erregt hatten, der nur mit großer Mühe durch Vermittelung des Patriarchen geendigt wurde. Andronikus ward unterwegs in allen Städten, in denen das Geschrei gegen die Lateiner, der Zorn über die Kaiserin und der Haß gegen ihren Buhlen, den regierenden Minister, eine ruhige Ueberlegung nicht aufkommen ließ, als Retter empfangen, und hatte sich kaum der Hauptstadt genähert, als ihm Alles entgegen strömte. Der verhaßte Minister ward vom Pöbel gefangen und an Andronikus ausgeliefert, der ihn sogleich blenden ließ. Dieser hätte jetzt ungehindert in die Stadt einziehen können, wenn nicht die kleine Zahl der lateinischen Ritter, die sich daselbst befand, die Waffen für den jungen Kaiser und seine Mutter ergriffen hätte. Indessen war bei der großen Zahl von Truppen, welche Andronikus bei sich hatte, an keinen langen Widerstand zu denken, zumal da die Lateiner auch in der Stadt selbst vom Pöbel angegriffen und eingeschlossen wurden. Sie erlagen nach einer heldenmüthigen Gegenwehr der Uebermacht, verkauften aber ihr Leben aufs theuerste, und ihre Brüder rächten nachher ihren Tod durch Verheerungen, die sie Jahre lang an den Küsten des schwarzen Meeres trieben. Die erbitterten Griechen gaben gleich nach Andronikus' Einzug alle in der Stadt ansässigen Lateiner dem schrecklichsten Morde preis und verschonten in ihrer Wuth weder Weiber, Kinder und Greise, noch selbst Kranke (1183).

So bezeichnete ein unerhörtes Blutbad den Anfang einer Regierung, welche Andronikus zuerst unter dem Namen eines Beschützers seines jungen Vetters übernahm, und der Fortgang derselben entsprach nur zu sehr dem Anfang. Eine Hinrichtung folgte der anderen, alle Anhänger des Kaisers und seiner Mutter wurden ausgerottet, alle Aemter mit Creaturen des neuen Herrschers besetzt und Alexius selbst seinem jugendlichen Leichtsinn überlassen, damit er verächtlich und zur Regierung untüchtig werde. Zu einem der ersten Schlachtopfer war die Kaiserin Mutter ausersehen und der Tyrann war niederträchtig genug, nicht nur seiner Missethat durch eine Art von Rechtsverfahren das Ansehen von Gerechtigkeit zu geben, sondern auch das unglückliche Weib vor ihrer Hinrichtung mißhandeln, ja sogar ihren Sohn das Todesurtheil unterzeichnen zu lassen. Sie ward von Andronikus unter der Anklage einer verrätherischen Unterhandlung mit den Ungarn vor Gericht gestellt, von den feilen Richtern zum Tode verdammt, im Kerker dem Gespötte des Pöbels und dem Hunger preisgegeben und dann auf gräuelhafte Weise umgebracht. Nach dem Morde der Mutter kam natürlich die Reihe auch an den hülflosen Kaiser; er ward nur so lange am Leben gelassen, bis das Volk sich nach und nach gewöhnt hatte, Andronikus als den einzigen Herrn des Landes anzusehen. Zuerst mußten gedungene Schreier verlangen, daß der Tyrann zum Mitregenten ernannt werde, dann die niederträchtigen Hofbeamten ihn scheinbar zwingen, die Mitregentschaft anzunehmen, und zuletzt Alexius selbst, durch alles dies eingeschüchtert, den Mörder seiner Mutter bitten, die Last der Regierung mit ihm zu theilen. Kaum war Andronikus zum Mitregenten ausgerufen, als er sich seines Blutsverwandten und Mitkaisers auf eine Weise entledigte, welche eine Grausen erregende Verworfenheit der höheren Stände und eine selbst in Zeiten der größten sittlichen Entartung auffallende Schamlosigkeit im Laster zu erkennen gibt. Der Staatsrath oder die ersten Männer des Reiches erklärten nicht nur ohne einen andern Grund, als weil eine Doppelherrschaft schädlich sei, die Absetzung des Alexius für nothwendig, sondern sie verurtheilten ihn auch ohne irgend einen Proceß zum Tode und ließen ihren Spruch sogleich vollziehen. Der unglückliche junge Mann ward in der nächsten Nacht erdrosselt und Andronikus ließ seiner Leiche, nachdem er sie höhnend mit Füßen getreten hatte, das Haupt abschlagen und mit seinem Siegel bezeichnet sich zuschicken, den Rumpf aber ins Meer versenken (1183). Nach einer ganz besonderen Eigenheit der menschlichen Natur zeigte übrigens derselbe Tyrann, der diesen Mord und tausend andere ohne den mindesten Gedanken an die göttliche Rache verüben ließ, gleich nachher bei seiner Salbung einen auffallenden Zug abergläubischer Furcht vor einer verborgenen Macht. Er war, als er auf dem Krönungszuge durch eine Kirche reiten sollte, nicht zu bereden, der Sitte gemäß sein Pferd Schritt gehen zu lassen, sondern sprengte, von innerer Angst getrieben, zu Aller Erstaunen und Schrecken im vollen Laufe des Pferdes hindurch. Mit einer solchen Denkungsart stimmt es ganz wohl überein, daß Andronikus sich und seine Genossen von dem Eide, den sie dem Kaiser Manuel und seiner Familie geleistet hatten, nachträglich entbinden und so im Namen der beleidigten Gottheit von aller Schuld des kaiserlichen Blutes lossprechen ließ. Der Oberpriester der morgenländischen Christen war feige und niederträchtig genug, sein heiliges Amt zu einem Werkzeuge der Tyrannei herabwürdigen zu lassen und diese Lossprechung zu ertheilen.

Andronikus machte auf eine schreckliche Weise von der kaiserlichen Gewalt Gebrauch. Er beging Grausamkeiten, welche nur eine byzantinische Feder würdig beschreiben kann, und schwelgte in wüsten Genüssen, indem er sich in seinen Palast begrub oder eine der Prinzeninseln bei Constantinopel zu seinem Capri machte. Uebrigens hatte er auch gute und selbst ausgezeichnete Regenten-Eigenschaften, welche seinem Nachfolger gänzlich fehlten. Er zeigte nicht selten Einsicht und Schärfe des Urtheils, ja sogar Mildthätigkeit und Gerechtigkeit. Seine Grausamkeiten trafen meistens nur die angesehene Klasse, den niederen Ständen dagegen erwies er, außer wo sein persönliches Interesse im Spiele war, eine nicht geringe Fürsorge. Er war unerbittlich streng gegen die Habsucht der Großen, wehrte dem Unfuge der Steuereinnehmer, schaffte den Aemterverkauf ab, duldete keine Bestechungen, bestrafte die Ungerechtigkeit der Beamten ohne Gnade, und hob zum Aergerniß des Senats und der Staatsdiener, die ihren Vortheil im Auge hatten, das Strandrecht auf. Er machte ferner große Bauten, durch welche die Menge nützlich beschäftigt, das Geld in Umlauf gebracht und die Künste befördert wurden; er schützte die Armen gegen die Mißhandlungen seiner Hofleute, und züchtigte, wie Peter der Große, seine Lieblinge eigenhändig mit dem Stock, wenn sie dem Landmann irgend einen Dienst unentgeltlich abgepreßt hatten. Er nahm sich endlich auch der Wissenschaften an, war selbst gelehrt und wirkte auf die damals neu erwachte Beschäftigung mit den Alten fördernd ein. Leider war aber diese Beschäftigung nur eine gelehrte und liefert den Beweis, daß der Welt mit bloßer Gelehrsamkeit sehr schlecht gedient ist. So viel Rühmliches übrigens auch die innere Verwaltung des Andronikus nach allem Angeführten hatte, so vertrug sich dies doch bei ihm, wie bei einem Nuschirwan und vielen anderen Tyrannen des Orients, sehr wohl mit den unerhörtesten Frevelthaten und Gräueln. Selbst als seine Herrschaft von den Grenzen her bedroht wurde, ließ er von seinen Grausamkeiten nicht ab, und fuhr fort, die Reichen und Angesehenen entweder zu Tode zu quälen oder durch seine Wollust zu kränken. Der Ungarn-König Bela III., der dem Sohne seines Freundes Manuel zu Hülfe geeilt war, nahm, als er zu spät kam, den ganzen Landstrich von Nissa bis an die Grenze seines Reiches in Besitz und behielt ihn, so lange Andronikus regierte. Jener Prinz Isaak, welcher einige Jahre später von Richard Löwenherz gefangen ward, ein Brudersenkel von Manuel, bemächtigte sich unter Andronikus Regierung der Insel Cypern und trat dort unter dem Titel eines Kaisers als selbstständiger Herrscher auf. Die Unterthanen des Königs Wilhelm II. von Neapel und Sicilien benutzten die Lage des griechischen Reiches zu neuen Raubzügen und verheerten in Verbindung mit jenen Lateinern, welche seit Andronikus Thronbesteigung auf dem Meere umherschwärmten, um Rache für den Mord ihrer Brüder zu nehmen, alle Küsten und Inseln. Diese Verwüstungen durch bloße Seeräuber und Abenteurer verwandelten sich in einen förmlichen, von Staatswegen unternommenen Krieg, als einige angesehene Griechen, welche vor Andronikus geflohen waren, an den sicilianischen Hof kamen und den König Wilhelm zu einem Angriff auf das griechische Reich bewogen (1185). Unter der Führung eines flüchtigen byzantinischen Prinzen drang das sicilianische Heer schnell bis nach Thessalonich vor und eroberte in wenigen Tagen diese zweite Hauptstadt des Reiches. Mit einer Unmenschlichkeit, gegen welche alles das, was drei Jahrhunderte später die Türken bei der Einnahme von Constantinopel thaten, Spielwerk ist, mißhandelten die Sicilianer die eroberte Stadt, deren Erzbischof Eustathius, der gelehrte Erklärer des Homer und anderer Alten, sich damals durch seine aufopfernden Bemühungen für die unglücklichen Einwohner als würdiges Haupt einer christlichen Gemeinde erwies. Dem griechischen Reiche waren diese Gräuel und Barbareien vortheilhaft; denn sie erweckten die Bürger eines Staates, in welchem alle wahre Kraft und jeder Gedanke ans Vaterland erstorben war, zum Widerstand. Auch hielten sich die Feinde mit der Plünderung der Stadt und ihrer Umgegend zu lange auf. Als sie endlich bis in die Nähe von Constantinopel vordrangen, war hier bereits durch eine ächt orientalische Revolution Alles umgestaltet und die Herrschaft an die Familie Angelus gebracht, die in weiblicher Nachfolge von Alexius Komnenus abstammte und schon seit Manuel's Zeit dem Throne sehr nahe stand.

Ein Sprößling dieser Familie, Isaak II., hatte sich bei Andronikus' Thronbesteigung mit anderen Unzufriedenen in die Stadt Nicäa geworfen, nachher aber die Bürger derselben durch feigen Verrath in die Hände des Tyrannen geliefert. Er lebte seitdem unbeachtet in Constantinopel, bis er von einem der Henkersknechte des Kaisers, wahrscheinlich aus Privatgründen, zum Opfer auserschen ward. Als der gegen ihn abgeschickte Mörder am Abend in seine Wohnung drang, warf sich Isaak von Todesfurcht getrieben aufs Pferd, spaltete dem Henker den Kopf und floh in die Sophienkirche. Hier sammelten sich sogleich die Seinigen und ganze Schaaren des Volks um ihn, die Menge der Zusammenströmenden nahm von Stunde zu Stunde zu und der Flüchtling hatte nebst seinen vielen und angesehenen Verwandten alle Zeit, die Masse durch Reden aufzureizen, weil Andronikus, welcher gerade auf einem benachbarten Lustschloß war und erst am Abend Nachricht von dem Ereigniß erhielt, sich von seinen Schwelgereien nicht losreißen konnte. Als der Kaiser am anderen Morgen in die Stadt zurückkehrte, war der Aufruhr schon so allgemein, daß an eine Unterdrückung desselben nicht mehr zu denken war. Das Volk rief Isaak, obgleich derselbe aus Kleinmuth und Feigheit sich gegen diese Ehre sträubte, zum Kaiser aus und führte ihn auf einem Staatsroß in den kaiserlichen Palast, wo Andronikus, von den Seinigen verlassen, den Empörten vergebens seine Abdankung zu Gunsten seines

Sohnes anbot. Während sich jedoch der Pöbel zum Plündern in den Palast vertheilte, benutzte Andronikus die allgemeine Verwirrung, um verkleidet auf ein Schiff zu entfliehen. Schon war er vom Ufer abgefahren, als Wind und Wetter den Lauf des Schiffes so lange hemmten, bis Isaak's Diener ihn einholten. Mit schweren Ketten belastet ward er vor den neuen Kaiser geschleppt, der ihn zum Tode vertheilte und die Ausführung dem grausamsten Henker, der zu finden war, dem Pöbel der Hauptstadt, überließ. Die Art, wie das Volk sich gegen den von ihm selbst einst auf den Thron erhobenen Kaiser benahm, zeigt, daß solche Bürger eines solchen Herrschers würdig waren. Schimpfend und schlagend schleppte man ihn durch die Straßen der Stadt, rupfte ihm die Haare aus, durchbohrte ihm das eine Auge, hieb ihm die Rechte ab, hing ihn endlich bei den Füßen auf und mißhandelte ihn auch dann noch auf Schauder erregende Weise, bis er nach langen Qualen durch den Tod aus den Händen der Wütheriche erlöst ward (1185).

Isaak II. war ein feiger, schwacher Mensch, der nur für Schwelgereien Sinn hatte und weder durch seinen Charakter, noch durch seine Einsicht und Erfahrung einen Thron verdiente. Der Zufall, der ihm diesen verschafft hatte, bereitete ihm auch einen glänzenden Anfang seiner Regierung. Ein Sturm zerstörte die sicilianische Flotte, und ein Heer, welches Andronikus ausgerüstet und gegen die Landtruppen der Sicilianer abgeschickt hatte, war glücklich genug, die ganze feindliche Armee einzuschließen und gefangen zu nehmen. Auf diese Weise erschien Isaak ohne sein Zuthun gleich anfangs im Glanze eines Siegers und Retters. Wie wenig Verdienst aber Kaiser, Generale, Heer und Flotte bei dieser Rettung hatten, zeigte sich bald darauf bei einem Angriff auf Cypern; denn gegen eine Macht, welche nachher Richard Löwenherz im Nu umstürzte, scheiterte Isaak's ungeheures Heer und seine zahlreiche Flotte. Die letztere ward eine Beute der mit dem Tyrannen von Cypern verbündeten Sicilianer und das Heer mußte gleich nach seiner Landung die Waffen strecken. Zum Trost für diesen Verlust gelang es dem Kaiser, Bela III. von Ungarn durch Unterhandlungen dahin zu bringen, daß er gegen eine Summe Geldes ihm seine Tochter vermählte und als Brautschatz das unter Andronikus' Regierung besetzte Gebiet zurückgab. Um jene Summe aufzubringen, schrieb Isaak außerordentliche Steuern aus. Er schuf sich bei diesem Anlaß einen neuen furchtbaren Feind. Die walachischen und bulgarischen Hirtenvölkerschaften am Hämus-Gebirge, welche seither nur einen jährlichen Zins entrichtet und Soldaten fürs Heer gestellt hatten, sollten jetzt auch zu jener Abgabe beitragen; sie geriethen darüber in die größte Aufregung, ließen sich durch zwei unternehmende Köpfe unter den Walachen, Peter und Asan, zu einer förmlichen Empörung fortreißen und behaupteten im Kampfe mit den Griechen ihre Unabhängigkeit. Auf diese Weise entstand (1186) in den Gegenden, welche seit der Vernichtung des alten bulgarischen Reiches und seit der Ansiedelung der Paulicianer friedliche griechische Provinzen gewesen waren, ein **neues bulgarisch-walachisches Reich**. Peter und Asan waren die ersten Beherrscher desselben und ordneten nicht nur die innere Einrichtung des neuen Staates nach dem Muster der griechischen Verfassung, sondern schufen auch gleich anfangs ein geregeltes Heer. Jetzt begannen wieder die verheerenden Raubzüge, mit denen die Bulgaren in früherer Zeit das griechische Reich so oft heimgesucht hatten. Am meisten litt dadurch die Stadt Constantinopel, welche seither gerade aus den Ländern, die jetzt wieder ein Raub der Walachen, Bulgaren und Kumanen wurden, ihre Hauptzufuhr erhalten hatte. Ihre Lage ward um so bedenklicher, da zu gleicher Zeit die Menge und Mannichfaltigkeit der in Constantinopel ansäßigen Fremden sich sehr vermehrte. Gerade damals zog man nämlich ganze Schwärme von Mohammedanern in die Stadt, indem vermöge eines Tractats mit Saladin den mohammedanischen Handelsleuten und Kriegern in Constantinopel die freie Uebung des Gottesdienstes erlaubt wurde, während man schon längst auch den eingewanderten Venetianern, Genuesen, Pisanern, Russen und Bulgaren übermäßige Vorrechte ertheilt hatte. Constantinopel wurde auf diese Weise noch mehr, als vorher, der Hauptsitz des Glanzes und des Elendes im ganzen Orient und Occident. Schon bei den ersten Kreuzzügen machte dieser Zustand und die gemischte Bevölkerung der Stadt auf die treuherzigen Abendländer einen sehr widrigen Eindruck, weil man damals in Europa glücklicher Weise das Elend großer Städte, ungeheure Armuth neben ungeheurem Reichthum, durchaus nicht kannte. Der Kapellan und Begleiter Ludwig's VII., Odo von Deuil, ein Mann, welcher viel gesehen hatte und nicht, wie gewöhnliche Reisende, alles bewunderte oder tadelte, sagt von Constantinopel: „Die Stadt ist schmutzig, übelriechend und an vielen Stellen zu ewiger Nacht verdammt; denn die Reichen bedecken gleichsam mit ihren Palästen die Straßen und lassen den Armen und Fremden nur den Schmutz und das Dunkel übrig. Da werden Mord, Raub und die anderen Verbrechen der Finsterniß verübt. Die Stadt hat ebensoviele Herren, als sie Reiche hat und ebensoviele Diebe, als Arme. Von einem gesetzlichen Zustande ist daher keine Rede und Niemand hat Furcht oder Scham, weil das Laster weder bestraft wird, noch auch nur ans Tageslicht kommt."

Isaak, der in seiner eigenen Hauptstadt unter Fremden lebte, an der Spitze eines Heeres von Fremden stand und stets von einem neu entstandenen barbarischen Reiche bedroht war, gerieth in Schrecken, als ihm noch dazu der Kreuzzug der Deutschen unter Friedrich Barbarossa angekündigt ward. Im Gefühl der eigenen Schwäche verband er sich jetzt mit den Feinden des christlichen Namens und bat sich von Saladin türkische Hülfstruppen aus, mit denen er dann seine deutschen Glaubensgenossen bekämpfte. Je treuloser er bei dieser Gelegenheit handelte, desto glänzender erschien Friedrich's Haltung. Der deutsche Kaiser ward auf seinem Zuge durch die Bulgarei aufgefordert, sich der Walachen gegen Isaak zu bedienen; er verwarf aber edelmüthig den Gedanken, Rebellen und Barbaren zu Bundesgenossen zu machen, und bahnte sich lieber mit dem Schwerte in der Faust seinen Weg durch Walachen, Bulgaren, Kumanen und Griechen. Wenige Jahre nach Friedrich's Durchzug durch das griechische Reich ward Isaak von seinem eigenen Bruder, Alexius III., gestürzt. Dieser zettelte eine Verschwörung gegen ihn an und ließ sich, als Isaak zu einer Jagdpartie ausgeritten war, zum Kaiser ausrufen (1195). Da Isaak Angelus weder Würde noch Verdienste besaß, noch auch irgend ein Recht an den Thron hatte, und Niemanden an sich zu fesseln verstand, so wurde er sogleich von Allen verlassen. Er fand nicht einmal, als er sich durch die Flucht zu retten suchte, Theilnahme an seinem Schicksale, ward vielmehr bald festgehalten und seinem Bruder ausgeliefert. Dieser ließ ihn auf eine besonders grausame Weise der Augen berauben und dann einkerkern.

Die Verachtung, welche der Verrath des Bruders am Bruder dem griechischen Namen bei allen benachbarten Völkern erweckte, ward durch die elende Regierung und das kindisch alberne Benehmen des neuen Kaisers noch vermehrt. Alexius III. übte im Anfang eine unverständige Freigebigkeit, entließ thörichter Weise ein Heer, dem er nicht traute und das doch nicht zu entbehren war, und erntete Schmach und Schande, als er die Bulgaren durch heimtückische List zu besiegen hoffte. Während diese ihre Verwüstungen fortsetzten, drückte der Kaiser das Land durch unerhörte Erpressungen und beraubte selbst die Kirchen und Kaisergräber ihrer Kostbarkeiten. Seine Gemahlin verstümmelte aus Aberglauben die Kunstwerke des Alterthums in Constantinopel und erbitterte dadurch sogar den Pöbel, welcher bei dieser Gelegenheit mehr Geschmack und Verstand als der Kaiser und die Kaiserin zeigte, da er sich der Meisterwerke seiner Vorfahren annahm. In Kleinasien huldigten griechische Städte von freien Stücken den Seldschuken, weil sie lieber unter den Feinden ihres Glaubens, als unter einem Alexius stehen wollten. Im Inneren des Reiches brach eine Empörung nach der anderen aus. Um das Unglück voll zu machen, beleidigte der elende Kaiser auch noch die Venetianer und zog dadurch einen Sturm herbei, der das schwache griechische Reich vollends über den Haufen warf. Er begünstigte nämlich aus falscher Politik die Pisaner auf eine solche Weise, daß die Venetianer nothwendig eifersüchtig werden mußten, und erbitterte die Letzteren außerdem durch neue Zölle, gegen welche sie sich vergebens auf ihre Privilegien und Diplome beriefen, sowie durch die verweigerte Bezahlung der Summen, die man ihnen als Entschädigung für erlittene Confiscationen noch seit Manuel's Zeit contractmäßig schuldig war. Dieses Benehmen und die Erbärmlichkeit des Kaisers überhaupt erregte in dem alten, ehrgeizigen Dogen, Heinrich Dandolo, die Hoffnung, seinen Ruhm bei der Nachwelt auf den Sturz des griechischen Kaisers gründen zu können, und Alexius selbst gab ihm einen willkommenen Anlaß, sich in die inneren Angelegenheiten des Reiches zu mischen und dadurch seinen Plan zu verwirklichen. Der Kaiser entließ nämlich seinen Bruder aus dem Kerker, weil er ihn für zu unbedeutend hielt, um von ihm irgend etwas zu befürchten. Isaak erhielt aber dadurch Gelegenheit, mit Lateinern zu verkehren und knüpfte mit seiner an Philipp von Schwaben vermählten Tochter, Irene, einen Briefwechsel an. Bald darauf fand auch sein Sohn, Alexius IV., Mittel, sich der Gewalt seines Oheims zu entziehen und im Abendlande fremde Hülfe für seinen Vater zu werben. Der junge Prinz wandte sich zuerst nach Rom, wurde aber von Innocenz III. mit seinem Gesuche sogleich abgewiesen, da der tückische Kaiser Alexius bereits Unterhandlungen mit demselben angeknüpft hatte. Er ging dann nach Deutschland zu seinem Schwager Philipp und dieser empfahl ihn (1202) den Venetianern, welche kurz vorher ein bedeutendes Kreuzheer an sich gezogen und durch einen mit den Führern geschlossenen Vertrag von sich abhängig gemacht hatten.

4. Der vierte oder lateinische Kreuzzug.

Heinrich Dandolo, der damalige Doge von Venedig, war zu der Zeit, als die sechs Gesandten der französischen Kreuzfahrer bei ihm erschienen, bereits 93 Jahre alt und in Folge einer früher erlittenen Verletzung fast erblindet.*) Nichtsdestoweniger besaß er noch seine volle Kraft und den Unternehmungsgeist eines Mannes von rüstigem Lebensalter. Im höchsten Grade schlau und gewandt, faßte er gleich bei der Ankunft jener Gesandten insgeheim den Entschluß, die frommen und ritterlichen Absichten der schlichten Kreuzfahrer zu seinen Staatszwecken zu benutzen. Er erklärte sich nach einer kurzen Ver-

---

*) Er soll in byzantinischer Gefangenschaft eine der leichteren Arten von Blendung erlitten haben.

handlung bereit, die für den Transport von 33,500 Menschen und 4500 Pferden nöthigen Schiffe gegen eine Summe von 85,000 Mark zu stellen und schloß darüber, vorbehaltlich der Ratification des großen Rathes und der Volksgemeinde, einen Vertrag mit den Gesandten ab. Den großen Rath wußte er leicht zur Genehmigung desselben zu bewegen. Darauf versammelte er das Volk in der Marcuskirche und brachte dasselbe, nachdem zuerst die sechs französischen Fürsten und Ritter durch ihre Bitten die christliche Barmherzigkeit erregt hatten, ohne Mühe dazu, daß es seine Einwilligung gab (1201).*) Der abgeschlossene Vertrag war ein ganz kaufmännisches Geschäft und wie sehr dabei die schlauen venetianischen Handelsleute ihren Vortheil verstanden hatten, kann man aus dem ermessen, was oben über den Werth des Geldes in jenen Zeiten gesagt worden ist. Die eigentlichen Absichten des Dogen ahnten die treuherzigen Ritter nicht, wohl aber der Papst Innocenz III., der sich auf die Politik ebenso gut verstand, als Dandolo. Er ertheilte deshalb auch dem Vertrage seine Bestätigung nur unter der Bedingung, daß die Kreuzfahrer auf ihrer Reise nach dem Orient keine Christen angreifen sollten und gerieth gerade deshalb mit den Venetianern in Zwist. Noch ehe das Kreuzheer aus Frankreich nach Venedig aufbrach, starb Graf Thibaut von Champagne, der zum Führer des Zuges ernannt worden war; man wählte an seine Stelle den Markgrafen Bonifacius von Montferrat. Dieser reiste dann durch Deutschland nach Italien, traf unterwegs mit Philipp von Schwaben und mit dem flüchtigen Alexius zusammen und versprach ihnen, es dahin zu bringen, daß der Letztere durch das Kreuzheer nach Constantinopel zurückgeführt und auf den byzantinischen Thron erhoben werde. Sein Vorhaben und die selbstsüchtigen Absichten der Venetianer wurden jedoch, wie es scheint, gleich nachher kund; denn von den verbündeten Kreuzfahrern zogen viele nicht nach Venedig, sondern schlugen einen anderen Weg in das gelobte Land ein, wogegen

---

*) Villehardouin beschreibt sehr anschaulich, wie er mit den andern fünf Gesandten vor dem Volke in der Marcuskirche als Bittender auftrat; sie mußten „requérir peuple humblement"; eine Scene, die den stolzen Feudalherren höchst unerwürdig sein mochte. Villehardouin selbst redete das Volk von Venedig also an: „Die höchsten und mächtigsten Barone von Frankreich haben uns zu euch geschickt; sie rufen euch um Gnade und Mitleid für die Stadt Jerusalem an, die in den Händen der Türken ist, damit ihr ihnen im Namen Gottes beistehet, die Schmach Jesu Christi zu rächen. Sie haben euch gewählt, weil sie wissen, daß keine Nation so mächtig ist, wie ihr auf der See, und sie haben uns befohlen, euch zu Füßen zu fallen und nicht aufzustehen, bis ihr zugesagt habt, euch des heiligen Landes über dem Meere zu erbarmen." Die sechs Barone knieten nieder und alle Anwesenden riefen: Wir willigen ein! Es entstand ein solches Getöse, „qu'il sembloit que la terre fondist."

einige Deutsche, welche eigentlich nicht zu ihnen gehören, wie der Graf von Katzenellenbogen und Andere, in Venedig eintrafen.

Um die von Dandolo ausbedungene Summe zusammenzubringen, wurden von den einzelnen Kreuzfahrern Geldbeiträge erhoben. Indessen brachte man, obgleich einzelne Anführer sogar alles goldene und silberne Geräthe, das sie bei sich hatten, verkauften, nur 51,000 Mark zusammen. Manche, welche des Unternehmens überdrüssig waren, freuten sich schon, daß dasselbe an dem Kostenpunkte scheitern werde, als der schlaue Doge mit einem Auskunftmittel hervortrat. Er bot den Kreuzfahrern an, die Zahlungsfrist auf so lange weiter hinauszuschieben, bis sie sich durch irgend eine Eroberung das nöthige Geld verschafft hätten und verlangte dagegen, daß sie ihm vor ihrer Abfahrt nach Palästina die Stadt Zara in Dalmatien unterwerfen helfen sollen, die vor kurzem zum fünften Male von Venedig abgefallen war und sich unter den Schutz des ungarischen Königs gestellt hatte. Die Pilger gingen auf diesen Vorschlag ein. Dandolo selbst nahm dann in der Markus-Kirche auf feierliche Weise das Kreuz und die Kreuzfahrer zogen mit ihm gegen eine christliche Stadt, ohne sich im mindesten um den Papst zu bekümmern, welcher diese Unternehmung aufs strengste verboten und ihnen sogar mit dem Banne gedroht hatte. Die Stadt Zara konnte natürlich einer solchen Macht, wie man jetzt gegen sie führte, nicht widerstehen; schon fünf Tage nach dem ersten Angriff ergab sie sich dem Kreuzheere; sie ward nach der grausamen Sitte der Zeit geplündert und schonungslos mißhandelt. Da die kalte Jahreszeit bereits angebrochen war, so ließen sich die Kreuzfahrer durch Dandolo bewegen, den Winter über in Dalmatien zu bleiben. Jetzt brachte der Doge in Verbindung mit Bonifacius von Montferrat und den Gesandten des deutschen Kaisers Philipp das Anliegen des Prinzen Alexius vor. Es entstand darüber unter den Kreuzfahrern ein heftiger Streit. Ein Theil der Ritter und mehrere angesehene Geistliche, die beim Heere waren, wollten durchaus nichts von einem Zuge nach Constantinopel wissen; Andere dagegen waren ebenso entschieden für ein solches Unternehmen. Auch der Papst bot Alles auf, um Philipp's und Dandolo's Absichten zu vereiteln; er untersagte jeden Angriff auf das griechische Reich, verlangte vollständigen Ersatz für die Bewohner von Zara und drohte von neuem mit dem Banne. Alle seine Warnungen und Ermahnungen halfen aber nichts, da die Venetianer bezahlt sein wollten und Alexius das Unmögliche versprach, wenn man ihn gegen seinen Oheim unterstütze; er wollte nicht bloß das Heer fürstlich belohnen und es nachher beim Kreuzzuge kräftig unterstützen, sondern sogar sein Reich unter die römische Kirchenherrschaft stellen. Die Unternehmung wurde beschlossen und im Beginn des Frühjahrs (1203) schifften sich die Kreuzfahrer nach Constantinopel ein. Doch blieben die Drohungen des Papstes nicht ganz ohne Wirkung; denn der tapferste Mann in Europa, Simon von Montfort, verließ das Kreuzheer und zog mehrere seiner Freunde mit sich fort.

Die Flotte gelangte, nach einem kurzen Aufenthalte zu Korfu, in das Marmara-Meer, bemächtigte sich ohne Widerstand der ganzen Küste desselben und lag am 23. Juni im Angesichte Constantinopel's. Unaussprechlich war der Eindruck, den die damalige Hauptstadt des christlichen Morgenlandes auf die Gemüther der poetisch gestimmten Ritter machte. „Alle die", sagt Gottfried von Villehardouin, „welche Constantinopel noch nicht gesehen hatten, trauten kaum ihren Augen, als sie die hohen Mauern und Thürme rings um die Stadt herum, die stolzen Paläste und prächtigen Kirchen, deren Menge unglaublich scheint, sowie die große Ausdehnung dieser ersten aller Städte erblickten. Auch dem Kühnsten zitterte das Herz bei diesem Anblick; denn so lange die Welt steht, hat noch nie eine so kleine Zahl von Männern ein so großes Unternehmen gewagt." Die Kreuzfahrer stiegen auf der asiatischen Seite des Bosporus aus Land; und so begann schon nach wenigen Tagen der Kampf. Ohne nämlich auf den Rath des alten Dandolo zu hören, welcher die Stadt früher durch eigene Anschauung kennen gelernt hatte und vor Allem Magazine anzulegen rieth, hielten die Führer in den ersten Tagen des Juli einen Kriegsrath zu Pferd und beschlossen einen Sturm. Der Charakter der damaligen Ritterschaft des Abendlandes erscheint hier in seiner ganzen eigenthümlichen romanhaften Gestalt. Das kleine Heer der Kreuzfahrer schifft sich, nachdem Alle gebeichtet und das Abendmahl genommen haben, mit seinen Pferden in platte Fahrzeuge ein, um nach Constantinopel überzusetzen und die größte Festung der damaligen Welt, welche von 70,000 Griechen vertheidigt ward, wie eine Schanze im Anlauf zu nehmen, fest entschlossen, nur Sieg oder Tod als Losung gelten zu lassen. Ihre Landung fand an der nördlichen Seite des Hafens von Constantinopel, da, wo Pera und Galata liegen, Statt, und der Wetteifer der Ritter war so groß, daß viele von ihnen das Auslegen der Landungsbrücken nicht abwarteten, sondern ins Wasser sprangen, um zuerst die Küste zu erreichen. Pera und Galata wurden im ersten Sturm genommen. Nun galt es zunächst, den festen Thurm von Galata zu erobern und die ungeheure Kette zu sprengen, welche von beiden Ufern her quer über den Hafen gezogen war und die Einfahrt in denselben versperrte; denn nur wenn dies geschehen war, konnte der tolle Angriff auf die Stadt selbst, welcher blos von der Hafenseite möglich war, mit einiger Hoffnung auf Erfolg versucht werden. Das Eine übernahmen die

Ritter, das Andere die Venetianer. Die Anstalten, welche der griechische Kaiser zur Vertheidigung seiner Hauptstadt getroffen hatte, werden von seinen eigenen Landsleuten als so elend geschildert, daß wir uns nicht wundern dürfen, wenn selbst die fremden Soldtruppen, denen der Thurm von Galata anvertraut war, ihre Schuldigkeit nicht thaten, sondern nach kurzem Kampfe die Flucht ergriffen. Die Hafenkette ward durch ein venetianisches Schiff gesprengt, welches mit vollen Segeln darauf losfuhr; die ganze Flotte des Kreuzheeres drang hierauf in den Hafen ein und warf längs der Seite der Stadt, von der Spitze des Serails an bis zu dem am entgegengesetzten Ende gelegenen Palast und Thor der Blachernen, die Anker aus. Das Landheer der Kreuzfahrer zog von Galata aus um den Hafen herum, jagte die feigen Griechen in die Stadt und schlug vor dem genannten Thor ein festes Lager auf. Nun wurde mehrere Tage lang in kleinen Gefechten gekämpft, und Dandolo machte während dieser Zeit auf seinen Schiffen eine Einrichtung, um auch vom Wasser her stürmen zu können; er ließ nämlich an dem oberen Theil der Masten ein Gerüst anbringen, von welchem aus man die Vertheidiger der Mauer angreifen und auf diese selbst springen könne. Die Ritter wollten jedoch nichts davon wissen, sondern griffen, als am 17. Juli ein allgemeiner Sturm unternommen ward, lieber ohne alle Hülfsmittel von der Landseite her an, wo die Stadt, wegen der immerwährenden Gefahr vor den räuberischen Donauvölkern, gerade die höchsten Mauern hatte. Der Sturm mißlang. Die Venetianer erstiegen zwar die Mauer, warfen in etwa 25 Thürme derselben eine Besatzung und legten Feuer an, welches einen Theil der Stadt verzehrte; bald erhielten sie aber die Nachricht, daß die stürmenden Ritter, die an einer anderen Stelle ebenfalls die Mauern erstiegen hatten, von der Hauptmacht der Griechen im Rücken angegriffen seien, und Dandolo hatte Besonnenheit genug, seinen eigenen Eroberungen wieder zu entsagen, um den Rittern Hülfe bringen zu können. Als die Venetianer erschienen, wurden die Griechen sogleich in ihre Thore zurückgedrängt.

Niemand erwartete, daß durch den Kampf dieses Tages irgend etwas entschieden worden sei; aber der elende Kaiser der Griechen selbst gab die Sache seines Volkes verloren und entwich in der nächsten Nacht gleich einem Diebe aus Constantinopel. Er überließ nicht bloß seine Unterthanen, sondern auch seine Gemahlin und zwei seiner Töchter ihrem Schicksale, nahm aber den Reichsschatz und die Kronjuwelen mit. Er war entschlossen, mit dem geraubten Gelde die Hülfe der Barbaren an der Donau-Grenze zu erkaufen; denn was lag ihm daran, wenn sein armes Land zugleich durch zwei furchtbare Feinde von verschiedenen Seiten her verwüstet ward! Nach seiner Entweichung thaten die Griechen das Klügste, was sie jetzt thun konnten: sie setzten den gestürzten Isaak wieder auf den Thron und dieser ließ die Kreuzfahrer ersuchen, in Begleitung seines Sohnes als Freunde in die Stadt einzuziehen (19. Juli 1203). Die Letzteren waren jedoch nicht Willens, den Prinzen Alexius eher aus ihrer Gewalt zu geben, als bis die von ihm gemachten Versprechungen durch seinen Vater anerkannt wären. Der neue Kaiser mußte in seiner Lage alles gewähren, was man von ihm verlangte; er gestand zu, daß nach dem von seinem Sohne geschlossenen Vertrage das griechische Reich sich dem römischen Stuhle unterwerfe, 100,000 Mark den Venetianern und ebensoviel den Franken zahle, den Kreuzfahrern ein ganzes Jahr lang die nöthigen Lebensmittel liefere, ihnen 10,000 Mann auf ein Jahr mitgebe und in Palästina für immer 500 Reiter auf seine Kosten unterhalte. Hierauf rückten die Kreuzfahrer in Constantinopel ein. Sie verließen jedoch in Folge einer freundlichen Uebereinkunft die Stadt schon nach einigen Tagen wieder und nahmen ihre Quartiere in den jenseits des Hafens gelegenen Vorstädten, weil ihr längeres Verweilen nothwendiger Weise Zwistigkeiten mit den Griechen herbeigeführt hätte.

Isaak war auf dem Throne in größerer Noth, als vorher im Gefängniß; denn er konnte einerseits unmöglich erfüllen, was sein Sohn den Lateinern unbedachtsamer Weise versprochen hatte und andererseits sich ohne die Hülfe derselben ebenso wenig gegen seine eigenen Unterthanen behaupten. Aus der letzteren Ursache bewog er auch die Kreuzfahrer und die venetianische Flotte, noch bis zum nächsten Frühjahr zu verweilen. Mit der Zahlung der versprochenen Summen ward sogleich der Anfang gemacht und in kurzer Zeit war wenigstens soviel entrichtet, daß den Kreuzfahrern die den Venetianern für die Ueberfahrt gegebenen Gelder wieder ersetzt waren. Zwischen Alexius, den sein Vater zum Mitregenten angenommen hatte, und den Kreuzfahrern bestand das freundlichste Verhältniß: die Letzteren fanden stets am Hofe die ehrenvollste und glänzendste Aufnahme und der junge Kaiser besuchte die Grafen und Barone oft in ihren Quartieren, wo er zum großen Aerger seiner Landsleute nicht als Kaiser, sondern als Freund und Waffengefährte an ihren Gelagen Theil nahm und sogar zugab, daß man mit seiner kaiserlichen Person Scherz trieb. Mit Hülfe des Markgrafen Bonifacius, des Grafen von St. Paul und anderer Fürsten trieb er seinen Oheim, den gestürzten Kaiser Alexius, zurück, der in Thracien Truppen gesammelt hatte und bis Adrianopel vorgedrungen war und unterwarf die Provinzen, welche ihm und seinem Vater noch nicht gehuldigt hatten. Lange konnte jedoch der Friede zwischen den Abendländern und Byzantinern nicht bestehen bleiben, da die Ersteren zu sehr zu Gewaltthätigkeiten geneigt waren und die Letzteren nicht nur noch immer den alten Haß gegen die Lateiner und ihre Ketzereien in sich trugen, sondern auch den Steuerdruck, der in Folge der geschlossenen Verträge unvermeidlich war, zu schmerzlich empfanden und mit Ingrimm sahen, wie Gold und Silber, gemünzt und ungemünzt, in das fränkische Lager gebracht wurde. Die Handelseifersucht der in Constantinopel ansässigen lateinischen Kaufleute fachte den unter der Asche glimmenden Funken bald zur Flamme an. Diese zahlreiche Masse von Einwohnern sah schon längst mit neidischen Augen auf die vielen mohammedanischen Kaufleute der Stadt, die durch rastlose Thätigkeit ihren Reichthum zusehends vermehrten, und reizte in dem fanatischen Theil der Kreuzfahrer den Glaubenshaß gegen sie an. Eines Tages beschloß eine Schaar Pilger, die Moschee zu stürmen, welche nach einem Vertrage mit Saladin seit 13 Jahren in Constantinopel bestand; die Mohammedaner vertheidigten ihr Bethaus und die Griechen leisteten ihnen dabei Hülfe. Es kam in der Stadt zu einem förmlichen Gefecht, die Franken zündeten mehrere Häuser an und es entstand eine Feuersbrunst, welche acht Tage lang wüthete und einen sehr großen Theil der Stadt in Asche legte. Die Folge war unversöhnliche Feindschaft. Die Griechen erhoben sich mit Wuth gegen alles, was lateinisch hieß, und 15,000 abendländische Handelsleute, welche in Constantinopel ansässig waren, mußten sich über den Hafen hinüber zu ihren Landsleuten flüchten. Zu derselben Zeit zerfielen auch die Anführer des Kreuzheeres mit dem alten Kaiser. Dieser war sehr übel daran: seine Landsleute schimpften auf ihn, weil er sie der Fremden wegen presse und peinige, und verfluchten seinen Sohn, weil er sie an die Lateiner und ihren ketzerischen Papst verkauft habe und im Verkehr mit ihnen die Würde des griechischen Namens verletze; die Kreuzfahrer dagegen klagten nicht allein, daß Alexius hochmüthig geworden sei und sie seltener besuche, sondern sie quälten auch beide Kaiser um das rückständige Geld, das ihnen, wie sie behaupteten, tückischer Weise vorenthalten werde. Der Grimm der trotzigen Abendländer ward endlich so groß, daß sie sechs Abgeordnete an den Kaiser schickten, welche ihn nachdrücklich zur Erfüllung seiner Verbindlichkeiten ermahnen und, im Fall er sich nicht füge, in aller Form herausfordern sollten. Der Auftrag war bei der in der Stadt herrschenden Erbitterung für die Abgeordneten gefährlich; sie führten ihn aber mit demselben Trotz aus, mit dem er ihnen ertheilt worden war.

Jetzt begannen die Feindseligkeiten von neuem und der alte Kaiser, gegen den auch sein Bruder mit Bulgaren und Walachen im Anzuge war, kam in die bedenklichste Lage. Er sah das Reich seinem unvermeidlichen Untergang entgegensinken, fluchte seinem thörichten Sohne und ward endlich todtkrank, mußte aber noch erleben, daß das Volk gebieterisch die Erwählung eines neuen Kaisers mit Ausschluß der ganzen Familie Angelus forderte. Vergebens suchten Senatoren, Geistliche und Hofleute die Menge zu warnen und zurückzuhalten; sie wurden gezwungen, eine neue Wahl vorzunehmen, und da Jedermann die gefährliche Würde zurückwies, so nöthigten sie dieselbe endlich einem jungen Manne von guter Familie, Nikolaus Kanabus, mit Gewalt auf. Unterdessen war Alexius, um sich zu behaupten, mit seinen alten Freunden, den Franken, insgeheim in Unterhandlung getreten; er beleidigte aber dadurch die Garde, die ihn seither beschützt hatte, und ward durch den Mann, dem er die Verhandlungen mit den Franken aufgetragen hatte, schändlich betrogen. Dies war Alexius V. Murzuphlus, ein entfernter Anverwandter des kaiserlichen Hauses. Murzuphlus gewann den Schatzmeister für sich, bestach die erbitterte Garde, machte in der Stadt bekannt, daß der Kaiser mit den Lateinern unterhandle, betrog diese durch Eidschwüre, lockte dann Alexius durch eine falsche Schreckensnachricht in der Nacht aus dem Palast und ließ ihn erdrosseln. Der alte Kaiser Isaak starb gleich nachher; Nikolaus Kanabus aber ward auf Befehl des Thronräubers ergriffen und eingekerkert (1204). Murzuphlus trat zwar mit den Kreuzfahrern in Unterhandlung, es war aber beiden Theilen nicht ernst mit dem Frieden, da die Einen von Erbitterung, Geldverlegenheit und Raubsucht getrieben wurden und der Andere durch Ausdauer die Lateiner zum Abzuge zu zwingen hoffte. Es entstand daher bald ein Kampf auf Leben und Tod und in der gewissen Voraussetzung, daß das elende griechische Reich dem Angriffe der Abendländer erliegen werde, ward im März zwischen den Venetianern und den Rittern ein neuer Vertrag abgeschlossen, den die verschlagenen Handelsleute so einzurichten wußten, daß die Fäuste der wackeren Kämpfer ihnen allein dienten. Die Venetianer sollten von der Beute drei Viertel, die Ritter dagegen nur ein Viertel erhalten; nach der Einnahme der Stadt solle von sechs Venetianern und sechs Kreuzfahrern ein Kaiser durch Stimmenmehrheit erwählt werden und dieser den vierten Theil des griechischen Reiches zu eigen bekommen, während der Rest zwischen Venetianern und Kreuzfahrern getheilt werde; ferner sollten, wenn ein Venetianer zum Kaiser gewählt werde, die Geistlichen der Kreuzfahrer, wenn aber einer aus den Letzteren, die der Venetianer die katholische Kirche des Reiches einrichten und den Patriarchen derselben ernennen; endlich sollten die Venetianer im Genusse aller der Vorrechte und Freiheiten verbleiben, welche sie bisher im griechischen Reiche besessen hatten.

Murzuphlus hatte die Befestigungswerke von Constantinopel ausbessern und die Mauern erhöhen lassen, und als die Lateiner am

9. April einen Sturm versuchten, wurden sie mit Verlust zurückgeschlagen. Am zwölften ward ein neuer Sturm unternommen. Da die Mauern der Landseite zu hoch waren, um von dorther in die Stadt einbringen zu können, so hatten die Kreuzfahrer beschlossen, von den Schiffen aus eine Schaar in die Stadt zu werfen und durch dieselbe dem harrenden Landheer ein Thor öffnen zu lassen, worauf dann bei einem auf gleicher Erde geführten Kampfe am Siege der Franken nicht zu zweifeln war. Nachdem man lange vergebens versucht hatte, auf der Hafenseite Leitern an die Mauer zu bringen, trieb ein glücklicher Windstoß zwei Schiffe der Bischöfe von Troyes und Soissons so nahe an einen Thurm, daß von den Mastkörben aus eine Brücke auf die Mauer gelegt werden konnte; über diese drang die Mannschaft der Schiffe in den Thurm ein, gleich nachher wurden noch fünfzehn andere Thürme besetzt und endlich, der Abrede gemäß, ein Thor der Landseite geöffnet. Nun rückte das ganze Heer in die Stadt ein und die Griechen wichen in verwirrter Flucht durch die Straßen zurück; die Lateiner fühlten aber selbst, wie weit ihnen ihre Feinde an Zahl überlegen seien, und zogen sich deshalb beim Einbruch der Nacht gegen den eroberten Theil der Mauer hin zurück. Die früher aus der Stadt entflohenen Franken dagegen benutzten den Augenblick der Bestürzung, um Rache an den Griechen zu nehmen. Sie drangen durch die Straßen und mordeten Alles ohne Unterschied. Die Verzweiflung gab den Griechen neue Kräfte, und um sie abzuwehren, zündeten die Kreuzfahrer die Stadt von Neuem an. Das Feuer wüthete mehrere Tage hindurch, ganze Quartiere wurden in Asche gelegt und bei der Fackel dieses Brandes raubten und mordeten die Sieger auch während der Nachtzeit. Schon in der ersten Nacht verzweifelten die Griechen an ihrer Sache; Tausende flohen zu den Thoren hinaus und der Kaiser selbst ergriff ebenfalls die Flucht; er nahm die Gemahlin des vertriebenen Kaisers Alexius und deren Tochter mit sich, mit welcher letzteren er sich verlobt hatte. So hatten die Kreuzfahrer bei Anbruch des Tages die Freude, mit nur 20,000 Mann eine Stadt von 400,000 Einwohnern ohne einen anderen Verlust, als den eines einzigen Ritters, erobert zu haben. Auch von den Griechen verloren verhältnißmäßig nur wenige das Leben; desto schrecklicher waren aber die Mißhandlungen, welche sie zu erdulden hatten. Die Barbarei, welche die Franken sich gegen besiegte Glaubensbrüder erlaubten, die thierische Rohheit, mit der sie ihrer Sinnlichkeit die Zügel schießen ließen, die wilde Wuth, mit der sie Heiliges und Unheiliges schändeten und den Gräuelthaten sogar noch empörenden Hohn hinzufügten, alle diese Frevel waren nicht geringer, als das, was 250 Jahre später die osmanischen Türken an derselben Stelle verübten; und diese hatten doch

wenigstens die Entschuldigung, daß sie die eroberte Stadt als einen Hauptsitz des Unglaubens ansahen. Der Papst sprach sich in einem offenen Schreiben an das Heer sehr erzürnt über einen so gräuelhaften Mißbrauch des Sieges aus, ertheilte aber am Ende doch für Dinge, die nicht mehr ungeschehen zu machen waren, seine Absolution. Die Beute der Sieger war unermeßlich; denn obgleich eine beträchtliche Menge der geraubten Kostbarkeiten unterschlagen ward, so blieben doch noch 400,000 Mark zur Theilung übrig. Auch nahmen die Franken sehr viele Reliquien und Kostbarkeiten der Kirchen mit in die Heimath. Am wichtigsten aber war, daß damals viele Bildwerke aus Constantinopel nach dem westlichen Europa wanderten, und daß dadurch Künste und Gewerbe des Orients dem Occident ganz anders bekannt wurden, als sie es bisher gewesen waren; denn Häuser, Paläste und Kirchen der Lateiner wurden mit den geraubten Werken geschmückt. Besonders zierten die Venetianer ihren Marktplatz und ihr Rathhaus mit dem Glanze von Constantinopel; unter Andern ward eines der größten Kunstwerke des Alterthums, die auf dem Hauptthor der Marluskirche stehenden vier Pferde, damals aus der Hauptstadt des Ostens, wo sie den Hippodromos geziert hatten, nach Venedig gebracht.*)

5. Das lateinische Reich in Constantinopel.

Dandolo und die Kreuzfahrer gründeten nach der Einnahme von Constantinopel ein Reich, welches ebenso, wie das 100 Jahre früher in Jerusalem gestiftete Reich der Abendländer, durch die Waffen französischer Ritter erobert worden war, aber ebenso wenig, wie dieses, auf die Dauer bestehen konnte. Da man die Art, wie das griechische Reich zwischen den Venetianern und den Kreuzfahrern getheilt werden sollte, schon vorher festgesetzt hatte, so war die erste Frage, wer den Titel eines Kaisers und die Last einer Herrschaft, die sich unmöglich behaupten ließ, erhalten sollte. Die Entscheidung dieser Frage hing im Grunde von den Venetianern ab, weil sie vertragsmäßig die Hälfte der Wähler stellten. Sie waren jedoch zu klug, als daß sie ihren Dogen hätten wählen sollen; sie wollten nur den Vortheil, nicht die Verantwortlichkeiten der gemachten Eroberung haben. Von den Kreuzfahrern aber waren nur zwei im Stande, sich um die Würde zu bewerben und sie zu behaupten: der Oberanführer der verbündeten Ritter, Bonifacius von Montferrat, und der mächtigste Fürst unter

---

*) Im Jahre 1206, durch den Podesta Marino Zeno. Die Thür der Markuskirche rechts neben dem Haupteingange soll der Sophienkirche zu Constantinopel entnommen sein.

ihnen, Balduin von Flandern. Bei der Gründung des Reiches Jerusalem hatte in einem ganz ähnlichen Falle die Wahl des Königs den großen Nachtheil gehabt, daß Raimund von Toulouse, welcher gern König geworden wäre, nach der Ernennung Gottfried's von Bouillon eine verderbliche Widersetzlichkeit zeigte, welche die meisten Ritter zur Rückkehr nach Europa bewog und dadurch dem neuen Reiche gleich anfangs große Gefahren bereitete. Dem wollte man in Constantinopel vorbeugen; Balduin uud Bonifacius wurden daher genöthigt, einen Vertrag mit einander zu schließen, nach welchem derjenige von ihnen, der nicht Kaiser werden würde, alles griechische Land in Asien und die Insel Kandia (Kreta) erhalten und dafür den Anderen im Voraus als seinen Oberlehensherrn anerkennen sollte. Nachdem diese kluge Vorkehrung getroffen worden war, wurde die Wahl vorgenommen. Man hätte denken sollen, daß sie auf Bonifacius gefallen wäre, weil dieser bisher die Oberanführung gehabt hatte und außerdem nicht allein von den Griechen am meisten gewünscht wurde, sondern auch unter allen Fürsten des Kreuzheeres am meisten Talent für Administration besessen zu haben scheint. Allein die Venetianer waren ihm entgegen, vermuthlich weil die Insel Kandia dem Nichtgewählten zugesprochen worden war und Balduin mit seinen rüstigen flandrischen Seeleuten dieselbe wohl behauptet haben würde, während von Bonifacius zu erwarten war, daß er sie gern den Venetianern abtreten werde. Balduin ward also (9. Mai 1204) zum Kaiser erwählt und dann mit aller Pracht des Orients und Occidents eingesetzt; erst wurde er vor dem Heer auf einem Schild einhergetragen und dann krönte ihn ein Legat des Papstes in der Kirche Hagia Sophia. Gleich nachher nahmen die Venetianer, dem Vertrage gemäß, die Wahl eines Patriarchen vor und erhoben den Geistlichen Thomas Morosini, der einem ihrer vornehmen Geschlechter angehörte, zu dieser Würde; derselbe holte sich das Pallium in Rom bei Innocenz III. Bei der Theilung des Reiches, welche nachher Statt fand, erhielt der Kaiser die Stadt Constantinopel mit Ausnahme eines sehr großen den Venetianern überlassenen Quartiers und das Land Romanien als den in jenem Vertrage zu seinem unmittelbaren Besitze bestimmten vierten Theil des Reiches. Das Uebrige fiel als ein Lehen der Krone den Venetianern und den Rittern zu gleichen Theilen zu, und die Ersteren fügten seitdem dem Titel ihres Dogen den Zusatz bei: Beherrscher von anderthalb Viertheilen des römischen Reiches. Sie waren schlau genug, sich die besten Provinzen zuzueignen, und erkauften gleich nachher von Bonifacius auch die Insel Kandia für eine unbedeutende Summe. Ueberhaupt kam die Eroberung des griechischen Reiches ihnen allein zu Statten, so wie sie allein es verstanden, ihre Besitzungen zu behaupten und nutzbar zu machen. In dem ihnen zugefallenen Theile von Constantinopel verbanden sie auf eine sehr kluge Weise die Sorge für die Erhaltung ihres Einflusses mit der bürgerlichen Freiheit, welche damals die gewerbtreibende Klasse der Italiener sowohl in der Heimath, als auch in den von ihr gegründeten Colonieen in Anspruch nahm. Die Venetianer gaben nämlich ihren Unterthanen in Constantinopel eine republikanische Verfassung mit allgemeinen Volksversammlungen und mit einer frei gewählten Municipalbehörde, welche in einen großen und einen kleinen Rath zerfiel und allen anderen Obrigkeiten vorgesetzt war; allein ganz oben an der Spitze stand ein Podesta oder Schultheiß, der von der Republik Venedig gesandt war und blos ihren Befehlen zu gehorchen hatte. Als Civilrecht nahmen die Venetianer ebenso, wie das neue Kaiserreich von Constantinopel, das unter ähnlichen Verhältnissen entstandene Gesetzbuch des Königreichs Jerusalem an, als Seerecht aber die ursprünglich von Barcelona ausgegangenen Gesetze, welche seit kurzem auch in den italienischen Seestaaten Eingang gefunden hatten und nachher unter dem Namen des Consolato del Mare in allen Meeren des Ostens eingeführt wurden. Es würde die größte Ungerechtigkeit sein, wenn man nicht zum Ruhm der Venetianer hinzufügte, daß sie in ihrer constantinopolitanischen Pflanzstadt die Zierden des alten Griechenlands, Recht, Gesetz und Bürgerfreiheit, welche seit 1500 Jahren geschwunden waren, wieder ins Leben riefen. Auch in allen ihren übrigen griechischen Besitzungen erweckten und belebten sie durch ihre Einrichtungen den Bürgersinn, die Vaterlandsliebe, den Ackerbau, den Kunstfleiß und die Betriebsamkeit, und erlangten dadurch den großen Vortheil, daß ihre Colonieen sich selbst vertheidigten. Uebrigens unterwarfen die Venetianer keineswegs alle ihnen zugefallenen oder später noch erworbenen Länder ihrer unmittelbaren Herrschaft, sondern sie nahmen auch französische Ritter und mächtige Griechen, die ihren Schutz suchten, als Vasallen an und sahen es gern, daß ihre eigenen Nobili im griechischen Reiche Eroberungen machten und als Vasallen der Republik auf Inseln und in Küstenstädten Feudalherrschaften gründeten. 20 Jahre nach der Eroberung von Constantinopel sollen sie sogar berathschlagt haben, ob es nicht besser sei, den Sitz ihres Staates nach Griechenland zu verlegen; sie fanden aber damals für besser, durch zahlreiche Colonisten, die sie dahin sandten, ihre Herrschaft in jenen Gegenden zu befestigen und zu erweitern.

Während die Venetianer, deren großer Doge, Heinrich Dandolo, im Jahre 1205 zu Constantinopel starb, sich aus den Trümmern des byzantinischen Reiches die Grundlagen einer Weltmacht schufen, war das neu gestiftete lateinische Kaiserthum vom ersten Anfang an eine bloße Schattengestalt und ging, wie das Königthum Jerusalem, mit schnellen Schritten seinem Untergang entgegen. Der Kaiser war nichts weiter als der Anführer einer Bundesmacht, der nur durch persönliche Tüchtigkeit im Kampfe ein Ansehen erlangen und behaupten konnte. Bei allen Beschlüssen war er an die Zustimmung der Venetianer und des aus den Großen bestehenden Reichsrathes gebunden; im Fall eines Zwistes mit den Letzteren mußte er sich einem von ihnen und den Venetianern ernannten Schiedsgerichte unterwerfen; die Lehensträger seines Reiches, sowohl die venetianischen als die französischen, hatten ihm nur vom 24. Juni bis zum 29. September die Heeresfolge zu leisten, und selbst dann war ein Theil derselben von dieser Verpflichtung gesetzlich frei. Das Reich bestand aus einer Menge größerer und kleinerer Herrschaften, deren Besitzer zum Theil bald mächtiger als der Kaiser wurden und sich der Abhängigkeit von ihm entzogen. Bonifacius von Montferrat, welcher gleich anfangs die ihm in Kleinasien angewiesenen Länder mit dem sogenannten Königreich Thessalonich vertauscht hatte, besaß den größten Theil von Macedonien und Thessalien und breitete sich bald bis nach dem Peloponnes hin aus. Nach seinem Tode schufen sich **Gottfried von Villeharbouin**, des gleichnamigen Marschalls Neffe, von Korinth aus und der Burgunder **Otto de la Roche**, von Athen aus bedeutende Fürstenthümer im eigentlichen Griechenland; der Erstere, dessen berühmter Oheim noch bis 1212 am Leben war, nannte sich nun **Herzog von Achaja**. Jeder Ritter, der eine Schaar um sich vereinigen konnte, besetzte irgend eine Stadt oder einen Berg, wo er sein altes Räuberhandwerk bequemer, als in den vaterländischen Wäldern, treiben zu können hoffte. Diese größeren und kleineren Dynasten erkannten in der Regel kein anderes Recht an, als das des Schwertes. Besonders litten die Griechen durch den rohen Uebermuth derselben. Sie wurden von den Rittern und ihren Leuten ungefähr ebenso behandelt, wie ihre Nachkommen von den osmanischen Türken. Diese wilden, trotzigen Herren des Landes übten, selbst wenn sie im Dienste des Kaisers auszogen, Gräuel und Verwüstung gegen die Person und das Eigenthum der Griechen und gegen die Kunstwerke des Landes, die unter Alexius III. schon durch die abergläubige Gemahlin desselben und nachher bei der Einnahme von Constantinopel durch die Kreuzfahrer so viel gelitten hatten. Zu den Eroberern des Landes kamen aus dem Abendlande andere Abenteurer, welche bei dem Kaiser, bei den Venetianern, bei den vielen Herren des Landes, ja sogar bei den griechischen Herrschern, die sich aufgeworfen hatten, Dienste nahmen, und mit ihrer Beute die Verwandten daheim bereicherten, die dann von dem Gelbe des Oftens jene großen und faft unzerftörbaren Klöfter, Kirchen und Burgen erbauten. Neben den vielen fränkifchen Herren gründeten hie und da auch einzelne Griechen größere oder kleinere Herrfchaften; diefe waren aber unter fich uneinig und behandelten ihre Unterthanen nicht beffer, als die abendländifchen Raubritter oder als heut' zu Tage die türkifchen Pafcha's. Leo Sgurus fetzte fich in Korinth, Argos, Nauplia und Theben feft, fein Nachfolger ward aber 1210 durch Gottfried von Villeharbouin und durch Otto be la Roche vertrieben. In Epirus gründete Michael Komnenus, ein Anverwandter der geftürzten Kaiferfamilie, ein Fürftenthum. In Thracien behaupteten fich einige Städte unabhängig. In Trapezunt fchuf Alexius I., ein Enkel des Abenteurers Anbronikus I., ein neues griechifches Reich, deffen dritter Herrfcher fich fogar den Kaifertitel beilegte. In Nicäa endlich herrfchte der tapfere Theodor Lastaris I., ein Schwiegerfohn des Kaifers Alexius III., der am Tage der Eroberung von Conftantinopel an des entflohenen Murzuphlus Stelle zum Kaifer erwählt worden war, aber wenige Stunden nachher die Flucht hatte ergreifen müffen. Er wandte fich damals nach Kleinafien, zog die edelften und tapferften Griechen, fowie viele lateinifche Abenteurer an fich, und ftiftete in und um Nicäa ein Reich, das er zu behaupten und auf feine Nachkommen zu vererben wußte.

Wenden wir uns von der Betrachtung des Zuftandes im Allgemeinen zu dem Gange der Dinge im Einzelnen, fo fehen wir fchon die Regierung des erften Kaifers mit einem heftigen Streit zwifchen ihm und dem mächtigften feiner Vafallen, Bonifacius von Montferrat, beginnen. Balduin wollte dem Letzteren den Befitz der Stadt Theffalonich nicht unbedingt zugeftehen und es würde darüber zu einem blutigen Kriege zwifchen Beiden gekommen fein, wenn es nicht dem gewandten Gottfried von Villeharbouin gelungen wäre, den Streit zu fchlichten. Um diefelbe Zeit richtete Balduin feine Waffen gegen die beiden griechifchen Kaifer, Alexius III. und Murzuphlus, die fich nach dem Norden des Reiches gewendet hatten. Mit leichter Mühe vertrieb er ihn Letzteren aus den von ihm befetzten Städten Romaniens und der flüchtige Murzuphlus fah fich genöthigt, in Thracien bei Alexius, der fich immer noch dort hielt, Hülfe zu fuchen. Er hoffte eine freundliche Aufnahme zu finden, weil er fich gleich nach feinem Thronraube mit einer Tochter des Alexius vermählt hatte, freilich ohne den Vater um feine Einwilligung zu befragen; Alexius benutzte aber diefes Verhältniß, um fich feines Nebenbuhlers hinterliftig zu entledigen. Er lockte ihn mit erheuchelter Freundfchaft in fein Lager, ließ ihn dann der Augen berauben und zog feine Leute an fich. Geblendet verlaſſen ſuchte ſich Murzuphlus nach Aſien zu retten, fiel unterwegs den Lateinern in die Hände und wurde als Mörder des ihnen befreundeten Kaiſers Alexius IV. in Conſtantinopel hingerichtet, indem man ihn von einer der höchſten Säulen herabſtürzte (1204). Sein Schwiegervater und Gegenkaiſer fand es unmöglich, den Lateinern die Spitze zu bieten und wandte ſich zuerſt an Leo Sgurus; er gerieth nachher in die Gefangenſchaft der Lateiner, ward von Michael Komnenus, dem Beherrſcher von Epirus, losgekauft, überwarf ſich mit demſelben und fand, da ſein Schwiegerſohn Theodor Lascaris in Nicäa nichts von ihm wiſſen wollte, beim Sultan von Iconium eine Zufluchtsſtätte. Dieſer benutzte die Gelegenheit, um ſein Gebiet auf Koſten des Kaiſers Theodor Lascaris zu erweitern, er ward aber völlig geſchlagen (1210) und Alexius ſelbſt fiel in die Gewalt ſeines Schwiegerſohnes, der ihn in ein Kloſter einſperrte, in welchem er dann ſtarb. Er erwarb ſich, ohne es zu wiſſen, nach einem Leben voller Jämmerlichkeiten wenigſtens noch in den letzten Tagen ein Verdienſt um ſeine Nation; denn durch des Theodor Lascaris glücklichen Krieg mit den Türken von Iconium, den er veranlaßte, erhielt jener in Aſien völlig freie Hand und konnte ſich ſeitdem mit ſeiner ganzen Macht gegen die Lateiner wenden.

Der lateiniſche Kaiſer Balduin endete noch unglücklicher, als ſein abgeſetzter griechiſcher Vorgänger. Die Griechen in Thracien ſehnten ſich bei dem harten Drucke, der auf ihnen laſtete, nach Rettung und als die Lateiner ſich zerſtreuten und Balduin ſeinen Bruder Heinrich nach Aſien ſchickte, hielten ſie den Augenblick für günſtig, um das lateiniſche Joch abzuwerfen. Sie ſuchten bei ihren ärgſten Feinden, den Walachen, Bulgaren und Kumanen, Hülfe und nachdem ſie den Herrſcher des bulgariſchen Reichs, Johann I. (Joannice), zu einem Einfall in das Reich bewogen hatten, erhoben ſie ſich mit grauſamer Wuth gegen ihre Unterdrücker. Auf die Nachricht davon eilte Balduin, obgleich er damals nur über 140 Ritter verfügen konnte, mit dieſer geringen Macht, an welche ſich der alte Doge Dandolo mit einem kleinen Heere anſchloß, gegen die Stadt Adrianopel, den Hauptſitz der Empörung. Anſtatt nun bis zur Ankunft der Verſtärkungen zu warten, begann er die Belagerung und ſah ſich alsbald von dem viel zahlreicheren Heere der Bulgaren eingeſchloſſen. In unbedachtſamer Tapferkeit ließ er ſich darauf mit einem Theile der Seinigen durch eine bei Reitervölkern von alter Zeit her gewöhnliche Kriegsliſt der Kumanen verlocken, den zerſtreut fliehenden Feinden nachzuſetzen. Nach zwei Stunden wandten ſich die leicht bewaffneten kumeniſchen Reiter plötzlich um, fielen über die ermüdete Schaar der bepanzerten Ritter her, vernichteten ſie faſt gänzlich und nahmen den Kaiſer Balbuin gefangen (1205). Nur sehr wenige Ritter retteten sich zu ihren Landsleuten, welche vor Adrianopel zurückgeblieben waren. Diese machten darauf, von einer ungeheuren Zahl Feinde verfolgt, unter Gottfried von Villeharbouin's Führung einen meisterhaften Rückzug und nie zeigte sich vielleicht, wenn man Cortez' und Pizarro's Thaten in Amerika ausnimmt, die Ueberlegenheit der ritterlich Gerüsteten, ihre Uebung in den Waffen und ihr unüberwindlicher Muth in einem glänzenderen Lichte, als damals. Freilich hatte auch Gottfried's Weisheit und Besonnenheit einen Antheil an dieser Ehre. Die unzählbaren Schaaren der Bulgaren, Walachen, Kumanen und Griechen wagten nicht einmal einen Angriff auf die weichenden Ritter. Doch überschwemmten sie die nördlichen Provinzen des Reiches und streiften verwüstend bis zu den Mauern der Hauptstadt. Hier herrschte große Noth, weil es an Streitern fehlte. Vergebens suchte man 7000 Kreuzfahrer, welche gerade damals über Constantinopel nach Hause zurückkehrten, zum Bleiben zu bewegen. Es wurden daher nicht nur Abgeordnete mit flehenden Briefen nach Frankreich geschickt, um neue Streitkräfte aus Europa herbeizuführen, sondern auch des Kaisers Bruder, Heinrich, schnell aus Asien zurückgerufen und zum Bail oder Reichsverweser ernannt. Dieser erschien und bot mit seiner geringen Mannschaft Alles auf, um dem Uebel zu steuern. Auch Bonifacius eilte aus dem Peloponnes herbei und suchte seine von den Barbaren verheerten nördlichen Staaten zu retten. Acht Monate wütheten die Kumanen wie wilde Thiere im Lande und machten keinen Unterschied zwischen Griechen und Lateinern. Endlich (August 1206) gelang es dem neuen Herrscher, sie zu schlagen; jetzt ließ aber der Bulgaren-Fürst, Johann, seinen Grimm auf eine kannibalische Weise an dem gefangenen Kaiser aus. Für diesen hatte sich der Papst, Innocenz III., gleich anfangs nachdrücklich verwendet; er hatte dem Fürsten der Barbaren früher durch Anerkennung des Königstitels das Ansehen eines ordentlichen Regenten verliehen und gründete darauf das Recht, ihm wegen des Angriffs auf die Lateiner Vorwürfe zu machen und die Freilassung des Kaisers zu fordern. Johann aber, der in seiner Kanzlei offenbar ebenso gescheidte Leute hatte, als der Papst in der seinigen, wußte diesem auf eine sehr gewandte Weise auszuweichen. Dann ließ er in seinem Zorne dem Kaiser Arme und Beine abhauen und ihn in einen tiefen Graben werfen, wo er erst am dritten Tage, von den Raubvögeln bei lebendigem Leibe aufgezehrt, seine Seele aushauchte.

Sobald die Lateiner die sichere Kunde von Balduin's Tode erhalten hatten, wählten sie einstimmig den Bruder desselben, Heinrich, zu ihrem König (1206). Dieser zeigte von Anfang an Talente, welche die undankbare Geschichte niemals nach Gebühr gepriesen hat. Er bewährte sie auf eine um so glänzendere Weise, da die Venetianer nur für sich sorgten und die Sorge für die Vertheidigung des Reiches auf dem Kaiser allein lassen ließen. Heinrich verlobte sich mit einer Tochter des Königs von Thessalonich, Bonifacius von Montferrat, und knüpfte so den mächtigsten Vasallen an sich, welcher jedoch bald nachher (1207) im Kampfe mit den Kumanen und Walachen den Heldentod starb. Dann fiel Heinrich in das Land der Barbaren ein und vereitelte die Folgen, welche ein zwischen Johann und Theodor Laskaris geschlossenes Bündniß hätte haben können. Nachher hintertrieb er durch unglaubliche Anstrengungen die beabsichtigte Verbindung des Letzteren mit Leo Sgurus. Hierauf verhalf er der Wittwe des Bonifacius, die durch einen Grafen aus dem mailändischen Hause Blanbrate verdrängt worden war, zu ihrem Rechte. Vor allem aber nahm er sich der von seinem Bruder zurückgestoßenen griechischen Unterthanen an, er behandelte sie mit niederdeutscher Biederkeit, verlieh ihnen die Freiheiten und Rechte der Lateiner und schützte sie kräftig im Genusse derselben. Er gewährte ihren Edlen Zutritt am Hofe, nahm sie in das Heer auf, gab ihnen Aemter und vertheidigte zu ihren Gunsten das Recht der Gewissensfreiheit gegen den päpstlichen Legaten. Dieser hatte, um die Griechen zur Annahme des katholischen Cultus zu zwingen, ihre Kirchen und Klöster schließen und ihre Geistlichen in Fesseln legen lassen; der Kaiser wehrte aber der Gewaltthätigkeit des Legaten und gestattete den Griechen im ganzen Reiche die völlig freie Ausübung ihres Gottesdienstes. Die Griechen dienten dafür dem Kaiser gern gegen die Nachkommen ihrer alten Tyrannen, während die gierigen Krieger aus dem Abendlande größtentheils zu Theodor Laskaris strömten, der sie besser bezahlte, so daß also sonderbarer Weise jeder der beiden Kaiser den anderen mit Sprach- und Stammgenossen desselben bekriegte. Während Heinrich mit Klugheit, Gerechtigkeit und Muth sein Reich im Inneren und an den Grenzen schützte, bediente er sich des Papstes Innocenz, um neue Schaaren aus dem Abendlande herbeizuziehen und seine Barone, wie seine Geistlichkeit zur Unterstützung seiner Pläne zu bewegen. Mit ebendemselben Papste unterhielt der schlaue Theodor Laskaris eine Correspondenz, damit Innocenz ihm das Rekrutiren aus dem Occident nicht störe; als ihn dieser aber durch freundliche Briefe zur Unterwerfung unter Heinrich bewegen wollte, hatte der fromme Sohn für die Ermahnungen des heiligen Vaters kein Ohr. Uebrigens läßt sich bei der Gelegenheit der umfassende Geist und die ganz außerordentliche Thätigkeit dieses Papstes recht anschaulich machen. Innocenz schickte, wie man aus den von ihm hinterlassenen Briefen sieht, nach allen Orten und

Enden des griechischen Reiches seine Schreiben, nahm die Geistlichen gegen die Raubsucht der Herren und ihrer Soldalen, die Griechen gegen die Lateiner und diese gegen jene in Schutz, schärfte Allen die Verordnungen der Regierung ein und bekräftigte alle Verträge. Bedenkt man nun, daß dies gerade während der blutigen in Frankreich ausgebrochenen Albigenser-Unruhen geschah, welche die ganze Aufmerksamkeit des Papstes in Anspruch nahmen, daß er damals die wichtigen Streitigkeiten mit dem englischen Könige Johann ohne Land hatte, die mit der Demüthigung desselben endigten und daß er zu der nämlichen Zeit mit der größten Anstrengung der überhand nehmenden Aristotelischen Philosophie entgegen arbeitete; daß er im Kirchenstaate zuerst als souveränes Haupt waltete, in Ungarn Thronstreitigkeiten schlichtete, über Portugal die päpstliche Lehenshoheit aufrecht hielt, den Fürsten Leo von Armenien in Pflicht nahm, zur Ausbreitung des Christenthums an der Ostsee den Orden der Schwertbrüder weihete; daß er ferner die neu gepredigte Lehre von der gottseligen Armuth, die der Kirche gefährlich zu werden drohte, vielmehr zum Dienste derselben gelenkt hat: so wird man sich eine Vorstellung von einem Geiste machen, der solchen Geschäften mit der ganzen Welt gewachsen war. Die großartige Fiction, daß die Erdenwelt vom Inhaber des römischen Stuhles aus, in Stellvertretung Christi, zu lenken sei, ist nie so durchgreifend aufrecht erhalten worden, als durch Innocenz III.

Heinrich ward in seinen edlen Anstrengungen vom Glücke gekrönt. Im Peloponnes wurde die von Leo Sgurus gegründete Herrschaft durch Gottfried von Villehardouin und Otto de la Roche vernichtet und im Norden befreite das Schicksal die Griechen und Lateiner von dem grausamen Bulgaren-König Johann (1207); sein Nachfolger schloß nun Frieden und Freundschaft mit Heinrich. Furchtbar blieben dem lateinischen Kaiserthume noch Theodor Lascaris von Nicäa und Michael Komnenus von Epirus. Der Erstere war ebenso schlau als tapfer und ein Meister der Kriegskunst. Er mußte seiner Herrschaft eine Festigkeit zu verleihen, an welche im lateinischen Reiche nicht zu denken war. Mit ihm schloß Heinrich 1214 einen Frieden, der bis über die Zeit seines Todes hinaus nicht gebrochen wurde. Mit Michael von Epirus dagegen, welcher unter dem Titel Despot (Gebieter) über dieses Land und das benachbarte Akarnanien und Aetolien herrschte, blieb Heinrich beständig in Feindschaft. Nur ein einziges Mal, in einem Augenblick der Verlegenheit, huldigte Michael dem lateinischen Kaiser; er brach aber schon im nächsten Jahre (1210), als er seine Rechnung dabei zu finden hoffte, den Frieden wieder und begann seine Feindseligkeit mit schrecklichen Gräueln. Er überfiel plötzlich den älteren Gottfried von Villehardouin und 100 andere Ritter, nahm sie gefangen, ließ den Ersteren ans Kreuz schlagen und die Letzteren im Kerker mißhandeln und brach dann raubend, brennend und mordend in das Gebiet der Lateiner ein. Aus wohl berechneter Politik eröffnete er den Mönchen und Priestern seiner Glaubensgenossen, so lange sie vom päpstlichen Legaten verfolgt wurden, eine Freistätte in seinem Reiche und kurz vor seinem Tode (1216) rief er seinen Halbbruder Theodor zu sich, der sich in Laskaris' Schule zu einem tüchtigen Kriegsmann gebildet hatte und als Despot von Epirus nur zu bald zeigte, was er unter der militärischen Regierung des Kaisers von Nicäa gelernt hatte. Theodor begann seine glänzende Laufbahn als Herrscher mit Eroberungen in Thessalien und Illyrien. Der Kaiser Heinrich brach selbst gegen ihn auf, um das Land dem Sohne des verstorbenen Bonifacius von Monferrat zu erhalten, erkrankte aber unterwegs und starb im Sommer 1216 zu Thessalonich. Sein Tod war für das lateinische Kaiserreich ein um so größeres Unglück, da wenige Wochen nachher auch der für die neue Erwerbung des heiligen Stuhles im Osten unermüdet thätige Papst Innocenz III. starb. Einen neuen allgemeinen Kriegszug nach dem Morgenlande zu Stande zu bringen, war diesem großen Kirchenfürsten nicht mehr beschieden. Wie sehr mächtig aber die religiöse Schwärmerei damals in allen Ständen wirkte, zeigt die sonderbare Erscheinung des Kinderkreuzzuges, der einige Jahre vor seinem Tode (1213) das südöstliche Frankreich und sobann auch einige deutsche Landschaften in Aufregung setzte. Ein Hirtenjunge berichtete von himmlischen Gestalten, die ihm verkündet hätten, das heilige Grab könne nur durch die Unschuldigen und Unmündigen gerettet werden; Knaben und Mädchen, die ältesten gegen sechzehn, die jüngsten nicht unter acht Jahre alt, verließen die Heimat, sammelten sich in Schaaren und zogen der Meeresküste zu. Viele gingen durch Mühen und Entbehrungen zu Grunde; Hunderte aber wurden zu Opfern des in jener Zeit ungemein regen und gierigen Handelsgeistes, indem schlaue Speculanten sie auf empörende Weise an sich lockten und in die Sklaverei verkauften.

Kaiser Heinrich hinterließ keine Kinder. Nach der allen germanischen Völkern seit ihrer Urzeit anhängenden Sitte, ihre Fürsten nach dem Blute zu wählen, ernannten die Großen des Reiches den nächsten Anverwandten der beiden letzten Kaiser zum Oberhaupte des Reiches. Dies war der mit Balduin's und Heinrich's Schwester Jolantha vermählte und zugleich mit der französischen Königsfamilie und dem in Deutschland herrschenden Kaiserhause sehr nahe verwandte Graf von Namür, Peter von Courtenay. Der neue

Kaiser war genöthigt, um in Constantinopel mit einem anständigen Gefolge erscheinen zu können, einen Theil seiner Güter zu verkaufen und war auch dann noch nicht einmal im Stande, die Kosten der Ueberfahrt zu bestreiten. Er wandte sich an die Venetianer, welche seine Gemahlin mit ihren Töchtern nach Constantinopel brachten und seine eigene Ueberfahrt benutzen wollten, um die ihnen durch Theodor von Epirus entrissene Stadt Durazzo zu erobern. Diese Unternehmung mißglückte, und als Peter in Begleitung des päpstlichen Legaten zu Lande weiter reisen wollte, gerieth er nebst diesem in die Gefangenschaft jenes Despoten. Weder der Papst noch die Venetianer bekümmerten sich um den gefangenen Kaiser mehr, als eben die Schicklichkeit forderte. Die Letzteren folgten in diesem, wie in allen anderen Fällen nur ihrer Handelspolitik. Wer ihren Handel begünstigte, Heide, Jude, Türke oder Grieche, war ihr Freund; wer ihn hinderte, ward von ihnen, wenn er auch Bruder oder Papst war, als Feind angesehen. Diesem Grundsatze gemäß standen sie sogar mit Theodor Lascaris von Nicäa und mit dem türkischen Sultan von Ikonium in Bunde, obgleich sie ihre Uebereinkunft mit Beiden des Anstandes halber nicht Frieden, sondern Waffenstillstand genannt halten. Daher hatten sie denn auch in allen Häfen des schwarzen Meeres und der kleinasiatischen, syrischen und aegyptischen Küste ebenso, wie in Spanien, Frankreich, Flandern und England, nicht nur den Hauptantheil am Handelsverkehr, sondern auch ihr eigenes Handelsgericht, Recht und Gesetz und einen Bailo oder Consul, der mit Hinzuziehung von zwei Nobili und in wichtigeren Fällen mit der Zustimmung eines größeren Rathes über die anwesenden Venetianer und ihren Handel zu entscheiden hatte. Wie hätten sie jetzt der bloßen Person eines Kaisers zu Liebe von ihren eigennützigen Grundsätzen abweichen und für Peter's Befreiung einen ernsten Schritt thun mögen? Auf dieselbe Weise verfuhr der Papst, Honorius III. Er schrieb an Theodor, suchte ihm zu beweisen, wie unpolitisch es sei, daß er die zwischen seinem Vorgänger und dem römischen Hofe unterhaltene Verbindung abgebrochen habe, beschwerte sich über die treulose Art, wie sein Legal und der Kaiser Peter gefangen worden seien, und forderte den Ersteren zurück, gedachte aber der Freilassung des Letzteren mit keinem Worte. Es geschah für den unglücklichen Kaiser, der bis zu seinem Tode gefangen blieb, so wenig, daß wir nicht einmal wissen, wann er gestorben ist. Den Legaten gab Theodor frei, sobald der Papst viele Tausende zu einem Glaubenszuge gegen ihn hatte zusammenpredigen lassen, und um den drohenden Sturm zu beschwören, stellte er sich sogar, als wenn er zur römischen Kirche übertreten wollte. Der Papst, nur von seinen eigenen Wünschen geleitet, ließ sich durch den schlauen Despoten täuschen und zwang die Kreuzfahrer durch Androhung des Bannes, jede Feindseligkeit gegen Theodor zu unterlassen.

Die Barone des lateinischen Reiches wählten, sobald man sichere Kunde von Peter's Tod hatte, seinen ältesten Sohn, Philipp von Namûr, zum Kaiser (1219). Dieser wies jedoch die nichtige Ehre zurück. Die an ihn abgeschickten Gesandten bewogen darauf seinen jüngeren Bruder, Robert, die Kaiserwürde anzunehmen. Als dieser kaum den Thron bestiegen hatte (1221), ward die Lage des Reiches schwieriger und schlimmer, als sie je zuvor gewesen war. Theodor von Epirus vertrieb den Sohn des Markgrafen Bonifacius von Montferrat aus allen seinen Besitzungen, unterwarf sich ganz Thessalien, Macedonien und Thracien bis nach Adrianopel hin, und nahm den Titel eines Kaisers von Griechenland an (1222). Im Osten schien anfangs der Friede dauernd befestigt zu werden, weil Theodor Laskaris nicht allein zwei Jahre vorher Robert's Schwester zur Gemahlin genommen hatte, sondern auch ihm selbst gleich nach seiner Ankunft in Constantinopel eine seiner Töchter verlobte; allein schon im folgenden Jahre (1222) starb Theodor Laskaris, und sein Tod änderte die ganze Lage der Dinge. Der Gemahl seiner ältesten Tochter, Johann Vatatzes, der ihm in der Regierung folgte, nahm ein neues politisches System an und hob deshalb sogleich jene Verlobung auf. Er knüpfte das Band mit den Venetianern fester, bis er sich eine Flotte geschaffen hatte; dann besetzte er eine Insel und Küstenstadt des lateinischen Reichs nach der anderen und schiffte an unbewachten Stellen des festen Landes unerwartet Truppen aus, welche erobernd in das Innere einbrachen. Im Gedränge zwischen Vatatzes und Theodor von Epirus suchte Robert durch die Vermittelung des Papstes Hülfe von den abendländischen Christen zu erhalten. Honorius III. that für ihn zwar, was er konnte: er verbot allen Christen bei Strafe des Bannes, in Theodor's Dienste zu treten, und ertheilte allen denen, welche nach Constantinopel gingen, denselben Ablaß, welcher den nach Jerusalem Pilgernden zu Theil ward; Beides äußerte aber keine Wirkung, weil ein kurz vorher verunglückter Kreuzzug nach Aegypten die Abendländer gegen den Papst und päpstliche Kriegszüge mißtrauisch gemacht hatte. Zum Glück für das lateinische Reich, welches damals seinem Untergange nahe gebracht war, geriethen die Herrscher von Nicäa und von Epirus unter einander selbst in Feindschaft. Hätte Robert diesen Umstand zu benutzen verstanden, so würde er dem sinkenden Reiche wieder aufgeholfen haben; er war aber ein roher, tölpischer Mann, der seiner ungezügelten Leidenschaft folgte und nicht einmal im eigenen Palaste Herr zu sein vermochte. Aus

Verdruß über die Widerspenstigkeit seiner Diener und Beamten überließ er das griechische Reich seinem Schicksale, ging nach Rom und starb, als er auf den Rath des Papstes nach Constantinopel zurückreiste (1228).

Der dritte Sohn Peter's von Courtenay, Balduin II., war bei Robert's Tod erst elf Jahre alt. Man ließ ihn zwar als Herrn gelten, sah sich aber nach einem Manne um, der das Steuer des Reiches und das Schlachtschwert führen könnte. Diesen glaubte man, wahrscheinlich nach Anleitung des Papstes, in dem Grafen Johann von Brienne zu finden, welcher um 1208 König von Jerusalem geworden und 1223 nach Italien gekommen war, wo er seine Tochter mit dem Kaiser Friedrich II. vermählt hatte. Als Friedrich späterhin (1229) den Titel und die Rechte eines Königs von Jerusalem annahm, gerieth Johann in die heftigste Feindschaft mit ihm. Dieser hatte, als man ihn nach Constantinopel rief, zwar schon ein Alter von 80 Jahren, er besaß aber noch die ihm angeborene außerordentliche Thätigkeit und Körperkraft und hatte sich als König von Jerusalem wenigstens die Fähigkeit erworben, an der Spitze einer Feudalritterschaft zu stehen und ein von allen Seiten bedrohtes Land zu vertheidigen. Der Antrag der Barone des lateinischen Kaiserthums war ihm willkommen, weil er nach der Rückkehr seines Schwiegersohnes aus Palästina nicht wohl in Italien bleiben konnte. Nach dem mit den Ständen geschlossenen Vertrag sollte er die Regierung als wirklicher Kaiser führen, seine zweite Tochter mit Balduin verloben und diesen als seinen Nachfolger anerkennen. Er fand in Constantinopel eine erschöpfte Schatzkammer, leere Magazine, Anarchie unter den Lateinern und Treulosigkeit bei den Griechen, selbst bei denen, welche von Heinrich und Robert mit Wohlthaten überhäuft worden waren. Er konnte daher in der ersten Zeit nichts unternehmen und mußte sogar aus Geldmangel einen bedeutenden Theil des Söldnerheeres entlassen, das er in Italien und Frankreich geworben und mit nach Griechenland gebracht hatte. Endlich nöthigten ihn seine Unterthanen, den Frieden mit Nicäa zu brechen und einen Feldzug nach Kleinasien zu machen. Er konnte aber mit seinen schwachen Kräften nichts ausrichten, und veranlaßte durch seinen Angriff eine enge Verbindung des griechischen Kaisers mit dem Bulgaren-König, Johann Asan. Beide Feinde griffen darauf mit ihrer ganzen vereinigten Macht zweimal nach einander Constantinopel an. Das erste Mal befanden sich blos 160 eigentliche Ritter in der Stadt, und nur die außerordentliche Tapferkeit Johann's, welcher, statt sich auf die Vertheidigung zu beschränken, einen kühnen Ausfall machte, rettete die Hauptstadt und mit ihr das Reich. Das zweite Mal waren die Belagerten zwar von Vasallen und Bundesgenossen unterstützt, aber auch diesmal stritt der alte Kaiser wie ein Held. Gleich nachher brach zum Glück für die Lateiner zwischen ihren beiden Gegnern eine heftige Zwietracht aus und der Bulgaren-König verbündete sich sogar mit seinen seitherigen Feinden. Ein Jahr nach der letzten Belagerung von Constantinopel starb Johann und hinterließ das Reich ungefähr in demselben Zustande, in welchem er es bei seiner Ankunft gefunden hatte (1237).

Der junge Balduin, welcher jetzt als Kaiser anerkannt wurde, wanderte zwei Jahre lang in Europa umher, um von dem Papste und den Königen Geld und Truppen für sein sinkendes Reich zu erbetteln. Er hatte große Noth, ein Heer zusammenzubringen, und mußte sich vielen Demüthigungen unterwerfen; besonders war es für ihn nachtheilig, daß Kaiser Friedrich II. damals mit dem Papste in heftigem Zwist war und alles, was von diesem ausging, mit argwöhnischen Augen ansah. Als Balduin endlich eine beträchtliche Schaar von Abenteurern geworben hatte und einen Theil derselben unter Johann von Belhune vorausschickte, ließ der Kaiser Friedrich II. diesen erst nach langem Aufenthalte durch die Lombardei nach Venedig ziehen, weil er glaubte, die Truppen seien für den Papst oder für die unruhigen lombardischen Städte bestimmt. Darüber ging viele Zeit verloren; nachher starb Johann in Venedig, und das Heer zerstreute sich. Am meisten nahm sich, nächst dem Papste, König Ludwig IX. von Frankreich des kaiserlichen Bettlers an. Er unterstützte ihn mit Geld und erkaufte bei der Gelegenheit auch den heiligsten Schatz des lateinischen Reiches, die Dornenkrone Christi, welche die Großen in Constantinopel aus Geldmangel gegen 13,000 Goldstücke an einen Venetianer verpfändet hatten, für eine noch beträchtlichere Summe. Er ward dafür von allen seinen Unterthanen und von seiner ganzen Zeit ebenso sehr gepriesen, als er wegen der nämlichen Sache von seinen Landsleuten aus Voltaire's Schule verlacht wird. Balduin verpfändete, um Geld zu erhalten, zuletzt auch seine Grafschaft Namür, und zog endlich (1239) mit einem zahlreichen Heere durch Deutschland und Ungarn nach Constantinopel. Unterdessen war der Bulgaren-König, dessen Volk nach und nach einige Civilisation annahm, wieder mit den Lateinern zerfallen und diese hatten nicht verschmäht, sich gegen ihn mit den gräßlichen Kumanen-Horden zu verbünden, welche dann bis tief ins Innere von Macedonien durch Feuer und Mord wütheten. Ja, der Reichsverweser Narjot von Toucy heirathete sogar die Tochter eines Kumanen-Häuptlings, an dessen Grabe acht seiner Leute geopfert wurden, und scheute sich ebenso wenig, als gleich nachher der Kaiser Balduin selbst, mit den Unmenschen unmenschliche Feste zu feiern und das schmähliche Bündniß unter scheußlichen Ceremonieen abzuschließen. Balduin und seine Großen, sowie der Kumanen-Fürst und seine Hordenführer ließen sich zur Ader, mischten das Blut mit Wasser und Wein und tranken davon; dann hieben sie einen Hund in Stücke und sprachen die Verwünschungsformel aus, daß ihnen, wenn sie den Eid brächen, wie diesem Hunde geschehen möge. Balduin unternahm nach seiner Heimkehr einige Streifzüge, fand aber bald seine Kasse erschöpft und ward von den mitgebrachten Abendländern verlassen, die dann in den Dienst seines Gegners Vatatzes traten. Er suchte sich durch ein Bündniß mit dem Sultan von Jkonium zu helfen, und so groß war seine Verlegenheit, daß er zu diesem Zwecke sogar eine seiner Nichten in den Harem des Sultans zu liefern versprach. Nachher irrte er wieder als Bettler in Italien und Frankreich umher, kehrte aber nach vier Jahren ohne Hülfe nach Constantinopel zurück. Vatatzes hatte unterdessen die Bulgaren aus einem Theile von Thracien verdrängt, den damaligen Despoten von Epirus zur Niederlegung des Kaisertitels gezwungen, nachher ihn selbst gefangen genommen, ganz Macedonien und Thessalien besetzt und endlich den Rest der epirotischen Herrscherfamilie zur Huldigung genöthigt. Der unglückliche Balduin begab sich noch einmal vergebens nach Italien und Frankreich. Er rang bis zu seinem Untergange mit einer Armuth, die selbst für einen Privatmann hart und bemüthigend gewesen wäre, ließ alles in Constantinopel noch vorhandene Erz ohne Rücksicht auf den Werth der Arbeit einschmelzen, verschaffte sich vom Papste die Erlaubniß, die Kirchengüter zu verpfänden, und lebte zuletzt von Almosen, welche er und seine Gemahlin von der Königin von Frankreich erflehten.

Während so das byzantinische Reich unter der Herrschaft der Lateiner den jämmerlichsten Anblick gewährte, hob sich das Kaiserreich Nicäa unter Vatatzes zu einer in jenen Gegenden ungewöhnlichen Blüthe und Kraft empor; denn Vatatzes hatte sich nicht allein eine Macht zu schaffen gewußt, sondern er verstand auch dieselbe auf trefflliche Weise zu gebrauchen. Er widmete sich in den letzten Jahren seines Lebens ganz den Geschäften der inneren Verwaltung und suchte in den schönen, aber veröden asiatischen Provinzen seines Reiches den Ackerbau und durch ihn den Wohlstand wiederherzustellen. Er förderte die einheimische Seidenfabrication und führte auf seinen großen Domainen eine so musterhafte Landwirthschaft ein, daß er mit dem Ertrage derselben die Kosten seiner ganzen Hofhaltung decken konnte. Seine Großen und das Volk ahmten ihm nach, und während in den angrenzenden türkischen Staaten unerhörter Mangel war, herrschte in seinem Reiche der größte Wohlstand. Er erkannte ferner, daß er, um über das ganze griechische Reich Herr werden zu können, die Lateiner schonen müsse, weil diese nicht blos den besten und zahlreichsten Theil seines Heeres ausmachten, sondern auch überall Colonieen angelegt, kleine kriegerische Dynastieen, wie sie in den europäischen Staaten allenthalben bestanden, gegründet und Stadtgemeinden gebildet hatten. Er ließ daher in seinem Reiche den durch die Lateiner eingebürgerten Gesetzen von Jerusalem Rechtskraft und führte sogar die den Griechen bisher ganz fremd gebliebenen Pairs-Gerichte und Gottesurtheile ein. Dadurch bewirkte er zugleich, daß seine des Despotismus entwöhnten Landsleute unter die militärische Disciplin westlicher Ritterschaften gebracht wurden. Bei Johann's Tode (1255) war das Reich von Nicäa bedeutender, als das lateinische jemals gewesen war; sein Sohn und Nachfolger, Theodor Laskaris II., verdarb aber durch Jähzorn und Strenge wieder Vieles und bereitete eine Revolution vor, welche nach seinem Tode ausbrach. Nicäa war der Mittelpunkt des griechischen Patriotismus geworden, und während im übrigen Griechenland das päpstliche Dogma herrschte, hatte dort die Nationalreligion ihre Stütze; außerdem hatten sich viele kühne Abenteurer, sowohl Griechen als Lateiner, nach Nicäa gezogen, welche mit ihrem Herrn die Beute theilten, eines Antheils an der Verwaltung genossen und endlich dem Regenten selbst furchtbar wurden. Die beiden vorigen Kaiser hatten dies gefühlt und die Leute geschont; Theodor II. dagegen wollte nach seiner heftigen Art überall durchgreifen und veranlaßte Unruhen. Er mißhandelte die angesehensten Männer seines Reiches mit barbarischer Willkür und Grausamkeit und hob dagegen eine niedere Familie, die der Muzalo's, so sehr empor, daß dieselbe bald alle wichtigen Stellen besaß und daß im Volke die Besorgniß erwachte, es möchte sich die Monarchie in eine Oligarchie verwandeln. Durch Theodor's letzten Willen erhielt das Haupt dieser Familie, Georg Muzalo, in Gemeinschaft mit dem Patriarchen Arsenius auch noch die vormundschaftliche Regierung für den neunjährigen Sohn und Nachfolger des Kaisers (1259). Dies brachte das Haus Laskaris um den Thron. Obgleich Theodor seine letzte Verfügung durch die Großen dreimal hinter einander hatte beschwören lassen, so war er doch kaum gestorben, als die mißhandelten Reichsherren die Familie Muzalo ermordeten und einen Mann aus edlem Geschlechte, Michael Paläologus, zum Vormunde des Königs ernannten. Michael, dessen Vorfahren schon 200 Jahre früher bei der Erhebung der Komnenen eine bedeutende Rolle gespielt hatten, war Oberanführer der abendländischen Söldner und hatte schon bei Johann Batatzes mehrmals Argwohn erregt. Als Theodor II. Kaiser geworden war, hatte er nicht am Hofe zu bleiben gewagt und sich zu den Türken geflüchtet; sein Ansehen und sein Einfluß auf die Volksstimmung waren aber damals schon so groß, daß ihn Theodor hatte zurückrufen müssen. Jetzt war er kaum vormundschaftlicher Regent geworden, als er zuerst seine Verwandten und Freunde in alle Stellen brachte, dann mit Hülfe des sehr bedeutenden Staatsschatzes die Soldaten fester an sich knüpfte und sich endlich schon vier Monate nach Theodor's Tode durch das Heer zum Kaiser ausrufen ließ (1259). Der Patriarch protestirte zwar anfangs gegen Michael's Wahl, sah sich aber sogleich gezwungen, nachzugeben, und krönte sogar den neuen Kaiser, unter der Bedingung, daß Leib und Leben des verdrängten Prinzen unverletzt erhalten würden. Schon zwei Jahre später (1261) ließ jedoch Michael den Prinzen blenden und in eine Festung einsperren, worauf der Patriarch seine Würde niederlegte und in ein Kloster ging. Auf diese Weise bestieg Michael und mit ihm die letzte griechische Dynastie, die der Paläologen, einstweilen den Thron von Nicäa; es galt nun noch, den machtlosen Balduin II. von Courtenay zu beseitigen und den alten Mittelpunkt des byzantinischen Reiches, Constantinopel, in Besitz zu nehmen.

Michael Paläologus, welcher schon vorher als Hauptvertreter der griechischen Nationalität populär gewesen war, wußte durch sein Benehmen sogleich die Unterthanen an sich zu fesseln und seinen Thron zu befestigen. Er war freigebig gegen Andere, ohne die mindeste Erpressung zu üben, richtete sein eigenes Hauswesen so einfach ein, daß er hierdurch allein schon große Summen ersparte, erkannte die Rechte der Bürger selbst dann an, wenn es das Staatsoberhaupt galt, und erschien z. B. einst, wie auch der Kaiser Augustus gethan hatte, persönlich vor Gericht, um sich zu verantworten. Den Umsturz des lateinischen Kaiserthums und die Eroberung von Constantinopel bereitete er durch ein Bündniß mit den Genuesen und durch eine Unternehmung gegen den Beherrscher von Epirus vor. Die eigentlichen Erhalter der lateinischen Macht waren nämlich zuletzt die Venetianer gewesen; diese hatten aber seit langer Zeit an den Genuesen eifersüchtige Feinde, welche in allen Häfen häufige Neckereien und manchmal auch förmliche Feindseligkeiten gegen sie übten. Noch im Jahre 1256 war über die Kirche der heiligen Saba in Akon, welche beide Staaten als Eigenthum in Anspruch nahmen, ein heftiger Krieg zwischen ihnen entstanden; sie zerstörten und plünderten einander ihre Waarenlager und Schiffe und lieferten sich blutige Seeschlachten. Nach zwei Jahren gelang es dem Papste, einen fünfjährigen Waffenstillstand zu Stande zu bringen; doch mußten sich die Genuesen damals die härtesten Bedingungen gefallen lassen und waren seit der Zeit natürlich nur noch mehr gegen die Venetianer erbittert. Als ihnen daher Michael Paläologus 1261 ein Bündniß gegen dieselben antrug, gingen sie ungeachtet jenes Friedensschlusses bereitwillig darauf ein. Sie versprachen dem Kaiser mit einer Seemacht zur Eroberung von Constantinopel behülflich zu sein und erhielten dagegen die Zusicherung derjenigen Vortheile, deren die Venetianer seither unter der lateinischen Herrschaft daselbst genossen hatten. Doch kam der griechische Kaiser nachher nicht in den Fall, ihrer unmittelbaren Hülfe zur Eroberung der Hauptstadt zu bedürfen. Dagegen steht des Kaisers Unternehmung gegen den letzten Beherrscher von Epirus, Michael II., in der nächsten Beziehung zur Einnahme von Constantinopel. Der Letztere empörte sich nämlich gegen den Kaiser von Nicäa und drang mit Hülfsvölkern, welche ihm seine beiden Schwiegersöhne, der König Manfred von Sicilien und der Fürst Wilhelm Villehardouin von Achaja, geschickt hatten, in Thessalien ein; Wilhelm Villehardouin war ihm sogar in eigener Person zu Hülfe gezogen. Der Kaiser brach sogleich gegen den abtrünnigen Michael und seine Verbündeten auf und dieser verließ niederträchtiger Weise im Augenblick der Gefahr seinen Schwiegersohn. Wilhelm ward geschlagen und gefangen und mußte seine Freiheit mit der Uebergabe einiger Festungen im Peloponnes erkaufen, wodurch der Paläologe auch hier festen Fuß faßte. Der Beherrscher von Epirus fiel im nächsten Jahre aufs neue ab. Michael Paläologus schickte seinen Bruder gegen ihn ab; da aber eine Verbindung des abtrünnigen Vasallen mit den Walachen zu befürchten war, so sandte er zugleich ein kleines Beobachtungsheer unter Alexius Strategopulus nach Thracien, und dieses bemächtigte sich unerwarteter Weise der Stadt Constantinopel.

Michael Paläologus selbst hatte im vorigen Jahr einen Versuch gegen Constantinopel gemacht, war aber zurückgeschlagen worden; er hatte nachher einen Waffenstillstand mit dem Kaiser Balduin geschlossen und im Vertrauen darauf war von den Venetianern und den meisten Lateinern der Stadt ein entfernter Kriegszug unternommen worden. Dies hielt Alexius Strategopulus für einen günstigen Umstand, um Constantinopel zu überrumpeln; denn was galten in jenen Zeiten und Gegenden geschlossene Verträge und die Treue gegen dieselben? Michael Paläologus hatte schon früher ein Einverständniß in der Stadt angeknüpft und alle griechischen Einwohner derselben sehnten sich nach der Befreiung von den Lateinern. Alexius verstärkte nun, als er auf seinem Marsche über den Hellespont gesetzt war, sein Heer durch viele Bewohner des flachen Landes, welche bisher unabhängig von beiden Kaisern gelebt und sich vom Zwischenhandel und vom Raube genährt hatten. Dann zog er schnell gegen die Stadt Constantinopel, in welcher Niemand einen Angriff befürchtete, näherte sich ihr in der Abenddämmerung, ließ durch einige seiner Leute die Mauern ersteigen und drang, fast ohne Widerstand zu finden, durch ein geöffnetes Thor ein (25. Juli 1261). Er setzte dann durch Brand und durch Plünderung die Lateiner so sehr in Schrecken, daß sie sein Heer für weit bedeutender hielten, als es war und gleich anfangs an sich selbst verzweifelten. Der Kaiser Balduin, statt sich an die Spitze der wenigen getreuen Abendländer zu stellen und den Tod des Helden zu suchen, versteckte sich im Palast und floh dann auf ein Schiff, welches ihn nach Italien brachte. Drei Wochen später hielt Michael Paläologus seinen feierlichen Einzug in die eroberte Stadt und verlegte den Sitz seiner Regierung dahin. Er suchte mit seiner gewöhnlichen Gewandtheit schnell alle Wunden zu heilen. Zuerst hielt er den Genuesen treulich Wort und gab ihnen die Vorstädte Pera und Galata als ein fast ganz unabhängiges Besitzthum, so daß sie sich daselbst militärisch einrichten und vertheidigen durften. Dann erkannte er auch den Venetianern und Pisanern ihre seitherigen Stadtviertel zu und gestattete ihnen Zollfreiheit und eigene Gerichtsbarkeit. Merkwürdig ist, was uns ein griechischer Geschichtschreiber jener Zeit in einer Anekdote erzählt, welche gewiß nicht als eine Erfindung anzusehen ist. Als die erste Nachricht von Constantinopels Fall an den Hof des Paläologen gelangte, rief einer der angesehensten Männer des griechischen Reiches, statt zu frohlocken, klagend aus: „Was höre ich da? Ward das unseren Tagen vorbehalten? Was haben wir gesündigt, daß unser Leben in diese Zeit fallen mußte? Jetzt sinkt jede Hoffnung dahin, seit Constantinopel wieder griechisch ist." Er meinte, Alle würden jetzt wieder nach Constantinopel ziehen und dort die Streitkraft verlieren. Er hatte richtig geahnt; Alles wanderte wieder nach Europa herüber und schon zwei Jahrzehnte nach der Eroberung von Constantinopel im Todesjahr Michael's des Paläologen (1282), setzte sich in Kleinasien der erste Schwarm der Osmanen fest, in deren Geschichte sich bald die Geschichte des griechischen Reiches verliert.

Der Kaiser Balduin und seine Nachkommen irrten in Europa umher, flehten vergebens die Könige und Päpste um Beistand an und trieben Handel mit ihren Ansprüchen, welche zuerst an das Haus Anjou und dann an Frankreich übergingen. Balduin selbst starb 1272. Die kleineren lateinischen Vasallenstaaten gingen nach und nach im Sturm der Zeiten unter. Zu bemerken ist noch, daß Michael in einem Punkte nicht vollsthümlich war, in seiner Bemühung nämlich, mit dem römischen Stuhl ein gutes Einvernehmen zu erhalten. Der Patriarch Arsenius, den er um seines Widerstandes willen verbannte, wurde von den Griechen als Martyrer verehrt und unter dem zweiten Paläologen wurde jeder Gedanke an eine kirchliche Annäherung förmlich und bestimmt beseitigt.

6. Geschichte der Ejubiden und der christlichen Unternehmungen im Orient von Saladin's Tod bis zur Zeit Ludwig's des Heiligen.

Saladin, welcher 1193 zu Damaskus starb, hatte in Aegypten, Syrien und Yemen ein großes mohammedanisches Reich gestiftet; das Volk von Damaskus beurtheilte aber die Lage dieses Reiches sehr richtig, als es beim Tode des Stifters sich in lautes und immer wieder neu ausbrechendes Jammern ergoß. An einem einzigen Manne hängt oft im Orient Alles. Dieser war nicht mehr; über seine Herrschaft war nichts bestimmt, das Schwert mußte also entscheiden und nur zu bald wütheten überall Mord und Krieg, bis das Geschlecht der Ejubiden vertilgt war. Saladin's Söhne, Brüder und Neffen theilten sein Reich unter sich. Der älteste seiner Söhne, Afdal, erhielt Damaskus und Jerusalem, ein anderer Sohn, Aziz, Aegypten, ein dritter, Daher, Aleppo, während Saladin's Bruder, Adel, am Euphrat und viele andere Verwandten desselben in anderen Gegenden und Städten sich als Gebieter aufwarfen. Der Beherrscher von Aegypten sollte eigentlich die Oberhoheit über alle diese Fürsten haben, er konnte dieselbe aber nur selten geltend machen. Auch unter einander selbst geriethen die Ejubiden häufig in Streit; denn keiner von allen Verwandten Saladin's blieb der weisen Ermahnungen eingedenk, welche der Vater seinem jüngsten Sohne beim Abschied ertheilt hatte. „Ich empfehle dir", sagte Saladin nach dem Zeugnisse seines Geheimschreibers zu Daher, „Ehrfurcht gegen das höchste Wesen, welches die Quelle alles Guten ist. Befolge gewissenhaft seine Gebote; denn in ihm ruht dein Heil. Vergieße kein Blut und lade keine Blutschuld auf dein Haupt; denn vergossenes Blut schläft nicht. Ebenso ermahne ich dich, dir die Herzen deiner Unterthanen zu bewahren und mit Ernst für ihr Wohl thätig zu sein; denn sie sind durch Gott und mich deiner Fürsorge anvertraut. Außerdem empfehle ich dir, daß du dir Fürsten und Vorsteher gewogen erhaltest; denn ich wäre nicht zum Gipfel der Macht gelangt, wenn ich nicht Alle mit Milde behandelt und durch Freundlichkeit gewonnen hätte. Nähre gegen Niemand Haß in dir; denn der Tod wird jeden dahinraffen. Auch hüte dich wohl, Jemand zu beleidigen; denn die Menschen versöhnen sich nicht, ohne vorher Rache geübt zu haben, während dir, wenn du Gott beleidigt hast, für die bloße Reue Verzeihung bereitet ist; denn Gott ist barmherzig."

Saladin's ältester Sohn, Afdal, stürzte sich, nach der Art der in

Harem erzogenen Regenten des Orients, zuerst in wilde Lüste, dann ergab er sich einer albernen Andacht, schrieb den Koran mit eigener Hand ab und beschäftigte sich blos mit Bußübungen und Beten. Ohne Mühe ward er daher 1196 von Aziz und dem herrschsüchtigen Adel aus dem Reiche Damaskus vertrieben, welches dann der Letztere erhielt. Vergebens rief der vertriebene Afdal die Seldschuken von Ikonium gegen seinen Oheim um Hülfe an. Dieser hatte sich schon unter Saladin durch Besiegung des Emirs von Assuan in Nubien, Kenz ed Daula, welcher für die Herstellung der fatimidischen Lehre in Aegypten aufgetreten war, bei den fanatischen Sunniten einen großen Anhang verschafft; als daher 1198 sein Neffe Aziz mit Hinterlassung eines minderjährigen Sohnes starb, ward es ihm leicht, sich zuerst zum Vormund des Letzteren aufzuwerfen und ihn dann ganz zu verdrängen. Die Geistlichen gaben ihm auf seine Frage, ob eines Minderjährigen Regierung rechtmäßig sein könne, die Antwort: ein Kind sei als solches nicht Herr, sondern fremdem Willen unterworfen. Nachher nöthigte er auch seinen Neffen, Daher, den Beherrscher von Aleppo, ihm zu huldigen. Eine seiner wichtigsten Unternehmungen aber war der schon früher gemachte Eroberungszug gegen die Festung Chalat oder Ichlat in Armenien. Er hatte dabei die dreifache Absicht: seinem Reiche, das sich von den Grenzen Nubiens und der afrikanischen Wüste bis tief in die Gebirge jenes Landes erstreckte, einen Stützpunkt gegen die Armenier zu verschaffen, den von Nordosten her drohenden Chowaresmiern und Mongolen einen Damm entgegenzusetzen und endlich den Seldschuken von Ikonium jeden Angriff auf das platte Land von Syrien unmöglich zu machen. Die Wichtigkeit der Festung Ichlat rief eine unversöhnliche Zwietracht zwischen ihm und den Beherrschern von Ikonium und Chowaresmien hervor, und statt daß diese drei mohammedanischen Hauptmächte sich damals, als bereits die rohen mongolischen und tatarischen Horden in das westliche Asien einzubrechen drohten, gegen die gemeinschaftliche Gefahr hätten vereinigen sollen, führten sie unter einander unaufhörlichen Krieg um den Besitz von Ichlat.

Mitten in den inneren Zwistigkeiten, welche Saladin's Reich und die anderen mohammedanischen Staaten verwirrten, waren die deutschen Kreuzfahrer unter dem Reichskanzler Konrad in Palästina angekommen, um nach kurzem rühmlichen Kampfe das Schicksal aller Kreuzheere zu erleiden. Nach ihrer Heimkehr zog Adel einen sicheren Waffenstillstand mit den Christen einem ungewissen Kriege vor und es trat in Palästina und Syrien wieder eine Zeit der Ruhe ein, welche von den Christen in Armenien, Antiochia und Palästina leider nur zu gegenseitigen Befehdungen benutzt ward. Dies war ein großes

Glück für Abel, weil in den Jahren 1201 und 1202 Aegypten durch das Ausbleiben der Nil-Ueberschwemmung eine völlige Mißernte und in Folge davon unerhörtes Elend erlitt. Hungersnoth und Seuchen wütheten auf entsetzliche Weise: ein gewöhnliches Brödchen ward zuletzt mit vielen Goldstücken bezahlt; alle Wege und Straßen lagen voll Leichen; viele Tausende wanderten aus und verkauften zum Theil sich selbst, um nur ihr Leben zu fristen, als Sklaven an ihre Glaubensgenossen: ja, die Noth stieg zuletzt so hoch, daß die Bewohner des gebildetsten mohammedanischen Landes, welches ein Hauptsitz des Handels, der Künste und der Wissenschaften war, zu Kannibalen wurden, und das Menschenfleisch eine Zeit lang ihre gewöhnliche Nahrung war. In jener Zeit ließ Papst Innocenz III. durch Fullo von Neuilly und andere Männer von neuem das Kreuz predigen; die auf diese Weise erweckten Kreuzfahrer warfen sich aber, wie wir gesehen haben, auf das byzantinische Reich und eröffneten dort den Lateinern einen neuen Schauplatz des Kampfes und der Abenteuer, welcher für manchen Ritter mehr Anlockendes hatte, als Palästina. Selbst aus diesem Lande zogen nun Viele nach Constantinopel. Auch die Zwietracht zwischen den syrischen und armenischen Christen machte jede gemeinschaftliche Unternehmung gegen die Ungläubigen unmöglich. Im Jahre 1204 wurde sogar ein neuer Waffenstillstand mit Abel geschlossen. Ein Jahr nachher starb der König von Jerusalem, Amalarich II., mit Hinterlassung dreier Töchter, von welchen die älteste, Maria Jolantha, als Erbin des Reiches anerkannt ward. Nachdem zuerst ein Reichsverweser die Regierung in ihrem Namen geführt hatte, schickten die geistlichen und weltlichen Großen eine Gesandtschaft nach Frankreich, um für sie einen Gemahl auszusuchen. Die Gesandten wandten sich an den König Philipp August, und dieser erklärte sogleich, er wolle ihnen einen Helden nennen. Er nannte den Grafen Johann von Brienne, den Bruder jenes Grafen Walter, welcher nach Heinrich's VI. Tode in dem neapolitanisch-sicilianischen Reiche eine Rolle gespielt hatte. Johann war ebenso sehr durch Tapferkeit, als durch außerordentliche Kraft und Größe des Körpers ausgezeichnet, und ging bereitwillig auf den Antrag ein (1208). Da er jedoch weder Geld, noch ein eigenes Heer besaß, so brachte seine Erscheinung in Palästina keine Aenderung hervor. Er suchte daher nach einigen Jahren Hülfe bei Innocenz III. und bat ihn, einen neuen Kreuzzug aus dem Abendlande zu Stande zu bringen. Dieser war unermüdet in seinen Bestrebungen für ein nochmaliges allgemeines Unternehmen gegen die Ungläubigen des Morgenlandes, schickte in alle Länder seiner Kirche dringende Ermahnungsschreiben, ließ überall das Kreuz predigen, ergriff die nachdrücklichsten Maaßregeln, um Alles gehörig vorzubereiten, trat wegen der Sache ebensowohl mit dem Sultan Abel, dessen Verhältnisse er genau hatte auskundschaften lassen, als mit dem Patriarchen von Jerusalem und mit den Großmeistern der Ritterorden in Correspondenz, und ließ auf einer glänzenden Kirchenversammlung zu Rom (1215) (der vierten lateranensischen*) die Zeit und Einrichtung des neuen Zuges genau bestimmen; aber er selbst starb, noch ehe diese Zeit gekommen war (1216). Sein Nachfolger, Honorius III., setzte jedoch das begonnene Werk mit gleichem Eifer fort, und so brach endlich im Herbste des Jahres 1217 ein neues Kreuzheer nach dem Orient auf.

Die Theilnehmer dieses Zuges waren größtentheils Ungarn unter ihrem Könige Andreas II., dem Sohne Bela's III., so daß die magyarische Nation, welche bisher den Kreuzfahrten nur zugeschaut oder sich ihnen vereinzelt und planlos angeschlossen hatte, jetzt zum erstenmal selbständig in eine solche eintrat. Mit ihnen vereint zogen Deutsche aus verschiedenen Gegenden des Reiches unter dem Herzog Leopold VII. von Oestreich, dem Herzog Otto von Meran, dem Erzbischof von Salzburg und anderen geistlichen und weltlichen Herren. Auch aus Norwegen und Dänemark zogen damals viele mit. Besonders wichtig war für das Unternehmen die Theilnahme vieler Friesen, Kölner, Bremer und anderer Niederdeutschen, welche von ihrer Heimath aus zur See nach Palästina fuhren. Doch blieb ein Theil derselben unterwegs in Portugal, um den dortigen Christen gegen die Ungläubigen ihres Landes Hülfe zu leisten, und gelangte erst ein ganzes Jahr später nach Syrien; die Uebrigen ließen sich, da sie durch Wundererscheinungen zu dem Kreuzzuge bewogen worden waren, von den Portugiesen nicht zurückhalten, sie hatten aber eine so unglückliche Fahrt, daß auch sie erst einige Monate vor jenen nach Akkon kamen. Unter den Letzteren befand sich auch der kölnische Domherr Oliver, später Bischof von Paderborn, der in Westfalen das Kreuz gepredigt hatte; er hat uns einen ausführlichen Bericht über diesen ganzen Kreuzzug hinterlassen. Die Zahl der in Palästina zusammengeströmten Kreuzfahrer war schon vor der Ankunft der Niederdeutschen so ungeheuer, daß Abel es für das Klügste hielt, den Feinden nicht entgegen zu ziehen, sondern sich innerhalb der befestig-

---

*) Dieses Concilium ist dasselbe, auf welchem die Lehre von der Transsubstantiation oder von der Verwandlung des Abendmahles in Leib und Blut Christi endgültig festgestellt wurde, wie denn die römische Kirche gerade der umsichgreifenden Ketzerei gegenüber durch ein neues Lebenszeichen ihre Frische und Machtfülle darzuthun liebte. An dieses Dogma schloß sich im Laufe des Jahrhunderts, seit Urban IV. (1264), das für mittelalterliches Kirchenwesen so bedeutungsvolle Fronleichnamsfest an.

ten Plätze zu halten; denn er sah ganz richtig voraus, daß dieses zusammengetriebene Heer sich ebenso leicht wieder zerstreuen werde, als es vereinigt worden war. Der König von Ungarn und mit ihm viele tüchtige Streiter schifften sich schon am Anfange des Jahres 1218 nach ihrer Heimath ein; ein anderer Theil ergab sich in Akkon der Schwelgerei und dem Wohlleben; nur der Herzog von Oestreich und einige deutsche Bischöfe erwarteten die Ankunft ihrer nordischen Landsleute und halfen einstweilen dem König von Jerusalem die Stadt Cäsarea befestigen. Als die Norddeutschen angelangt waren, wußte der päpstliche Legat, Pelagius, welcher wahrscheinlich durch die italienischen Seestaaten dazu getrieben ward, das Unternehmen gegen das Land Aegypten zu wenden. Im Mai begab sich die ganze Macht der Kreuzfahrer zu Schiffe dahin.

Nachdem die Kreuzfahrer in Aegypten angekommen waren, begannen sie den Krieg mit der Belagerung der Seestadt Damiette, welche unweit der von jeher militärisch wichtigen Stätte des alten Pelusium zwischen dem östlichen Arm des Nil und einem See lag und nicht nur der Mittelpunkt eines bedeutenden Handels war, sondern auch wegen ihrer ungeheuren Festungswerke als der Schlüssel des ganzen Landes betrachtet wurde. Ein im Nil selbst erbauter hoher Thurm, von welchem eine starke Kette nach beiden Ufern des Flusses ging, sperrte und schützte den Eingang in den Hafen. Die Eroberung einer solchen, gleichsam im Wasser gelegenen Stadt war durch die Friesen, Niederdeutschen und Norweger des Kreuzheeres am besten zu erreichen; und in der That verdankte man diesen auch die ersten glücklichen Unternehmungen gegen die Stadt. Ein Friese sehr gleich anfangs durch den Wurf eines schweren eisernen Speeres, dessen Handhabung die Stärke eines Simson erforderte, die Vertheidiger des Ufers in Schrecken; ein anderer Niederdeutscher, Oliver von Köln, erfand eine Maschine, durch welche man jenen Thurm zu erobern im Stande war, und ein friesischer Jüngling drang von dieser aus zuerst in den Thurm ein. Gleich nachher (Herbst 1218) starb der Beherrscher von Aegypten, Abel, der Bruder Saladin's, und sein Sohn Kamel (Al Kamil), der ihm in Aegypten nachfolgte, sah sich in Folge einer Verschwörung unter den Seinigen genöthigt, die Stadt zu verlassen; die Christen konnten aber aus diesem Umstande keinen Vortheil ziehen, theils weil Kamel's Bruder Moattam oder, wie er von den Abendländern genannt ward, Corradin, der Beherrscher von Damaskus, schon drei Tage nachher erschien und Alles wieder in Ordnung brachte, theils weil der Legat Pelagius bei den Kreuzfahrern die oberste Leitung in Anspruch nahm und dadurch Zwietracht unter ihnen stiftete. Auch kehrte im Frühjahr 1219 der edle

Leopold von Oestreich mit vielen Anderen nach Europa zurück. Doch vermehrte sich im Sommer die Zahl der Kreuzfahrer durch Neuankommende wieder so sehr, daß der Sultan Friedensvorschläge machen ließ. Er erbot sich, den Abzug der Belagerer durch Abtretung fast des ganzen ehemaligen Königreichs Jerusalem zu erkaufen, alle gefangenen Christen frei zu lassen, das ächte heilige Kreuz auszuliefern und sogar zur Wiederherstellung der Mauern von Jerusalem Geld herzugeben. Hierüber entspann sich ein heftiger Zwist zwischen dem König von Jerusalem, Johann von Brienne, und dem Stellvertreter des Papstes, dem raubsüchtigen Pelagius; jener wollte das Anerbieten des Sultans angenommen haben, dieser bestand auf der Fortsetzung der Belagerung. Nach dem Dichterspruche, daß immer das Schlechtere den Sieg davon trage, behielt auch diesmal der Legat Recht. Man blieb vor der Stadt liegen, bis dieselbe im November sich den Christen ergeben mußte. Diese fanden, als sie eingedrungen waren, von den 70,000 Einwohnern 65,000 durch Hunger, Elend und Krankheiten aufgerieben und die Straßen mit Leichen bedeckt. Die Beute war unermeßlich; sie ward unter die Kreuzfahrer vertheilt und die Stadt selbst für einen Bestandtheil des Reichs Jerusalem erklärt. Oliverius preist seine Heimath Köln glücklich, daß ihre Söhne zu einer solchen Großthat mitgewirkt hätten. Bei dieser Gelegenheit ließ es Jaques de Vitri, Bischof von Akkon, sich angelegen sein, Hunderte von Kindern der Moslemen unterzubringen und als Christen erziehen zu lassen; freilich überlebten viele derselben, durch die erlittene Noth geschwächt, die Taufe nicht lange.

Bald nachher gerieth der König Johann mit dem herrschsüchtigen Legaten in einen so heftigen Streit, daß er sich vom Heere trennte und nach Syrien begab. Während nun Pelagius den Oberbefehl führte, legte Kamel oberhalb Damiette an einem Arme des Nils ein verschanztes Lager an, aus welchem die Stadt Mansurah entstand. Der Legat hoffte vergebens auf die Ankunft des Kaisers Friedrich II., der dem Papste schon längst einen Zug versprochen und bei seiner Krönung (1220) feierlich in der Peterskirche das Kreuz genommen hatte. Ein ganzes Jahr ging nutzlos verloren; als endlich das Heer unter Anführung des stolzen Pfaffen gegen Mansurah ziehen sollte, verweigerten Alle den Gehorsam und verlangten, daß der starke und wackere König Johann zurückgerufen werde. Dieser erschien erst im Juli, also zu einer Zeit, wo die jährliche Anschwellung des Nils bereits begonnen hatte, und führte dessen ungeachtet das Heer gegen die Stadt Mansurah. Freilich war dieses Heer eines der zahlreichsten, welches die Lateiner je im Orient vereinigt hatten; aber auch die Fürsten des Ejubidischen Hauses hatten auf kurze Zeit ihren

Zwist vergessen; sie strömten von allen Seiten her zum Schutze Kamel's zusammen, und noch furchtbarer war die Gefahr, welche Jahreszeit und Bodenbeschaffenheit den Christen brachten. Die Moslemen durchstachen die Dämme der Nil-Kanäle und die Kreuzfahrer geriethen durch die künstlich gebildeten Moräste bald in eine verzweifelte Lage, welche dadurch noch verzweifelter wurde, daß die Zahl der Christen so groß war. Außerdem umschwärmten unzählige leicht bewaffnete Syrer, Araber und Neger, welche von einer starken und trefflichen Reiterei gedienter Kurden und Türken unterstützt wurden, das christliche Heer. Zum Glück wünschten Kamel und Moattam auf's sehnlichste, Damiette sobald als möglich wieder zu besitzen. Sie verstanden sich aus diesem Grunde zu Unterhandlungen und schlossen (August 1221) einen Waffenstillstand auf acht Jahre und zugleich einen Vertrag, vermöge dessen den Christen unter der Bedingung, daß sie Aegypten räumten, ein völlig freier Abzug gewährt und das heilige Kreuz nebst allen Gefangenen zurückgegeben ward; aus Menschlichkeit schickte der Sultan Kamel auch Nahrungsmittel in das Lager der nothleidenden Christen. Im September verließen die Kreuzfahrer das Land, und auch die mohammedanischen Schaaren zerstreuten sich in ihre Heimath. Das ganze Unternehmen hatte dem gedarmten und schwachbevölkerten Europa unermeßliche Summen und eine außerordentlich große Zahl von Menschen gekostet. Der Papst allein hatte außer anderen Beiträgen einmal 5000 und ein anders Mal 15,000 Mark geschickt, und in Deutschland und Polen war für diesen Zug der zwanzigste Theil der Einkünfte von allen Kirchengütern erhoben worden. Man sieht bei der Gelegenheit, wie damals alles Geld nach Italien floß, weil dieses Land nicht allein die Bank von Europa, der Mittelpunkt des abendländischen Handels und der Hauptsitz der europäischen Fabriken war, sondern auch den größten Theil vom Ertrage der Pfründen des Occidents besaß und den Zoll des Aberglaubens, wie die Frucht der Kreuzzüge ganz allein an sich zog. Es kann uns daher auch nicht wundern, daß Italien damals die größte See- und Landmacht der Welt besaß. Unteritalien allein war in dieser Hinsicht den übrigen europäischen Staaten in eben dem Grade überlegen, als es denselben jetzt nachsteht; Pisa und Genua zusammen hatten eine Seemacht, welche der sicilianisch-neapolitanischen gleich war; Venedig aber konnte aus seinen sämmtlichen Besitzungen das Doppelte aufbringen. Noch eine andere Bemerkung verdient hier einen Platz, weil sie uns die Toleranz der Ejubiden und den innigen Verkehr zwischen Christen und Mohammedanern, sowie den ungestörten Austausch der Ideen des Orients und Occidents zeigt. Der heilige Franziskus von Assisi, der Stifter des einen der beiden Bettelorden, kam im Sommer 1219 nach Damiette, und begab sich von da in das Lager der Feinde, um das Christenthum zu predigen; namentlich gedachte er den Sultan entweder zu bekehren oder auf dessen Befehl als Märtyrer zu sterben. Kamel empfing den Heiligen nicht ungünstig, im Uebrigen aber wurde demselben weder das Eine noch das Andere zu Theil. Auch seine damals noch unverdorbenen Schüler verkündigten den aegyptischen und syrischen Mohammedanern ungestört die christliche Lehre und fanden eine freundliche Aufnahme, bis sie auf Mohammed selbst zu schimpfen begannen. Der fromme und nicht gerade unverständige Geschichtschreiber des ersten aegyptischen Kreuzzuges, Oliver von Köln, nahm diese Milde und Toleranz für Neigung zum Christenthum und richtete deshalb vor dem Abzuge des Heeres aus Aegypten einen wohlgemeinten Belehrungsbrief an Kamel und ein belehrendes Schreiben an die aegyptischen Gottesgelehrten; seine Bemühungen waren aber eben so unwirksam, als der Versuch des heiligen Franziskus und seiner Schüler.

Das Mißlingen des aegyptischen Kreuzzuges ward in Europa ganz allein dem deutschen Kaiser Friedrich II. Schuld gegeben, welcher schon bei seiner Krönung in Aachen (1215), sowie fünf Jahre später in Rom das Kreuzgelübde abgelegt und das letzte Mal sich noch dazu ganz bestimmt verpflichtet hatte, im nächsten Jahre nach Aegypten zu ziehen. Er war seinem Versprechen nicht treu geblieben, weil er gute Gründe hatte, in Europa zu bleiben, und selbst als er endlich 40 Galeeren abschickte, ließ er diese, wie man behauptete, absichtlich zu spät auslaufen. Auch nachher hielt er den Papst mit täuschenden Worten hin, und sein Kabinet, in welchem maurisches Talent mit neapolitanischer Arglist und mit der italienischen Advocaten-Bildung jener Zeit vereinigt war, begegnete allen Bemühungen des römischen Stuhles, den kaiserlichen Kreuzzug zu Stande zu bringen, mit einer fast unglaublichen Feinheit und Schlauheit. Es ist gleichwohl anzunehmen, daß ihm weniger die Kreuzfahrt an sich zuwider war, als daß er Zeit und Gelegenheit abwarten wollte, eine solche mit weltlicher Machtfülle, wie einst sein Großvater, und ohne geistliches Dareinreden zu unternehmen. Honorius klagte und schalt in seinen Briefen an Friedrich; dieser gab neue Versprechungen, und der Papst ließ sich noch einmal täuschen. Der Letztere berief darauf seinen Legaten Pelagius, den König Johann von Brienne und den Patriarchen von Jerusalem nach Italien, um Beschlüsse über den kaiserlichen Kreuzzug zu fassen. Die Eingeladenen erschienen, Friedrich ließ sie sich zerarbeiten und lachte, indem er dem Papste einen thränenvollen Brief über den Zustand des heiligen Landes schrieb (1222). Endlich fand im Frühling 1223 eine Zusammenkunft in Ferentino Statt, auf welcher der Kaiser einen zweijährigen Aufschub des Kreuzzuges zu bewirken wußte und sich mit Jolantha, der Tochter Johann's von Brienne, verlobte. Der Plan zu dieser Unternehmung scheint von dem Großmeister des deutschen Ordens, Hermann von Salza, einem der weisesten Männer seiner Zeit, ausgegangen zu sein. Johann reiste nun, mit einem Rundschreiben des Papstes versehen, zu den Königen von England, Frankreich und Spanien, und Honorius schickte außerdem noch sehr dringende Briefe an andere Fürsten und Bischöfe. In England fand der wandernde König wenig Trost; in Frankreich bedachte Philipp August kurz vor seinem Tode, der in dieser Zeit erfolgte, das heilige Land wenigstens in seinem Testamente, indem er dem Könige Johann, den Tempelherren und den Johannitern eine bedeutende Summe vermachte; in dem frommen Castilien, wohin sich Johann nach einer Wallfahrt an das Grab des heiligen Jakob von Compostella verfügte, gab man ihm ebenfalls eine reichliche Beisteuer, ungeachtet man auf eigenem Boden für den Glauben zu kämpfen hatte. Dort vermählte sich der alte Mann, der bereits zum zweiten Male Wittwer war, mit einer Schwester des castilianischen Königs Alfons IX., was nachher zu dem Ausbruche des Zwistes zwischen ihm und Friedrich nicht wenig beitrug. Als er endlich ohne genügenden Erfolg seiner Reise nach Italien zurückgekehrt war, bewirkte er selbst beim Papste einen abermaligen zweijährigen Aufschub für Friedrich. Dieser wiederholte in einem besonderen Vertrage und mit der feierlichen Erklärung, daß er im Falle der Vorbrüchigkeit sich selbst des Bannfluches schuldig erkenne, sein Versprechen aufs neue, und vermählte sich dann (1225) zu Brindisi mit Jolantha, die von Tyrus aus auf einem hochzeitlich geschmückten Schiffe dorthin gelangt war; oder vielmehr er nahm dieselbe zu den anderen Frauen, die er bei sich hatte, in sein Harem auf. Der verschlagene und herrschsüchtige Mann hatte bei dieser Vermählung seine besonderen Absichten: er wollte sich dadurch den Titel und die Rechte eines Königs von Jerusalem verschaffen, welche Johann nur als Gemahl von Jolantha's Mutter besaß und die dem Kaiser dazu dienen sollten, die im Interesse der Religion zusammengesteuerten Schätze der Christenheit noch mehr, als er schon seit langer Zeit gethan hatte, zur Vermehrung seiner See- und Landmacht zu verwenden. Friedrich nahm deshalb nicht nur sogleich den Namen eines Königs von Jerusalem an, sondern er ließ auch (1226) durch den Bischof von Amalfi, den er mit 500 sicilianischen Rittern nach Palästina schickte, dort die Huldigung für sich einnehmen. Obgleich Johann ihm hierin keinen gültigen Rechtsgrund entgegensetzen konnte, so zerfiel er doch über diese Sache ganz mit seinem Schwiegersohne, den er vorher schon durch seine Einmischung

34*

in die neapolitanischen Angelegenheiten erbittert hatte. Johann war nämlich mit den Anhängern Tankred's, dessen Tochter die Gemahlin seines Bruders, Walter von Brienne, gewesen, in verdächtigen Verkehr getreten, um dem hinterlassenen Sohne des Letzteren, welchen Friedrich völlig ausgeplündert hatte, zu seinem Erbe zu verhelfen.

Mit dem Papste blieb Friedrich bis zu dessen Tode (1227) in Verkehr, obgleich der Ton ihrer Correspondenz immer bitterer wurde und Honorius den alten, auf seinen Schwiegersohn heftig erbosten Johann zu seinem Statthalter in dem größten Theile des Kirchenstaates bestellte. Das Letztere war freilich ein entschieden feindseliger Schritt gegen den Kaiser; man wird denselben aber gerechtfertigt finden, wenn man bedenkt, daß Friedrich's ganzes Benehmen in einer fortwährenden Heuchelei und Täuschung bestand, während der Papst mit redlichem Eifer und mit rastloser Anstrengung bemüht war, die Völker seiner Kirche zum Kreuzzuge zu bewegen und die Mittel dafür zusammenzubringen. Honorius' Nachfolger, der bei seiner Erhebung (März 1227) bereits hochbejahrte Gregor IX., zerfiel bald nach seinem Regierungsantritt ganz und gar mit dem Kaiser. Es sammelte sich nämlich, als die Zeit des von Friedrich feierlich zugesagten Zuges gekommen war (Sommer 1227), eine bedeutende Anzahl Kreuzfahrer in Apulien, während viele andere bereits nach Palästina gezogen waren und dort den Kaiser erwarteten. Dieser verzögerte aber auch dann noch immer die Abfahrt. Das heiße Klima von Apulien erzeugte tödtliche Krankheiten unter den Kreuzfahrern, viele kehrten nach Hause zurück und auch von diesen kam die Mehrzahl unterwegs auf eine kläglich Weise um. Gleichwohl ließ der Kaiser ein bedeutendes Heer absegeln und ging am Anfang des Septembers zugleich mit dem Landgrafen Ludwig von Thüringen in die See; doch kehrte sowohl er selbst als sein frommer Gefährte nach wenigen Tagen wieder zurück, da auch sie von Krankheit befallen waren. Der Kaiser gebrauchte nun die Bäder von Puzzuoli; Landgraf Ludwig aber starb zu Otranto und hinterließ daheim auf der Wartburg eine junge Wittwe, die berühmte heilige Elisabeth, eine Tochter des Königs Andreas II. von Ungarn. Ganz Europa schrie über Friedrich, und der Papst schleuderte am 29. September den Bannfluch gegen ihn. Bald nachher erhielt Friedrich von den Mohammedanern selbst eine Einladung zum Zuge nach Palästina. Um dies zu begreifen, muß man sowohl die unter Saladin's Nachfolgern ausgebrochenen Streitigkeiten, als auch Friedrich's Verhältniß zur mohammedanischen Welt überhaupt ins Auge fassen. Der Kaiser stand von jeher den Ungläubigen des Orients näher, als irgend einer seiner Vorgänger, und war unter ihnen fast berühmter, als unter seinen eigenen Glaubensgenossen. Seine besten Soldaten und seine treuesten, reichsten, gelehrtesten Diener und Unterthanen in beiden Sicilien waren Mohammedaner oder hatten doch von Bekennern des Islam ihre Bildung empfangen. Er selbst verdankte diesen einen Theil seiner umfassenden Kenntnisse und folgte einer Philosophie, die sich eher dem Islam, als dem Christenthum anpassen ließ, so daß ein Mohammedaner der folgenden Zeit von ihm geradezu sagt: er sei in seinem Herzen den Moslemen ebenso sehr zugethan gewesen, als er sich durch seine Liebe zu ihren philosophischen und naturwissenschaftlichen Studien ausgezeichnet habe, und man werde dies erklärlich finden, wenn man bedenke, daß er seine Jugend auf der größtentheils von Mohammedanern bewohnten Insel Sicilien verlebt habe. Endlich verrieth Friedrich auch in seinen Genüssen und Gewohnheiten die mohammedanische Lebensansicht, besonders hatte er eine Leidenschaft für Weiber, die ihm nicht weniger gefährlich war, als einst dem König Salomo. Alles dies machte den damaligen Beherrscher von Aegypten, Kamel, welcher ebenfalls nicht fanatisch für seinen Glauben eingenommen war, geneigt, den deutschen Kaiser gegen seine Verwandten zu Hülfe zu rufen. Kamel hatte sich mit seinem Bruder Moaltam von Damaskus, einem fanatischen Christenfeinde, tödtlich entzweit; dieser war aber nachher mit dem mächtigen Sultan der Chowaresmier, Dschelaleddin, von welchem später ausführlich die Rede sein wird, in Verbindung getreten und hatte seinen zweiten Bruder, Aschraf, der am Euphrat und Tigris herrschte, ganz von sich abhängig gemacht, so daß Kamel, der Hauptgegenstand seines Grolles, allein stand. Kamel wandte sich daher an den Kaiser Friedrich und lud ihn förmlich ein, nach Palästina zu kommen. In dem Augenblick, als diese Einladung an Friedrich erging (Januar 1228), war er nicht im Stande, einen solchen Zug vorzunehmen, da er mit den Lombarden in einem völlig feindlichen Verhältnisse stand und vom Papste mit geistlichen Waffen verfolgt und mit weltlichen bedroht ward. Sobald jedoch die Lage der Dinge es erlaubte, neigte er nicht nur sein der Stimme der Religion und des Aberglaubens verschlossenes Ohr dem Gebote der Staatsklugheit, sondern er erhob sich auch als ein großer Mann, der durch Erziehung und Bildung schon im Knabenalter über die Vorurtheile seiner Zeit gestellt worden war, über die Umstände. Das Kreuzheer des vorigen Jahres hatte sich ganz aufgelöst; der Papst suchte die ganze Welt gegen den Kaiser aufzuwiegeln und besonders die Neapolitaner, welche wegen der bisher sehr despotisch geführten Regierung Friedrich's unzufrieden waren, zum Aufstande zu reizen; Johann von Brienne drohte mit den Waffen und sammelte Tankred's und Walter's Freunde; nichtsdestoweniger entschloß sich Friedrich, dem

Gebote der Politik und dem Rufe Kamel's zu folgen. Der Tod seiner zweiten Gemahlin, der jungen Jolantha, welche ihm die Anwartschaft auf Jerusalem zugebracht hatte, hielt ihn noch eine Zeit lang in Unteritalien zurück; sie war wenige Wochen vorher von ihrem Sohne Konrad, dem späteren deutschen Könige, entbunden worden. Die Hauptgefahr, die Friedrich während seiner Abwesenheit von Jolanthen's Vater und vom Papste zu befürchten hatte, die Aufwiegelung seiner sicilianisch-neapolitanischen Unterthanen, beseitigte er vermittelst seiner auf angeborenem Scharfsinn und auf Menschenkenntniß beruhenden Schlauheit; er warf in einer großen Reichsversammlung dem neapolitanischen Volke ein Spielzeug alter Rechte zu, und äffte es durch feierliche Erklärungen. Daß es ihm damit nicht Ernst war, bewies er selbst dadurch, daß er sich nie daran band und seinen Unterthanen später ganz andere Rechte gab.

Friedrich schiffte sich im August 1228 von Brundusium nach Palästina ein und landete am 8. September in Akkon. Durch den schon im vorhergehenden Jahre erfolgten Tod Moatlam's war zwar der Hauptgrund, warum die Mohammedaner des Kaisers Ankunft wünschten, weggefallen; allein Kamel und sein Bruder Aschraf hatten, als sie Moatlam's Länder unter sich theilen wollten, an dessen Sohn David einen kräftigen Gegner gefunden. Kamel nahm daher den Kaiser mit Ehrenbezeugungen und Freundschaftsversicherungen auf. Auch der Patriarch von Jerusalem, die Tempelherren und Johanniter begrüßten ihn feierlich als ihren Herrn und Schützer. Schon wenige Wochen nachher zeigten jedoch die Häupter der Christen und der aegyptische Sultan, wie wenig aufrichtig ihre Versicherungen gewesen waren. Die Christen änderten den Ton, sobald zwei Franziskaner Mönche, welche als Verkünder der feindseligen Gesinnungen des Papstes dem Kaiser nachgeschickt worden waren, in Palästina erschienen und im Namen ihres Herrn den Fluch über ihn aussprachen; doch blieb ihm der Deutschmeister sammt seinen Rittern treu zur Seite und auch die beiden anderen Orden leisteten Heeresfolge, aber nicht mit aufrichtigem Sinn und nur unter der Bedingung, daß die Befehle im Namen Gottes und nicht eines gebannten Kaisers ertheilt würden. Der Sultan aber, dessen Hauptgegner, der Beherrscher von Chowaresmien, sich von den Mongolen bedroht sah, bedurfte jetzt des Kaisers nicht mehr, ja, er mußte sogar von seiner Einmischung in die mohammebanischen Händel Gefahr besorgen. Indessen war Kamel gerade aus diesem Grunde zu einem Frieden geneigt, und da auch der Kaiser denselben wünschen mußte, so ward zwischen Beiden bald ein Waffenstillstand auf zehn Jahre geschlossen, nach welchem die Christen Jerusalem und die anderen heiligen Orte von Palästina, namentlich

Bethlehem und Nazareth sammt dem Küstensaum nördlich von Joppe bis Sidon, zurückhielten und dagegen den Festungen und der Wiedereroberung des ganzen Landes entsagten. Dieser Vertrag ward dem Kaiser von seinen Glaubensgenossen zum größten Verbrechen gemacht, insbesondere weil den Mohammedanern der Besitz und freie Besuch eines ihnen in hohem Grade heiligen Wallfahrtsortes, der Moschee Omar's, in Jerusalem zugesichert blieb. Der Patriarch von Jerusalem verschaffte sich eine Abschrift des Vertrages, schickte sie an den Papst, stellte in einem Rundschreiben an alle europäischen Mächte die zwischen Kamel und Friedrich getroffene Uebereinkunft als einen Bund mit dem Teufel dar und brachte ein ganzes Register von Beschwerden in Umlauf. Friedrich achtete dessen wenig und zog unter den heftigsten Streitigkeiten mit den Geistlichen in Jerusalem ein (Frühjahr 1229). Hier setzte er in der Kirche des heiligen Grabes sich selbst die Krone auf und ließ durch den allgemein hochgeachteten Hermann von Salza eine Rechtfertigung in deutscher und lateinischer Sprache vortragen; der Patriarch aber belegte Jerusalem und die Kirche des heiligen Grabes mit dem Interdict. Hierauf begab sich der Kaiser nach Ptolemais. Die ihm feindseligen Geistlichen des Landes bestrafte er mit großer Strenge, er verjagte sie und setzte Männer seiner Partei an ihre Stelle. Wenn man erwägt, daß auch der Papst seinerseits es ebenso zu machen pflegte, so wird man den Kaiser dieses Verfahrens wegen nicht tadeln; ganz anders verhält es sich aber mit seinem Benehmen gegen die Ungläubigen. Er trat mit denselben in einen so innigen Verkehr, daß dadurch nothwendiger Weise Argwohn erregt ward. Schon in der ersten Hälfte des Mai kehrte er nach Europa zurück.

Das Königreich Jerusalem befand sich nach Friedrich's Entfernung in einem sehr zweifelhaften Verhältniß, so daß es zwischen Krieg und Frieden in der Mitte stand und Niemand vor dem Fanatismus der Mohammedaner sicher war, während im Innern des Reiches selbst die Großen und der Klerus mit dem Stellvertreter des Königs stritten, durch welchen sie sich in ihren Rechten gekränkt glaubten. Doch wurde der von Friedrich geschlossene Frieden, welchen endlich auch der Papst anerkannte, aufrecht erhalten. In Europa war Gregor IX. für das christliche Reich im Orient unausgesetzt thätig. Er ließ Schreiben an die Fürsten des Abendlandes ergehen, sammelte Geld und suchte eine große Versammlung zu Stande zu bringen, wie sie einst in Clermont gehalten worden war; allein seine Bemühungen hatten nur geringen Erfolg, weil die Art, wie seine Leute den frommen Sinn der Zeit mißbrauchten, weit mehr schadete, als alle seine rührenden Briefe nützen konnten. Die ausgesandten Kreuzprediger nämlich, welche fast insgesammt Bettelmönche waren, trieben mit der ihnen ertheilten Vollmacht einen förmlichen Handel: sie boten den Ablaß, der den Kreuzfahrern gewährt war, auch allen Anderen feil, lösten für Geld jeden, der das Kreuzgelübde gethan hatte, von seiner Verpflichtung, machten dadurch nicht nur ihre eigenen Bemühungen, sondern auch die Absichten des Papstes verdächtig und bewirkten, daß der Eifer für die Rettung des heiligen Landes erkaltete. Nichtsdestoweniger unternahmen nach dem Ablauf des kaiserlichen Waffenstillstandes viele französische Herren unter dem König Thibaut von Navarra einen Kreuzzug. Ihre Uneinigkeit stürzte sie aber ins Verderben. Der Kaiser Friedrich nahm sich derjenigen von ihnen, welche in Gefangenschaft gerathen waren, freundlich an, und so groß war sein Ansehen im Orient, daß er durch seine bloße Verwendung eine Milderung ihres Schicksals bewirkte.

7. Ludwig's des Heiligen Kreuzzug nach dem Orient.

Während die christliche Herrschaft in Palästina immer mehr sank, begann auch das Reich der Ejubiden zu zerfallen. Von außen her ward dasselbe von den Chowaresmiern und Mongolen bedroht und im Innern steigerte sich die Zwietracht zwischen den einzelnen Gliedern des herrschenden Geschlechts. Die beiden Brüder Kamel und Aschraf stellten zwar, nachdem sie ihren Neffen, den Sohn Moaltam's, um sein Erbe gebracht und dasselbe unter sich getheilt hatten, Frieden und Freundschaft her; bald darauf zerfielen sie aber schon wieder, und nach Aschraf's Tode riß Kamel auch das von diesem hinterlassene Land an sich. Schon im nächsten Jahre (1238) starb Kamel, und nun kämpften seine beiden Söhne sowohl unter einander, als auch mit anderen Verwandten um die Herrschaft, bis es 1240 dem einen von ihnen, Saleh Ejub, mit Hülfe der treulosen Soldaten seines Bruders gelang, diesen zu stürzen und sich zum Herrn von Aegypten aufzuwerfen, während sein Oheim, Saleh Ismael, Damaskus besetzte. Saleh Ejub war der eigentliche Urheber der Mamluken-Regierung in Aegypten, durch welche bald nachher der Herrschaft der Ejubiden in diesem Reiche ein Ende gemacht wurde. Die Mamluken waren Sklaven meist türkischen, zum Theil auch tscherkessischen Stammes, die man den Mongolen unter Dschingischan und seinen Nachfolgern abgekauft und militärisch eingeübt hatte, um aus ihnen die Leibwache und den Kern des Heeres zu bilden; sie erlangten unter den Ejubiden dieselbe verderbliche Bedeutung, wie früher unter den Ilschiden. Sie hatten Saleh Ejub auf den Thron erhoben, weil er sich besser zu einem Werkzeuge in ihrer Hand zu eignen schien, als sein Bruder. Er entledigte sich zwar der gefährlichen Miethlinge, sobald er seine Herrschaft fest gegründet hatte, schuf aber nachher eine neue Mamlukken-Leibwache, welche unter dem Namen der baharitischen Mamlukken bald wieder alle Stellen besetzte und die ganze Regierung von sich abhängig machte. Auf diese Weise untergrub Ejub Saleh die Macht seines Reiches im Inneren; nach außen dagegen breitete er seine Herrschaft auf Kosten seines Oheims, Saleh Ismael von Damaskus, so weit aus, daß es eine Zeit lang den Anschein hatte, als wenn Syrien und Aegypten wieder dauernd mit einander verbunden werden sollten. Saleh Ismael hatte sich durch ein Bündniß mit anderen syrischen Fürsten und mit den Christen von Palästina gegen die Uebermacht seines Neffen zu sichern gesucht; dies nützte ihm aber nichts, weil Saleh Ejub zufälliger Weise Gelegenheit erhielt, sein Heer durch einen ansehnlichen Zuwachs zu verstärken. Kurz vorher war nämlich das Reich Chowaresmien den Angriffen der Mongolen völlig erlegen, und die türkischen Söldnerschaaren des chowaresmischen Herrschers hatten sich nach Westen gewendet und das Land Syrien überschwemmt. Hier erlitten sie eine bedeutende Niederlage, traten darauf größtentheils in den Sold des aegyptischen Sultans Saleh Ejub, eroberten zuerst Tiberias und dann auch Jerusalem (1244), wo sie die Häuser plünderten, die Einwohner erschlugen, das heilige Grab zerstörten und die Gräber der christlichen Könige aufwühlten. Sodann vernichteten sie bei Gaza die unter Saleh Ismael vereinigte christliche und mohammedanische Macht von Syrien und verhalfen im nächsten Jahre dem aegyptischen Sultan zum Besitze der Stadt Damaskus, in welche dieser dann seinen Sitz verlegte. Nur auf Raub, Mord und Verheerung bedacht, richteten sie zwar gleich nachher ihre Waffen auch gegen Saleh Ejub, sie wurden aber von demselben besiegt und zerstreut, so daß sie seit der Zeit verschwanden. Die Aegypter eroberten hierauf (1247) auch Tiberias und Askalon, und das christliche Reich gerieth in eine so hülflose Lage, daß der von dem französischen Könige, Ludwig IX., gelobte Kreuzzug durchaus nöthig zu sein schien, um den letzten Rest desselben vor dem Untergang zu bewahren.

Ludwig IX. mit dem Beinamen des Heiligen war 1226 nach dem Tode seines Vaters, Ludwig's VIII., als 11jähriger Knabe König von Frankreich geworden und bis zu seiner Volljährigkeit hatte seine Mutter, Blanca, eine Prinzessin von Castilien, die vormundschaftliche Regierung geführt. Blanca war eine kirchlich fromme Frau und stand ganz unter dem Einfluß eines römischen Cardinals, so daß dieser ihr sogar noch mehr als Rathgeber und Freund zu sein schien. Dies bestimmte die ganze Richtung von Ludwig's Charakter, welcher zwar deutliche Spuren des den Franzosen eigenthümlichen praktischen Lebensverstandes zeigte, hauptsächlich aber auf dem Gemüthe beruhte und von einer ängstlichen Sorge für äußere Religionspflichten geleitet ward. Der letzteren Seite von Ludwig's Charakter muß man die Art zuschreiben, wie er gegen den Rath seiner Mutter und aller Vernünftigen die Verpflichtung zu einem Kreuzzuge übernahm und erfüllte. Im Jahre 1234 hatte sich der Papst Mühe gegeben, ihn und den König von England, mit welchem Ludwig damals in Krieg verwickelt ward, zum Frieden und zu einer gemeinschaftlichen Unternehmung gegen die Ungläubigen zu bewegen; Ludwig hörte aber ebenso wenig damals auf die päpstliche Ermahnung, als er zwei Jahre nachher sich durch den römischen Stuhl von der Bekriegung des Königs Thibaut von Navarra abhalten ließ, der zugleich Graf von Champagne war und seine Anmaaßungen durch das Gelübde eines Kreuzzuges zu unterstützen suchte. Dagegen legte er acht Jahre später (1244), als er in einem heftigen Fieberanfall eine Vision gehabt zu haben meinte, ganz unerwartet das Kreuzgelübde ab. Der Papst Innocenz IV. säumte nicht, diese Sinnesänderung zu benutzen und ließ durch einen Legaten sogleich die französischen Bischöfe und Großen zur Theilnahme auffordern, während auch der König allerlei Mittel anwandte, um dieselben dazu zu bewegen. Die vereinten Bemühungen des Papstes und des Königs hatten den Erfolg, daß viele Franzosen das Kreuz nahmen. Unter ihnen befanden sich zum großen Nachtheil des Unternehmens Ludwig's drei Brüder, welche ihm sehr unähnlich waren, Robert von Artois, Alphons von Poitou und Karl von Anjou. Auch seine Gemahlin Margaretha von Provence begleitete ihn; seiner Mutter übergab er für die Dauer des Zuges die Regentschaft.

Erst im August 1248 waren die Rüstungen beendigt. Das französische Kreuzheer schiffte sich darauf in Aigues Mortes ein und landete glücklich in Cypern, wo der König Heinrich von Lusignan seine Landsleute glänzend empfing und nach seiner Hauptstadt Nikosia geleitete. In Cypern, wo die Franzosen überwinterten, ward beschlossen, den ersten Angriff nicht gegen die mohammedanische Macht in Palästina, sondern gegen Aegypten zu richten. Zugleich knüpfte Ludwig dort eine Verbindung mit den Mongolen an, welche damals die mohammedanischen Staaten in Syrien mit dem Untergange bedrohten. Den Anlaß dazu gab die Ankunft einer Gesandtschaft, welche angeblich von dem Groß-Khan der Mongolen kam, in Wirklichkeit aber von einem mongolischen Unterbefehlshaber geschickt worden war, der aus aufgefangenen Briefen die Absichten des französischen Königs erfahren hatte und sich desselben zu seinen Zwecken zu bedienen hoffte. Ludwig merkte die Täuschung nicht und erwiderte die Botschaft durch die

Absendung einiger Mönche, denen er bedeutende Geschenke von Erzeugnissen des italienischen Kunstfleißes mitgab; doch wurde er dabei mehr durch die Hoffnung, daß die Mongolen Christen werden könnten, als durch die erwarteten Vortheile der politischen Verbindung mit ihnen geleitet.

Zur Ueberfahrt nach Aegypten bediente sich Ludwig venetianischer und genuesischer Schiffe, die er in Acre miethen ließ, und die habgierigen italienischen Handelsleute wußten auch bei dieser Gelegenheit durch außerordentlich hohe Fahrpreise Nutzen aus dem Glaubenskriege zu ziehen. Der aegyptische Sultan, Saleh Ejub, war bereits durch den deutschen Kaiser Friedrich II. von Ludwig's Rüstungen in Kenntniß gesetzt worden und Friedrich sowohl, als der Khalif von Bagdad hatten ihn zu einer Aussöhnung mit den anderen Ejubiden zu bewegen gesucht; daran war jedoch durchaus nicht zu denken gewesen. Ueberdies erkrankte Saleh, gerade als er aus Damaskus nach Aegypten eilte, sehr gefährlich. Die Franzosen erschienen am Dienstag nach Pfingsten (1249) an der Küste von Aegypten. Sie fanden, als sie in der Nähe von Damiette ihre Landung bewerkstelligten, nur unbedeutenden Widerstand und bemächtigten sich sogleich, ohne einen einzigen Mann einzubüßen, der wichtigen Festung Damiette, weil die vom Sultan getroffenen Vorkehrungen sehr unzweckmäßig und ganz unzureichend waren. Saleh hatte nämlich die Vertheidigung von Damiette einem arabischen Stamme anvertraut, obgleich dieses Volk zu nichts weniger geeignet ist, als zum Aushalten einer Belagerung; er hatte außerdem die Führung seines ziemlich großen Heeres der Leitung des Emirs Fachreddin übergeben, der sich entweder äußerst feige oder sehr ungeschickt benahm. Dazu kam noch, daß Saleh's Truppen, obgleich sie die Nachricht von der Landung der Christen dreimal durch Brieftauben an den Sultan meldeten, von diesem keine Antwort erhielten und in der Meinung, er sei gestorben, nicht wußten, was sie thun sollten. Die Christen beschlossen den Angriff, obwohl mehrere hundert Schiffe auf der Fahrt von Cypern nach Aegypten den Weg verloren hatten und noch fehlten. Bei diesem Angriff sprangen die französischen Ritter, unter ihnen der fromme König, in den Nil und standen bis an die Brust im Wasser. Fachreddin zog sich, um einem Treffen auszuweichen, von einem Ufer des Nils auf das andere, die arabische Besatzung von Damiette aber, welche dadurch ihren Stützpunkt verlor, räumte die bedeutende Festung und überließ sie mit allen ihren Werken und unermeßlichen Reichthümern den erstaunten Christen. Am Sonntag nach Trinitatis zog der König von Frankreich in Damiette ein, barfuß und mit entblößtem Haupte, mit ihm seine Gemahlin, König Heinrich von Cypern und der Patriarch von Jeru-

falcun. Die Moscheen wurden alsbald mit Kreuzen versehen und so in
Kirchen umgestaltet. Der Sultan war darüber, als er dies erfuhr,
außer sich vor Wuth und ließ nach Einigen die ganze Besatzung, nach
Anderen ihre Offiziere aufknüpfen. Die Sache selbst war aber nicht
zu ändern und die Franzosen hatten festen Fuß im Lande gefaßt.
Doch war auch für diese damit noch keineswegs Alles gewonnen, weil
das Land gute natürliche Vertheidigungsmittel hatte und beim Vorbringen in das Innere noch große Schwierigkeiten zu überwinden
waren. Besonders war die Stadt Mansurah, welche oberhalb Damiette
in einer von Kanälen vielfach durchschnittenen Gegend lag, gerade
für einen Fall, wie der jetzt eintretende war, angelegt worden. Auch
blieben die Franzosen unglücklicher Weise bis zum Herbst unthätig in
Damiette liegen, weil sie theils erst die unter Alphons von Poitou
nachfolgenden Verstärkungen abwarteten, theils über die Zeit der
jährlichen Ueberschwemmung des Nils in Ungewißheit waren.

Nach der Ankunft seines Bruders, des Grafen Alphons, ließ sich
Ludwig von demselben zu dem unglücklichen Entschlusse bewegen (November 1249), auf Kairo loszugehen, obgleich die verständigeren unter
seinen Führern nachdrücklich davon abriethen. Das christliche Heer
war, als es gegen Ende November aufbrach, 60,000 Mann stark und
unter diesen befanden sich 20,000 Ritter. Die Menge und gute Aus-
rüstung wog aber den Nachtheil nicht auf, welchen die vielen Arme
und Kanäle des Flusses, die Fruchtigkeit des Bodens, der Mangel an
leichter Reiterei und die Geschicklichkeit, mit der die Feinde vom griechischen Feuer Gebrauch machten, den Christen brachten. So wurde
diese Erfindung, die einst zur Bekämpfung der Mohammedaner gemacht worden war, jetzt, ungefähr 80 Jahre vor dem Aufkommen des
Schießpulvers, von diesen gegen die Streiter des Kreuzes angewandt.
Wie Joinville erzählt, fiel der König nach jeder Salve, die der Feind
gab, auf die Kniee und rief: „Beau Sire, Dieu Jesus-Christ, garde
moi et toute ma gent (lieber Herr Gott Jesus Christus, erhalte mich
und all mein Volk)." Die Franzosen mußten nach kurzem Vordrin-
gen ihren Marsch einstellen und wurden dann zwei Monate lang an
einer und derselben Stelle aufgehalten. Unterdessen war der Sultan
Saleh Ejub gestorben und eine seiner Frauen, Schagareddor,
übernahm, indem sie seinen Tod verheimlichte, in Verbindung mit
Fachreddin und mit den Führern der Mamluken die Regierung, bis
ihr Stiefsohn Turanschah, der sich damals am Tigris befand, nach
Aegypten gekommen sei. Noch ehe dieser vor Mansurah eintraf, verdiente sich Fachreddin bei einem unerwarteten Angriff der Franzosen
in den Augen seiner Glaubensgenossen die Märtyrerkrone, nachdem
ihm früher der Kaiser Friedrich II. durch den Ritterschlag und der

Sultan Saleh Ejub durch seine Gunst die Palme des höchsten weltlichen Ruhmes im Orient und Occident gereicht hatten. Im Anfange des folgenden Jahres (1250) gelang es endlich einem Theile der Franzosen nach zwei mörderischen Gefechten, nicht nur bis nach Mansurah, sondern auch in diese Stadt selbst einzudringen; unglücklicher Weise ließ sich aber damals der unbesonnene Graf von Artois, Ludwig's Bruder, bei der Verfolgung der Feinde zu weit fortreißen, fand dabei den verdienten Tod und opferte zugleich mehrere Hunderte der tapfersten Ritter. Dieser Verlust bewirkte bei den Franzosen eine Zögerung, welche von den Aegyptern benutzt ward, um ihre Anstalten zu vollenden und einen Angriff auf die christlichen Schiffe zu machen, die bisher das französische Heer mit Lebensmitteln versorgt hatten. Der Angriff hatte den gewünschten Erfolg und nun war den Franzosen plötzlich jede Zufuhr abgeschnitten. Mit dem Mangel rissen auch Krankheiten in ihrem Lager ein und da dasselbe zu gleicher Zeit von unzähligen Schaaren leichter Truppen umschwärmt war, so geriethen die Franzosen bald in eine verzweifelte Lage. Nichtsdestoweniger zeigte sich der Sultan Turanschah, als er in Aegypten angekommen war, zu einem Frieden bereit; er kam sogar mit dem französischen König überein, es solle das ganze heilige Land den Christen zurückgegeben werden, wenn die Franzosen Damiette räumten und Aegypten verließen; die Unterhandlungen zerschlugen sich aber, weil Turanschah, wie es heißt, den König selbst als Geißel des Vertrags verlangte. Die Franzosen mußten sich also zu dem fast unmöglichen Versuch entschließen, sich durch die Feinde durchzuschlagen. Kaum hatten sie dieses Wagniß zu unternehmen begonnen, als sie auf allen Seiten von den Feinden eingeschlossen und theils zusammengehauen, theils gefangen genommen wurden. Nur einige Wenige entgingen dem allgemeinen Verderben und retteten sich durch die Flucht. Das Loos der Gefangenen, unter welchen sich auch der König und seine beiden Brüder, die Grafen Alfons von Poitou und Karl von Anjou, befanden, war schrecklich. Turanschah ließ ganze Haufen derselben niederhauen, weil er wegen ihrer großen Menge nicht einmal die Verpflegungskosten aus ihrem Verlaufe zu erhalten hoffen konnte; die Ueberlebenden aber wurden von den Mamlukken aufs entsetzlichste mißhandelt und wiederholt mit dem Tode bedroht; wie Joinville erzählt, wurden von 10,000 Gefangenen in Mansurah alle diejenigen geköpft, welche sich nicht zur Annahme des Islam bereit erklärten. Dagegen verstand sich der Sultan zuletzt zur Freilassung des Königs und der Barone und schloß einen Waffenstillstand, nach welchem Damiette ihm zurückgegeben, den Christen der Besitz der Städte, welche sie in Palästina inne hatten, gelassen und für die Gefangenen ein ungeheures Lösegeld gezahlt werden sollte (April 1250); zugleich wurde ein Waffenstillstand auf zehn Jahre festgesetzt. Bei den Unterhandlungen über den letzteren Punkt bewährte Ludwig eine ritterlich königliche Gesinnung. Obgleich die vom Sultan für die Begleiter des Königs geforderte Summe sehr groß war, so willigte er doch augenblicklich in dieselbe ein, weil sein nur auf unsterbliche Schätze gerichtetes Gemüth ein kaufmännisches Unterhandeln über Geld und Geldeswerth verschmähte; über das Lösegeld für ihn selbst sollte die in Damiette zurückgebliebene Königin entscheiden.*) Der Sultan wollte ihm an Großmuth nicht nachstehen und erließ von freien Stücken einen beträchtlichen Theil der Summe.

Bei der Uebergabe von Damiette kam Ludwig noch einmal in Lebensgefahr. Die Mamluken machten nämlich in Verbindung mit Saleh's Wittwe, Schagareddor, eine Verschwörung, ermordeten ihren Sultan Turanschah im Einverständniß mit dieser seiner Stiefmutter vor den Augen des französischen Königs und bedrohten dann auch die Barone mit dem Tode. Doch ward schließlich der geschlossene Vertrag, so weil er die Freilassung der Gefangenen betraf, von ihnen aufrecht erhalten, und der König fuhr auf einem genuesischen Schiffe nach Ptolemais. Da die übrigen Bedingungen nicht gehalten wurden, so sah sich auch Ludwig von der Verpflichtung zu dem 10jährigen Waffenstillstande frei und beschloß, nicht nach Frankreich zurückzukehren, sondern in Palästina zu bleiben. Unter den Gründen, die ihn zu diesem Entschlusse trieben, war der für die Christen scheinbar sehr günstige Zustand der mohammedanischen Staaten nicht der unbedeutendste. Die Mörder Turanschah's, welche aus Tscherkessen, Mingreliern, Turkmannen, Kumanen und anderen als Sklaven eingelaufenen Anwohnern des schwarzen Meeres bestanden, übertrugen die Regierung dem Namen nach der Wittwe Saleh's, weil dieselbe in Aegypten großes Ansehen genoß und als scheinbar gesetzmäßige Regentin ihnen zugleich auch zur Behauptung der Herrschaft in Syrien dienen konnte; die eigentliche Leitung der Dinge aber gaben sie einem ihrer Anführer, dem Turkmannen Ibek. Indessen ließen sich die Syrer

---

*) Als sie zuerst die Katastrophe der Gefangennehmung erfuhr, sah sie ihrer Niederkunft entgegen; sie bat einen alten Kriegsmann, ihr lieber den Kopf abzuschlagen, als daß auch sie in die Gewalt der Ungläubigen käme; nach Joinville: „Sire Chevalier, je vous requiers sur la foy que m'avez donnée, que si les Sarracins prennent cette ville, vous me couppiez la teste, avant qu'ils me puissent prendre." Der Alte sagte zu, mit dem Bemerken, er habe selbst schon daran gedacht. Den Sohn, den sie zu Damiette gebar, nannte sie wegen der traurigen Umstände Tristan, ein Beispiel, wie manche Vorstellungen aus den Gedichten in das Leben übergingen.

durch diese Schlauheit der aegyptischen Garden nicht täuschen, sondern riefen einen Nachkommen Salabin's, der in Aleppo herrschte, Nasr Jussuf, zum Sultan aus. Die nächste Folge davon war ein Krieg zwischen den Syrern und den aegyptischen Mamluken, welcher den Christen in Palästina jede Unternehmung erleichtern mußte. Dazu kam noch, daß in Aegypten eine Staatsänderung nach der anderen eintrat. Die Sultanin Schagareddor ward schon wenige Monate nach ihrer Erhebung wieder abgesetzt und ein Ejubide mit dem Herrschernamen bekleidet; auch diesen stürzten die Mamluken nach einigen Jahren wieder, und nun trat eine allgemeine Verwirrung ein, weil keiner der Befehlshaber die Regierung allein zu übernehmen wagte und ein Diwan der Mamluken-Führer das Land regierte, bis endlich ein tapferer Emir im Namen von Ibek's Sohn die Regierung übernahm. Diese Verhältnisse der mohammedanischen Staaten machten dem König Ludwig Muth. Er trat gegen die Aegypter mit dem Sultan von Syrien und sogar mit dem Alten vom Berge, dem Oberhaupte der Assassinen, in nähere Verbindung. Auch vom Groß-Khan der Mongolen empfing er damals eine Antwort auf das Schreiben, welches er drei Jahre früher an ihn abgeschickt hatte. Sie lautete ganz anders als er erwartet hatte und zerstörte nicht nur seine Hoffnung auf Bekehrung der Mongolen, sondern zeigte ihm auch, daß dieses Volk die Geschenke und Gesandtschaften fremder Völker ebenso ansah, wie heut' zu Tage die Chinesen; denn der Groß-Khan erkannte in Ludwig's Botschaft nur ein Zeichen der Unterwürfigkeit und erwiderte seinen Brief in dem Tone eines Gebieters.

Drei Jahre blieb Ludwig in Palästina; er konnte jedoch schon aus dem Grunde, weil sein Heer die ganze Zeit hindurch nur aus 1400 Gepanzerten bestand, nichts ausrichten. Das einzige Bedeutende, was er that, war die Wiederherstellung der Festungswerke in mehreren christlichen Städten. Als nun gar im Jahre 1253 die Aegypter und Syrer einen Frieden mit einander schlossen, in welchem sie den Jordan als Grenze zwischen ihren Reichen festsetzten, schwand jede Aussicht auf einen Erfolg seiner Unternehmungen, während er zugleich einsah, daß ein längeres Verweilen in Palästina ihm selbst und seinem Reiche von großem Nachtheile sein werde. Seine Anwesenheit in Frankreich war um so mehr nöthig, als seine Mutter, welche die Verwaltung des Reiches leitete, kurz vorher gestorben war. Selbst der Patriarch von Jerusalem und die Fürsten der christlichen Küstenstädte in Palästina riethen ihm zur Rückkehr. Er schiffte sich daher am 24. April 1254 nach Frankreich ein. Nach seiner Entfernung ging die christliche Macht in Palästina mit raschen Schritten ihrem Untergang entgegen. Die völlige Vernichtung derselben hängt mit den Revolutionen zusammen, welche durch die Erscheinung der Mongolen und Tataren in Nordasien veranlaßt wurden. Wir müssen daher unseren Blick zunächst auf die Geschichte des fernen Oberasiens richten, in dessen Steppen die verheerende Fluth dieser Völker ihren Ursprung hatte.

8. Geschichte der Orientalen von der Entstehung des Reiches Chowaresmien bis auf die Erscheinung der osmanischen Türken in Kleinasien.

1. Die Chowaresmier und Ghoriden.

Das große Seldschukken-Reich, welches durch Togrulbeg, Alp Arslan und Malekschah gegründet worden war, löste sich nach dem Tode des Letzteren in kleine Staaten auf. Diese waren durch die scheinbare Obergewalt eines Groß-Sultans nur schwach mit einander verbunden und die seldschukkische Macht erlag bald einer neuen Dynastie, die sich in der zwischen dem Aral-See, dem kaspischen Meere und dem Dschihun-Flusse (Oxus) gelegenen Provinz Chowaresmien aufwarf. Die chowaresmische Herrscherfamilie hatte denselben Ursprung, wie die meisten orientalischen Dynastieen: ein glücklicher Sklave schüttelte das Joch ab und gründete auf demselben Säbel, auf welchem seines Herrn Despotismus geruht hatte, den seinigen. Anuschtelin, der Sklave eines Oberschenken am seldschukkischen Hofe, wußte sich unter dem Sultan Malekschah nach und nach so großen Einfluß zu verschaffen, daß er beim Tode seines früheren Herrn das Oberschenken-Amt und die damit verknüpften Einkünfte der Provinz Chowaresmien erhielt. Sein Sohn, Mohammed I. Kothbeddin, folgte ihm im Hofamte und in der Verwaltung der Provinz und hatte dadurch, daß seine stete Anwesenheit in Chowaresmien nöthig war, die beste Gelegenheit, die ererbte Macht zu erweitern und zu befestigen. Doch blieb er dem Sultan der Seldschukken ein treuer Vasall. Sein Sohn und Nachfolger, Atsiz (1127—1156), änderte das Betragen gegen die Wohlthäter seiner Familie. Er kündigte dem Sultan Sandschar, dem Bruder Barkijarok's, den Gehorsam auf, fiel, obgleich er mehrmals besiegt ward und stets Verzeihung erhielt, immer wieder von seinem Oberherrn ab und behauptete sich zuletzt unter dem Titel eines Schah als unabhängiger Beherrscher von Chowaresmien. Er erweiterte seine Herrschaft durch Eroberungen über den Dschihun-Fluß hinaus und am kaspischen Meere hin, während Sandschar's Reich zuerst von den Khitanen und dann von einem Stamme der Turkmannen verwüstet, Khorasan und die blühende Stadt Nischapur fast ganz verheert und der Sultan selbst von den Turkmannen drei Jahre lang gefangen gehalten ward. Nach Sandschar's Tode nahmen die Unruhen und Verwirrungen im Reiche der Selbschuken überhand; diese behaupteten zuletzt nur noch in einigen kleinen Strichen von Persien eine ohnmächtige Herrschaft, und Atsiß's Sohn, Jl-Arslan, benutzte die Umstände, um ihnen einen bedeutenden Theil von Khorasan zu entreißen.

Nach Jl-Arslan's Tode (1172) entstand in Chowaresmien ein 20jähriger Bruderkrieg zwischen seinen beiden Söhnen, Alaebbin Talasch und Mohammed II. Sultanschah, welche ebenso unablässig um den Preis der Dichtkunst, wie um den Besitz des Thrones mit einander kämpften. Erst der Tod des Einen von ihnen machte dem blutigen Streite ein Ende. Sobald Alaebbin Talasch Alleinherrscher geworden war, erweiterte er durch glückliche Kriege sein Reich nach Osten und Westen hin. Er vernichtete zuerst den letzten Sprößling der Selbschukken-Dynastie in Westpersien, welche schon seit Jahren unter dem Säbel ihrer eigenen Garben stand und dehnte die Grenzen seines Reiches über Rei, Jspahan, Hamadan und Adserbeidschan (Atropatene, das jetzige persische Armenien) aus. Dann wandte er sich gegen die Khitanen in der Tatarei und entriß ihnen die Stadt Bochara. Unterdessen bekriegte sein Sohn und Stellvertreter, Mohammed III. Kothbebbin, die persischen Assassinen, welche während des Zerfalls der Selbschukken-Herrschaft ihre Besitzungen sehr weit ausgebreitet hatten. Der Vezier, der dem jungen Fürsten diesen Krieg angerathen hatte, fiel dafür unter dem Dolche der Mörderseete, und der erbitterte Alaebbin Talasch befahl darauf seinem Sohne, sie nicht etwa blos auf ihre früheren Raubnester einzuschränken, sondern völlig auszurotten. Kaum hatte aber Mohammed III. das Gebot seines Vaters zu erfüllen begonnen, als er durch den Tod desselben (1200) genöthigt ward, den Vertilgungskrieg gegen die Assassinen wieder aufzugeben; denn ein Neffe machte ihm den Thron von Chowaresmien streitig und wurde dabei von dem Beherrscher des Reiches der Ghoriden nachdrücklich unterstützt.

Den Ursprung der Dynastie der Ghoriden, welche durch diese Einmischung in die chowaresmischen Angelegenheiten ihren eigenen Sturz herbeiführte, hat der an Märchen reiche Orient in einen Roman gekleidet und mit Feridun und anderen Heroen der persischen Urzeit in Verbindung gebracht. Läßt man diese poetischen Sagen, durch welche die Ghoriden ihrer Herrschaft im alten Lande Baktrien den glänzendsten Schein der Rechtmäßigkeit zu verleihen suchten, ganz unbeachtet, so wird sich die Entstehung ihres Reiches etwa auf folgende Weise auffassen lassen. Ein Räuber, Husain ben Sam, fand gegen das Ende des 11. Jahrhunderts am Hofe der Ghasnawiden Zutritt, schwang sich von Amt zu Amt empor und warb endlich Statthalter des im Norden des ghasnawidischen Reiches gelegenen Berglandes Gur oder Gaur, welches Sultan Mahmud I. früher erobert hatte. Seine Söhne, von welchen der älteste die Tochter des Ghasnawiden Bahram heirathete, erbten und behaupteten nicht etwa blos die Verwaltung dieses Landes, sondern sie erklärten sich auch, auf jene erdichtete Abstammung gestützt, für rechtmäßige Besitzer desselben, ja, sie suchten sogar ihren Oberherrn, Bahram, selbst vom Throne zu stürzen. Drei von ihnen geriethen bei diesem Versuche in Bahram's Gewalt und wurden auf seinen Befehl hingerichtet; der vierte aber, Hasan, kämpfte mit Glück und rächte nach Bahram's Tode den Mord seiner Brüder auf so grausame Weise, daß selbst die an Unmenschlichkeiten gewöhnten orientalischen Geschichtschreiber ihn mit dem Beinamen des **Weltenverbrenners** gebrandmarkt haben. Er stürzte und vertrieb Bahram's Sohn, Khosruschah, plünderte und zerstörte die Stadt Ghasna und bezeichnete seinen Marsch durch das Reich der Ghasnawiden allenthalben mit Mord und Brand. Khosruschah floh nach der indischen Stadt Lahore, die zu seinem Reiche gehört hatte und deren Besitz er und sein Sohn noch eine Zeit lang behaupteten. Sein Besieger erlitt bald nachher die verdiente Strafe. Der letzte kriegerische Sultan der Seldschukken, Sandschar, eilte nämlich, den Eroberungen des Weltenverbrenners Grenzen zu setzen, schlug ihn und nahm ihn gefangen; doch wußte sich Hasan durch seine Niederträchtigkeit bald wieder die Freiheit zu verschaffen. Wie man nämlich im täglichen Leben sehen kann, daß der niedrigste Sklave der ärgste Despot gegen Untergeordnete ist, so bewies Hasan durch sein Beispiel den umgekehrten Satz: er schmeichelte dem Sultan aufs schändlichste und erlangte dadurch seine Freiheit und Herrschaft wieder.

Hasan's Sohn und Nachfolger starb bald nach seinem Regierungsantritt und seine beiden Vettern, **Gajathebbin** und **Schahabhebbin**, theilten das Reich, jedoch so, daß der Erstere Obersultan blieb (1162). Schahabhebbin, welcher in Ghasna residirte, lockte den Sohn des vom Weltenverbrenner vertriebenen Ghasnawiden aus dem unüberwindlichen Lahore heraus und machte damit dem Ghasnawiden-Reiche, nachdem es zwei Jahrhunderte bestanden hatte, vollends ein Ende (1182). Hierauf unternahm er mehrere Kriegszüge nach Indien und unterwarf sich das Land fast bis zur Grenze von China hin, während sein Bruder die Städte Nischapur, Herat und Meru eroberte und in die Tatarei eindrang. Die Eroberungen in Ostpersien gaben die Veranlassung zur Vernichtung des Ghoriden-Reiches. Der Reste des furchtbaren Beherrschers von Chowaresmien, Mohammed's III., floh nämlich, wie oben bemerkt ward, vor seinem Oheim zu Gajathebbin und dieser nahm sich seiner an. Darüber kam es zu einem Kriege, in welchem Gajathebbin gleich anfangs (1202) starb und sein Bruder des ganzen Landes bis zu den indischen Bergen beraubt wurde. Der Letztere fiel einige Jahre nachher (1206) unter dem Dolche der Assassinen, die ihn als grausamen Verfolger ihrer Lehre löblich haßten. Er hatte unglücklicher Weise eine große Anzahl türkischer Sklaven als Soldaten in seine Dienste genommen und ungemein begünstigt; die Anführer dieser Mamlukken-Schaaren warfen sich nach seinem Tode in verschiedenen Theilen des Reiches als Herrscher auf. Der kleine Ueberrest desselben ward von dem Chowaresmier Mohammed besetzt und die Dynastie der Ghoriden erlosch auf diese Weise um das Jahr 1208. Nur in einem kleinen Winkel des Reiches behaupteten sich Herrscher, welche vorgaben, Sprößlinge des Ghoriden-Stammes zu sein.

Um dieselbe Zeit bahnte der kriegerische Schah von Chowaresmien durch sein Betragen gegen die Khitanen und gegen die Tataren in Karakithai dem mongolisch-tatarischen Völkerstrom, der wie eine Lawine von Osten her zerstörend herabrollte, den Weg in sein Land. Die Khitanen oder Kankli's, eine mächtige tatarische Völkerschaft, die sich schon den Seldschukken zu Sandschar's Zeit verderblich gezeigt hatte, waren durch Bande des Bluts mit den Herrschern von Chowaresmien verbunden und hatten ihnen oft in ihren Kriegen beigestanden; sie erlaubten sich aber auch räuberische Einfälle in das chowaresmische Reich und nöthigten dadurch Mohammed, gegen sie zu Felde zu ziehen. Er ward gefangen, entrann auf abenteuerliche Weise und wartete dann auf eine Gelegenheit zur Rache. Diese fand sich, als die Khitanen von Kaschkul, dem Schwiegersohn und Vasallen Kawar-Khan's, des Beherrschers von Karakithai und einem großen Theile von Turkestan, bedrängt wurden. Kaschkul sowohl als die Khitanen baten den Beherrscher von Chowaresmien um Hülfe; dieser wies aber aus Schlauheit Beide mit ihrem Gesuche zurück und wartete den Erfolg ihres Kampfes ab. Die Khitanen wurden von Kaschkul erdrückt und nun erst nahm Mohammed die ihm nahe verwandten Häuptlinge derselben und den aus etwa 50,000 Menschen bestehenden Ueberrest ihrer Horden in seinen Schutz. Weder er noch der Besieger der Kithanen ahnten, daß sie durch die Vertilgung dieses kriegerischen Stammes dem furchtbaren Mongolen-Khan Tschingis-khan, vor welchem Kaschkul selbst mit seiner Horde früher bei Kawar-Khan hatte Schutz suchen müssen, den Weg zu ihrer eigenen Unterdrückung bahnten.

Mit neuen Kräften verstärkt, drang Mohammed bald nachher erobernd nach Osten vor. Er besiegte den Mamlukken, der sich in Ghasna zum Herrscher aufgeworfen hatte, brach in Indien ein, zog von den indischen Bergen quer gegen den Tigris hin, eroberte das ganze Bergland und breitete seine Herrschaft rund um die kleine Strecke Landes aus, welche der Abbaside El Nasir, der in Bagdad den leeren Namen eines Khalifen der Sunniten trug, unmittelbar besaß. Von diesem verlangte er nicht nur alle die Auszeichnungen, welche derselbe dem seldschukkischen Sultan gewährt hatte, sondern er forderte auch, daß Bagdad eine chowaresmische Besatzung annehme und daß man ihm die Erlaubniß gebe, so oft er wolle, daselbst zu residiren. Als der Khalif Mohammed's Zumuthungen zurückwies, brach dieser mit einem Heere gegen Bagdad auf; ein Schneefall aber, wie er seit Menschengedenken nicht vorgekommen war, nöthigte ihn, den Marsch einzustellen und umzukehren. Mohammed gab indessen seinen Vorsatz nicht auf und rüstete aufs neue weltliche und geistliche Waffen gegen den Abbasiden. Er versammelte die Theologen des schiitischen Systems zu einem Concilium und ließ die Lehre der Schiiten für die allein wahre und seligmachende Religion erklären, dem gottlosen Geschlechte der Abbasiden den Gehorsam aufkündigen, einen vorgeblichen Sprößling Ali's zum Khalifen ausrufen und alle Anstalten zu einem zweiten Zuge gegen Bagdad treffen. Doch vermochte er das Ansehen des sunnitischen Khalifen nicht in allen Theilen seines Reiches zu vernichten, weil — eine höchst auffallende Erscheinung im despotischen Orient — die Bewohner seiner Hauptprovinzen, Chowaresmien, Samarkand und Herat, eine Art von verbrieftem Rechte hatten, nach welchem es in ihrer Willkür stand, wen sie als Khalifen anerkennen wollten. Andererseits begnügte sich das geistliche Oberhaupt der Sunniten, als Mohammed seine Creatur, den neu ernannten schiittischen Khalifen, mit bewaffneter Macht nach Bagdad führen wollte, nicht damit, daß er Concilium gegen Concilium und Fluch gegen Fluch setzte, sondern er verschloß auch sein Ohr der Stimme der Weisen in seinem Rathe und rief zu seiner Rettung die heidnischen Mongolen unter Dschingiskhan herbei (1219).

Alle Umstände schienen sich damals zum Verderben der mohammedanischen Lehre und ihrer Bekenner zu vereinigen. Ein Khalif stand gegen den anderen und der rechtgläubigste von ihnen bat die grausamen Heiden, welche damals von Nordosten her vordrangen, gegen den gläubigen, wenn auch schiittischen Sultan von Chowaresmien um Hülfe. Die Lehre Mohammed's selbst war durch fremde Einflüsse umgestaltet worden und eine Philosophie, welche aus dem indischen Pantheismus und dem persischen Dualismus entsprungen war, durchdrang alle lebendigen Theile der mohammedanischen Religion, strömte vom Islam in die italienischen und provençalischen Schulen der Christen über und erzeugte nicht nur unter diesen Ketzer-

Verfolgungen und förmliche Glaubenskriege, sondern bewog auch den Khalifen von Bagdad, Bücher verbrennen zu lassen, ihre Verfasser zu verfolgen und im Orient ein Inquisitionssystem einzuführen, das den Regenten, wie den Unterthanen verderblich ward. Neben dieser Verwirrung und Auflösung im Inneren ward die mohammedanische Welt auch von großen äußeren Gefahren bedrängt. Die Franken bedrohten Aegypten und Palästina und eroberten gerade damals die wichtige Stadt Damiette; das Reich der Seldschukken von Ikonium, welches lange als Bollwerk gegen die christliche Macht bestanden hatte, war durch Zwietracht gelähmt und näherte sich seinem Untergang; endlich strömten vom östlichen Hochasien die wilden mongolischen und tatarischen Horden unaufhaltsam herab, welche bald ganz Asien überschwemmten und sogar den Osten Europas verheerten.

2. **Die Tataren unter Dschingiskhan und seinen Söhnen bis zum Untergange des chowaresmischen Reiches.**

Der weitere Gang der Geschichte führt uns nach dem äußersten Osten von Hochasien zu den tatarischen d. h. den vermischten mongolischen und türkischen Horden, welche unter Temudschin oder Dschingiskhan und seinen Söhnen den Orient umgestalteten und sich zerstörend über China und Indien, wie über Vorderasien, Rußland, Polen, Schlesien und Ungarn ergossen. Zur Zeit der Geburt Temudschin's gab es im östlichen Hochasien drei besonders mächtige Völker und Staaten: die eigentlichen Chinesen, welche auf das südliche China beschränkt waren und unter der Dynastie der Song standen, das nördliche chinesische Reich, das 1125 von dem mongolischen Volke der Niutschen gegründet worden war und dessen Herrscherhaus den Namen des goldenen Stammes führte, weiter nach Westen endlich die Verbindung der Koraïten, deren Hauptplatz Karakorum war. Außer diesen drei Reichen hatte ein Theil der den Niutschen zinsbaren Stämme zwischen dem Flusse Amur und der Nordgrenze Chinas eine neue Horden-Verbindung gestiftet, welche mit den Niutschen fast unaufhörliche Kriege führten. In den Kämpfen mit den Niutschen hatten sich Temudschin's Ahnen, welche als Häupter der vornehmsten Horde eine Art von Herrschaft über die verbundenen Stämme behaupteten, großen Ruhm erlangt. Er selbst ward um das Jahr 1155 geboren und hatte noch nicht das zwölfte Jahr erreicht, als er beim Tode seines Vaters von der Mehrzahl der unter demselben vereinigten Horden verlassen wurde und sich genöthigt sah, zu den Koraïten zu fliehen, deren Hauptort, Karakorum, später seine gewöhnliche Residenz ward. Das Oberhaupt dieser Tataren, Toli oder Ung-Khan, ist vorzüglich dadurch berühmt geworden, daß die christlichen Missionäre,

welche im Mittelalter ganz Asien durchstreiften, ihn für einen Christen
erklärt und mit dem sagenhaften Priester Johannes zu einer
Person gemacht haben: eine auffallende Erscheinung, die sich jedoch
begreifen läßt, wenn man bedenkt, daß die Naturreligion dieser Völker, welche bald nach Temudschin's Tode die Gestalt des noch jetzt
bestehenden Lamaismus erhielt, sich ebensowohl mit dem Christenthum,
als mit dem Islam freundlich vereinigen ließ. Toli gewährte dem
flüchtigen Temudschin Schutz und Aufnahme, gab ihm, nachdem er
die kriegerischen Talente desselben erprobt hatte, seine Tochter zur
Gattin und stellte ihn an die Spitze seiner Heere. Später entzweite
er sich jedoch mit ihm und es kam zwischen Beiden zu einem Kriege,
der die erste Veranlassung zu der großen Völkervereinigung unter
Temudschin gab. Toli's meiste Hordenführer gingen nämlich zu seinem
Gegner über, er selbst suchte nach Tübet zu entfliehen und ward unterwegs erschlagen. Hierauf unterwarf sich Temudschin nicht nur das
ganze Gebiet der unter Toli vereinigt gewesenen Stämme, sondern
auch viele andere Horden und machte den Anfang zu der ungeheuren
Horden-Verbindung, auf welche er die Stiftung eines Weltreiches
gründete.

Ehe Temudschin seine Macht nach allen Seiten hin wieder auszubreiten begann, suchte er den Aberglauben seiner Horden zu einem
Hauptstützpunkte derselben zu machen. Er hielt 1206 unweit der
Quelle des Amur, in der Mitte des Mongolen-Landes, ein sogenann-
tes Kurultaï oder eine feierliche Versammlung aller mongolischen
und türkischen Stammhäupter und ließ hier durch einen Schamanen
oder prophetischen Priester Offenbarungen des Himmels verkünden,
nach welchen er Großchan der verbundenen Horden sein und den
neuen Titel Dschingischan annehmen sollte. Was dieser Titel,
unter welchem man Temudschin in der Geschichte anzuführen pflegt,
eigentlich bedeutet, ist nicht festgestellt, obgleich es fast ebensoviele
Erklärungen desselben, als Geschichtschreiber der Mongolen und
Türken gibt. Auf jenem Kurultaï ließ Dschingischan auch einige allgemeine Verordnungen machen. Ob er auch sein berühmtes Jassa
oder sein allgemeines religiöses und bürgerliches Gesetz schon damals
oder erst später erlassen hat, ist nicht mit Sicherheit zu bestimmen.
Jedenfalls war gleich nachher, als Dschingischan zuerst bis tief in
Sibirien hinein erobernd vorgedrungen war und dann die verschiedenen mongolischen und türkischen Stämme im Norden von Korea, in
der Wüste Kobi, im Westen der chinesischen Mauer und an der Grenze
von Tübet unterworfen hatte, ein allgemeines Gesetz dringendes Bedürfniß. Dschingischan's Jassa ist uns zwar in seiner ursprünglichen
Gestalt nicht bekannt, doch kann man nach den verschiedenen Nach-

richten über dasselbe folgende Hauptpunkte als gewiß annehmen. In den darin niedergelegten Religionsvorschriften lassen sich die Spuren der ältesten und reinsten asiatischen Weisheit nicht verkennen; es ist eine patriarchalische, wenn gleich durch mongolischen Schmutz getrübte Lehre, welche von dem in Hochasien einheimischen Schamanismus und von der später dahin verpflanzten lamaischen Religion, sowie von dem Unsinn grübelnder Braminen und dem Fanatismus betrügender Bonzen frei ist. Es ist gleichsam ein trüber Bach aus der reineren Quelle, aus welcher Abraham geschöpft hatte. Deshalb führen auch ebensowohl die Araber und Perser, als ein armenischer Christ des 14. Jahrhunderts diese Lehren durch übereinstimmende Märchen bis auf Türk, in welchem sie einen Enkel Noah's erkennen, zurück. Die in dem Jassa enthaltene Staatseinrichtung war eine streng militärische Despotie, wie sie der glückliche Krieger als Gesetz aufzustellen pflegt, die darin vorgeschriebene Kriegsordnung aber ein auf Eroberung berechnetes System. Besonders auffallend ist die Erwähnung eines Adels, dessen Mitglieder, die sogenannten Tarkan's, von allen Abgaben befreit waren, die gemachte Beute nicht mit den Anderen zu theilen brauchten, stets ungehinderten Zutritt zum Großkhan hatten und bei Vergehungen bis zum neunten Male ungestraft blieben; doch wird man auch diese Erscheinung erklärlich finden, wenn man erwägt, daß fast bei allen halbcivilisirten Völkern das Kriegsleben Feudalrechte erzeugt hat. Zu den Verbrechen, auf welche im Jassa die Todesstrafe gesetzt war, gehören Ehebruch und Pferdediebstahl; auch der vorsätzliche Mord wurde in schwereren Fällen mit Hinrichtung, einfacher Todtschlag mit einer Geldbuße bestraft. Hervorzuheben ist noch, daß die Religionsgebote nur in der Kürze auf einen Gottesglauben in ganz allgemeinen Zügen hindeuteten und daß in Temudschin's Reiche die Christen, Juden und Moslemen freie Religionsübung und freien Gebrauch ihrer heiligen Schriften genossen. In der mongolischen Menschheit haben die Glaubensformen nicht so feste Umrisse und sind nicht so sehr durch Ueberlieferung, Mythus und geschichtliche Einrichtungen gekräftigt, als bei manchen anderen Stämmen, bei welchen die Duldsamkeit nur als eine schwer und langsam reifende Frucht höherer Bildung erscheint.

Nachdem Dschingiskhan alle Völkerschaften rund um Karakorum herum an sich gezogen hatte, brach er gegen den Kaiser des nördlichen chinesischen Reiches auf, dessen Vasallen seine Vorfahren und er selbst früher gewesen waren. Die Macht dieses Staates muß schon vorher gebrochen gewesen sein, weil wir erfahren, daß der Beherrscher desselben das, was dem Chinesen wichtiger als das Leben ist, den Titel rang, sich durch den Kaiser von Südchina habe vorschreiben lassen müssen. Jetzt erlitt er auch noch die Demüthigung, daß ihm der neue Großkhan einen Tribut abfordern ließ. Erzürnt bot er seine Macht gegen Dschingiskhan auf, aber nachdem in einem dreijährigen Kriege mehrere Provinzen seines Reiches schrecklich verwüstet und viele Städte, darunter Peking, erstürmt oder ausgehungert worden waren, mußte er sich zu harten Friedensbedingungen verstehen, dem siegreichen Großkhan eine kaiserliche Prinzessin zur Gemahlin geben und seine Residenz weiter nach Süden verlegen.

Aus China richtete der Eroberer seine Schaaren aufs neue gegen den Westen. Er griff das tatarische Reich Karakithai an, dessen Beherrscher kurz vorher von seinem treulosen Schwiegersohne Kaschkut gestürzt worden war. Kaschkut ward besiegt und das ganze Land fiel unter die Gewalt Dschingiskhan's. Dieser breitete dadurch seine Herrschaft bis zu den Grenzen des chowaresmischen Reiches aus; doch blieb er, obgleich ihn der Khalif von Bagdad gegen den Beherrscher desselben, Mohammed III., zu Hülfe rief, ein friedlicher Nachbar, bis die Chowaresmier selbst ihn zum Kriege reizten. Dschingiskhan ließ nämlich einst mit einer der Karawanen, welche damals einen sehr lebhaften Handelsverkehr zwischen Chowaresmien und dem Osten trieben, drei angesehene Mohammedaner seines Reiches abgehen. Der Statthalter einer Grenzprovinz Mohammed's hielt diese für Kundschafter und Vorläufer des auf einen Einbruch sinnenden Großkhans, und wenn wir in Betreff der mongolischen Kriegspolitik den Berichten europäischer Reisenden, welche später ins Mongolen-Land kamen, Vertrauen schenken dürfen, so hatte er darin nicht ganz Unrecht. Er ließ jene Männer um so lieber als angebliche Kundschafter verhaften, weil er dies zugleich als einen Vorwand benutzen konnte, die ganze Karawane auszuplündern. Der beleidigte Großkhan brach hierauf sogleich in Chowaresmien ein. Er führte damals, wie immer, eine unermeßliche Zahl von Kriegern ins Feld, so daß der Schah von Chowaresmien selbst den Einwohnern von Samarkand, welche ihre Stadt durch neue Gräben schützen wollten, sagen ließ, sie sollten diese Mühe sparen, weil der eindringenden Mongolen so viele seien, daß dieselben mit ihren Peitschen allein die Gräben ausfüllen könnten. Dschingiskhan selbst wandte sich mit seinem vierten Sohne, Tuli, gegen Samarkand und Bochara, schickte den ältesten Sohn, Tschutschi, gegen Taschkend und beauftragte den zweiten und dritten, Tschagatai und Oktai oder Ogotai, mit dem Angriff auf den am Dschihun gelegenen befestigten Landstrich Otrar, der sich eine Tagreise weit in die Länge und Breite ausdehnte und so dicht bevölkert war, daß er, wie jetzt viele Gegenden in England und China, fast als eine einzige Stadt angesehen werden konnte. Der Schah von

Chowarcsmien ergriff gegen seinen furchtbaren Feind die verstäubigsten Maaßregeln und in seinen Bewegungen erkennt man ohne Mühe den wissenschaftlich gebildeten Kriegsmann; seine Wissenschaft ward aber an der ungeheuren Menge der Mongolen zu Schanden, zumal da diese Horden, deren Zerstörungssucht nicht Menschen, sondern Tiger zu verrathen schien, sich zugleich als die besten Soldaten bewährten. Andererseits zeigte auch Tschutschi, als ihn der Schah durch einen geschickten Marsch abschnitt, eine so trefliche und für seine gemischten Horden so passende Taktik und Strategie, daß man darin die Wirkung der mit großer Einsicht entworfenen Kriegsgesetze Dschingisthan's erkennt.

Der bis dahin so mächtige Mohammed sah dies ein und gab deshalb bald den weiteren Kampf auf. Er hielt es für das Beste, sein Heer zu entlassen, den fluthenden Wogen der Völkermassen so lange auszuweichen, bis sie von selbst wieder ebben würden, und bann sein Reich durch seinen Geist und seinen Säbel aus der Vernichtung neu zu schaffen. Er traute sich also eine Sache zu, an welcher selbst der glücklichste Krieger unseres Zeitalters und Welttheils verzweifelte. Er war nämlich überzeugt, daß Städte wie Samarkand, Bochara, Otrar und viele andere, welche Paris an Einwohnerzahl übertrafen, die Menschenmasse Dschingisthan's entweder lange genug aufhalten oder so sehr mit Beute bereichern würden, daß dieselbe unaufhaltsam zurückströmen werde; er sah aber zu spät ein, in welchem Irrthum er verfallen sei, als er die Kriegsschaaren Dschingisthan's für bloße Barbaren gehalten habe. So furchtbar auch die Rohheit war, mit welcher Dschingisthan's Horden gegen das Land und seine Bewohner wütheten, ganze Städte dem Erdboden gleich machten, auf den Trümmern derselben ihrer viehischen Lust fröhnten, Hunderttausende von Menschen ohne Rücksicht des Alters und Geschlechts mißhandelten oder mit kaltem Sinne erwürgten: so ist doch selbst mitten in dieser entsetzlichen Wildheit zu erkennen, wie tief bereits das chinesische Element der Cultur in jene Horden eingedrungen war und mit welcher Weisheit dasselbe von dem Geiste benutzt ward, der wie vom Himmel herab die Massen leitete. Auf den Kriegszügen Dschingisthan's gewahren wir nur kalmückische Barbarei und auch in den militärischen Einrichtungen entdeckt man mongolische und tatarische Sitten als die eigentliche Grundlage; das Technische jedoch, namentlich was Wurfmaschinen, Belagerungswerkzeuge und Aehnliches betrifft, war durch Werkmeister, die er aus China mitführte, ungemein gehoben worden. Noch mehr zeigt sich im Staatswesen, in den Verordnungen, den Manifesten, den Geschäften und in allen gesetzlichen Anordnungen der Einfluß des Chinesischen; ja dieser war um so größer und sichtbarer, da Dschingiskhan und seine Söhne ebenso, wie die Römer, auch von ihren Feinden das Brauchbare bereitwillig annahmen und sich anzueignen wußten.

Mohammed, der in seiner Hauptstadt die Dinge ruhig abwarten zu können gehofft hatte, sah sich mit Staunen und Schrecken plötzlich enttäuscht, als er erfuhr, daß eine beträchtliche Reiterschaar des mongolischen Heeres ihm auf dem Fuße gefolgt sei. Er suchte sich schnell in eine sichere Zufluchtsstätte zu retten und wählte Indien dazu; auch hatte er bereits Balk erreicht, als er, ohne daß sich ein bestimmter Grund dafür entdecken läßt, wieder umkehrte. Er fand jetzt auch den Westen seiner Staaten von den Mongolen überschwemmt und entging mit genauer Noth den feindlichen Schaaren, die ihn unabläßig verfolgten und sich nur seiner Person zu bemächtigen suchten. Von diesem Augenblicke an ward er, wie nach ihm einer seiner Söhne, ein höchst ausgezeichnetes Beispiel der Wandelbarkeit menschlicher Geschicke; denn bei Beiden wechselte Rettung mit Verderben, Glanz mit Elend, Reichthum und die Herrschaft über eine halbe Welt mit Armuth und Niedrigkeit. Unaufhörlich verfolgt, barg Mohammed seine Familie und seine Schätze in eine Bergfeste von Mazenderan. Er selbst suchte sich über das kaspische Meer zu den Abasgen im Kaukasus zu retten und trat unter den Pfeilen der ihn erreichenden Verfolger in den Kahn. Er ließ sich auf eine Insel jenes Meeres bringen, von welcher er nachher auf eine andere überging. Hier kam er krank an und verlebte den Rest seiner Tage in solcher Dürftigkeit, daß er kaum seinen Hunger vermochte zu stillen und daß man, als er (1221) gestorben war, aus seiner Habe nicht einmal ein Leichentuch herbeischaffen konnte, um seinen todten Leib einzuhüllen. Er hatte vor seinem Tode noch den Schmerz, zu hören, daß die Burg, in welche er seine Familie geschickt hatte, um sie zu retten, von den Mongolen erobert worden sei. Das Loos, welches die Seinigen erlitten, war ebenfalls entsetzlich: die Söhne wurden ermordet, die Töchter unter die Sieger vertheilt. Nur zwei Söhne, Dschelalebbin Mankberni, welcher mit dem Vater auf die Insel geflohen war, und Tatar Schah, der sich in die Wüste von Kerman rettete, überlebten den Untergang ihres Hauses. Unterdessen fuhren die wilden Horden fort, mit unaussprechlicher Grausamkeit gegen die herrlichsten Städte von Khorasan und Chowaresmien zu wüthen, und Dschingiskhan selbst, der sich nach den nordöstlichen Provinzen gewendet hatte, verfuhr ebenso barbarisch gegen Bochara, Samarkand und die vielen anderen blühenden Städte derselben. In die gräuelvolle Verwüstung wurden ebenso die Kunst, die Wissenschaft, die reichen Bibliotheken und die blühenden Lehranstalten, wie die treffliche Bodencultur, die aufs höchste gesteigerte Industrie, die Paläste und Moscheeen mit hineingezogen. „Weder die älteren Zeiten des Islam", sagt der arabische Geschichtschreiber Abulfeda, „noch unsere Tage bieten ein Beispiel von gleicher Wildheit und Grausamkeit dar; nie ward auf so schreckliche Weise mit dem Schwerte gegen das Leben der Männer, mit Ketten gegen das weibliche Geschlecht und das Kindesalter, mit Brand und Verheerung gegen heilige Schriften und gegen Tempel gewüthet, nie mit gleicher Unmenschlichkeit die Bildung, Tugend und Frömmigkeit verhöhnt. Nebukadnezar's Grausamkeiten gegen die Israeliten, so berüchtigt sie auch geworden sind, können nicht im entferntesten mit dem verglichen werden, was die Moslemen zu jener Zeit von den Tataren erduldet haben; denn von den Städten, welche diese vernichteten, war eine jede weit größer, als das von Nebukadnezar zerstörte Jerusalem, und jedes der Völker, welche das Schwert der Tataren vertilgte, übertraf an Zahl die Israeliten um das Doppelte." Wir haben über diese Gräuel die ausführlichsten Berichte, und die nachfolgenden Worte aus einem derselben können als Beispiel von dem dienen, was die Städte des chowaresmischen Reiches damals litten und was sie vorher gewesen waren. „Nach der Einnahme von Balk ließ Dschingisthan alle Einwohner der Stadt zusammentreiben und die zum Sklavendienst geeigneten jungen Leute auslesen, den meisten Anderen aber den Kopf abschlagen. Dann wurde die Stadt geplündert, die Beute nach gesetzlichen Vorschriften vertheilt und die Festungswerke geschleift. Die Menge der in dieser Stadt gefundenen Schätze war ganz außerordentlich; denn Balk war zugleich eine blühende Handelsstadt und der Sitz der ausgezeichnetsten Künstler, besaß Denkmale, Kunstwerke und alles Andere, was einer großen Stadt zur Zierde gereicht, im Ueberfluß, und hatte die prachtvollsten Karawanserais, Schulgebäude und Moscheen, sowie nicht weniger als 1200 öffentliche Bäder." Auch haben diese Städte sich nie wieder erholt; ihr reiches Verkehrsleben, ihr bewegtes und geschmücktes Dasein sind dahin, die Sternwarten, Bibliotheken und Lehrsäle wurden nicht wieder errichtet und das ehemals herrlich angebaute Land ist noch voll öder Strecken.

Des unglücklichen Mohammed Sohn, Dschelalebbin Mankberni, ein Mann von ungemeinem Talent und außergewöhnlicher Kraft wie sein Vater, und, wie dieser, durch den Wechsel seiner Schicksale ausgezeichnet, rettete sich, von den Mongolen verfolgt, unter den größten Schwierigkeiten und Gefahren nach Ghasna und gab dadurch Veranlassung, daß die Feinde ihre Verheerungen bis in die indischen Gebirge hinein ausdehnten. In Ghasna fand er Aufnahme und sammelte ein Heer. Dschingisthan brach gegen ihn auf und schickte zugleich auf einem zweiten Wege zwei andere Heere nach Ghasna ab. Dschelaleddin schlug die beiden letzteren, und war, sogar als der Großkhan selbst gegen ihn heranzog, fest entschlossen, einen Kampf zu bestehen, dem sich sein Vater entzogen hatte. Schon standen beide Heere einander gegenüber, als zwischen mehreren Großen und Verwandten Dschelaleddin's ein heftiger Streit über die Theilung der Beute entstand und in Folge davon einer der Generale mit mehr als der Hälfte der Truppen ihn verließ. Dadurch ward Dschelaleddin genöthigt, dem Kampfe auszuweichen und sich nach Indien zurückzuziehen. Der Großkhan holte ihn am Ufer des Indus-Flusses ein, und hier kam es (1221) zu einer Schlacht, in welcher Dschelaleddin, obgleich er zuletzt unterlag, Wunder der Tapferkeit verrichtete und einen so glänzenden Ruhm errang, daß die Geschichtschreiber des Morgenlandes ihm nur die vielbesungenen Helden der persischen Mythenzeit an die Seite stellen zu dürfen glaubten. Selbst die Menge der Mongolen, welche blos mit Heuschrecken-Heeren vergleichbar war, schreckte ihn nicht; er wollte sich, nachdem er einen ganzen Tag gestritten hatte, mit 70 Reitern noch einmal in den Kampf stürzen und ward nur durch die flehenden Bitten seines Neffen bewogen, davon abzustehen und seine Heldenkraft für das Durchschwimmen des ungeheuren Stromes aufzusparen. Vor Dschingiskhan's Augen warf sich Dschelaleddin in den Fluß und schwamm unter den Pfeilen der Feinde auf das jenseitige Ufer. Der Eindruck, den seine heldenmüthige Ausdauer auf Mit- und Nachwelt gemacht hat, kann aus den Worten beurtheilt werden, welche die orientalischen Geschichtschreiber dem Großkhan in den Mund legen, als derselbe vom diesseitigen Ufer her den geretteten Schah erblickte. „Schauet dort", sagte Dschingiskhan zu seinen Söhnen, „einen Mann, der seines Vaters würdig ist! Glücklich, wer solche Kinder hat! Von Dschelaleddin gilt, was der Dichter sagt: Nie sah man noch einen solchen Mann und nie ward in vergangenen Jahrhunderten gehört, daß es einen gab, der ihm gleich wäre. Auf dem Lande war er furchtbar wie ein Löwe, im Wasser schrecklich wie ein Krokodil."

Die Mongolen wagten sich nicht über den Indus, sondern strömten nach Persien zurück, um die Gräuel der Verwüstung zu vollenden. Zwei Jahre lang dauerten diese noch fort. Unterdessen waren Dschingiskhan's Söhne, Tschagalai und Oktai, in Ghasna und am Indus beschäftigt, ihr Bruder Tschutschi unterwarf die russischen Statthalterschaften von Orenburg und Astrachan; eine Schaar von 20,000 Mongolen machte einen merkwürdigen Zug, der sie von Westen her rund um das kaspische Meer herum in die Wüste am Dschihun zurückführte. Dschingiskhan selbst, der erst gegen das Ende des Jahres

1224 nach Karakorum zurückkehrte, hielt sich vorher in der Gegend von Samarkand auf und veranstaltete am Sir Darja ungeheure Jagden, welche von den persischen und mongolischen Annalisten mit Staunen und Verwunderung beschrieben werden und allerdings für das Volk, seine Sitten und seine Herrscher charakteristisch sind. Ganze Völkermassen wurden vereinigt, um Hunderttausende von wilden Thieren zusammenzutreiben, welche dann von dem Großkhan und seinen Hofleuten getödtet und verzehrt wurden. Außer diesen ward eine große Menge derselben eingefangen und mit verschiedenen Merkmalen bezeichnet wieder in die Wildniß entlassen. Auch suchte sich Dschingiskhan in Chowaresmien ebenso, wie in anderen eroberten Ländern, über die Religionen der von ihm zertretenen Völker zu belehren; er unterhielt sich zu diesem Zwecke mit den Gelehrten von Bochara, welche in großen Akademieen die Lehre des Islam, die Philosophie und Erfahrung der Indier und die Erfindungen der Perser mit einander vereinigt vortrugen. Einer von Dschingiskhan's Nachkommen hat uns von einer solchen Unterhaltung zwischen seinem Ahnen und den ersten mohammedanischen Weisen jener Zeit Nachricht gegeben, und man erkennt in dem, was er mittheilt, ebensowohl den großen Geist des Weltvernichters, als jene nichtige Professoren- und Katheder-Weisheit, welche auch damals, wie immer, am gesunden Menschenverstande scheiterte. Seine Aeußerungen zeigen ferner, daß die Duldsamkeit des Mongolenstaates bei ihm persönlich in einem starken und überlegenen Verstand begründet war. Die Wallfahrten nach Mekka erklärte er für eine Thorheit, da Gott an jedem Orte gegenwärtig sei und es keiner auserwählten Stelle bedürfe, um ihn anzurufen. Von einer anderen Seite äußert sich das Wesen des Gewaltherrschers in der Lehre, die er seinem Sohne Tuli gab, als dieser bei der Eroberung von Herat Milde üben wollte; er ertheilte ihm nämlich einen Verweis, mit dem Bemerken, Milde sei nur schwachen Gemüthern eigen, die Menschen müßten durch Härte bei ihrer Pflicht erhalten werden, und ein Besiegter sei immer ein Feind. Ferner hielt Dschingiskhan vor seiner Rückkehr nach Karakorum auch ein großes Kurultai, und zwar, wie es scheint, nicht sowohl um neue Verordnungen zu erlassen, als vielmehr blos um sich im ganzen Glanze seiner Würde zu zeigen. Die Versammlung ward auf derselben Ebene am Sir Darja (Jarartes) gehalten, auf welcher unmittelbar vorher eine große Treibjagd angestellt worden war, und obgleich diese Ebene sieben Stunden im Umfang hatte, so konnte sie doch kaum die Zelte aller herbeigeströmten Großen und ihres Gefolges aufnehmen. Von Karakorum aus wandte sich Dschingiskhan mit seinen Söhnen zuerst wieder nach der Nord- und Westgrenze von China, um die dortigen Nomadenhorden völlig zu unterwerfen und dann das nördliche chinesische Reich zu besiegen. Während die Mongolen hier beschäftigt waren, erhob sich Chowaresmien durch des großen Dschelaleddin Mankberni Hand wieder aus der Vernichtung, in die es gefallen war.

Dschelaleddin hatte sich in Indien, wohin er nur mit wenigen Gefährten gekommen war, eine neue Macht geschaffen und brach, als die Völkerfluth nach Osten zurückgeströmt war, erobernd in sein väterliches Reich ein (1225). Schon vorher hatte sein Bruder Tatar Schah die Provinz Kerman und andere Gegenden besetzt, und ein Vasall seines Vaters im Inneren von Persien Eroberungen gemacht. Doch waren noch alle Festungen der zwischen Indien und dem chowaresmischen Reiche gelegenen Gebirge in den Händen der Mongolen und Dschelaleddin mußte deshalb seinen Weg durch die Wüsten von Afghanistan und Kerman nehmen. Er war auf diesem Marsche noch unglücklicher, als einst Alexander der Große auf seinem Zuge durch die Wüsten von Belubschistan (Gedrosia); denn er soll, was wir als morgenländische Uebertreibung ansehen, von seinem ganzen Heere nur vier Mann übrig behalten haben. In Persien ward er mit Jubel empfangen und sah sich bald wieder von einer neuen Kriegsmacht umgeben. Von Kerman zog er erobernd über Ispahan bis in die Nähe von Bagdad, wandte sich dann nach Norden, unterwarf Aserbeidschan und das von tapferen Christen bewohnte Georgien und erwarb sich durch die Besiegung der Letzteren bei seinen Glaubensgenossen überschwengliche Lobeserhebungen. Unglücklicher Weise richtete er aber seinen weiteren Zug gegen die Festung Ichlat, welche damals dem Ejubiden Aschraf, einem Sohne Abel's, gehörte und stürzte sich dadurch ins Verderben. Zweimal zog er zur Winterszeit in die selbst im Sommer häufig mit Schnee bedeckte Gegend von Ichlat und griff die schwer zugängliche Festung vergebens an; das dritte Mal war er zwar glücklich, aber diese Gunst des Geschickes ward ihm selbst verderblich. Die Stadt war nämlich kaum durch Verrath in seine Gewalt gefallen, als Aschraf und der Sultan Kai Kobad von Ikonium, die sich mit einander verbündet hatten, mit ihrer ganzen Macht erschienen und ihm vor den Thoren der Stadt eine Schlacht lieferten (1230). In dieser blutigen Schlacht, welche drei ganze Tage dauerte und zum Vortheil der Mongolen die Hauptkräfte der Mohammedaner in Asien aufrieb, wurde Dschelaleddin völlig geschlagen. Er verlor fast sein ganzes Heer, verwarf dessen ungeachtet den billigen Friedensantrag seiner Gegner und stand wehrlos da, als um dieselbe Zeit die Mongolen aufs neue in sein Reich einbrachen.

Dschingiskhan hatte in den letzten Jahren zuerst die Horden an der chinesischen Grenze unterworfen und dann den größten Theil des

Reiches Hia erobert, welches im Norden von China neben dem Reiche der Kin oder der Herrscher des goldenen Stammes bestand. Hierauf hatte er sich mit dem mächtigen Kaiser von Südchina verbunden, um auch die Kin zu besiegen. Diese hatten jedoch den neuen Sturm erwartet und sich auf jede Weise gerüstet. Dschingiskhan selbst war daher auf einen harten Kampf gefaßt; er ward aber vom Tode überrascht, ehe er ihn beginnen konnte (August 1227). Noch die letzten Worte, die er zu seinen Söhnen sprach, enthielten eine Vorschrift über die Art, wie sie den Krieg mit den Kin führen sollten. Ueber sein Reich hatte er ein schriftliches Testament abgefaßt, nach welchem dasselbe unter seine Söhne und ihre Nachkommen getheilt. Oktaï aber mit der Macht eines Großkhans oder Oberherrschers über das Ganze bekleidet werden sollte. Der älteste Sohn, Tschutschi, war gestorben und hatte einen Sohn, den später für Europa so furchtbar gewordenen Batu, hinterlassen. Dieser erhielt das Kaptschak; der zweite Sohn, Tidjagataï, ward zum Beherrscher der jenseit des Sir Darja und Amu gelegenen Länder ernannt. Dem Dritten, Oktaï, war, wie gesagt, das Oberkhanat bestimmt. Der Vierte, Tuli, sollte Ost- und Westpersien und den eroberten Theil von Indien erhalten. Oktaï nahm von seiner Würde nicht eher Besitz, als bis ein Kurultaï ihm dieselbe förmlich übertragen hatte; so streng hielt man trotz aller militärischen Despotie auf die Form der Constitution. Da die große Versammlung, welche den neuen Großkhan in die Oberherrschaft einsetzte, erst zwei Jahre nach Dschingiskhan's Tode gehalten wurde, so bestand bis dahin eine Art Zwischenregierung. Doch litt der Gang der Geschäfte dadurch nur in so fern, als die Mongolen während dieser Zeit blos einzelne Streifzüge vornehmen konnten, denn Tschagataï leitete inzwischen das Ganze. Ehe die Theilung unter den Brüdern vollzogen wurde, zogen sie zusammen nach China, um die von dem Vater beschlossene Unternehmung auszuführen. Sie eroberten das ganze nordchinesische Reich mit seiner ungeheuren Hauptstadt Nanking und gaben dem Beherrscher von Südchina, der ihnen dabei Hülfe geleistet hatte, zum Dank die Provinz Honan. Unterdessen war Tuli's Sohn, Hulagu, bis nach Armenien und Georgien vorgedrungen, und streifende Mongolenschaaren, unter deren Führern Tscharmagan der berühmteste war, suchten überall den Sultan von Chowaresmien auf.

Dschelaleddin bat zu spät den Sultan von Rum, den Ejubiden Aschraf und den Khalifen von Bagdad um Hülfe. Er ward von allen dreien mit seinem Gesuche zurückgewiesen und sah sich plötzlich in Aserbeidschan von mongolischen Schaaren abgeschnitten und umzingelt, wurde aber diesmal noch durch die Tapferkeit osmanischer Türken gerettet, welche unter Orchan Dienste bei ihm genommen hatten. Statt unter dem Schutze seiner Erretter nach Ispahan zu entfliehen, ließ er sie abziehen, weil er dadurch die Aufmerksamkeit der Feinde von sich abzulenken hoffte. Dies brachte ihm seinen Untergang. Er wandte sich, von den Mongolen verfolgt, nach Kurdistan und fiel dort in die Hände einer kurdischen Horde. Als er sich zu erkennen gegeben hatte, durchbohrte ihn ein Kurde, dessen Bruder einst von seinen Leuten in der Festung Ichlat erschlagen worden war (1231). Nach der Vernichtung des chowaresmischen Reiches zwangen die Mongolen einerseits den Sultan von Rum, ihrem Großchan zu huldigen, und bekriegten andererseits den Kaiser von Südchina und den Beherrscher der Halbinsel Korea. Der Letztere ward unterworfen, die Chinesen aber behaupteten sich damals noch gegen den hereinbrechenden Strom der tatarischen Völkerfluth; erst einem Enkel Dschingischan's, dem Khan Kublai, über welchen wir durch den berühmten Reisenden Marco Polo genauere Nachricht haben, gelang es, die Mongolenherrschaft über das gesammte chinesische Reich zu begründen. Dagegen zog alsbald nach Dschelaleddin's Tod eine Horde der osmanischen Türken nach Kleinasien, wo sie bald nachher den Raubstaat von Karahissar stiftete und den Grund zu einer neuen orientalischen Weltmacht legte.

3. Die Züge der Tataren nach Europa.

Schon zur Zeit, als Dschingischan noch im chowaresmischen Reich verweilte, war sein Sohn Tschutschi, der Eroberer des Kaptschak, vom kaspischen Meere her in Europa eingedrungen. Er stieß hier zuerst auf die Polowzer, ein rohes und heidnisches Türkenvolk, welches vom Asowischen Meere an bis zu den Wasserfällen des Dniepr nomadisch umherzog und mit den Russen, die sich in eine große Zahl einzelner Staaten aufgelöst hatten, beständige Fehden hatte. Um sich gegen die Mongolen behaupten zu können, baten die Polowzer jetzt die Russen um ihren Beistand, und diese ließen sich durch einen ihrer Großfürsten, Mstislav, welcher eine Polowzerin zur Gemahlin hatte, bewegen, ihren seitherigen Feinden mit mehr als 100,000 Mann zu Hülfe zu ziehen. Sie drängten die Mongolen acht Tagemärsche weit zurück, begingen aber dann den großen Fehler, daß sie ihnen eine Schlacht lieferten, ehe noch die erwarteten Verstärkungen angekommen waren. Sie erlitten in dieser Schlacht, welche 1224 am Kalla-Flusse geliefert ward, eine völlige Niederlage, so daß in Folge davon das ganze südliche Rußland dem neuen Feinde offen stand. Doch drangen die Mongolen damals nur bis Czernigow verwüstend vor und ließen dann eine Reihe von Jahren hindurch die Russen in Ruhe, weil der Abzug Dschingischan's aus Chowaresmien und der noch im Jahre 1224 erfolgte Tod Tschutschi's einen Aufschub ihrer westlichen Kriegszüge veranlaßte. Dagegen ward schon zu jener Zeit das Volk der Polowzer von ihnen vernichtet; der größte Theil desselben kam um, die Uebrigen flohen zu den Russen und gingen durch Vermischung mit denselben unter.

Eine neue Gefahr drohte den Russen von der furchtbaren Macht des ostasiatischen Kriegerstaates, als die Mongolen unter Batu, dem Sohn Tschutschi's, über die in Südrußland wohnenden bulgarischen Stämme herfielen. Hätten die Russen damals den Bulgaren die Hülfe geleistet, zu welcher sie durch Verträge verpflichtet waren, und wäre es ihnen möglich gewesen, unter sich selbst die Einigkeit herzustellen, so würden sie ihr mit Sümpfen und Wäldern bedecktes Land vielleicht gegen die Mongolen haben vertheidigen können. Allein Beides geschah nicht; die Bulgaren wurden daher mongolische Unterthanen und verstärkten die mongolische Macht. Auch diese Gefahr ging jedoch an den Russen glücklich vorüber; denn Dschingiskhan's Nachfolger im Großkhanat, Oktay, rief 1234 aus aller Welt Ende seine Verwandten und ihre Schaaren zu einem Kurultai in die Mongolei zusammen, führte darauf in China Krieg und beschäftigte sich dann mit Bauten in dem bisher nur aus Hütten und Gezelten bestehenden Karakorum, das sich erst seit dieser Zeit in eine Stadt umwandelte und in welchem er nicht nur für sich selbst einen prachtvollen, durch chinesische Künstler reich ausgeschmückten Palast aufführen ließ, sondern auch alle seine Verwandten und Großen zur Errichtung von Gebäuden zwang. Auch diese Frist ließen die Russen ungenutzt verstreichen, das längst drohende Verderben brach daher endlich über sie herein. Oktay schickte seinen Neffen Batu mit einem ungeheuren Heere zur Unterwerfung von Rußland ab, und dieser vernichtete zuerst am Flusse Woronesch die Macht des Beherrschers von Blidjan, welcher vergebens bei den anderen Großfürsten Hülfe gesucht hatte (1237); dann schlug er den Großfürsten Jurij oder Georg II. von Wladimir, eroberte und zerstörte Moskau, Wladimir und andere Städte, und ließ die Einwohner derselben umbringen. Jurij wagte am Flusse Sit einen zweiten Kampf auf offenem Felde, und diese Schlacht (1238) entschied das Schicksal des russischen Volkes für britthalbhundert Jahre. Jurij und die angesehensten Männer des Reiches blieben auf dem Schlachtfelde, die Mongolen drangen unaufhaltsam in das innere Rußland ein, verwüsteten Alles durch Feuer und Schwert und näherten sich sogar der alten und glänzenden Stadt Nowgorod bis auf etwa 15 deutsche Meilen. Sie würden auch diese Wiege des russischen Reiches erobert und vernichtet haben, wenn nicht ein plötzliches Thauwetter eingetreten wäre, das sie in einem an Seen und Sümpfen reichen Lande zur Verzweiflung brachte. Sie mußten daher umkehren und zogen sich bis hinter die Wolga zurück. Schon im folgenden Jahre (1239) erschienen sie wieder; die bebenden Russen aber flohen vor ihnen wie vor reißenden Thieren und retteten sich in die Sümpfe und Wälder. Die verlassenen Städte und Dörfer wurden von den Barbaren niedergebrannt und endlich (1240) auch Kiew, der damalige Hauptsitz der russischen Macht, erobert. Viele Russen, unter ihnen die beiden Großfürsten von Kiew und Halitsch (Galizien), flohen nach Ungarn, und auch 40,000 kumanische Familien suchten und fanden damals, vor den schrecklichen Feinden weichend, in diesem Lande eine Aufnahme. Der Strom der Mongolen war jedoch diesmal nicht nach Norden, sondern nach Südwesten gerichtet und fluthete im Anfange des nächsten Jahres nach Ungarn und Polen hinüber.

In Ungarn war kurz vorher eine ähnliche Staatsveränderung erfolgt, wie in England unter Johann ohne Land; nur war die Wirkung derselben, welche auch in Ungarn bis auf unsere Tage fortdauerte, dem, was in England erfolgte, gerade entgegengesetzt. Nachdem Bela's III. Sohn und Nachfolger Emerich (1196—1204) während seiner ganzen Regierung fast nur durch Fehden mit seinem herrschsüchtigen Bruder, Andreas II., in Anspruch genommen gewesen war, erhielt bei seinem Tode derselbe Bruder die Vormundschaft über den minderjährigen Thronerben, nöthigte diesen nebst seiner Mutter zur Flucht, und ward, als der junge König gleich darauf starb, König des Reiches (1205). Er gerieth sogleich mit seinen mächtigen Vasallen und besonders mit seinem eigenen Sohne, Bela IV., den er bald zum Mitregenten annehmen mußte, in Zwist, mischte sich dessen ungeachtet in die Streitigkeiten, welche die russischen Großfürsten mit einander hatten, und unternahm 1217 den oben erwähnten unrühmlichen Kreuzzug. Der Streit mit seinem Sohne gab den Großen des Reiches im Jahre 1222 Anlaß und Gelegenheit, von dem Könige eine unselige Freiheits-Urkunde zu erpressen, deren Schlußartikel Ungarn zum Schauplatz ewiger Bürgerzwiste und die Geringeren und Aermeren des Volkes zum Raube der Vornehmen und Reichen gemacht hat. Nach dieser sogenannten goldenen Bulle sollten die Großen nicht nur jedes Jahr zu einem Reichstage versammelt werden, sondern sie wurden auch für sich und ihre Leute von allen Grundabgaben befreit, sollten nur nach richterlichem Spruch der persönlichen Freiheit und ihrer Güter beraubt werden dürfen, nur innerhalb der Grenzen zum Kriegsdienst auf eigene Kosten verpflichtet sein, und erhielten noch manche andere Vorrechte. Besonders ward in dem Schlußartikel der Urkunde dem Adel und der Geistlichkeit die förmliche Erlaubniß zum bewaffneten Aufstande gegeben, wenn der König oder einer seiner Nachfolger sich gegen irgend eine der in dem goldenen Privilegium enthaltenen Bestimmungen vergehe. Zum großen Unterschied von dem, was wenige

Jahre vorher in der englischen Magna Charta festgesetzt worden war, nahm man in der ungarischen Freiheits-Urkunde, in dieser ihrer ersten Fassung wenigstens, nicht die mindeste Rücksicht auf die Bürger und Bauern; im Gegentheil, die Großen von Ungarn gründeten ihre Macht auf die Bedrückung dieser Klasse, und während in England die kleineren freien Gutsbesitzer oder die sogenannten Freeholders sich von dieser Zeit an zu erheben und den Kern der Nation zu bilden begannen, wurden sie in Ungarn von dem höheren Adel noch weil mehr eingeschränkt und die Bauern ganz in den Zustand der Sklaverei herabgedrückt. Die wenigen Rechtsbürgschaften, die neun Jahre später (1231) bei einer Revision der Bulle zu Gunsten des kleinen Grundbesitzes eingefügt wurden, erwiesen sich als durchaus ungenügend.

Die Folgen des unvernünftigen neuen Grundgesetzes zeigten sich nur zu bald; denn schon der Mitregent Bela konnte und wollte die von Andreas gegebenen Versprechungen nicht halten und die Regierung des Landes ward durch unaufhörliche Unruhen verwirrt. Vater und Sohn lebten in offenbarem Zwiste; es entstanden Streitigkeiten mit der Geistlichkeit, mit dem Papste und mit den Russen; jüdische und mohammedanische Wucherer, deren sich Andreas bei seinen finanziellen Bedrückungen bediente, rissen das Vermögen des Reichs und der Privatpersonen an sich, obwohl die goldene Bulle ihnen ausdrücklich diesen Geschäftsbetrieb untersagte; der Adel endlich hatte sich in den letzten Zeiten an ein schwelgerisches Leben gewöhnt und den Sinn für Krieg und Waffenehre verloren. Zuletzt trug der unzufriedene Theil der Großen auch noch dem Herzoge von Oestreich, Friedrich dem Streitbaren, die Krone an; doch ward dieser, als er im Reiche erschien, geschlagen und mußte sich zu einem nachtheiligen Frieden verstehen. Die ungarische Nation war also durchaus nicht fähig, den Kampf mit einem mächtigen Feinde zu bestehen, als plötzlich die Nachricht eintraf, daß eine halbe Million Mongolen gegen die Pässe der Karpathen heranziehe. Dieser Einbruch der unbezwinglichen asiatischen Horden fand unter der Regierung Bela's IV. Statt, welcher 1235 seinem Vater gefolgt war. Die Mongolen hatten sich, als sie aus Rußland aufbrachen, in vier große Heere getrennt, von welchen eines nach Polen und Schlesien, die drei anderen auf verschiedenen Wegen nach Ungarn zogen (1241). Unglücklicher Weise hatte man hier kurz vorher die Kumanen, die ihrer Menge wegen Besorgniß erweckten, dadurch gereizt, daß man ihren Fürsten als Geisel ihrer Treue in Haft nahm. Natürlich schlossen sich diese, sobald die Mongolen erschienen, an die Feinde an. Man hätte den Mongolen den Eintritt ins Land wohl unmöglich machen, gewiß aber sehr erschweren können, wenn man die Pässe gehörig verlegt und tapfer vertheidigt hätte; allein der König vermochte seinen Befehlen nicht den nöthigen Gehorsam zu verschaffen und der Palatin Hederwary, dem er die Bewachung der Karpathen-Pässe anvertraut hatte, räumte dieselben gleich bei der Ankunft der Feinde. So bereiteten die Ungarn sich selbst ihren Untergang, oder, wie ein Geschichtschreiber es trefflich einkleidet, der Teufel, welcher den Mongolen Batu nach Ungarn geleitete, schickte ihm drei unwiderstehliche Geister voraus, den Geist der Zwietracht, den Geist des Unglaubens und Mißtrauens und den Geist der Furcht. Batu drang ungehindert durch die Karpathen-Pässe ein und ganz Ungarn ward seine Beute. Doch stieß er hier zum ersten Male auf die Ritterschaft des Abendlandes, da Friedrich von Oestreich dem ungarischen König auf seine Bitte zu Hülfe gezogen war, und die rohen Mongolen, welche meistens blos mit Bogen und Lanzen bewaffnet waren und nur zum Theil Helme und Harnische hatten, trafen einen Widerstand, wie sie ihn bis dahin noch nicht gefunden hatten. Indessen kehrte Friedrich, welcher persönlich die glänzendsten Beweise von Kraft und Heldenmuth gab, bald nach Oestreich zurück, um Verstärkungen zu holen, und Bela ließ sich während der Abwesenheit desselben von den Mongolen in eine Gegend locken, die ihnen für eine Schlacht sehr günstig war. Batu zog ihn nämlich in die Steppe Mohi am Sajo-Flusse und schloß hier das ungarische Heer wie in eine Verzäunung ein, so daß demselben, als es geschlagen war, nur ein einziger Weg zur Flucht übrig blieb. Die Ungarn flohen auf diesem Wege in Unordnung davon und wurden von den Barbaren wie Vieh geschlachtet; sie fielen, um uns der Ausdrücke eines gleichzeitigen Geschichtschreibers zu bedienen, wie die Blätter beim Eintritt des Winters, ihre Leichen bedeckten den ganzen Weg und ihr Blut floß gleich einem Bergstrom dahin. Die Mongolen, welche durch die aus Schlesien herbeiziehende Heeresabtheilung verstärkt wurden, verwandelten Ungarn in eine Wüste, metzelten die Einwohner zu Hunderttausenden nieder und streiften sogar bis nach Jllyrien und Dalmatien. Bela, welcher nach der Vernichtung seines Heeres zu Friedrich dem Streitbaren entflohen war, bot, um deutschen Schutz zu erhalten, vergebens dem Kaiser Friedrich II. sein Reich als Lehen an; dieser blieb unter verschiedenen Vorwänden in Italien und that für den ungarischen König nichts Anderes, als daß er Circularschreiben an alle christlichen Mächte und an die deutschen Fürsten erließ. Schon schickten sich die mongolischen Horden an, Niederlassungen in Ungarn zu gründen, als Batu auf die Nachricht vom Tode des Großkhan's Oktay alle mongolischen Schaaren nach dem Osten zurückführte (1242).

Die in Polen eingedrungenen Mongolen hatten die Lage der Dinge dort noch günstiger gefunden, als ihre Landsleute in Ungarn. Das polnische Reich, zu welchem auch Schlesien gehörte, war schon seit hundert Jahren in eine große Zahl von Fürstenthümern zerfallen, die in beständigem Streit mit einander lagen, und wenn auch einer der mächtigeren Herzoge als Oberherr angesehen wurde, so bestand doch seine Würde meistens nur in dem bloßen Namen eines Herrschers. Als die Mongolen unter Batu's Führung in Rußland eindrangen, herrschten vier Hauptfürsten über das getheilte Polen: Heinrich I. der Bärtige besaß Breslau und einen großen Theil von Schlesien, Boleslav der Schamhafte Krakau und Sendomir, Konrad Masovien, wozu Warschau gehörte, nebst Cujavien, Ladislav Posen und Gnesen. Keiner von ihnen wagte den Königstitel anzunehmen; doch überwog Heinrich's Macht die der Anderen bald so sehr, daß sie seine Oberhoheit anerkennen mußten. In Folge dieses Verhältnisses hatte Heinrich seinen Vetter Konrad auch bewogen, den Rittern des deutschen Ordens, welche damals den Kampf im Orient mit der Unterwerfung und Belehrung der Preußen und anderer heidnischen Völker an der deutschen Grenze zu vertauschen begannen, das Gebiet von Kulm abzutreten (1228); er hatte dadurch jenem Orden festen Fuß im Lande Preußen verschafft, von wo aus die Ritter nachher eine für die Cultur der Ostsee-Küsten höchst wichtige Bedeutung erlangten. Heinrich's Einfluß ging (1238) auf seinen Sohn, Heinrich II. mit dem Beinamen des Frommen, über, den ihm Hedwig von Andechs geboren hatte, die späterhin als Schutzheilige der Polen verehrt wurde. Als Heinrich der Fromme zwei Jahre lang die Regierung geführt hatte, drangen die Mongolen zum ersten Male über die Grenze von Polen und plünderten Lublin. Im nächsten Jahr erschien wieder ein Heerzug derselben, und zwar der schwächste der vier Haufen, in welche sich die Mongolen beim Auszug aus Rußland getheilt hatten. Auch eines der anderen drei Heere nahm seinen Marsch über Polen, schlug unterwegs Boleslav den Schamhaften und ging dann verwüstend nach Ungarn. Das gegen Polen bestimmte Heer zog unter Peta's Führung gerades Wegs nach Schlesien, fand aber hier ebenso wie ihre Brüder in Ungarn, als sie mit Friedrich von Oestreich zusammentrafen, an der Ritterschaft einen unerwarteten Widerstand. Schon bei Oppeln wurde eine zahlreiche Schaar von dem oberschlesischen Herzog Mieciölav völlig vernichtet, und als die Hauptmasse, welcher Mieciölav vorsichtig auswich, gegen Breslau zog, empfand sie zum ersten Male eine regelmäßig angeordnete Gegenwehr der Angegriffenen. Die Bürger von Breslau hatten freilich die Flucht ergriffen; die schlesischen Ritter aber, welche die auf einer Oder-Insel gelegene Burg besetzt hatten, brachten alles, was in der Stadt von Werth war, auf die Insel und brannten die Stadt selbst nieder, damit die Beute die wilden Räuber nicht mehr locken könne. Die Burg selbst ward nicht von den Mongolen eingenommen. Von Breslau wandte sich der Heerhaufe nach Liegnitz, wo unterdessen Heinrich der Fromme eine sehr bedeutende Menge gemischter Schaaren um sich vereinigt hatte. Micislav von Oberschlesien, der Herzog Bolcslav von Mähren, welcher die Bergleute von Goldberg mit sich brachte und zugleich den Oberbefehl über die nach der Sitte der Zeit als Kreuzfahrer erschienenen Kämpfer führte, der Großmeister des deutschen Ordens mit seinen Rittern und viele andere Herren und Ritter waren zu ihm gestoßen; er selbst hatte eine aus Schlesiern, Polen und deutschen Miethvölkern bestehende Schaar zusammengebracht. Dieses Heer, das sich auf ungefähr 30,000 Mann belaufen haben soll, bewies den Mongolen, was es zu bedeuten habe, einen Kampf mit der eisernen Ritterschaft des Abendlandes und mit dem unverdorbenen deutschen Sinn zu bestehen. Zwar verloren die Christen trotz ihres tapferen Kampfes die Schlacht, welche sie am 9. April 1241 auf der bei Liegnitz gelegenen Ebene der Wahlstatt den Mongolen lieferten, weil sie der Menge und der Ausdauer der gut geleiteten Barbaren unterlagen; aber diese erlitten einen so bedeutenden Verlust, daß sie die Richtung gegen Deutschland ändern und sich durch Böhmen nach Mähren wenden mußten. Der König von Böhmen verbarg sich vor ihnen, weil er die Hülfe der benachbarten deutschen Reichsfürsten, die sich mächtig rüsteten, erwarten wollte. Die Barbaren zogen, ohne sich aufzuhalten, durch sein Land. In Mähren erlitten sie bei Olmütz bedeutenden Schaden und vereinigten sich dann in Ungarn mit Batu's Völkern. Daß sie von diesem unmittelbar darauf in den Osten zurückgeführt wurden, ist bereits berichtet worden. Zum Glück für Deutschland trat gleich nachher im Innern des mongolischen Reiches eine große Veränderung ein, in Folge deren die Macht der Barbaren nicht gegen Europa, sondern gegen das Khalifat von Bagdad gerichtet ward. Uebrigens bezeugen alle Berichte der Europäer, die um jene Zeit als Gesandte oder als Missionäre an die mongolischen Höfe gelangten, wie großen Eindruck die ritterliche Rüstung, Kampfübung und Tapferkeit der Abendländer auf die in Bewegung gebrachten asiatischen Völkermassen gemacht hatten. So erzählt z. B. ein päpstlicher Abgeordneter, dessen Sendung vier Jahre nach Batu's Rückzug Statt hatte, er und seine Begleiter seien sehr umständlich gefragt worden, ob die Franken noch Züge nach Palästina unternähmen, und von den Christen in Georgien und Armenien hätten sie gehört, daß die Mongolen kein Volk der Welt mehr fürchteten, als die Franken. Wo die osteuropäische Ebene endet, wo das Ritterthum und das germanische Volksthum seine Vorposten ausgestellt hatte, da brach sich der verwüstende asiatische Nomadenzug.

4. Das mongolische Reich in der ersten Zeit nach Dschingiskhan's Tode und der Untergang des Khalifats.

Oktai, der erste Großkhan, welcher auf Dschingiskhan folgte, war roh, wie die anderen Mongolen, und dem Trunk ergeben; allein ein gebildeter und verständiger Chinese, Yeluschutsay, der schon zu Dschingiskhan's Zeit in den Dienst des mongolischen Herrschers getreten war, leitete als sein höchster Beamter die Regierung und gab weise Maaßregeln an. Dieser Mann ist für die innere Geschichte des mongolischen Reiches sehr wichtig, weil er die Sitten und den Geist eines schon seit langer Zeit civilisirten Staates in die Verwaltung brachte. Er suchte bessere Regierungssätze einzuführen, stiftete Lehranstalten, ließ die Schriften gebildeter Völker in die Sprachen der Mongolen übersetzen und zog aus China, sowie aus Persien, Arabien und anderen mohammedanischen Ländern Gelehrte, Officiere, Handwerker und Künstler herbei. Oktai starb 1241 in Folge seiner Trunksucht eines plötzlichen Todes. Er hatte seinen ältesten Sohn zum Nachfolger bestimmt; aber seine Wittwe, die Christin Turaleina, wußte dem von ihr geborenen jüngeren Sohne, Kajuk, die Würde eines Großkhans zu verschaffen. Sie leitete dann als Vormünderin desselben die Regierung, hatte aber das Unglück, daß der Chinese Yeluschutsay schon 1243 starb. Besonders merkwürdig ist die Zeit ihrer Regentschaft wegen der Veränderung, welche seitdem in der unter den Europäern herrschenden Ansicht von den Mongolen vorging. Nachdem noch wenige Jahre vorher, wie wir namentlich aus einem Ausspruch des Kaisers Friedrich II. erkennen, in Europa die Mongolen als ein ganz rohes, aller gesetzlichen Ordnung ermangelndes und mit den Thieren auf einer Stufe stehendes Volk angesehen worden waren, reden alle an Kajuk gesendeten Mönche von christlichem Cultus am mongolischen Hofe. Wenn man freilich die Sache genauer betrachtet, so zeigt sich, daß dieses Christenthum nur wenig zu bedeuten hatte, und daß der alte Hauptgötze der Mongolen noch immer der Reichs- und Staatsgott derselben war. Indessen hatte Kajuk und sogar schon Oktai einen christlichen Minister und durch diesen üble das Christenthum, bis er zehn Jahre nach Oktai's Tode mit seinen Freunden ermordet ward, einen Einfluß auf den mongolischen Hof aus.

Kajuk wurde erst vier oder fünf Jahre nach dem Tode seines Vaters durch ein Kurultai als Großkhan anerkannt, hauptsächlich weil Batu, der sich im Kaptschak eine neue Residenzstadt, Serai, gegründet hatte, ihn und seine Angehörigen haßte. Schon ein Jahr später (1247) starb Kujuk und nun ließ Batu ohne Rücksicht auf diejenigen, welche Karakorum allein als den gesetzlichen Ort für die Reichsversammlung gelten laſſen wollten, im Kaptſchak ein Kurultaï halten und zwang durch den Schrecken ſeines Heeres die Glieder von Oktaï's Familie, Tuli's Sohn M a n g u , der ſich früher zu ihm geflüchtet hatte, als Großkhan anzuerkennen. Später ward im alten Heimathlande der Mongolen ein neues Kurultaï gehalten und Mangu in aller Form gewählt (1251); Batu hatte freilich zwei Oberbefehlshaber mit Heeresmacht dahin ge-ſchickt und ihnen den Auftrag gegeben, allen Nachkommen und An-hängern Oktaï's, welche widerſprechen würden, den Kopf abſchlagen zu laſſen. Die Erwählung und Einſetzung Mangu's ward durch eine Art von heiligem Sabbath gefeiert, an welchem, wie einſt bei den Juden, auch die Thiere Theil nahmen; eine ganze Woche hindurch dauerte das Feſt und während dieſer Zeit durfte kein Thier zur Arbeit gebraucht oder geſchlachtet werden; bei den großen Gelagen, welche ſieben Tage nach einander gehalten wurden, vertrank der Hof nicht weniger als 2000 Wagenladungen geiſtiger Getränke und verſchmauſte 300 Pferde und Ochſen und 5000 Schafe. Mitten im Feſte ward eine Verſchwörung entdeckt, welche Kajuk's Bruder und ſeine Söhne unter einem großen Theile der Hofleute angezettelt hatten. In Folge davon wurden viele Menſchen hingerichtet und die Familie Oktaï's zum Theil ſogleich, zum Theil in der nächſten Zeit ausgerottet. Unter den Getödteten befand ſich auch Kubak, der chriſtliche Minſter der beiden vorigen Großkhane, nebſt ſeinen Freunden.

Unter der Herrſchaft Mangu's und ſeines Bruders K u b l a i (der nach acht Jahren ſein Nachfolger ward) dehnten die Mongolen ihre Eroberungen ebenſowohl über einen Theil des weſtlichen Aſiens, wo das Reich von Jkonium ſchon vorher in ihre Gewalt gebracht worden war, als über ganz China aus, und gründeten auf beiden Seiten neue Reiche. Der ſeldſchukiſche Sultan Kai Kobad von Jkonium hatte ſchon zu Oktaï's Zeit zuerſt von allen mohammedaniſchen Regenten freiwillig dem Großkhan der Mongolen gehuldigt und ſich dadurch nach dem Umſturz der Schutzwehr, welche das chowaresmiſche Reich gegen dieſelben gebildet hatte, in ſeiner Herrſchaft behauptet. Er zer-fiel bald nachher mit ſeinem neuen Oberherrn und ſah dadurch ſein Reich aufs neue in Gefahr gebracht, von den Mongolen vernichtet zu werden. Sein Sohn und Nachfolger, K a i K o s r u II., beleidigte unglücklicher Weiſe die türkiſchen Söldner, welche nach dem Unter-gang des letzten Beherrſchers von Chowaresmien aus deſſen Dienſt in den ſeinigen getreten waren, ſo daß ſie ihn verließen, nach Syrien zogen und ſich dort an den Ejubiden Saleh Ejub anſchloſſen. Er warb zwar neue Söldner von griechiſcher, fränkiſcher und perſiſcher Abkunft und verband ſich mit dem Beherrſcher von Aleppo; kaum hatte aber der Großkhan Kajuk ein Heer gegen ihn geſchickt, als ſeine feigen Bundesgenossen und Söldner davonliefen (1243). Man ließ ihm und seinen Söhnen als tributpflichtigen Vasallen noch den Schatten der Sultans-Würde; 50—60 Jahre später ward aber auch dieser letzte Rest der Seldschukken-Herrschaft von den Mongolen vernichtet.

Nachdem Mangu zum Großkhan ausgerufen worden war, fand er es der Klugheit angemessen, seine Brüder, Hulagu und Kublai, in weiter Entfernung von sich zu beschäftigen. Er hielt daher 1253 wieder ein Kurultai und ließ durch dasselbe zwei neue Kriegszüge unter der Anführung seiner Brüder beschließen. Hulagu ward gegen Persien und gegen das Reich des Khalifen von Bagdad, Kublai gegen China geschickt. Im Herbste trat Hulagu seinen Kriegszug an der Spitze des zahlreichsten der aufgebotenen Heere an, begleitet von sehr vielen chinesischen Gelehrten und Künstlern, welche theils als Erbauer und Lenker von Kriegsmaschinen, theils als Geographen und Ingenieure dienen sollten. Er zog über Samarkand nach dem kaspischen Meere, nahm die an demselben liegenden gebirgigen Provinzen in Besitz, beschied auf seinem Marsche die armseligen Prinzen des ehemaligen Reichs von Ikonium zur Huldigung vor sich, drang dann bis Hamadan vor und ließ den Alten vom Berge, welcher in den Gebirgen des Landes Deilem über den persischen Zweig der Assassinen herrschte, zur freiwilligen Unterwerfung auffordern. Roknebbin, der damalige Alte vom Berge, wies dieses Begehren anfangs zurück; als aber Hulagu in sein Reich eingebrochen war, schickte er zuerst seinen Bruder an ihn ab, um die Befehle des Mongolen zu empfangen und sah sich bald nachher genöthigt, selbst vor Hulagu zu erscheinen (1256). Dieser setzte einen mongolischen Statthalter im Lande ein und sandte den Alten vom Berge nach Karakorum zum Großkhan, zwang ihn aber vorher, den Besatzungen aller seiner Raubburgen zu befehlen, daß sie ihre Thore öffneten. Alle gehorchten bis auf die Befehlshaber von drei Burgen, welche jedoch nachher theils durch die Furcht vor Hulagu's Zorn, theils durch Gewalt zur Uebergabe getrieben wurden. Hulagu ließ die geöffneten Raubnester insgesammt zerstören und die ganze Secte der persischen Assassinen auf ächt mongolische Weise vertilgen. Der Alte vom Berge ward auf Befehl des Großkhan's enthauptet. In Betreff seiner Anhänger aber ertheilte Hulagu seinen Truppen und Statthaltern den Befehl, alle ohne Ausnahme zu tödten und, wie es ausdrücklich lautete, selbst das Kind in der Wiege nicht zu schonen. Dieser Befehl ward buchstäblich vollzogen und der Stamm der persischen Assassinen bis auf seine kleinsten Wurzelfasern ausgerottet. In Koheftan allein ließ ein mongolischer General 12,000 derselben umbringen und Commissäre, welche die verschiedenen Provinzen durchstreiften, suchten alle Assassinen auf und schlugen jedem, den sie ausfindig machten, auf der Stelle das Haupt ab. Auf diese Weise ging die ismaelitische Secte der Assassinen in den persischen Ländern gänzlich unter. In Syrien hat sich dieselbe zwar bis auf den heutigen Tag behauptet, die von ihnen dort gegründete Herrschaft aber ward schon wenige Jahre nach der Ausrottung der persischen Assassinen ebenfalls vernichtet.

Von Persien aus wollte Hulagu anfangs durch Kleinasien gegen Constantinopel ziehen; er gab aber auf den Rath des berühmten Astronomen Nasireddin, den er sehr hoch schätzte und in seinen wissenschaftlichen Arbeiten fürstlich unterstützte, diesen Gedanken wieder auf und wandte sich gegen den letzten Khalifen, den Abbasiden Moslassim. Die Khalifen von Bagdad hatten seit der Vernichtung der Buiden wenigstens von Zeit zu Zeit ihre weltliche Herrschaft wieder erlangt und zuletzt sogar eine fast vollständige Unabhängigkeit behauptet. Dagegen dauerte der Streit zwischen dem sehr zahlreichen schiitischen Theile der Bevölkerung von Bagdad und der herrschenden Secte der Sunniten, welcher schon öfters in den Straßen der Stadt selbst blutige Kämpfe erzeugt hatte, noch immer fort und die Bannflüche und Inquisitionen, deren sich der Khalif seit des Chowaresmiers Mohammed III. Zeit zu seinen Zwecken bediente, konnten natürlich nicht dazu beitragen, diesen Haß und Zwist zu vermindern. Dazu kam noch, daß Moslassim's Bezier, Mujabeddin, ein eifriger Schiite war und aus Parteihaß den Khalifen durch treulosen Rath zu verderben trachtete. Endlich war, wie ja noch nie eine Vernichtung ohne vorhergegangene Verblendung des Vernichteten zu Stande gebracht ward, Moslassim zu seinem eigenen Unglück von thörichtem Geiz erfüllt. Er hatte große Schätze aufgehäuft und vermittelst derselben eine Reiterei unterhalten, welche Abulfeda auf 100,000 Mann, persische Quellen auf 70,000 angeben. Der Bezier ertheilte ihm einige Jahre vor Hulagu's Angriff den hinterlistigen Rath, dieses Heer bis auf 20,000 Mann zu verringern und das dadurch ersparte Geld dem drohenden Großchan als einen sättigenden Bissen hinzuwerfen. Der Khalif gehorchte der Stimme des Verräthers, weil er bei seinem schmutzigen Geize hoffte, die Mongolen würden sich mit einer geringeren Summe ablaufen lassen, als die Unterhaltungskosten der zu entlassenden Truppen betrügen. Er hielt damit die Mongolen blos eine kurze Zeit hin und hatte, als endlich Hulagu gegen ihn aufbrach, nur über eine geringe Truppenzahl zu gebieten. Auf diese Weise erklären die mohammedanischen Geschichtschreiber den Untergang Moslassim's; der christliche Mönch Rubruquis aber, welcher drei Jahre vor Moslassim's Sturz als Gesandter an den Hof des Großchans kam und dort die Abgeordneten des Khalifen antraf, berichtet, daß sich dieser alle mögliche

Mühe gegeben habe, den drohenden Sturm zu beschwören, und daß er, als der Mongole ihm hinterlistige Bedingungen machte, mit Klugheit alles, was auf Entwaffnung und auf Bloßstellung gegen ihren Angriff hinzielte, abgelehnt habe. Wie es sich übrigens auch damit verhalten haben mag, jedenfalls war jene Zeit schon vorbei, in welcher die Führer der Mongolen Heere von einer Million Menschen mit sich führten und der Khalif würde daher vielleicht stark genug gewesen sein, um sich ihrer erwehren zu können; Hulagu täuschte ihn aber auf mancherlei Weise, bis er plötzlich in der Nähe von Bagdad erschien, das kleine Heer Mostassim's in einem sehr hitzigen Treffen schlug und die Stadt von zwei Seiten her belagerte.

Eine so ungeheure Stadt, wie Bagdad, ganz einzuschließen, war Hulagu nicht im Stande und die Belagerung ging deshalb sehr langsam. Zwei Monate nach dem Anfange derselben jedoch machte der verrätherische Vezier dem Khalifen den Vorschlag, eine persönliche Unterhandlung mit Hulagu anzuknüpfen, um seine weltliche Herrschaft dadurch zu retten, daß er, wie der Selbschukken-Sultan Kai Kosru gethan hatte, sich selbst zu den Mongolen begebe. Mostassim ließ sich bethören; er ging in das Lager der Feinde, ward anfangs freundlich empfangen, dann aber in einem besonderen Zelte gefangen gehalten und nicht wieder frei gelassen. Nachdem dieser Anschlag gelungen war, schickte der schändliche Vezier auf ähnliche Weise die angesehensten Bürger, welche an der Spitze der etwa eine Million Menschen betragenden Einwohnerschaft die Vertheidigung hätten leiten können, ins mongolische Lager, wo sie sogleich niedergehauen wurden. Nun machten die Mongolen unter Hulagu's und seines Unterfeldherrn Bagu Führung von zwei Seiten her einen glücklichen Sturmangriff auf die Stadt, dieser gelang und die wilden Horden drangen im Februar 1258 mit schrecklichem Morden in Bagdad ein. 40 Tage lang dauerte das Morden unaufhörlich fort und nach den mäßigsten Angaben, in denen wir jedoch wiederum starke orientalische Uebertreibung und innere Unwahrscheinlichkeit zu erkennen glauben, wurden blos im Umfange der Stadt 800,000 Menschen niedergemacht, ohne die in der Umgegend Erwürgten mitzuzählen. Alle Wälle, Thürme und Thore der Khalifenstadt wurden niedergerissen und die herrlichsten Gebäude nebst den großen wissenschaftlichen Sammlungen den Flammen preisgegeben. Den geizigen Khalifen ließ Hulagu so lange quälen, bis er den Ort anzeigte, wo in einer Cisterne seine Schätze, zum Theil in großen Massen Goldes bestehend, vergraben waren. Dann ward derselbe getödtet. Weil der treulose Vezier ihm bei seinem Anschlage im Namen Hulagu's das Leben zugesichert hatte, so scheute sich dieser, das Blut des Khalifen zu vergießen und ließ ihn auf eine andere, nicht zuverlässig bekannte Art ermorden; wahrscheinlich ward der Unglückliche durch Pferde zertreten.

So ward durch die mongolische Fluth auch der letzte Rest der geistlichen Oberherrschaft über die mohammedanische Welt hinweggeschwemmt, nachdem sie 508 Jahre lang in der Familie der Abbasiden erblich gewesen war. Unterdessen war Kublai in China nicht so glücklich gewesen, als Hulagu in Persien und am Euphrat. Die Song in Südchina leisteten ihm einen hartnäckigen Widerstand, so daß im Jahre 1257 der Großkhan Mangu selbst die Führung des Heeres übernehmen zu müssen glaubte. Mangu erschien mit einer bedeutenden Verstärkung, fiel aber noch in demselben Jahre beim verzweifelten Sturm auf eine Stadt, welche von den Chinesen vortreflich befestigt war und noch besser vertheidigt wurde. Kublai oder, wie er seitdem genannt wird, Kublaikhan warf sich, ohne vorher ein Kurultai zu halten, zum Nachfolger im Großkhanat auf und gerieth darüber mit seinem Bruder Artekhogha in einen langjährigen Kampf. Die nächste Folge dieses Zwistes war die Abschließung eines Friedens mit den Chinesen, sowie die Verlegung der Residenz des Großkhans in das jetzige Peking, weil Artekhogha, welcher als Mangu's Stellvertreter in Karakorum geblieben war, sich dort festgesetzt hatte. Artekhogha wurde zwar in der dritten Schlacht, die die Brüder einander lieferten, geschlagen, behauptete sich aber mit seinen Anhängern in Karakorum, bis er nach langer Zeit von einer anderen Horde vertrieben wurde. Er floh zu seinem Bruder nach China, der ihn in den Kerker werfen und umbringen ließ. Kublai, welcher darauf die ganze Mongolei und Tatarei wieder unter seine Gewalt brachte, hatte unterdessen die Betriegung der Chinesen aufs neue begonnen; er setzte sie ungeachtet des muthigen Widerstandes derselben mit Glück fort und ward endlich im Jahre 1180 Herr des ganzen chinesischen Reiches; ja er breitete seine Herrschaft sogar über Bengalen aus. China blieb auch unter Kublai's Nachfolgern der Mittelpunkt und Sitz des mongolischen Reiches, und dieses nahm bald den chinesischen Charakter an. Uebrigens führte Kublai's Dynastie seit ihrer Uebersiedelung in dieses Land den Namen der Yuen. Indem die Mongolenstämme in Ostasien größtentheils die buddhistische Lehre annahmen (freilich meist in der Ausartung des Lamaismus, der in Tübet seinen Mittelpunkt hat), gewann dieselbe in erhöhtem Maaße den Einfluß einer Weltreligion. Die westlicheren Stämme gingen allmählich von dem patriarchalischen Götzendienste, den sie in ihren Nomadenzellen geübt hatten, zum Islam über; Moslemen waren auch die mongolischen Eroberer des Gangeslandes im 16. Jahrhundert.

5. **Persien, Syrien und Aegypten bis zum gänzlichen Untergange der christlichen Macht in Palästina.**

Mit der Vernichtung des Khalifats entstand ein tatarisches oder mongolisch-türkisches Reich in Persien, nachdem bereits früher Batu, welcher 1256 starb, ein anderes im Kaptschak gegründet hatte. Hulagu hatte sich sogar schon vor dem Tode des Großkhan's Mangu, unter dem Titel Ilek-Khan, zum Beherrscher von Persien erklärt, und die Verlegung des Großkhanats nach China befestigte ihn noch vollends im Besitze dieses Reiches, welches bei seinen Nachkommen blieb, bis am Ende des 14. Jahrhunderts der Tatar Timur oder Tamerlan dieselbe Rolle übernahm, die früher Dschingiskhan gespielt hatte.

Gleich nach der Eroberung von Bagdad suchte Hulagu sich auch Syrien zu unterwerfen. Mosul ergab sich den heranziehenden Mongolen freiwillig. Die Bewohner von Aleppo ließ Hulagu durch den Sultan von Ikonium zur Unterwerfung auffordern, indem er ihnen dagegen Schonung versprach; als sie seinen Vorschlag mit Hohn zurückwiesen, begann er eine Belagerung, welche ihn schon nach neun Tagen zum Ziele führte. Die reiche und prächtige Stadt ward mit Sturm genommen und nach der Einnahme nicht viel gelinder behandelt als Bagdad. Durch Aleppo's Schicksal erschreckt, unterwarfen sich Damaskus, Hamath und Hims (Emesa) von freien Stücken, die anderen Städte wurden nach und nach erobert. Hulagu kehrte nach der Eroberung von Syrien in die östlichen Provinzen zurück und bestellte einen seiner Generale, Ketboga, zum Statthalter des Landes (1260). Kaum hatte er sich entfernt, als Kotuzz, einer der ersten mamlukkischen Sultane von Aegypten, mit seiner ganzen Heeresmacht in Syrien erschien und durch eine einzige Schlacht den Mongolen die so eben erst eroberte Provinz entriß. Das mongolische Heer erlitt nämlich bei Ein Dschalut eine vollständige Niederlage und wurde von den Mamlukken bis an den Euphrat verfolgt. Doch ward die nämliche Schlacht auch dem Sieger verderblich. Die Mamlukken schrieben den erfochtenen Sieg hauptsächlich einem ihrer Führer, dem bereits erwähnten Bibars, zu; diesem hatte Kotuzz die Statthalterschaft von Aleppo versprochen, er hielt nicht Wort, Bibars tödtete ihn daher auf der Rückkehr nach Aegypten und ward von den Mamlukken sogleich als Sultan anerkannt.

Bibars erweiterte und befestigte seine Herrschaft auf Kosten der Mongolen und Christen. Um den Ersteren einen Einbruch in Syrien unmöglich zu machen, ließ er einen ganzen Strich Landes verheeren und sogar das Gras durch Feuer vertilgen. Dann benutzte er einen blutigen Zwist, welcher zwischen Hulagu und dem Sohn und Nachfolger Batu's Berkere oder Barkal, ausgebrochen war, auf eine geschickte Weise, um Mongolen durch Mongolen zu bekämpfen. Durch

Kriegsleute des Letzteren, die er seinen Truppen einverleibt hatte und mit Geschenken überhäufte, zog er nicht nur eine Menge anderer Mongolen an sich, sondern erlangte auch von allem, was im Kaptschak vorging, Kenntniß. Als er auf diese Weise erfuhr, daß Berkere viele Mohammedaner an seinem Hof aufgenommen habe und selbst zum Islam hinneige, schickte er eine Gesandtschaft an ihn, welche der Beherrscher des Kaptschak durch eine Gesandtschaft von seiner Seite erwiderte. Bibars gab den Abgeordneten Berkere's bei ihrer Abreise nicht nur glänzende Geschenke mit, deren Menge, Mannigfaltigkeit, Kostbarkeit und Schönheit uns einen hohen Begriff von der damaligen Cultur und Industrie Aegyptens geben, sondern er ließ sie auch durch neue aegyptische Gesandte in ihre Heimath begleiten. Diese wurden zwar in Constantinopel an der Fortsetzung ihrer Reise verhindert, weil der griechische Kaiser, Michael Paläologus, mit Hulagu, der sich das Ansehen gab, als ob er dem Christenthum geneigt sei, nahe befreundet war; allein Bibars knüpfte die Verbindung mit dem Khan von Kaptschak auf einem anderen Wege wieder an und unterhielt sie nach Berkere's Tod auch mit dessen Sohn und Nachfolger. Auf diese Weise gelang es dem Sultan Bibars durch seine Unterhandlungen, die Mongolen von Syrien fern zu halten. Er stellte sogar einen neuen Chalifen auf, den er für einen Abbasiden ausgab, und hoffte demselben den Besitz von Bagdad zu verschaffen, als Hulagu vier Jahre lang durch den Krieg mit Berkere im Norden beschäftigt ward; sein Schützling wurde aber, noch ehe er sich der Stadt Bagdad genähert hatte, nebst den ihm mitgegebenen Kriegern von den Mongolen erschlagen.

Auch gegen die Christen in Palästina richtete Bibars seine siegreichen Waffen; doch konnte er erst nach Hulagu's Tode (1265) an eine nachdrückliche Bekämpfung derselben denken. Er zerstörte Kirchen und Klöster im gelobten Lande, namentlich auch die Kirche von Nazareth; er eroberte ferner Cäsarea und Arsuf. Während sich nachher Venetianer, Pisaner und Genuesen in und um Akkon stritten, belagerte er diese wichtige Festung der Christen. Zwar mußte er unverrichteter Sache wieder abziehen, aber er eroberte dagegen alle kleineren befestigten Plätze und nahm im folgenden Jahre die bedeutende Stadt Antiochia ohne Schwertstreich ein. Dieses Mißgeschick der Christen in Palästina und Syrien versetzte das Abendland in so große Bestürzung, daß man noch einmal Anstalten zu einem heiligen Kriege machte. Ludwig der Heilige rüstete im Jahre 1270 zum zweiten Male einen Kreuzzug und der nachherige König von England, Eduard I., sowie 500 wackere Friesen gedachten sich ihm anzuschließen. Das Heer setzte von Aiguesmortes aus zunächst nach Cagliari auf Sardinien über; allein Ludwig's arglistiger Bruder, Karl von Anjou, welcher seit kurzem das neapolitanisch-sicilianische Reich beherrschte, suchte das Unternehmen zu seinem Vortheil auszubeuten und bewog seinen Bruder, sich von da nach Tunis statt nach Palästina zu wenden. Dort erlag ein großer Theil des Kreuzheeres, darunter viele Edlen, auch ein Sohn Ludwigs und endlich der fromme König selbst (am 25. August, der noch jetzt als Ludwigstag gefeiert wird) den Fiebern, welche das afrikanische Klima erzeugte. Der Rest der christlichen Schaaren, die nun unter dem Oberbefehl des neuen Königs Philipp's III., des Kühnen, standen, rafften sich noch zu einem kräftigen Angriff gegen die Moslemen zusammen und gewannen eine Schlacht. In Folge dieses Sieges ging der Beherrscher von Tunis gern auf einen Vertrag ein (1270), welchen Karl von Anjou hauptsächlich zum Vortheil seiner sicilischen Lande zuwenden wußte. Der englische Prinz, der sich erst nach Abschluß des Vertrages einfand, sowie die Friesen begaben sich nach Palästina. Hier unterhandelte Eduard zwar mit Hulagu's Nachfolger, A b o g h a, über eine Verbindung gegen die Aegypter; er brachte diese aber nicht zu Stande und konnte überhaupt nichts weiter ausrichten, als daß er 1272 vor seiner Heimkehr mit Bibars einen Waffenstillstand schloß, vermöge dessen die Christen im Besitz von Akon, Tripolis und einigen kleineren Orten blieben. Was durch diesen Vertrag gewonnen war, ging durch die Zwietracht der Christen bald wieder verloren. Der Beherrscher von Cypern, Hugo III., hatte sich 1269 zum König von Jerusalem krönen lassen und verwandte die Kräfte seiner Insel zur Vertheidigung von Palästina; die Venetianer aber waren mit ihm entzweit und hemmten alles, was er that, und Karl von Anjou, der als Beherrscher des Reiches Sicilien und als Erbe der hohenstausischen Ansprüche sich ebenfalls König von Jerusalem nennen zu dürfen glaubte, schickte 1278 einen Stellvertreter nach Palästina, um Besitz davon zu nehmen. Die Parteiungen und Zänkereien, welche aus diesem Streit um die Krone entstanden, beschäftigten die christliche Bevölkerung so sehr, daß darüber auch die gewöhnlichsten Vertheidigungsmaaßregeln vergessen wurden.

Unterdessen hatte Bibars glückliche Kriege mit Hulagu's Nachfolger geführt, war aber 1278 in Damaskus plötzlich gestorben, wahrscheinlich an einer Wunde, die er auf seinem letzten Zuge nach Persien erhalten hatte. Von seinen beiden Söhnen ward der ältere gleich nach des Vaters Tode durch das Heer wieder abgesetzt und dann der jüngere, welcher erst sieben Jahre alt war, als Sultan begrüßt. Dies geschah jedoch nur zum Schein; denn der eigentliche Herrscher war von Anfang an sein Atabeg oder Vormund, der Feldherr S e i f e b b i n K a l a w u n, und schon wenige Wochen nachher nahm dieser auch den Titel Sultan an. Kalawun begann sogleich den Krieg mit den persischen

Mongolen wieder und erfocht 1281 bei Hims einen glänzenden Sieg, welcher um so mehr Aufsehen machte, als einer der ersten Prinzen aus Dschingisthan's Hause, Abogha's Bruder Mangu-Timur, das feindliche Heer anführte. Bald darauf fand im persisch-mongolischen Reich eine Umwälzung Statt. Abogha starb 1282 und einer seiner Brüder ward als der Aelteste der Familie zum Nachfolger ernannt. Dieser trat, um durch mohammedanische Hülfe seine Herrschaft gegen Abogha's Söhne behaupten zu können, zum Islam über, gab sich bei seiner Bekehrung den Namen Ahmed und knüpfte mit dem aegyptischen Sultan Unterhandlungen an. Er erbitterte jedoch durch diesen Schritt seine Landsleute gegen sich. Zwar gelang es ihm, seinen empörten Neffen Argun zu besiegen und gefangen zu nehmen; allein das Volk erhob sich darauf in Masse gegen ihn, befreite den Prinzen, rief denselben zum Herrscher aus, und tödtete Ahmed (1284). Nachher ward Argun's Macht lange Zeit ganz durch innere Unruhen und durch Kriege mit dem Khan von Kaptschal in Anspruch genommen. Kalawun von Aegypten benutzte diese Verhältnisse des persisch-mongolischen Reiches, um seine Herrschaft in Syrien zu erweitern. Er nahm schon 1285 das feste Marlab, eine der Hauptburgen der Franken; ein Zug, welchem der berühmte moslemische Geschichtschreiber Abulfeda, damals zwölf Jahre alt, in Begleitung seines Vaters beiwohnte. Im Jahr 1289 sodann eroberte er das ungemein stark befestigte Tripolis, bei dessen Fall nicht weniger als 7000 Christen blieben, und ließ diese Stadt dem Erdboden gleich machen. Sein im nächsten Jahre erfolgter Tod brachte den Christen, welche nur noch Akkon, Tyrus und einige wenige andere Seestädte besaßen, eine kurze Ruhe; denn sein Sohn und Nachfolger, Aschraf, schloß sogleich einen Waffenstillstand mit ihnen. Unglücklicher Weise kam aber im folgenden Jahre eine Schaar Räubergesindel, welche der Papst Nikolaus IV. in Europa hatte zusammenpredigen lassen, nach Palästina, überfiel, weil sie sich an jenen Waffenstillstand nicht gebunden glaubte, eine aegyptische Karawane und verweigerte dem erbitterten Sultan jede Genugthuung. Dieser zog hierauf mit seiner ganzen Macht nach Palästina, wo damals Heinrich von Cypern, ein Bruder Hugo's, seit 1286 den Königstitel führte. Aschraf wandte sich sogleich gegen Akkon und vereinigte nicht nur die von allen Seiten her zuströmenden Glaubensgenossen, unter welchen ein neuer Eifer für den Kampf gegen die Christen erwacht war, sondern ließ auch ungeheure Belagerungsmaschinen von nah und fern herbeischaffen. Sein Heer, in welchem sich auch diesmal Abulfeda befand, eröffnete im April 1291 die Belagerung der Stadt, deren Vertheidiger zu einer hartnäckigen Gegenwehr entschlossen waren, und es zeigte sich nun aufs neue, was schon oft auf dem nämlichen Boden gezeigt worden war, ein Wettstreit orientalischer und abendländischer Tapferkeit. Der Kampf war jedoch ungleich, das Schicksal den Christen feindlich und die Maschinen der Aegypter so furchtbar, daß aus ihnen Steinmassen geworfen wurden, welche ganze Stücke der Mauer mit den darauf stehenden Thürmen niederrissen. Schon am 18. Mai ward die Stadt mit Sturm genommen; doch wehrten sich die christlichen Ritter in den einzelnen Häusern und Thürmen, bis Alles in Trümmern lag. Von den Einwohnern entgingen nur wenige durch die Flucht dem Tode, die Stadt selbst wurde von den Eroberern völlig zerstört. Das traurige Schicksal von Ptolemais, sowie die Flucht des Königs von Jerusalem, der sich schon vor dem Falle der Stadt nach Cypern gerettet hatte und dessen Beispiel bald auch von den Ersten des Landes befolgt ward, raubte den Vertheidigern von Tyrus allen Muth, und diese Stadt, die den Christen ehemals so viel Blut gekostet hatte, ward ohne Schwertstreich übergeben. Auch die übrigen Plätze fielen gleich nachher in die Gewalt der Aegypter, und die Herrschaft der Christen in Palästina hatte auf immer ein Ende.

Inhalt des fünften Bandes.

Geschichte des Mittelalters.

II. Die Zeit von Karl dem Großen bis zum Beginn der Kreuzzüge (Fortsetzung).

I. Von Karl dem Großen bis zur Zeit der salischen Kaiser (Fortsetzung).

11. Geschichte des deutschen und griechischen Reiches zur Zeit der Ottone 5
12. Das deutsche Reich unter Heinrich II. . . . 27
13. Geistesbildung und Litteratur des Zeitraums von Karl dem Großen bis auf die Zeit der fränkischen Kaiser . . . 36
 §. 1. 36
 §. 2. 44
 §. 3. 49
 §. 4. Die geistliche Litteratur der fränkischen und sächsischen Zeit in ihrem Verhältniß zum deutschen Volksthum 57

II. Die Zeit der fränkischen oder salischen Kaiser.

1. Erste Niederlassung der Normannen in Unteritalien und Heinrich's II. letzte Lebensjahre 67
2. Geschichte der Deutschen, Burgunder, Ungarn und italienischen Normannen zur Zeit Konrad's II. 70
3. Kaiser Heinrich III. 87
4. Uebersicht der byzantinischen Geschichte von Basilius II. bis auf Alexius I. Komnenus und Geschichte der Normannen am Ende dieser Zeit 100
5. Geschichte der Päpste von Leo IX. bis auf Gregor VII. . 121
6. Heinrich IV. bis zum Tode seines Gegenkönigs Rudolf . 129
7. Robert Guiscard, Gregor VII. und Heinrich IV. . . 171
8. Das deutsche Reich während der letzten 20 Jahre von Heinrich's IV. Regierung 160
9. Das deutsche Reich und die Päpste zur Zeit Heinrich's V. . 192

10. Civilisation und Litteratur bis zur Zeit der Hohenstaufen.
   A. Volkssprache, Volksbildung und Volkspoesie in den Ländern romanischer Zunge 207
   B. Schulbildung oder Fortschritt der in lateinischer Sprache behandelten Theile des menschlichen Wissens.
      1. Schulen, Lehre und Philosophie bis zum Ende des 12. Jahrhunderts 214
      2. Geschichte und Staatswissenschaft . . . 228

III. Das Zeitalter der Kreuzzüge.
   I. Geschichte der mohammedanischen Reiche des Ostens kurz vor dem Anfang der Kreuzzüge.
      1. Einleitung 237
      2. Geschichte der Seldschucken in Persien 239
      3. Geschichte der Fatimiden in Aegypten bis zur Zeit der Kreuzzüge 249
      4. Die Oseiliden, Seladiden und ersten Atabegen in Syrien . 260
   II. Der erste Kreuzzug und das Königreich Jerusalem.
      1. Allgemeine Bemerkungen 265
      2. Die Veranlassungen und Vorbereitungen zum ersten Kreuzzuge 267
      3. Der erste Kreuzzug 271
      4. Das Königreich Jerusalem in der ersten Zeit . . 279
      5. Die Assassinen 284
      6. Die geistlichen Ritterorden und das Königreich Jerusalem bis zum zweiten Kreuzzuge 289
   III. Geschichte der vornehmsten Staaten Europas bis gegen die Zeit des dritten Kreuzzuges.
      1. Das deutsche Reich zur Zeit Lothar's II. 295
      2. Das deutsche Reich unter Konrad III. 302
      3. Das deutsche Reich unter Friedrich Barbarossa bis zur Demüthigung Heinrich's des Löwen 314
      4. Deutsche Poesie bis zum Auftreten der ritterlichen Dichter . 344
      5. Französische Geschichte seit Philipp's I. Regierungsantritt . 358
      6. Englische Geschichte von Wilhelm I. bis auf den Regierungsantritt Heinrich's II. 372
      7. England unter Heinrich II. 388
   IV. Der zweite und dritte Kreuzzug und die damit zusammenhängenden Begebenheiten in Deutschland, Italien, England und Frankreich.
      1. Der zweite Kreuzzug und der Orient bis zum Beginn des dritten Kreuzzuges 403
      2. Friedrich Barbarossa's letzte Jahre und sein Kreuzzug . . 419
      3. Der Kreuzzug der Könige Philipp August von Frankreich und Richard Löwenherz von England 427
      4. Deutschland und Italien von Friedrich Barbarossa's Tod bis zur Ermordung Philipp's von Schwaben . . . 439

5. England und Frankreich am Ende des 12. und zu Anfang des
13. Jahrhunderts 452
V. Die letzten Kreuzzüge und die mit ihnen zusammenhängenden Begebenheiten.
1. Papst Innocenz III. 471
2. Frühere Geschichte von Venedig 477
3. Uebersicht der byzantinischen Geschichte zur Zeit der ersten Kreuzzüge 481
4. Der vierte oder lateinische Kreuzzug 485
5. Das lateinische Reich in Constantinopel . . . 504
6. Geschichte der Ejubiden und der christlichen Unternehmungen im Orient von Saladin's Tode bis zur Zeit Ludwig's des Heiligen 523
7. Ludwig's des Heiligen Kreuzzug nach dem Orient . . 538
8. Geschichte der Orientalen von der Entstehung des Reiches Chowaresmiens bis auf die Erscheinung der osmanischen Türken in Kleinasien.
1. Die Chowaresmier und Ghoriden 544
2. Die Tataren unter Dschingischan und seinen Söhnen bis zum Untergange des chowaresmischen Reiches . 549
3. Die Züge der Tataren nach Europa . . . 560
4. Das mongolische Reich in der ersten Zeit nach Dschingischan's Tode und der Untergang des Chalifats . 667
5. Persien, Syrien und Egypten bis zum gänzlichen Untergange der christlichen Macht in Palästina . . 573

www.ingramcontent.com/pod-product-compliance
Lightning Source LLC
Chambersburg PA
CBHW031935290426
44108CB00011B/569